U0963768

哈佛燕京圖書館學術叢刊第六種

中國珍稀古籍善本書録

沈津 著

广西师范大学出版社
GUANGXI NORMAL UNIVERSITY PRESS

責任編輯：蔣曉玉
裝幀設計：徐俊霞

圖書在版編目（CIP）數據

中國珍稀古籍善本書録／沈津著．—桂林：廣西師範大學出版社，2006.10
ISBN 7-5633-6261-4

Ⅰ．中…　Ⅱ．沈…　Ⅲ．古籍—善本—圖書目録—中國　Ⅳ．Z838

中國版本圖書館 CIP 數據核字（2006）第 116125 號

廣西師範大學出版社出版發行
（廣西桂林市中華路 22 號　郵政編碼：541001
網址：http://www.bbtpress.com）
出版人：肖啓明
全國新華書店經銷
廣西師範大學印刷廠印刷
(廣西桂林市臨桂縣金山路 168 號　郵政編碼：541100)
開本：787 mm ×1 092 mm　1/16
印張：46.5　插頁：9　字數：734 千字
2006 年 10 月第 1 版　2006 年 10 月第 1 次印刷
印數：0 001 ~ 2 000 册　定價：198.00 元

如發現印裝質量問題，影響閱讀，請與印刷廠聯係調換。

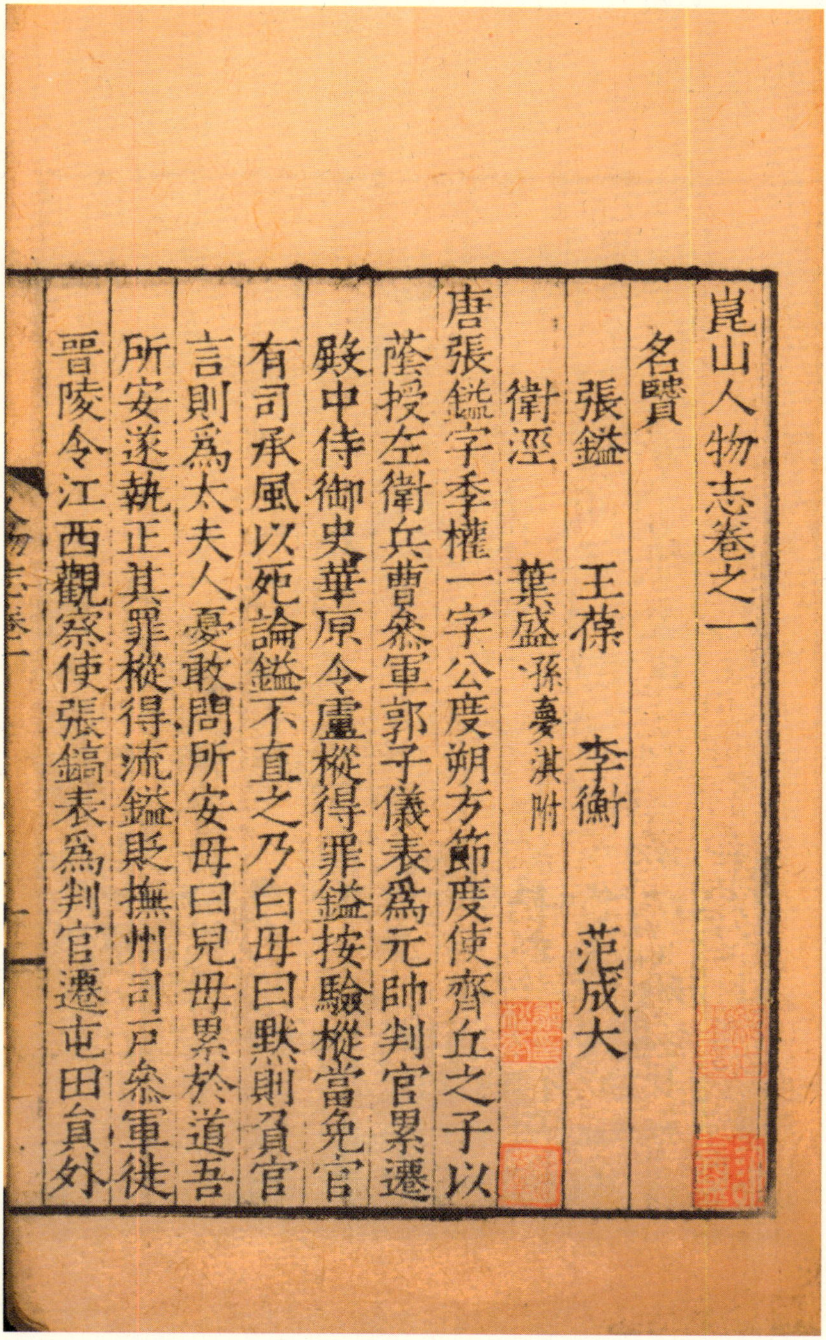
崑山人物志卷之一

名賢

張鎰　王葆　李衡　范成大

衛涇　葉盛孫夔淇附

唐張鎰字季權一字公度朔方節度使齊丘之子以蔭授左衛兵曹參軍郭子儀表爲元帥判官累遷殿中侍御史華原令盧樅得罪鎰按驗樅當免官有司承風以死論鎰不直之乃白母曰默則負官言則爲太夫人憂敢問所安母曰兒毋累於道吾所安遂執正其罪樅得流鎰貶撫州司戶參軍徙晉陵令江西觀察使張鎬表爲判官遷屯田員外

《崑山人物志》十卷，明方鹏撰。明嘉靖刻本。

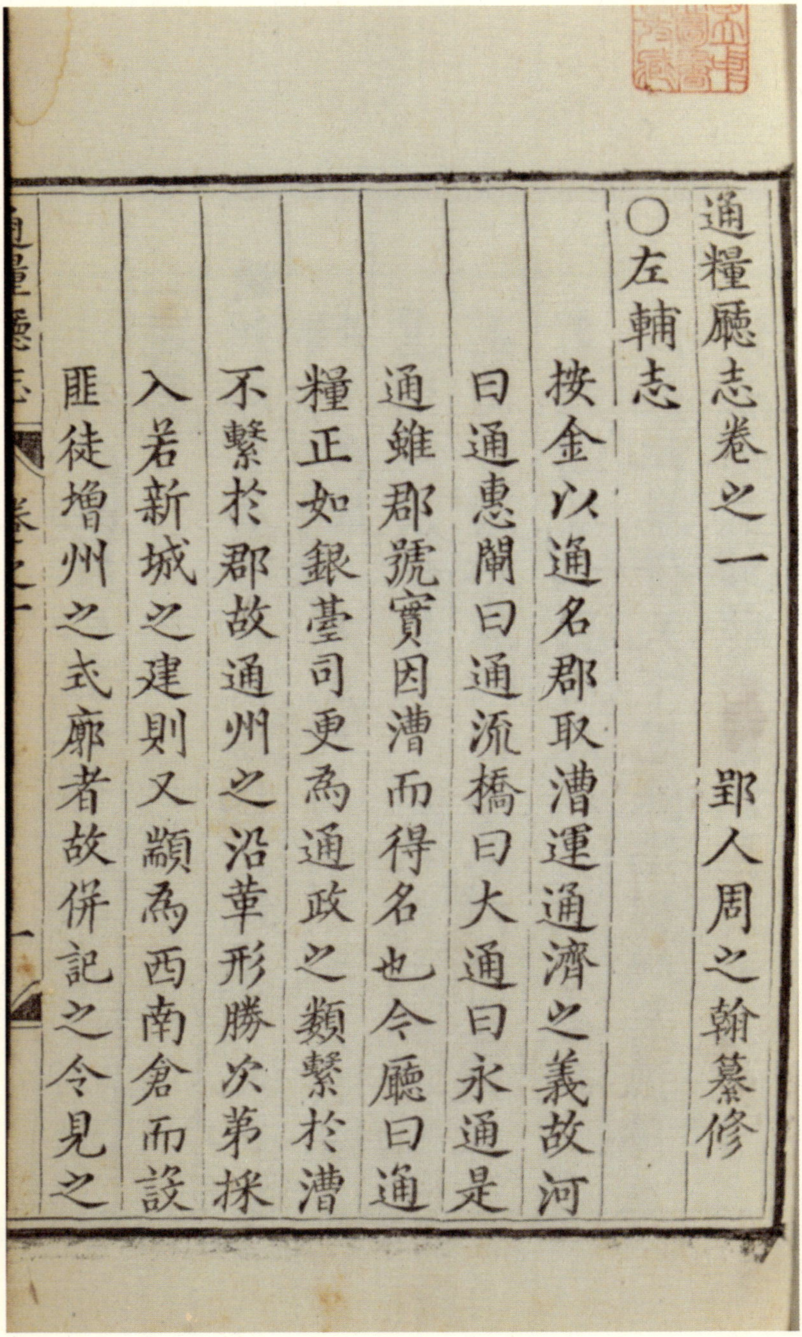

通糧廳志卷之一　　郢人周之翰纂修

○左輔志

按金以通名郡取漕運通濟之義故河曰通惠閘曰通流橋曰大通曰永通是通雖郡號實因漕而得名也令廳曰通糧正如銀臺司更為通政之類繫於漕不繫於郡故通州之沿革形勝次第採入若新城之建則又顓為西南倉而設匪徒增州之式廓者故併記之令見之

《通糧廳志》十二卷，明周之翰撰。明萬曆三十三年刻本。

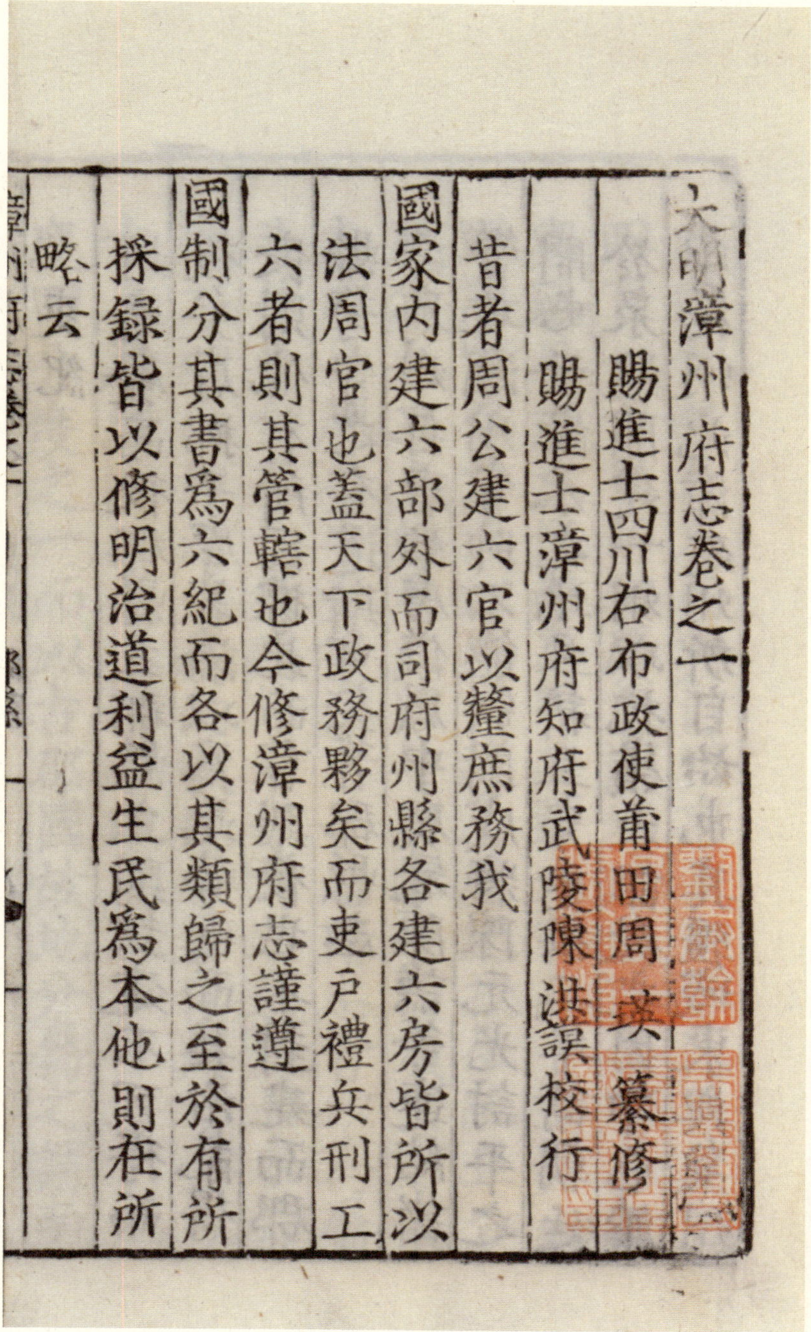
大明漳州府志卷之一
賜進士四川右布政使莆田周瑛纂修
賜進士漳州府知府武陵陳洪謨校行
昔者周公建六官以釐庶務我
國家内建六部外而司府州縣各建六房皆所以
法周官也蓋天下政務夥矣而吏戶禮兵刑工
六者則其管轄也今修漳州府志謹遵
國制分其書爲六紀而各以其類歸之至於有所
採録皆以修明治道利益生民爲本他則在所
略云

(正德)《大明漳州府志》三十四卷，明陳洪謨修，周瑛纂。明正德八年刻本。

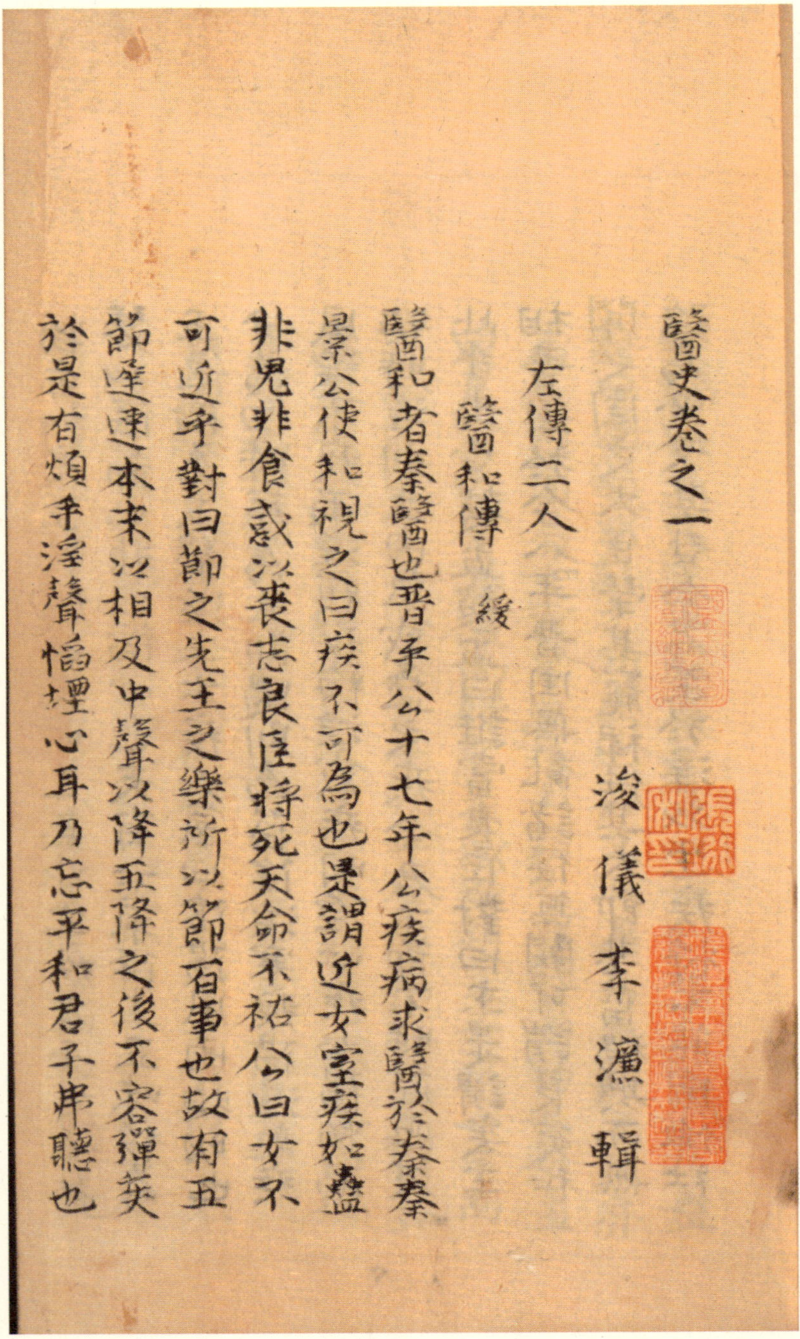

醫史卷之一

浚儀　李濂　輯

左傳二人

醫和傳　緩

醫和者秦醫也晉平公十七年公疾病求醫於秦秦景公使和視之曰疾不可為也是謂近女室疾如蠱非鬼非食惑以喪志良臣將死天命不祐公曰女不可近乎對曰節之先王之樂所以節百事也故有五節遲速本末以相及中聲以降五降之後不容彈矣於是有煩手淫聲慆堙心耳乃忘平和君子弗聽也

《醫史》十卷，明李濂撰。明姚咨手抄本。

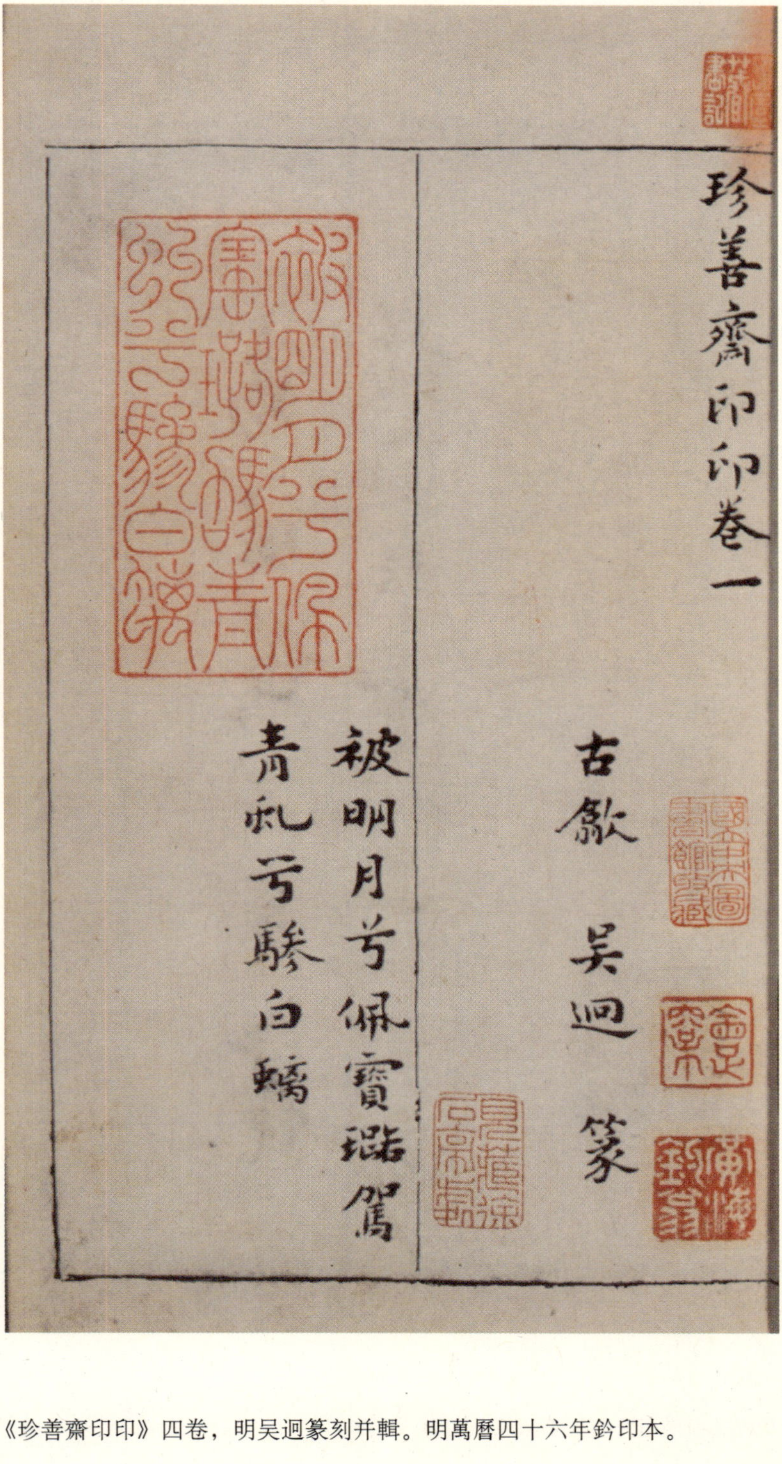

《珍善齋印印》四卷，明吴迥篆刻并輯。明萬曆四十六年鈐印本。

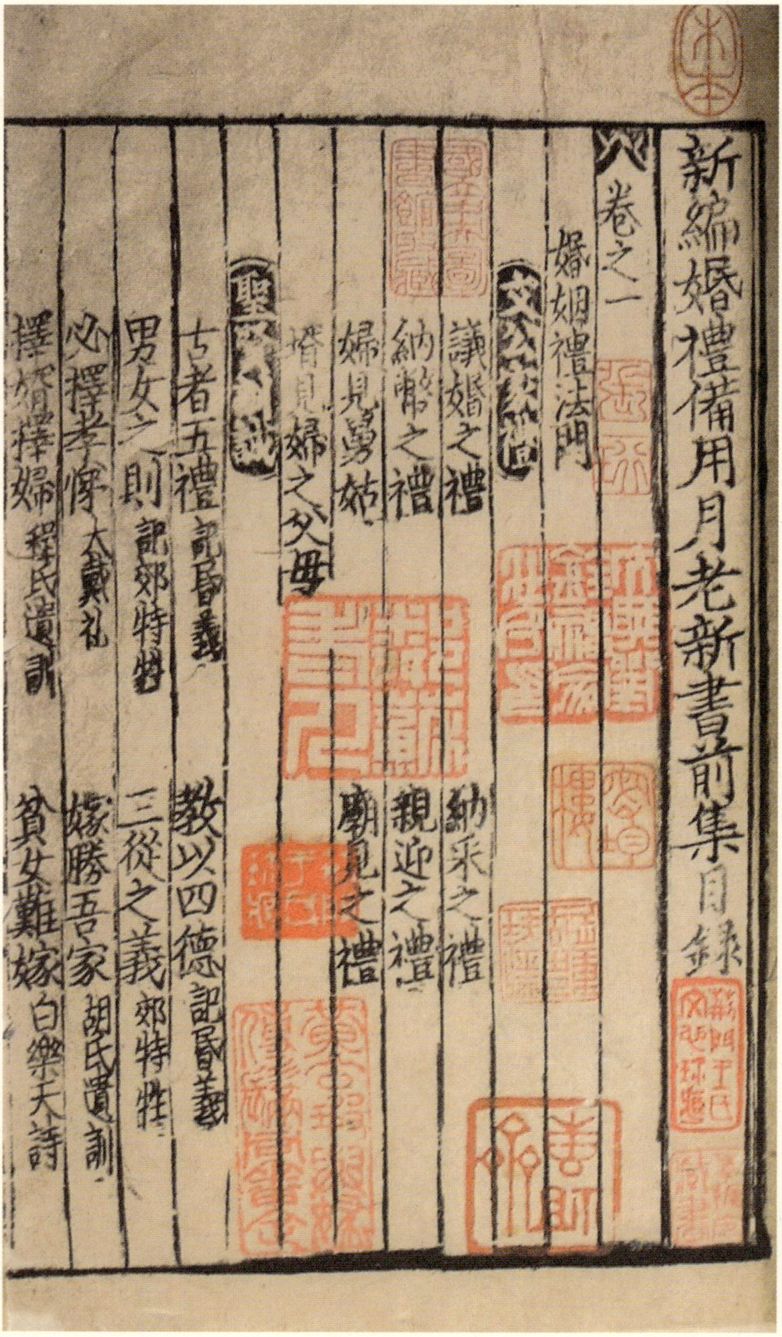

《新編婚禮備用月老新書》二十四卷。宋刻本。

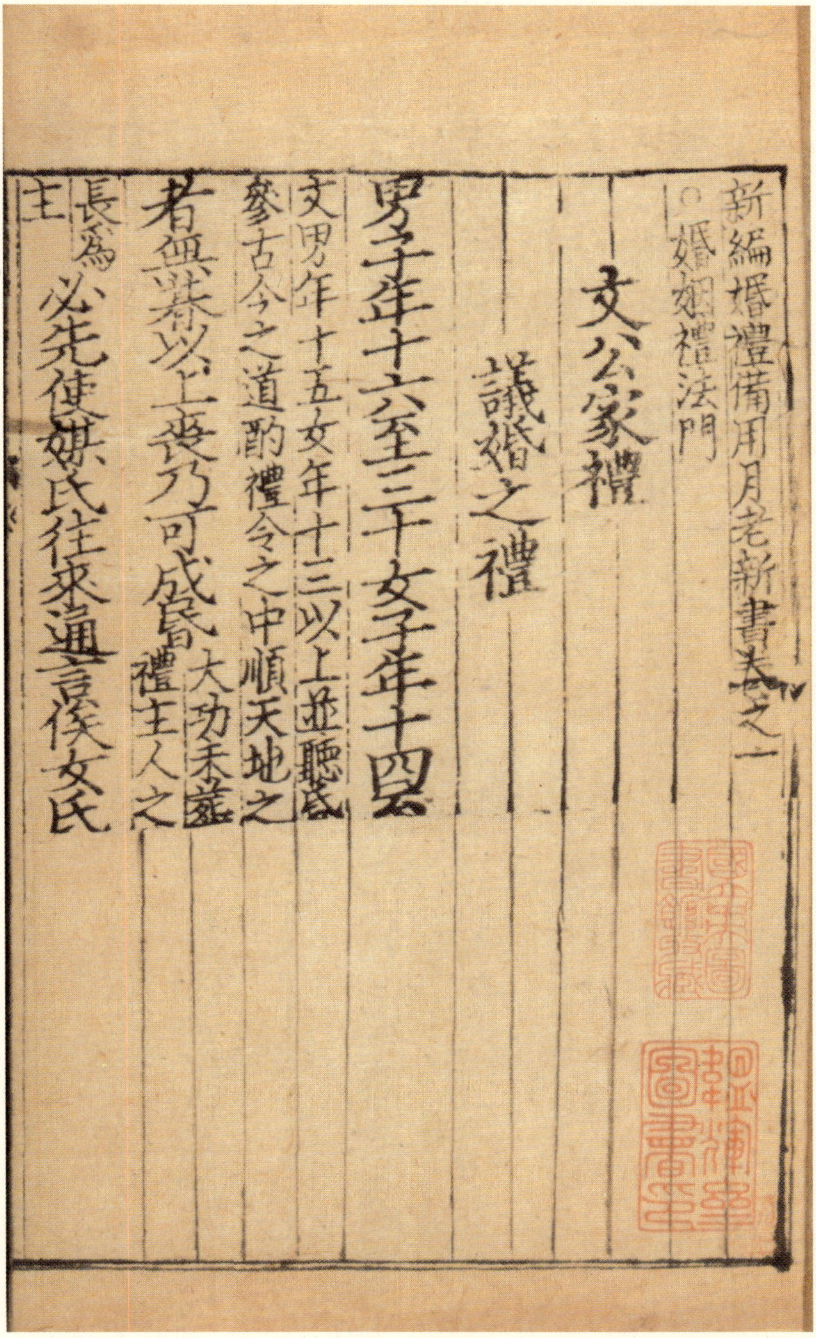
新編婚禮備用月老新書卷之一
○婚姻禮法門
文公家禮
議婚之禮
男子年十六至三十女子年十四
文男年十五女年十三以上並聽婚
參古今之道酌禮令之中順天地之
者無朞以上喪乃可成昏
大功未葬
禮主人之
長爲
必先使媒氏往來通言俟女氏
主

《新編婚禮備用月老新書》二十四卷。宋刻本。

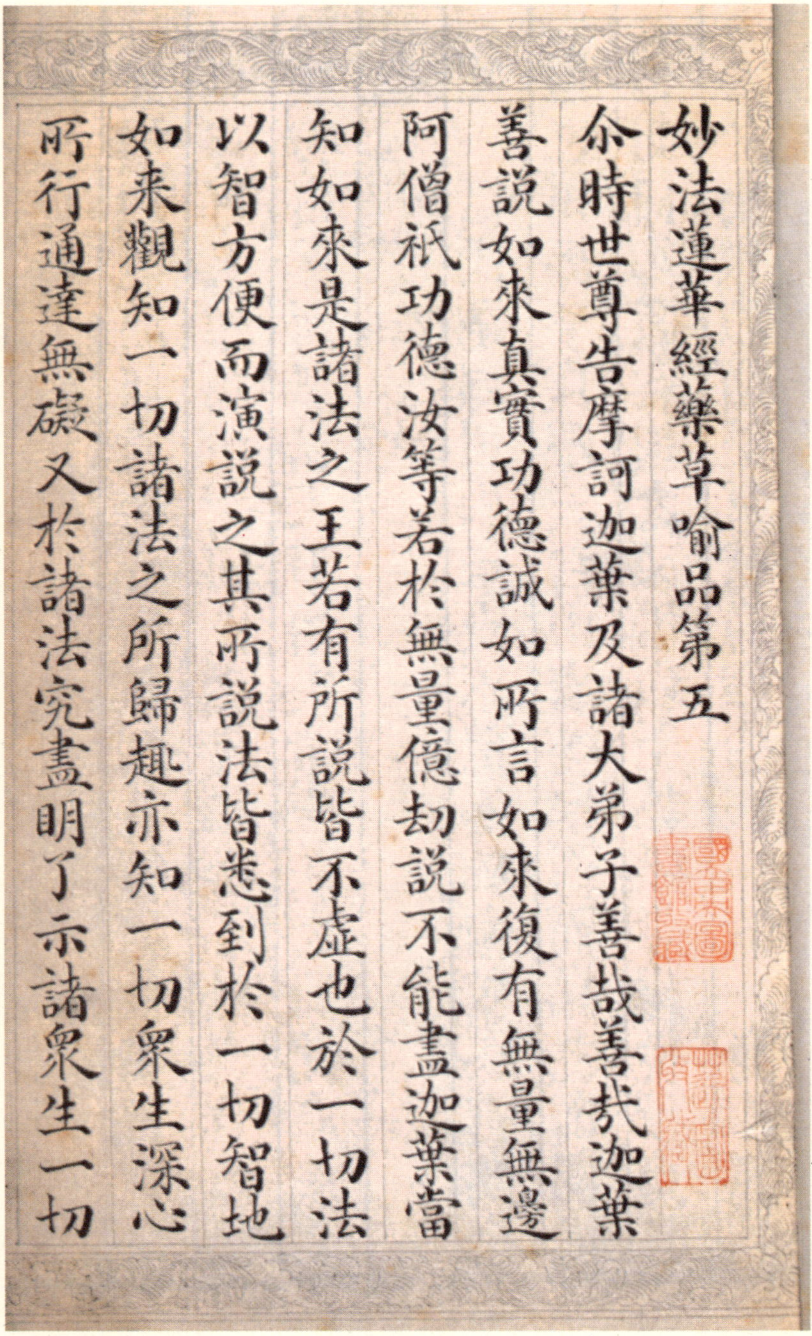

妙法蓮華經藥草喻品第五
尒時世尊告摩訶迦葉及諸大弟子善哉善哉迦葉
善說如來真實功德誠如所言如來復有無量無邊
阿僧祇功德汝等若於無量億劫說不能盡迦葉當
知如來是諸法之王若有所說皆不虛也於一切法
以智方便而演說之其所說法皆悉到於一切智地
如來觀知一切諸法之所歸趣亦知一切衆生深心
所行通達無礙又於諸法究盡明了示諸衆生一切

《妙法蓮華經藥草喻品》一卷，姚秦釋鳩摩羅什譯。清乾隆永瑢寫本。

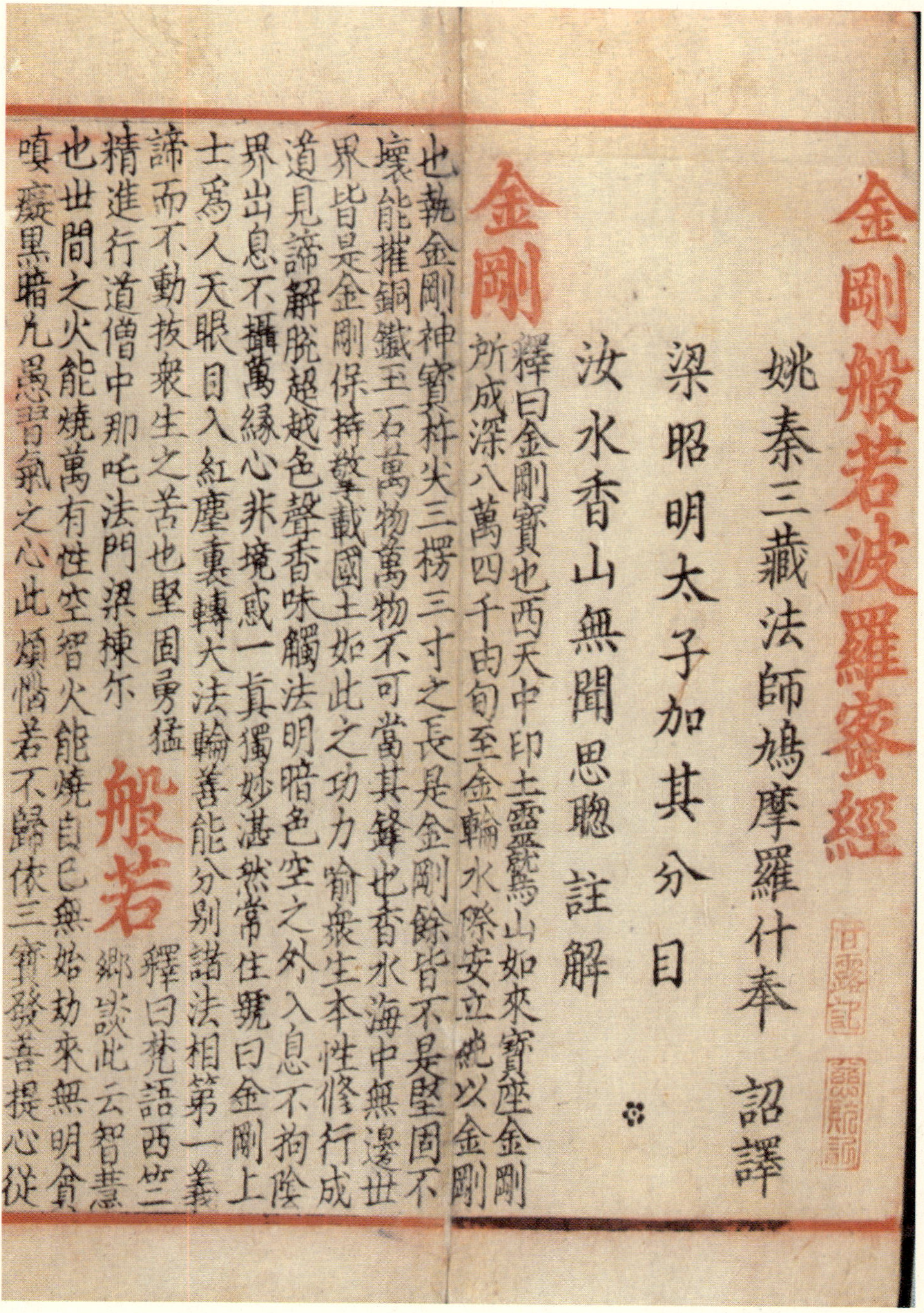

《金剛般若波羅蜜經》一卷，姚秦釋鳩摩羅什譯，元釋思聰注解。元至正元年劉覺廣江陵刊經所刻朱墨套印本。

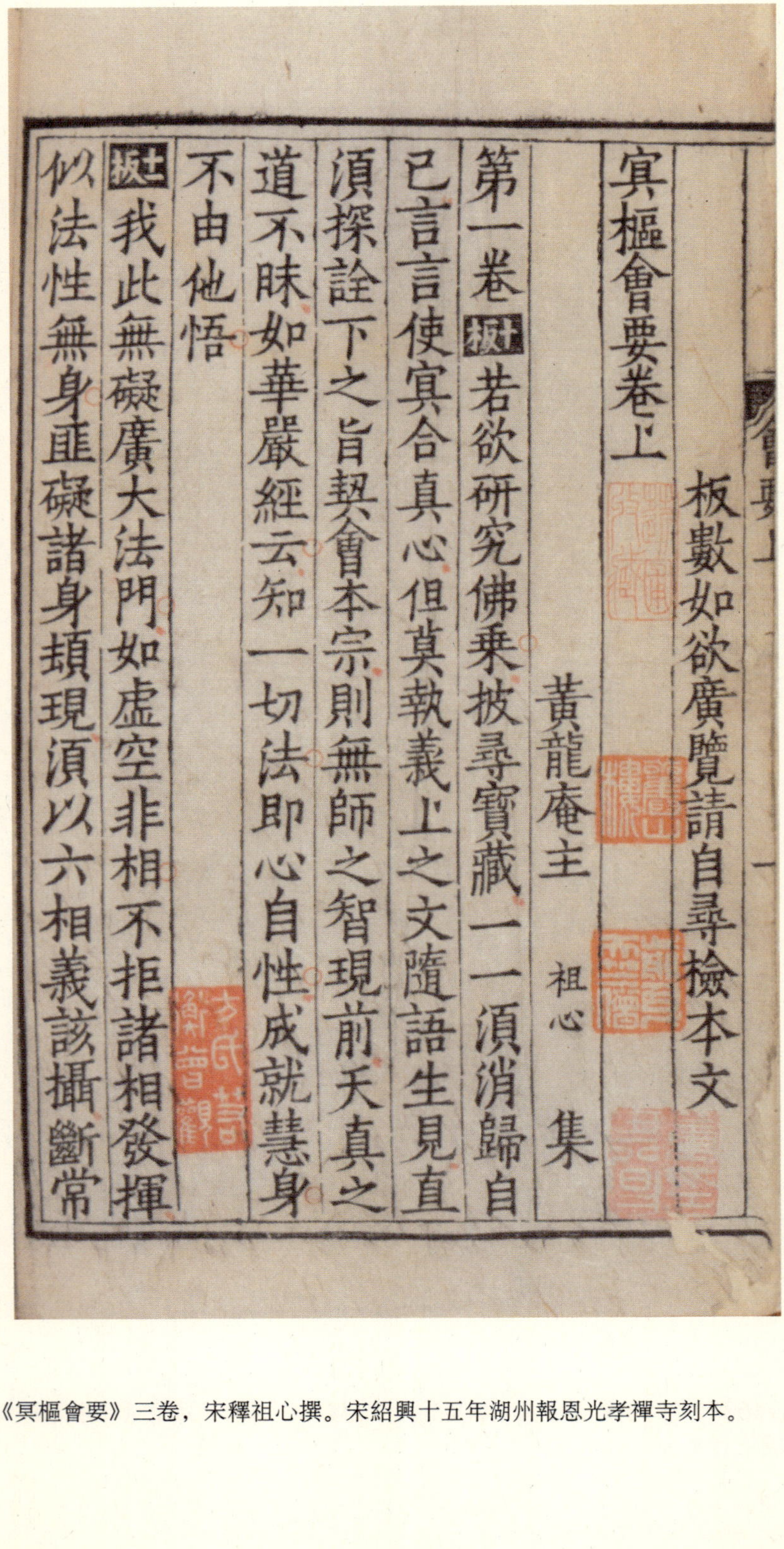
板數如欲廣覽請自尋檢本文
冥樞會要卷上
黃龍庵主　祖心　集
第一卷 十板 若欲研究佛乘披尋寶藏一一須消歸自
己言言使冥合真心但莫執義上之文隨語生見直
須探詮下之旨契會本宗則無師之智現前天真之
道不昧如華嚴經云知一切法即心自性成就慧身
不由他悟
十板 我此無礙廣大法門如虛空非相不拒諸相發揮
似法性無身匪礙諸身頓現須以六相義該攝斷常

《冥樞會要》三卷，宋釋祖心撰。宋紹興十五年湖州報恩光孝禪寺刻本。

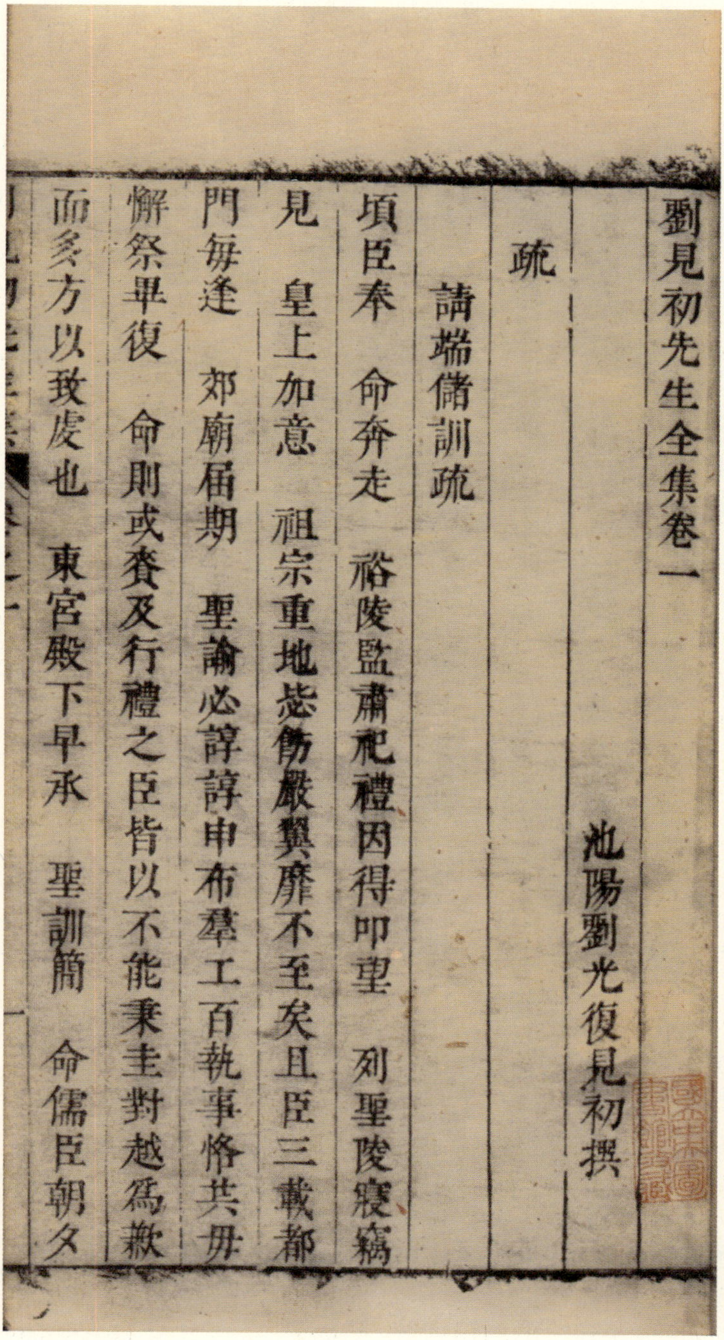

劉見初先生全集卷一

池陽劉光復見初撰

疏

請端儲訓疏

頃臣奉 命奔走 裕陵監肅祀禮因得叩望 列聖陵寢竊見 皇上加意 祖宗重地毖飭嚴翼靡不至矣且臣三載都門每逢 郊廟届期 聖諭必諄諄申布羣工百執事恪共毋懈祭畢復 命則或賚及行禮之臣皆以不能秉圭對越爲歉而多方以致虔也 東宮殿下早承 聖訓簡 命儒臣朝夕

《劉見初先生全集》十卷，明劉光復撰。明崇禎十六年刻本。

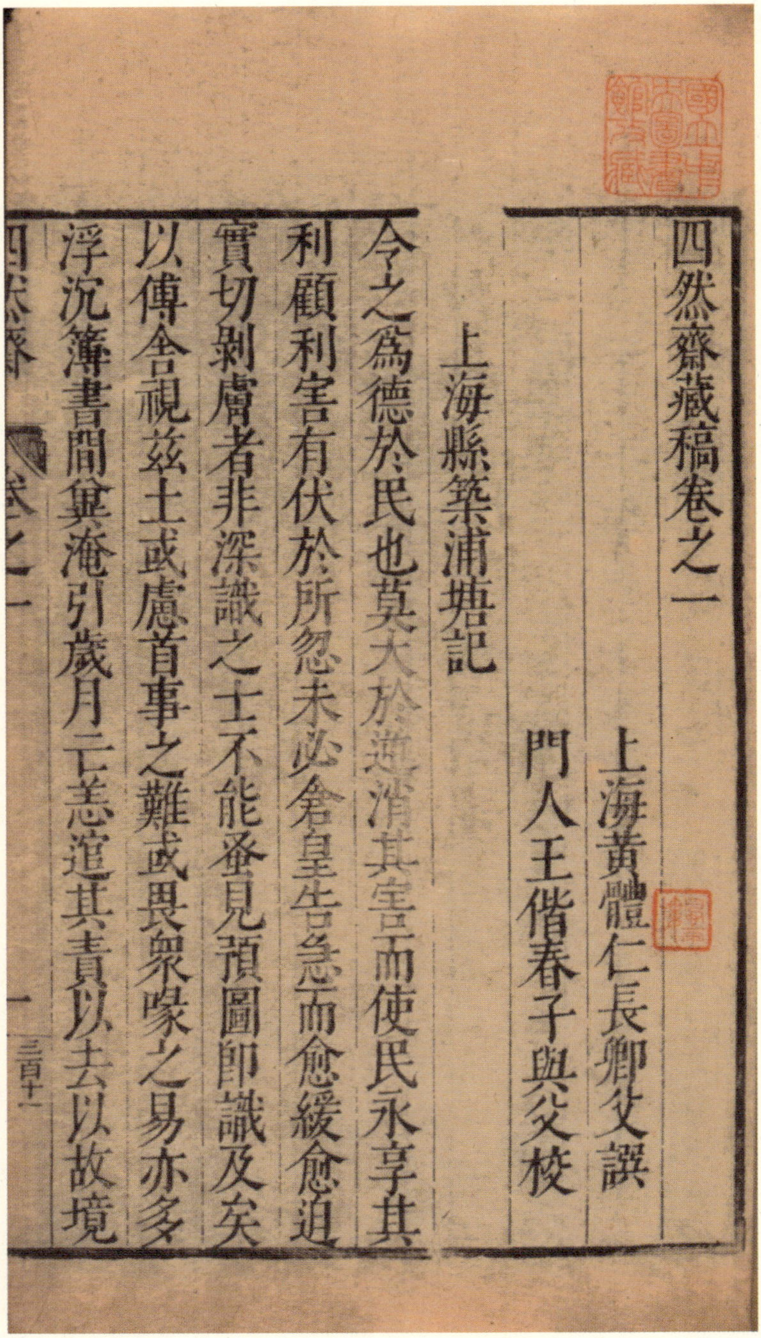
四然齋藏稿卷之一

上海黄體仁長卿父譔

門人王偕春子與父校

上海縣築浦塘記

今之爲德於民也莫大於興消其害而使民永享其利顧利害有伏於所忽未必倉皇告急而愈緩愈迫實切剝膚者非深識之士不能蚤見預圖卽識及矣以傳舍視兹土或慮首事之難或畏衆喙之易亦多浮沉簿書間冥淹引歲月亡恙逭其責以去以故境

四然齋　卷之一　一　三百十一

《四然齋藏稿》十卷，明黄體仁撰。明萬曆刻本。

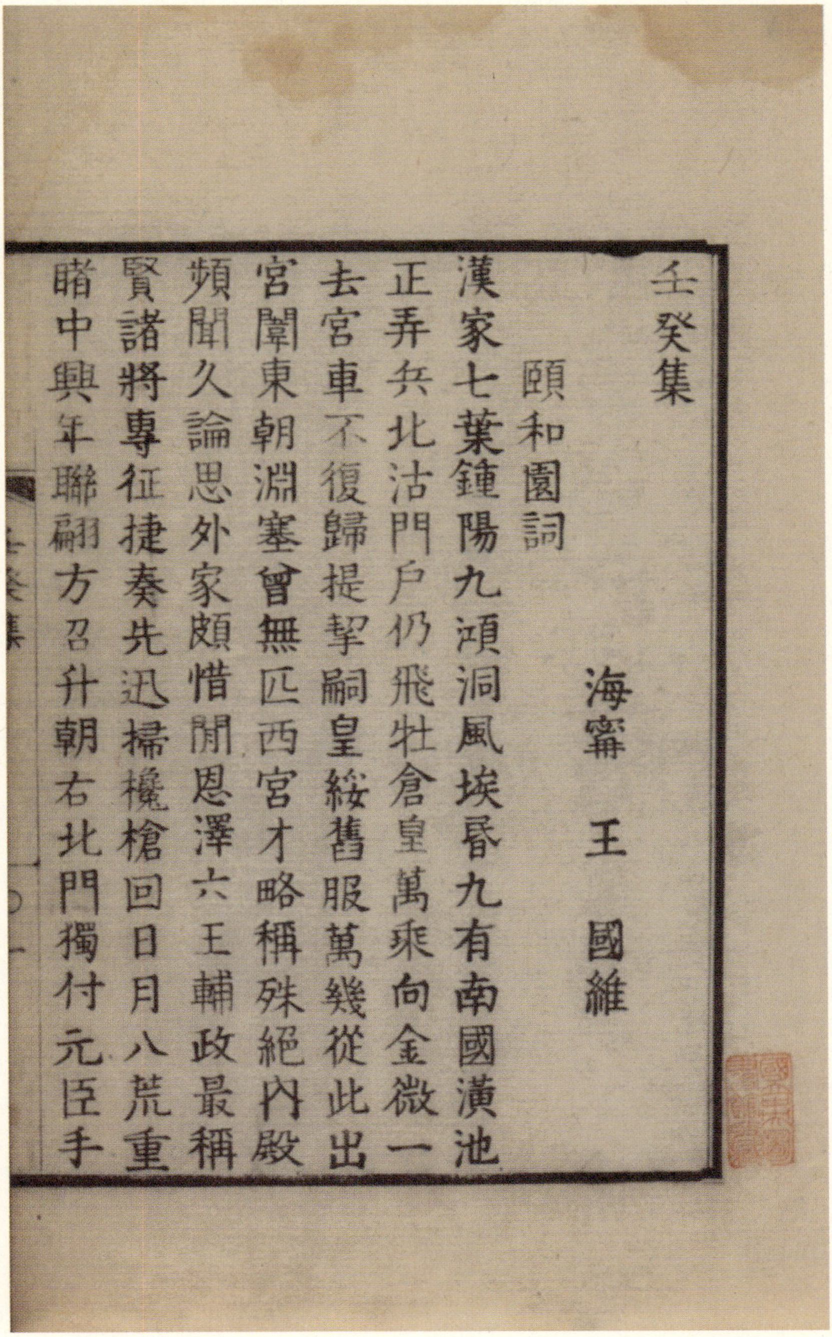
壬癸集

海寧　王國維

頤和園詞

漢家七葉鍾陽九澒洞風埃昏九有南國潢池正弄兵北沽門户仍飛牡倉皇萬乘向金微一去宮車不復歸提挈嗣皇綏舊服萬幾從此出宮闈東朝淵塞曾無匹西宮才略稱殊絶內殿頻聞久論思外家頗惜閒恩澤六王輔政最稱賢諸將專征捷奏先迅掃欃槍回日月八荒重睹中興年聯翩方召升朝右北門獨付元臣手

《任癸集》一卷，王國維撰。日本京都聖華房木活字印本。

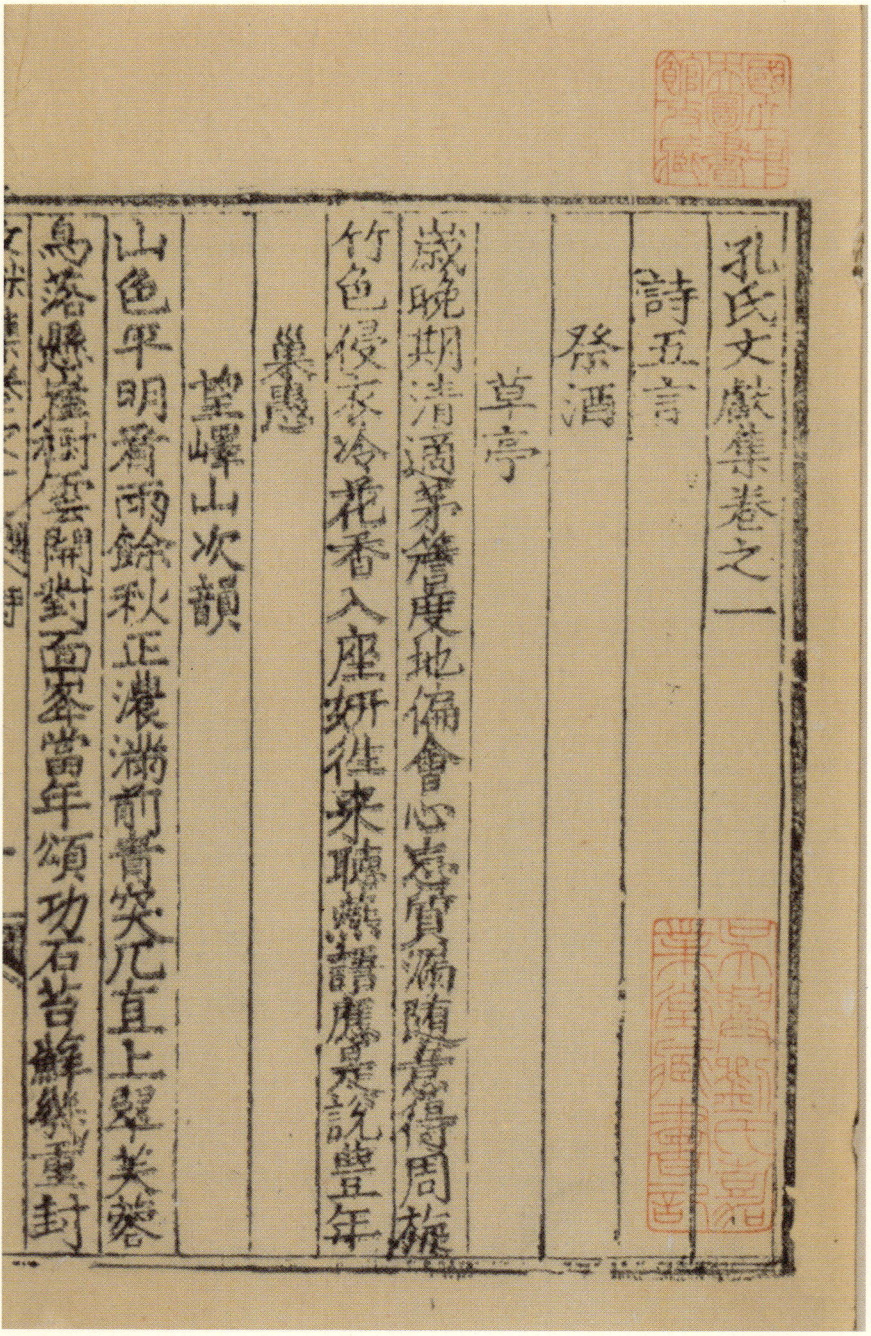
孔氏文獻集卷之一

詩五言

祭酒

草亭

歲晚期清適茅簷度地偏會心虛賞滿隨意得周旋

竹色侵衣冷花香入座妍往來聽燕語應是說豐年

巢懸

望嶧山次韻

山色平明霽雨餘秋正濃勝前青笑尺直上翠芙蓉

鳥落懸崖樹雲開對面峯當年頌功石苔蘚幾重封

《孔氏文獻集》四卷，明孔弘幹輯。明嘉靖四十二年闕里孔氏刻本。

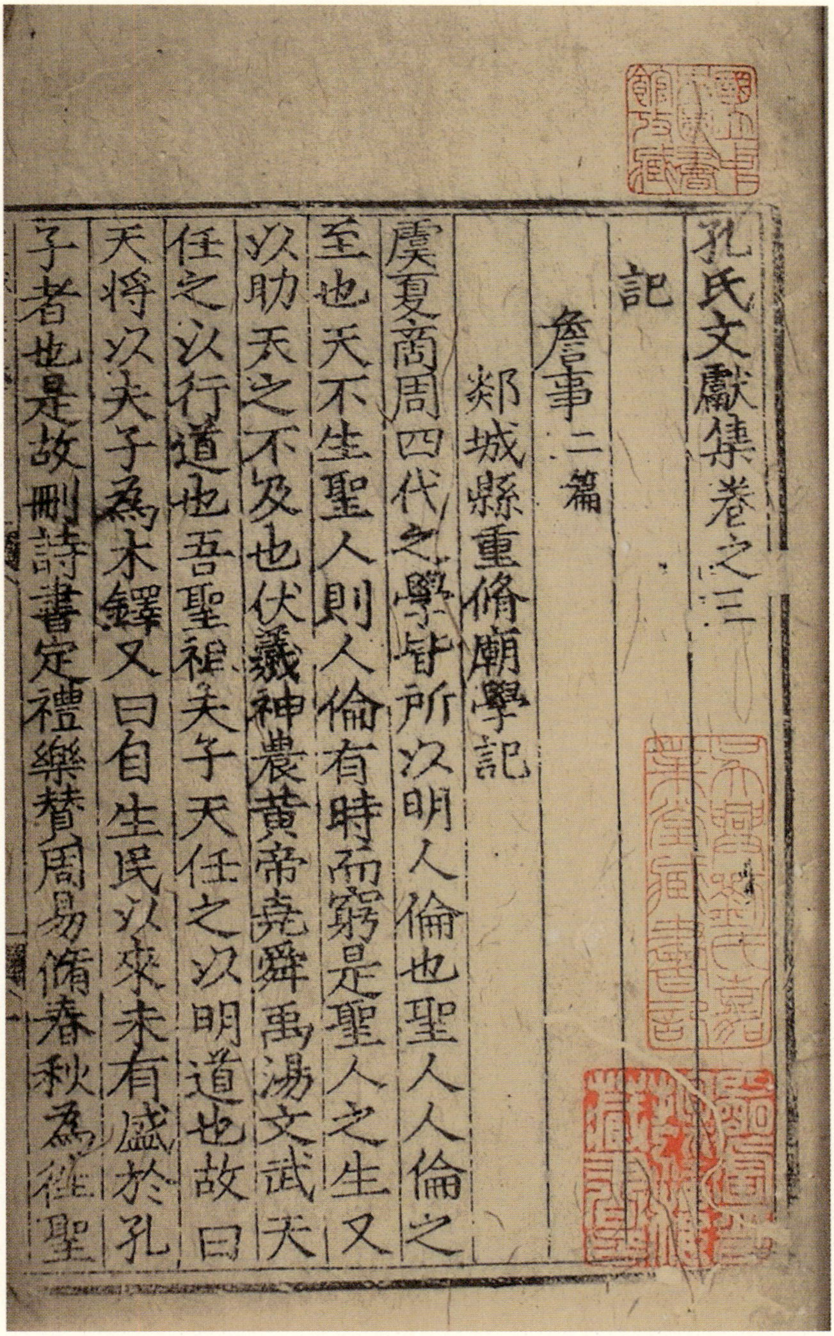
孔氏文獻集卷之三

記

詹事二篇

郯城縣重脩廟學記

虞夏商周四代之學皆所以明人倫也聖人人倫之至也天不生聖人則人倫有時而窮是聖人之生又以助天之不及也伏羲神農黄帝堯舜禹湯文武天任之以行道也吾聖祖夫子天任之以明道也故曰天將以夫子為木鐸又曰自生民以來未有盛於孔子者也是故删詩書定禮樂賛周易脩春秋為往聖

《孔氏文獻集》四卷，明孔弘幹輯。明嘉靖四十二年闕里孔氏刻本。

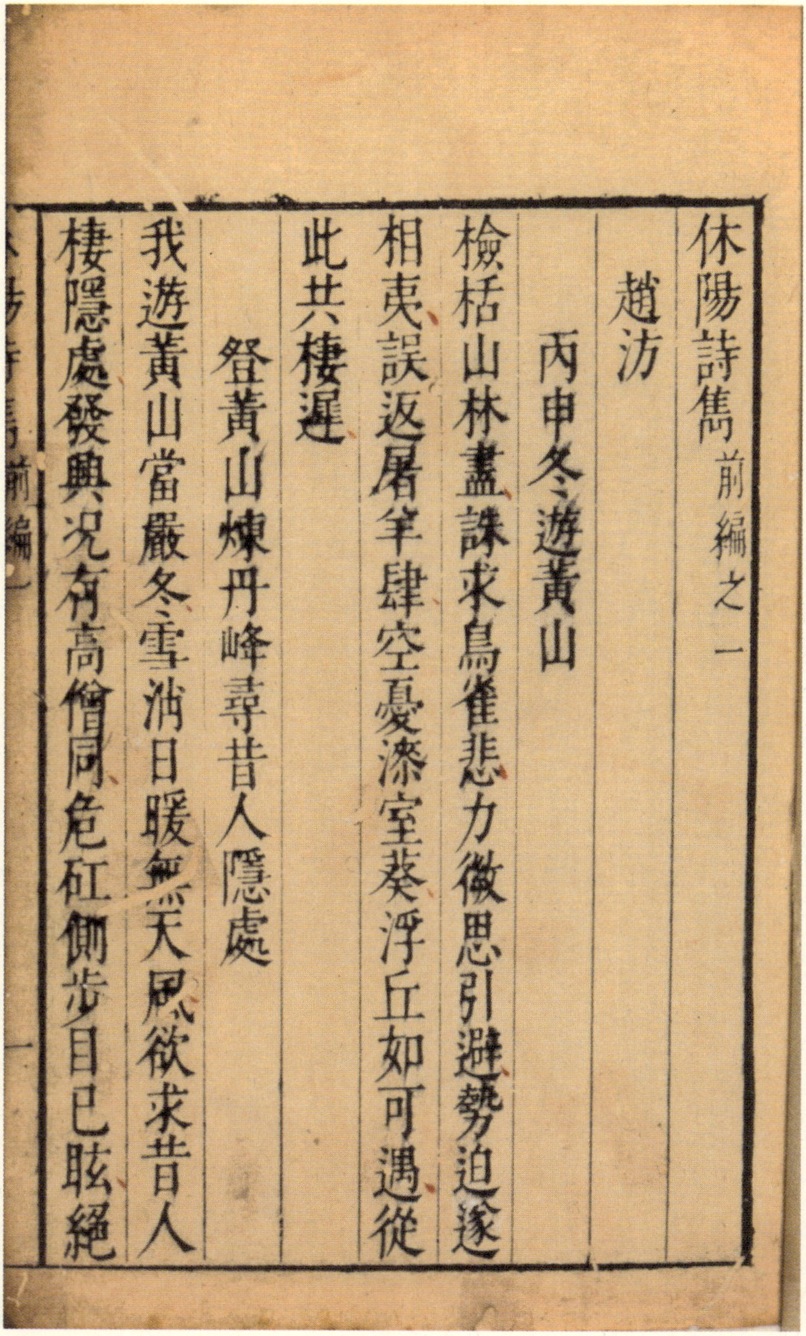
休陽詩雋前編之一

趙汸

丙申冬遊黃山

檢栝山林盡誅求鳥雀悲力微思引避勢迫遂相夷誤返屠羊肆空憂漆室葵浮丘如可遇從此共棲遲

登黃山煉丹峰尋昔人隱處

我遊黃山當嚴冬雪消日暖無天風欲求昔人棲隱處發興況有高僧同危矼側步目已眩絕

《休陽詩雋》前編四卷后編八卷，明汪先岸輯。明天啓四年刻本。

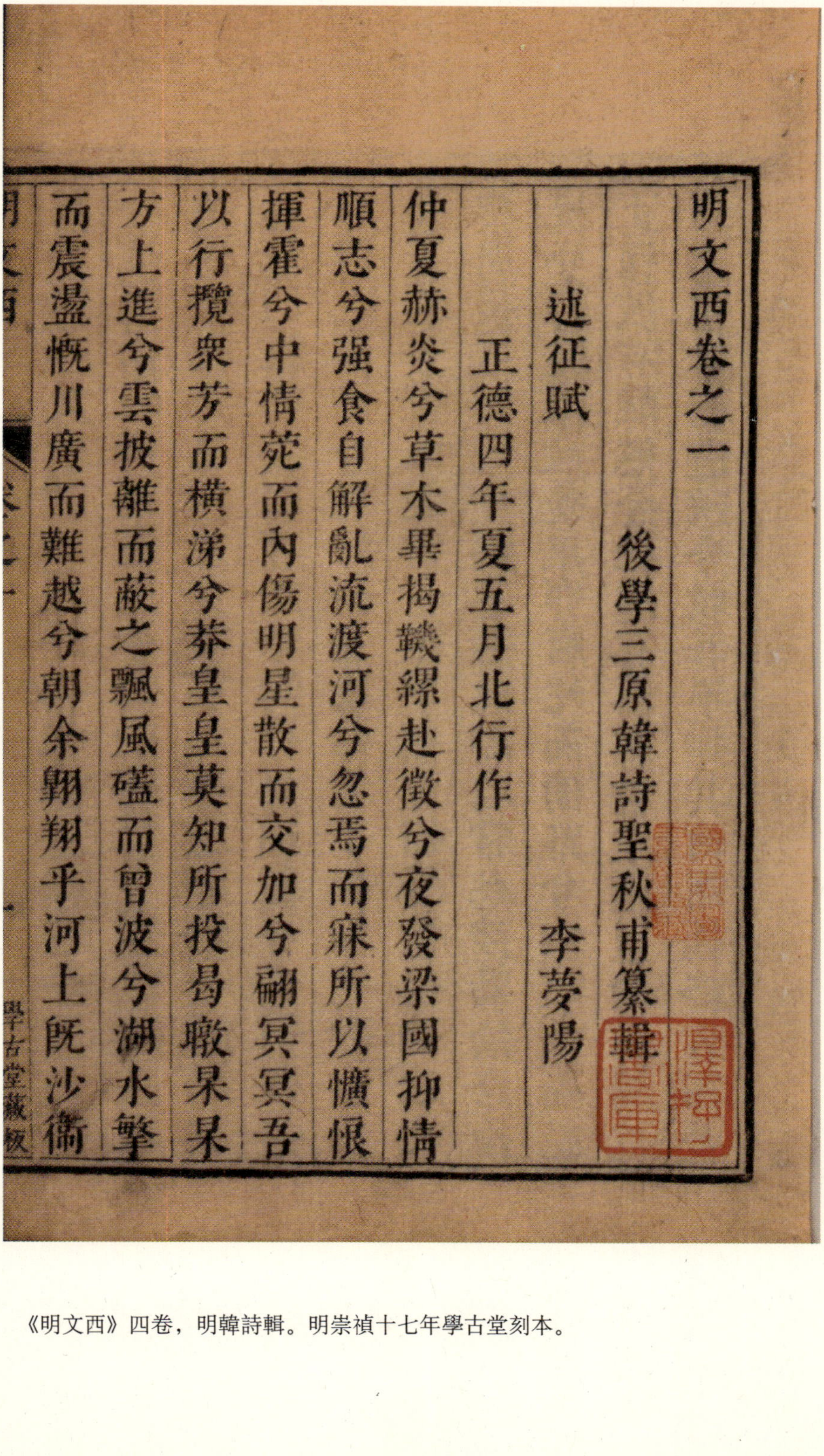
明文西卷之一

後學三原韓詩聖秋甫纂輯

述征賦　李夢陽

正德四年夏五月北行作

仲夏赫炎兮草木畢揭羈縲赴徵兮夜發梁國抑情順志兮强食自解亂流渡河兮忽焉而寐所以懭悢揮霍兮中情菀而內傷明星散而交加兮翩冥冥吾以行攬衆芳而橫涕兮恭皇皇莫知所投曷暾杲杲方上進兮雲披離而蔽之飄風磕而曾波兮湖水擊而震盪慨川廣而難越兮朝余翱翔乎河上既沙衞

明文西　卷之一　學古堂藏板

《明文西》四卷，明韓詩輯。明崇禎十七年學古堂刻本。

目　録

序一

“書録”或稱“書志”，亦稱“提要”或“解題”。其撰寫體制爲目録學史中之最早者，其作用亦爲最巨者。宏燁齋主人沈津先生，早年從顧起潜老習版本目録及碑帖書札之學，爲顧老及門弟子，從事古籍善本編目整理、采訪考訂工作四十餘年，曾任職上海圖書館特藏部。工作中又受教於著名藏書家潘景鄭、瞿鳳起兩前輩，其學逾進。專業所需，志趣所向，其行踪遍及大江南北，凡庋藏古籍善本之公私館室、書肆人家，靡不有先生足迹。上世紀八十年代更遠涉重洋，於美國作圖書館學研究，并考察東亞圖書館所藏之中國古籍善本。九十年代定居於美，任美國哈佛大學哈佛燕京圖書館善本書室主任。閲歷既廣，研習亦深，其鑒定版本别具慧眼，考究源流獨闢蹊徑。多年來以孜孜不倦鍥而不舍之精神，廣搜博采，勒成善本書録數種，計出版有《書城挹翠録》、《美國哈佛大學哈佛燕京圖書館中文善本書志》，凡著録中文古籍善本二千餘種，撰寫書録二百餘萬言，皇皇巨作，極具重要之參考價值，爲研治中國古籍文獻不可或缺之利器也。

今更本精益求精承簡約之旨，遴選存世罕見秘籍，輯爲《中國珍稀古籍善本書録》付梓行世。其内容所收，不以流傳有緒之宋元本爲主，而以罕見著録且富學術文獻價值之刻本、稿本、抄本和批校題跋本爲首選，其中多爲中國大陸藏家所缺或學人未見之秘本。書海無邊，擷其英，取其華，此《中國珍稀古籍善本書録》之所應作也。讀者手兹一録，則原書之卷數、撰者之仕歷、版本之流傳、内容之概要、序跋之存佚、藏書之地處、印章之有無，了然於目，洞然悉曉，裨益學術大焉。

余悉沈津先生之名，始於 1962 年春，識荆則在十六年後參加《中國古籍善本書目》編輯一役中。《書目》匯編階段，沈兄文旌北上，居於北京香廠路任經部副主編，我則忝列叢部。朝夕相處八閲月之久。《書目》定稿階段，我則南下滬瀆，與沈兄同室辦公，於業務多所交流，頗得三友之益。其鑽研專業之認真，撰作之勤苦，久矣爲我之楷模。今冬沈兄海外來鴻，言及將出版《中國珍稀古籍善本書録》，并囑序於我。聞之既喜且愧：喜者《書録》之面世，使從事研究整理古籍文獻者，再增實用之作，有助於治學之功甚大，誠藝林快事；愧者我年齒徒增，學識謭陋，承命贅語，局促不安，却之不恭，敢以蕪辭報命并志景仰云爾。

甲申祭竈日丁瑜敬書於延年居

序二

中國古籍歷史悠久，數量繁多，其情況是非常複雜的。就書名來説，書名不同者内容有的會相同，是同書异名，書名相同者有的内容會不同，根本不是同一種書；就著者來説，不僅不同朝代有同名著者，就是同朝代也有同名著者；就版本來説，則更爲複雜，許多書的版本本來就很難斷定，更何况有些書的版本經過了有意作僞；還有在流傳過程中造成的種種變易。爲了揭示這些不同，以前的圖書整理者和藏書家，在著録所轄圖書時，除著録書名、卷數、著者、版本、函册等項外，還常用多少不等的文字進行揭示，即爲所轄書撰寫提要或書志。

古籍的同一種書在流傳過程中形成了許多版本，印刷術出現之後同一版本又有許多複本，在這些版本和複本中既有共性又有個性。同一種書的不同版本其内容是基本相同的，這是其共性；同一種書的不同版本有時其内容會存在差异，同一版本的不同複本在流傳過程中經過不同的流通渠道和不同藏書者收藏，會形成不同的特色，這是其個性。對共性可通過提要來揭示，對個性用以揭示著者和内容爲主的提要則很難揭示清楚和準確，必須用書志來揭示。從明代中期人們開始注意版本和流傳以來，一些公私藏書家和學者，把所藏之書和所見之書的特徵寫成文字，或曰題跋、題記、題識，或曰經眼録，或曰書志、書録，還有其他名稱，可以統稱之爲書志。

中國古籍是歷史上流傳下來的，既有文獻價值，又有文物價值。愈是年代久遠，或是經過名人收藏過的，其文物價值則愈大。文獻價值可以通過提要進行揭示，文物價值提要一般很難揭示，或揭示得不充分，必須通過書志來揭示。一些古籍在産生和流傳過程中有許多故事，這些故事本身就是文化史的一部分，同時也爲文化事業增添了色彩。一部年代久遠經衆多藏書家收藏過的古籍擺在面前，不僅使我們嗅到紙墨之香，對當時的時代有某種感受，而且面對衆多鮮艷奪目的遞藏章和名家的批校題跋，感到是在欣賞一件流傳有自的高雅藝術品，如同欣賞書法作品和繪畫作品一樣，賞心悦目。因此，對充分揭示古籍的個性尤其是文物性來説，撰寫書志是不可或缺的。

清初以來，書志著作可謂衆矣。其纂著方式也不拘一格，或偏重於版本特徵，或偏重於版本和有關内容的考證，或偏重於流傳經過，或偏重於鑒賞和感慨。從表現形式來説，則各有千秋，各有所表，如果評論其質量高下，則并非同一品級，不過都爲今天書志的撰寫提供某些借鑒。

沈津先生曾先後在上海圖書館、香港中文大學圖書館、美國哈佛大學哈佛燕京圖書館工作，四十多年來經常在大陸、香港、臺灣及美國各著名圖書館做中國古籍方面的訪問，經眼了數萬種中國古籍，又博學多識，在腦際構建了中國古籍的知識庫。十多年來致力於中國古籍書志的撰寫，已出版了《書城挹翠録》、《美國哈佛大學哈佛燕京圖書館中文善本書志》（明末以前版本部分）兩部書志巨著，近日又將其往日所寫的中國古籍稀見品種和稀見版本的文章彙集在一起，再加修改，撰成《中國珍稀古籍善本書録》。沈津先生閱讀了大量的以前的書志著作，吸取各家所長，查閱大量文獻資料，運用豐富的歷史文化知識和圖書館古籍整理的經驗，進行書志撰寫。每書皆介紹著者、内容、書中序跋和版本特徵，介紹遞藏源流、與有關書目的關係、與本書有關的掌故，有的書還介紹形成經過，評價内容得失，著者、版本、藏印的辨僞。每部書應該寫的内容幾乎都介紹到了，又都是讀者所需的，但并非千篇一律，而是根據書的具體情况各有側重，有話則長，無話則短，靈活多樣。總之，讀沈津先生所寫的書志，不僅可以了解本書的著者、内容、版本，還可以了解許多歷史文化知識。可以説沈津先生創立了書志的比較理想的體例。

近幾十年來，圖書館的書志編撰和出版的很少，有限的幾部，也基本是客觀描述，内容比較貧乏，缺乏撰志者的考證和對歷史資料的挖掘。所以沈津先生在此書后記中希望各圖書館編撰和出版本館所藏古籍的書志。我支持沈津先生的意見，認爲圖書館（起碼是大陸的重要的省市一級公共圖書館及大專院校圖書館）應該組織并培養力量積極撰寫書志，其意義有四：

第一，可以更深層次地揭示文獻。好的書志内容有對著者和内容的介紹，再加上其他内容，可以使讀者對文獻有更深刻的了解，便於讀者對文獻的選擇，有利於促進學術的發展。

第二，可以廣泛挖掘我國書文化的資料。我國的傳統文化是博大精深的，書文化是傳統文化的重要組成部分，與其他文化有着密切的關係。對書文化的研究已取得了衆多的成就，但研究是没有止境的，無論是宏觀還是微觀還有許多内容没有研究或研究得不够。通過對書志的撰寫，必然會挖掘出許多書文化的資料，促進書文化的研究，促進傳統文化的研究。

第三，可以促進我國古籍版本學的發展。我國的古籍版本學是在實踐中總結出來的一門學科，它不僅是研究怎樣鑒定版本，還應在實踐中解决古籍的版本問題。目前，不少圖書館已分編入藏的古籍，從表面上看版本問題似乎解决了。其實不然，其中有相當一部分著録不準確，甚至是錯誤的，就是權威性很高的《中國古籍善本書目》的版本著録也有失誤之處。究其原因，是古籍在長期的流傳過程中，有的書顯示版本的根據失掉了，有的書的版本根據被人有意作僞。假設某種古籍的某種版本存世尚有三部，其中一部版本依據失掉了，一部版本依據被作僞了，一部版本依據仍然保存着，如果能把三部書鑒定版本的依據進行交流，再通過書影進行比對，那麽，失掉的依據可以補上，作僞的手段可以揭穿，該書的版本問題就真正地解决了。這樣的例子是不勝枚舉的。鑒定古籍版本除本書的依據之外，還有許多旁證資料，旁證資料没有利用或利用得不够，則版本著録容易失誤。如果同一版本之書藏在不同圖書館，在撰寫書志的過程中皆認真查找資料，會使有關該書版本的資料查找得比較全，有助於該書版本的解决。

第四，可以鍛煉隊伍、培養人才。培養圖書館古籍整理人才，課堂講授當然重要，但關鍵須在實踐中培養。上個世紀《中國古籍善本書目》的編纂，爲全國圖書館界培養了一批古籍整理人才，就是有力的證明。撰寫書志對古籍編目人員的水平要求更高，不僅必須掌握編目的技能，還必須有廣博的歷史文化知識和高水平駕馭文獻的能力。學會游泳就必須下水，在陸地上是學不會的。撰寫書志是培養圖書館古籍工作人員非常好的實踐機會。也許初寫時會遇到很多困難，只要寫的時間長了，寫得多了，自然會找出路徑，提高水平。

沈津先生是知名的圖書館中國古籍專家。上個世紀六十年代初，顧廷龍等先生帶他進入中國古籍的版本目録學之門，并言傳身教，授予豐富的知識和嚴謹的學風。在此堅實的基礎上，再加上天資穎慧，勤奮好學，得以迅速成長，昔時的新苗，今天已長成參天大樹。1975年我認識沈津先生，此後的三十年中不時會晤，又經常書信往來，稱得上是故交。此書付梓之際，沈津先生向我索序，我對他的事業是欽佩、讚同的，願借贅序之機對他深表敬意。

韓錫鐸 2005年春節書於瀋陽家中

序三

我國古籍,浩如烟海。其數量之多,内容之豐富,學術之精深,形態之多樣,版本之復雜,刻印之精良,裝幀之絢麗,歷史之悠久,流傳之廣遠,這是古籍的特色和魅力所在,在世界上可説是無以倫比。她反映我國歷代學術文化的縮影,也是版本目録學昌盛的根源。

考古籍整理所編書目,迄今已有三千年歷史,在流傳下來的歷代衆多類型的書目中,有一種很值得繼承和倡導的書目,即古籍的書志(亦稱書録),書志與書目同出一源,爲我國傳統目録學的一種重要形式,書目以著録文獻外形特徵爲主,如:書名、卷次、著者、版本、册函等。若稍詳細一點,可加著書中的行款、刻工、牌記、印章、封面、批校、題識等等;書志則以著録文獻内容、版本特徵爲主,如:書中目録、序跋、内容、學術價值、版本特點、作者生平、寫作過程、流傳情况以及歷史掌故等等,此外,還應加著文獻外型特徵。因此,書目以簡略見稱,書志以詳記爲長;書目爲淺加工,書志爲深耕耘;書目僅爲讀者提供一書基本著録,書志則含有大量信息,有較全面論述和考證。故書目與書志都是一種學術性工作,它反映編撰者的學識與技術水平。但書志是書目的延伸與發展。在信息時代的今天,簡單的普通書目,即僅著録一書的書名、卷次、著者、版本、册數、收藏單位等項目,已不被讀者所青睐,人們要求圖書館盡可能提供一種著録準確、體例完備、可比性强、信息量大、參考價值高的目録,這是時代發展的需要,也是目録學學科建設的要求。爲此,編撰書志,應爲我國古籍善本藏量較多的圖書館的一項迫切任務。遺憾的是,近半個世紀以來,所見多爲數十種普通的《館藏古籍善本書目》,尚鮮見國家級、省市級和大學圖書館所出版的善本書志,這是一種不應有的現象,現僅知有《蘇州市圖書館藏古籍善本提要·經部》一種,而古籍專題書目提要,却出版了若干種,這是某些專家、學者圍繞某一主題研究的成果。在書志陷入低谷的今天,沈君打破僵局,連續出版了兩種書志,值得稱頌。其特點有如下幾項:

選題新穎實用。書名《中國珍稀古籍善本書録》。《説文解字》釋"珍":寶貴之物皆曰珍;釋"稀":少也。也就是説,"珍稀"指珍貴稀少(見)的書,是質與量的統一。此書所收書録以少見明刻本以及未刻的稿本、抄本爲主,總數爲四百多種,這爲我們提供古籍中十分有價值的信息。特别是那些内容豐富、刻印精良,書品又好且流傳較稀見的明代刻本,至於未刻的稿本,其價值更不待言。可以説,這種選題在我國古代和近現代都很少有。作者通過幾十年的工作實踐積纍這方面主題的數據，并查閲有關文獻書目，從中確定“珍稀”和“未刻”，其工作量和難度可想而知，如果没有豐富的版本目録學知識，未到過國内外圖書館查閲取證，眼見爲實，一般人是很難做到的。

作者很少收録宋、元刻本，也是有道理的。雖然這些書，刻印時間早，世間流存少，“又早又少”，自然成爲古今藏書家的“鎮庫之寶”，詳加評介。但刻印早，未必皆好。我國版本目録學家王獻唐先生，爲《山東省立圖書館善本書目》作序曾説：“宋人不重宋槧，明人重之。明人不重明槧，清人重之，知無所謂善否？論早晚而已。……歷年久則散佚多，散佚多則傳世稀。書以稀貴，古而遂稀，故又以古重，非以其古，實以其稀。然稀見之本未必優，習見之本未必劣。而世之藏書家，競以古刻（指宋元本）寡覯之書爲善，是其所謂善者，殆已異乎善之準的矣。”我也見過一部元至元五年（1339）所刻方志《齊乘》，對比了清乾隆四十六年（1781）刻本，發現元刻雖早，但錯訛甚多，後出的乾隆刻本，糾正了原刻的諸多訛誤。因此，從刊刻時間上説，元刻本爲早，但從内容文字上説，我認爲清乾隆刻本比元刻本更好。

憑沈君的實踐經驗和見多識廣，我倒建議此書出版後，能再編一部《珍稀清刻本知見書録》，作爲姊妹篇，爲古籍整理和研究提供更多更大的信息，以嘉惠士林，豈不更妙！

創新“書志”體例。自漢劉向以來，代有目録之作，但歷經魏、晋、唐、宋以來，或淺薄不經，或存謬誤，相沿成習，就是被視爲經典提要書目的《四庫全書總目》，亦存疏漏與缺失，受到胡玉縉、余嘉錫等學者批評。沈君編撰《書志》的特點，在於他能總結前人的成果，傳承發揚祖國典籍整序的優良傳統，并根據時代的需求，大膽加以創新，使之更爲完善，從他所撰《美國哈佛大學哈佛燕京圖書館中文善本書志》、《書城挹翠録》以及發表在臺灣刊物的《雲烟過眼新録》（連載）等表明，他能吸取前人目録的經驗及成果，創立書志新體例，歸納起來有如下幾點：

一、準確著録圖書的外形特徵。如版本術語、版式行款、刻工、封面、收藏者以及考證版本刻印時間、印記真僞等；二、介紹圖書的内容。如考證、解釋書名、成書經過、學術價值、内容得失、書的掌故史實等；三、考證作者署名、别號等情況，以求真實確定第一責任者；四、引述有價值的原書序跋和考證後人批校、題識，并對“缺序”加以補充，還原書的真面目；五、考證版本時間、出版者，揭露書賈作僞牟利手法；六、詳記藏印，鑒别真僞，考究收藏經過；七、介紹一書存世的其他版本，并聯係與《四庫全書總目》的關係；八、介紹作者生平事迹，了解作者寫書目的及其研究方向等等。總而言之，他這種撮舉一書大旨，品題得失，考辨訛謬，辨别真僞，詳記版刻等情況，能够起到指引讀者閲讀和治學的作用，基本上達到目録學的“辨章學術，考鏡源流”的宗旨。因此，上海華東師範大學古籍整理研究所嚴佐之教授認爲:“沈《志》至少是半個世紀以來編得最好的一部藏書志,體例正宗,兼有創意,信息量大,有時代性。”我認爲這種評價實非過譽。

哈佛模式。這是嚴教授身歷其境,參與編撰書志而總結的一種結構模式,内容包括:館長統籌、經費穩定和引進人才三個基本要素,這雖是對大洋彼岸美國哈佛大學哈佛燕京圖書館編撰《書志》的經驗概括,但它對我國和外國圖書館同樣具有普遍參考意義,我十分贊同這種觀點,并認爲三者要素互相聯係而又缺一不可。其中,館長是核心,經費是基礎,人才是關鍵。我認爲三者中,雖各有功能,但人才起着重要作用。綜觀我國目前古籍整理的技術力量,已呈現一種滑坡的青黄不接、後繼乏人的現象。當年在北京參與《中國古籍善本書目》的編輯人員,是各館古籍整理有經驗的工作者。自編輯工作完成返回各地後,由於各種原因,有的改行,有的調動,有的退休等,仍堅守古籍崗位的,可説是屈指可數。這部分人幾十年如一日,不受社會各種干擾和利誘,仍奮戰在古籍整理的工作崗位上,真是太難得的人才,理應受到妥善安置。然而有的圖書館古籍整理人員却減少了,調整了,流失了,退休了,後備力量嚴重不足。不要説編輯館藏古籍善本書目困難重重,更惶論書志。中國是一個歷史悠久的泱泱大國,有繼承優秀文化遺産的傳統,爲什麽會出現這種現象? 真令人百思不解。近幾十年來,省級以上圖書館和大學圖書館,之所以未見館藏善本書志問世,原因是多方面的,我認爲主要是缺乏人才。應當指出,目前國内有的館已注意到這個問題,開始引進人才,如廣州中山大學圖書館,有古籍近三十萬册,由於技術力量不足,特從遼寧和上海引進古籍整理和古籍修復的專家,培養和提高該館工作人員的水平,現已出版《中山大學圖書館古籍善本書目》,并計劃在此基礎上,繼續編撰善本書志,這也是館長統籌、運籌帷幄的一種表現吧。

我與沈君相識於1962年,至今已有四十多年交情。上世紀七十年代末,山東與上海爲華東協作片,及國家召開善本書目籌備會,我們經常見面,他在南昌、廣州會議上,分别作了“關於版本鑒定的一些問題”和“古籍著録誤判問題”的報告,開始引起同行關注。後來我們相會在北京共同編輯《中國古籍善本書目》,時相交談切磋。近十多年來,他從香港到了美國,我倆書信來往甚密,并約定書信不能用計算機打印,必須手寫,此例一直堅持至今,深有見字如見人之感慨。

沈君近年佳作屢出,先是《翁方綱年譜》,這是受恩師顧老所囑,他花了四十年時間,用他的話説:“占去了一個人的大半生”才完成此五十萬字的寫作。繼之連續出版新作多部,如《美國哈佛大學哈佛燕京圖書館中文善本書志》、《書城挹翠録》、《顧廷龍年譜》、《顧廷龍書題留影》等等。今年又將推出《中國珍稀古籍善本書録》、《書城風弦録》、《書韵悠悠一脉香》等三部新作,實在令人敬佩。他現在還正在編寫《哈佛燕京圖書館中文清代善本書志》,繼續爲弘揚發掘我國優秀文化遺産添磚加瓦。我們翹首以待。

1960年沈君師從著名的版本目録學家、圖書館事業家、文獻學家顧廷龍先生，并有名師潘景鄭、瞿鳳起的助導，爲他後來的成長，奠定了堅實的基礎。有謂“名師出高徒”，不要説沈君追隨顧老三十多年受益良多，就連我在北京與顧老共事一年，也深感他是一位學識淵博，誠正謙讓，携扶後進的慈祥長者，但我却没有這個緣分，天天能够聆聽顧老的教誨。沈君在圖書館工作，屈指已四十五年，整天與古籍打交道，長期與古人對話，其間艱辛、枯燥莫以名狀。但他無怨無悔，一如既往，始終堅守崗位，勤勤懇懇，兢兢業業，成爲我國古籍的一代守護者、整理者和開拓者。在當今社會潮流，跟風派，趕時髦和各種名利的追逐、引誘，如意志不堅，精神自然崩潰，我國古籍整理工作後繼乏人，其原因之一就在於此。沈君的敬業精神，爲我等同行所敬佩，亦爲當代年輕人學習的榜様。

沈書既成，問序於予，吾又不善此道，自知固陋倉皇，不足闡揚於萬一，謹弁數言，并爲我同行倡，聊存贅言。

駱偉乙酉年春分書於廣州中山大學蒲園

易本義附録纂注【元刻本】

《易本義附録纂注》十五卷，元胡一桂撰。元刻本。二册。半頁十行二十字，小字雙行二十四字，左右雙邊。上下細黑口，雙魚尾。題"新安後學胡一桂附録纂注"。無序跋。

胡一桂，字廷芳，號雙湖，安徽婺源人。生而穎悟，易學得於家教。宋景定五年(1264)，年十八領鄉薦，試禮部不第。入元，家居講學，遠近師之。延祐初卒。又有《易學啓蒙翼傳》、《十七史纂古今通要》等。(光緒)《婺源縣志》卷十九有傳。

此本存十卷，爲象傳上下、系辭下傳至末。《香港中文大學圖書館善本書目》著録爲十四卷，誤。是書原爲宋朱熹注疏周易原義，一桂入閩，博訪諸名士，以求文公緒論。建安熊去非方讀書武夷山中，與之上下議論，歸則裒集諸家之説，以疏朱子之言，即爲此書。書中一桂所作"附録"、"纂注"，皆以墨圈標明之。

此本舊爲汪憲、丁氏八千卷樓所藏。憲，字千陂，號魚亭，浙江錢塘人，乾隆十年(1745)進士，官刑部陝西司員外郎，喜好藏書，有《振綺堂稿》。丁氏得此書時在咸豐十一年(1861)以後，書已殘存十卷，有鈐印"泉唐丁氏竹舟申松生丙辛酉以後所得"，丁氏《善本書室藏書志》可證。清末，丁氏書散出，多歸南京江南圖書館。《江南圖書館善本書目》、《江蘇省國學圖書總目》皆有著録。然抗日戰争期間，該館損失慘重，是書也隨之流出，故1948年編《江蘇省立國學圖書館現存書目》未入其内。

是書原鈐有"江蘇第一圖書館善本書之印記"，後爲人截去右半"江蘇第一圖書館"七字，以掩人耳目，柳詒徵編《盋山書影》第一輯中册有書影可核。查諸《中國古籍善本書目》及臺灣《"國立中央圖書館"善本書目》，僅四川省圖書館有一殘本，存三卷。

鈐印有"慎獨齋"、"薊北李氏"、"東海郡圖書印"、"雲間徐氏"，皆甚舊。又有"張子望印"、"張子望文房印"、"汪魚亭藏閲書"、"丁氏八千卷樓藏書記"、"八千卷樓藏書印"、"八千卷樓藏書之記"、"八千卷樓珍藏善本"、"八千卷樓"、"錢塘丁氏藏書"、"善本書室"、"善本書室印記"、"甘泉書藏"、"綸音嘉惠藝林"、"公約過眼"。

書藏香港中文大學圖書館。

硯北易鈔【清初抄本】

《硯北易鈔》十二卷，清黄叔琳撰。清初抄本。十册。清文廷式、王禮培跋。半頁十行二十字，黑格。題"北平黄叔琳崑圃輯"。

黄叔琳，字崑圃，北平大興人。康熙三十年(1691)成進士，授編修。在翰林院九年，遷國子司學，再遷侍讀，視學山東，以刑部侍郎典試江南。以詹事加侍郎銜家居。乾隆二十一年(1756)卒，年八十五。又著有《養素堂詩文集》。

此爲乾隆間修《四庫全書》時，翰林院編修勵守謙交出進呈本。内有簽注并粘貼小簽條甚多，簽條有兩種，一種下鈐"復初齋"小印，一鈐"此亭"小印。"復初齋"者，乃翁方綱。"此亭"者，清代有張自坤、劉伍寬，但不知此爲何人。此本進入四庫全書館後，經翁方綱及"此亭"審閲無疑。據書眉上端粘貼痕迹看，其時審閲時所貼浮簽頗多，後爲他人扯去，只剩殘留小簽。勵守謙，字自牧，號雙清老人，直隸静海人。乾隆十年進士，官翰林院編修，擅山水。

翁方綱所寫簽條，多爲書中某句有誤，或系應整齊劃一等内容。如："此書所採古説，凡八十餘家，諸如名稱頗不劃一，蓋摘録時不過隨便記之，而成書時，則宜歸於劃一也。某氏在上則舉其名，某氏在下則舉其號。""凡引用諸説，寫正本時宜取原書查對。""楊氏誠齋一條，應删，此説即程傳之意也。今按語既駁程説，自不應又取此條，致滋兩岐。""御名應缺筆，此在寫正本時逐一留心。"

王禮培跋云："黄崑圃《硯北易鈔》不分卷，翰林院勵守謙交出進呈，四庫館臣翁覃溪等校正。書中箋輯條下有'復初齋'印，即覃溪所校。據箋條有'俟臨刻時更正'云云，信爲未刊之秘籍也。甲子初春，湘鄉王禮培記。"

文廷式跋云："按黄叔琳，大興人，康熙進士，累官詹事，嘗以文學政事，受知康熙、雍正、乾隆三朝，當代推爲臣儒，世稱北平黄先生。有《硯北易鈔》、《詩經統説》、《夏小正傳註》、《史通訓故補註》、《文心雕龍輯注》、《顔氏家訓節録》、《硯北雜録》等書。此書爲進呈本，經翰林院編修勵守謙交出，復經翁覃溪簽注，其珍重可知。十七年冬在滬寓以重值收之。萍鄉文素松。"

封面鈐有木記，"乾隆三十八年六月翰林院編修勵守謙交出硯北易抄壹部計書拾册"。此書似未刻。

此本今藏浙江圖書館。《總目提要》云："中多朱墨校正商榷之處，蓋猶未定之稿也。"按，《四庫全書存目叢書》第三十三册收入此本，惜影印時，凡翁方綱及"此亭"小簽俱不復見。又，叔琳長女適勵宗萬，兩家有親家誼。宗萬，字滋大，號依園，官至侍郎，而守謙爲宗萬子。

尚書集解【明崇禎刻本】

《尚書集解》十卷，明孫繼有撰。崇禎十年（1637）刻本。十册。半頁九行二十四字，四周單邊，白口，無魚尾，書口上刻“尚書集解”。題“句余恒叔甫孫繼有著”。前有崇禎十年來礪之序，次爲《禹貢》所載《隨山浚川圖》。

孫繼有，浙江餘姚人，字姚岑，號恒叔。萬曆十四年（1586）進士，除刑部主事時，會南京刑部郎中譚一召同時疏劾王錫爵，南京吏部主事安希範繼之附和呼應。帝怒，貶謫戍邊雜職。給事中葉繼美上疏爲他申辯，帝益怒，除繼有名。後復起用，官至知府。（光緒）《餘姚縣志》卷二十三、《明史》卷八十五均有傳。

來礪之序云：“顧余自總角受經，即知有孫姚岑先生所著《尚書集解》，《尚書》解如直解、會編、傳翼、研習録、日記諸書，種類不一，然求其晰義之精，取材之廣、賅博簡確，則無如是書者。先生爲餘郡名公，萬曆丙戌進士，其生平行義，於《尚書》直身體力行……此書久而漸湮，即原本亦多訛舛，未免於《尚書經》有漏義焉，譬之醫家以良方療人疾，而一旦失傳，則世無良方，諸方不足貴也。余謂《尚書經》之集解，此療人良方，諸解可廢，此書斷不可廢，蓋不欲以不傳没却先生一段療世婆心也。爰漫爲訂正，□費校讎工庀事。”

此書第一册有佚名圈點并批語。（光緒）《餘姚縣志》卷十七藝文上著録，云“孫繼有尚書説”（乾隆志按：繼有書説，《欽定書經匯纂》中采用之）。是書流傳罕見，《中國古籍善本書目》及臺灣《“國立中央圖書館”善本書目》皆未著録。書藏美國芝加哥大學遠東圖書館。

芝加哥大學遠東館的中文藏書在美國東亞館中位居第六，善本特藏以經部之書類、禮類爲特色，冠於全美，其中不乏孤槧，此其一也。津於 1987 年 2 月到該館，所見普通書庫中經部書藏洋洋大觀，品種繁多，如有研究中華傳統文化的專家學者到此，所獲當非淺少焉。

尚書揆一【明萬曆刻本】

《尚書揆一》六卷，明鄒期楨撰，鄒期相編。明萬曆四十四年(1616)刻本。六册。半頁九行二十字，左右雙邊，白口，無魚尾。題"錫山鄒期楨公寧父著；弟鄒期相公寅父編"。前有萬曆四十四年安希範序，周繼昌題詞，期楨序此書登梓始末。

鄒期楨，江蘇無錫人，字公寧，萬曆中諸生，與吴桂森師從高攀龍，人稱素衣先生。(光緒)《無錫金匱縣志》卷二十一儒林有傳。

安序叙述是書緣始頗詳："余往延鄒甥公寧以訓居兒，先後八年所。公寧日坐塾舍，足不輕逾户閾，課業之隙，日手一編不輟。余間從竊窺之，他所纂輯固甚富，而尤注意《尚書》之學……於金沙王恭簡公二記尤所深嗜，旦披夕採，掇精擷粹，彙録成帙，膚語支辭，悉從汰削。余每閲而愛之，業令兒子手録玩習。既别去五年，設函丈於元宫，及門之士歲月彌廣，授經諸生請業是編，傳寫不給，謀付欹劂，以廣其傳。公寧益加訂覈，題曰'揆一'，以授之梓。""今得公寧是編，廣布宇内，家傳户習，由訓詁以窺删述之旨。"《尚書揆一》雜引諸儒之説闡論主旨。周繼昌評之"詳而不穢，簡而不略，深而不艱，顯而不蕪"，恐非虚言。

《尚書揆一》，(乾隆)《無錫縣志》卷三十九著述著録。《四庫全書總目提要》存目著録，惟著録之本爲康熙庚戌其門人顧宸刻本，前有高攀龍序，又有《讀尚書六要》，乃其孫升所述。而此刻本則有期相"附述仲兄文行社讀尚書九要"，曰"要頭腦、要融會、要識見、要精確、要虚明、要貫串、要考據、要婉到、要旁採"。此本傳世僅見北京圖書館有抄本。《中國古籍善本書目》及臺灣各公私藏目皆未著録。今藏美國芝加哥大學遠東圖書館。

會通館校正音釋詩經【明弘治銅活字印本】

《會通館校正音釋詩經》二十卷，明弘治十年(1497)錫山華氏會通館銅活字印本。二册。明佚名朱筆圈點。半頁九行十七字，四周單邊，白口，單魚尾。書口上刻“弘治歲在强圉大荒落”，下刻“會通館活字銅版印”。前有淳熙四年(1177)朱熹序。

中國現今所知用金屬製作活字印本，而又存有原物者，即爲錫山華氏會通館銅活字印本。錫山，即今無錫。華氏，即爲華燧，字文輝，江蘇無錫人。《無錫縣志》云：“少於經史多涉獵，中歲好校閱同異，輒爲辨證，手録成帙，過老儒先生，即持以質焉。既而爲銅字校以繼之，曰：吾能會而通矣。乃名其所曰‘會通館’，人遂以‘會通’稱。或丈之，或君之，或伯仲之，皆曰‘會通’云。”華家頗富，有田若干頃，後來因爲製作銅活字印書，故家道少落。

華燧會通館銅活字本，刷印不多，從清代以來，流傳即稀，而今則更罕見。故葉德輝《書林清話》云：“明人活字版，以錫山華氏爲最有名。活字擺印，固不能如刻印之多，而流傳至今四五百年，蟲鼠之傷殘，兵燹之銷燬，愈久而愈稀。此藏書家所以比之如宋槧名鈔，争相寶尚，固不僅以其源出天水舊槧，可以奴視元明諸刻也。”有關華氏銅活字本的記載，最詳細者即爲《書林清話》，後人有關版本學論著中涉及銅活字者，所引資料也皆出於此。然華氏印書，究爲銅活字，抑或銅版，至今仍無定論。

據錢存訓研究及統計，明代銅活字印本，見於著録者凡五十種，而存於世者僅三十種。其中屬於華氏會通館者，大約有十五種。津歷年所見華氏會通館者在六七種左右，細諦其字體，實類顔真卿，即有剛健雄厚、壯美森嚴之態。顔體對後世書法影響甚大，明代李東陽、邵寶，清代劉墉、錢澧、翁同龢都曾習顔書。清人包世臣云，顔書“穩實而利民用”，由此而想到華氏或喜顔字，進而采之於銅字。華氏銅活字印書，有功於傳播文化，且在中國傳統印刷術上已奠定不可磨滅之地位。但其也有選本不善，校勘不精，排印草率，且有隨意删改原書之詬病，故葉德輝批評華氏本《百川學海》：“改竄宋本舊第，爲世所譏，大約華氏所刻書，均不必可據。”

華氏會通館銅活字本最早者即爲明弘治三年(1490)所印《會通館校正宋諸臣奏議》一百五十卷，也即現今所知最早的金屬活字印本，較《詩經》早七年。此《會通館校正宋諸臣奏議》，華氏有大、小活字二種，用小字印者曰《會通館印正宋諸臣奏議》。其中大字本較小字本更爲難得，哈佛燕京館藏的大字本即爲現存惟一的一部全帙。1993年，津略加小考，後收入《美國哈佛大學哈佛燕京圖書館中文善本書志》。

此本爲傅增湘舊藏。封面有"詩經二十卷,明弘治錫山華氏會通館銅活字本,距印行時已四百二十餘年矣。庚申二月,沅叔傅增湘記於藏園食字齋"。按,庚申,爲民國九年(1920)。傅增湘是近代以來藏書大家,《藏園群書經眼録》著録。此爲傅氏售與美國人者,當年開價一百元大洋,與宋刻殘頁集錦《零璣斷璧》同價。那一次售書共計七種,其中四種爲活字本,惟此爲全帙,餘皆爲殘本,如《會通館校正宋諸臣奏議》(存卷四十一)、《思玄集》(存卷三至五)等。此本無傅氏印記。

此書津於 1987 年 4 月在美國哥倫比亞大學總圖書館所見,未曾編目,也不見各公私藏家書目著録,大陸及臺北地區俱未收藏,《詩經要籍集成》四十二大册亦未收録,可見其罕。按"會通館校正音釋"一類的書,還有《書經》十卷、《易經》四卷(藏英屬哥倫比亞大學圖書館)、《春秋》十二卷。前二種不知具體刊刻年份,《春秋》則和《詩經》一樣,亦爲弘治十年所印。

又卷一第一頁右下鈐印被撕去一方,據所撕紙張大小,疑印爲"姜氏所藏",蓋因第二册卷之十一第一頁右下此位置上有此印。

鈐印有"姜渭"、"姜氏所藏"。

詩地理考【元刻玉海本】

《詩地理考》六卷，宋王應麟撰。元(後)至元三年(1337)慶元路儒學刻《玉海》明修補印本。

王應麟，字伯厚，號厚齋，自號深寧居士，浙江鄞縣人。淳祐元年(1241)進士。官至國史編修、實録檢討兼侍講，禮部尚書兼給事中。後辭職回籍，隱居二十年，專事著述。

此爲《玉海》附刻十三種之一。《玉海》爲宋代四大類書之一，全書分天文、地理、藝文、器用等二十一門，門下分類。所列門目，率巨典鴻章；所録故實，多吉祥善事。應麟於是書網羅典故，囊括舊聞，用力頗勤。然此書版片入明存國子監，因保管不善，多有毁壞。

是書六卷，元刻僅存十三頁，餘皆明代補刻。明正德二年(1507)先有補刻，然僅四頁；嘉靖三十二年(1553)又補一頁，嘉靖三十六年補二十五頁；萬曆十一年(1583)補一頁、十五年補四十三頁、十六年再補四十七頁、十七年續補八頁。正德二年至萬曆十七年，計八十二年，共補版七次。

明代歷次補版，皆由國子監監生管理，故補刻頁書口下多刻有監生名，兹録於下：正德二年爲胡顒，嘉靖丁巳爲韓斗，萬曆丁亥爲項德純、陳君善，萬曆十六年爲羅應選、楊之德、吴允文、孫繼衡、余洵、嚴槩、劉啓春、方萬侖、孫應貴、朱一昌、于泰衡、李子高，萬曆十七年爲饒與炅、朱一禺。

此書元代刻工爲袁、徐、仲裕。明代補版刻工爲晏述、李明、鄧和、戴序、劉欽、大式、劉仁、劉卞、子洪、王慶、劉仕、胡學、裴魁、許可久、張美、段佑、胡祖、王接、劉岳、胡宗、王應龍、焦方、郭才、郭文、李、相、位、珍、科、廷、言、育、同、月、兹、榮、干、禎、谷、禠、秦，共四十人左右。其中晏述等都是萬曆初年參與元刻《晋書》補版之刻工。

此《詩地理考》爲美國普林斯敦大學葛思德東方圖書館所藏。按《玉海》全帙，元刻元印者極爲難得。今所傳本多明代修補之本，大陸所存全者爲十九部，分藏北京、上海、南京等館。葛思德館還有《玉海》全帙，也爲元刻明修補本，有正德元年、二年，嘉靖二十九年、三十四年各年補版，爲入明以來刷印較早之本。

四禮初稿【清初刻本】

《四禮初稿》四卷，明宋纁撰。清初刻本。一册。半頁八行十八字，四周單邊，白口，單魚尾。題“商丘宋纁栗庵輯”。前有萬曆七年(1579)宋纁序。

宋纁，字伯敬，號栗庵，河南商丘人。嘉靖三十八年(1559)進士，授永平府推官，廉直不徇，擢山東道御史，出按陝西，又擢順天府丞遷僉都御史，巡撫保定，累進至户部尚書，後轉吏部尚書，萬曆元年(1573)引疾歸里。纁凝重有識，議事不苟，剛潔清廉，家無姬侍，宦游三十餘年，衹携老僕數人。其喪歸商丘時，士、農、商、賈相迎於道，皆焚香哭祭。民謡有“南出海瑞，北出宋纁”。大江南北多建三報祠，一爲包拯，一爲海瑞，一爲宋纁。卒謚莊敬。

卷一冠禮，卷二昏禮，卷三喪禮，卷四祭禮。《四庫全書總目》著録，入存目。自序云：“余嘗有志未暇，萬曆癸酉春，得告歸，攝藥餌餘閑，乃彙諸家禮書，參互考訂。先求製作之源，次及條件節目之詳，其間窒礙難行及有不安於心者，則斟酌變通，謬加損益，期不失乎禮之本義，簡要易從焉而已。然皆據一時之見，未敢遽以爲是也，故以初稿名焉。”

卷四末刻有“吴縣沈翰較字”。

是書清初刻本傳世不多，《中國古籍善本書目》及臺北《“中央圖書館”善本書目》俱不載。《四庫全書存目叢書》經部第一百一十四册收入此本，底本乃據上海圖書館藏清康熙四十年(1701)宋氏刻本。然上圖所作“清康熙四十年刻本”之依據不詳。又《香港中文大學圖書館古籍善本書録》著録，作“清康熙間刻本”。

是本今藏芝加哥大學遠東圖書館。

禮記通解【明刻《郝氏九經解》本】

《禮記通解》二十二卷，明郝敬撰。明郝千秋、千石刻本。六册。半頁十行二十一字，四周單邊，白口，單魚尾。上刻“禮記通解”，下刻篇名。卷一第一頁題“京山郝敬著；男千秋、千石校刻”。前有郝敬《讀禮記》十三篇，計二十二頁，凡九千餘字。爲《郝氏九經解》之一。

郝敬(1558—1639)，字仲輿，號楚望，京山人。萬曆十七年(1589)進士，累遷户科給事中，因浮躁降宜興縣丞，移知江陰縣，又因述職考績下下，再降，遂挂冠歸里，杜門著書。五經之外，又以《儀禮》、《周禮》、《論語》、《孟子》各著爲解。著作還有《山草堂集》。年八十二卒。

《通解》凡二十二卷，卷一、二曲禮上下，卷三、四檀弓上下，卷五王制，卷六月令，卷七曾子問、文王世子，卷八禮運、禮器，卷九郊特牲，卷十内則，卷十一玉藻，卷十二明堂位、喪服小記、大傳、少儀，卷十三學記、樂記，卷十四雜記上下，卷十五喪大記，卷十六祭法、祭義、祭統，卷十七經解、哀公問、仲尼燕居、孔子閑居、坊記，卷十八、十九爲中庸，卷二十表記、緇衣、奔喪、問喪、服問、閑傳、三年問、深衣、投壺、儒行，卷二十一大學，卷二十二冠義、昏義、鄉飲酒義、射義、燕義、聘義、喪服四制。

《禮記》成書後，後代都有考釋專著。魏晋以後，見於《隋書》、《舊唐書》、《新唐書》中經籍志就有四十種左右，而現存者僅孔穎達《禮記正義》，其餘都已佚亡。綜觀宋、遼、金、元四代，《宋史》、《通志》等藝文志共著録七十餘種，然而十有八九不再傳世，其中尚能得見者僅有宋衛湜《禮記集注》、黄震《讀禮記日抄》以及元陳澔《禮記集説》、吴澄《禮記纂言》。有明一代，雖此類著述幾達百種之多，然乾隆修《四庫全書》時，能够選入者僅胡廣《禮記大全》一種，其餘皆在存目。

《通解》，《明史・藝文志》著録。《四庫全書總目》入存目，《提要》云：“敬作此注，於鄭義多所駁難，然得者僅十之一二，失者乃十之八九。”“大抵鄭氏之學，其間附會讖文，以及牽合古義者，誠不能無所出入，而大致則貫穿群籍，所得爲多。魏王肅之學，百倍於敬，竭一生之力，與鄭氏爲難，至於造家語，以助申己説，然日久論定，迄不能奪康成之席也。敬乃恃其聰明，不量力而與之角，其動輒自敗，固亦宜矣。”四庫纂修官對作者和此書的評價顯而易見。

王重民先生《中國善本書提要》著録此書一部，藏北京大學圖書館(?)。此本藏美國芝加哥大學遠東圖書館。有佚名朱筆圈點。

鈐印有“楝亭曹氏藏書”。

新刊禮經搜義【明萬曆刻本】

《新刊禮經搜義》二十八卷，明余心純撰。明萬曆二十七年(1599)三衢書林刻本。八册。半頁十二行二十六字，四周雙邊，白口，單魚尾，書口上刻“禮經蒐義”。題“壬辰會魁敬若甫葵明余心純著”。前有萬曆二十年鄒觀光序、黄洪憲序、袁黄序、余心純自序。

余心純，字葵明，湖北黄岡人。萬曆二十年進士。少禀异才，爽朗不群。初令皖，再令武塘。(光緒)《嘉善縣志》卷十四選舉載二十六年任知縣，入覲，卒於舟。據黄序，心純在嘉善任内“而學道愛人、教化翔洽，所至聲稱籍甚，蓋以經術飭吏治，而非徒托諸空空言者哉”。袁序也稱其“規麾布置，皆出於尋常俗吏外，而士商民靡然信之。蓋以禮爲國，其治固易易也”。

《搜義》乃心純未及第時，搜古今説禮家義記而成，并於諸家言論多有闡發，且多爲博士制舉作，旨在提要纂玄，闡明精意。心純自序曾叙述此書刊刻經過，“乃座師選部鄒公惓惓屬梓，仍灑鴻制冠篇端，比以筮仕皖冲，不遑校正，然成命具在，義勿敢辭。且家弟大若暨門下舊遊士環中汪公輩亦頻致尺一，相趣不置，遽出而授之書賈周氏傳益。……頃補武塘，僻在海壖，簿領之暇，得肆力是編”，“爰是捐俸翻刊於内省署中”。以此序看，是書當有二刻，一爲在皖由周氏所刻，一爲心純於武塘任内所翻刻。查《中國古籍善本書目》經部禮類，中國科學院圖書館、河北大學圖書館均藏此書，然爲十四卷本，與此二十八卷本不同。按是書扉頁有“鐫楚黄余會魁禮經蒐義講意。三衢書林舒石林、王少山同梓”。三衢，在浙江衢州府，此本似爲浙江三衢再翻刻本。

此書流傳罕見，中有朱筆、墨筆圈點并批注，朱筆似先於墨筆，筆迹更陳舊。卷二十二後有小詩一首：“一死繇來對一生，了知迷悟不多争。如何滿地栽荆棘，白日青天没路行。”詩懷滿腔悲憤之情，乃爲當時世道不平之作。詩後所署爲“壬午小春有感”。按壬午有崇禎十五年(1642)、康熙四十一年(1702)，批注中“玄”字不避諱，或爲明末人所爲。書藏美國芝加哥大學遠東圖書館。

閻紅螺説禮【明崇禎刻本】

《閻紅螺説禮》三十三卷，明閻有章撰。明崇禎九年(1636)刻本。四册。半頁九行十八字，左右雙邊，白口，單魚尾。題“古揚閻有章含卿輯並著；男臺生非臺、晋生昭晋參較”。前有崇禎七年(1634)許遂序、崇禎九年閻有章自序。

有章，《揚州府志》無傳，據許遂序，“今之善説禮者爲閻紅螺氏，紅螺家世顯曲臺，聲稱籍甚，文章氣誼，宇内所宗”。皆推崇之語。序又云：“出其生平篤志所爲説禮者，授之卒業，其書令人心目俱瞭，而大率補陳澔氏，非摭前人者類益，以便後進之習讀。”

是書《四庫全書總目》未著録。(嘉慶)《揚州府志・藝文志》、《明史・藝文志》有“説禮三十一卷，明閻有章撰”。朱彝尊《經義考》卷一百四十六云：“閻氏有章説禮，三十二卷，存。鍾淵映曰江都人，號紅螺居士，崇禎九年自序。”藝文志及方志、《經義考》著録卷數皆誤，蓋未見原書也。此書流傳罕見，檢之《中國古籍善本書目》，著録二部，藏南京圖書館、廣西師範學院圖書館。此本藏美國芝加哥大學遠東圖書館。

歲時儀節【稿本】

《歲時儀節》一卷，清吴騫撰。稿本。一册。半頁十行二十二字，無框格。前有嘉慶十四年(1809)吴騫序。

吴騫，見《厚田吴氏宗譜》。

是本所記爲浙江海寧吴騫家自正月元旦節日起，至歲末除夕止之禮法。封建時代，大姓家族多有家規法則，如記元旦："晨起，家長率子姪以下，先迎喜神於大門外，化送紙馬畢，隨詣興福廟，出行俱點香燭。"

前有《家則須知》五則，有云："凡祭享之日，總宜夙興質明行事。今因婦女衆多，齊集稍遲，及主祭者老病不能早起，故書曰：清晨，若少壯而有志者，固宜早起，以昭誠敬。""凡祭品物，固當隨時酌辦，即十葷内間用一二素品，亦無不可。但祭品必須精潔，雖不能豐腆，亦不可過於儉陋。一切器皿盃箸，均宜用新而潔净者，此皆主婦之責也。""凡婦新娶者，理宜尊嫜率之上墳一次，於清明時祭禮本公備也。""凡祖墓祭掃，支下子孫除羸老疾病之外，務宜皆到，以多爲貴。不可耽於安逸，推諉他事不到，致啓守墓人等玩忽怠慢，小則侵伐蔭木，大則刑害風水，暗損盗葬等，其禍有不可勝言者。""予於乾隆丁未年，承伯兄命，重修《小桐溪吴氏支譜》，其板在學山堂東山北祠，日後子孫不時修續爲望要(十二年一小修，六十年一大修)。"

唐代至清初，家法族規多由族中尊長訂定。吴騫爲族中尊長，騫序云："昔之儒哲，居家必有儀則，垂示後昆，如司馬温公家儀、朱文公家禮、浦江鄭氏家規、許雲村先生家則碑、澉浦吴氏閫職三儀等不能悉數，皆可奉爲居家之軌範。予此編，不過就吾先世承傳歲時朝夕之大略，而粗載於後，庶幾永守不墜。若得後起賢哲子孫，更加推廣先志，門庭之内，益加修整，而追遠之禮，愈求光大，則斯編也，亦聊示椎輪之始云爾。"

按，家祠乃祖宗神靈之所依，墓冢乃祖宗體魄之所藏，子孫後代每思祖宗不可見，見所依所藏之處，即如見祖宗，故時而祠祭，時而墓祀，皆展現大體，必加敬謹。此類歲時禮法多見於族譜、家譜之中，然家族不同、地區各异、習俗特殊，所製訂之條款也有區别，此本當亦可爲研家法族規者提供參考也。

騫爲人忠厚，輕財好施，見義勇爲，在江浙地區聲望極高。余十餘年前曾就上海圖書館藏吴騫手稿本《吴騫日記》進行抄録標點，又謄抄吴騫零星手稿數種，及乾嘉學者致騫札百餘通，而不及見此。此本未刻，封面題"觀復堂家規紀略"，此爲吴騫手書。觀復堂，即騫之堂名。又《家則須知》第五則内之"十二年一小修，六十年一大修"亦係騫筆。騫纂《小桐溪吴氏支譜》，爲八卷，有清嘉慶拜經樓刻本。又騫卒於嘉慶十八年(1813)，年八十一，此本當其七十七歲時所作也。

此稿本藏臺北"國家圖書館"，《"國家圖書館"善本書志初稿》著録。

鈐印有"吴騫之印"、"查客"、"夜明竹軒主人"、"羅子經"。按羅子經，即羅振常，子經其號也，浙江上虞人。工詩古文辭，於上海設蟫隱廬書肆凡三十年。

春秋年譜【稿本】

《春秋年譜》不分卷，清瞿世壽撰。稿本。二册。紅格。書口印有"春秋年譜"，書口下有"香緑居"三字。前有康熙三十一年(1692)瞿世壽自序。凡例三十六則。藏美國哈佛大學哈佛燕京圖書館。

《年譜》原著録爲清佚名撰。查《清人室名别稱字號索引》，"香緑居"爲瞿世壽，字玉璜，常熟人。前有自序："余幼失學，寡昧無聞，弱冠後棄舉子業，思究經義，遭家多難，又乏師承，廿載望洋，茫無依據。年四十二，薄遊閩南，喜得《春秋》三傳善本。厥後自閩而燕，自燕而豫、而魯，蒐羅請乞，又得漢、唐、宋諸儒經解數十種。早夜尋繹，印證經文，砂際淘金，木耑鑽燧，謬因一得，著爲《春秋管見》四卷。七年之間，稿凡三易。竊謂宫墻數仞，幸得其門。五十遊秦，旅寓藍田官舍，藍爲嘉禾阮不嚴先生舊治，先生殁後(甲子十月，先生卒於官)，遺編散失，舍中覆瓿墁壁之物，皆其畢生精血所成，雖痛惜之，而無可如何也。忽檢廢簏，得書數本，係先生批校《春秋五傳》，丹黄涂乙，手澤猶新。次其卷帙，止闕昭公二十一年至三十二年一本，亟取而補綴殘蠹，整頓裝潢，詳其意義，迥别塵詮。始悟聖經本極廣大，諸儒以狹小窺之；本極通達，諸儒以固必泥之；本極平常，諸儒以穿鑿釋之。故詮解愈多，經義愈晦，更嘆余數年心力，總爲窠臼所拘，間出新硎，亦未暢豁。千秋論定，尚不堪與諸儒同鵠射侯，欲上窺聖人之奥，其可得乎？因取舊本之合於經者，疏通證明之，局於例者，芟彝藴崇之。四閲春冬，稿又二易，雖爝火螢光，稍堪流照，然非先生導其前路，萬難遵彼周行。後海先河，淵源有自，聊爲叙述，以志不諼。時康熙三十一年歲次壬申仲春二月生魄後四日也。"看來作者當爲無功名的讀書人。

按此書及序中所云《春秋管見》似未刊行，查諸各家書目也不見著録。

鈐印有朱筠"大興朱氏竹君藏書之印"、周孝均"吴江周氏世經堂圖書"。

皇氏論語義疏參訂【稿本】

《皇氏論語義疏參訂》不分卷，清吴騫撰。稿本。四册。清周廣業、鮑志祖校；清唐翰題跋。書口寫"拜經樓抄本"，無格。有騫書簽。乾隆四十六年(1781)騫自序。藏美國哈佛大學哈佛燕京圖書館。

吴騫(1733—1813)，字葵里，一字槎客，號兔牀山人，浙江海寧人，諸生。生於雍正十一年(1733)，卒於嘉慶十八年(1813)，爲清代乾嘉間著名藏書家。吴騫篤嗜典籍，遇善本輒傾囊購之，校勘精審，好學之勤，鮮有其匹。所得書籍五萬四千餘卷，宋元版數十種，皆世所罕觀者，築拜經樓藏之。

是稿例言爲騫朱筆修改，書中夾簽間有吴氏手筆。數年前筆者整理吴騫《日譜》及其他著作，發現未見書一紙，而此書不在其中。潘師景鄭(承弼)先生云，三十年代後期，日人曾有油印之本，看來此書没有刻板流行。此殆騫之初稿，亦哈佛燕京藏秘籍之一。

封面有唐翰題題識："拜經秘籍。辛未三月二十六日得於滬估書船，東洲新居所購，僅此秘籍，用番銀叁餅又陸角。"

翰題又有跋云："拜經手録有《七經孟子考文補遺》十三册，三十二卷，及《古文孝經》、《皇侃論語義疏》，藉讀於鮑氏，就其所考經注録之，名補遺，録見《題跋記》中。此從□估吴老得於書船，補遺中之一也。義疏全文，知不足齋已刊於叢書中，故不復録，但據十卷中校勘之經注疏標出之，精密詳審，讀義疏之寶筏也。自序云藏之家塾，以備童觀，則固未嘗刊布矣，可不寶諸？辛未春三月二十八日，翰題記於東洲新居，時五十六，初度懸弧之辰。鄉僻憂居，抑塞無聊，慨人心之嶮巇，念倫紀之衰薄，身教而訟，□未如天河也已矣。書附於簡端以志慨。""此槎翁書簽。書中書簽志祖云云，乃渌飲先生之伯子也。槎翁補校各條皆手書，寶之寶之。字跡較大者當爲周耕崖學博所校。""是本爲拜經初稿，改易再三，審矣。同治十年三月二十六日，得於東洲新居。"

唐翰題，字鷦安，浙江嘉興人，貢生，官吴縣知縣。顧師廷龍(起潛)先生早年有《唐鷦安先生藏書考略》，於唐氏事略述之甚詳。耕崖，即周廣業，字勤補，乾隆舉人，有《蓬廬詩文集》等。

鈐印有吴騫"竹下書堂"，又有"鷦安校勘秘籍"。

五經异義纂【清袁氏貞節堂抄本】

《五經异義纂》一卷《摭遺》一卷，清莊述祖輯。清袁氏貞節堂抄本。清袁廷檮校，羅振玉跋。半頁十行二十一字，藍格。書口下有“袁氏貞節堂抄本”七字。藏美國哈佛大學哈佛燕京圖書館。

莊述祖，江蘇武進人，字葆琛，乾隆四十五年(1780)進士，官濰縣知縣。述祖乃經學大師，《清史》卷四百八十有傳云:“其於經學研求精密，於世儒所忽不經意者，覃思獨辟，洞見本末，著述皆義理宏達，爲前賢未有。其餘五經悉有撰著，旁及《逸周書》、《尚書大傳》、《史記》、《白虎通》，於其舛句訛字，佚文脱簡，易次换第，草薙腋補，咸有證據，無不疏通，曠然思慮之表，若面稽古人而整比之也。”又著有《尚書古今文考證》、《毛詩考證》、《五經小學述》、《珍蓺宧詩文鈔》等。此書乃將易、尚書、詩、禮、春秋中不同之義彙集而纂輯成書。

羅振玉跋曰:“此書莊氏述祖所撰，袁氏貞節堂寫本，每葉有袁氏貞節堂钞本款。卷尾有袁又愷題識二行，曰：乾隆五十八年五月借抱經堂校本録，钞胥不知，悉依原本，間有從盧氏改增寫正者，今以墨圈識之。袁廷檮臨校畢謹識。摭遺之末又有題識一行，曰：六月甲子校畢。又愷，蓋臨盧氏校本者。又愷先生手書校語，精整絶倫，可見前輩用力之勤，至可敬佩。此書未刊入《珍蓺宧叢書》，亦未刻入《抱經堂叢書》，殆是稿本。近人所著《國朝未刊遺書志略》，但載莊氏遺著《論語别記》，亦不及此，不知有他人刊刻否？光緒甲辰得之吴中。戊申正月十七日，上虞羅振玉題記。”

按羅氏得此書在光緒三十年(1904)，年三十九歲。其時，先生在廣東，無所事事，日至雙門内府學東街閱覽書肆。粤東書價廉，乃盡薪水所入購之，藏書自此始。至四月，其又至滬，七月到蘇州任事，此書當在其時所得。戊申爲光緒三十四年，時先生在北京，創辦江蘇師範學堂，并任監督。

袁廷檮，字又愷，號綬階，江蘇吴縣人，監生，藏書萬卷，皆宋槧元刻、秘籍精鈔，其也精於小學，於罕見圖書皆使人抄之，此即其一種也。述祖是書，并未刊刻，查諸孫殿起《販書偶記》、《販書偶記續編》皆未著録。

小四書【明嘉靖刻本】

《小四書》，明朱昇輯。明嘉靖元年(1522)于氏家塾刻本。五册。半頁八行，四周雙邊，白口。書分兩段，每行八字，均四字一句，每行叙一事。下爲正文，且有旁注；上爲注釋。每書之第一頁上段均有作者簡歷，與明代坊間所刻蒙學讀物不同。前有朱昇序及提督學政浙江按察司副使瓊海黄芳重刻《小四書》序，後附有朱昇誥及傳二篇。爲明代所刻啓蒙書之一。内容計宋方逢辰《名物蒙求》一卷，宋程若庸《性理字訓》一卷，元陳櫟《歷代蒙求》一卷，元黄繼善《史學提要》二卷。

朱昇，字允昇，安徽休寧人，後徙居歙地，元末舉鄉薦，爲池州學正，後弃官隱石門，學者稱楓林先生。所纂《五經》俱有旁注，而《易》尤詳，又著有《楓林集》，輯有《小學旁注》、《小學名數》二書。此《小四書》即其與友人商榷爲齋生所選定之課本，題爲《小四書》者，以别於晦庵四書之故。其序云："首蛟峰《蒙求》，《凡將》、《急就》之儔也。名物者，小學之先也。次勿齋《字訓性理》，學問、天人之道，治教之原也。次陳先生《歷代蒙求》，使知古今朝代之略次。黄成性《史學提要》，使知傳統事跡之詳。此四書者，四字成言，童幼所使，精熟融會，宇宙在胸中矣。"

朱昇認爲祇有在文中加注，纔能使孩童明瞭易解，便於記憶。其序有云："夫讀書不可無注解，然注解與本文相離，學者若不能以意相符，則非徒無益，而適滋其惑。故愚於諸經書，往往爲之旁注，使學者但讀本文，而覽其旁注，一過即瞭，無繁複之勞也。今此《四書》者，或語約而事意多，故旁注不足，則又表注於闌上，使教者有所據依，而學者易於記憶，此區區之至意也。"這段文字可據以研究明代教育課本之助，也可見朱氏之精心結撰。

我國古代教育歷史悠久，漢代教初學之所曰書館，其師稱爲書師，學童自小即受嚴格教育。此《小四書》所輯録之内容較注重歷史及實際，知識面廣，選材視野也較爲開闊。其中《名物蒙求》，僅二千七百餘字，但對天文、地理、草木蟲魚、日用器物、耕種操作等作了精練概括和講述。

近人胡懷琛有《蒙書考》一書，采有蒙書一百餘種，但未收此書。近閲張志公所輯《蒙學書目稿》，收録較多，但此《小四書》僅著録有明刻本、清初複刻本二種，缺漏甚多。今所知者，現存《小四書》之最早版本爲明正統元年(1436)漢陽知府王静刻本，次爲明嘉靖元年司禮監重刻本，再次爲明嘉靖元年于氏家塾重刻本，至清代有雍正十一年(1733)刻本、光緒八年(1882)宏道堂刻本等。

今所見坊間刻蒙學書，脱訛甚多，且版刻漫漶，字句屢經改易，已失原旨。此本首尾完善，楷書寫刻，紙墨俱精，爲于氏家塾據明初刻本重梓者，亦家刻中之精槧。曾藏獨山莫祥芝家，并鈐有“莫科”、“莫棠”諸印。今藏重慶市圖書館。

新編對相四言【明刻本】

《新編對相四言》一卷,佚名撰。明刻本。共八頁,每半頁五行,每行八格,上下黑口,雙魚尾,四周雙邊。藏美國哥倫比亞大學東亞圖書館。

蒙養教育,歷史悠久,至宋代日益完備,通行蒙學課本,如《三字經》、《百家姓》、《千字文》、《千家詩》,大多爲宋人編撰或改訂。其教學内容,繼承秦漢以來之傳統,以識字爲主,借助形象,化難爲易。如識“日月”兩字,師長即以天上之日月告之,識“上下”兩字,即以在上在下之物告之。形象教育之蒙學教材,便於吟誦、記憶,既適合兒童之年齡特點,又可做到終身受益之效。

“對相”,爲每字或每詞一圖,對刻於次行,起圖文對照之意。此書始“天雲雷雨,日月斗星”,止於“牡丹芙蓉,糞斗苕帚”。

按張志公《試談新編對相四言的來龍去脉》一文,提及“美哥倫比亞大學圖書館有一本《新編對相四言》,據説是1436年(明英宗正統元年)刻本”、“衹從記載中稍知鱗爪,未見全豹”。又英國李約瑟《中國科學技術史》第三卷(數學)中也提到“有關珠算盤的最早圖説,出在1436年的《新編對相四言》”。余閲哥大此本,并未發現正統元年刻書之依據,驗其紙張、字體,約在明嘉靖至萬曆之間,絶非在此之前。

此書傳世絶少,除此本外,原北平圖書館亦藏一帙,然非同於此版,今存臺灣。又張志公藏有另一石印複制本,别於北圖和哥倫比亞大學藏本。鑒核板框尺寸,北平本爲25.8×16.8厘米,哥大本爲26.7×17.3厘米,張本爲26×18厘米。北平本據王重民考證,也在嘉、萬間,其根據在“確言用算盤,始見於景泰元年吴敬之《九章詳注比類算法大全》,至萬曆二十年程大位《算法統宗》出,算盤之用始廣。蓋正德、嘉靖間算盤始稍稍普及”。比較張、王兩説,王説似更接近實際,如非平日習用之物,也不會見於孩童所用之蒙養讀本。對於蒙書來説,尤其是日用器物、自然現象、瓜果菜蔬爲主的課本,其内容自會隨着時代之推移而有所改變,或增或删。明代《内閣書目》、《菉竹堂書目》内皆著録有《對相識字》,此書名曰“新編”,疑或在《對相識字》之基礎上加工而成。

此本末有近人祝椿年(蔭庭)跋:“此宋本課兒書,看圖識字,當時已用此法,共八頁,三百八十八字,三百零八圖,傳留至今,完全無缺,頗不易得。内中不惟‘筐’字缺末筆,所取材料,皆有時代關係,頗堪令人玩味也。時壬戌秋七月既望,蔭庭志於藐園。”香港大學出版社曾以此書流傳罕見,於1967年影印傳布,俾之化身千百,亦古代啓蒙教育之見證也。

説文解字【清初毛氏汲古閣刻本】

《説文解字》十五卷，漢許慎撰。清初毛氏汲古閣刻後印本。八册。近人馬叙倫據清胡重校本重録，并録胡重跋。扉頁有“胡校見曝書雜記。夷初”。“后學馬叙倫過録。丁巳夏六月。”

叙倫先生（1885—1970），字彝初，更字夷初，號石翁、寒香，晚號石屋老人。丁巳，爲民國六年（1917），時先生三十三歲，其時應蔡元培之邀，再次出任北京大學教授。先生爲研究《説文》名家，其《説文解字六書疏證》始寫於 1911 年，費時三十餘年。校此《説文解字》爲其寫作巨著時之部分工作。

毛氏汲古閣刻《説文解字》初印本傳世不多，此本爲馬先生録清胡重校，并胡重臨惠士奇和惠棟父子、胡士震胡仲澐父子校。重，秀水人，字菊圃，有《説文字原韵表》。馬録胡跋云：“《説文解字》二惠氏校本，余假之金孝廉馥泉孝楠，馥泉假之汪孝廉筆川如淵，乃紅豆齋主人遺墨也。二胡氏校本，余假之馮編修鷺庭集梧，雲購於京師琉璃廠市，亦其手迹也。惠名士奇，號半農；其子名棟，字定宇，號松崖，世所共知。胡名士震，字東標，號竹厂，乾隆壬午舉人，終翰林待詔。其子名仲澐。胡於惠爲同邑后進，然實未嘗見紅豆之書也。沈茂才書琳世枚，從余問奇字，乃以五色筆録於簡端，緑筆圈點依惠本，半農語别以黄，松崖語别以緑，蘭筆圈點依胡本，竹厂語以墨書之，其蘭字則胡氏父子語，錯雜莫辨矣。余研朱細勘，間附己見，未免敝帚千金之誚。嘉慶三年重五日錢塘胡重記於嘉興沈氏之經畬堂。”

查《中國古籍善本書目》，胡重批校之《説文解字》，今藏浙江省衢縣文管會。當年馬先生所校有關《説文》之書部分已爲公家圖書館珍藏，如杭州大學圖書館藏《説文古本考》十四卷，爲先生所校補；復旦大學圖書館藏《説文解字小箋》不分卷，也爲先生所校。又北京師範大學圖書館也藏一部先生録清胡重校《説文解字》，底本也爲清初毛氏汲古閣刻本，惟不知何時所録。先生是書法家，書中校筆爲行楷小字，極爲端秀。

是書今藏美國哈佛大學哈佛燕京圖書館，該館又有馬先生校清光緒三年湖北崇文書局刻本《意林》五卷。鈐印有“寒香館藏書印”、“石翁”、“叙倫”，皆先生用印也。

漢書殘本考异【手稿本】

《漢書殘本考异》一卷，清錢泰吉撰。手稿本。一册。藏上海圖書館。

錢泰吉，字輔宜，自號警石，錢復子。先世本何，居浙之海鹽甘泉鄉。官海寧州學訓導，垂三十年，將去，又爲州人舉主安瀾書院數年。生平致力於古文詞，與兄儀吉書問叢沓，咨詢學術，動輒千言。先世遺書萬餘卷，其自中年即好校古書，借人善本及先輩評點之册，寫而注之眉端，如《史記》、前後《漢書》、《晋書》、《集韵》、《元文類》等，皆勘校數周，一字之舛，旁求衆證。(光緒)《嘉興府志》卷二十一列傳云："泰吉積書數十櫝，大半丹鉛所點勘，於四庫名籍幾遍。"

此稿本乃據宋刻《漢書》考其异同，頗多泰吉己見。泰吉自三十九歲時，曾從梅會里李遇孫處，借得所藏録何焯校前後《漢書》，精研數年，自有成就。

錢泰吉自跋云："道光乙巳夏日，遇塘栖勞季言格於吴山書肆，未幾，朱述之(金陵人)明府緒曾亦至，兩君皆博聞，廣收藏，各操鄉音不相通，因此筆談，良久而罷。余亦得聞所未聞。勞君語余，有松崖先生《漢書》校本，逾月，屬其從子枕叔颎携示，因倩鍾署香、潘稻孫爲抄録，此本枕叔以所纂補錢晦之《續漢書藝文志》屬爲之序，尚未有以應也。十月十三日，泰吉記。"

按，道光乙巳，爲二十五年(1845)，泰吉五十五歲。此事，又見於先生《年譜》之中，云："夏日，與仁和勞季言格遇於吴山書肆，季言嘗言，惠半農學士松崖徵君所校《漢書》，曾仿《後漢書補注》摘録成卷。逾月，令其從子枕叔颎携借府君録副本藏之。"格，字季言，一字保艾，浙江仁和塘栖鎮人，髫年從治經，補弟子員，後遂不與試，人素篤實，累代富藏書，尤以博洽名，精校讎之學，有功於古書史籍。朱緒曾，字述之，上元人，道光初舉人，無書不覽，藏書甲於江浙，累官浙江秀水、孝豐知縣，有循聲，後藏書皆付劫灰。署香，爲鍾繼芸；稻孫，爲潘詒谷，二人曾分修《海寧州志》。颎，字枕叔，格之從子，仁和人，年少力學，有《續漢書藝文志》。是書之序文，爲泰吉所寫，而泰吉寫此跋時，"尚未有以應也"。

錢泰吉跋中所云勞朱筆談，當爲書林之佳話。此本未刊。

鈐印有"嘉興錢氏泰吉字輔宜號警石"、"文瑞曾孫"、"錢印泰吉"、"錢印泰吉"(白文小方)、"警石"、"可讀書齋"。

晋書【元刻明修本】

《晋書》一百三十卷《音義》三卷，唐房喬等撰。元刻明南京國子監遞修本。半頁十行二十字。四十八册。書藏美國普林斯敦大學葛思德東方圖書館，原著録爲宋刻元明遞修本。

此本元刻計二百零一頁，正德十年(1515)補刻一百四十三頁；嘉靖二年(1523)計十一頁，九年爲五十六頁，十年爲六十一頁，三十七年爲一千四百七十三頁；萬曆二年(1574)僅二頁，三年爲六百六十一頁，四年爲二百七十四頁，五年爲十二頁，七年爲七十六頁，十年爲一百一十三頁。其中補刻最多者爲嘉靖三十七年，最少者爲萬曆二年。

李心傳《建炎以來朝野雜記》云："監本書籍，紹興末年所刻，國家艱難以來，固未暇及。九年九月。張彦實待制爲尚書郎，始請下諸道學取舊監本書籍鏤板頒行，從之。然所取者多有殘缺，故胄監刊六經無《禮記》，正史無《漢書》。二十一年五月，輔臣復以爲言，上謂秦益公曰，監中其他闕書，亦令次第鏤板，雖重有費不惜也，由是經籍復全。蓋守自淳化以後，歷朝皆刻書版存國子監。"

明代南監諸史，乃合宋監及元各路儒學板凑合而成，年久漫漶，且某些監生草率不堪，謬誤甚多。葉德輝曾云："其書雖至今流傳，亦等於書帕坊行，不足貴重矣。"明承宋制，令天下擇諸生學行優者，送國子監就學，以育英才，或舉人會試不第亦聽入監。據《明史・選舉志》："學校有二，曰國學、曰府州縣學，諸生入國學者乃可得官，不入者不能得也。入國學者，通謂之監生。"

是書參與補版之監生甚多，計正德十年爲王舜元，嘉靖三十七年爲瞿伯玉、徐秉直、童志德、吴維洲、蔡詳、蒙仁愛、陳栢、張天秩、徐子成、劉夢兆、張天相、徐天相、劉伊、陶博、汪克勤、張坤、洪椿、史世申、蔣率吾、劉杞、董言策、步希劉、馮汝才、蕭學、孔怙、陳宗堯、胡邦科、彭天寵、孫體恒、秦安畿、王維藩、李應祥、金國珍、王繩祖、戴光、汪鈺、沈鍵、汪極、陳所藴、李遇、顧倫、顧佾、曹制、沈可珩、馮應旸、熊漢儒、汪伯梓、丁嘉雲、史崇經、王以焕、王維基、涂伯恩、饒斗南、錢兆賢、趙子義、丁良策、陸禧、李敬之、趙祝易、胡思孔、王旌、袁之紀、包鼎臣、尹東魯、周崇仁、仲樸、董守悠、田莘、林大達、李斷光、楊文耀、馮達可、韋炫、郎必進、洪譽、李延植、周汝瑾、陳燧等共七十八人，萬曆十年監生爲張言德、鄧河、張合、張珍、徐廷賓、吕士中、劉科、施三、毛有倫、楊欽、江期、莫應龍、劉智、劉光祖、何華、傅高、劉大能、陶文潮、劉繼隆、王接、戴密、王郎、余武、唐章、傅年、陳焕、宗銀、胡一風、翟應思、許高、端繼會、武光漢、毛惟現、程言、毛詩傳等共三十五人。

此書刻工，萬曆二年有羅六，三年有李坤、楊育、胡機、葛學、吴序、鄭仁、胡存、楊玉、吴廷、裴龍、吴晉、羅六、林遇時、黄里、劉見、戴訓、黄干、黄上天、蔣寅、王武、黄友仁、朱桂、戴邦訓、王堂、伊學、段錦、朱欽、鄧千、戴谷、李春、洪贊、洪平、余世方、傅魁、文潘、吴金、王朝、劉介，萬曆四年有温志、劉介，黄友仁、胡機、傅魁、易玄、劉士、鄧千、林時、蔣寅、易兹、王朝、晏述、李淮、戴谷、羅六、易正文、吴金、段錦、楊育、戴子賢。

古今宗藩懿行考【明崇禎刻本】

《古今宗藩懿行考》十卷，明朱常淓輯。明崇禎九年(1636)潞王朱常淓刻本。十册。半頁九行十八字，四周雙邊，白口，雙魚尾。書口上方刻“大明崇禎八年”，中刻“潞國新刊古今宗藩懿行考”，下刻“卷之一”并頁數。前有《古今宗藩懿行考疏義》，題“崇禎玖年正月日潞王臣常淓薰沐稽首頓首謹獻”。

朱常淓，號潞佛子，潞簡王翊鏐之子，穆宗孫也。萬曆四十二年(1614)，翊鏐薨，常淓幼，母妃李氏理藩事。四十六年，襲封。常淓工書畫，好古玩，通釋典，雖有賢聲，實非戡亂才。崇禎中，流賊擾秦、晋，常淓告急，言：“衛輝城卑土惡，請選護衛三千人，捐歲入萬金資餉，不煩司農。”帝嘉之，時諸王能急國難者，惟潞、周二王云。甲申二月，衛輝陷，南奔，流寓於杭州。乙酉，馬士英奉太后至杭州，常淓入見，諸臣請監國，不受，太后泣且拜之，終不受，而與巡撫張秉貞、總兵陳洪範迎降。秋九月，清兵挾弘光帝暨常淓北旋。明年五月，同遇害。隆武帝追謚曰閔王。傳見《明史》卷一百二十潞簡王翊鏐後，又《小腆紀傳》卷九列傳二宗藩也有傳。

懿行者，猶言善行。《新唐書》卷一六三《柳公綽傳》附《柳玭述家訓》云：“實藝懿行，人未必信；纖瑕微累，十手争指矣。”此本輯古今分封之皇族善行於一編，蓋常淓每讀史册，均留意於宗藩之事，嘗見忠孝賢良、才能文武有裨民社者，輒不勝敬仰，嗟不同時。而見貪殘暴虐、踰閑蕩簡有乖風化者，則痛恨不已。常淓以爲不肖者，既難爲訓，在賢者實是可師。故採擇才德優長堪資儀準者，得二百餘人，輯録成帙，分爲十卷。文皆緣史之舊而删其繁，事每出己之見而嚴爲按語。始於周朝，終於明朝同姓諸王。卷一周(列國附)；卷二西漢、東漢、蜀漢(附)、魏(附)；卷三晋、宋、南齊、北齊(附)；卷四梁、陳、周(附)、隋；卷五至六魏(上下)；卷七唐；卷八宋；卷九遼、金、元；卷十同姓諸王(秦愍王、秦惠王、秦簡王、秦嗣王、潭王、蜀獻王、蜀和王、蜀嗣王、湘王、襄王、棗陽王、梁王、秀王、都督、靖江王)。始周公旦(魯公伯禽附)、召公奭(燕昭王平附)。周代并附列國楚大夫屈原、齊安平君單、孟嘗君文。

朱常淓疏義云：“欽惟我太祖高皇帝天縱聖神，命世英武，再造華夏，垂憲古今。當定鼎之始，倣周官之規，封建宗藩，屏翰王室，分茅胙土，礪山帶河，體統極其尊崇，體制最爲詳悉，猗歟盛哉！蔑以加矣！今將三百年來，列聖相承，罔或渝越，所以天潢日盛，玉牒光騰。暨我皇上，法帝堯睦族之仁，倣大舜親愛之典，有請必行，無微不體，修明祖制，申飭新章，雷勵風行，仁至義盡。凡兹宗臣，均叨殊寵，誠千載之一時，亘古所希覯也。維城生色，盤石鞏堅，臣感兹奇遇，欲竭愚忠。竊惟敦篤本支者，聖主之隆恩；恪虔侯服者，宗臣之善物。欲感恩圖報，何事可以仰酬？惟是奉法，謹身臣職，庶幾無忝，此古往賢宗所以流芳百世。而今兹藩服所，宜抗美千秋者也。方今戎馬交馳，兵民皆困，嗟此蒼黎之塗炭，急若水火之溺焚，九重宵旰，百職焦芳，所爲佈德，宣威撫綏，鎮定藩王，與有茅社之責，安忍徒爲秦越之觀耶？因時效藎分固宜，然修己治人，義當如是，試思安富尊榮之所自敢，不仁義禮智以自嚴。……雖云陋識淺衷，不免掛一漏萬，然而隱惡揚善，或堪礪行砥修，俾賢者覽之而益奮，不肖者讀之以自慚，則於世道人心未必不無小補矣。顧臣杞憂慮，更進蒭言。方今變亂未平，澆風競熾，其在天潢之派，不無涇渭之分。循禮自愛者，固濟濟其多英；而暴棄無良者，亦紛紛乎雜出。若不凖先賢之軌範，或恐干祖訓之彝章，詎不上負聖明敦篤之恩，下玷藩封靖共之誼？仰煩聖慮，重拂民情，斯時欲裁以法而心不忍，欲全以仁而義難出，使天下藉口，一宗之不肖，因以痛繩。諸藩之無辜，株累可虞，毛吹滋懼，勢所必至，臣甚凜焉，此《古今宗藩懿行考》所繇獻。欲懇皇上防微杜漸，頒佈諸藩，共相勉勵，永食太平之福者也。不揣鄙陋，冒昧進呈，伏望聖明垂覽施行，世道人心幸甚！天下宗藩幸甚！”

《敬獻集書》疏云：“謹採擇歷代史傳，取藩王宗室、忠孝賢良、才能文武者，編輯成帙，名曰《古今宗藩懿行考》，朝夕披閱，用以自勵。若與之覿面談心，商時議事，或以今而印古，間以古而證今。其嘉言善行，每散出於禮樂兵刑，碩畫鴻猷，多奇中。夫民生國計，勘亂之武功克壯，興治之文教修明，此孰非古昔宗臣，效忠帝室者哉？臣思維時事，念切治安，恨不起古人以佐今猷，更願得今人而追古烈。”

此書當爲崇禎八年編竣，九年進呈御覽，帝有“覽王奏併所進集書，具見好學篤修，深體朝廷，敦睦至意，朕甚嘉尚”之語。是書刻竣，朱常淓又進呈五十部，并由朝廷頒交禮部，“遇有天下諸藩進表官員，各給一部順齎回府，一以赫帝命之尊崇，一以表臣心之黽勉”。

此本藏臺北中研院歷史語言研究所傅斯年圖書館，開本甚大，字大悦目，爲藩府刻本中之白眉。查昌彼得《版本目録學論叢》中《明藩刻書考》一文載有是書，作“崇禎八年潞藩刻本”，又云：“史載崇禎中流賊竄擾，常淓捐金助餉，以能急國難稱於時。然格於禁錮，宗藩不得登仕籍，故常淓撰進此書，欲以動上之聽也。”惜傅館所藏保管不善，略有小蛀。按：常淓又刻有《潞藩纂集古音正字》不分卷（明崇禎七年潞藩刻本）。

《四庫全書總目》入史部傳記類存目，爲“内府藏本”，《提要》云：“此書成於崇禎九年，則當爲常淓所輯也。所採皆歷代宗臣之賢者，自周迄明，凡百餘人，各著事跡梗概，加以評論。”此當爲朱常淓當年進呈朝廷之本。《中國古籍善本書目》著録，天津圖書館、吉林省圖書館、北京大學圖書館藏有全帙；河南省圖書館、故宫博物院、内蒙古自治區圖書館爲不全之本。又臺灣"國家圖書館"也有入藏,乃得之於劉承幹嘉業堂,然《嘉業堂藏書志》不載。

此本《四庫全書存目叢書》史部第117册收入,底本爲天津圖書館所藏。津圖本較傅館本多出朱常涝《聖治維新特隆敦睦敬獻集書》等疏,以及朱統鑚後序。

鈐印有"潞國世傳"、"少衡"、"少衡一字寰滔"、"白岩竹樓主人寰滔氏周浩印"、"東方文化事業總委員會所藏圖書印"。又有"翰林院印"(滿漢文大方印)。

山東觀風便覽【明萬曆刻本】

《山東觀風便覽》四卷，明楊一魁撰。明萬曆九年(1581)楊一魁山東刻本。四册。半頁九行二十字，四周雙邊，白口，單魚尾。書口下間有刻工并字數。前有萬曆九年楊一魁序、蹇達序。

楊一魁，字子選，號後山，山西安邑人。嘉靖四十四年(1565)進士。由行人選兵科給事中，累遷湖廣副使，歷南臺都御史、山東布政使司左布政使，官至工部尚書。一魁幹局恢宏，風骨挺勁，嘗以冬官督理河道。黄淮泛溢，漸近陵寢，請開武墩黄壩新河，使安瀾入海，功成回京。值鄭貴妃方寵幸，請於乾清宫側建耳殿，爲奉御所，神宗許之。一魁不奉詔，以罪廢爲民，其强鯁如此。歸田後，門庭簡寂，無烜赫狀。僖宗即位，諭祭葬如禮。(乾隆)《解州安邑縣運城志》卷八有傳。

卷一封域(形勝古迹附)、官秩(駐扎統轄俸給附)、聖賢封典(三氏學附)、藩府(官僚禄秩附)、河漕；卷二田賦、均徭(户口附)、里甲；卷三兵防、海防、屯營、城池、墩堡、班軍、礦洞；卷四驛傳、鹽課、馬政、税課、水利、海運(膠河附)、水陸道里。

觀風者，觀察民情、瞭解施政得失。語出《禮記・王制》："命太師陳詩以觀民風。"清李漁《蜃中樓・傳書》："本院奉旨出巡，正要觀風問俗。"中醫有所謂"觀風望氣"之説。此爲山東地方雜記之志書，偏重經濟史料，實爲山東地方官員隨時"便覽"之書。時山東布政司領府六、州十五、縣八十九，總爲里五千九百一十三，其"驛傳"所載各府之占地數，繳銀數，乃至各處有正馬、副馬若干匹，驢若干頭均甚詳。至於車夫銀、編剩銀、支銷銀也有記録。明代山東各級大小官員之薪俸均巨細備載，足可補地方志之遺缺。

是書爲山東各縣地方官員奉令采集，整理本地史實，交青州守王君，并蹇達重加修葺成書，後由楊一魁檄藩司梓於山東左布政使任上。楊一魁序云："我大中丞來山何公，以經術名卿出撫貴州，纂修《觀風便覽》，其爲書僅二帙，而一方典制法守之詳百不遺一，較之《樞要》、《須知》之作，其意適相合也。俄奉特簡進秩，移鎮山東，偶出此編，侍御崇齋陳公見之，嘖嘖心賞不置。謂志乘標昔而戾於今，案牘盈几而艱於閲，著簡而無缺，核而有經，齊政考俗，無踰是編，業觀風者座右，胡可少也，宜亟倣而修焉。中丞公遂以是役屬之一魁。一魁既受教，謀諸遷秩方伯桃溪王君，移檄各道。華陽徐君、鶴峰孫君……下之六郡二千石長各率其屬，採累朝之故實，考近代之興革，事干軍國，雖微必録，各自成帙，類送本司。復命青郡二守洪洲王君，分門别類，舉要删繁，爲卷有四，爲目凡二十有一。稿成，以呈中丞公，再授督學理庵蹇君，重加芟潤已。又手自訂正，蔚乎成章。侍御公取而覽之，復津津喜曰，中丞公爲是書，其體國何周悉，而爲東人計何深遠也。吾聞古有《攬轡録》者，有《乘軺録》者，譚戎機而民情則漏。有《長樂賦志》者，有《役法撮要》者，詳地勢而庶務或遺。乃兹所載疆域禄秩，土田户口，傜賦兵戎及諸大經略，凡有當於觀風者犁然具矣。輶軒之使，誠携一編，置之案頭，將不越堂序而六郡百縣舉在目中矣，真便覽哉！因令趣付梓人，以貽永久。”序中所云“《樞要》”，乃指孫異撰《夏國樞要》，“《須知》”當指宋如愚《劍南須知》。今貴州之《觀風便覽》已不傳於世。

蹇達序云：“公既受知主上，晋大廷尉，再晋少司空，行有日矣，乃猶注意東人，復以《觀風便覽》檄藩司梓之。”蹇達，字汝上，號理庵，四川重慶衛人。嘉靖四十一年進士。時爲山東按察司提督學校副使。

白棉紙印。刻工有志信、成、儀、令、秀、友、目、敏、孝、錦、苗、楝、東、付、朝、木、孟、仁、連等。

是書甚稀見，今藏臺北中研院歷史語言研究所傅斯年圖書館，作“明萬曆間刻本”。《四庫全書總目》、《續修四庫全書總目提要》(稿本)、《中國古籍善本書目》皆未收。日本内閣文庫、尊經閣文庫、東京大學東洋文化研究所、京都大學人文科學研究所、美國國會圖書館、普林斯敦大學葛思德東方圖書館等也未收藏。清代所修各省通志藝文志中最稱完備的《山東通志・藝文志》，乃宣統三年所編，收書一萬零八百三十一種，當時雖經編者四方采集，也未聞知此本。《山東文獻書目》其“引用書目”雖列有《中研院歷史語言研究所善本書目》，但不知何故，竟也失收。又按，《續修四庫全書》未收。

鈐印有“嘯劍山房”、“德明主人珍藏”、“蚃敦居士”。

玉麒麟【明萬曆刻本】

《玉麒麟》二卷，明夏樹芳輯。明萬曆刻本。一册。半頁七行十六字，四周單邊，白口，單魚尾，書口下間有刻工。題"延陵夏樹芳茂卿甫輯"。前有李維楨序、夏樹芳自序。

夏樹芳，字茂卿，號冰蓮道人，江蘇江陰人。少食貧，以諸生教授里中。萬曆乙酉舉南闈。不問舊産，養母之餘，以讀書著書爲事，既念母老未艾，即謝公車不赴。名益高，學益博，著述益富。東南理學文章家，結納恐後，按部至者，必折節式廬，崇以綽楔。樹芳隱昆山之麓，間以野服叢山之間，揚扢風雅而已。李待問、祁彪佳等疏薦於朝，徵辟拜官，樹芳若不聞。年八十餘，手未釋筆硯，四方徵文求書，均無倦色。考皇明人物、箋五經未就而卒。又著有《栖真志》四卷、《法喜志》四卷、《奇姓通》十四卷、《女鏡》八卷、《消暍集》十八卷、《琴苑》二卷、《茶董》二卷、《茶董補》二卷、《香林牘》一卷、《酒顛補》三卷。今皆存。(崇禎)《江陰縣志》卷四人物有傳。

是集專輯時有大志、幼有至性、慧心天悟之幼童故事，卷上收一百三十七人，始陶隱居、江文通，止孔融二子、蕭貫之；卷下收一百四十二人，始韋仲將、梁伯鸞，止滕曇恭、岳正所。共二百七十九人。

夏樹芳自序云："余嘗考古夙惠，遇賞心者輒下一籌，得其人二百六十有奇。竊見文武忠孝，靡不兆作髫髫；爵禄功勛，悉已胚於嬰竪。聽能辨日，響振登樓。龍文動以照人，鸚鵡偏能驚座。迓王孫而倒屣，呼小友以加冠。亦有童牙出使，英妙棄繻，理學先呈於戲沙，相業預占於擊甕。小兒學士，當襁褓而名動至尊；檢討白衣，試童科而居然及第。何異麒麟墜地，……"

李維楨序也云："余讀夏茂卿撰《女鏡》，其言潔浄雅馴，過於劉中壘《列女傳》，兹又採古人中夙惠者若干人，題之曰《玉麒麟》。夫帝軒圖象，則麒麟在郊棷歲，星散爲麒麟，以爲畜則獸，不狘麟之靈，昭昭況人道乎？昔者，素王誕聖麟，吐玉書於闕里，徐孝穆韓王亦並以麟徵瑞。故黄童無雙，終童英妙，靡不濯秀初年，如靈鳳始於鷇音，神驥先於汗血。而余則以爲仁義濃鬱，方能召公子之表表；善積馨聞，則抱送來於天上。胡然而趾，胡然而定，有自來矣。茂卿結撰甚富，語辭賦則有《消暍集》，參禪則有《冰蓮集》、《法喜集》，譚玄則有《栖真集》，每一出，目爲快書。兹集既行，奚啻白麟之見於元朔，玉函之□於芻兒。懸之國門，争傳紙貴已。"

夏序第一頁書口下刻"楊同春刻"。刻工又有周、華、張、樂、何、池、立、胡。卷上佚去第四十三頁，卷下佚去末頁。

此書甚稀見，藏臺北中研院歷史語言研究所傅斯年圖書館。《四庫全書總目》、《續修四庫全書總目提要》(稿本)、《中國古籍善本書目》均未著録。原北平圖書館藏一部，今存臺灣"故宮博物院"，合此僅兩部而已。

鈐印有"方功惠藏書印"、"巴陵方氏碧琳瑯館藏書"。

增補評林西天竺藏板
佛教源流高僧傳宗【明崇禎刻本】

《增補評林西天竺藏板佛教源流高僧傳宗》八卷，明許一德撰。明崇禎元年(1628)楊金藝林四知館刻本。三册。有圖。半頁十行二十二字，白口，四周單邊，單魚尾，書眉刻評。題"清源逸休道人許一德作卿甫詮輯；藝林四知館居士麗泉楊金綉梓"。序佚去。

《明人傳記資料索引》記載，許一德，字子恒，號吉庵，泗州人，著籍貴州，隆慶五年(1571)進士，官御史，立朝多所建白，遷雲南副使致仕。乞休歸家居十餘年，惇厚謙謹，人稱長者。又(乾隆)《貴州通志》卷二十八鄉賢有傳。然，此許一德非是書作者，因清源即今福建仙游，作者當爲閩地人氏。

卷一收高僧二十六人、卷二二十三人、卷三二十五人、卷四二十六人、卷五二十九人、卷六二十二人、卷七三十二人、卷八三十二人，共二百一十五人。始釋迦牟尼佛、達摩尊者，止宋代佛印禪師，所收多唐高僧，編次頗凌亂。按專述釋家高僧之傳最早爲梁釋慧皎撰《高僧傳》十四卷，後又有《禪林僧寶傳》等，該書題"增補"者，當有原本，再增而補之，而今原本已湮没不存，此本也不見其他各大圖書館善本書目著録。今藏香港中文大學圖書館。

明代版刻附圖之書以萬曆間所刻最多，然似此每人一圖，共二百餘幅者則頗爲少見。圖不甚精，較之明富春堂等刻戲曲之圖大相徑庭，或也可見明萬曆後刻書，爲競争圖利，以圖配文，吸引顧客之招數。

是書黄紙印，類竹紙。扉頁刻"佛教源流高僧傳宗。增像評林天竺國藏板。藝林四知館楊麗泉綉梓"。卷八末有書牌，"崇禎新歲春月藝林四知館楊麗泉梓行"。楊氏四知館刻書，最早見有明嘉靖刻本《丹溪心法附余》二十四卷，萬曆間又刻有《醒睡編》九卷，明末清初時還刻有《命理正宗大全》六卷、《新選南北樂府時調青崑》四卷，皆民間通行之書。

鈐印有"自如"。

仲志【明崇禎刻清康熙增修本】

《仲志》四卷，明劉天和撰，明周鼎重訂，明趙時雍編次。明崇禎十三年(1640)刻清康熙增修本。六册。半頁九行十九字，四周雙邊，白口，單魚尾。卷二題"總督河道工部尚書宜興周鼎重訂；濟寧儒學訓導趙時雍編次；六十一代嗣孫仲于陛較梓"。前有崇禎十年(1637)張有譽序、崇禎十年張獻庭序、崇禎五年王三德序、崇禎十三年李恪序、崇禎元年陳伯友序、萬曆二十五年(1597)胡瓚舊序、嘉靖十二年(1533)劉天和舊序。

劉天和，字養和，湖北麻城人。正德三年進士。以御史出按陝西，忤中官下獄，謫金壇丞，遷湖州知府，嘉靖間撫陝西。黄河南徙，命爲總理河道，遂疏汴河及山東七十二泉，不三月訖工。改兵部侍郎，總制三邊軍務，以兵部尚書乞休歸。卒謚莊襄。又有《問水集》。事迹具《明史》本傳。

此書述孔子弟子仲由(字子路)有關之事迹。仲由仕衛，爲衛大夫孔悝邑宰，因不從孔悝迎立蒯聵爲衛公，被殺。唐開元八年(720)，詔爲"十哲"之一，配享於廟。開元二十二年(1009)，追封爲"衛侯"。宋大中祥符二年，加封爲"河内公"。宋咸淳三年(1267)，改封爲"衛公"。明嘉靖九年，改稱爲先賢仲子。劉天和官總督河道御史時，以濟寧仲家淺有先賢仲子祠，故志其建置之由，而并及其生平行事大略。

卷一圖像(崇祀像、仲夫子小像、委質圖、百里負米圖、南游於楚圖、緼袍不恥圖、習射於矍相圖、侍側農山圖、援戚圖、鼓瑟圖、問津圖、宿於石門圖、拱立圖、知禮圖、墮三都圖、不盟小邾圖、山梁雌薙圖、拯溺不圖報圖、贖孝圖、三善圖、宰蒲爲水備圖、片言折獄圖、結纓圖)、像贊。卷二奏疏，爲孔子六十五代孫孔胤植、吏部尚書李遇知、仲由六十一代孫仲于陛等五通。又札一通、府帖一通、禮札六通及宗子世紀、年表、姓譜、林墓、廟宇、禮儀、奏姑洗成安之曲、歷代謚號、子孫流寓、寓横坊村、祀田、祭期、免役、古迹、實迹(趙時雍彙補)。卷三碑記，計二十二篇，爲胡祖廣《至正九年濟寧侯吕魯重修廟記》、杜仁傑撰《河内公祠堂記》、唐錦撰《正德二年巡按御史楊儀重修衛公仲子開州墓祠記》、王崇慶撰《嘉靖六年巡按御史吉崇重修衛公仲子開州墓記》等。卷四，爲祭文六篇、讚十三首、論一篇、頌三篇、賦一篇、詩六十九首、對聯九副。又黄敬璣撰《皇清敕贈徵仕郎世襲翰林院五經博士加一級西圃仲公暨敕贈孺人趙氏夏氏令葬墓志銘》(葬時爲順治十八年十月二十六日)。

此本爲仲子裔孫于陛等所刻。于陛，字玉鉉，崇禎十六年欽授翰林院世襲五經博士。仲子廟在山東濟寧縣城南四十里之仲家淺，爲于陛重修。(康熙)《濟寧直隸州志》卷十所載甚詳。(康熙)《泗水縣志》卷二載有子路祠。

陳伯友序云:"我孔子之聖極矣,而其及門弟子若子淵,若子路,皆爲杏壇高足,則其學業恐未易以形跡盡也。濟寧仲家淺,仲氏則子路後裔也,其子孫緣避兵而世家於斯,仲子因子孫而廟會於斯已,閱幾十世矣。先今治水諸公,曾繼闕里而志之,略而未詳也。其裔孫九卿者與族人聚而謀曰:'吾祖爲聖門高弟,今斯志莞蕪,實跡不少概見,亦缺事也。'遂增刻圖像,補其未備,將復壽之梓。"

劉天和序云:"孔門之士一時蔚起者,半産之我魯,今何其苗裔不可概見也。或者世事遞改,文獻無徵,故子孫流落莫辨耳。仰而論之,顔之仁、曾之一、仲之勇、端木之辯,均爲杏壇高士。迄今襲官博士者,惟顔與曾;享有專制者,惟仲、冉、閔三家而已,凡讀孔氏者均有悲焉。予以治河托濟,幸覩仲子廟貌,弔其遺像,惜共湫隘,不稱報享,爲之恢復其殿宇,而優恤其宗人,平生景仰之懷已足稍慰。乃叩其志,曰尚未有專制者,復爲之慨。然賢如仲子,最爲有功於孔子,其行事不全載《論語》,散之諸子百家,令景仰者安所論其世代,朔其源流,與夫賢君哲相之所表揚、端人正士之所崇重也哉?遂爲之徧蒐群集,採其家乘,爲全帙,歷歷可考而知。至於宗系相傳、繫於一脈之真者,昭明以衍於萬世,此最其喫緊處也。書成,僭題其名曰令名志,蓋以賢人令名千古不朽也,未必於希聖希賢無小補云。爰付諸剞劂氏。"

《四庫全書總目》著録,入史部傳記類存目。《中國古籍善本書目》著録,僅上海圖書館入藏。《四庫全書存目叢書》第七十八册收入,底本即爲上圖藏本。

快雪堂日記【日本抄本】

《快雪堂日記》，明馮夢禎撰。日本抄本。四册。半頁九行十八字，無行格。

馮夢禎，字開之，秀水人。萬曆五年(1577)會試第一，官編修，與沈懋學、屠隆以文章氣節相尚，忤張居正，病免。後復官，累遷南國子監祭酒，與諸生砥名節、正文體，尋中蜚語歸，年五十八卒。錢謙益《初學集》有夢禎墓志銘。

是本書口題“快雪堂集”。夢禎有《快雪堂集》六十四卷，爲萬曆四十四年黄汝亨、朱之蕃等刻本。題“快雪堂”者，因其家藏晋王羲之《快雪時晴帖》，故名。此日記爲集之卷四十七至六十二，計十六卷。始自萬曆十五年四月二十六日，終於萬曆三十三年六月十八日，共十九年，當日人據刻本傳抄。

馮夢禎生於嘉靖二十七年，卒於萬曆三十三年，日記所載爲四十歲至五十八歲時。其丁亥日記首云：“余自丁亥遊天目以後，有所歷，夜必記之，甚龐雜不次，今芟其什三爲日記，每一披覽，陳跡如新，省心寡過，亦一助也。真實居士某識。”夢禎文章譽望，學者以爲高人朗士，且才氣踔厲，辭采縱横，不可一世，然其日記却絶少“至理名言”，所記來往友朋也較簡，文獻價值不甚高。

《香港中文大學圖書館善本書目》原著録爲清抄本，誤。

鈐印爲“溝東精舍”、“竹添氏書庫”、“櫻山文庫”，皆日人所鈐也。

日譜【稿本】

《日譜》不分卷，清吳騫撰。手稿本。存乾隆四十八年（1783）至嘉慶十七年（1812），爲吳騫五十二歲至八十歲時所記，前後達三十年之久，次年，即歸道山。

據目前所能查到的各種善本書目，史部傳記類中著録的日記稿本、抄本大約二百餘種。但乾、嘉時期之學者所存留的稿本日記，却是寥寥無幾，抑且多爲零星殘帙。

此稿中有讀書筆記、見聞雜録、清朝典故、鄉間風俗、友朋往來、藏書史實、鑒賞金石書畫、游覽山水，等等，備載作者本人之經歷見聞。其所記時間之長，内容之豐富，在目前所有明、清兩代學者各種日記中僅見。它對於研究作者生平和考訂作者及乾、嘉學者之間的關係，提供了極爲翔實的材料。

《日譜》中有多處批有"當入桃溪客語"、"入詩話"、"亦入詩話"、"又收桃溪"、"尖陽隨筆"。按：《詩話》爲《拜經樓詩話》。《桃溪客語》、《尖陽隨筆》爲騫平日所作筆記，内容較爲豐富，并已刊刻，可供研究地方史者參考。但《日譜》中所批之内容，并未均收入刻本，如"薄荷"等條，足見其人著述漏遺者尚多。

《日譜》從不同的側面，反映了吳騫博學多才與爲人忠厚，且在江浙一帶所具的聲望。騫輕財好施，見義勇爲，每當歉歲，農民顆粒無收，騫必設法爲之施賑。《日譜》乾隆六十年閏月朔日："時以歲歉，約里中同志爲粥飼餓者。是日爲始，每日自辰迄申凡大小二千餘口，於興福庵按票給籌，第三帶鹽厫給粥。"初二日："上一夜以煮粥不成，於三帶設焰口一壇。是日，粥頗香稠，領者莫不歡忭。"《日譜》中還反映了騫爲農人着想，同情他們的遭遇。嘉慶十年五月朔日："蠶麥無收，米價翔貴，貧民抱憂生之嗟，西則海寧，東塔山塘，多有自投於海者。""前三日立秋，久不雨，桔槔之聲，曉夜不徹，爲農者亦良苦矣。"嘉慶十六年六月二十日："立秋，初昏，忽作大風，天氣頓涼，始得安寢，然月餘無涓滴之雨，農人甚苦。"其在鄉里之義舉，甚得時人稱善。

騫交游甚廣，與當時學者如段玉裁、錢大昕、王鳴盛、盧文弨、陳鱣、鮑廷博、周春等人交誼深厚，過從極密。騫嘗自製一舟，往來蘇浙間，每逢出游，多爲訪友之行，晤時談古論今，唱酬雜咏，間或鑒賞書畫，《日譜》中時有所載。

吳騫讀書重考據之學，尤喜搜羅金石及宋元槧本。作爲乾、嘉時著名藏書家，他和黄丕烈齊名，黄丕烈顔其居曰"百宋一廛"，騫以"千元十架"相應。《日譜》中多處記載騫所見善本，對於藏書之源流、版本之考訂、异本之校讎，多有翔實記録。如與陳鱣同觀所收宋元秘本《周易注疏》、《尚書》及明代《陽明尺牘》等。又如記載

《永樂大典》、《四庫全書》等，俱有心得之處。

吴騫少時曾讀岐黄家書，對於醫理亦有研究。《日譜》中也記載了一些切實有用的醫方。如乾隆五十七年元日："周慎齋書治婦人白崩，以棉花子炒焦，取仁爲粉，好酒送下，數服即愈。或用蕎麥麵，好酒和丸，亦佳。"此外，如治肝氣痛方，等等，也可供今天研究中醫藥者參考。

據知，北京圖書館亦藏有《日譜》，爲乾隆四十五年部分，僅存二月十六日至三月十二日，記騫於乾隆庚子春與陳鱣同游武林，在杭州與鮑廷博、盧文弨、奚岡、趙魏等人往還游宴，評閱善本、名畫、古器物之屬，又有與鱣唱和詩十七首。此部分《日譜》，民國間鄧實等輯《古學彙函》(民國元年國粹學報社排印本)已收。

吴騫撰《愚谷文存》中收有《可懷録》、《可懷續録》，爲騫先後於乾隆三十九年、嘉慶五年回鄉省墓時逐日所記，并取潘安仁《西征賦》"故鄉可懷"之語爲名。從時間上來説，雖和《日譜》有些重復，但内容却不盡相同，二者可以互爲補充參證。

稿本今藏上海圖書館。

觀妙居日記【稿本】

《觀妙居日記》，清李鋭撰。手稿本。一册。存嘉慶十四年己巳（1809）。藏美國哈佛大學哈佛燕京圖書館。

李鋭，字尚之，一字四香，江蘇元和人。諸生。幼有過人之敏，邃於算學，窮究天元一術，於古法多所闡發。因受經於錢大昕，得中西异同之奥，於古曆尤深。嘉慶初，阮元提學浙江，常延鋭至杭，問以天算。阮元輯《疇人傳》，得鋭之力爲多。有《天元勾股細草》、《開方説》、《孤矢算術細草》等。

鋭生於乾隆三十三年（1768），卒於嘉慶二十二年（1817），年五十。此爲其四十二歲時所記，正爲中年之時。日記所載，多爲瑣事。其與法時帆、阮元、陳鱣、李福、高夔、吴慈鶴、張敦仁等人過從甚密，日記中常有所載，惜記事過簡。

四月初七日有"纂五代史司天考補注二卷畢"。此書未見刻本，稿本似已佚去。又五月二十日所記有吴縣新進士者，云："是日知小廉歸班，春生即用知縣，前所報翰林，乃匪人撞冒也。吾蘇新進士七人，吴慈鶴、顧元熙、譚瑞東俱庶常，陳春尹主事，蔣泰階、陶文植中書，李清杰即用縣，無歸班者。"又八月二十七日所記買人參事："托吴春生買人參二錢，價二十兩。春生言國初以來參價日貴，惟去年、今年乃大賤，蓋秧子多（秧子指人工培植的根莖），而自然産者少也。"

清代銀錢比價，在順治、康熙年間，每銀一兩可换錢七八百文。至雍正以後，因地方鑄錢日多，而致錢價下跌。乾隆末年，銀一兩可换錢一千零數十以至一千一百文，至嘉慶初年，銀價跌至九百數十文。如以銀一兩换一千文爲算，則二十兩銀當爲二萬文錢。其時米一石，價貴爲白銀三兩，二十兩可購米近七石，而買參却僅能得二錢，其貴無比，絶非一般平民百姓所能及。

鋭十一月二十八日登舟往江西，於十二月二十四日始至南昌，晤張敦仁。十二月初七日記云："自蘭溪至侯城，沿灘人家作水碓，以水激輪圜轉，甚利。舟行上灘，持篙者努力叫呼，與灘聲相亂。牽夫涉水，水深没股，嚴寒風雪中，竭六七人之力，纔行四十餘里，爲之惻然。"

清代算學家較著者有華蘅芳、梅文鼎、李善蘭、吴嘉善、徐有壬諸人，均無日記傳世。此稿本《觀妙居日記》，北京圖書館尚存三册，爲清嘉慶十年六月至十一月、十五年正月至八月。此雖僅存一年，當亦吉光片羽，彌足珍貴。又上海圖書館有《觀妙居日記》，爲清嘉慶二十五年吴嘉泰抄本，所抄爲清乾隆五十六年至嘉慶元年、嘉慶九年至十六年、十八年至二十一年，計十七年之久。

敬徵日記【稿本】

《敬徵日記》不分卷，清敬徵撰。手稿本。

敬徵，清鑲白旗人，爲和碩肅親王永錫第四子，生於乾隆五十年(1785)，卒於咸豐元年(1851)。曾獲封賞頭等侍衛、散秩大臣，官至户部尚書協辦大學士，卒後謚文愨。《清史列傳》卷四十一有傳。

此日記起自道光十七年至二十二年、二十五年迄咸豐元年，共十三年，多記生活起居，所見所聞宫中之事，頗有史料價值。因所記内容史書多不載，援抄數則，以見其一斑。

十七年二月初六日："内府奏逃太監十四名。"三月二十二日："召見，問審訊偷佛座事。"可見宫中儘管門禁森嚴，却也不太平。

二十年正月十一日，記孝全皇后崩事頗詳。

二十二年正月十六日，記入廷臣宴之經過，於宫廷禮節記述較詳。"巳初散，回園。巳正二刻五分走到茶房，候裕恩同進候入廷臣宴。午正，上升正大光明殿。先期在戲臺兩邊對臺柱子東西排立。樂止，内奏事帶上左右石階，順牙面石行，至中間分立，計中間除中路左右共四人，向上行一跪三叩禮，退進兩傍，稍間邊隔，各依次立氈墊後。上命坐，隨跪行一叩禮，即盤腿坐。内監上膳，隨賞筵，二人一桌。上湯飯。内監賞御菜一品，行一叩禮。飯畢，内監進奶茶，衆在本位隨跪。上進茶時，行一叩禮後跪坐，俟賜茶至，跪起接，一叩畢。飲茶，内監隨接碗去，仍跪坐。上視徹饌，内監上徹，衆即可盤腿坐，擺果宴畢，派出遞酒之人立起，出邊隔扇，脱褂。衆即立起，俟遞酒人進殿跪，衆亦跪。上飲酒時，衆行一叩禮仍跪，俟遞酒人飲賜酒畢，衆跪坐。總管進上酒一爵，衆不叩。内監賜衆酒各一鐘，接酒行一叩禮，隨飲後將鐘放本桌上，仍跪坐，候賜元宵、賜果茶，俱不叩。接果茶飲畢，徹果筵。上命退，衆立起，由邊隔出行，至中間行一跪三叩禮，畢，退下兩邊石階，如初排立。上回宫。是年，在西邊第一桌，同潘之次賞蟒袍一件，醬色，緙絲，醬色加寬大卷緞一匹、燈一對、手爐一個、烟一瓶、瑪瑙壺一個、舊玉太平有象一件。午正一時散。"

二十五年後所記多爲賞銀事，用去之銀兩多有記載。如正月十四日："給老姑太太家三孫娶媳銀廿兩；又哈賈首領等隨爺銀三十兩。"四月廿八日："散端陽節費，共用銀一千一百九十五兩。太太用銀二百兩，又給裁縫銀一百兩，給買烟壺銀十二兩，又還銀樓銀十七兩。"

清人日記傳世者僅二百餘種，其中稿本更是不多，而多記宫廷之事者鮮見其有。敬徵爲清宗室，所記乃第一手資料，雖多爲片言隻語，當可徵信，研清史者當可從中細細研考。

此書有洪業(煨蓮)先生跋。藏於哈佛大學哈佛燕京圖書館。

過雲樓日記【稿本】

《過雲樓日記》不分卷，清顧文彬撰。手稿本。一册。藍格，半頁十行二十二字不等，書口下刻“過雲樓筆記”。封面上書“日記。光緒五年己卯、六年庚辰、七年辛巳、八年壬午、九年癸未、十年甲申”。

顧文彬，字蔚如，號子山、紫珊，晚號艮盦居士、艮盦老人，江蘇蘇州人。道光十一年舉人，二十一年中進士，官刑部主事，升員外郎，出知湖北漢陽府，擢武爲鹽法道，以父憂去職。同治九年復出，官至浙江寧紹道臺。工倚聲，善操琴，書法宗歐褚，精鑒賞，富收藏。生於嘉慶十六年(1811)，卒於光緒十五年(1889)。著有《過雲樓書畫記》、《續記》。

過雲樓爲顧氏藏書樓，以藏有宋元以來佳槧名鈔、珍秘善本、書畫精品而聞名。蘇州歷來爲人文薈萃之地，顧氏乃蘇州望族，與官宦、學者交往甚多，此日記存光緒五年至十年，中有時一月僅一兩條，或一月三四則或七則不等，所記較雜。如記其八兒竊其母首飾金珠去上海蕩於花柳之場事甚詳。光緒六年，記文彬七十誕辰時，來祝者文武各官——文自中丞以下司道府縣及織造，武自參將游擊以下——俱親到，登堂親友咸集，中午用盆麵十五席，大菜十一席。其記李香嚴、吴愉庭、沈彦徵、吴子健、胡岫雲、潘羖聞、趙次侯、彭訥生、俞蔭甫、吴引之、盛杏生、幼亭、仲復等人來往之事，均可見其平生交游。

顧氏爲書畫鑒藏家，故其日記又多記金石書畫事，如韓渥畫王右軍像；祝枝山、王虚舟兩字卷。日記中又載出售書畫事，雖寥寥數語，但可證清末字畫流通及售價。如“有盛寅谷、程小廬來訪，出示書畫求售，余得其陳白陽《芭蕉》，嚴蓀友繩孫《茂陵秋雨圖》(贈與朱竹垞者)兩軸，價三十三元。尚有王石谷山水、惲南田《墨荷》兩軸，議價不諧，由香嚴售去，價二百二十元”。如宋徽宗山水畫，“余不收絹本，讓與香嚴，以二百元得之”。“《范文正手札》二通，明人跋二十四家，得於京客，價八十金。”(按《過雲樓書畫記》書類一著録甚詳，後刻入《過雲樓集帖》。)“以九十元得漢玉琴拂柄。”“以二十五元得宋拓《黄庭》不全本。”“以二百元得仇十洲《瑶臺清舞卷》於鑑齋之子銅士處，此卷心藏已十餘年矣，價亦昂甚。”(《過雲樓書畫記》書類四著録甚詳。)“《皇甫君碑》、惲南田畫雞扇面，共價洋七百三十元，價已不輕，聞其轉售他處，獲利數倍。”“仲復以八十元購得翁覃溪隸書對一幅，其句云：有情今古殘書在，無事乾坤小屋寬。乃張瘦銅句也。”

日記中有載怡園梅花廳前之布置。按怡園爲文彬晚年游宦歸來前後，與三子承共同主持營建之别業，今在蘇州市護龍街尚書里。園以小巧見長，布局靈巧，營構精緻，層次分明，疏朗宜人。文彬嘗有語云："憑空結構此園林，世俗塵無一點侵。别寫胸中丘壑趣，蕭疏如畫澹如琴。"又曾云：此園"名曰怡園，在余乃自怡，在承爲怡親也"。

清代日記傳世不多，名人日記尤少。據《中國古籍善本書目》，自道光至光緒間，稿本日記二百五十種左右，但屬於書畫家、鑒藏家之日記則稀之又稀，僅十種上下。此雖僅存一册，但頗具資料價值。《中國古籍善本書目》史部傳記類著録。今藏上海圖書館，舊爲潘師景鄭先生所藏，然《著硯樓書跋》未收録此本。

北洋海軍來遠兵船管駕日記【稿本】

《北洋海軍來遠兵船管駕日記》，稿本。一册。紅格。題“升用總兵北洋海軍右翼左營副將喀勒崇依巴圖魯邱寶仁”。

中國近代海軍之創建，始於清同治年間。光緒十一年，北洋大臣李鴻章通過駐德使臣許景澄向德國伏爾鏗造船廠訂購“經遠”、“來遠”，又同英國訂造“致遠”、“靖遠”號四艘裝甲巡洋艦，并派宗瀛、裘國安、黄戴負責監造。十三年，四艦竣工，北洋海軍即派英人琅威理前往驗收，管駕官鄧世昌、邱寶仁、葉祖珪、林允升同往接帶。是年十月底，抵厦門，因北洋時已封凍，就地厦門操練。十四年春，四艦駛抵天津，李鴻章親臨接收，編入北洋海軍建制，旋即駛赴遼渤一帶操巡。

“來遠”號管帶邱寶仁，字彪臣，福建閩侯人。同治六年考入福建船政學堂，爲第一期駕駛班畢業生。先後巡歷北洋、香港、新加坡、檳榔嶼各口岸。光緒元年，復上“揚威”號練習艦赴新加坡、菲律賓、日本各海口巡歷。次年即管帶“虎威”號，五年調管“鎮東”號，積功擢守備。十五年升署右翼左營副將，充“來遠”號管帶。十七年賞换喀勒崇依巴圖魯勇號。甲午海戰中，表現英勇，然戰後被革職，未能復出。詳見《淮係人物列傳》。

此日記存光緒二十年五月初一日至五月二十九日，時船在威海，而八月十八日甲午海戰開演。日記設以下名目：值更官員姓名、點鐘、船程、船向、羅經鐵差、風向、風力、下風差、天色、寒暑針、風雨表、經度、緯度、直路方向、直路程、潮流方向、潮流程、共行程、羅經氣差、直方向、直距離、記事。所載兵船裝備、人員、武器等至爲詳細，爲中國早期海軍所擁有之重艦提供了第一手見證。兹略載於下：

該船爲德國卧機雙暗輪，鐵脅，馬力爲八百（虚）、五千（實）。船身長二百七十英尺，寬三十九英尺四寸五分，船頭高十五點四英尺，尾高十四點九英尺。全船載重兩千九百噸，額設各項人等二百二十名，月支公費京平銀五百五十兩。幫帶大副，爲都司林文彬；魚雷大副，爲守備張哲溁；駕駛二副，爲調署守備唐春桂；槍砲二副，爲調署守備謝葆璋；船械三副，爲千總邱文勳；舢板三副，爲署理千總蔡馨書。其他如總管輪都司、大管輪守備、千總、把總、水手總頭目把總、三等文案、三等醫官等皆有名字在案。又該船另備魚雷匠兩名、電燈匠一名、洋槍匠一名、鍋爐匠一名、油漆匠一名、二等木匠兩名等，至於一、二、三等水手八十名，一、二、三等升火三十八名。

鑲配槍砲爲：克虜卜二十一生特、十五生特三十五倍身長後膛鋼砲各兩尊，哈乞開司四十七密里、三十七密里五管砲各兩尊，後膛快放砲四十七密里一尊，又毛瑟後膛兵槍五十杆、威布烈六響手槍四十杆，刀十把。

日記中值更官員爲唐春桂、謝葆璋、邱文勳、蔡馨書。謝葆璋，字鏡如，福建閩侯人。光緒十五年，升署右翼左營守備，充“來遠”駕駛二副。甲午海戰後，謝返回原籍。光緒二十九年調任烟臺訓練營（後爲烟臺海軍學校）管帶。其於校舍建築、校事籌劃，始終董其事，并任學校首任監督。民國初，授海軍少將，任海軍部軍學司司長，後任參事廳參事、署理海軍部次長等。1940年病逝，年七十五。其女婉瑩（冰心）即爲現代著名女作家。

扉頁印有紅色楷書“北洋海軍兵船管駕日記”。封面書籤印有“北洋海軍來遠兵船管駕日記”，也紅色楷書，“來遠”兩字爲墨筆所填。日本《近世帝國海軍史要》載有“來遠”照片。

光緒二十年甲午中日海戰中，來遠號奮勇擊敵，重創日艦“赤城”號。後在戰鬥中不幸中彈二百餘顆，因火起燒裂，退出陣外，雖補救得力，僅存皮殼，但機械、砲器尚可使用，故仍有戰鬥力，後歸於旅順修理，駐防威海。《海軍實紀》（1926年海軍部印刷所排印本）載紀甚詳。二十一年二月，在威海衛之戰中，遭日軍魚雷艇偷襲，中雷傾覆。

北洋海軍在全軍覆没前，在編軍艦共二十五艘，重要者有定遠、鎮遠、經遠、來遠、致遠、靖遠、濟遠、超勇、揚威等艦，除來遠尚存此一“管駕日記”外，它艦均無實物留存。

歷代兩浙人物志【稿本】

《歷代兩浙人物志》十六卷，清沈廷芳撰。稿本。二十四册。清孫星衍、陳文述、朱稻孫、趙晋、魯忠題識或跋。民國章鈺跋。半頁十三行三十一字，無框格。目録頁題“仁和沈廷芳椒園撰”。前有乾隆三十二年(1767)沈廷芳序。

沈廷芳，字椒園，一字畹叔，本姓徐，浙江仁和人。少潛心正業，博綜群典，弱冠游京師，聲譽藉甚。受詩學於查慎行，受古文法於方苞，尤究心於經術。乾隆初，由監生召試鴻博，授翰林院庶吉士、編修，入直武英殿。補山東道、江南道監察御史，奉命巡視山東漕糧，遷河南、山東按察使。以原品致仕，既歸，貧不能自瞻，復以課讀爲業，累爲鰲峰、端溪、樂儀、敬敷四書院山長。又有《續經義考》、《古文指授》、《隱拙齋集》、《十三經注疏正字》等。生於康熙四十一年(1702)，卒於乾隆三十七年(1772)，年七十。《碑傳集》卷八十四有傳。

浙江風土人物之盛自唐始，且獨爲東南之望，素稱人文淵藪，魁偉奇杰之士，代不乏人。昔明代陳曉輯有《杭郡新刊按志兩浙人物考》三卷(清抄本)、徐象梅撰有《兩浙名賢録》五十四卷外録八卷(明天啓元年徐氏光碧堂刻本)，清代又有陸勉齋撰《兩浙明遺獻傳略》不分卷(稿本)、佚名輯《兩浙耆獻傳略》不分卷(稿本)等。是書爲廷芳六十五歲時所撰，卷一至二名宦、卷三名臣、卷四忠臣、卷五循吏、卷六武功、卷七儒林、卷八文苑、卷九孝友、卷十義行、卷十一介節、卷十二隱逸、卷十三寓賢、卷十四方技、卷十五仙釋、卷十六列女。内又分縣排列。其書若名宦留遺愛之思，寓賢揚翰墨之聲華，至文苑采幽芳而志隱逸，崇道學而顯儒林，敦品行而標孝義，旌閫德而羅列女，是爲一方之名人録。

廷芳爲撰是書，搜徵文獻甚多，其所録多得之《兩宋名賢録》、《檇李詩繫》、《西吴里語》、《金華先民傳》、《分省人物考》、《鄉賢留祀册》、《公舉事實》、《禪寄筆談》、《貧士傳》、《武林紀事》等書，以及《福建通志》、(萬曆)《紹興府志》、(嘉靖)《寧波府志》、(萬曆)《嘉興府志》、(正德)《崇德志》、(弘治)《嘉興府志》、(成化)《四明郡志》、(嘉靖)《湖州府志》、(成化)《新昌縣志》等數十種方志。

沈廷芳序云：“李洪憲稱兩浙人物慕義自强，黄東發稱杭州爲郡冠冕。靈淑山川，鍾生賢喆，可不謂忠臣接踵、孝子連閭者哉？採史傳之遺文，旁及鄉國所記，覈實書之，名往於望，蓋亦後先輝映者矣。條其子目，曰名臣、曰武功、曰循吏、曰孝友、曰義行、曰文苑、曰隱逸、曰方技。史家列傳，每門有標目，始於魏澹書，州縣志多因之，非創也。例如以闡幽隱，而寓賢、僊釋並從附見。人物高風絶世，許由、荀況、靈運是矣。子胥、鵬舉神游於斯，樂天、子瞻其故守也。所産有褚河南、于忠肅，精忠蓋世。張子韶、張幾聖、關子通，倡興道學，而沈文通、周公瑾、仇山村、白廷玉、錢思復、吾子行輩，皆以一代。禪則潙山、法眼，二燈齊照，葛洪、許邁便是。”“稱山川秀概，萃於文人，歷代以來，著述傳世者幾百家，已編入浙西三府名士，分浙東八府之人物。説者謂當漢秦時，吴越猶在荒服聲教之間，當魏晋以後是始不然。考名流亦復不少，始識於此。五代吴越王錢鏐、王畊、北宋至明代諸人見於傳志，而於國朝名士以補入志中之末，叙古今之大成者乎，分即一邦之人物，可想見其盛矣。”

趙晋跋云：“盧文弨先生撰沈椒園先生墓志曰，椒園著述《十三經正字》八十一卷，文淵閣著録。復編是省人物志，自漢迄明，增補國朝人物，凡爲十六卷。分府詳載，考歷代高風忠節、相業直諫、德望文苑之名人，或採史志及稗乘雜史所載事跡，各爲考核，編增此録。壬申六月，趙晋記於晨葩館。”壬申爲嘉慶十七年。

章鈺跋云：“《歷代兩浙人物志》十六卷，仁和沈椒園先生稿本，不載汪中撰行狀，並未入杭府藝文志。四庫存目明錢塘徐象梅《兩浙名賢録》，提要斥之。此稿體例秩然，根據確鑿，抱經校語亦有益本書。陳仲魚藏本，後入别下齋。檢蔣生沐《東湖叢記》云，見椒園《續經義考》，而未及此書，幸得寓目，題以識之。乙亥重九有風無雨，章鈺舊都北池寓齋。”乙亥爲民國二十四年。

此本未刻，楷書甚工。

《四庫全書總目》收有廷芳《十三經注疏正字》八十一卷、《隱拙齋集》五十卷二種，但未及此書。《續修四庫全書》、《續修四庫全書總目提要》（稿本）亦未收。《中國古籍善本書目》著録，今藏上海圖書館。

鈐印有“何元錫印”、“海寧陳鱣觀”、“仲魚圖像”、“得此書費辛苦後之人其鑒我”、“布衣暖菜根香喜書滋味長”、“師望”、“鷓安校勘秘籍”、“蔣光煦印”、“生沐”、“生沐秘藏”、“别下齋藏書”。

崑山人物志【明嘉靖刻本】

《崑山人物志》十卷，明方鵬撰。明嘉靖刻本。二册。半頁十一行二十字，左右雙邊，白口，單魚尾。前有嘉靖十年(1531)方鵬自序。末有嘉靖十五年顧夢圭跋。

方鵬，字子鳳，又字時舉，號矯亭，江蘇崑山人。幼岐嶷，生平好讀書，與弟鳳同登正德三年進士。授南京禮部主事，歷南京刑部員外郎中，改吏部。升浙江參議，遷山西提學副使，又召爲右春坊右庶子，兼翰林院修撰，充經筵講官，主順天府鄉試。後移疾請告會，遷南京太常寺正卿，遂致仕歸，家居十餘年，與弟鳳同居南瀆里，足迹不入城市，獨坐一齋，以著述自娱。爲文章典雅老成，敦修行誼，大負時望。又著有《責備餘談》、《矯亭存稿》、《續觀感録》等。《本朝分省人物考》卷二十二、(道光)《崑新兩縣志》卷二十列傳二有傳。

崑山，人文薈萃，英才輩出，自宋至清，中進士者達四百七十六人。是書十卷，論次崑山先哲，共二百三十七人，蓋因崑邑多德行道藝自立者，鵬懼其久而或湮，故搜訪裒輯，以示不朽。計卷一名賢六人、卷二節行二十八人、卷三文學三十七人、卷四政績二十六人、卷五隱逸三十二人、卷六孝友二十一人、卷七列女三十人、卷八藝能三十一人、卷九游寓二十六人、卷十雜志三十則。附或問七條。

方序云："初，崑山爲邑甚巨，唐割東南爲華亭，宋割五鄉爲嘉定，至國朝又割三鄉爲太倉地，滋削矣，而人才之出比昔加盛焉，可不志乎？表先哲於既往，所以勸後人於將來也。志有十類，曰名賢，統言之也；曰節行、曰文學、曰政績、曰隱逸、曰孝友，各舉其所重者言也；曰列女，風教之始也；曰藝能，取其人不獨取其技也；曰游寓，取其增重吾邑也；曰雜志，於前數類不可入而又不可遺者也。予既有事於斯，懼得罪人人而止，莊渠魏子曰：何傷乎？願亟成之。於是六閱月三易稿而後成，藏之巾笥，以俟續崑志者採擇焉。"

明代述崑山人物傳之專書由此始。後有明張大復《皇明崑山人物傳》十卷《名宦傳》一卷(明崇禎刻清補修彙印梅花草堂集三種本，藏中國科學院圖書館等館)、明朱應鯤輯《崑山人物傳》十卷附一卷(清順治十二年自刻本，藏旅大市圖書館)。清代則有數本，一爲清張立平撰《玉峰完節録》一卷，有清道光潘道根抄本，藏南京圖書館。一爲清葉均禧撰《崑山人物小傳》七卷，清抄本，藏南京圖書館。一爲清潘道根撰、清彭治續《崑山名家詩人小傳》，稿本，藏上海圖書館。

《明史・藝文志》作八卷，張大復《崑山人物傳》序稱六卷，皆誤。《四庫全書總目》入史部傳記類存目。《四庫全書存目叢書》未收此本，僅收張大復《崑山人物傳》十卷。《中國古籍善本書目》、《中國善本書提要》、日本《内閣文庫漢籍目録》未著録。此書藏臺北"國家圖書館"。

鈐印有"吴郡張紹仁學安氏印"、"學安"、"訒盦"、"紹仁之印"、"長洲張氏執經堂印"、"執經堂印";"郁印松年"、"泰峰";"田耕堂印"、"不薄今人愛古人"、"希古右文"。

張紹仁,字學安,號訒盦,江蘇長洲人。不事舉業,家有執經堂,富藏書,與黄丕烈同時。

郁松年,字萬枝,號泰峰,上海人。道光間拔貢生,官内閣中書,加鹽運使銜。好讀書,藏書數十萬卷。

崑山殉難録【舊抄本】

《崑山殉難録》十卷，清曹夢元撰。舊抄本。二册。佚名朱筆圈點。半頁十行二十字，無框格。前有康熙十九年（1680）徐秉義序、曹夢元序、韓方卓序。

曹夢元，字元徵，號淡庵，江蘇崑山人。萬曆末補諸生。嘗游西湖，得遺珠一囊，求其人還之，問姓名不告。曾纂修郡志。（道光）《崑新兩縣志》卷二十七文苑二有傳。

此録實記清順治二年（1645）清兵屠城死難之士民，是時嘉定、江陰等郡皆闔城被陷。按：五月，金陵失守，江南大震，南人素號柔脆，自幼不習軍旅，然清兵至，鄉民相率自聚團練爲行伍、積糧繕兵，爲城守計。乃守禦未備，而鋭師至城下，圍攻二日，城陷，無少長皆坑之。大小街巷，積屍皆滿，河水盡赤，屍氣聞數十里。縋城而逸者，僅數十人。《崑新兩縣志》卷三十九“紀兵”叙之甚詳，有云：死者“城内外計二萬四千餘口”。自崑建邑以來，未有慘禍若斯之劇者也。

作者直書其人其事，不加文飾。蓋城陷之際，士民男女，死者不可數計，曹氏與同志張立平、立廉拾遺骸葬之仁緣塔，又慮諸殉難者湮没不彰，日摻一管，按户詳覈而録之，隆冬盛暑，靡間分類，累而成帙。其撰書之動機乃在留示後世，猶足以激忠義之肝，而愧懦夫之魄。一時死忠、死義、死孝、死節實賴是録以傳。卷一死守，凡十八人；卷二死孝，十一人；卷三死義，二十一人；卷四死任，八人；卷五節婺，六十八人，附節尼九人；卷六幼烈，二十八人；卷七從夫、卷八偕義、卷九安節、卷十拒擄，皆不計。

其以“死守”爲標題，因“崑之變，邑中數君子挺然以守自任，大夫士庶毋論矣，即醫技工賈，里巷健勇以至僕隸，皆奮發效功，赴義若鶩，不貪生以坐視，是其勤勞與志節，均不可泯也。故首序死守”。其云“死義”者，乃爲“崑邑之死難者，不必皆食禄於朝者也，或讀書未膺一命，或編户不列士林。當攻城時，東北三門可出而避，乃坐守勿去，駢首受刃。此曷故哉？義爲之驅也，可以無死而竟舍生取義”。其所謂“節婺”者，乃“己酉秋，崑城既破，城中婦女引義死者以萬數，其間以婺婦殉難者凡若干人，其事跡可稽也。平居能從容守節，臨難則慷慨就義，人尤以爲難，嘉其以節終始”。

此録始於乙酉年（順治二年）重陽日，成於丁亥年（順治四年）長至日。曹夢元序云：“我邑當乙酉秋七月城破之後，城中大夫士庶往往慷慨捐軀，冒白刃不顧，復有官於外者，如蔡仲丞、夏方伯及漢石、明仲輩，前後死難亦曰不少，雖時與地有不同，要其秋霜烈日之志則一也。皎皎風節，固定以冠冕海内矣。若夫婦人女子，毋論貴賤老幼，亦復視死如歸，趨義恐後，不尤爲一邑增重哉？予身罹變亂，餘生尚存，心慕忠節之高風，而又恐幽□之未白、逸事之未著也。乃蒐訪殉難者烈，逢人則詢，務核其實，筆而存之，思欲垂之來許，不泯其忠貞之操，且使後之人知一時挺節，維持名教於不墜者，即蕞爾一邑且若是其英多也。我邑當郡之東境，孤峰秀拔，婁水迴環，靈淑之氣，凝結良厚，毋怪乎男子爲秀傑、巾幗爲丈夫矣。夫死忠、死孝、死節，千古難之，乃有誣死爲生者，地獄之設正爲是人，如其移生作死，一字點染，不足傳信，亦鬼神殛之。"

此書成後，未及付梓，而夢元卒，似未有再刻。《四庫全書總目》、《續修四庫全書總目提要》（稿本）、《中國古籍善本書目》未著録。（道光）《崑新兩縣志》卷三十八著述目有"曹夢元，殉難録十卷"。謝國楨《增訂晚明史籍考》作"一卷"，其有按云："錢海岳南明史稿引用書目，謂有南京圖書館藏鈔本，惜未見。"又清屈大均撰、陳鳳藻參訂《明季南都殉難記》中列有"崑山死義傳"，然僅收二十八人（附從死二十一人）。書藏臺北"國家圖書館"。《國家圖書館善本書志初稿》著録，作"曹孟元撰"，誤。

鈐印有"季印振宜"、"滄葦"、"季振宜藏書"；"豐潤張鎮"。

新安女史徵【清康熙刻本】

《新安女史徵》一卷，清汪洪度撰。清康熙四十五年(1706)汪氏古墨齋刻本。一册。半頁九行十九字，左右雙邊，上下黑口，單魚尾，下書口上端有方塊墨釘。題“歙汪洪度著”。前有康熙四十五年汪樹琪序。

汪洪度，字于鼎，號息廬，安徽歙縣人。康熙間諸生，好學通經，與弟洋度并有才名。工制舉業，然困躓場屋，屢試不售，遂專精古學，又工詩古文詞，畫法亦爲人所重。時邑令修《歙志》，延洪度專志山水。又著有《新安大好山水志》、《息廬詩》、《黃山領要録》。(乾隆)《歙縣志》卷十二文苑有傳。

昔劉子《列女傳》，次節義於賢明之後，燀揚風烈以爲世基，嗣是史家代有纂述。兩《唐書》乃以烈女立爲專傳，所以扶持禮教，輔翼彝訓者，意在至遠也。新安爲朱子講學之鄉，風俗淳龐，人心樸烅，其漸漬於古訓者尤深。是書一卷，計三十七篇，爲表彰節烈，追溯芳型，著爲實録。集中有《重修孝女廟疏》、《書洪氏兩世節婦事》、《婺源施氏特建貞孝姑祠堂記》、《孤燕紀略》、《義女謚議》、《記程淑人逸事》、《程氏一門崇祀八節烈傳》、《二貞女傳》、《凌氏一門忠義孝烈傳》、《書耿夫人死難事後》、《謝烈婦傳》、《淳安縣重建烈婦祠碑》、《旌表孝烈王門葉氏墓表》、《許節母傳》、《柏頌》、《潘烈婦碣文》、《奇烈傳》、《霜筠録序》、《裂井碑》、《書節孝陳母傳後》、《仇門兩世貞節傳》、《孝婦鮑安人傳》、《貞白里鄭氏雙節傳》、《節孝吴母傳》等。每篇後皆有魏叔子、吴劍宜等人評語，蓋皆在潛德幽光，旌揚節義也。又其記當時死烈諸事纖細無遺，人取一事，人各一體，綴輯成篇，足以備史氏之采輯。

汪樹琪序云：“今年春，東岩、漪堂兩吴公徵刻《新安列女傳》，先生出篋中所撰寄之，余因得而卒業，其於綱常名教，皆人所欲言而不能言者，且言之多文能使讀者躍躍興起曰，是猶不可以傳乎？吾郡黃山白岳，奇秀矗天，練水漸江，纖鱗不掩，其鍾於女子者多介特而潔清，或毁容守死，或殉義捐生，或倉卒受遣，或達權變而完毁卵，或積精誠以格頑冥，不必盡出一途，咸足驚天震地、猗歟盛哉！第徵旌典者百不得一，即志乘亦多缺焉，非藉良史，以廣其傳，則毅魄貞魂，幾何不與荒榛蔓草同腐歟！今先生之文具在，雖其人不無賢智之過，然世風之靡極矣，聞其風者曷亦思彼，遇事變而尚能及如是，則凡平居修飾益勵堅貞，於以扶植名教，其權顧不重哉！先生邃於經學，研窮精微，著述幾與身等，宜乎其發言，皆原本於先民如此也，先生即不欲以言傳忍，使毅魄貞魂終於湮没乎？以是爲文獻之徵，烏乎！不可，先生無以難也，爰與同人授諸梓氏。”

此爲原刻本，流傳不多，又因梓行歲

久，板刻漫漶，乾隆三十七年(1772)其重孫默人再授諸剞劂，則又有重刻本。此本藏上海圖書館。《四庫全書總目》、《續修四庫全書》未收。《續修四庫全書總目提要》(稿本)著録有乾隆三十七年汪默人刻本。《中國古籍善本書目》著録，即此本。

鈐印有“王培孫紀念物”。

上卿奕光録【清康熙刻本】

《上卿奕光録》三卷，清江應晨撰。清康熙刻本。二册。半頁九行二十字，左右雙邊，白口，單魚尾。題“曾孫應晨初編；六世孫祚錫增訂”。前有康熙三十三年(1694)秦松齡序。有總目。總目後有江起鵬、江一蔚、江一鵬、江應晨、江定遠舊序五篇。

江應晨、江祚錫，無考。

朱子嘗云：“婺之江，本於蕭。”史氏曰：“蕭江於徽爲著姓。”蓋江氏本姓蕭。此本輯江氏一門十八人之傳、像贊、行狀、墓志銘、家傳等，爲卷一前溪公(江驥)、衡山公(江輪)、清泉公(江覞)、古楓公(江軾)；卷二中臺公(江一鵬)、新原公(江一麟)、龍原公(江一皋)、德宇公(江世祐)、心新公(江世袍)；卷三少臺公(江世科)、蕭中公(江世洪)、六虚公(江世濟)、裕長公(江國光)、舜升公(江旭奇)、友庭公(江旭升)、其源公(江正逢)、其機公(江正迎)、菡青公(江蓮裕)。

是書録江氏先祖前溪公以來彙傳之文。前溪公，名驥，字德良，行奎三，婺源江灣人也。因宅前有溪，清漪環抱，泌之洋洋，可以樂飢，遂自號前溪，人以翁高年象，而稱之前溪。江一鵬舊序云：“公以孫顯，膺褒贈上卿之榮，迨今五世，代有聞人，亦歷有文詞藏於家，裒爲巨帙。從子應晨，懼先德之或逸，文獻之無徵，乃需輯於余，校録而鳩梓之。蓋自天章暨太史諸先達撰述，其事核而彰，其叙論確而正，關務切理，蔚然爛册，用以詔後之人，俾有所考證，感發思振，前修無致湮墜，竟其有在於斯乎？匪爲侈美已也。”

秦松齡序云：“新安江氏本出蕭鄼侯之後，渡江居歙之黄墩，遂以江爲姓，後遷婺源之江灣，世爲望族，英賢輩出。有明以來，科第之盛，甲於東南。江君俶嘉，飭躬勵行，克纘前修，方以上庠需次，邑宰念閥閲之既遠，慮文獻之無徵，而族祖季清公向有《上卿奕光録》一編，斷自前溪公始，撰述世美，夙稱綜核，因取而續爲蒐羅，勤加訂定，凡先代之誥命、傳記，燦然具備，編輯無遺，誠哉尊祖敬宗收族之盛舉也。江氏之子姓展是編也，見奕奕之名德，知其爲高曾之矩矱也；見烺烺之絲綸，知其爲累朝之寵錫也；見鬱鬱之文翰，知其爲賢哲之贈遺也，有不仰而思、俯而視，慨然而興起者乎？”

此本爲上海圖書館所藏，以人民幣二十元得之於上海古籍書店。間有餖飣，應爲初印本無疑。又有附録，爲康熙二十三年候選知縣江祚錫并妻敕命一道。扉頁刻“蕭江氏上卿奕光録。康熙甲戌重訂。奕恩堂藏板”。又此本之前應有初刻本，蓋因此本序題“重刻上卿奕光録序”。

《四庫全書總目》未收。《中國古籍善本書目》著録，作“蕭應晨輯、蕭祚錫增訂”，“清康熙三十三年奕恩堂刻本”，僅上海圖書館一帙。《續修四庫全書總目提要》(稿本)、《續修四庫全書》、《四庫未收書集刊》、臺灣《國家圖書館善本書志初稿》均無。

鈐印有“蕭江文彬”、“□齋”。按,江文彬,爲咸豐時人。舊序書眉上有“咸豐辛亥春二月既望,裔孫文彬盥手敬讀”。

沱川余氏世紀【清初抄本】

《沱川余氏世紀》不分卷，明余懋學撰、余光詔輯。清初抄本。一册。半頁十行二十六字，無框格。題"賜進士嘉議大夫總督糧儲南京户部右侍郎兼都察院右僉都御史裔孫懋學著；二十世理源裔孫光詔輯"。

余懋學，字行之，隆慶二年(1568)進士，萬曆初擢給事中，忤張居正，斥爲民，後累遷南京户部侍郎，夙以直節著稱。十蠹一疏，尤爲時所重，所言好勝必致忿争，終且激成朋黨，後果如其言。天啓初進謚恭穆。(道光)《婺源縣志》卷十五人物有傳。光詔，爲二十世理源裔孫。

沱川屬安徽婺源。婺源，唐置，以婺水繞城三面，因名。婺源之西爲沱川，沱川有理源、鄣村、燕山、篁村、東坑等五村，余姓一族多集於前三村。

是書收沱川余氏一支行實、志銘、小傳、祭文、墓表、書序等。前爲婺源沱川余氏族譜，述七世宜高至二十世光魯簡歷；次爲沱川余氏派衍源流，爲三門十二世，其三門者，爲鄣村、理源、燕山；再爲沱川余氏宗支歌。

沱川余氏之始遷祖諱道濳，字希隱，號東窗，宋重和元年(1118)進士，授桐廬縣主簿，有德政。居二年，方臘亂封源洞，遂弃官還新安，避地婺源之沱川。

《沱川余氏宗支歌》，於沱川余氏一支之行實叙述頗詳。玆録於下："東窗公，字希隱，諱道濳，始自桐安遷沱川，生子一人名曰玩。二世祖宗字宗元，詵成翊成是其傳。詵成五子皆遷徙，曾無一人守故園。三世翊成字君輔，當年生子誠與全。全行小九無後焉。小四誠公澤綿綿，所生四子盡豪賢。子勝世華百三翁，篁村古林是大宗。百七世杰名子聰，百九子强字世雄。聰强世次俱無據，居川内者稱附庸。百十二公字世則，三門支派公發脈。五世子法是本宗，生子三人始分析。德忱德謙與德潤，長爲上舍家聲振。德謙招撫艱嗣胤，德潤已翁支可認。德忱稱爲上舍公，分居鄣村川之東。是爲本宗六世祖，生子宜高字維甫，卿薦起家官學正，鼎峰遺集傳來古，七世宜一生蘇萊，萊翁豈及蘇翁哉，補一教諭八世祖，三門派自三溪來，萊翁有梓兩枝齊。附居莊背瀛水西，何如鼎望三門族，本係教諭號三溪，三溪教諭三男子，長男震一字元起，中男震四字元善，少男震七字元濟，震七元濟後不傳，震四元善燕山遷，震一山長兩門祖，晚築仁齋於理源，燕山震四號梅齋，晞貴志陽三子排，志陽之後居星散，晞陽之後亦非儕，惟有貴陽發早梅。晞陽志陽少栽培，中枝獨向燕山開，花開五出占春魁，仁齋山長生八陽，昭陽景陽世綿長，鄣村並茂稱四良，理源分爲上下房，昭陽閏三字以明，世居鄣村善守成，以明生子曰公售，售生四良齊發榮。景陽閏五以和公，卜居定宅理源中，薦辟人材公順公。良實良大兩房分，良大行二定廣公，三子號曰梅竹松，猗歟盛哉梅竹松，宗支歌兮一曲終。”

此書今藏美國哈佛大學哈佛燕京圖書館。

梯山汪氏家譜【稿本】

《梯山汪氏家譜》十五卷，清汪國蔚輯。稿本。四册。半頁十六行三十二字，黑格，書口上方印有“梯山汪氏族譜”。前有乾隆十二年(1747)賜進士出身文林郎松江府儒學教授八十五世孫汪衡序、汪璣序。又有永樂八年(1410)端木孝思舊序。卷十二末有乾隆十二年汪國蔚跋。凡例九則。

汪國蔚，字麗文，國子監典籍，爲梯山汪氏第八十七世裔孫。

該譜自得姓起至始祖，計十五卷，凡九世爲一圖，次序列之，明宗法，辨嫡長，其卷一爲原始圖、譜論、姓氏論等，卷二爲一至四十四世圖并碑、傳、銘、贊等，卷三至十五爲各房世圖。

按汪氏得姓於潁潁川。其有宗譜，始於“龍驤渡江繼起，遂辟新都，乃定宗譜，紀德行、官爵、墓塋於世次之下”。梯山，似在安徽休陽東十五里地。宋咸淳四年(1268)，汪氏一族即由汪汝功自徽地古城山移居梯山。其遷徙經過可見卷五附録汪仲達所記，云：“宋咸淳四年，先考汝功公因尋山水之勝至古城山，謁顯祖廟，樂據形勝之地，遂攜諸兄弟卜居於古城山側。後以長四兄繼亡無傳，又每見術人云，此山砂水雖奇特可愛，衹宜作神廟，而居址猶宜深藏環護爲吉，如此山頭太露，露則風吹以至人丁少旺，難爲傳世之洪基也。於是與二兄仲進復遷古城山麓越二里地，名高梯山而世居焉。”

其凡例有云：“吾汪氏統宗譜，闔族之根本，務當世守珍藏。至支譜宜世代增修，庶幾倫序之禮不乖，而親親之義不廢也。”“支譜一册，貯存祠匣，祠正輪流職掌。凡生子，稱月告祠命名。娶婦三朝謁祖，即注婦姓名於夫諱之旁。葬親奉主入祠，本家開記父母生殁日辰及葬所在，祠正謄録於祠譜之後，不得懈怠。”“本族支譜，悉遵統宗，匯清訂正，續入統宗，百世不易，務宜世守勿替。從前各門所有私譜，紊雜不一，以啓後人疑惑，公議概行繳祠焚化，不得留存。如有匿藏後出誣衆者，公同懲罰。”

梯山汪氏家譜，最早爲明隆慶年間所修，由十四世孫雲龍取所藏家乘，重加厘訂，别爲支譜。後因各門所立之譜不一，其間并有掛誤，爲此，國蔚鋭志重修此譜。

汪譜稿似未刊刻，譜中有後人略爲增補。此本藏美國哈佛大學哈佛燕京圖書館。

管溪徐氏宗譜【稿本】

《管溪徐氏宗譜》五卷，明徐希明纂修。稿本。四册。半頁十行二十字，紅格。前有萬曆十年(1582)徐惟賢序。

徐氏受姓，始於伯益之後，若木佐禹治水有功，封國於徐，因以賜姓。徐姓至管溪，始於元世祖。其先來自奉川聯山，時間約在漢成帝陽朔二年(前22)，"有諱元泊者，渡江居衢州。宋高宗朝，有諱徽言者，宋晋寧軍，生子顯，字宗説，爲户部侍郎，紹興間徙居慶元路奉化州而家焉"。

卷一爲修譜年月、家乘目録、徐氏本源、凡例、徐氏世系外紀、聯山世系外紀、譜系辨疑；卷二爲歷次修譜序，一世至五世附昌二、昌三甫君之派；卷三爲昌四甫君長子真五甫君、次子真七府君之派；卷四昌四府君季子真九甫君之派；卷五世系總目、科第、征辟、殿直、賓貢、例貢、學校、貤封、世胄、藩僚、吏員、耄耋、貞節、列傳、碑銘、家集目録、誥敕、後跋。

據歷次修譜序，明代管溪徐氏共修譜七次，分别爲洪武間、永樂十一年、正統十年、天順元年、弘治三年、嘉靖十八年、萬曆十年。其中除正統至天順僅相隔十二年外，餘皆三四十年之久。此稿本即萬曆十年所修，纂修者徐希明，字允淳，號鳳山，行仕一年，三十九歲以《詩經》中嘉靖甲子浙江鄉試第三十九名，初授湖廣長沙府攸縣知縣，二任直隸安慶府通判，爲管溪徐氏十一代孫。

徐序云："萬曆己卯，明還自楚，隨遭内艱家居。明父南石翁子麟，時長宗監，暨宗之長老，惓惓以修譜爲言，而姪氏大參五橋惟賢，春元望平啓東意尤切，蓋慮族繁而宗系不明，不免視如途人，若老泉氏譜，蘇者之所懼也。越二歲，始集各支之長，各集本支之所生而類輯之。始於嘉靖己亥，終於萬曆壬午。"

此譜較之前譜"凡名氏之僭犯者改之，混淆者别之，生卒年月之錯訛者正之"，其"視舊譜所增，不下數千指"。同時從凡例看，於譜中人物傳記，也不拘泥於前修之譜，"族之有譜，猶邑之有志，非徒記姓名，亦以示懲勸也。故不論顯晦，凡有學行功跡可記者另立傳或述碑銘，少有一善一藝可稱者，亦明注不使湮。别若人見在者，雖有善不敢遽述，以俟於後遠嫌"。"宗中舊譜止載男子，婦人惟存姓氏，然節婦、賢婦皆關吾宗風化，有功於内者，今悉録以示勸。""譜中名或與嘉靖年間所修譜内少有不同者，畢因改正而然，當以今所書爲準。"

大興朱氏家乘【稿本】

《大興朱氏家乘》五卷，清朱錫庚纂修。稿本。二册。清李威跋。半頁十行二十字，有格。題"大興朱錫庚纂"。

朱錫庚，字少河，筠次子，北京大興人。生於乾隆二十七年(1762)。乾隆五十三年舉人。讀書好古，精左氏《春秋》，能世其學。與章學誠交游甚久。筠《笥河文集》即爲錫庚所編。姚名達嘗云，是集之編輯極有條理，較諸他人文集高出萬倍。《藏書紀事詩》卷五有其傳。

大興朱氏，其先世自南宋以前，無可徵考。南渡時，自中州遷於浙東之蕭山。嗣有福三公者，自蕭山七都朱村橋移居同縣越寨，是爲始祖。一傳進八公，再傳寧二公，三傳至德三公，始定居同縣黄閣河，其時約當明洪武、永樂間。又歷八世，皆務農，逸名字，但傳排行。清初有朱必名，字顯之，北游京師，至其孫文炳(字豹采)，始入籍大興。文炳子四，爲堂、垣、筠、珪。

此本爲朱錫庚輯其先世占籍以來事迹之著於文字者，彙爲一書。卷一爲《先考豹采府君行述》(朱筠撰)、《先考冠山府君行述》(朱錫彤撰)、《盧太恭人家傳》(朱珪撰)；卷二爲《先兄仲君行狀》(朱筠撰)、《先兄竹君神道碑》(朱珪撰)、《先妣王太淑人行述》(朱錫庚撰)；卷三爲《先文正公神道碑》(阮元撰)、《陳夫人墓志銘》(朱珪撰)；卷四爲《先考伯弨府君行述》(朱澄撰)、《從子錫秬暨婦裴合葬碣銘》(見《笥河文集》)、《輓三姪錫黻》(見《知足齋集》)、《先習之從兄行述》(朱錫庚撰)、《七月初六日成之忌日》(見《知足齋集》)、《先方叔兄哀辭并序》(朱錫庚撰)；卷五爲《笥河夫子暨德配王恭人五十初度屏風題詞》(章學誠撰)、《家季父六十初度屏風祝辭》(朱錫庚撰)、《同姓中黄先生之官蕭山教諭乞訪問先世譜牒爲書數則》(見《笥河文集》)、《族祖兩溪先生以下三世像贊》(見《笥河文集》)、《諸伯粹先生像贊》(見《笥河文集》)、《黄閣河朱氏圭田記》(朱珪撰)、《黄閣河朱氏祠墓公田記》(朱珪撰)、《作公田記成述之以詩得二十五韵》(朱珪撰)、《誥贈光禄大夫先曾祖中書公以下合族祭田記》(朱錫庚撰)、《祭田規條》。附録《祭田立案原呈并批》。

李威跋云："威自乾隆庚寅舉於鄉，受知於大興朱笥河夫子，歲甲午入都，官内閣中書，遂假館夫子之門而受業焉。適夫子季弟石君先生，由山右内召同直翰林，比屋而居，一時望之如神僊中人。夫子之子少河，同祖兄弟十三人，亭亭玉立相輝映，稱甚盛事。夫子既歿，威亦宦遊四方，越今四十餘年，復來京師，與少河仍朝夕過從，不惟前輩典型。大都淪没，即其俊秀者亦漸落落如晨星，前後變遷，良可慨嘆。少河念自浙移居都下，業經四世，子姓未見衆多，而同族日形疏遠，恐有數典忘祖之譏，因輯其先世占籍以來事跡之著於文字間者，彙爲家乘，俾後之人有所觀感而興起焉。夫敬宗收族聖人之教而承先啓後，孝子之心，少河之汲汲於斯也，可謂加於人一等者不可及已。”

李威此跋，時在道光元年(1821)。威，字畏吾，號鳳崗，福建龍溪人。乾隆三十五年舉人，與章學誠同受業於朱筠之門，師事甚篤。乾隆四十三年成進士，改中書舍人，告歸。復入都，官刑部郎中。嘉慶十七年出任廣州知府，權糧儲，有政聲，通六書之學，工畫，精漢隸。有《説文解字定本》十五卷。黄仲琴有《清廣州知府李威傳》，見《廣清碑傳集》卷九。

此殆爲稿本，當爲李威得自朱錫庚者。書眉上間有朱筆校字。按，威從朱筠游，乃在乾隆三十九年，其有《從游記》詳記其事。筠卒后三十四年，爲嘉慶二十年，威復校筠集，并鏤版於京師。

又此本未刻。藏上海圖書館。《續修四庫全書總目提要》(稿本)未收。《中國古籍善本書目》著録。又《中國家譜綜合目録》也有著録，但不列版本。《上海圖書館藏家譜提要》作“清道光元年抄本”，蓋以李威跋年作版本依據。

鈐印有“李威私印”、“鳳崗居士”。

休寧厚田吴氏宗譜【清乾隆刻本】

《休寧厚田吴氏宗譜》六卷，清吴騫輯。清乾隆五十三年(1788)吴氏刻本。三册。清吴騫批。半頁九行二十一字，左右雙邊，白口，單魚尾。題"左臺三十七世孫騫輯"。前有乾隆五十二年盧文弨序、乾隆五十一年吴騫序。末有乾隆五十二年吴霖後序。

吴騫，幼字益郎，字槎客，又字葵里，號兔牀，又號愚谷，別署齊雲采藥翁，浙江海寧人，爲休寧厚田一系三十七世孫。諸生。負异禀，過目成誦，篤嗜典籍，校勘精審，所得不下五萬卷，築拜經樓藏之，以績學砥行，有聞於時。所爲詩文，詞旨渾厚，氣韵蕭逸，晚益深造，不屑爲流俗之作。生於雍正十一年(1733)，卒於嘉慶十八年(1813)，年八十一。著有《拜經樓詩集》、《愚谷文存》、《桃溪客語》、《日譜》等。《碑傳集補》卷四十五有傳。

厚田者，休寧之別稱也。休寧吴氏一族，始祖爲左臺公，自唐至清乾隆，千數百年，歷世凡六十有餘，子姓或遷或處，州郡幾遍。至於宗譜亦隨地修輯，隨時纂續，支分派別無慮千百數，其體例詳略也略有不同。吴騫本支係自厚田遷浙，百數十年間，未修輯家譜，故歷世出處、事迹多有缺略。此吴騫輯本，乃其平生留心咨訪，詳考厚田世系，所憑舊稿爲其從伯祖手輯本、父愚齋公手録世系等數種。載吴氏世居休寧，左臺十八世孫徙居江西浮梁，而後輾轉遷徙。明天啓間，騫高祖達宇與兄定宇始遷海寧之新倉里，至四十一世止。

卷一序、譜引、譜源、目次、像并像贊、昭穆序次、世次。卷二世譜上。卷三世譜下。卷四世傳，爲第一世左臺少微公傳、鞏公傳、琇公傳、依遷公傳、依舒公傳、依牽公傳、延壽公傳、仰朝意元公傳、定宇萬鎮公傳、爾鳴應鶴公傳、國美公傳(臨吉公、之廉公附)、繼芳國華公傳、孝子玉章琦文公傳、勉彝奇行公德求公合傳、連士奇廣公傳、玉方奇慶公傳、心曙有曦公傳、與岑有晊公傳、武庵京公傳、心安中公傳、景一正純公傳、宏遠正模公傳、介如嶸公傳、延清日照公傳。卷五藝文，爲吴孝子傳、書吴玉章遺稿後、旌孝録跋、海寧孝子祠記、海寧吴孝子祀田記、吴愚齋處士墓碣、奉直大夫候選直隸州同知吴君墓碣、吴節婦傳、孝女吴淑士墓碣。卷六圖記，爲孝子祠圖并記、休寧茅司徒嶺墓圖、蓮匯墓圖等十六圖記。

大凡世俗之爲譜者，輒喜攀附顯達或名人勝流，以相誇炫。兹編於世譜、世傳務期真實足信，凡舊譜事迹失傳者則缺之。又騫先前所見歷代名公序跋贊頌等，大抵不經見於他書及本集者舉未可盡信者均不予載入。又世譜多載明出處履歷及生卒年月，葬地并合葬、分葬或浮厝所在，故鈎稽博考，信而有徵。

吴霖後序云："今吾弟騫薈萃諸舊譜，

相與商榷考訂，又嘗親至厚田訪求近族，務蘄明確不支，勒成宗譜六卷。凡體例規模，固已憲章歐蘇，而事跡則信者傳之，疑者缺之。其慎重慮遠，别嫌防微之意，要可信今而垂後也。因亟與從孫英進、英達兄弟謀付剞氏，皆欣然踴躍襄事，於是百餘年來之墜典，一旦復觀厥成。"吴騫續修引又云："吾家自明季播遷，本支寥落，又且散處四方，音問闊絶，是以本宗之譜多所缺略。騫恒思繼先人之志，詳加整比，以示來葉，而力有所未逮，每清夜思之，不禁潸焉出涕。顧念歲月如馳，失今不治，徒滋後悔，以死誰懟，爰就數十年來所據舊譜考求明確者，輯爲本宗支譜，斯固小宗之一脈也。他年遇大宗有事之時，即以合之，庶幾群昭群穆，本支百世。"

此本有圖，爲"唐左臺御史少微吴公像"。書末附有《第三十七世兔床公傳》一篇，當爲騫之後人所撰也。封面題"家乘時修"，審其筆迹，當爲騫之手筆。此本凡書眉上朱筆所批及書内墨筆、朱筆皆是騫筆。有扉頁，刻"休寧厚田吴氏重修宗譜。賜錦堂藏板"。

是書《續修四庫全書總目提要》（稿本）第二十六册及《中國古籍善本書目》、《中國家譜綜合目録》著録，今所知者，北京圖書館、哈爾濱師範大學圖書館、美國哈佛大學哈佛燕京圖書館也有入藏。《上海圖書館館藏家譜提要》著録有《休寧厚田吴氏宗譜》九卷，爲清吴瑗纂修，清道光二十三年（1843）木活字印本。其書分卷卷一同此本，卷二至四爲世譜、卷五至六爲世傳、卷七藝文、卷八至九墓圖并序跋，當在騫本之基礎上續補者。此本藏臺北"國家圖書館"，以其爲吴騫自藏之本，且有吴騫手筆并騫隨時搜訪，續有所補而持重也。

鈐印有"竹上書堂"。又有"莚圃收藏"、"事學鍾離存義概書求宛委續餘編"、"興國福壽院轉輪大藏經"。

錢塘丁氏家譜【清末丁氏傳抄本】

《錢塘丁氏家譜》七卷。清丁申、丁丙輯。清末錢塘丁氏傳抄本。二册。前有同治十二年(1873)姚士隆序。

丁申,字竹舟。丁丙,字松生,號嘉魚,晚號松存。丁氏昆仲,於學無所不窺,性慈善,於梓桑義舉,若賑災,若興學,有見必爲。刊書逾二百數十種,於鄉邦文獻之表彰不遺餘力。咸豐間,文瀾閣藏《四庫全書》幾熸兵燹,均賴丁氏昆仲拾殘補缺,始得幸存,此舉尤爲士林所艷稱。其家之八千卷樓,即清末四大藏書樓之一,藏書以淵源久遠、插架宏富、珍籍琳瑯、考校精審而知名當世。

錢塘丁氏,其先世居山陰福岩村,有諱瑞南者,以順治初土寇蜂起,嗣後遷居杭州。此譜總目爲:恩榮、世系、遺像、傳志、祠墓、規約、藝文。

其"恩榮"有道光二十七年制誥,并咸豐四年、六年,同治三年、十一年,光緒七年、十六年制誥。

"世系"分總派、杭派、越派。其總派有云:"際龍公自梅山遷福岩,始祖也。居西瓜地,世爲農。兵燹後,梅山譜毁,際龍公以上世系失考。"杭派有云:"五世祖瑞金公,始爲賈於杭,自祖妣周太安人殉難後,遂家焉,六世祖聘賢公遂爲錢塘人矣。聘賢公之弟茂卿公守越系,仍列入越派。"越派始五世,止十五世。有云:"越中子姓繁衍,或他徙、或幼殤,燹後譜毁,支派難考。兹就所知者,謹爲排列,其所不知者則闕如也。"

"遺像"自丁氏五世祖瑞南公像始,至十二世奚生公像止,計二十八幅。中有丁申、丁丙及夫人像。均工筆,細若髮絲。

"傳志"有顧浩撰《外舅丁松生先生行狀》、俞樾撰《丁君松生家傳》等。另《先考竹舟府君行述》,於丁申、丁丙在太平天國戰事間搶救文瀾閣《四庫全書》事叙述甚詳。

"規約"爲《丁氏家祠儀規》,計八條。《丁氏家祠公議條約》,也八條。規定有"以上各約,均宜遵守。倘有違犯,由司年、司季告誡改過,再犯罰燭三斤、香三裹、銀錠一萬。不遵,鳴官究治"。儀規及條約均於同治十一年三月日刊懸祠壁。

姚士隆序云:"洛耆嘗謂余曰:'世之事譜牒者,大率誇先德、耀前榮。某幼年嘗聞越中丁氏以諱復者爲最先,其後諱覽、諱潭皆著美史傳,然代遠年湮,不敢忘亦不敢瀆,敬以萬曆間際龍公爲始祖,昭其慎也。'余之聞於洛耆者如此,益可信其慎終追遠之厚矣。不十年,洛耆即逝。又數年,而粵匪之難作。迨辛酉,再圍城,余甥曰申、曰丙,皆在城中,時方賑粥郡庠,竊舉譜而藏之禮殿匾内。及同治甲子,城再復,學宫雖存,而匾毁譜亦不可問矣!兩甥既出險,悲同族之遭殘,念先緒而益切,從記憶中訪柘主、考墓碣、摹代圖、詢故舊，拾遺補缺，彙成譜略，較之前册十僅四五，而兩甥之心亦交瘁矣。洛耆之胞姪曰午，余之三婿也，相與繕録成册。余家之譜，雖遭亂而幸不失；丁氏之譜，雖失而如未失，足以慰洛耆於地下矣！"按，姚士隆，爲丁氏昆仲之舅氏。洛耆，即丁氏昆仲之父，諱英，任候選同知加道銜。甲子，爲同治三年(1864)。

按，此《錢塘丁氏家譜》未刻。封面用金粉書"家譜。錢塘丁氏重钞。附增本"。扉頁題"丁氏宗譜"。此本用紙極薄，類上乘有光紙。書法及圖像均工整之極。丁丙卒於光緒二十五年，年六十有八。此譜所謂"丁氏重钞"，當爲丁氏後人增輯後重新謄正，并於祖宗圖像一絲不苟，恭敬描繪而成。

此本爲上海圖書館藏，《上海圖書館館藏家譜提要》著録，書名據書衣所題，不列作者，版本項作"民國抄本"。《提要》所述極簡。上圖又有稿本一部，版本項作"清同治十二年稿本"，六册，然不見於《中國古籍善本書目》著録。又《中國古籍善本書目》著録有《丁氏家譜》不分卷，丁立中纂修，稿本，藏浙江省杭州市圖書館。三本之關聯，須細加核對，方能得知。

天運紹統【明黑格抄本】

《天運紹統》一卷，明朱權撰。明黑格抄本。五册。半頁十三行二十四字。題“涵虚子臞僊編”。前有永樂四年(1406)涵虚子序。

朱權(1378—1448)，太祖第十六子，洪武二十四年封寧王，二十六年就藩大寧，永樂初改封南昌，恃端難功，頗驕恣。晚年托志冲舉，日與文人雅士往返，自號臞僊、涵虚子、丹丘先生。權博學多才，除對詩文史籍、諸子百家外，并及釋老、卜筮、修煉等學問，又好宏獎風流，群書有秘本，莫不刊布之，卒謚獻。

“天運”，即自然之氣數；“紹統”，統緒也。此書之名，當爲天命統緒之意，也爲歷代人君譜系之專書，自三皇五帝訖元代諸帝，各依其朝代，先譜世系，次紀傳授與年號，較之前代諸儒所論者爲詳。

朱權自序云：“歷代相承其譜系，皆有可考，而其世次編年，又多不同，有以兄弟而爲子姪者，有以伯叔之祖而世次行列先後者，在五帝之前者，自秦火之後失其真考久矣。雖載諸史籍者，各朝儒生所編年譜不一，又不可得其真。予於是書，究聖圖録，用心有年，莫得聖祥。洪武丙子，於御府偶得秘書所藏《歷代帝王譜圖》校之，與聖諸儒所録，其年代世次多不同，其譜系世次自秦至元有之，自伏羲至周亦無譜系，於是纂成圖録，編成世次，乃自古之所未有，集之成書，可爲秘典矣，庶不失其天運之統緒也。”

又此書末册爲《皇明帝后紀略》，題“奉政大夫禮部儀制清吏司郎中臣戚元佐謹編、奉直大夫禮部儀制清吏司署郎中事員外郎臣鄭汝壁恭校”。前有“皇明帝系圖”，至“今上”止。“今上”者，當爲神宗皇帝。紀事止隆慶六年。又附“皇明帝后忌辰日期”，自正月至十二月止。

題中所及戚元佐，字希仲，號中岳，浙江嘉興人。嘉靖四十一年進士，仕至尚寶卿，長於詩文。

按此明抄本乃據明永樂刻本傳抄。王重民《中國善本書提要》著録有明永樂刻本，藏北京圖書館，然查《北京圖書館善本書目》却不得見。又，此永樂本今存臺灣“故宫博物院”。王氏并云所見之永樂本蠹蝕殘缺頗多。此抄本首尾俱全，楷書精寫，或可補其缺失。又查《明史·藝文志》，朱權有《漢唐秘史》、《通鑒博論》等十餘種，然《天運紹統》未及著録。《中國古籍善本書目》著録，有明天啓元年梁鼎賢刻本，浙江圖書館藏；又有明抄本，重慶市圖書館藏。此本藏美國哈佛大學哈佛燕京圖書館。

鈐印有“北平謝氏藏書印”、“謝氏珍藏”、“鄂氏順安珍藏”。

南城召對【明黑格抄本】

《南城召對》一卷，明李時撰。明黑格抄本。半頁十行二十三字。

李時，字宗易，號松溪，任邱人，弘治十五年進士，授編修，世宗朝入相，官至華蓋殿大學士，謚文康。時素寬平，既入相，益鎮以安静。其恒本忠厚，廷論咸以爲賢。事迹具見《明史》。

《四庫全書總目》入史部雜史類存目，《提要》著録云："世宗親祀祈嗣壇，時與大學士翟鑾、尚書汪鋐、侍郎夏言等侍於南城御殿，召見論郊廟禮制，兼及用人、賑災之事。時因録諸臣問答之詞。史稱時恒召對便殿，接膝咨詢，雖無大匡救，而議論多本於厚，於是編亦略見一斑云。"

此本即四庫所云"浙江范懋柱家天一閣藏本"，封面有"乾隆三十八年十一月浙江巡撫三寶送到范懋柱家藏南城召對一部計書壹本"木記。卷一第一頁鈐有"翰林院印"滿漢文大方印。查《四庫采進書目》，是書爲浙江省第五次范懋柱家呈送之書，當爲四庫底本。

此書流傳罕見，查《中國古籍善本書目》及臺灣各種書目，均不見著録，清代也不見重刻。曾藏清宗室盛昱（伯羲）家。今藏哈佛大學哈佛燕京圖書館。

鈐有"宗室盛昱藏圖書印"。

欽明大獄録【明藍格抄本】

《欽明大獄録》二卷，明張孚敬撰。明藍格抄本。二册。半頁十行二十字。清汪宗沂跋。

張孚敬，初名璁，字秉用，後賜名孚敬，字茂恭，浙江永嘉人。正德十六年(1521)進士。明世宗議追崇所生，孚敬迎合帝意，力折廷臣，歷官少師華蓋殿大學士。爲人剛明果敢，持身自廉，然性狠愎，報復相尋。卒謚文忠。有《張文忠公集》十九卷、《奏對稿》十二卷、《諭對録》三十四卷。其事迹俱見《明史》本傳。美國哈佛大學哈佛燕京圖書館藏。

是書乃嘉靖六年九月，署都察院事侍郎張孚敬以張寅(李福達)先後獄詞及上所裁定并所賜敕諭輯録成書。

嘉靖五年七月至嘉靖六年九月，張璁、桂萼等人利用嘉靖帝朱厚熜的昏憒和專斷，借李福達之獄，制造了一起株連四十多人的重大冤案。冤案經四十年之後，直到隆慶初年纔徹底得到平反。清趙翼嘗云："李福達之獄，翻案改坐，大小官黜革問罪者至四十餘人，爲嘉靖年間一大事。"(《廿二史札記》)此書除頌揚嘉靖帝朱厚熜之"英斷"外，其餘主要爲馬録、顔頤壽等人"罪狀"，并炫耀張、桂等人特别上疏陳情之事。

汪宗沂跋云："同學儀徵劉恭甫家多儲書，以癸酉秋得《欽明大獄録》二卷於金陵市上，定爲明人抄本，因以見示。予聞斯録初刊時，以張永嘉請廣頒徧佈，今刻本已久消亡矣。往者，梁茝林中丞曾訪永嘉故書於温州而未得，僅得其目，中有《欽明大獄録》，與今所得卷數正合，然則是書殆永嘉家藏故物也。夫永嘉雖以大禮驟進，而其入閣適緣大獄，則其钞副於家，冀彰光榮，亦固其所及。夫勢焰既息，故帙猶存，竟與黨碑社録同資口實，得毋自悔，其爲君子謀之太密耶？録中獲罪諸公，力治妖賊，皆執法吏也，予獨深惜。夫刑部主事歸安唐樞開釋六疑一疏，證據明確，雖皋陶不能易。不幸而壞於勛貴之斡旋，又不幸而激於言官之攻訐，坐致牽連削籍，正議不伸。然當日主持斯獄者能庇同類仇舉朝，而卒不敢存唐疏於《大獄録》中，豈羞惡之良尚未全泯耶？抑亦以是非明白，無可回護，而特從删削也。予謂恭甫盍補鈔唐疏於斯録之後，一若永嘉之儲以相待者，今乃得補其遺漏也。恭甫笑以爲知言。同治甲戌秋月，歙汪宗沂謹跋。"甲戌，爲同治十三年(1874)。

劉恭甫，即劉壽曾，毓崧子，一字芝雲。同治、光緒中兩中副榜，校書金陵書局，文章大雅，治經有家法。祖文淇爲《左傳舊注疏證》，兩世未成書，壽曾續纂至襄公四年而卒。又有《春秋五十凡例表》、《傳雅堂集》、《南史校義集平》等。

封面又有近人題記："明張永嘉藏之原本，後歸劉恭甫所藏，復爲繆氏藝風堂所得，以巨價易之於古書流通處者。内附數頁即繆氏手鈔。癸亥繆氏藏書全數出售，乃由富晋齋王氏作緣歸於寒齋。"癸亥爲民國十二年(1923)。繆荃孫跋見於《藝風藏書續記》卷二。

卷末有劉壽曾補抄唐疏三頁，末爲《唐樞論妖賊李福達疏》(從《明史》樞傳録出)及繆氏藕香簃抄張寅寃獄。

查《張文忠公集》奏疏三："臣隨將臣等捧到敕諭四道及先後會問招稿節，奉欽依發落事理繕寫成書，上下二卷，刊印共一千七百部，其名曰'欽明大獄録'。夫大獄一榜，固足以示刊罰之公，要之先後招詞之參考，情理曲直之攸歸，則惟此録爲詳備耳。兹謹進呈御覽，其餘欲候命下，分送在京各衙門大小官員各給一部，仍發仰各該巡按轉行都、布、按三司，如式翻刊，分佈所屬衙門，一體頒給，俾中外臣工咸知聖明欽恤之仁，共攄懷德勸忠之念。"又查《明史》卷二百六馬録傳後有"遂編《欽明大獄録》頒示天下。時嘉靖六年九月壬午也"。據此，是書除印一千七百部外，又有内外各衙門翻刻，然世間并無刻本流傳。此明抄本殆爲詳盡記録此案之秘籍。

《明史・藝文志》、《天一閣書目》、《千頃堂書目》皆有著録。

鈐印有"仲穆居京師時所得書"、"友年所見"、"錢印應明"、"海昌陳琰"、"唐華館"、"拾遺補闕"、"古書流通處"、"浣紅樓夫婦讀書記"、"陶毅印"等。

甲乙記政録【明末抄本】

《甲乙記政録》二卷、《丙記政録》一卷、《丁記政録》一卷，明佚名撰。明末抄本。紅格。半頁十行十六字。四册。近人鄧之誠跋。

鄧跋云："此書蓋記天啓四、五、六、七年魏閹之禍，據《邸報》按日編纂，最爲得實。夏燮校《兩朝剥復録》、《先撥志始》二書推勘月日，用力頗勤，惜其未見此書。楊鳳苞《秋室集》以《甲乙記政録》爲記唐王事，蓋祇見禁書書目，實未見本書，不免妄相推測。此舊抄本當是原稿，體例殊不劃一，恐未必有刻本。己卯之夏，燕京大學圖書館偶從書賈得之，詫爲秘籍，因借抄一本，而書數語歸之。是歲十月十有二日，五石居士鄧之誠。"之誠，字文如，號明齋，又號五石齋。江蘇江寧人。曾參加反清和反袁護法運動，爲北京大學、北京師範大學、燕京大學史學教授，其著作最重要者爲《中華二千年史》、《骨董瑣記全編》等。

是書有明崇禎間刻本，北京圖書館入藏。謝國楨《晚明史籍考》著録。第一册末襯紙有書"右具稟帖，崇禎元年七月"，末册首襯紙書"崇禎元年八月日"字樣，此書當爲明末之公文紙所抄。藏美國哈佛大學哈佛燕京圖書館。

皇明貢舉考【明萬曆刻本】

《皇明貢舉考》八卷，明張朝瑞輯。明萬曆刻本。八册。半頁十行二十四字，左右雙邊，白口，單魚尾。題“賜同進士出身河南歸德府鹿邑縣知縣海州張朝瑞輯；鹿邑縣教諭清豐陳熙雍、訓導隴西孫懷、漢川尹衣閲；邳州生員楊三省、鹿邑縣生員李從中、閻自修、傅如尹、王弘謨、王猷、武光湯、張幼學、李化蛟同閲”。前有萬曆六年(1578)田一儁序、萬曆元年陳文燭序、李楨序。凡例十三則。目録後附《狀元會元紀略》。

張朝瑞，字子禎，江蘇海州人。隆慶二年進士。知安丘、鹿邑二縣。歷遷户部員外晋郎中、湖廣參政，有治迹。後召爲京兆丞，官至南京鴻臚寺卿。卒謚清恪。又著有《忠節録》。《明史》、《國朝獻徵録》、《本朝分省人物考》有傳。

是書專考明代科舉之制，於沿革、歷史述之頗詳。卷一開科：詔令、試士之期、取士之制、文禮(限字附)、取士之地、試士之地、鄉試取士之數、會試取士之數、會試分南北取士、入鄉試之人、入會試之人、分試考試官、會試考試官、鄉試執事官、會試執事官、試卷、文字迴避、墨紅青筆、懷挾、席舍、給燭、揭曉、不第喧鬧之禁、匿名文書之禁、殿試、殿試在喪、殿試免黜落、賜進士、賜宴、上表謝恩、釋菜、立石題名、五魁、三元、一甲進士選格、二三甲進士選格、進士考庶吉士、進士觀政、進士開選、進士守部、進士依親、進士讀律、進士理刑、進士就教、回部進士、年少進士、坊牌，會試録：會試録序、考試官執事官、三場題目、中式舉人、舉人程文、後序，進士登科録：玉音、恩榮次第、進士家狀、制策、進士對策，附録：書籍、崇先師(先賢、先儒附)、國學、鄉學(生員、巾服附)、社學、薦舉、歲貢、四十入監、納粟入監(上馬附)、吏員、任子、武學、武舉、武狀材。卷二太祖高皇帝洪武三年庚戌鄉試起，至永樂十年會試、廷試止。卷三永樂十二年甲午鄉試始，至正統七年壬戌會試、廷試止。卷四正統九年甲子鄉試始，至成化八年壬辰會試、廷試止。卷五成化十年甲午鄉試始，至弘治十五年壬戌會試、廷試止。卷六弘治十七年甲子鄉試始，至嘉靖十一年壬辰會試、廷試止。卷七嘉靖十三年甲午鄉試始，至嘉靖四十一年壬戌會試、廷試止。卷八嘉靖四十三年甲子鄉試始，至萬曆七年己卯會試、廷試止。

自卷二始，解元、考試官名字，第一場至第三場之題目，策之題目，中式舉人前數名之名單，殿試一甲、二甲、三甲之名單均有詳載。其凡例有云：“會試題目全録，惟策問頗長，録其大都。廷試制策全録，重王言也。”“鄉試中式舉人不能盡録，止録解元。其不登進士爲名臣者附書之。如一榜得元三人、名臣三人以上，後雖列名進士科，此亦附書之，昭鄉試之得人也。”“會試、廷試題目後各有附録，先叙科舉時事，次叙會狀履歷，終叙是科人物。其會試人物則總叙於廷試之後。”“凡載《理學名臣録》者，稱理學；載《名臣録》、《名臣記》及《憲章録》等書者，稱名臣；載《名臣記》附録及《憲章録》等書，所稱不甚顯著者稱有名；載《遜國臣記》等書者，稱死難；其封贈侯伯者亦據實録之。瑞非敢有褒貶也。”

陳序云：“海州進士張先生子禎，博學善藏書，輯《貢舉考》，上下二百年來，凡昭代取士之制可覽而知也。”李序云：“張君《貢舉考》一書，文賅事核，綱舉目張，俾學者因卷以求制，因科以論人。某也賢，某也不肖，某也不媿科名，某也玷妨仕路，燦然指掌，誠備二百年來人士奮跡之實録，其心良苦且勤矣。”

《四庫全書總目》入史部政書類存目，然作“九卷”。《提要》云：“二卷以下，則起洪武三年庚戌，迄萬曆十七年己丑，其目録止於萬曆癸未，蓋丙戌以後，又以次而增也。每科載會試考官、試題及所刻程文之目、殿試之榜，首尾全録。會試之榜，則惟録前五人；鄉試之榜，則惟録各省第一人，其有名臣碩儒，足傳於後者，皆附記於制策之末。名姓籍貫之異同，亦附注焉，其考據頗爲詳核。”查王重民《中國善本書提要》，北京大學圖書館藏本，作“九卷附紀略一卷”。按，此本所刻時間當在萬曆八年之前，應爲最早之本。北大本目録及内容均止於萬曆十一年癸未，當爲後來所增補，而四庫著録之本增補至萬曆十七年己丑，則爲第二次補刻本矣。

《明史》卷九十七藝文二史類職官著録，作“八卷”。又列朝瑞《明歷科殿試録》七十卷、《歷科會試録》七十卷。《中國古籍善本書目》著録，有八卷及九卷之别，八卷本藏中國科學院圖書館，當同此本。九卷本藏北京大學圖書館。《國立中央圖書館善本書目》未收。此本藏臺北中研院歷史語言研究所傅斯年圖書館。《四庫全書存目叢書》史部第二百六十九册收入。

鈐印有“星渚干元仲珍藏書籍”、“元仲珍藏”、“子子孫孫寶用”、“子子孫孫引無極”。

南京户部志【明嘉靖刻本】

《南京户部志》二十四卷，明謝彬纂。附二卷。明嘉靖二十九年(1550)趙鶴隨刻本。十二册。半頁十行二十四字，四周單邊，白口，單魚尾。題"賜進士南京户部貴州司郎中龍溪謝彬編纂；鄉進士南京户部司務廳司務南海趙鶴隨校刻"。前有嘉靖二十九年韓士英序、嘉靖二十九年王崇慶序。修志凡例十七則。修志引用書目十六種。

謝彬，字文華，福建龍溪人。性孝友。嘉靖二十三年進士。授南京户部主事，管揚州鈔關，袪積弊，尚寬平，遷郎中，出爲廣州知府。有冤獄累年不決，立昭雪之。擢山東憲副。有《愛吾堂摘稿》。(乾隆)《龍溪縣志》卷十六人物有傳。

户部者，又名計部、計曹、地曹、户曹。明洪武元年，設吏、户、禮、兵、刑、工六部，隸中書省。其職責爲管理人口和土田，征調賦役、管理税收，供給禄餉，總督倉場，管理庫藏。户部内又條分四科，爲民科，主管所屬省府州縣田土、人口、物産；度支科，主管賦役及財政收支；金科，主管市舶、魚鹽、茶鈔等項税課；倉科，主管漕運、倉儲出納。此志分通志四卷、分志二十卷。通志卷一建置志、卷二秩官志(吏士附)、卷三公署志(官宅、公館附)、卷四職守志。分志内有卷一至三爲民科、卷四至七爲度支科、卷八至十三爲金科、卷十四至二十爲倉科。卷一户口志、卷二會計志、卷三雜行(附)、卷四經費志上(賞賜)、卷五經費志中(月糧、草料)、卷六經費志下(行糧)、卷七廪禄志(禄米、俸給)、卷八庫藏志一(課程)、卷九庫藏志二(鈔法、錢法)、卷十庫藏志三(鹽法)、卷十一庫藏志四(内府庫、本部銀庫)、卷十二供應物料(附)、卷十三權量志(斛斗、秤尺、時估)、卷十四徵收志上(税糧)、卷十五徵收志中(芻草)、卷十六徵收志下(屯糧)、卷十七倉庾志上、卷十八倉庾志下、卷十九宦迹志上(部官表)、卷二十宦迹志下(名臣録)。附卷上題名記、卷下藏書。

此爲南京户部之專志，可考明代南京方面財政損益變遷之故。其凡例有云："事例專載本部，兩京通行者亦存之，其南京不行而北京行者不載。""是書專爲本部而作，故詳於南京，而略於北京。如漕運事雖大，然今屬北京户部掌行，而本部所職則惟南京數衛行糧，故不得另爲一目，但附於經費，觀者不可不知。""永樂以後事例，凡言户部者皆北京户部，言本部者則南京户部，若《諸司職掌》乃洪武年間所作，故凡言本部者即今南部也。""凡事例已經奏准者録之，其雖已奏而未允行者不録。"

修志引用之書爲：《諸司職掌》、《皇明祖訓》、《大誥》、《大明令》、《稽古定制》、《教民榜文》、《大明律》、《軍法定律》、《憲綱》、《問刑條例》、《大明會典》、《大明官制》、《大學衍義補》、《皇明文衡》、《皇明紀略》、《雙溪雜記》。其中如《教民榜文》、《軍法定律》等今皆不傳。

是志乃謝彬任南京户部貴州司正郎時受韓士英之命所纂，韓曾任南京户部尚書，其任内嘗有編輯户部志之想，其序云：在户部時，“問有所問，不能即知，索之例案，則畔散不屬，不能即得，有意於志，不敢創然爲之。尋以改官北上，再踰年，復有南户之擢，既莅任，事來求故，浩翰如昨，乃前意復萌。偶閲《南京大理寺志》，嘆曰，此先得我心所同，然特無人慮始耳。問之諸司，皆曰可疑斷於心，謀從於衆。於時，貴州司正郎謝君彬官閑才贍，屬以專其事，凡七月而書成。通志有四，分志有九，區分畛列，綱舉目張，例原其始，而獨備於見。行事略於北，而特詳於本部，時一披閲，瞭然在目，無前日之難矣。爰命史繕寫成帙，貯之架閣，第以備部司之考覽已爾。未幾，予改夏官，莎亭侯公掌部事，謝君以前稿呈公，公曰意善而勞多，傳之不遠，何以編爲，遂付之梓。又八月，而刻成”。

王崇慶序云：“兩京六曹未有志，創《南京户部志》者，今大司馬石溪韓公始也。先是石溪公既覃精思於厥務，而又慮夫祖宗成法備載《會典》諸書，思欲往有所稽，來有所程也。遂命郎中謝君彬旁蒐而博採之，取其事關職司爲分門别類，撮要提綱，司務趙君鶴隨則又從而校勘之，僅七閲月而志告成。今讀之，但見其文緜脈絡始終悉備，君子以爲完書，允矣。石溪公之用心顧不遠宜宏哉！”

按，此本韓士英序佚去第一頁之前半頁。又分志卷二十并附録二卷佚去。《中研院歷史語言研究所善本書目》著録爲全帙，誤。

《四庫全書總目》收有《南京太常寺志》、《南京太僕寺志》、《南京吏部志》、《南京鴻臚寺志》、《南京工部志》、《南京都察院志》、《南京行人司志》等，皆入存目，然却無此志。《續修四庫全書總目提要》（稿本）著録。《中國古籍善本書目》、《“國立中央圖書館”善本書目》未收。《日本尊經閣文庫漢籍分類目録》著録，然書名作“南京户部通志”。此藏臺北中研院歷史語言研究所傅斯年圖書館。

國子監通志【明成化刻本】

《國子監通志》十卷，明邢讓輯。明成化間刻本。五册。半頁九行二十字，四周雙邊，黑口，三魚尾。前有成化三年(1467)邢讓序。

邢讓，字遜之，山西襄陵人。正統十三年進士，授檢討。景泰初，疏請遣使奉迎上皇。成化初，擢國子監祭酒，力以師道自任，痛懲謁告之弊，以此見稱。而謗者亦衆。爲人負才狹中，名位相軋者多忌之。遷禮部右侍郎，後坐法贖爲民。《明史》卷一六三有傳。

國子監舊無志，有志自此始，且後世之專志也不多見。卷一廟學，卷二官職，卷三生員，卷四敕諭，卷五學規，卷六幸學，卷七釋奠、釋菜，卷八胥徒、廪禄、雜行，卷九書籍、器物，卷十附録。附録爲《國子祭酒誥》、《大明敕建太學之碑》、《石鼓文音訓》、《元加封聖號詔》、《加封先聖父母制》、《特封先聖夫人制》、《加封兗國復聖公制》、《加封郕國宗聖公制》、《加封沂國述聖公制》、《加封鄒國亞聖公制》、《崇文閣碑》(元吴澂撰)、《吴文正公從祀議》(楊士奇撰)、《國子監官題名記》。

邢讓序云："《國子監通志》，爲編秩者廟學、官職、生員、敕諭、學規、幸學各一，釋奠、釋菜一，胥徒、廪禄、雜行一，書籍、器物一，附録一，總之爲十卷，蓋備忘之書，亦監之實録也。監即古之太學，太學賢士所關，教於斯，學於斯，不知其故，可乎？惟我國家，自太祖高皇帝定都金陵，即以應天府學爲國子學，洪武十五年改建雞鳴山之陽，始備六館之制爲監。太宗文皇帝肇建北京，以北平府學爲北京國子監，蓋元之舊監也，自是兩京皆有監。英宗睿皇帝既罷諸司北京之號，病監學之敝陋，命工曹撤而新之，規制宏麗，視昔有加。祖宗以來，及我今上皇帝，莫不垂意教學，簡命師儒講畫，條約豐廪，給役屢屢，車駕臨幸，所以興崇勸勵之道至詳備矣。百年以來，事皆寄之簡牘，托諸傳聞，不無散佚，由之者或不知其本，知之者或不得其詳，闕略舛戾，漸不如舊。成化二年秋，讓備官於斯，深慨其然。乃與司業張公及一二同志考求故牘，蒐訪前聞，凡由我祖宗列聖之所興建講畫及事之切於監學儒文者，悉採而録之，不踰月而書成，名之曰《國子監通志》。於乎！化民成俗，由於教學，綱常典則，天理民彝所係，豈可以易之哉？古之聖王建國，君民教學爲先，其有見乎此矣。我祖宗列聖，所以極興崇勸勵之道，其心乎古聖王之心也。夫雖然教有成法，學有據依，與其具於臨時，孰若求之平素；與其習而不察，孰若信而有徵。此《通志》之編，不敢以或後者也。凡我章甫逢掖之士，教於斯、學於斯者，其亦誦習服行，必誠必敬，以求無負我祖宗列聖之心哉！"

是志所録多有價值，如"生員入監事

例”，除列出何謂官生、民生、軍生、冠帶外，自永樂七年始，每年皆有“生員名數”之計，如永樂七年，官民生韓庸等一千零二十八名，官生二十一名、民生一千零七名。天順元年官民生賈政等八千九百七十五名，官生四名、軍生二十一名、民生八千九百五十名。成化元年官民生王俊等一萬三千一十一名，官生二十三名、民生一萬二千九一百八十八名。

此本有遞修，卷五《學規》第一頁即爲補刻，諦審字體，似在嘉靖間。

《四庫全書總目》、《續修四庫全書總目提要》（稿本）未收。《中國古籍善本書目》著録，作“明成化三年刻本”，寧波天一閣文物管理所入藏，存九卷，爲一至五、七至十。按，天一閣又藏有明謝鐸撰《國子監續志》十一卷，弘治十六年刻本，存十卷，爲一至十。該閣又有《國子監監規》一卷，萬曆刻本。此本藏臺北中研院歷史語言研究所傅斯年圖書館。

鈐印有“全氏珍藏”。

中都儲志【明嘉靖刻本】

《中都儲志》十卷，附録一卷，明張良知撰。明嘉靖刻本。二册。半頁九行十八字，四周雙邊，白口，單魚尾，書口上方刻"儲志"。題"河東張良知撰次"。前有張良知序。凡例十二則。

張良知，字幼養，山西安邑人。嘉靖七年舉人。任漢中同知，修山河堰，大著勤劬，漢民德之。嘉靖二十六年，以南京户部員外郎監督收放糧斛。(乾隆)《解州安邑縣運城志》卷九人物有傳。

卷一典制、卷二部使、卷三公署、卷四經賦、卷五倉庫、卷六官俸、卷七軍餉、卷八法約、卷九職約、卷十文藝(記、銘、詩)。附録爲詩，"君子使於是邦，周情孔思，寄懷漫興，雖不與于儲，然摛藻敷瓊以緯華，可傳以不朽，是故録之"。是書於糧儲文獻頗多收集，且有按語，敘列明贍，條理井然，可補《明會典》之缺失。如洪武四年，載設軍儲倉二十所，令各置官掌管。良知按語即云：鳳陽東控江淮，西引壽潁，南瞰吴楚，北睇徐兗，古稱形勝。我仁祖淳皇帝御居，太祖高皇帝龍飛之地，始欲建都，立爲中立府、中立衛，後因定鼎金陵，乃改爲鳳陽府，中都留守司、八衛一所，官軍拱護陵寢，奠定根本，故建廣儲五倉以給廪食，亦安不忘危之意也。

張良知序云："吾人達時以暢志，而志以永，志亦爲政者所不廢，其何辭？乃廣蒐載籍，博咨賢耆，採掇見聞，分類立例，爲志十卷。夫尊王憲古，不愆不妄，故首之以典制。經國體民，政以人舉，故部使次之。臨涖有所，則體尊禮成，故公署又次之。先王職貢，歛司會總要，故四曰經賦。大府括蓄籍費，辦物待用，故五曰倉庫。差秩馭功，責廉勵業，王政所先，故六曰官俸。寧邦惟戎，固本惟食，民天聿重，故七曰軍餉。貨賄叢姦，舉釐所以肅治，故八曰法約。服勞待命，群力所以口務，故九曰職役。然聲音之道，與政相通，又考志即志觀人，故以文藝終焉。草創成編，體靡具備，詞罔詮次，豈曰克裨國計，以覬知於人，姑志吾之志，而罪莫逭矣，後之君子，其鑒於斯。"

凡例可見其大概，有云："監署原未有志，志之者，以儲關邦國重計，懼文獻無徵爾。""各類冠以小序，見作者之大義。""中都官仕山川人物，不録者以不與儲云。""各類述列先代事跡，求其故也。""歷代名賢及我朝名公事文直書名姓，臨文不諱也。""部使有政績著聞者，注以數言，以示觀法。在位者，雖有功業，法得不書。""條約利弊所關，必備載之，欲人知所守也。""經賦省郡，每歲解數不一，姑從舊，以俟查正。""各類附以愚見，蓋以軍國大事有知不敢隱也。""志捆摭上下據事直書,欲其文核其事實也。""疏論不録全章者,從簡要也。""志紀往昭來,時方草創,考究未備者,又俟後之君子裁定之。"

此書藏臺北中研院歷史語言研究所傅斯年圖書館。《四庫全書總目》、《續修四庫全書》未收。《中國古籍善本書目》未著録。《續修四庫全書總目提要》(稿本)著録。

通糧廳志【明萬曆刻本】

《通糧廳志》十二卷，明周之翰撰。明萬曆三十三年(1605)刻本。十六册。半頁九行十八字，四周雙邊，白口，雙魚尾。題"郢人周之翰纂修"。前有萬曆三十三年高邦佐序、萬曆三十三年周之翰序。"纂輯諸書"、凡例、總目、散目，又萬曆三十二年"敕命"一通。

周之翰，字景玉，湖北荆門人。生而歧嶷，好讀秦漢以上書。萬曆二十年中進士，歷官户部郎中，監兑通州。斛量不一，吏掾爲姦，乃仿國初定制鐵斛，請之大司農爲式，猾胥斂手。因礦税使四出，之翰抗疏極諫，其疏稿傳誦，一時爲之紙貴。忤旨罷歸，仇黨中途截其行裝，檢視惟圖書數卷而已。後執政交章薦起，堅不出，著述自娱，陶如也。其居官五年，居家十一年，未嘗一字達當道。(乾隆)《荆門州志》卷二十一鄉獻有傳。

通糧者，運糧也。《逸周書・大匡》："外食不贍，開共通糧，糧窮不轉，孤寡不廢。"通糧廳主管漕政。按，通糧廳或即坐糧廳。(乾隆)《通州志》卷二建置衙署有"户部坐糧廳署"，卷三漕運設官有"成化以後，始設坐糧廳及監督主事"。是書爲作者退食之暇，質之典籍，咨之聞見，遠稽近考，搜隱探微，舉凡沿革之故，利弊之源，得失之异，條分縷析，昭若發蒙，而政事、文藝、制度、典則，有關於其職掌者，巨細畢載。卷一左輔志(建置、城池)、卷二倉庾志(倉址、廒座、建倉、修倉、斗斛、窑廠、庫藏)、卷三秩官志(部使、題名)、卷四漕政志(議單、漕額、出納、關支、職掌)、卷五河渠志(河圖、河道、河防、河地、河棧、河司、河工)、卷六公署志(部館、分署、别署、官廳、號房、祠廟、坊額)、卷七統轄志(郡屬、衛屬、倉屬、河屬、委官、總屬)、卷八服役志(廳役、號役、閘役、倉役、河役、外役)、卷九藝文志(奏疏、論揭、文移、碑記、詩賦)、卷十備考志(官制、倉漕、運道、名臣、雜記)，厘爲十二卷。

明代京城之糧食諸物，多由海道從東南運至京城，故海道必須暢通無阻，不得稽遲。萬曆帝嘗授權周之翰："其閘河委官、運糧把總，須嚴督約束，勿致寬縱誤事。所屬有司並守備各衛所，俱聽爾提調委用。如有抗違不遵，致誤運事，及勢豪刁惡之徒，阻撓行事，應拏問者拏問，應參奏者參奏。"是書之内容多從政書、志書中輯出，其"纂輯諸書"計二十三種，爲《大明會典》、《户部會計録》、《太倉考》、《議單》、《漕乘》、《大明律》、《大明官制》、《憲章録》、《皇明大政記》、《大明一統志》、《方輿勝覽》、《皇輿考》、《丘瓊山衍義補》、《文獻通考》、《續文獻通考》、《元史》、《通州志略》、《通惠河志》、《密昌二鎮漕河志》、《河防一覽》、《司農奏議》、《各署建置題名碑記》、《本廳并通州參府各衙門文卷》。

此書頗具史料價值，然研明代漕運史

者鮮知此本。又此本每小類之内容各有標題，檢索容易，如“河工”，分“至元二十九年修河事”、“成化七年修河事”、“正德二年修河事”、“嘉靖七年修河事”、“萬曆二十二年修新城河事”。又如“備考志”之官制，即有“總督倉場考”、“舊内外總督監督官銜考”、“裁革管倉内臣考”、“巡倉考”、“儹運郎中御史考”、“漕院漕道總兵駐劄通州考”、“大通橋監督沿革考”、“通州工部管河考”、“通州工部修倉考”、“通州分守參將考”。

周之翰序云：“通廳固無志，有志自今始。則胡以志之？……無通是無京師也，無通儲是無通也，無通之分省，是無通儲也，則胡可以不志。余受事之初，兢兢以悉心經理爲己任，而頭緒紛然，莫可究詰。歷詢掌故，盡成烏有，二三爰書，巧於挾叢而拙於治牘，閱歷一載，稍得委源。乃取國家典制、尚書故牘及諸臣所建白，凡有關於本廳者，悉行採入，括爲十志，大都以通糧廳爲主，而它不泛及焉。書成，題曰《通糧廳志》。”

此本今藏臺北“國家圖書館”。《四庫全書總目》、《中國古籍善本書目》、《續修四庫全書總目提要》（稿本）、《四庫未收書集刊》，日本《内閣文庫漢籍目録》、《尊經閣文庫漢籍分類目録》皆未著録。

鈐印有“言言齋善本圖書”、“吴興周越然藏書之印”。

三省礦務考【明隆慶刻本】

《三省礦務考》二卷，明劉畿撰。明隆慶刻本。二册。半頁九行二十字，四周雙邊，白口，單魚尾。前有隆慶元年(1567)劉畿序。有圖。

劉畿，字子京，號羽泉，江蘇長洲人。嘉靖二十九年進士。知瑞安，拜吏科給事中。奉敕監營造，條八事上之所，以搜剔冗濫，姦弊殆盡。進通政參議，仍兼右給事，升太僕寺卿，遷順天府尹。進右副都御史，督撫兩浙，後爲兵部右侍郎。在浙時，御史龐尚鵬上其功曰：劉畿用兵，能以正合，以奇勝，卓然有古名將風。平居則恂恂一儒士也，深厚不伐，豈與炫才邀賞者等哉？《本朝分省人物考》卷二十三有傳。

此編爲畿總督浙直江西軍務、巡防浙江時所爲。三省者，浙江、安徽、江西也。卷一奏議。卷二存浙江衢州府，嚴州府、温州府、處州府，直隸徽州府、寧國府、池州府、太平府，江西廣信府、饒州府、九江府(佚去嘉興府、寧波府、臺州府、湖州府、紹興府、杭州府、金華府，計一至十二頁)。奏議爲嘉靖四十五年二月至九月，平定礦賊詔令、奏牘。凡督臣奏報、科道條陳、本兵題奏，自賊之初擾，至蕩平論功。末則爲畿所陳善後五事。

集中有申明礦寇防禦事宜，云："爲申明礦寇防禦事宜，以便稽考事。照得所屬浙直江西三省礦場，往往流徒嘯聚盜挖，本地姦民又從而接濟之，黨與日衆，遂致劫掠地方，攻破縣治。軍衛有司欲掩失事，致寇之愆，多不從實飛報，一遇行查，即回稱賊已解散，或諉罪於外郡外省，以致釀成大患。節該本部院題，請親駐衢州，調兵剿滅。續奉明旨，行查各處礦山封禁。又該本部院通行查出立石刻諭，嚴加封禁，仍將各關隘及經由處所設兵防守，但恐事久人玩，弛禁殃民，相應畫圖附説，刊佈遵行。爲此，捭仰中軍，坐營都司陳大成，即將發去《三省礦務圖説》，刊刻成書，送本部院覆閲，以憑分發各屬通行遵守，庶便稽考防禦，而礦患可無虞矣。隆慶元年正月十一日。"

每府有礦之縣，均有詳述。末有一總結性文字，如嚴州府，僅淳安縣、遂安縣有礦山，末有云："郡屬邑六，惟淳安、遂安有礦，其脈頗旺。近年處州礦徒，糾衆越過金衢地方，徑入淳、遂各坑盜挖，一遇官兵追逐，則潛遁西安之銅山。衢州追逐，則復回淳、遂之二坑，出彼入此，經年不絶。嘉靖四十五年二月，賊過鄰境歙嶺，劫掠徽州各縣，軍門督調都司陳大成伏兵伺賊，突回擊敗。本年五月，賊從蘭溪、建德一路突登淳安老山，流入徽、寧等處，復回舊路，隨調官兵逐散。申嚴各縣保甲及府縣官兵把守，要害俱屬新設，徽饒金衢嚴兵備道統轄，遇警發兵援剿，況金衢通賊諸路俱設重兵，而外郡流徙不能飛渡矣。"

有三省地理之圖、各府之圖、三省礦山總府圖，集中所列資料，於明代嘉隆間浙、徽、贛三省礦産及維護地方安全、州府用兵、追剿礦賊之研究頗爲有用。未有缺頁。

此書藏臺北中研院歷史語言研究所傅斯年圖書館，作者題“明劉應元撰”。按，應元爲山西洪洞人，隆慶五年方中進士，其不可能在隆慶元年任欽差，并總督浙直江西軍務巡撫浙江地方兵部右侍郎兼都察院右僉都御史。故傳圖著録當誤。是書流傳甚罕，《四庫全書總目》未收。查丁氏《八千卷樓書目》、《善本書室藏書志》未著録，《中國古籍善本書目》亦未收録。《續修四庫全書總目提要》（稿本）第十一册著録，然作《三省礦防考》，顯誤。

鈐印有“古黟明經胡氏毋直欺齋藏書印”、“嘉惠堂丁氏藏書之記”、“八千卷樓”。

鹽政志【明嘉靖刻本】

《鹽政志》十卷，明朱廷立等撰。明嘉靖八年(1529)刻本。四册。半頁八行十七字，四周單邊，白口，無魚尾。編纂姓氏題“河南道監察御史通山朱廷立；兩淮運司運使辰陽史紳；揚州府儒學教授仁和陳克昌，生員馬新民、金獻可、桑蔓；江都縣儒學生員崔縺同知盩厔劉璣、王延祀同修”。前有周瑯序、嘉靖八年唐龍序。末有陳克昌後序。凡例十四則。

朱廷立，字子禮，湖北通山人。嘉靖二年進士。除諸暨知縣，入爲浙江道提學御史、河南道御史，歷南京太僕寺少卿、大理寺左少卿，後乞歸養母。升都察院右僉都御史，擢工部右侍郎，改禮部右侍郎，復以言去。至家惟課子賦詩，丙寅卒。又有《兩厓文集》。《本朝分省人物考》卷七十六、《獻徵録》卷三十五有傳。

《左傳》有云：“夫山澤林鹽，國之寶也。”漢武帝以鹽鐵專買，以救財政危機。明代亦循唐以來之舊規，實行專賣，凡鹽之産製、運銷，皆受政府之控製。嘉靖時，邊患頻仍，軍費漸增，故朝廷加徵鹽課，以資挹注。兩淮者，以淮河爲界，分爲淮北、淮南，全區位於今江蘇省東部海濱，介乎長江口與江蘇、山東省界之間。

廷立時爲河南道監察御史，奉使清理兩淮鹽政，其作志之本意，見凡例第一則：“志準兩淮而作，並及古今天下諸鹽制，以互見得失，於兩淮獨加詳者，乃作志之本意。”因博考古今鹽政，綱舉目張，始終條理，約而罔遺。卷一出産、卷二建立、卷三制度上、卷四制度下、卷五制詔、卷六至七疏議、卷八評論、卷九鹽官(附碑記)、卷十禁約。每卷正文之前，廷立皆有小叙於首，以見大要，如“出産”，云：“志出産，何爲也？重始事也。百貨産於地，鹽爲重焉。上以裨國用，而下以藉民食也，是故言乎其所自始，以及乎其所由成。君子可以知地之利，可以知民之力也爾矣。志出産。”如“鹽官”，云：“志鹽官，何爲也？慎職守也。鹽官者有理財之責焉，則既列於册矣，求其名焉，昭昭可數也；求其賢者，與其不賢者焉，昭昭可數也。其得無慎焉已乎。志鹽官。”按，鹽官俱載於是，計春秋一人、漢二人、唐三十八人、五代二人、宋代三十二人、元代七人、國朝都御史六人、御史七十二人、運司官一百一十一人。

唐龍序云：“嘉靖己丑春二月，朱子奉天子命清理兩淮鹽政。其至也，崇彝憲，肅明軏，力修釐革之效。自警有九誡，修法有五事，戢姦有十五要，訓商有九令，皆可述也，尤督學官弟子員之才者。自夫出産，與建立、與制度、與制詔、與疏議、與評論、與鹽官、與禁約，逖蒐博綜，舉綱分目，而志成焉。上下數千餘年，炳若指掌，豈惟昭古今之制哉！”

周瑯序亦云：“夫淮，重地也，四方之商咸奔走焉，以窟穴其中，實利之府也。

利重則姦劇，姦劇則弊殷。其詰姦，其戡弊。其治易狃，其成易覆。公之政，其庸無述乎？按志一曰出産、二曰建立、三曰制度、四曰制詔、五曰疏議、六曰評論、七曰鹽官、八曰禁約。或以任地，或以表始，或以徵故，或以存恩，或以稽衆，或以考哀，或以彰勸，或以謹防。晐綜條貫，品式具存。政之紀也，將在是矣。而又本之以誠，存之以公，主之以寬，持之以恕，終之以義，政之大也，經世之制也。是故，可以裕國，可以阜民，可以貞度，可以興行。是志也，後之人庶曰，其承若前之大章，以長監於世，其及也，不已多乎！”

此書引用古今書目，分歷代、國朝兩部分。凡歷代六十種、國朝二十六種。歷代者多常見書，如《書經》、《禮記》、《周禮》、《山海經》、《管子》、《史記》等。國朝者如《諸司職掌》、《兩淮運司志》、《淮安志》、《通州志》、《泰州志》、《海門志》、《馬政志》、張珩《兩淮鹽法事宜》、戴金《求正録》、朱廷立《兩淮條約》等。

凡例有云：“建立制度，俱以舊文爲正，其有疑者缺之，未敢私附己意。”“古今制詔，言鹽政者，因革不同俱録之，以著時政。”“疏議皆鹽政大常，録之以備稽考，其先後之序，一以年月爲準。”“録評論以俟取舍，末附諴語，以端理財之本。”“鹽官有勞於鹽政者，詳録姓名以示長善之意。”“載禁約，以革姦弊，末附商戒，以究玩法之非。”“援引俱從實録，如某事見某書，必據出處，以便省覽。”“序事録文，俱尚截略，不失本文正意，其有差同，不復互載。”“舊文之下，附以古注正解，以訂訛舛。”“或論鹽而漫及他事者削之，或論他事而因及鹽者，特存本文爲證。”“歷代制度，其有宣諭勅法者，俱收入制詔。”

此書藏臺北中研院歷史語言研究所傅斯年圖書館。《四庫全書總目》入史部政書類存目。《四庫全書存目叢書》史部第二百七十三册收入此書，底本爲天津圖書館藏明嘉靖刻本，當同此本，天津本且多出周瑯序。又《續修四庫全書》史部第八百三十九册也收入此書。《中國古籍善本書目》著録，北京圖書館、浙江圖書館等六館也有入藏。

皇朝馬政記【明萬曆刻本】

《皇朝馬政記》十二卷，明楊時喬撰。明萬曆二十四年(1596)刻本。二册。半頁十行二十字，四周雙邊，單魚尾。書口上刻"馬政記"，前有萬曆二十五年鄧鍊序、萬曆二十四年楊時喬自序。凡例十四則。

楊時喬，字宜遷，號止庵，江西上饒人。嘉靖四十四年進士，除工部主事，擢禮部員外郎，遷南京尚寶丞。萬曆初，以養親去。服除，起南京太僕丞，復遷尚寶。移疾歸。時喬雅無意榮進，再起再告。閲十七年始薦起尚寶卿，四遷南京太常卿。萬曆中累官吏部左侍郎，絶請謁，謝交游，止宿公署，苞苴不及門，銓叙平允，謚端潔。又有《周易古今文全書》、《楊端潔集》等。《明史》卷二百二十四有傳。

馬政，《禮・月令・仲夏之月》："游牡别群，則縶騰駒，班馬政。"注："馬政，謂養馬之政教也。"後世以采辦馬匹之事，亦歸於馬政。《文獻通考・兵考》有"馬政"一門，載歷代設監養馬與馬市之事。歷代中央政府皆重視馬政，然馬政莫詳於明，亦莫弊於明。明初即有太僕寺之建置，領監牧群，督理民間孳牧。然承平既久，官職曠廢，牧地空虚，民間孳息漸微，而祖宗良法美意蕩然無存矣。當事者狃於時平，馬無所用，議多徵折色，於是寺帑爲羨而厩爲虚。

時喬嘗主馬政，目擊其艱，身親其事，故此書記萬曆二十三年以前之事，上始洪武元年，雖裒集案牘之文，但記一代馬政而條理悉具，且所言深中時病。分十二門，爲一户馬(太僕寺牧監群户馬、北平苑馬寺監苑户馬、太僕寺户馬、北平行太僕寺户馬)；二種馬(太僕寺、南京太僕寺種馬，軍衛種馬)；三俵馬(兩京太僕寺額派備用解俵馬、太僕寺買俵馬、南京太僕寺折俵馬)；四寄養馬(太僕寺寄養馬)；五折糧貢市鹽、納贖戰功等馬(折糧馬、進貢馬、戰俘駝馬、互苗夷馬、中鹽馬、贓罰馬、監生生員納馬、冠帶納馬、陰陽醫官吏農納級馬)；六調兑京營馬(各邊鎮防守備兑馬、各邊鎮奏討馬、各邊鎮奏討銀買馬)；七擠乳御用、上陵出府、并附給驛馬；八庫藏(收貯銀、給發銀)；九蠲卹；十政例(管轄、祀典、印俵、比較、禁約、總例)；十一草場(營衛放牧草場、太僕寺所屬孳牧草場、南京太僕寺孳牧草場、各邊孳牧草場)；十二各邊鎮行、太僕寺、苑馬寺、茶馬司馬。於因革損益，各悉原委。

時喬自序云："自革種馬後，輔部寺省臺諸臣深感觸於時勢，本源末流之際，裁晝覆請未行，歷覈册案有存有否，有惡害已而去籍者。臣喬慨今此尚然，久之前何攸徵，後何攸據，謹取其存者則紀，不能悉紀者則略。各邊鎮、行太僕、苑馬、茶馬均屬馬政附紀，日行事宜屢更者别紀。是時相臣陳閣輔請修正史，得諭命，以此紀可備典實，索之。臣喬之再請假齋居，偕太僕寺臣王長卿考訂，授游簿款録，會南擢，存篋中。史臣林太史志馬政，索之，乃於南署令稚子貢生可中編次，授南京太常寺臣李博陳簿校刻，今太僕寺臣鄧太卿宣猷牧政，雅意從周，助資成鋟。”序末自署“前太僕寺卿”，然考《明史》本傳，載時喬爲太僕寺丞。按，此序乃據楊氏手寫再付雕手，應不致有誤，或史書小誤也。

鄧序又云：“前太僕臣楊長卿，深惟職掌，有慨於中，業已條上便宜，奉諭旨，而又以其餘力蒐羅遺編，列爲《馬政記》。凡祖宗之建置，累朝之沿革，諸臣之條畫，與夫今日之更制者，靡不臚列備存，而經國遠猷，時見一斑。俾覽者考登秏之實，究得失之林，若沿流而溯源，測影以尋表，亦猶文武之政，布在方册，人存而政舉者也。夫不習爲吏，視已成事，是編雖紀馬政，而徵往後來，因利鑒弊，其於軍國大計豈小補哉？雖祖宗良法未可遽復，有其舉之，亦受禮存芊之意焉。”

歷代專述馬政之書不多，元代趙世延等奉敕撰有《大元馬政記》二卷，明代又有歸有光撰《馬政記》一卷，清代蔡方炳有《歷代馬政志》一卷。是書白棉紙，字體方正，凡例後刻“南京太常寺博士李范濂、典簿陳光儒、太僕寺主簿游于廣、貢生楊可中共校刻”。

此本流傳罕見，爲1940至1941年間，鄭振鐸等人在上海組織“文獻保存同志會”，在朱家驊、陳立夫、杭立武、蔣復璁等人之指導、支持下，爲中央圖書館購得，因其難得，且具史料價值，故予以影印收入《玄覽堂叢書》(第六十九至七十二册)。今藏臺北“國家圖書館”。

《四庫全書總目》入史部政書類。文淵閣本《四庫全書》無鄧鍊序。《嘉業堂藏書志》著録，作“明萬曆刻本”。《“國家圖書館”善本書志初稿》作“明萬曆二十四年南京太常寺刻本”。《中華文物集成》第五册(國立中央博物圖書院影印本)收入。《中國古籍善本書目》未著録，僅有《馬政志》四卷(明陳耕撰)，明嘉靖刻本。殘存卷一、二、四，分藏安徽省圖書館、四川省圖書館、寧波天一閣文物管理所。日本内閣文庫、東京大學東洋文化研究所、京都大學人文科學研究所均未入藏。

鈐印有“四明盧氏抱經樓藏書印”、“吴興張氏珍藏”、“劉承幹字貞一號翰怡”、“吴興劉氏嘉業堂藏書印”。

邊城禦虜圖説【明萬曆精繪本】

《邊城禦虜圖説》不分卷，明萬曆初年精寫彩繪本。一册。

此圖説原無書名，今據圖中説明而擬之。分上下兩欄，上半爲邊城各口建立之説明，下半爲彩繪各處關隘之圖。始"下竿嶺口"，至"石榴嘴口"，計一百一十六處關隘。據所列關隘之名，當在古燕地區。

虜者，對敵方之蔑稱也。有明一代，北虜爲患，每歲秋高馬肥之際，至春間冰解，即入寇諸郡，飽掠而去。故明廷歷朝皆沿邊築塞，列鎮屯兵，并設遼東、宣府、大同、延綏四鎮，繼設寧夏、甘肅、薊州三鎮，又以山西鎮巡統馭固原，合稱九邊。此邊城之關隘，當屬宣府所轄。

圖説當爲地方大吏屬人所繪，對每處邊城何時建立、高度、守兵數目、何處支領開銷，由何方帶管，并具體管轄地，俱清楚臚列。如"青羊溝口"云："弘治拾柒年建立邊城，壹拾壹丈捌尺高、壹丈捌尺不等。萬曆元年題奉欽限，修完茨字拾肆號、拾伍號臺貳座。守口主兵拾貳名，在易州監督衙門按月俱支折色。上竿嶺守口官帶管東至下竿嶺口、西至鄆郲嶺口、南至阜平縣、北至靈丘縣地方。禪南背村稍緩，外通靈丘縣壹百里，向無虜犯，今有臺墻，堪以禦虜。"

此圖説屬史部政書類之軍政，明代原裝摺本，不多見。查北京圖書館有《喜峰路副總兵張玠下所屬董李二提調并喜峰路標下沿邊關營臺墩邊城高險平易女牆山崖軍馬器械錢糧等項數目》，不分卷，爲明抄本。此本於明代禦虜可反映一個側面，對研明代邊疆之學者頗有實用價值。

膳房辦買肉斤雞鴨清册【清内府寫本】

《膳房辦買肉斤雞鴨清册》，二十四册，四函。存清光緒三十年正月至十二月、光緒三十三年正月至十二月，每月一册。深藍色封面，左上有黄簽，書“膳房辦買肉斤雞鴨清册”，中黄簽書“光緒三十年□月分”。紙用薄棉紙，大本。每頁騎縫皆鈐有“總管御飯房茶房之圖記”滿漢文朱色木記。藏美國國會圖書館。

膳房之稱由來已久，前蜀韋莊《感事詩》中即有“八珍羅膳府，五綵鬭筐牀”之句。御茶膳房爲清代内務府負責皇帝及宫内皇室人員、辦事人員之飲食及筵宴事務機構，設管理事務大臣若干人，由皇帝簡派。管理大臣下再設尚繕正、尚膳副、尚膳、主事、委署主事、筆帖式等官職。尚膳正多由滿人擔任，爲二品官，如光緒末年事務大臣繼增，頭等侍衛玉秀、維康等人即是，皇帝飲食及宫中各種大宴均由他們掌管安排。

《清會典事例》載明御用膳房，屬下有庖長四名，副庖長四名，庖人五十名。又按清代制度，皇帝和后妃以及宫内人役都有一定之份例，在皇帝之份例中，僅膳食一項，每日用白銀五十兩。

此清册頗具史料價值，近年出版之清宫瑣記或御膳一類圖書叙及皇帝飲食，多舉乾隆時食單爲例，蓋作者多未得見有清末膳房之清册也。

清末光緒時，每月僅膳房用銀竟達一萬四千余兩，其時一品官之年俸爲白銀一百八十兩、禄米一百八斛或九十石。光緒三十三年，白銀一兩合制錢一千四百八十五至一千六百八十三文，而自 1901 年至 1910 年米價爲每公石合制錢五千二百五十文，於此可見清末宫廷帝王后妃人等生活開支之一斑。清末此類寫本，上海圖書館也藏有數册，又日本静嘉堂文庫藏有清光緒三十一年寫本。此等材料如能爲學者所利用，當可發揮其應有之文獻價值。

彙輯輿圖備考全書【明崇禎刻本】

《彙輯輿圖備考全書》十八卷，明潘光祖輯。明崇禎六年(1633)傅昌辰版築居刻本。九册。半頁十行二十字，四周單邊，白口，單魚尾，版心下刻“版築居”。題“明關中潘光祖海虞父彙輯；邗江李雲翔爲霖父參訂；綉谷傅昌辰少山父較梓”。前有崇禎六年李長庚序、宗教一序、李雲翔序。

潘光祖，陝西臨洮衛人，天啓五年進士。

全書十八卷，卷一圖，二方輿、圖説等，三北直隸、四南直隸，五山西省，六山東省，七河南省，八陝西省，九浙江省，十江西省，十一湖廣省，十二四川省，十三福建省，十四廣東省，十五廣西省，十六雲南省，十七貴州省，十八四夷。并附采録諸書目，計《大明一統志》、《纏度分野》等二十九種。

此書乃光祖未竟之本，由傅昌辰得之，并由李雲翔續之者。長庚、云翔序中皆有叙述。按明代地理輿圖及總志之書較多，然多記述都省郡邑之會、山川風俗等，至於阨塞要障、户口錢穀有裨國是者，則不予收載。此書似可彌補其缺。雲翔序云：“予不愧續貂，從《一統志》而損益之，詳以諸紀，述及予之耳目所見聞者，自神京以及各省至邊陲要害，海運漕河、鹺政關隘、錢穀，有裨戰守者；古今人物忠臣孝子、義夫節婦，有關風化者，悉編入帙。”“是書越三寒暑，五脱稿，玆冬月之初始告厥成。”故此書不僅以輿圖觀，而其備考實可視爲小百科全書，大凡古今變置之重輕、山川道里之險易、貢賦物産之饒乏、民風士習之醇澆、名丘勝迹之興廢，觀此當可了然焉。

凡例十四則，叙該書選録材料之特點，雜而不亂。如藩封，“是培植天潢最爲先務，他刻俱不載，是集於本省下總曰某王系某帝系，并計歲禄若干、折色若干，而於各郡縣下另注某王并郡王若干同城”。又如“孝婦烈女、文姬智媛，乃風化所關，採風者所必先，豈可遺略。是集雖戍婦村姑，有一節一行者，悉皆載入”。

美國國會圖書館也藏一本，佚失《天文纏度》、《四大部州圖》、《天下地輿總圖》之前半幅。此本存卷一至十四，然圖則完好無缺，藏諸美國芝加哥大學遠東圖書館。是書南京圖書館、烟台市圖書館、旅大市圖書館、山西省祁縣圖書館及中國社會科學院民族研究所圖書館也有入藏。

鈐印有“□香書屋收藏”。

靖邊一經【明萬曆刻本】

《靖邊一經》二卷，明李慎撰。明萬曆刻本。二册。半頁九行二十字，四周單邊，白口，單魚尾。題"閩惠安前遼東冏卿少峰李慎著；後學燕泉康士晋、光筆張遴校"。前有黄森序。末有萬曆十二年(1584)李玉淵跋。

李慎，字克念，號冏卿，又號少峰，福建惠安人。以麟經魁嘉靖十九年鄉試第五名，嘉靖二十九年成進士。主事南京户部，榷税杭州。歷郎中，出守瓊州，升廣東西臬副，遷遼東苑馬寺卿，疏陳邊宜八事，院使交薦，將大用之。有憾慎者，遂解綬歸。慎以《春秋》起家，每病學者弃經任傳，弃傳任意，乃著《麟經律解》八卷。臨海秦氏、太倉王氏皆以《春秋》專門，咸推尊之。慎在瓊海覆舟，其書與先後著作皆没水中。(雍正)《惠安縣志》卷二十四循良有傳。

明代遼東一帶，皆密邇胡人，夷情叵測，警報日有所聞，故當時朝廷多有禦戎之策，豫爲之圖。洪武八年，明朝改定遼都衛爲遼東部指揮使司，至成化五年，先後建立邊堡、屯田、冶鐵及煮鹽等制度，以供軍需。李慎時任遼東苑馬寺卿，專掌馬政，從三品。其時，遼東各營兵馬原額有萬千數者，後因荒度之餘，逃亡事故，僅存一半，又且中間老弱不堪，以致武備廢弛，緩急無濟，故慎出於爲"振揚華夏之威，以懾服胡虜之心"而寫作此書。

此書二卷，每卷皆析成上下二小卷。卷一上卷爲"穆廟詔博求群策以資安攘事題請邊宜八條"（招撫流移、填實營伍、開墾荒田、修舉屯政、葺繕墩堡、均平徭差、甦息驛遞、飭器練兵防小竊禦大寇）。下卷爲"上本兵防冬事宜八條"（謹烽堠、急收保、堅防守、備房坑、嚴哨探、聽驅召、禁搶掠、明賞罰）。卷二上卷爲"答督撫築險割屬議三條"（築青石嶺垣、立曼頭山、免割黄骨島）。下卷爲"便行議請未備邊宜十五條"（兵伍類：立保甲、存堡兵、行招募；馬鹽類：復馬政、定鹽課；建學類：申武政、申學政、立社學、興人才；供役類：革投充、革科歛、審工程；制辟類：裁冗員、一制典、定罪辟）。

黄森序云："《靖邊一經》，少峰李先生所作也。先生自游泮時，其學以誠爲本，及登進士第，由南司馬大夫擢守瓊臬副，粤西所至，歷歷有聲，率皆真誠之所敷布。繼得冏卿命入遼，目擊山川險易，察軍政虚實，利蠹慨然，欲陳萬世規，穆廟時應詔題議邊宜三十餘條，未殫效用，嗣脱柴柵之外，猶珍巾笥之藏，編爲《靖邊一經》上下二卷。夫一者，誠也；經者，常也，不易之常道也。道不無當施，棲而不可不溥者；仁也，裁而不可不宜者；義也，節而不可不嚴者；禮也，防而不可不備者；智也，要而不可不秉者；樞也，潛而不可不運者；機也，緊而不可不中者；術也，棲而不可不固者；關也，險而不可不據者；地也，神而不可不爲者；天也，總而言之誠也。一經之作，誠所旁皇周浹也。”

李玉淵跋云：慎“癖喜植文，生平手集，無慮箱篋，其堂奥踐宋南豐家。偶值宦舟定性，軒覆溺盡，獨駐遼條陳議請暨所便行邊宜，纚纚三十餘條。歸遼時顧玉關躊躇，慨自擊賞，未盡效用，意垂後之守臣疆將，迺檢遺稿，私命曰《靖邊一經》，亦逡讓不敢擬武經全云”。

此書傳世不多見，《四庫全書總目》、《續修四庫全書總目提要》（稿本）、《中國古籍善本書目》、《“國立中央圖書館”善本書目》、《清代禁毀書目》、日本《内閣文庫漢籍分類目録》、《東京大學東洋文化研究所漢籍分類目録》、《京都大學人文科學研究所漢籍分類目録》未收。藏台北中研院歷史語言研究所傅斯年圖書館。

鈐印有“天尺樓”。

威茂邊防紀實【明嘉靖刻本】

《威茂邊防紀實》不分卷，明郭應聘撰。明嘉靖刻本。二册。半頁十行二十二字，白口，雙魚尾。前有嘉靖四十三年(1564)郭應聘序。圖目四幅，又圖説。紀例三則。

郭應聘，字君賓，福建莆田人。嘉靖二十九年進士。授户部主事，歷郎中，出爲南寧知府，遷威茂兵備副使，轉廣東參政。累擢廣西按察使，歷左右布政使，所至有擊賊功。進右副都御史，巡撫廣西，討平府江及懷遠等少數民族，擢都御史，總督兩廣軍務，又掌南京都察院，拜南京兵部尚書，參贊機務，久之引疾歸。卒贈太子少保，謚襄靖。《明史》有傳。又(光緒)《廣西通志》卷二百五十一宦迹十一傳甚詳。

威茂，古梁州域，氐羌之地。漢武帝時，氐羌君長冉驪請臣，乃置汶山郡。蜀後主劉禪遣姜維討汶山叛，羌築城以制之，謂之姜維城。唐武德間，於此置維州，即明時雜谷安撫司地。貞觀八年改汶山郡爲茂州，宋乾德三年改維州爲茂州，於宋爲永康軍，元置灌州。明洪武四年平蜀後，仍置茂州，領汶川縣，威州領保縣，改灌州爲縣，俱隸成都府。洪武十八年，遷威州於保縣，二十四年遷壩州，二十九年遷坡底，永樂十三年遷鳳坪，宣德十年遷河東玉壘山下，即嘉靖時之治。

據目録，此書爲藩憲一、將領二、監儲三、州縣四、衛所五、土酋六、羌番七、封守八、軍兵九、糧餉十、戡完十一、籌議十二。紀事至嘉靖四十三年。書中所紀極爲詳細，如“將領”，列出自成化元年始，至嘉靖三十七年止的參將二十八人姓名、何地人、何時任，并有評價語。又如游擊將軍二十一人，也皆如是。如“州縣”，載知州及各府知縣名，并皆有傳。

明代邊防，於北方則有蒙古爲之患，於東南則沿海倭寇竄擾江南。威、茂雖屬廣西，然明初諸番寇亦擾掠成患，故天順間即設兵備副使一員駐扎松潘，後駐茂州，整飭兵備，綜理糧儲，操演軍馬，撫治羌夷。其時朝廷曾頒旨：“如遇羌夷出没，阻截道路，搶奪糧餉，攻打關堡，劫掠居民財畜，擾害地方，爾即與將官同心協力督兵進剿。凡邊方利有可興、弊有可革者，悉聽爾從宜處置。事體重大者，具實奏聞。爾受兹委任，尤須公廉自律，威惠並行，務使番夷讋服，道路開通，地方無虞，軍民樂業。如或率意任情乖方誤事，罪不輕宥。”

圖爲“威茂一帶治境總圖”、“灌縣起至松潘道界止，南北疊四路分圖”、“威州起至雜谷界止，西路分圖”、“茂州起至安綿道界止，東路分圖”。圖後刻：“右自灌口入汶川以達於威爲下南路，汶川提督官領之；由威至茂爲上南路，雁門提督官領之；由茂至實大關爲北路，長寧提督官領之；由新堡子至永鎮爲疊溪路，普安提督官領之；威以西至保縣爲西路，壩州提督官領之；茂以東與石泉界爲東路，土門提督官領之。南北疊皆率江滸，西率沱水，東率淲水，皆隨山闢道，量地屯兵，以扼戎寇、護餉運，凡爲路六，爲關若堡三十六。茂實處其腹心，以提掖而應援之，四境遠近大略相侔云。”

圖説後刊：“李德裕節度西川，作籌邊樓，繪山川險要，得所制馭吐蕃之策。今維、茂二州，昔所經略地也，籌邊之樓且爲蜂蟻之窟矣，況其所繪者乎？倣而圖之，則庶乎地利夷情，宛然在目，非敢曰擬古人也。”

郭應聘序云：“聞之昔人，自古未有無夷狄之中國，顧所防禦何如耳。威茂，古氐羌地，歷代以來，叛服靡一，爲蜀患久矣。皇明馭宇，諸夷賓服，文獻武烈，輝映後先，迄於今幾二百年，疆埸號曰寧謐。但自古灌以達松州，鳥跡千里，碉巢星列，其慕義走趨化者曰羌番、曰土舍、曰長官。安撫諸司而險恣兇梗，於化理者實繁有類，亦或口欸而腹違，有頑而口順，有外從而中悖，弱附而强窺者，總之非族異心，防之不可以已也。欲慎其防，而不知所以防，則何異方今昧子索途貿貿焉，惟指者之上下耳。噫！其不僨邊鄙事者幾希。威茂合松潘、安綿有三邊志，茂有州志，志邊者詳於功而略於警；志州者侈山川名物而忽夷情。夫不明其情，何以知備？不聞其警，何以示懲？聘懼夫防之疏而患伏於不可測也，迺疲精神，歷山谷，凡可以爲防計者，靡不朝夕詢度已，復稽之群志，蒐之殘牒，質之輿論而揚確之，耆彦以折其衷，次而輯之，綴以臆見之愚作《邊防紀實》。曰紀實者，不以嫌避，不以私隱，不以愛詳，不以徵略，是故郡邑之沿革必紀、兵衛之建置必紀、關堡之修廢必紀、土酋之忠逆必紀、寨族之善惡必紀、徑隘之夷險必紀、橋棧之圯飭必紀、卒伍之精耗必紀、餉饋之盈縮必紀、撫剿之得失必紀、備禦之功過必紀，知無弗紀，紀無弗實。使按圖考跡、酌古揆今，由之而鑒，戒以昭彰，殫以明利害，以審綜覈，以周頽敝，以興舉措，以辨修内攘外之略，胥此而在，不越樽俎，可以坐制四夷矣。”

此書甚罕見，《四庫全書總目》僅收應聘《西南紀事》六卷，而未及此書。《續修四庫全書總目提要》（稿本）、《中國古籍善本書目》、《“國立中央圖書館”善本書目》、《日本内閣文庫漢籍分類目録》、《東京大學東洋文化研究所漢籍分類目録》、《京都大學人文科學研究所漢籍分類目録》、《尊經閣文庫漢籍分類目録》也未收。今藏臺北中研究院歷史語言研究所傅斯年圖書館。

邊略【明萬曆刻本】

《邊略》五卷，明高拱輯。明萬曆刻本。二册。半頁八行十六字，四周雙邊，白口，單魚尾。前有萬曆元年(1573)高拱自序。

高拱，字蕭卿，河南新鄭人。嘉靖二十年進士。選庶吉士，逾年授編修。累官吏部尚書、文淵閣大學士。拱練習政體，負經濟才，所建白皆可行，然恃才而逞，不爲人所喜。始徐階甚親拱，引入直，拱聚貴，負氣，頗忤階，屢與之抗。以私怨逐胡應嘉，於是言路論拱者無虚日。拱不自安，乞歸。隆慶中復召拱爲大學士，益專横，專與階修印。累進柱國中極殿大學士。神宗即位，爲張居正、馮保所排。詔數拱罪而逐之，居家數年卒。謚文襄。又有《高文襄公集》、《防邊紀事》等。事迹具《明史》本傳。

卷一防邊紀事。拱於隆慶四年奉命還内閣，兼理銓務。時邊患孔棘，急報日至。拱悉心籌劃，昕中夕弗遑，奏調王鑑川守宣大；議處本兵添設贊佐；取督撫數人於内備用；又備兵糧之官，明戰守之職。此卷即爲記當時事，有疏爲《議處本兵及邊方督撫兵備之臣，以裨安攘大計疏》、《議處本兵司、屬以裨邊務疏》、《虜情緊急，議處當事大臣疏》、《推補兵部右侍郎并分布事宜疏》、《議處邊方有司以固疆圉疏》、《議處邊方久缺正官疏》。疏後爲書，《與宣大王總督》、《與薊遼譚總督》、《與護守通州劉總督》、《與延綏何巡撫》、《答趙總兵》、《示閻參將》。

卷二伏戎紀事。隆慶四年秋九月十九日，北虜把漢那吉率妻奴八人來降，把漢那吉爲虜酋俺答親孫，蓋伊祖奪其新婦，以此抱憤而逃，投向明朝。此卷爲高拱詳爲之報。

卷三撻虜紀事。時薊遼有土蠻諸郡，西馳東騖，擾亂疆埸，迄無寧歲，且土蠻獗强，時爲邊患。此卷詳爲析解土蠻事，并奏張學顔爲“遼東畿輔左臂巡撫之任，實兼軍務”予以征討事。

卷四靖夷紀事。此卷爲當時征叛事。蓋因貴州土官安國亨、安智各起兵讎殺撫臣，以叛逆聞，地方官吏動兵征剿弗獲，且將成亂。拱欲得人以伐，并推太僕少卿阮文中爲都御史，巡撫貴州。

卷五綏廣紀事。廣東久遭寇亂敞甚，拱爲計處吏治，頗殫心力，故推殷石汀爲總督，經略其地，遂以底寧。拱將當時之奏疏等列出，以窺其時之況。疏爲《議處遠方有司以安地方并議加恩賢能府官，以彰激勸疏》、《議留副使王化立功贖罪疏》、《議處知府侯必登疏》、《改參政陳奎兼潮州兵備疏》。疏後爲書，《答廣東趙巡按》、《答兩廣殷總督》、又八通、《答廣東楊巡按》、《與南京姚監察》、《答兩廣殷總督》。

按，拱又有《防邊紀事》一卷，入《四庫全書總目》史部雜史類存目。爲拱於隆慶四年再入内閣兼理吏部後，議添設協理戎政侍郎及議處邊鎮諸疏，彙爲此書。較之《邊略》，在内容上有較大出入。

高拱序云："史稱趙充國破羌還，所善浩星賜説曰：'將軍即見上，宜歸功於二將軍出擊，非愚臣所及，如此將軍計亦未失也。'充國曰：'吾年老矣，豈嫌伐一時事欺明主哉？兵勢，國之大事，當爲後法。老臣不以餘生，一爲陛下明言兵之利害，卒死誰當復言之者。'卒以其意對。予每讀至此，輒廢卷嘆息，以爲老臣爲國之心乃如此，固非窶淺之夫，務爲形跡者所能識也。昔予還政府僅二年餘，值邊徼多故，予乃竭力勛襄爲固圉計。賴天佑聖明，西虜稽顙稱臣，東虜投戈授首，貴夷讋服，嶺寇底寧，計幸屢效，而予已歸且老矣。竊伏自念諸所條畫，利害關國事甚大，乃不以此時一明其意，將何以示後世者，遂追憶略述其概。嗟乎！予豈伐一時事哉？亦姑存往跡，倘後經略者考焉，有裨一二，亦老臣爲國之心也，而何嫌自言哉？書凡五卷。"

《中國古籍善本書目》、臺灣《"中央圖書館"善本書目》未收。《清代禁毁書目》、《違礙書目・又補遺二》著録。又鄧邦述《群碧樓書目》初編卷七著録。按，《高文襄公集》二種八十九卷（清匯印本，北京中國科學院圖書館藏），分元亨利貞四集，其貞集内有《邊略》五卷，清康熙二十七年刻本。又羅振玉輯《玉簡齋叢書》（清宣統二年上虞羅氏刻本）收有《邊略》五卷。此藏臺北中研院歷史語言研究所傅斯年圖書館。

鈐印有"群碧樓"（朱文長方）、"群碧樓"（白文方）、"明刻本"。

宣府鎮志【明嘉靖刻本】

（嘉靖）《宣府鎮志》四十二卷，明孫世芳、欒尚約纂修。明嘉靖楊巍刻本。二十四册。半頁九行二十字，四周單邊，白口，雙魚尾。題“翰林院國史修撰上谷孫世芳修、巡按直隸監察御史膠東欒尚約輯；巡按直隸監察御史薊門王汝正校”。前有嘉靖四十年（1561）孫世芳序。凡例二十則。

孫世芳，字克承，萬全都司宣武衛人。嘉靖二十六年進士，官翰林院修撰。

欒尚約，字孔源，山東膠州人。嘉靖二十九年進士，除溧水知縣，徵授江西道御史。嘉靖三十七年任巡撫宣府御史，謫安州判官，遷懷慶推官，被論削籍。有《百一集》。

宣府鎮，爲明九邊之一。屬衛十五、所二十六、關城堡五十有三。其分守地自火焰山迄平遠堡，即今邊外延慶縣至山西大同境之長城。元上都路順寧府，明洪武二十六年改置宣府左、右、前三衛，隸屬北平都指揮司，永樂七年直隸京師，置總兵坐鎮，稱宣府鎮。明末李自成率軍曾經此地直入北京。清康熙三十二年改置宣化府。1913年裁府，留府治宣化縣。其地在今河北宣化縣。

此本前有宣鎮疆域之圖、宣鎮山水之圖、宣府鎮城之圖及目録。正文計二十六考，每考一卷，依次爲：制置、詔命、巡省、封建、象緯、災祥、疆域、山川、形勢、亭障、城堡、宫宇、户口、貢賦、官俸、軍儲、祠祀、學校、法令、風俗、兵籍、兵政、兵器、兵騎、經略、征戰。又表計七卷，爲職官一（經理文臣）、職官二（鎮戍武臣）、職官三（守土武臣、守土文臣）、職官四（列戍武臣）、職官五（理餉文臣、典教文臣）、選舉一（制科、武科）、選舉二（歲貢、例貢）。傳凡九卷，爲名宦、鄉賢（上下）、忠義、孝友、文學、貞烈、异術、凶德。是志所記事，多自二十一史中考用，凡二十一史外，則漢唐以來諸簡册、明代諸制書、歷代儒賢諸文集以及稗官所述、殘碑所遺，亦皆取其可傳信者。

孫世芳序云：“憲孝之朝，御史中丞崑山葉公盛、故城馬公中錫撫監於兹，丕烈訏猷，亦既殿我邦土，復以其暇，檻一方文獻，彙萃成編，以備省戒。然就中而論，則方輿僅述，法度未詳，甲賦僅存，經畫未及，所謂大政教號令，且遺逸失哀，又將何所取藉，備省戒世世邪！世芳早歲嘗讀二公前所爲編，時已有概於衷，奮欲綴緝。顧喜憂灼心，孤陋梏量，不敢以斯文自詭。叨官史局而後，進爲役牽，退爲病累，無復有舊念也。庚申之歲，時食於家，御史欒君尚約，過而謀及，則早歲所概於衷者，又因而勃然興矣。於是忘其顓蒙，殫其知識，蒐羅惟博，檢索惟勤，先之往代史書、當朝制册，次之名臣偉議、先儒緒言，又次之幽人所憤談，譯人所襲講，關世道者筆之，不病於煩；悖時宜者芟之，不病於簡，然後發以義例，標以要綱，著以條章，斷以意見，而志成焉。”

宣府最早有志，爲明正德間之《宣府鎮志》十卷本。今藏南京圖書館，近聞有影印之舉。林平、張紀亮編纂《明代方志考》（四川大學出版社，2001）載有此嘉靖本，但云：“《宣府鎮志》四十二卷，嘉靖間。孫世芳纂。佚。”《千頃堂書目》卷六地理類上著録《宣府鎮志》二種，一爲馬中錫纂之十卷本，一即此孫世芳纂四十二卷本。楊巍刻此本之依據可見孫序，曰：“書完，御史王君汝正、董君學相繼以監治來，遂屬兵憲楊大夫巍刻之。”巍，海豐人，嘉靖四十二年任。

《中國地方志聯合目録》、《中國古籍善本書目》著録，遼寧省圖書館有殘帙，存三十一卷，爲六至十七、二十一至三十四、三十八至四十二。日本内閣文庫也有殘本，存二十四卷，爲卷十一至十七、二十一至三十七。二本相配，也非全書。南京大學圖書館有明嘉靖刻萬曆增修本（卷二十七至二十九、三十三至四十二配清抄本）。查《臺灣地區公藏方志目録》，知臺北“國家圖書館”（《“國家圖書館”善本書志初稿》未收）、故宫博物院（北平圖書館舊存）、中研院歷史語言研究所傅斯年圖書館也有入藏（查《中研院歷史語言研究所善本書目》并無入目）。又日本《中國地方志聯合目録》著録，除内閣文庫藏殘本外，東洋文庫又有明嘉靖刻萬曆增修本入藏。《續修四庫全書》未收。臺北學生書局有影印本。

此本藏美國哈佛大學哈佛燕京圖書館，金鑲玉裝，置於普通書庫數十年，後於2001年發現，今入善本庫保存。

冠縣志【明嘉靖刻本】

(嘉靖)《冠縣志》五卷，明姚本等修。明嘉靖二十四年(1545)刻本。二册。半頁十行二十字，四周單邊，白口，單魚尾。題“知縣事旌德姚本修；儒學教諭安慶陳以道、訓導海州朱紳、南宫姚希夔校；本學生員陳雷、徐術、董潮、平章勘”。前有嘉靖二十四年姚本序、嘉靖二十四年陳以道序、嘉靖二十四年朱紳序。嘉靖二十四年姚希夔跋。嘉靖二十四年陳雷後序。凡例十二則。

姚本，字子元，安徽旌德人。舉人。任冠縣知縣，政嚴而不刺，法密而不煩，輕徭均役，築堤捍水，修廊學，輯邑志，百廢俱新。尤嚴於治道，路不拾遺。建賈鎮、清水二堡，至今永賴。升邠州知州。(道光)《冠縣志》卷六宦績有傳。

冠縣，在山東。春秋時晋冠氏邑，漢爲館陶縣地。北魏爲清淵縣，屬陽平郡，北齊則爲清泉縣地。隋開皇六年始析清泉地，置冠氏縣。唐初屬毛州，貞觀元年毛川廢省，清泉縣并入冠氏縣。元至元六年升爲冠州，明洪武二年改爲冠縣，屬山東東昌府，清因之。

明代以前冠縣無志，有志自姚本方草創之，此本分卷爲五，爲地理、官師、典賦、人物、藝文。據其凡例：“地理，準《一統志》、《山東通志》、《東昌郡志》及舊抄野史，有據者載。”“官師，著姓氏年籍，而名宦特書長善，以示勸也，見任者不得溢美。”“典賦，敬祀禮，重民事也，故詳載。”“人物，古今不遺，小大兼著，志才難也。賢而往者，祠祀而特書之，見在位者，亦不書宦跡。”“藝文，皆記建置修舉之大者，所由彰往以俟來也。雖有石刻，亦恐磨滅，並用詳之，不切於事者，則亦已矣。”且其各志之下，先著小叙，以見大意。又附録之釋、道、仙、异，爲存崇正祛邪之義。

姚本序云：“……遂偕諸士子取山東省志、東昌郡志参互校勘，作冠志五，一地理、二官師、三典賦、四人物、五藝文。於戲！五行具而天地之功成，五常具而人之德成，五志具而冠之風，庶幾其足徵乎？地理，輿所統也；官師，職所司也；典賦，制所秩也；人物，氣所鍾也；藝文，靈所洩也。所謂物，所謂綱，不在兹乎？”

冠縣明代之志，除此嘉靖志外，又有萬曆志(六卷本，萬曆三十六年所刻)。清代凡二刻，分别爲康熙三十七年刻八卷本、道光十一年刻十卷本。民國時則有1934年刻十卷本。此嘉靖志存世僅此一帙，流傳罕見，康熙、道光間編志書時即未見，故康熙志序稱：“冠邑志創自萬曆。”道光志序云：“冠故無志也，有之自前明鄉大夫杜、趙二公與邑宰談公始，故謂之談志。”其凡例亦云：“邑志修於前明萬曆己酉。”

此本原藏寧波天一閣，阮元《天一閣書目》及薛福成《天一閣見存書目》皆有著録，然至馮貞群《鄞范氏天一閣書目内編》，則失載其書，蓋因民國三年(1914)偷兒薛繼渭入閣盜書，時盜出之明代登科録、地方志約一百餘種，此其一也。《中國地方志聯合目録》著録，云天一閣及臺灣各藏一部。按，天一閣本流出後，爲劉承幹嘉業堂收得，後歸中央圖書館，今存臺北"國家圖書館"。《嘉業堂藏書志》不載此書。《中國古籍善本書目》、《日本藏地方志聯合目録》均未著録。《中國地方志總目提要》著録，然僅三十餘字，蓋編者未見原書也。

此本臺北《"國家圖書館"善本書志初稿》著録。

鈐印有"劉承幹字貞一號翰怡"、"吴興劉氏嘉業堂藏書印"。

濬縣志【明嘉靖刻本】

(嘉靖)《濬縣志》二卷,明王璜撰。明嘉靖八年(1529)刻藍印本。二册。有圖。半頁八行二十字,四周單邊,白口,雙魚尾。書口上方刻"濬縣志"。題"大伾山人王璜撰次"。前有嘉靖八年王璜序、孟思序。末有苟汝安後序。

王璜,字廷實,號大伾子,河南濬縣人。正德十六年進士。慷慨有氣節,爲諸生時,流寇至濬,知縣就問方略,用以退賊。官監察御史,偕閣臣諫議禮。巡按浙江,貪墨吏望風解印綬去。中官鄧文不法,上折劾其罪。討處州寇有功,以忤時相罷歸。又著有《大伾子集》、《黎陽雜咏》等。(嘉慶)《濬縣志》卷十六人物有傳。

濬縣,在河南安陽地區。後魏置黎陽郡及梨州,隋初州郡皆廢,尋復置梨州。大業初,州廢,以縣隸汲郡。五代初屬滑州,後割隸衛州。宋端拱初改通利軍,天聖初改榮利軍,明道中復爲通利軍,熙寧中廢軍復爲黎陽縣。政和初升濬州,號濬川軍,已而改平川軍。金改通州,後復爲濬州,元因之。明代改爲縣,屬大名府。

卷一地理(星野、沿革、里甲、山川、風俗、物産、古迹)、官師、財賦(田賦、新額、丁賦、驛傳、馬政、牧馬草場)、建置、選舉、祠祀、人物。卷二文章。

據(嘉慶)《濬縣志》卷二十二,元代有《濬州志》,"姓氏卷數無考。佚"。明代有《濬縣志》,"八篇。佚。嘉靖七年濬縣知縣楊麒、錢士聰、孟奇合修"。可見嘉慶間編輯志書時,并無見到此嘉靖本。此志當爲濬縣現存最早之志。此志後又有萬曆志,爲李文昇纂修。北京大學圖書館有殘本,存卷上。

明嘉靖四年至八年,令濬縣者三,均謀縣志之纂修,然前二任均未成。苟汝安後序云:"濬故無志,其附於郡者,事弗核,冗弗删,疑而弗析。遺弗蒐,猶弗志也。縣令四泉楊公曰,志邑之乘也,弗可缺也。爰訪耆舊,採摭載籍,按行邑墟郊關之間,摹石於棘叢薜崖,稿甫具而有天官之擢。滄涯錢公繼之曰,兹予之責也,弗可已也。乃庀厥費,簡厥工,延鄉大夫大伾王公撰焉。既成……志就梓矣,魯峪孟公以掌科適令是縣,見而悦之,促完之,而亟佈之。"

孟思序云:"嘉靖七年,大伾先生家居,以三賢尹之請,不可辭也,乃出其識諸書者,實其聞諸人者,蒐剔其載諸金石者,亦惟有徵而信者之是紀。由是叙形勝,表河山之阨塞;標人物,稽彦儁之超卓;列土宜,著租賦之豐裕;考練牧,籍兵戎之强弱;詳學校,明人才之盛衰;紀風化,見政治之緩急;筆守令,示官游之淑慝;録詩文,備風雅之採擇。凡志之義,有文事焉,有武備焉,有政教焉,有財用衍焉,有則法之式焉,有監戒之跡焉。有隱而彰、婉而嚴、直而不遽,明著大書而不汩没蒙昧,詳文缛辭而不殺之體焉。使生斯土而視之也，宜且飭行而欲聞、去慝而欲盡，以無愧於邑乘之載。官斯土而視之也，亦宜培根本、設險固、崇理化、久保障，以爲畿甸命脈之地，不視黎陽爲天下之小邑，而志爲天下之冗書也。此志之所繫也，亦大伾先生之意也。”

此爲藍印本，皮紙初印。此志舊爲寧波范氏天一閣所藏。嘉慶間阮元修《天一閣書目》、光緒時薛福成輯《天一閣見存書目》均有著録，作二卷，王璜纂修。然1914年薛盜繼渭入閣竊去珍本一百餘部，此本亦其一也，故1937年馮貞群修《鄞范氏天一閣書目》時，此志已不存。薛盜閣書後盡散滬上，部分爲劉承幹嘉業堂所購得，此本也在其內。《嘉業堂藏書志》載有此書，然作八卷，又作“明王瑄叔夏撰”。云：“叔夏濬州人，□□□進士，自號太□山主。是書三令之成績，彙而成之，體例謹嚴，文華修潔，可見嘉靖以來未從破壞古法。三令者，楊名麒，江西上饒人；錢名士璁，山西翼城人；孟名奇，陝西咸寧人。天一閣藏書。末卷不全，劣賈挖□以矇人，然亦心勞日拙而已。”按此篇書志爲繆荃孫所撰，繆云八卷，疑以志中章節而計，然作王瑄撰，則不得其解。

此本藏臺北“國家圖書館”。《中國地方志總目提要》、《中國地方志聯合目録》著録。

鈐印有“劉承幹字貞一號翰怡”、“吴興劉氏嘉業堂藏書印”。

曲周縣志【清順治刻本】

《曲周縣志》四卷，清李時茂修，趙永吉纂。清順治十三年（1656）刻康熙補刻本。半頁十行二十二字，四周單邊，白口、單魚尾。題“曲周縣令三韓李時茂蔚芝甫總裁；學博舉人太陽王國章莪之甫鑒定；邑人趙永吉善甫甫、劉逢源有宜甫、王體廣生甫編輯；王勛積大甫、宋歐友六甫、王熙皋如甫、霍則白亮雅甫同修”。前有順治十三年李時茂、王國章序。末有趙永吉跋。

曲周之名，始於漢初封酈商曲周侯，武帝建元四年置曲周縣。所云曲周，或因邑在河曲水旋而周之故。明清二代，皆屬廣平府。

是志四卷，卷一爲地理志，分沿革、疆境、分野、山川（附堤堰）、古迹、丘墓、風俗（附節序）、物産；建置志，分城池、縣治、學校、倉鋪（附里甲）、集市、坊牌、橋梁；秩祀志，分壇廟、寺觀、祠碑；田賦志，分地畝、户口、貢賦、催役、收役、鹽政、馬政、兵餉、夫役。卷二爲職官志，分侯王、縣官、佐武、學官；人物志，分忠義孝友、隱逸、節烈（附孝婦慈母）、一行、仙釋、流寓；選舉志，分辟舉、科第、貢士、武科、思蔭、世襲、馳封；雜志，分事紀、异紀、災祥。卷三爲藝文志，分列傳、志銘。卷四藝文志，爲記、論、詩。

曲周，明代有嘉靖、萬曆兩志。李時茂序云：“《曲周縣志》，勝國嘉靖辛卯創始於邑令黄公驊，其纂成者則孝廉聶鶴齡、明經姚舜愷。萬曆癸卯，邑令高公出承周憲使命重修之，其續筆則孝廉荆來貢、明經李重賓。其事簡，其文略，而自是以後，書之缺焉未補者，又上下五十年於兹。”“竊不量，謀續邑志於莪之先生。先生曰：此盛舉也。乃聘名賢，開館於霍氏之墅，共事八人，善甫先生執牛耳，劉子、王子左鞭弭右。”

趙永吉跋云：“目今我曲五十年中，職官之姓氏，或湮没無傳，而科房册籍亦多散亡未備，老成雕謝，影響徒聞，則難取信之無憑也。史館人文淵藪，一代之才紛出而肆應之，志則僻壤，原無多奇，聘之而或不就，與其中者又多寶嗇自愛，不肯片語相資，一二空竦，舐筆呵凍，每有疑義待剖，頻眉相向，顧影寥寥，則難於協贊之元徒也。……時經五月告竣工，自惟終始之間。二三同事，如跛如盲，一室之内，盜賊中起，有力者先遁，而跛者任目，盲者任足，竊負以逃，怡然交善，遂即此以報侯命，寧敢自擬作史。惟是歷歷苦衷，不至爲之無成耳。”該志始自乙未冬十一月，終於丙申春三月，看來以數人之力，費五月之時而成是志，實乃艱辛備至之事。趙永吉，號善甫，崇禎己卯科，清初提選湖廣石門縣知縣，地方未服，旅寓經年未任。丁艱後歸里家居。

今嘉靖、萬曆二志已蕩然無存，清代

是志當以此爲最早,然紀事至康熙十年,顯爲康熙間補版。其後又有二志,一爲乾隆十二年(1747)刻十九卷本,勞宗發修,王今遠纂;二爲同治八年(1869)刻二十卷本,存禄修,劉自立纂。

此刻傳世僅三帙,一藏北京圖書館,一藏北京考古研究所,一即此本,藏上海圖書館。

平鄉縣志【清乾隆刻本】

《平鄉縣志》十二卷首一卷，清楊喬纂修。清乾隆十六年(1751)刻本。二册。半頁九行二十一字，四周雙邊，白口，單魚尾。題“平鄉縣知縣括蒼楊喬蓮渠纂輯；教諭棘津鄭廣緒坤裳校訂”。前有乾隆十六年楊喬序，鄭廣緒序。又有康熙十一年(1672)趙培基序、趙弼序，康熙十九年卞三畏序，萬曆十二年(1584)王應謹及毛術舊序。

平鄉建邑後，蜀漢建興十五年(237)大水，城壞徙置，改名平鄉。宋末元明以至清代爲順德屬邑。

是書十二卷，卷一爲星野、斗樞、辰胄昂畢(災祥附)；卷二地理上，爲疆域、形勝、建置沿革(城池、公署、倉庫、郵鋪、城鎮、市集、里社、鄉村附)、壇廟(祠坊附)；卷三地理下，爲學校(義學、學田附)、山川(橋梁、閘口附)、古迹(陵墓附)；卷四典禮，分朝賀、秩祀、迎春、耕耤、賓興、鄉飲酒禮、鄉約；卷五爲田賦，有地畝、户口、錢糧(税課、監荚附)、保甲、遞馬、物産、風俗；卷六爲職官、官師、防汛；卷七選舉上，分薦舉、進士、舉人、貢生；卷八選舉下，分例貢監生、武進士、武舉、掾仕(訓術僧道等附)、武職、封爵(戚畹附)、封贈、宦官；卷九人物，分仕迹、忠節、孝子、義行、隱逸、仙釋、列女；卷十藝文上，爲記；卷十一藝文中，爲記、傳、序、賦；卷十二藝文下，爲詩、詩餘。

楊喬，字南木，號蓮渠，浙江縉雲縣拔貢教習，歷任陝西三原、長武十載，兩署邠州，調繁臨潼，終制起復，乾隆十二年十一月任平鄉知縣。楊序云：“顧自康熙十九年前令卞公重修，迄今已七十餘年矣，其間廢興沿革，仕跡人才，蓋缺如也。不及早續輯，將愈久而愈難蒐羅，其不致淹没而弗彰者鮮矣。而僕曩在關中，三蒞岩邑，兩攝方州，待罪十有餘載，修志之役亦數經矣。繼以憂去，乾隆十二年冬，來令兹土，甫下車，亟欲纂著，因辦理軍需，馳驅八閲月，嗣復連委大差。今歲之春，駕幸江浙，又奉檄承辦差務，幾無晷刻暇。抵署後，爰進邑之紳士，而謂之曰：修志久廑予懷，今獲少休，盍亟襄之。僉曰：唯。又商之學博士鄭君，君固廣川知名之士，而好事文翰者亦頜之，以助予之不逮。僕亦搦擋簿書，廣蒐博訪，昕夕參訂，不濫不遺，未三月之久，而其志成。易舊志編年紀事之體，爲綱八，爲目五十有二，裒然成帙，以授之梓。”

又鄭廣緒序云：“雖然縣各有志，而獨平之志有不可概論者。平邑民淳俗簡，有上古遺風，惜平老成凋謝，文獻缺如，片紙貴於璠璵，一節重於千鈞，取人爲善，雖小必採，非悉心蒐羅則湮没無聞矣。兹役也，事取其備而義取其嚴，總期無失乎，萬世磨鈍之意焉。科第仕宦，前代以來，雲蒸霞蔚，至國朝則幾於景星慶雲；忠孝節義，自舊志康熙十九年以後，泯滅者幾七十餘載。”“舊志編年規模非不宏遠，但事跡多略，且散漫無所統系，兹則一變舊例，體遵紀傳。”鄭廣緒，字坤裳，冀州棗强縣乙卯拔貢，乾隆十一年任平鄉教諭。

是書序後有凡例十條，備述該志之勝於康熙十九年志，如：“舊志自康熙十九年前縣卞公重修後七十餘年，典籍缺如，職官典史内，自雍正年以上姓氏莫考，訪諸老成，僅得十一，非敢漏也。”“歷代封爵自漢南蠻侯以下共得十二人，舊志僅載蕭喜、姚襄等二三人，未免遺漏，今增入。”“典禮所在，王制攸關，舊志缺焉，今人會典增入。”“風俗物産，原備𬨎軒採訪，舊志缺略，今增之，期於紀實，不嫌瑣屑也。”“舊志藝文寥寥，今於鄉前輩及曾官此土與僑寓諸賢散失中，蒐得詩文若干首，登之，以存梗概。”

是志明代最早有萬曆十二年何允升修、周元治纂本，今已亡佚。清代纂修最早者爲康熙十一年刻六卷本，趙弼修，趙培基纂；次爲康熙十九年卞三畏纂修本，已不存於世；三即此乾隆志；再爲同治七年刻十二卷本，爲蘇性纂修。該志存志凡三全帙，藏於上海圖書館、故宫博物院及中國第一歷史檔案館。

大明漳州府志【明正德刻本】

（正德）《大明漳州府志》三十四卷，明陳洪謨修、周瑛纂。明正德八年（1513）刻本。二十六册。有圖。半頁十行十九字，四周單邊，白口，無魚尾，書口上刻“漳州府志卷之幾”。題“賜進士四川布政使莆田周瑛纂修；賜進士漳州府知府武陵陳洪謨校行”。前有正德八年陳珂序、正德八年姚鏌序、正德八年周瑛後序、正德九年黄芳後序、正德八年陳洪謨後序。

周瑛，字梁石，初號蒙中子，福建莆田人。成化五年進士。知廣德州，遷南京禮部郎中，出知撫州。弘治初，爲四川參政，升右布政使，咸有善績，尤勵清操。其學以居敬爲主，學者稱翠渠先生。其修此志時，年八十四。正德中卒，年八十七。又有《書纂》、《翠渠類稿》、《字學纂要》、《皇極經世管鑰》、《蒲陽拗史》等。（民國）《福建通志》卷三十八儒林有傳。

陳洪謨，字宗禹，湖南武陵人。弘治九年進士。正德初任漳州，招海寇，平山賊，立朱子祠，建社學，興水利，掩野骼。延周瑛以續淳祐未修之志。民祠祀之。（民國）《福建通志》卷三十五名宦有傳。

漳爲州自唐始，隸福建。漳本郡於漳浦之梁山，前據漳水，故名曰漳。唐儀鳳中，廣寇陳謙等攻潮州，守帥不能制。閩戍將陳元光討平之，開屯於漳水之北，且耕且守。垂拱二年，請朝廷於泉潮間建一州，以抗嶺表。詔從之，因即屯口以爲州，此漳建州所自始也。天寶元年，改爲漳浦郡。乾元二年，復爲漳州。南唐改漳州爲南州，乾德四年，復爲漳州。元至元十六年，升爲漳州路。至正八年立漳州，二十二年，漳州行中書分省。明洪武元年改爲漳州。

是書分吏紀、户紀、禮紀、兵紀、刑紀、工紀。計吏紀卷一郡縣，卷二職官，卷三至五歷官上中下；户紀卷六厢里，卷七山川，卷八土田、土貢，卷九户口、徭役，卷十諸課、農桑、物産、預備、屯田；禮紀卷十一氣候、風俗、災祥、壇祀，卷十二廟祀、卹典，卷十三學校，卷十四職官傳，卷十五科目，卷十六歲貢、薦辟，卷十七賦詩，卷十八奏疏，卷十九正學纂要、教考會通，卷二十公移，卷二十一序、記，卷二十二至二十四記，卷二十五至二十六人物，卷二十七列女；兵紀卷二十八城池、兵制、職員、武臣事考，卷二十九武臣事考，卷三十水寨、墩臺、士兵、教場、驛傳、舖舍、關隘；卷三十一刑紀；工紀卷三十二廨署、軍器，卷三十三道路、水利；卷三十四外紀，凡民生之休戚、風俗之美惡、人物之臧否、致治之從違得喪，皆於此乎繫。

漳州有志，肇自宋淳熙、嘉定、淳祐間，六七十年間，凡三修志，然今皆不存。自是而後，復廢不舉者又二百餘年。正德間，陳洪謨涖政漳郡，始以稽古善俗爲事。陳洪謨序云：宋淳祐志“羅絡舊事，又知有淳熙志、嘉定志，其目雖存而書亡矣。用是慨然有動於中，亟欲修輯之，以承百廢之後”。“越明年，政稍通，乃謀郡邑諸文學以卒前志，諸文學唯唯，遂命兩學諸生林祺輩，取山經地志、《大明一統志》、《八閩通志》及所得淳祐志，凡有涉於郡事者，悉皆採録。又命教諭陳徵徧詣諸縣，廣詢博訪，凡有涉於縣事者悉採録。而漳州鎮海衛事跡，亦備採以來。”

黄芳序又云：“舊志自淳祐以下無可考，今太守陳侯乃聘翠渠周公重輯之，公時年八十四，又漳出也。壽隆則知識遠，地親則歷履精，而其制依倣六典，分類提要，凡夫土田賦税之制，城郭兵甲之守，官府學校之政，風俗習尚之宜，無不備具，而於人物志尤加意參決焉。”

此志爲現存漳志之最早版本，修於正德七年夏，次年春而志成。據（萬曆）《漳州府志》羅青霄、謝彬序，正德漳志之版片俱毁於獄犯之變。此本傳世僅此一帙，殆孤本也。天頭地脚極開闊，外紀後刻“舉人鄭慶校正、吴廷照騰（謄）録、建寧匠人刊刻”。按《中國地方志總目提要》中，明代纂修之《漳州府志》，僅著録一種，作“（萬曆）漳州府志三十八卷首一卷末一卷”，并無版本項，然此志殘存卷三十四至三十八之殘頁，計八十六頁。此實爲崇禎間纂修之本。日本内閣文庫有此本全帙，作“（崇禎）漳州府志三十八卷附一卷”，明崇禎元年刻本。《總目提要》編寫者因所見之本殘缺太甚，無從得知其全貌，故版本等皆判斷有誤。又（萬曆）《漳州府志》全本也存於世，爲三十三卷，今藏臺北“國家圖書館”。

是志（民國）《福建通志・藝文志》著録。《中國地方志聯合目録》著録僅此臺灣一帙。此本藏臺北“國家圖書館”，《“國家圖書館”善本書志初稿》著録，作“周瑛等纂修”、“明正德八年漳州知府陳洪謨刻本”，蓋從是書卷一第一頁所題著録也。

寧德縣志【明萬曆刻本】

(萬曆)《寧德縣志》八卷，明舒應元修、陳琯纂。明萬曆十九年(1591)刻本。八册。半頁十行二十字，四周雙邊，白口，單魚尾。前有萬曆十九年陳勗序，萬曆十九年趙彰志、湯斌、吴詔合撰序，萬曆十九年陳琯序。凡例十五則。

舒應元，號及吾，江西南昌人。隆慶元年舉人。萬曆十一年授直隸池州府建德縣儒學教諭，十七年三月任寧德知縣。

陳琯，字諧卿，號東川，福建寧德人。隆慶間貢生，授太和訓導，爲創《太和縣志》。歷碭山教諭，擢會同知縣。(民國)《福建通志》卷三十六循吏有傳。

寧德在福建，兩漢之間沿革靡定，吴永安三年爲侯官縣境，晋太康三年爲温麻縣地。唐開成中，割古田之地并本縣之地而置感德鹽場，至五代閩王審知龍啓元年始升場爲寧德縣，而屬福州路。宋因之。元至元二十三年，以長溪縣復爲福寧州，乃屬本州。洪武二年以福寧州復爲長溪縣，仍屬福州府。成化九年，以長溪縣復爲福寧州。縣之别名曰三山，曰感德，曰寧川，曰寧陽。

卷前有縣境圖、縣城圖、縣治圖、廟學圖。卷一輿地圖(疆域、鄉都、山川、景物、風俗、災祥)、卷二食貨志(土田、物産、户口、賦税、課程、常貢、額辦、歲辦、常役、年例)、卷三建置志(城池、官署、學宫、壇廟、坊表、津梁、坑冶、丘墓、寺觀)、卷四歷官志(縣官、學官、屬官、寓官、名宦)、卷五選舉志(進士、鄉舉、歲貢、諸科、例貢、年勞、武功、恩例)、卷六人物志(名臣、忠義、風節、理學、士行、文苑、良吏、孝友、長厚、隱逸、列女、仙釋)、卷七藝文志(宸翰、表疏、經訓、文籍)、卷八雜志(遺事、舊迹、异聞)。

寧德志，最早有宋代之寫本，後有明景泰五年(1454)纂修之刻本，然今已不存。今存最早者爲(嘉靖)《寧德縣志》四卷，乃嘉靖初由閔文振(蘭莊)修輯，取景泰志而參考纂輯之，時稱信史。此志有嘉靖十七年刻本，寧波天一閣文物管理所有全帙。又北平圖書館舊藏一部，今在臺灣“故宫博物院”。

此萬曆志之纂修，蓋因辛酉之變，典籍多煨燼，《嘉靖志》書板也悉毁無存，俾爲闕典，適庠生林示震、示有兄弟藏有一本，使此志之修得有依據。大凡可者存之，缺者補之，失次逾節者定之，舛訛繁猥者删之。據凡例云，嘉靖志“其事無統紀，雜出無章，今則删其繁亂者而更定之，其近時人物有未備，及古今事變有不同者，則隨事綜竅而表著焉。”

陳晟序云：“近罹兵燹，舊帙無存，且越今五六十年，事變時異，人物世殊，掌故莫考，識治者累欷焉。萬曆己丑，及吾舒侯令吾寧，深慨邑志之爲闕，其秉筆之任委，重予之宗老東川焉。稿既成，適予奉刺往蜀，抵家焚黄，東川攜稿相質，予竦意周覽，略出意見，僭訂一二，幸而趙少莘、湯賓君、吴月溪三先生採實質疑，各殫厥心，舒侯則以大方文豪修飾而潤色之，其文贍而不劌，其事詳而有體，誠有如范曄之所稱者。”

趙等序云：“寧德舊無志，始修於景泰間，然曠闕弗備，至嘉靖戊戌歲，州守謝公檄閔文學踵而成之，其時補葺删定稱傳信云。迨遭辛酉之變，而是刻悉付祝融氏矣。今又去辛酉三十餘歲，而城池規制已非故物，苟任其湮没弗修，有位曷稽焉？幸豫章舒侯涖寧，甫半載，政浹化行，乃嘆曰：文獻不足，久愈無徵，吾責也。於是命學謀與修之，時掌故秉筆，則以陳君余相與訂正之，至删繁就簡而飭以潤色者，出舒侯而已。不數月，而志成，其事實，其辭核，諸凡風土、田賦、秩官、人物，其間盛衰耗廢之故，判若眉列已。”

選舉至萬曆十八年。金鑲玉裝。

是志（民國）《福建通志》卷二十五地理類著録。此本藏臺灣中研院歷史語言研究所傅斯年圖書館。《中國地方志聯合目録》著録稱北京圖書館也有入藏（按：即北平圖書館舊藏，今在臺灣“故宫博物院”）。《中國古籍善本書目》、《北京圖書館古籍善本書目》未著録。

重慶府志【明萬曆刻本】

《重慶府志》八十六卷，明張文耀、鄒廷彦纂修，明萬曆三十四年(1606)刻本。半頁九行二十字，四周雙邊，白口。紙用四川皮紙。原簽俱全。前有巡按四川監察御史李時華序，又有鄒廷彦序，後有舒德裕跋。書口下有刻工余坤、余龍、余林、范春文、范會文、夏遠、劉廣用(劉用)、升、于、寶、攀、世、士、兵等人。今藏上海圖書館。

重慶稱府，當在宋代，元代改爲重慶路，明代仍稱重慶府。現存最早之重慶方志爲明成化間江朝宗纂修《重慶府志》，今存五卷，爲長壽、南川、綦江、江津、永川五縣。全書卷數多少，今已無從查考，殘本藏諸北京圖書館。

張文耀，字芝陽，湖南沅陵人，萬曆五年進士。初任銅梁，精於吏事，後調知巴縣，擢御史，後以播事仍爲川東參政，監督有功，歷遷按察布政使。

鄒廷彦，巴縣人，萬曆二十年進士，擢翰林院庶吉士、户科右給事中，掌管抄發章疏，稽查違誤。

據鄒序云："萬曆辛丑冬，夜郎甫平郡太守聊城傅公，鋭意綏靖，一切政教，咸與維新。一日，集郡縉紳蹇司馬、曹中丞、傅觀察，相與計修舉時務。余不佞，得厠末席。傅公曰：郡無志，可乎？余曰：有老成人在。司馬諸公曰：子壯年且暇，其勉成之矣。余無以應。明日，傅公遂偕郡丞孫公、别駕蕭公、司理梅公，亟幣見屬。余謝不敏。久之，思紀乘之淪亡，瞻典刑之在望，因不敢辭。第曰：事屬草創，儻無縻公廩，無拘歲月，敢不與同社二三子共蒐羅，俟鴻裁成一家言，以無負嘉惠至意。"

其時，江朝宗纂修的《重慶府志》已不多見，即使鄒廷彦等人也僅見殘本，且認爲江纂之本對於重慶往迹挂一漏萬，且魯魚亥豕，累牘盈編。李時華序云："成化間，江學士朝宗，曾爲郡乘裨諶，然閲丌書，宋元以前，不無挂漏，而人物一志，更有差譌，且其帙成魯成虎，强半不可讀矣。"

在纂修過程中，鄒廷彦與舒德裕、甘上鯤、劉有諫、蹇宗伊、劉世澤、羅大宇等人廣求典故，"取國朝記載二十一史、百家類書及稗官小説，置之治平禪院，同索巴蜀事，令其字比句櫛"。同時"上披國朝實録，下採各省郡志，前蒐諸史百家，凡單辭片言，有關渝中者，亡不備録"。"對於江纂之本中事所未具者，多有增補；義所未章者，藏而暴之；傳聞之詮謬者，厘而正之；至於文字之差譌者，改而更之，凡三易其稿而成。"

《重慶府志》卷一圖考；卷二沿革；卷三星野、疆域、形勝、風俗；卷四至七山川；卷八城郭、關梁；卷九公署、行署、屬署；卷十學校；卷十一祀典；卷十二禮制、惠政；卷十三至十九賦役；卷二十郵驛、水利、物産、兵防；卷二一宫室、坊表；卷二二古迹、丘墓；卷二三寺觀、臺司表；卷二四至二八官表；卷二九至三一選舉；卷三二闢舉；卷三三封蔭；卷三四至四二官迹；卷四三至四八流寓；卷四九隱德；卷五十孝友；卷五一忠烈、行義；卷五二列女；卷五三仙釋、土司；卷五四至六二紀事；卷六三至六四外紀；卷六五附華陽國志巴志；卷六六至八六藝文。據李時華序，此書當時應有二十六帙。現殘存二十三册，爲卷一至三、二六至八六。

此萬曆本《重慶府志》流傳罕見，傳世僅此一帙，各公私藏目均未著録。清代道光間纂修的《重慶府志》僅著録"《重慶郡志》，無卷數，明江朝宗撰"，而不提及此萬曆本。清道光重慶府知府、直隸松潘廳同知王夢庚序《重慶府志》云："即有明江學士朝宗所撰《重慶郡志》，鼎革之後，亦殘蝕不全，心悵然者久之。"重慶府巴縣事羅江縣知縣葉朝采跋亦云："而自有明江志後，迄今三百年，無人焉起而肩之，是果皆一行作吏，此事遂廢哉。"可見明萬曆至清道光間垂三百年，竟無人知此明萬曆間纂修的《重慶府志》。

萬曆本《重慶府志》的價值不僅在於保存了當時成化間江朝宗纂修的《重慶府志》的成果，并且記載了明萬曆三十二年以前的有關重慶政治、經濟、地理、軍事、人物以及風俗、災异等重要資料，是研究明代的重慶不可缺少的資料。

由於道光《重慶府志》的纂修者没有見到成化本和萬曆本，而且時間相隔較長，因此在内容上也不可避免地出現遺漏、不詳等方面的問題。如道光本記載"嘉靖七年秋四川大旱"。萬曆本則至爲詳細，"是年春三月至夏秋不雨，草薙叢萎，土石瓦裂。居行人即蓻澌瀝不易得，斗米至四百錢，然市邸猶稱絶糶，流離餓莩，相轉於途。已復疫瘥，殂傷無慮萬數，至闔閭靡一孑遺者。民物風景，此爲憯然一變，蓋三巴皆如是云"。又如萬曆年間的祥异，在道光本中僅有五行的記載，而萬曆本則多至二十餘頁。可見萬曆本《重慶府志》不僅記載明代史實至詳，也較翔實可靠，而不似後來的方志缺漏頗多，敘述過簡。

此外在萬曆本《重慶府志》"藝文"中還記載了不少元末明初的重要史料，如"明玉珍始末"，對隴蜀王明玉珍在重慶的活動記載甚詳。再如嘉靖年間有關重慶白蓮教起義的資料，有云"嘉靖四十四年冬十月。初，大足人蔡伯貫、田紞與富順、黄一元等師事山西妖人李桐，傳習白蓮教惑衆"。"是月十四日攻破大足，執官奪印，脅入營中"，"所過從者如蟻，焚爇至酷烈，獨不妄殺一人，其志蓋不在小也"。由此可見，它的史料價值之高。

南寧府志【清乾隆刻本】

（乾隆）《南寧府志》五十六卷，清蘇士俊纂修。清乾隆刻本。十六册。半頁十行二十字，四周雙邊，白口，單魚尾。前有乾隆八年(1743)慶復序、楊錫紱序、沈慰祖序、唐綏祖序、乾隆七年李錫秦序、乾隆八年許日爔序、乾隆七年蘇士俊序。凡例二十七則。

蘇士俊，字叢先，江蘇山陽人。乾隆四年任南寧知府。

南寧，古屬百粤地，秦代爲桂林郡所轄。漢屬鬱林郡。晋分鬱林郡，地置晋興郡晉興縣，南寧爲晋興縣地。隋屬鬱林郡宣化縣地。唐代置南晋州，改邕州，州治宣化縣即今南寧。元置行省，邕州改爲邕寧路，泰定元年改爲南寧路，此爲南寧得名之始。明洪武元年，改爲南寧府，清因之。

此志分十大類，爲輿地志、食貨志、學校志、武備志、職官志、選舉志、人物志、土屬志、雜類志、藝文志。卷一圖經；卷二沿革；卷三星野、疆域、形勝、氣候；卷四至六山川、溝洫；卷七城池、公署；卷八關津；卷九驛站；卷十至十二圖里；卷十三風俗、古迹；卷十四壇廟（祀田附）；卷十五寺觀（祀田附）、陵墓；卷十六田賦（屯田附）、户口；卷十七鹽法、額辦、廠税、積貯、蠲賑；卷十八至十九物産；卷二十學宫（學田附）、書院、義學（學田附）、社學、試院；卷二十一至二十二兵制；卷二十三至二十四官制；卷二十五至二十八文職；卷二十九武職；卷三十至三十一名宦、封建、封贈；卷三十二至三十三薦闢、進士、武進士、舉人、武舉；卷三十四至三十五貢生；卷三十六鄉賢、忠節、孝義；卷三十七儒林、文苑、遷客、流寓、隱逸、仙釋、列女；卷三十八承襲、貢馬；卷三十九禨祥；卷四十諸蠻、馭蠻；卷四十一至四十二附安南事略；卷四十三敕、制、表、疏、狀；卷四十四議、牒、檄、序、文；卷四十五至五十二記；卷五十三傳、考、論、説；卷五十六詩（七言律、五言排律、七言排律、五言絶、六言絶、七言絶）、詞。

此志甚詳明，凡例云："志例，必部分類居，始見整齊不紊。是編自輿地以訖藝文，列爲十大志，復析爲條目八十。""圖里，通志不載，以其冗細非例也，但郡志務求其備。兹志圖里，而附以村墟，殆與編甲之政相爲表裏云。""選舉，前代進士、舉人，通志及郡邑志稿所載履歷互異，有籍之可徵者正之，其無從確訂者參注以備考。至各貢生，舊志稿多缺略，而州縣册報未全者，無從載入，或有僅録姓名，遺其年分者，皆薈萃書之。""藝文，擇其文猶雅馴事有關係者載之，他不濫及。"至於"安南事略"内之"朝貢方物"、"朝貢官從"、"朝貢事宜"均有史料價值。

蘇士俊序云："邕之爲郡，由來久矣。郡之原志，明季兵燹失其籍，迨我朝定鼎，撫有區夏，幾經年歲，而未有修輯完善之刊本。乾隆四年己未，余奉命來守是邦，採訪問俗，恒以文獻無徵，耿耿於懷。遷延兩載，漸喜俗謐人和，政有餘閒，乃睠言郡志，鋭意興修。而横州姚牧、上思蔣牧、宣化宋令，適有同心。爰採各屬舊編，參之通志諸史，補殘缺，序失次，芟其蕪穢，正其舛訛。訂爲十志，明有綱也；以類相屬，示有目也。首輿地而次食貨，有覆載斯有利賴也；學校冠於武備，先揆文後奮武也；職官而繼以選舉，人物有作興斯有崛起也；土屬逮夫雜類，別羈縻統群彙也；終之以藝文，鼓吹休明昭聲教也。是役也，昉於辛酉仲春，訖壬戌季夏。”按，辛酉爲乾隆六年，壬戌爲乾隆七年。

《中國地方志總目提要》云：“是志卷數各種目録記載互有出入，《中國地方志聯合目録》著録爲五十六卷，蘇士俊序云十志。……孰正確，待考。”按，此志目録詳列卷一至五十六之内容，其訂爲“十志”，乃爲十大類。疑編者未見原書，故有此説。又《提要》内文字錯誤甚多。又《續修四庫全書總目提要》（稿本）云：此志“凡九門”。誤。蓋撰者食貨志一門未計也。

南寧有志，最早見於《永樂大典》中之《南寧府》，《大典》入卷八千五百零六至八千五百十一，凡六卷，今存兩卷，爲卷八千五百零六至零七，藏北京圖書館。《永樂大典精編》（北京九州圖書出版社，1998）收入第三册内。後有郭楠纂修之《南寧府志》十卷（明嘉靖十七年刻本），今僅存卷一至九，藏寧波天一閣。此嘉靖本已印入《天一閣藏明代方志選刊續編》内。再有方瑜纂修十一卷本（明嘉靖四十三年刻萬曆、崇禎增修本），藏日本内閣文庫。清代康熙間有金光聲纂修《南寧府全志》不分卷（清康熙十三年修，抄本），藏北京圖書館、廣西壯族自治區第二圖書館。道光年間，何鯤在此乾隆志之基礎上予以增修，爲道光二十七年增刻本，中國科學院南京地理研究所入藏。清宣統元年，廣東羊城澄天閣又據道光本予以石印。

此本藏美國哈佛大學哈佛燕京圖書館。卷十三至十五、三十八至四十二配抄本。紀事選舉至乾隆六年，職官至乾隆七年。

《中國古籍善本書目》、《中國地方志聯合目録》著録，旅大市圖書館入藏。臺灣有不全之本。又日本《内閣文庫漢籍分類目録》有“清乾隆八年序刻本”。

象州志【清乾隆刻本】

（乾隆）《象州志》四卷，清李宏湑等修，蔣曰萊纂。清乾隆二十九年(1764)刻本。四册。半頁九行二十一字，四周雙邊，白口，單魚尾。前有乾隆二十九年王錦序、乾隆二十九年劉祖曾序、乾隆二十九年陸藹吉後序。又有乾隆二十七年朱佩蓮撰象臺書院序。修志姓名。凡例十二則。有圖。

李宏湑，字豫夫，江蘇江都人。乾隆二十二年任象州知州，後調全州知州。

蔣曰萊，江蘇吴縣人。乾隆十九年任象州知州。

象州，位於廣西壯族自治區中部。秦時有象郡，象之名自此始。隋改陽壽縣，入屬始安郡。唐代高祖時，於陽壽縣置象州。天寶初，改象州爲象山郡。五代、宋、元、明皆以象州名。明清兩代，象州皆屬廣西柳州府。

此本卷一天文（附星野、氣候、禨祥）、輿圖、沿革（附表）、疆域（附形勝、風俗、都里、墟埠、物産）、山川（附古迹、驛站、道路、溝洫、猺□、關梁）；卷二民賦（附户口、人丁、地畝、積貯、額辦）、鹽法、學校（附書院）、建置（附城池、廨署、倉庫）、壇祠（附寺觀、樓、閣）；卷三秩官、選舉、軍政、名宦；卷四遷謫（附流寓、仙釋）、人物（附孝行、儒林、貞節）、諸蠻、記序（附説）、詩鈔、雜録。

據該志，象州乾隆間户口共計一萬三千三百三十八户，人口三萬五千七百一十人，男子一萬七千九百三十名，婦女一萬七千七百八十口。其藝文首記序，次詩歌，皆取其紀述山川風土有關政治者，非此雖佳弗録。至該州風俗，則“民俗淳樸，不尚浮華。詩書之家，親兼耕種，歲時伏臘，惟酒食相勞。至其婦女勤儉，力供井臼，職饁餉，不遑自逸者，所在皆有。若夫平疇緑野，行坐成群，男女之間，不分疆域，雖獞俗習慣使然，而律以防微杜漸之道，具閑正不可踰也”。又雜録一卷，乃以其書諸志條分縷析，各從其類，不能以類附者，則牽連書之，别爲一卷。所録蠱藥、蠱毒、瘴氣等，於醫學研究皆具參考價值。是志記序、秩官所記至乾隆二十七年；禨祥至二十八年。

象州有志，始於宋代，有《象州舊經》、《象州圖經》、《象郡志》、《象州志》、《象台志》，然皆湮没不存。明代最早之志，爲象州人、監察御史吕景蒙所創，然僅一卷。後萬曆間知州李維岳修爲四卷，分類三十有八。雍正十二年，知州祖承祐又踵修之，然簡編殘缺，遺失過半。王錦序云：“按前明吕侍御曾草志稿一册，雖經李、祖二公相繼重修，無如代遠編殘，所存亦僅。蔣牧乃從百年後文獻凋謝之餘，網羅補綴，釐爲四卷，各以類附。始丁丑，而迄庚辰，獨擔其任，可不謂以因兼創者哉？惜遽調左州，未暇商梓耳。厥後牧兹土者，李謀始，蘇圖終，均有勞焉，卒以遷去不果。既而陸牧來謁，告之故，遂請稍加潤色，壽諸梨棗，以成其美。”按丁丑，爲乾隆二十二年；庚辰，爲乾隆二十五年。所云“李謀始，蘇圖終”，李者，爲李宏湑；蘇者，爲蘇洪（江蘇江都人，貢生，乾隆二十七年署任）。

陸藹吉序又云：“初，余謁選得是州，私心竊喜，喜其地雖褊小，欣逢太平化洽，人才輩出，豈無一二志士接踵柳公，不鄙夷其民而治者乎？况余兄諱廷光暨余姪名埰者，曾先後刺是州，流風餘韻，必有所存。余雖不材，取前人軼事，斟酌時宜而興華之，則亦可以隨分盡職。乃翻閱舊志，殊多缺略，且抄寫潦草，未經刊刻。喟然曰，國有史，郡邑有志，所以紀事實、垂法戒也。郡邑之志不修，則國史無徵，何以信今而傳後？謹將前牧蔣、李、蘇諸君所輯草本，請删訂於觀察王公。公以著作鴻材，筆則筆，削則削，他人不能贊一辭。自癸未冬歷甲申春，而其書已備。余受讀之，簡而文，曲而有直體，一切山水風土、人物政績，不啻親歷其地而蒐羅無遺者，事實釐然，法戒炯然，堂哉！皇哉！”癸未，爲乾隆二十八年；甲申，爲乾隆二十九年。

此乾隆志爲象州所存之第一部志書，據上序可知蔣曰萊於乾隆二十一年調職左州，李宏湑、蘇洪雖有以圖之，但仍以遷任未成，直至陸藹吉任知州，方鋟梓成書。陸氏，江蘇元和人，貢生，乾隆二十七年任。此本之刻，當在二十九年陸氏任内。據凡例云：“今廣爲採輯，細加蒐羅，仍分卷爲四，纂類二十，期以示信，不敢傳疑，俾採風者得覽其全焉。”一百零六年後，又有李世椿修、鄭獻甫纂《象州志》不分卷；後又有民國間蘇壽松纂《象州志》五卷，吴克寬、梁方津修，劉策群纂《象州志》九編。

此本藏美國哈佛大學哈佛燕京圖書館。有扉頁，刻“象州志”。

《中國地方志總目提要》著録。《續修四庫全書總目提要》（稿本）作“乾隆甲申縣署刊本”。《中國古籍善本書目》作“清乾隆刻本”，北京故宫博物院入藏。《中國地方志聯合目録》又著録北京民族文化宫圖書館也有入藏。按，《善本書目》及《聯合目録》纂者皆誤作蔣日萊。日本《中國地方志聯合目録》未著録。

重修北流縣志【清乾隆刻本】

(乾隆)《重修北流縣志》十卷,清張允觀纂修。清乾隆十三年(1748)刻本。八册。半頁九行二十字,四周雙邊,白口,單魚尾。題"奉直大夫候補知州署北流縣事張允觀纂"。前有乾隆十三年張允觀序、曹煥序、覃天培序。凡例十則。重修北流縣志姓氏。總修題"奉直大夫候補知州署桂林分府麥嶺同知現理北流縣事加二級張允觀"。協修題"北流縣儒學教諭曹煥、覃天培"。舊志姓氏(康熙二年、雍正三年)。有圖。

張允觀,遼寧襄平鑲黄旗人。監生。乾隆十三年五月候補知州署北流縣。在任不及一年。

北流,位於廣西壯族自治區東南部,東臨容縣和廣東省信宜縣,南與廣東省高川、化州縣接壤,西毗玉林市、陸川縣,北與桂平、容縣交界。《地輿志》云:"粤西有象郡,象郡有勾漏,一彈丸區耳。然地連合浦,舟達蒼梧,會當水陸之衝。"秦屬桂林郡。漢爲合浦縣地。隋大業中,省越州陸川縣入勾漏縣。唐武德五年,改勾漏名北流,貞觀間屬容州。五代初屬馬殷,後屬南漢。宋開寶五年,省扶來縣入北流,元因之。明洪武十年,降容州爲縣,以北流附鬱林州,清代因之。

卷一地輿志(沿革、星野、氣候、疆域、山川、風俗、形勝、街郭、厢里、陂堰、墟市、郵鋪、井泉、物産,附异産)、卷二建置志(城池、公署、屬署、學宫、學舍、書籍、祭器、學田、壇廟、橋渡、亭臺、牌坊、卹政、倉庫)、卷三官師志(職員、縣職、屬職、教職、名宦)、卷四賦役志(户口、田賦、屯糧、起運、存留、支項、附徵、鹽引)、卷五秩禮志(祭享、慶賀、開讀、救護、鞭春、講讀、鄉飲、冠婚喪祭)、卷六兵防志(營泛、武備、關隘、團練、屯地)、卷七選舉志(薦舉、進士、舉人、副榜、武舉、選拔、恩貢、歲貢、援例、冠帶、吏材、襲蔭、封典)、卷八人物志(鄉賢、忠義、隱逸、鄉評、貞節、耆壽、仙釋)、卷九紀事志(時序、事迹、古迹,附石刻、餘録)、卷十藝文志(序、記、詩、歌、舊志總説)。

北流舊稱"粤桂通衢"。昔曾有志,因清初逆藩肆毒,毁失無存。康熙二年,安九埏署北流篆,整躬飭物,興化政治,搜羅舊聞,得鬱林州舊志二册,内載北流志甚略。安氏多加增述,然亦晨星寥落,且未能分門别類,僅遺殘稿一卷。雍正三年,知縣劉興第雖續有纂修,却未授梓。乾隆志之後,嘉慶、光緒、民國間均有再修。此乾隆志甚詳,如山川,多加詳考。"有一山而綿亘數處者,有一水而四路旁達者,紀其根必及其底,溯其流必究其源。"又如學田義租并廟宇公田,志内"備載捐自何人,始於何年,買受何姓,用價若干並土名租額,每年作何支用,詳悉紀載"。

曹煥序云:"戊辰夏,北海張公以宏才偉略,早奏效於桂林麥嶺,各大憲推重賢良，委篆北流。隨車甘雨，德化一新，不匝月而政皆就理。不但盡心民瘼，抑且注意典章，進煥等諄諄於此邑之志。奈邑志自康熙二年署令安公九埏慨遺文之散失，徧爲採録，因《鬱林》舊志纂成一帙，時值兵燹之餘，所記者十僅四五，至今已八十餘載矣。雍正三年，劉公興第曾議修復，實未授梓，是北流之有志亦如無志也。公亟下令，會集邑紳，以修明爲己任，慨然捐俸，開館餼士，自膺纂輯，博採舊聞，命煥與同須覃君附爲參訂。於是分門别類，務核實以成文，綱舉目張，用備詳於信史，徧稽山川原委，次第人物品題，究猺狼雜處之由，述禮樂從風之化。城郭鼎新，士田日闢，昔何爲煙瘴之鄉，今盡屬坦平之宇，以及疆域、户口、物産、祠壇，莫不逐一紀載。是安公創之於前，微公孰善其後，雖劉公述之於繼，微公孰踵其成。”

此本藏美國哈佛大學哈佛燕京圖書館。有扉頁，刊“北流縣志。乾隆戊辰秋鐫。儒學明辨堂藏板”。金鑲玉裝。卷十配清抄本。末附“樂捐修志姓氏”，自張允觀始，計五十八人，最低者爲三錢，最多者爲十二兩，總共一百七十六兩。

《續修四庫全書總目提要》（稿本）、《中國古籍善本書目》、《中華民國臺灣地區公藏方志目録》著録，北京大學圖書館、北京故宫博物院、臺北“故宫博物院”入藏。按，前二書作者誤張允觀爲張元觀。又《中國地方志總目提要》作“乾隆十三年明辨堂刻本”，不確。日本《中國地方志聯合目録》未收。

東明寺志【清康熙刻本】

《東明寺志》三卷，清釋湛潛輯。清康熙十三年(1674)程孝先刻本。三册。半頁九行二十字，四周單邊，白口，無魚尾。題"鹽官愚山藏禪師鑒定；龍溪侍者湛潛重編；錢塘程洽義質庵參"。前有沈應旦序(署臨溪平道人)、康熙十三年程光仁序、康熙十二年釋湛潛序、順治十六年釋性日序。凡例十一則。總目。

釋湛潛，號龍溪侍者。

寺以僧傳，僧以道顯。東明寺創始於唐，鼎盛於明，其得以僧顯，自旵祖昉也。蓋東明山距杭州府錢塘縣城北五十里，唐時道通禪師建剎其中，久而堙蕪。明永樂間，東明禪師訪古道場，復興梵宇，其至山，見其峰巒秀拔，有終焉之意，息影三十餘年。其後道風廣播，學徒之集，因所居狹隘，拓基營繕，不二年，殿堂門廡、禪室方丈、鐘樓庫宇、僧寮庖湢，凡所宜者，靡不畢備，遂成一大叢剎，即號其山爲"東明"，時在明宣德丁未年(1427)。文君遜國之後，削髮爲僧，遁棲兹山者六載，至宣德乙卯年(1435)，賜額爲東明禪寺。按，開法東明旵禪師，諱慧旵，字東明，號虚白，姓王氏，其先湖廣人，生有异質，警悟不凡，經書過目即能成誦。

此志卷上山(峰、嶺、泉、澗、井)、寺(殿、樓、堂、方丈、亭、廚、房、臺、院、塔、静室、園)、僧(唐、明)；卷中法(法語、上堂、機緣、序、跋、書、偈贊)；卷下文(志、書、啓、引、銘、詩、偈)、逸事。

湛潛序云："康熙壬子冬，潛承本師和尚命，謬充東明第一座，明年春解制，會所在有司奉部文修志，凡名山靈區、釋寺僊壇，靡敢遺逸。於是當事徵志本寺，蓋以東明爲濟上祖庭，又多勝跡也。東明向有志，近如獨耀日禪師所修最爲詳備，獨惜慈、瑄二祖本紀，尚仍祖燈之舛訛。文君千古奇蹤，徒付牡丹之開落，本宗尊宿，屢奉話言，十方高賢，不禁浩嘆。况時經興廢，板多缺殘，本師和尚因重加修輯。潛不敢以菲陋辭，乃詢諸耆老，考諸舊文，訂其舛訛，補其未足，仍編爲三卷，方屬草稿。"

程光仁序云："是書也成，要當與西天祖讖、少林聯芳等垂金石於不朽者也。余弟質庵孝先既助之梓，余復爲之序云。"

《四庫全書總目》、《續修四庫全書總目提要》(稿本)未收。臺灣《"國家圖書館"善本書志初稿》、《日本内閣文庫漢籍分類目録》、《南京大學東洋文化研究所漢籍分類目録》、《京都大學人文科學研究所漢籍分類目録》未著録。臺北明文書局編《中國佛寺史志》、江蘇廣陵刻印社編《中國佛寺志叢刊》也未收入。美國國會圖書館，哈佛大學哈佛燕京圖書館、普林斯敦大學葛思德東方圖書館等皆未入藏。《中國古籍善本書目》著録，作"清康熙十三年刻本"，僅上海圖書館一帙。

鈐印有"王培孫紀念物"。

天童寺志【明崇禎刻本】

《天童寺志》十卷，明釋通布撰，明張廷賓輯。明崇禎五年(1632)陳紀常刻本。六册。半頁九行二十字，四周雙邊，白口，無魚尾。前有王章序，崇禎六年姜鋰序、崇禎五年張廷賓序。又修志姓氏。又凡例十則。

釋通布，即白山上人，江蘇吴江人。

張廷賓，字客卿，浙江姚江人，天啓甲子舉人，嘗任鄞學博士。

天童寺，位於浙江寧波市鄞縣東太白山麓，爲禪宗十方叢林，宋代列爲禪宗五大寺院之一。明代賜"中華禪宗五山之第二山"，清代與鎮江金山寺、常州天寧寺、揚州高旻寺并列爲禪宗四大叢林。日本佛教曹洞宗視天童爲本宗之祖庭。寺爲西晋僧人義興祖師草創，因感太白星幻爲童子，日供薪、水，遂以太白爲山名，寺號天童。

此志卷一山(峰、岩、崖、谷、嶺、石、泉、澗、池、潭)、卷二寺(殿、堂、方丈、樓閣、廊、寮、房、廚、橋、庵、院、山場)、卷三僧(晋、唐、宋、元、明)、卷四法(上堂、機緣、頌、贊、偈)、卷五文(志、記、序、跋、書、賦、詩)、卷六祖塔(塔、塔銘、行狀、祭文)、卷七舊迹(殿、閣、樓、堂、門、亭、庵、廟、關庫、莊)、卷八激揚(上堂三則、頌古七則、像贊十三則、偈十九則)、卷九外護(啓三通、書十八通、疏二通)、卷十逸事(三十九則)。

張廷賓序云："太白山天童寺者，古禪宗五山之一也。徑山、靈隱、净慈、育王皆有志，出名僧鉅公手，歷代宗傳，賴以徵信，獨天童舊志僅僅載殿宇莊田外，餘俱略，及考傳燈，則天童祖師法種獨甲諸方。余與董廣文、姜易庵先生初入寺時，詢祖師者誰？住僧但瞪目不答。披其志讀之，竟茫然同慨而嘻，第念兩人俱苦舉子業，安能任事。乃值辛未歲，密雲和尚以臨濟正宗來建法幢，四海衲子雲集響應，山前一片荒地，漸成旃檀林矣。夫以今視後，與以昔視今，一也。太白山名，天地不朽，祖師大道，日月常新，使聞風者竟，求其昔誰氏而不可得，則人笑山，山亦笑人矣。况名公著述之湮漏者又可勝紀哉？易庵復謀之餘，而余因咨之白山上人，乃徧蒐南北藏以下諸書，而躬跋涉於峻嶺危巒之間，得其殘珉遺塔甚多，間或訪諸同志，正其謬訛，白山之用心蓋甚勤矣。是編也，不惟大雅稽往，古信來兹，而小亦可以免前日僧瞪目不答之陋。"

修志姓氏分裁定、彙輯、編次、參較、訂鎸五類。彙輯題"釋通布，白山吴江人"。封面爲葉恭綽書"天童寺志。十卷。六册。崇禎本。附圖"。

《天童寺志》，有七卷本、八卷本、十卷本之别。七卷本爲明楊明撰，釋無憂輯，有明嘉靖三十八年(1559)刻本，此刻已湮，僅有清初抄本傳其一脉。八卷本爲清聞人介、黄毓奇輯，《清朝續文獻通考》、杭州丁氏《八千卷樓書目》著録,《浙江地方志考録》云“刻本未見”。十卷本爲清聞性道、釋德介纂,有清康熙五十一年(1712)刻本,浙江圖書館藏(南京圖書館有雍正重刻本)。津按,(雍正)《浙江通志》卷二五四著録有六卷本《天童寺志》,爲明釋通布輯,明崇禎六年刻本,《浙江地方志考録》云“未見”。此“六卷”或爲“十卷”之誤。

是本爲陳紀常出資刊刻,蓋張序有“陳子紀常,慨然捐貲,遂付剞劂氏”。

此爲上海圖書館所藏,殆爲孤本,乃得自葉恭綽先生捐獻。該館又藏一部,四册,也是葉氏收藏,多出陶奭齡序。陶序有云:“《天童寺志》草創於密雲師高足弟子布公,而討論潤色於金如王子,而抑管子及二三同志慕道之士累數月而始成,畛分科指,燦然有章,於是入玆山者按策而求之。”按,葉恭綽藏書甚富,中又以山志、寺觀志著稱,據《番禺葉氏遐庵藏書目録》,所藏山志即達二百二十餘部、寺觀志近九十部之多。余又見有明楊明纂修之七卷本,爲清初抄本(存卷一至二),二册,也藏上海圖書館,爲雲間韓應陛舊藏,有“翰林院印”(滿漢文大方印),當爲四庫著録於存目後之退還之本。

《四庫全書總目》著録有《天童寺集》七卷(即楊明本,存卷一至二),入地理類存目。《四庫全書存目叢書》以上海圖書館藏清初抄本爲底本,予以影印,收入史部第二百四十四册内,臺北明文書局編《中國佛寺史志》第一輯及江蘇廣陵刻印社編《中國佛寺志叢刊》第八十四册均收録清聞性道、釋德介輯《天童寺志》十卷,爲清刻本。又按,明文書局無法得到上海館藏本,情有可原,然江蘇廣陵社雖有傳統,但以易得之本影印,廣陵本出版説明云:“天童寺有志,始於明崇禎五年,十四年黄毓祺復撰寺志十卷。均已佚。”此説誤。查清聞性道、釋德介輯《天童寺志》十卷凡例後有釋德介“輯志叙繇”,有云:“吾四明太白名山,向無志可稽,自有明嘉靖間楊白川隱士諱明者,集山中之舊跡,長庚位公刊行,名《天童寺集》。後於崇禎辛未,延密曾祖主席,次年張博士廷賓同白山師所修《壬申志》二卷。辛巳秋,江陰聞人黄介子諱毓奇者,訪道來山,又爲重輯,與前志相符。”編者不察,又不細核該志淵源,故有此誤。

《中國古籍善本書目》著録此本,版本項作“明崇禎五年刻本”,僅上海圖書館一帙。臺灣《“國家圖書館”善本書志初編》、《日本内閣文庫漢籍分類目録》、《東京大學東洋文庫漢籍分類目録》、《京都大學人文科學研究所漢籍分類目録》未著録。美國國會圖書館、哈佛大學哈佛燕京圖書館、普林斯敦大學葛思德東方圖書館等皆未入藏。

鈐印有“曾藏葉氏遐庵”、“番禺葉氏遐庵珍藏書畫典籍之印記”、“葉恭綽奉贈”。

雲居聖水寺志【清乾隆刻本】

《雲居聖水寺志》六卷，清釋寂湛、通淵等輯；補遺一卷。清乾隆三十七年(1772)釋實懿等刻本。二册。半頁九行二十一字。題“本山釋寂湛同明倫原輯；通淵同實懿重纂”。前有順治六年(1649)周漢傑原序、傅岩原序、雍正七年(1729)胡作柄序、釋實懿序、乾隆三十七年釋實懿後序(署本山雲巢衲子)。前有“雲居聖水寺圖”。

寂湛，字休復，不知何許人，究心禪學，博極群書。

通淵，字崙山，浙江海昌人。善醫。

雲居山在浙江杭州城西南隅，面聖湖，倚楓林，頗稱佳境。唐咸通中，禪師道膺雲游來杭，愛此山麓之勝，就樹結庵，顔曰“雲居”。蓋參學於豫章雲居山，仍以二字名庵，志不忘也。宋元祐間，佛印禪師見聖水岩林幽勝，遠隔塵囂，結廬安禪，以“聖水”名其寺。元代中峰和尚重建，衆僧雲集，漸成叢林，名與五山十刹并列。趙孟頫嘗手書“雲居”匾額。明洪武二十四年(1391)，奉旨歸并天下寺院，浙江布政使王鈍遂將聖水寺并入雲居庵，奏聞，上賜額“雲居聖水禪寺”。

卷一山圖、志序、形勝、建置；卷二祖師、耆宿、僑寓、靈异、古迹；卷三藝文、題咏；卷四法譜；卷五贊偈(附書、疏、説)；卷六清規。補遺爲中峰祖師《梅花百咏》(附馮海粟原唱，止存七絶百首)、《水明山樓集》四卷。其形勝一門，紀山水。建置一門，僅紀現存者。祖師一門，列光耀本寺之祖師，即道膺、佛印、中峰、天如、守泉、宏泉、寂心七位之簡傳。耆宿紀有功於本寺之僧侣。僑寓紀古今高人達士之寄寓本山者。靈异紀自唐至明六百餘載之异徵。古迹紀凡本寺之建置，今已廢者。藝文、題咏則紀歷代文士關於本寺之詩文。法譜録塔傳、歷代禪祖、本寺高僧傳、壽序、庵記、塔記等。贊偈録贊、詩、疏、偈等文。清規除僧燦與明本所訂之清規外，文疏之屬亦附之。

清雍正間，釋寂湛偕門人明倫爲輯寺志，後釋通淵又偕門人實懿重纂之。胡作柄序云：“寺建自唐咸通中，爲佛印、中峰挂錫之所，其地爽塏幽異，襟江帶湖，跨吴山之西偏，與天竺靈隱並稱古刹。千百年來，緇之接踵、賢豪之萃止、殿宇之修葺、文物之昌熾，郡邑雖載紀之，通淵以其不能周該備至，且懼歷代久遠，易湮没而無聞也。遂取寂湛草創之原本重加捃摭，不漏不支，成志六卷，俾天下後世莫不望武林而思名刹，瞻經幢而景蘇趙。即或給孤園圮，布金地廢，而雲居聖水之名，猶表表塵寰間也。”

釋實懿序又云：“《雲居寺志》，先師尊寂湛草創於前，吾師通淵，掇拾於後，雍正己酉，仁和邑侯荆門胡公罷官居寺，甄綜而薈萃之，遂成完書，科分條貫，可謂備矣。顧三十年來，佛舍僧寮，金碧輝映於山水間者，化爲煙雲，圮爲瓦礫，見於志者十存四三而已，可勝慨哉！……因購梨棗而急刊之。”釋實懿，字恭文，號雲巢，師事通淵，有《雲巢詩稿》。

此書刊刻甚難，蓋實懿家餘四壁，貧似相如；産僅十金，業同揚子。實懿後序云：“比年來，以病免，謝絶業塵，打開緣障，方克肆力於蒐討，迫蹤乎清芬，凡斯洎今，都爲六卷，外刊中峰祖師《梅花百詠》二卷，復以實懿《水明山樓集》四卷附之。肇以辛卯，竣於壬辰。”辛卯爲乾隆三十六年，壬辰爲乾隆三十七年。

卷五有實懿《募修雲居聖水禪寺疏》。卷六末刻“乾隆三十七年二月吉旦，上同本房師祖浄璣、徒孫明鑑、明溥、真源、如慎、性滄、海翰、幻住、第十四世孫實懿新刊”。

聖水寺於太平天國戰争期間遭到破壞，據丁丙跋《聖水寺志》云：“欲訪鼓兒井所在，亦四顧渺然。蓋地接錢湖門，庚申二月，粤賊即從此穴洞燃藥，轟裂城堞，撲陷省垣，寺正當其冲，宜乎遭劫尤烈也。”數年後，丁丙於海昌管芷湘處得《雲居聖水寺志》，閲之有未盡者，補録明徐大章重刊中峰和尚廣録序等，并縮摹許邁孫所藏趙承旨繪中峰遺像，於光緒十八年（1892）重刻，入《武林掌故叢編》第十六集中，但原志中之《梅花百咏》、《水明樓詩》則未刻。

重刻本卷一第一頁第一行書名改題“聖水寺志”，題“清釋明倫撰、清釋實懿重纂”。扉頁刻“乾隆二十七年壬辰刊成越白二十年光緒十八年壬辰重刊”。按，此云“乾隆二十七年壬辰”，乾隆二十七年應爲壬午，乾隆三十七年方爲壬辰。“二十七”實爲“三十七”之誤。1980 年，臺北明文書局編《中國佛寺史志》收有此志，乃據錢塘丁氏重刻本影印，又 1996 年，江蘇廣陵古籍刊印社編《中國佛寺志叢刊》，中第七十四册也據錢塘丁氏重刻本影印，出版説明亦誤清乾隆三十七年爲二十七年，蓋影印者及撰文者均疏於查證也。

此本藏上海圖書館。《四庫全書總目》、《續修四庫全書總目提要》（稿本）未收。《中國古籍善本書目》著録，僅上海圖書館一帙，作“清釋通淵等輯”，“清乾隆三十七年刻本”。臺灣《“國家圖書館”善本書録初稿》、日本東京大學東洋文化研究所、京都大學人文科學研究所、内閣文庫、美國國會圖書館、普林斯敦大學葛思德東方圖書館、哈佛大學哈佛燕京圖書館等均未入藏。

鈐印有“四明盧氏抱經樓藏書印”、“王培孫紀念物”。

洞霄宫志【清乾隆刻本】

《洞霄宫志》五卷，清聞人儒輯。清乾隆十八年(1753)貝本恒刻三十六年增補印本。五册。半頁十行二十字，四周單邊，白口，單魚尾。題"錢塘學山聞人儒纂輯"。前有聞人儒序、金志章序、乾隆十八年吴作哲序、乾隆十八年周世恩序、乾隆十八年魯曾煜序。有《余杭洞霄宫圖》、《洞霄山圖》。佚去《天柱大滌山圖》。

聞人儒，字學山，浙江錢塘人。學問贍博，文亦澹雅有致，一時推爲宿學。乾隆辛未(1751)，高宗南巡，嘗持所輯《洞霄宫圖説》進呈。

洞霄宫，在浙江餘杭縣南大滌、天柱兩山之間。西漢元封三年(前108)即有宫壇。唐高宗弘道元年(683)奉敕建天柱觀，乾寧二年(895)錢鏐又改建，改名天柱宫。宋大中祥符五年(1012)始改今名，爲當時南方之道教中心。宋代宰相大臣乞退或免官，常以提舉臨安府洞霄宫繫銜。元至元時，以該宫總攝江、淮、荆、襄諸路道教。因岩壑深秀，名勝古迹甚多，道教列爲三十六小洞天、七十二福地之一，稱大滌洞地。元末毁，明初重建，清代又遭兵火，今僅存兩進院落，爲清末建築。此志卷一圖考、沿革、山川、橋梁；卷二古迹、宫觀、祠官、道真；卷三碑記；卷四紀异、物産、詩咏；卷五詩咏、補遺。

中國佛寺志編纂、傳世較多，而道教之所在志書不多，《中國古籍善本書目》僅著録四種而已，如以乾嘉以後所編而計，也在二十種左右。杭郡道觀之有志，莫古於餘杭之洞霄宫。宋政和中，唐子霞作《真境録》紀其勝，但不傳於世。端平間，又有續録，今亦無考。今流傳較廣者，爲宋末洞霄宫住持鄧牧偕本山道士孟宗寶搜討舊籍，作《洞霄圖志》六卷，記宫觀、山水、洞府、古迹、人物、碑記等頗詳。(民國)《杭州府志》卷八十七著録有明代《洞霄宫舊鈔志》，然不詳卷數及撰人。晚明黄象鼎修《餘杭志》，附載戴日强輯《洞霄志》一册，而訛沿失次，所在皆是，且一代姓氏，寥寥略不間及。《杭州府志》又著録清代仁和朱文藻纂《洞霄宫志續》十二卷，但也未見傳本。

此聞氏之志搜尋記載，别卷分門，條晰井井，庶使披圖開卷以覽，舉案可作卧游。聞人儒序云："吾浙杭之大滌山，原屬臨安，今界在餘杭縣境，爲名山之一，道書所稱三十四洞天，名大滌。……可謂名山福地，極盛於宋矣。迄於元季，尚有流連登覽、棲真習業之徒，據異羽衣，徵奇物外，是以宫殿屢葺不至，風蕭雨晦，碑碣剥蝕，渺焉無稽。迨後燬於兵火，千礎俱燼，變爲瓦礫，滄桑之慨，淪廢何窮！有靈一大師具真人名大欽者，起而振興之，元關復整，其弟子貝守一，並創洞晨觀，一時爲開山領袖，迄於今又幾百年矣，不特宫殿頹圮，瑱珉銷滅，所謂向之尚留，柏木無塵，大殿九楹者亦於乾隆十六年冬，野火延燒，蕩然無存。兹有淮陽道人貝本恒者，從武當雲遊，授茅山之法，煉氣養神，善書符籙濟世，凡旱潦祈禱，輒昭靈應，因衆延主席，遂入洞霄，緬懷前哲，慨然力任創建，以恢前跡，亦有志者之所事。第本山樓，元時有鄧牧舊志，然此時多不可識其基址，以致明代風規僅於别集中稍得其一二。本恒因辛未春，恭逢皇上南巡，所有本宫圖説，悉余手纂輯進呈，挾册來訪，欲余彙集成篇，以復名山之志。……乃摭拾往時記載，用分數卷，惟冀淹博哲士、縉紳大匠採擇而釐正之，庶足以供披覽而作卧游，與田叔禾《西湖遊志》未嘗非可以律觀也。”

金志章序云：“頃聞人子學山，蒐録前聞，備稽往跡，乃知中興創茸，向賴貝大欽、貝守一師弟力行以恢山制，今再燬於火，復得淮左貝本恒住持，堅志募修，亦有數於其間耶？是志之成，於以比美宋元，拾鄧牧之缺遺，而補黄氏之未逮，其有功於兹山非淺鮮也。”又《續修四庫全書總目提要》（稿本）云：“惟是書稽考碑刻，蒐輯藝文，條理詳明，文詞淵雅，不徒較前完備已也。‘祀官’一目，收一百十八人之多，於朱竹垞杭州洞霄宫提舉提名記者且三人。‘道真’則作郭文舉以降，無不備載。自來考核道流史系者，惟持北京白雲觀陝西重陽庵譜系，今苟由此進求洞霄世系，或可於龍門一派以外，更有所獲也。‘詩詠’並輯有林和靖集外詩，其志之精可以見矣！”

此本爲上海圖書館所藏，有補刻，卷五末有補遺，有乾隆三十六年杭雯題。此本又有扉頁，刻“洞霄宫志。錢塘聞人儒纂輯。錢塘金江聲先生鑒定。住持貝本恒刊”。刊者貝本恒，字常吉，江蘇淮揚人。年十七，師從武當袁正遇出家爲道士。後訪王常月，得授修真戒律。康熙五十八年結茅於武康高池山，參玄静煉，得祖氣符菉，祈者甚衆，時人以真人呼之。乾隆十年，住持洞霄宫。二十三年卒，年七十一。撰有《周易參義》、《黄老旨歸》。《長春道教源流考》卷七及《頻羅庵集》有貝本恒傳。

《四庫全書總目》僅著録元鄧牧《洞霄圖志》六卷，而不及此書。臺灣《“國家圖書館”善本書志初編》未收。《日本内閣文庫漢籍分類目録》、《京都大學人文科學研究所漢籍分類目録》、《東京大學東洋文化研究所漢籍分類目録》未著録。美國國會圖書館、普林斯敦大學葛思德東方圖書館、哈佛大學哈佛燕京圖書館等皆未入藏。《中國古籍善本書目》著録，僅上海圖書館一帙。按，是書，浙江圖書館也有一部，作“乾隆十八年刻本”。又《續修四庫全書總目提要》（稿本）著録。

鈐印有“抱經樓”、“王培孫紀念物”。

關夫子志【清康熙刻本】

《關夫子志》二卷，清張鵬翮輯。清康熙四十四年(1705)董禮用等刻本。二册。有圖。半頁九行二十字，四周雙邊，白口，單魚尾。題“遂寧張鵬翮輯”。前有康熙二十四年李時謙序、張鵬翮序、康熙四十四年王柱國序、董禮用序。

張鵬翮，字運青，四川遂寧人。康熙九年進士，選庶吉士，改刑部主事，累遷禮部郎中。授蘇州、兖州知府，舉卓异，擢河東鹽運使，内遷通政司參議，轉兵部督捕副理事官。又擢大理寺少卿，授浙江巡撫，兵部侍郎，督江南學政。遷左都御史、刑部尚書、江西總督、河道總督，加太子太保、太子太傅，授武英殿大學士。卒後，加少保，謚文端。

關夫子，三國蜀將關羽也，宋徽宗崇寧元年(1102)追封“忠惠公”，宣和五年(1123)封“義勇武安王”，元代加封“顯靈義勇武安英濟王”，明萬曆加封爲“三界伏魔大帝神威遠震天尊關聖帝君”，是歷代民間崇祀供奉最重要者。此本輯有關關羽遺迹及藝文，卷一圖像、本傳、年表、世系、辭命、封號、綸綍、祠廟、古迹、靈异；卷二藝文，爲贊頌、古樂府、七言古、對聯、碑文、雜著(序、論、辯、考、議、辨、評跋、史評、記)。末篇爲州守江闓撰《解梁關公父祖辨》。

關帝廟爲中國城鄉寺觀數量之最，據《京師乾隆地圖》所載，北京其時城内專祀關帝和以祀關帝爲中心之廟宇達一百十六座，幾占北京城内全部廟宇總和二之一。山西運城縣解州鎮西關之關帝廟爲國内規模最大、最爲壯觀之關廟，創建於隋開皇九年(589)，宋明二代曾擴建及重修，清康熙四十一年毁於火，原有之祠志及書板全付諸祝融。

王柱國序云：“關公祠距解城西百步，曰崇寧宫，連自宋祥符中，煒華震耀，甲於寰宇，特未有志。元巴郡胡光煒氏次公實録，綜貫後先，祠志其權輿也。嗣經遂寧張公運清修輯，增潤蕭衮日富，凡公生平大節，展卷燎然，章往詔來，文獻足徵矣。詎壬午四月祠燬，志板付之一炬。於戲，公秉扶輿正氣忠義之概，如天高日午，人皆仰之。志之存不存，無足爲公重輕，顧秉彝之好，具在人心。溯自建安，迄今幾二千餘年，而世之敬畏公者，閱千百年如一日，舉簿海内外如一心。則夫稽其譜系，詳其里居，紀公英稜舄奕，福善既淫諸顯跡，使閭巷編氓、士人君子，得聞所欲聞，以寄其嚮往，於斯志洵有賴焉。”“前歲奉特簡守牧斯土，爲公篤生故里，尤不啻羹牆之見。詩曰：維桑與梓，必共敬止。祠志重刊告竣，可垂不朽，蓋獲全宿心云。”

董禮用序云：“帝志先有原板，康熙乙丑鹽院李諱時謙、鹽道張諱鵬翮二大老爺緣舊志間有謬訛，慨發虔念，以更修爲任，採集遺跡及各處碑文、對聯，捐資剞劂，會刊成志。舉帝生前身後本末，詳明典制，悉著堪與州志並傳。壬午夏初，廟遭回禄，板燬無存。時州主王大老爺甫下車，百廢具舉，輒捐俸二十金，命復刊修，而工費浩繁，尚未告竣，值上憲過往，謁帝志書缺呈復三年於兹矣。荷中堂馬大老爺崇奉帝君，惠施不啻再三，近復頒香火資五十金，議諸廟衆，稟明州主，用修前志。噫！是何功德之遠也。夫帝靈之赫濯，如日星，如河岳，普天率土莫不尊親。第帝生前身後容有知之而未詳且悉者，兹志復刊，庶令閲者得具考本末，詳稽典制，是我州主與馬大老爺功德之遠，與斯志永垂千古矣。”

按，馬大老爺者，即馬齊，姓富察氏，鑲黄旗滿洲人，武英殿大學士兼理藩院尚書，雍正時改授保和殿大學士，卒謚文穆。王大老爺者，即王柱國，爲誥授奉直大夫加三級知解州事。

自魏至唐，關羽在民間之影響并不大，從宋代以後方大走鴻運，青雲直上。元代有胡琦《關王事迹》五卷（明成化刻本），明代趙欽湯有《漢前將軍關公祠志》九卷、明金嘉會等《西湖關帝廟廣紀》八卷、明戴光啓等《關帝紀定本》四卷，明末清初錢謙益有《重刊義勇武安王集》三卷（清康熙刻本），清代則有王禹《關聖陵廟紀略》四卷（清康熙刻本）、周廣業等《關帝事迹徵信編》三十二卷（清道光刻本）、吴之蘅等《漢關侯事迹彙編》八卷附録四卷（清光緒刻本）等，皆爲研究道教信仰及關羽事迹之重要史料。此本有圖，爲關羽看春秋圖并張鵬翮贊。末行刻“本廟道官董禮用仝刊”。

近人韓組康撰《關壯繆侯事迹徵引書目》，計引書一百二十二種，未及此書。《四庫全書總目》、《續修四庫全書總目提要》（稿本）未收。此本藏上海圖書館。《中國古籍善本書目》著録，僅此一帙。

鈐印有“曾藏葉氏遐庵”、“葉恭綽奉贈”。

曹江孝女廟志【清康熙刻本】

《曹江孝女廟志》十卷首一卷末一卷，清沈志禮輯。清康熙二十七年(1688)沈氏慎德堂刻本。四册。半頁九行十八字，四周雙邊，白口，單魚尾。題“通議大夫廣東按察使司按察使里人沈志禮範先氏修刻”。前有康熙二十七年吴興祚序、康熙二十六年沈志禮序。舊序有開慶元年(1259)趙汝跡序、正統四年(1439)王鈺序、萬曆七年(1579)諸萬里序、順治八年(1651)魯元寵序、張岱恭序、康熙六年(1667)印繪序。有凡例九則(印廷式撰)、新訂凡例八則(夏煜撰)。

沈志禮，字範先，浙江會稽人(《廣東通志》載其爲鑲白旗人)。官至廣東按察使。

曹江孝女廟在浙江省上虞縣曹娥江邊，爲祀孝女曹娥。曹娥爲東漢會稽郡上虞縣人。漢順帝漢安二年(143)，曹娥年十四，痛父曹盱駕船於舜江迎潮神伍君，不幸沉淵，尸骸流失，沿江哭號七晝夜，遂投江而死，越三日，背父屍浮水而出。後人傳爲孝女，并改舜江爲曹娥江。據《上虞縣志校續・度尚傳》載，元嘉元年(151)度尚爲曹娥建廟。度尚嘗立碑，邯鄲淳爲之碑文、范泰撰傳、蔡邕題之、王羲之書之。此本卷一名勝紀載、卷二文傳、卷三誥敕、卷四額聯、卷五題咏(梁、唐、宋、元)、卷六題咏(明)、卷七題咏(國朝上)、卷八題咏(國朝下)、卷九朱孝娥志、卷十諸孝娥志。首一卷爲原序、凡例等。末一卷爲同修姓氏及康熙十一年印繪跋。按，卷九、十記朱孝娥(宋英宗時人)、諸孝娥(明初時人)事，蓋因二女亦皆以身救其親，又皆與曹娥同里，故以配食於廟，并録其傳志歌咏之文於後。曹江孝女廟曾幾毀幾建，最末一次爲民國十八年毁於火災，四年後在舊址重建，民國二十五年竣工。

名山大川、梵宇仙窟，皆有志載。曹江者，地以人傳，而江不在深，以娥則名者也。曹江志，宋以前未見刊載，故其事實不傳，南宋時，有釋如瑩者，輯得唐以來咏娥詩若干首鎸之，然不見晋與五代時人之咏。明代始有專志，首刻有正統間張翰英刻本，繼而萬曆間又有諸萬里刻本。至清康熙間，二刻皆有散失，故印繪跋云：“然梨棗既無，而編皆殘缺。”

是書初爲印君素編，繼而有張噩仍續纂，俱未成志，志禮乃因舊志重輯。沈志禮序云：“時先君子尚書公總督淮漕，仰承聖朝褒忠揚孝之義，於曹江孝廟，因舊制而作新之，置田畝以供祀事。又訪求廟志，時湮没已久，有同里印文學君素，購求殘缺，博採《一統》、《輿圖》、《通志》諸編，輯成卷帙，爲本郡太守取閲，不可復得。遲之又久，與張明經噩仍，重爲纂閲，壽梨未竣，而老成凋謝，旋復散失，蓋成之若斯之難也。丙寅秋，予奉命觀察粤東，懷弟子徵，攜此本謂余曰：此君素先生仲嗣汝典所輯也,事閲千年,書更三手。予因讀而喜之,曰:此孝娥之靈爽於昭,俾予得成先志耶?内若傳記、若碑銘、若歷朝誥敕以及聯額詩歌,琳琳琅琅,皆孝思之感格,足以功名教、補治化矣。”

夏煜撰新凡例識語亦云:“其廟志之未備,尚書清遠沈公發於前,而觀察範先先生成於後。遠如張噩仍、印君素,近如邵培風、印汝典諸公贊襄考訂,而余則從事於末耳。”印繪跋又云:“今則録取存底,增所未備,以今繼古,聊免泯没,以俟識者成此書焉。”

凡例後有《孝女沉江負屍圖》,圖甚精,爲夏煜繪,乃仿《人鏡陽秋》一書中之《負屍圖》。夏煜,字曉亭,江蘇高淳人。少貧,勤學有聲,工書。曾任廣東巡檢。(光緒)《高淳縣志》卷十八有傳。此本有總目。又有扉頁,刻“曹江孝女廟志。里人沈範先□□□。康熙丁卯年修。慎德堂藏板”。按:據沈氏自序及夏氏凡例,此書應刻於廣東,蓋因(道光)《廣東通志》卷四十四職官表三十五載沈氏自康熙二十五年任廣東按察使,至二十八年止。又夏煜也在廣東任巡檢也。慎德堂當沈氏所有。

《續修四庫全書總目提要》第九册所收爲金廷棟輯八卷本(清光緒八年重刻本)。此光緒志,圖凡四十二幅,分卷爲名勝、行實、壇宇、祀典、額聯、題咏,卷末爲朱娥、諸娥志。嘉慶間,阮元撫浙,會稽人士復以修志請,因命金氏據沈本重加編輯。光緒間,上虞知縣唐煦取而重刻。

《四庫全書總目》史部傳記類存目著録。《中國古籍善本書目》著録,僅上海圖書館入藏。《四庫全書存目叢書》史部第八十七册收入,底本即爲上圖藏本。

此本舊藏葉恭綽處。鈐印有“曾藏葉氏遐庵”、“葉恭綽奉贈”。

嵩岳廟史【清康熙刻本】

《嵩岳廟史》十卷，清景日昣撰。清康熙三十五年(1697)刻本。四册。半頁八行二十字，四周雙邊，黑口，單魚尾。題"嵩厓景日昣纂"。前有康熙三十五年張聖誥、高一麟、郭瑛、景日昣四序。

景日昣，字東暘，一字冬昜，號嵩厓，河南登封大冶人。康熙三十年進士，曾任廣東高要縣令，官至户部侍郎。垂髫即嗜古，少負奇氣，博學卓識，久爲藝林所推重。

嵩岳，古稱中岳，在河南登封縣北，爲五岳之一。雄峙中原，横貫登封縣境，屬伏牛山脉，主要由太室山及少室山組成，群峰聳立，層巒迭嶂。嵩岳奇山美景多，寺院古迹也廣，人稱上有七十二峰，下有七十二寺。最早之説嵩之書爲北魏盧元明之《嵩高記》，又有唐盧顥然《嵩岳志》、明陸道函《嵩岳記》，然今皆已亡佚。今所存者有明傅梅《嵩書》二十二卷、清葉封等輯《嵩山志》二十卷。日昣另有《説嵩》一書，爲研究嵩岳之最重要之書，以其深入考察并能糾正史傳之不實而著稱。

廟者，山川之大觀，讀廟史而山川之全勝可得其概。嶽廟古無專志，自日昣而創之，此書之作始於康熙三十三年，至康熙三十五年夏以謁選歸，暇日則取岳廟志之有關史書，舉凡殘碑斷碣之所留遺罔不搜采；諸子百家稗史野乘之所記載罔不披閲。高一麟序云："取天文地志、六經諸子百家、稗官野史等書有關嶽廟者，罔不采録靡遺。凡殿宇之位置、作何命名、祭祀之時日，作何取義、創始何代、纂修何人、址若干尺、階若干級、門户牆垣若干、閣若干、雉穹碑幾笏、祭器幾事、古柏古井幾幹幾甃，俱参以河圖中宫五行王土之數，不爽錙銖。他如封祀醮告、靈异篤生，及瞻禮祈祝，形於詩文者，則照邑志嶽祀卷拓而廣之。幾數倍焉。屬稿於夏五，至秋七月書成付梓。"

是編搜羅頗廣，條注簡端，爲卷者十，爲類者三十有二，爲附記者四，使覽者提綱挈領，披卷了然。其卷一圖繪、卷二星野、卷三沿革、卷四形勢、卷五營建、卷六祀典、卷七靈异、卷八嶽生、卷九詩賦、卷十藝文。圖繪爲嵩山形勝總圖、中岳廟形勝總圖、中岳廟形營建圖及廟會圖，皆爲周倫所繪，其中廟會圖較生動，頗可反映其時盛會之狀。

扉頁刊"嵩嶽廟史、嵩厓景日昣纂、太壹園藏板"。缺卷八第五、七頁、卷九第十七、十八頁。

《四庫全書總目》入史部地理類存目。《中國古籍善本書目》著録，上海圖書館、西北民族學院圖書館也有入藏。此本藏美國哈佛大學哈佛燕京圖書館。

華岩備志【清康熙刻本】

《華岩備志》二卷，清鄧迪撰。《石林即景》一卷，清德玉撰。清康熙三十四年(1695)刻本。一册。半頁十行二十字，四周雙邊，上白口，下黑口，單魚尾，題“金灘鄧迪惠吉甫纂；邑人雙桂劉如淮桐柏甫、爐峰黄槐公也甫訂”。《石林即景》題“渝石林德玉季而氏著；金灘鄧迪惠吉甫訂”。前有康熙三十四年鄧迪自序。

鄧迪，無考。德玉，字聖可，即聖可大師，明末清初臨濟宗僧，四川果州營山人，俗姓王。明末亂起，聖可十五歲，遇老僧，囑常念觀音聖號而得脱險。後投遼陽禪師出家，再至洪雅八面山澄江和尚處受具足戒，遂遍參南北諸名宿，及參見破山海明，即受印記而嗣其法。初住綏陽之嘉瑞寺，康熙七年返蜀，至重慶，應士庶學侣之請，住於華岩洞，創建華岩寺，説法弘化三十餘年。康熙四十年示寂，世壽七十四。有《聖可禪師語録》十卷、《禪林寶訓順硃》四卷行世。

華岩寺在渝郡巴縣西南三十五里之待漏山，原屬智里，今屬人和鄉，爲重慶著名佛寺之一。創始無考，明萬曆二十七年(1599)里人楊益延僧無權復建，清康熙甲辰(1664)楊繼芳居士復重建新寺以住僧，後寺僧愈衆，宗支流衍天下。北京東直門華岩禪寺，即巴縣華岩寺門徒所建。《巴縣志》云：“舊志云，巖高百丈，形似象笏，松竹修茂，地極幽邃。”華岩寺以洞得名，意謂洞中石髓下滴，濺成水花也。或曰清初僧聖可挂錫於此，夢五色蓮花，大如車輪，故名。

是志卷上序、寺圖、山圖、再游華岩記、開山碑記、常住田碑記、塔記、重修正殿兼請藏經碑記、茶話、偈。卷下詩，爲八景，紀异。附《石林即景》，爲詩三十首。又附緇素諸公題和石林廿景等十二首。

鄧迪序云：“備志者何？志夫華岩新剎之勝概，以昭垂後世，以備採風者之鑒定也。郡國州邑之志，予嘗閲之矣，志其盛，不志其衰；志其美，不志其惡。山川，志其佳勝；人物，志其賢。凡一勝跡、一叢林，莫不因人以成名，古所謂山不在高，水不在深者，非耶！華岩寺者，不知創自何代，因岩有洞，倚洞爲庵，聖可大師駐錫其中，感微屢著。地主楊氏，遂發心改宅爲刹，新其創建，而廓其規模，天人感召之機，山澤效靈之速，得未曾有。迄今閲數十餘年，而鐘鼓雷鳴，緇侣雲集，留題成帙，佳趣甚都，衆曰：此選佛場也。夫一剎宇耳，自師開山以來，覺一松竹、一泉石，皆若有一清幽之氣凝聚於其間。予人以敬謹而不可以玩愒者，是當與生公之聚石、雲師之雨花相爲千古也。迪也不敏，衹承師教，敬編輯其略，以備採風者之鑒定焉。異日者，院宇之踵飾增華，題詠之標新領異，益其未備而删其不斐，是所望於後之君子。”

此本有扉頁，刻“華巖寺志。本寺藏板”。并有石林圖，圖下刻“舡上江津縣錦城子濱寫”。

此本藏上海圖書館。《四庫全書總目》、《續修四庫全書總目提要》(稿本)未收。臺北“國家圖書館”、日本内閣文庫、東京大學東洋文化研究所、京都大學人文科學研究所均未入藏。《中國古籍善本書目》著録，僅上海圖書館藏。

平湖景賢祠志【明萬曆刻本】

《平湖景賢祠志》四卷，明陸基忠輯。明萬曆刻本。四册。半頁九行十八字，四周雙邊，白口，單魚尾。前有萬曆三十三年(1605)馮夢禎序。目録頁題"平湖陸氏景賢祠志"。

陸基忠，字伯貞，光祖子，浙江平湖人，爲陸贄世孫。以蔭授兵部司務，遷刑部郎中。著有《蒙養類編》。

景賢祠，爲元皇慶中宋儒靖獻先生陸正建於陳山及東湖，祀唐平章事、謚忠宣陸贄。明嘉靖三十三年(1554)，倭寇作亂，提學副使阮鶚、知縣劉存義移建於縣治東，以"景賢"爲額名，與陸正合祀之。嘉靖四十年，提學副使范惟一復以徵士陸宗秀、名宦陸鋹配享。萬曆三十一年，又以吏部尚書、謚莊簡陸光祖配。

陸正，字行正，一字正甫，别號率齋居士，本名唐輔。博學篤行，通律吕象數之學。宋亡，與族父霆龍以家世宋臣，矢不仕元，遂更名正。御史程文海薦之不起，後復與處士劉因同徵，俱不赴。隱居教授，其學以慎獨存心爲要。所著有《正學論》、《樂律考》等。至治三年(1323)卒，年六十二，門人謚爲靖獻先生，立書院於陳山奉祀。陸宗秀，贄之裔，曾祖正。爲人敦樸有至行，質厚好讀書，事父母，孝産業。陸鋹，字克潛，爲贄之後。性至孝，弘治九年(1496)任程鄉令，爲政以敬簡廉静爲本，獄訟立辨，無稽詞亦無隱令，官至少司空，卒贈太子太保，謚莊簡。卒於正德十六年(1521)，年七十七。

卷一，敕令(正統七年、弘治十二年各一道)、誥命(嘉靖十八年、萬曆二十七年各一道)、景賢祠圖、宣公像贊、靖獻先生像贊、坦庵徵士像贊、程鄉公像贊、莊簡公像贊。

卷二，地方志中記載，《浙江通志》：唐人物志、祠祀志、宣公碑記(吕祖謙、金幼孜、薛文清撰)；宋人物志、地理志、靖獻先生碑、史館重修宋史列傳(吕源撰)、陸徵君坦庵先生傳(顧清撰)；《廣東通志》：名宦列傳、程鄉令陸公遺愛碑(盛端明撰)；《平湖舊縣志》：景賢祠、隱逸、尚義、名宦；《嘉興府新志》：鄉賢、家宰陸簡公傳(陳懿典、馮時可、曾同亨、丁元薦撰)。

卷三，宣公年譜(吴一鵬撰)、莊簡公紀年事略(王彦淳撰)。

卷四，景賢祠碑記(范惟一撰)、陸氏族田引(謝良弼撰)、景賢祠族田記、陸氏家訓、奏請遵守義田疏、景賢祠族田規則、户部札付(遵守義田事，萬曆三十年)、嘉興府帖(激勵忠良事，景泰四年)、嘉興府帖(申飭學政事，嘉靖四十五年)、平湖縣帖(遵守義田事，萬曆三十二年)、平湖縣帖(重譔祭文事，萬曆三十三年)、本邑陳父母祭文(嘉靖三十七年)、本邑曹公祖祭文(萬曆三十三年)、本祠祫祭文。

志内有八世孫杲撰《陸氏家訓》，於研

家訓者或有啓迪。文云："四民之業，士農工商，孝弟忠信，人道之綱。業非四民，即爲游惰；人去四端，即爲非類。故不孝不弟，不可以爲子；不忠不信，不可以爲人。凡我子姓，有官職者，以正直忠厚爲本，以公廉仁恕爲心，謙恭勤慎，節用愛民，忠貞體國，翼翼小心。居田里者，畏法度，謹賦役，勤學好問，修己樂群，孝養父母，勤儉守分。或服田力穡，或經營商賈，或醫卜訓蒙、傭書工畫，雖爲小藝，亦可自給。毋遊蕩賭博、毋嗜酒宿娼，毋爭鬬犯上，毋欺騙良善，毋交遊非人，毋好興詞訟，毋惰誤官糧，毋負賴租債，其或下流無恥，辱及先人，苗裔不明，自犯徙配者，皆不得入祠與祭。凡我子孫，能領遵高皇聖諭者即爲良民善士；能恪守祖宗家訓者即爲孝子順孫。嗚呼！從善如登，從惡如崩，善惡萌於一念，相懸不啻千里。戒之哉！勉之哉！不肖杲，每入祠拜祭，未嘗不追念我祖宗純德積累，啓我後人，恒恐我後人弗克仰承，凛凛是懼。乃虔告於祖考，謹採遺言撮要者輯成家訓一章，願與諸父兄子弟共相遵勉，以永前休。杲不勝幸甚。"

馮夢楨序云："考古山川郡邑多有志，而志祠者鮮。祠之有志也，闕里尚矣，次董河間、次朱考亭，名賢巨儒，千秋俎豆，而後人彙集以志羨墻，亦間有之。顧傳脈漢守相繼，獨綫微於李唐。唐世學術純正，續河汾而引濂洛，則必推陸宣公，而其勳德懋著，世所罕匹，是以吾郡有司題請歲時虔奉，蒸嘗無斁。其裔孫隸平湖者累世，克紹勳德，而尤鼎盛於我國朝，司風化者特經始景賢祠，以主公祭，其配饗則靖獻先生及徵君、及程鄉令、及莊簡公也。其志之，則自莊簡公長嗣比部君始也。"按，比部君即陸基忠，見（光緒）《平湖縣志》卷十五人物列傳陸光祖條。

明代所刻私人祠廟志極少，傳於今者也僅十餘種而已，而祠志則不超過十部。此志，《四庫全書總目》、《續修四庫全書總目提要》（稿本）、《"國立中央圖書館"善本書目》未收。《中國古籍善本書目》著録，北京圖書館也有入藏，作不分卷，不列作者陸基忠。查（光緒）《平湖縣志》卷二十三《經籍》著録，作四卷，作者爲"陸基忠"。又《平湖縣志》（上海人民出版社，1993）第三十三編（文獻、書目）也有著録，作"明陸基忠纂"，萬曆刻本，藏南京圖書館。又著録有《平湖景賢祠志》四卷，清光緒六年（1880）刻本，嘉興圖書館藏。

此本今藏臺北中研院歷史語言研究所傅斯年圖書館。

黄陵一覽【明弘治刻本】

《黄陵一覽》二卷，明韓檠、劉允編。明弘治刻本。一册。半頁九行十八字，四周雙邊，上下黑口，雙魚尾。前有弘治三年(1490)王敕序。有圖。又黄陵廟事迹、歷代封贈誥敕(紹興七年牒一道。敕七道，爲乾道元年、八年、慶元三年、嘉定四年、嘉熙元年、景定元年)、定制祭文。末有弘治三年劉允跋。

韓檠，字廷器，河北滄州人。成化四年中舉人，弘治初年任夷陵知州。

劉允，無考。

黄陵，在湖北省宜昌縣西陵峽，位於黄牛岩下九龍山麓正中，原名黄牛廟、黄牛祠。相傳此廟爲春秋時爲紀念神牛助禹開峽之功績而建，三國時諸葛亮重修此廟，有《黄牛廟記》，文云："……惜乎！廟貌廢去，使人太息。神有功助禹開江，不事鑿斧，順濟舟航，當廟食兹土。僕復而興之，再建其廟貌，目之曰黄牛廟，以顯神功。"宋歐陽修任夷陵縣令時，只信禹王開山之功，不信神牛觸石之説，故將黄牛廟改爲"黄陵廟"。

此實爲最早輯録黄陵廟詩文之專著。卷一集，爲《漢南陽諸葛亮記》、《宋重修靈感廟記》(王子俊撰)、《元辯諸葛武侯歲時記》(公孫輔撰)、《國朝記洺川事迹後》(潘黼撰)、《洺川黄陵廟記》(彭徵撰)。又《黄陵江石灘廟靈應碑》(張思安撰)、《詛虎感應碑文》(吴節撰)、《黄陵廟碑》(楊琚撰)、《跋》(蘇軾撰)、《重修黄陵廟記》(劉允撰)。集計二十頁。卷二詩，爲黄陵廟古今題咏，收唐李白，宋蘇軾、歐陽修、劉後村、李權，明周岐、張守仁、江淵、李實、屠滽、程宗、陳述、孫需、蕭儼、金澤等。又謁黄陵廟留題，有明廖森、段正、陳驥、黄玉、張賁、李輅等。詩計四十五頁。

王敕云："夷陵居荆楚，遠塞其西，入峽百餘里，有廟曰黄陵，世傳其神，曾佐禹導岷江，通三峽，有功於世。而廟祀之靈跡顯著，爲世所崇奉，勝國以前，益加隆重，或以侯、或以公、或以王。至我朝太祖高皇帝定鼎後，一洗不經，賜廟號曰'黄陵江石灘之神'，每歲孟春，命有司祀以少牢，誠萬世不易之常典也。成化丙午歲，予謫官夷陵，每欲泛三峽，循禹故跡，以求神之功，值公務鞅掌而未遂。弘治紀元之二年，始得一登覽焉，觀其連峰接岫，重疊險阻，合巴蜀迤西之衆水匯爲一江，瀰漫數千里。至三峽，兩山排塞，水勢稍窒歛，萬派於一漕，奔放怒激，鼓濆如山，舞漩成井，巨浪雄濤，千態萬狀，其險如此。遥想洪水滔天之際，使無有神力，以疏通之水，必逆流而上。蜀今爲海，而吴楚之地，亦無以藉其潤澤，神之功其大矣哉！惜乎《禹貢》不載，而徒傳於世俗之日也。及閲廟中所藏歷代誥命，或存或亡，碑記所載，又皆後人所續立，舛訛莫辯。至於前人題詠，僅得李白、歐、蘇上峽三篇。自有廟祀以來，騷人墨客此留題者不知其幾，而一墨無存壁間。惟我朝近時名公所作，求國初人遺墨亦少，大抵舊無載集，又屢遭兵燹故也。前輩有云，紀載托於金石者，或不足恃，不若托於文集之悠久，如三家以及後村、李權之詩皆得自文集中，求當時手翰已泯滅，豈不信然歟？予嘗欲掇拾黄陵殘缺萃成一帙，俾壽諸梓，以廣其傳。時考績戒行，欲北上，匆匆未遑及此。弘治庚戌秋九月，予以四川提學之命復過夷陵，守禦常君載之、節判王君伯常率守廟屈志毓、暹、勤輩，出太守韓君廷器與禄豐令榮昌劉君本信所編《黄陵集》，請予序諸簡首。……今是編之成，雖未足爲全書，猶可因此而考其得失，且使往來者得便於觀覽世之人足跡未到者，一展玩間，則山川勝概、神功始末與夫歷代褒封之優劣、古今歌詠之情況，舉在目前矣。題其名曰《黄陵一覽》云。"

劉允跋云："昔予將北上，道經夷陵，不利於風濤，旅寓者逾歲。弘治己酉冬，同年韓君廷器來爲是州牧，政暇詢諸境内事，有可沿革者將舉行之，因得黄陵事跡古今詩文，謀於同寅王君伯常，命予編次鋟梓以傳。予謹考圖志，徧閲廟碑與夫壁間群玉，掇拾成帙。君囑予曰：'人之功，不可没也；詞章之工拙，無容較焉。集成，慨大手筆弁諸卷端。'未幾，内翰王先生適有吾蜀提學之命，復過夷陵，獲假良便，乃成厥志，惜乎方梓行間而韓君以疾卒於官。嗚呼！是集行矣，君雖死猶不死也。君名槩，字廷器，河間滄州人云。"

卷末刻"廟祝屈志毓、志勤、志暹等守掌"一行。

《四庫全書總目》、《續修四庫全書總目提要》(稿本)、《中國古籍善本書目》、《"國立中央圖書館"善本書目》、《日本内閣文庫漢籍分類目録》、《中國善本書提要》未收。此本今藏臺北中研院歷史語言研究所傅斯年圖書館。

鈐印有"姑蘇吴岫家藏"(朱文小印)。按，吴岫，字方山，號濠南居士，明嘉靖間蘇州人，聚書逾萬卷。

弘道書院志【明嘉靖刻本】

《弘道書院志》不分卷,明來時熙編。明嘉靖刻本。一册。半頁八行十七字,四周單邊,白口,無魚尾,書口下刻“弘道書院”。無序跋。

據目録頁,是志計分:學規、類定小學規。又有附録,爲:一、建弘道書院記,并附詩;二、出身題名;三、詩;四、銘;五、文;六、記。

書院,爲宋至清私人或官府所立講學肄業之所,明、清兩代書院益增,多爲習舉業而設。弘道書院者,在陜西三原縣,爲王承裕弘治六年(1493)中進士時,其父王恕致仕歸養時所建。承裕,字天宇,號平川山人,陜西三原人。七歲能詩,自少潛心性理之學,弱冠著《太極動静圖説》。恕官吏部,令日接賓客,以是周知天下賢才,選用無不當。正德間,任兵垣,出理山東、河南。武宗立,屢遷吏科都給事中,會劉瑾專權,上疏乞進君子、退小人及諸不法事。後遷太僕卿,於内殿教習武事,升南京太常卿,户部右侍郎。嘉靖六年累官南户部尚書,在部三年致仕。卒年七十四,謚康僖。又著有《論語蒙讀》、《論語近説》、《横渠遺書》、《三泉堂漫録》、《考經堂集》、《瑞芝堂詩》、《歸田詩話》、《諫垣奏草》等十餘種。(乾隆)《三原縣志》卷八有傳。

據王雲鳳(賜進士出身中憲大夫、陜西等處提刑按察司副使、奉敕提督學使)撰《建弘道書院志》云:“弘道書院者,三原王君天宇之所建也。始君舉進士,即侍父太宰公歸,諸生秦偉、劉德學、馬理、張原、張秉正、黨汝蘭、李德明、雒昂輩從之學,假僧舍以居,題曰‘學道書堂’。君於堂後自搆一室曰‘弘道書屋’。弘治乙卯,君以太宰公命如京受職,拜兵科給事中。數月,復以疾歸,從者益衆。秦偉謀於衆,欲作書院,鋟疏徧告於里人之富而好禮者、商賈之遊於其地者,鳩緡錢若干,擇地之爽塏,得永清坊之普照廢院,其地以丈計實袤四十、廣十二,遂白於官而肇工焉。……復出書數千卷,廚之考經堂。君日處其中,群弟子辰至酉歸,執經受儀,罔敢或懈。”

此志凡“學規”計二十則,爲弘治九年所立,佚去第一頁。其第六則爲“學禮”,云:“有志學禮之士,先讀朱子《家禮》,次讀《儀禮》、《周禮》諸書,身體力行,以化風俗,無事迂闊,徒取譏誚。”第七則爲“作古文”,云:“學古文者,每日讀謝疊山所選《文章規範》文字一首。學詩者,每日讀楊襄城所選《唐音》詩二首,兼日書背誦。每月朔,請古文題二、詩題四,俟舉業工夫有暇,作辭尚體要,至月終呈稿改正。”第九則爲“博觀五經”,云:“各治一經,餘四經亦當次第而觀。更有功夫,取《貞觀政要》、《唐鑑》、《大學衍義》諸書而涉獵之,遇考試,於上項書、雜史書出策論題,以觀用心。”第十六則爲“夜課”,云:“諸生就書院宿歇者，夜至二鼓盡方寢。晨於五鼓初即興師氏，或早或晚至書院。其用功者，飲茶一盞，以助精神；其不用功者，院丁扶出書舍，跪於階下，俟師氏回始起。”第十七則爲“考試”，云：“每用初二日、十六日考試，所作文字，詞理俱到者作一等，詞理頗通者作二等，初學可進者作三等，下三等者加以夏楚。”

類定小學規，計十四則，爲學禮、學坐、學行、學立、學言、學揖、學視聽、學容貌、學稱呼、學接見、學告省、學灑掃、學讀書、學寫字。

記爲《仰高門記》、《楸巷記》、《凝墨池記》，皆王承裕所撰。記之末頁刊“門生來時熙輯録”一行。

弘道堂銘曰：“修道立教，爰作斯堂。乃所願學，其惟素王。”弘道書院自弘治六年始建，至嘉靖十六年止，每年學生凡數十人、童子亦數十人。近五十年間，中鄉試者約二十人，中進士者八人，俱見“出身題名”。（乾隆）《三原縣志》卷八云：承裕“先是以進士歸養，作弘道書院，與群弟子講理學，闡宗旨，受業者率多名儒”。此志作爲明代私人辦學形式乃至組織管理、教育教學之原則及方法、師生關係等方面，均可給今人有所啓迪。

明代至清初，所刻書院志不多，查諸《中國古籍善本書目》及《“國立中央圖書館”善本書目》，也僅有二十書院、二十八種而已，其中明代所刻爲十五部，而正德本僅存一部，嘉靖本僅存兩部。此本傳世罕見，《四庫全書總目》、《續修四庫全書總目提要》（稿本）、《中國古籍善本書目》、《“國立中央圖書館”善本書目》未收。又日本内閣文庫、東京大學東洋文化研究所、京都大學人文科學研究所、美國國會圖書館也未入藏。按，（乾隆）《三原縣志》卷十八著述，載“弘道書院志，王承裕著”。此本今藏臺北中研院歷史語言研究所傅斯年圖書館。

鈐印有“清言麓精”。

長沙府岳麓志【清康熙刻本】

《長沙府岳麓志》八卷首一卷，清趙寧纂修。清康熙二十六年(1687)鏡水堂刻本。八册，半頁九行十九字，四周單邊，白口，單魚尾，書口下刊“鏡水堂”。題“丁大中丞鑒定；郡丞趙寧纂修；潙山陶之典訂”。前有康熙二十六年徐國相、丁思孔、姚淳燾、黄性震、鄭端、趙寧序。全德嘉、趙廷標序。又周聖楷、吴道行舊序、正德九年(1514)陳鳳梧舊序。

趙寧，號管亭，山陰人。監生。先任福建某縣令，以定海邦，議叙擢長沙同知，所治大獄，經其讞決，無不明允。掌府事，政簡風清，尤以文雅飭治。歲試衡文，賞拔奇童，造就孤寒，大集生徒，肄業於嶽麓書院，月課其文，手爲櫛比，佳者捐資彙梓，以相鼓勵。當開閣，延名隽爲文雅會，或月夜渡江，與岳麓諸子開尊論文。纂修麓志，表章前賢，增建岳麓御書樓，復出清俸，修諸亭榭。蒞任四年，清白一節，後擢松江太守，士民攀轅瞻戀，如失慈母。(乾隆)《長沙府志》卷二十一名宦有傳。

岳麓有志，自明正德間創始於學使陳鳳梧，屬稿者則攸人陳論。越萬曆至崇禎，又兩經續筆。康熙間趙寧輯是志時，陳志已無從采訪，續筆也僅見其一，爲吴道行崇禎間所纂輯者。此書首一卷爲序、舊序、凡例、同修姓氏；卷一新典恭紀、古聖先賢像、岳麓總圖、書院圖、瀟湘八景圖；卷二山水、古迹、新建、景觀、疆域；卷三書院、列傳、興復、公牒、紫陽遺迹、題道鄉遺迹、補南軒遺迹、三書院説略、餼田；卷四藝文、賦、詩(新典恭紀、禹碑)；卷五藝文詩(書院、寺觀)；卷六藝文詩(游覽)；卷七藝文詩(瀟湘八景)；卷八藝文(序、文、説、銘、疏引、書札、書啓)、仙釋、雜記。

此實爲岳麓書院之專志也。書院爲宋太祖開寶九年(972)州守朱洞始創，繼之者建安劉珙，而朱晦庵、張南軒相與講道於兹。後晦庵安撫湖南，更建爽塏，以待四方學者，規模宏闊，條教詳明，岳麓之名，遂名聞天下。此志之大指乃崇重書院，以示高山仰止之意耳。由於舊志圖説錯雜，頗類稗乘，舛誤較多，况歲久漶漫，模糊莫辨。趙氏編輯此志時，曾得陶五徵之助，相與搜討厘正，細爲讎勘。凡例有云：“兹編彙寫諸圖列於卷首，而以紀載吟覽之章，分門詮次，一依記注之體裁，不亂事文之藩苑，庶幾閲者可當臥遊，遊者益資欣往也。”

丁思孔序云：“長沙趙郡丞所修《嶽麓志》，適於是時告成，凡疆域沿革、理學源流，以及幽靈秘蹟，雖微必録，比舊加詳。蓋嶽麓之有志，自有明正德時學使陳君鳳梧始，崇禎時吴生道行踵行之，兵火洊經，已爲煨燼，四十年來，無有計及此者。趙郡丞因慨然掇拾殘編，搜羅放佚，增華趾美，彙爲成書，良亦勤矣。”

趙寧自序又云：“自丁大中丞下車以

來，見學舍荒蕪，文教闕略，遂捐俸庀材，百廟具舉，生徒飆集景從，考德課藝，爲數百年所未覯。且復聞之於上，以請賜書旌額，如盛宋故事。余適承乏佐郡，鞅掌之餘，手披舊志，皆殘缺不可讀，遂旁搜廣輯，得以成書。首紀學宫，以及崇道尊經，誠明敬義，諸祠宇成燬沿革，歲月釐然。至於索岣嶁之字，而平成之績可思也；覽赫曦之記，而考亭之遺風猶在也。……他若仙釋之居，與夫瀟湘之景，亦列諸簡末，俾探奇選勝者有所考稽，而後此郡邑藝文之志，亦將於兹取裁也。"按，是書以書院廢興年表最有價值，記載詳細，一目了然。

《四庫全書總目》未收。《中國古籍善本書目》著録，上海圖書館、北京大學圖書館也有入藏。又按，是書又有六卷本，也爲清康熙二十六年鏡水堂刻本，上海圖書館藏，不知二本之内容有何區别。此本藏美國哈佛大學哈佛燕京圖書館。

鈐印有"小學齋"、"無逸"、"名宦鄉賢之裔"。

静谷志【明嘉靖刻本】

《静谷志》一卷，明彭簪撰。附録一卷。明嘉靖十二年(1533)刻本。一册。半頁九行十八字，左右雙邊，白口，無魚尾。題"七十二峰主者彭簪編纂"。前有嘉靖十二年彭簪序。

彭簪，字世望，號石屋山人，江西安福人。正德二年(1507)舉於鄉，嘉靖三年授衡山知縣，多惠政。至十四年移倅常州。爲政務大體，擢知青州。其治以育人材、正風俗、恤貧弱爲務，不深文苛刻，而庶務自理。尋解印綬歸。簪淡於進取，研窮理學，恬淡寡欲，與羅念庵、唐荆川相友善。篤嗜山水文字，遍歷南岳諸峰，所至鎸石，自號七十二峰主者。羅氏稱其貞而不矯，達而不肆。衡岳舊無專志，自彭氏始纂有《衡岳志》。又有《石屋散編》、《石屋山志》、《二溪家會録》。《國朝獻徵録》卷八十九、(道光)《南岳志》卷三、(同治)《安福縣志》卷十一有傳。

静谷，舊名凈居冲、流杯池，在南岳衡山巾紫峰下，爲明忠誠伯茹瑺游息處。巾紫峰，無林木，多杜鵑花，狀若紫巾。流杯池，爲五代馬希範所鑿，爲上巳祓禊宴集之所。茹瑺，湖南衡山人，洪武時曾任兵部尚書，永樂中封忠誠伯，致仕後愛巾紫之勝，優游觴咏其下。(道光)《衡山縣志》云："静谷在巾紫峰右，去縣治五里，境頗僻。宋僊人王十八種菜於此。明爲茹瑺游息處。國朝邑處士鄭楚之塋，嗜其静售而隱焉。"是志分形勝、題品沿革、崖壁、岩洞、泉石、池臺、亭館、橋梁、塔寺、物産、田塘、舍宇、門路，計十三節。而沿革於静谷叙述甚詳。附録一卷，爲彭簪公餘游衡岳所作之《觀湘臺記》、《觀物亭記》。

嘉靖十二年七月二十八日更名静谷，主者嘗揭示於四通之街，其告示云："告岳下居民，地名凈居冲、流盃池，已更名静谷，今後呼凈居冲、流盃池者，只呼静谷。昔李愿之歸盤谷、朱晦翁之遊雲谷，南之靈谷、北之幽谷，其爲谷，雖各擅其勝，要之皆虚而有容，静而無譁，可耕可釣，可藏修息遊之地也。今此静谷者，在衡岳之下，縣城之外，當紫柏紅塵之傍，有丹崖翠壁之幽，其爲奇勝，難以盡言。動中之静，僊幾咫尺，泉河流盃，特其一事耳，若呼爲流盃池，則偏而不周；呼爲凈居冲，則俗而不雅。予以石屋山人、七十二峰主者，於兹九年矣，循實取義，特爲更名。自今以後，敢有呼静谷爲凈居冲、爲流盃池者，罰入静谷中掃除三日，以謝地靈。故示。"嗣後更編此志以張之。

彭簪主政之暇，邑博士率弟子五六人請游，乃游此。其序是書有云："静谷志何？志静谷也。静谷者何？志静也。静也者何？萬物本於静，聖人定之，以中正仁義而主静焉。是故，將詔人人使知。夫静也，曷爲乎使人知夫静？上好於静，而民得休養焉；民安於静，而俗淳事簡焉；士習於静，而天理復焉，禮義興焉。曷爲乎詔之？名乎谷以詔之也。曷名乎谷？谷中之勝，人所樂而趍焉者也。因其樂趍夫勝，而誘之以趍夫静也。是故知静之可樂，而後可以遊静谷，若以其勝而已矣，非作志者之意也。"

此本藏臺北"國家圖書館"。《"國家圖書館"善本書志初稿》作"明嘉靖十二年衡山縣刻本"。《四庫全書總目》、《四庫未收書輯刊》、《續修四庫全書總目》、《續修四庫全書總目提要》(稿本)、《嘉業堂藏書志》、《中國古籍善本書目》均未著録。

鈐印有"西湖鮑氏問梅藏書畫印"、"問梅珍藏"、"拜蘇室珍藏印"、"劉承幹字貞一號翰怡"、"吴興劉氏嘉業堂藏書印"。按鮑問梅，即鮑逸，號問梅，錢塘諸生，性冲和不仕，工書善畫，兼精鐵筆。

牛首山志【明萬曆刻本】

《牛首山志》二卷，明盛時泰撰。明萬曆七年(1579)李氏刻後人增補印本。四册。明徐㤙跋。半頁十行十六字，四周雙邊，白口，單魚尾。題“净信居士盛時泰撰”。前有萬曆五年張鳴鳳序。末有萬曆七年盛敏耕跋。有《牛首山圖》。

盛時泰，字仲交，號雲浦，又號净信居士，江蘇江寧人。嘉靖間貢生。有文采，才氣横溢，下筆千言立就。不談治生，卜築大城山下。其自放於山巔水涯，馳騁筆墨，以自淡其無聊不平之思。時泰有《擬古兩都賦》，王世貞嘗稱之曰：遂令陸平原，不敢賦三都。又有《和司寇擬古七十章》，見者莫不欣賞。喜藏書，善山水竹石，工書。有《蒼潤軒碑跋》、《栖霞小志》、《城山堂集》等。《國朝獻徵録》卷一百十五、(道光)《上元縣志》卷十六文苑有傳。

天下山以牛頭稱者有五，二在陕西，一在四川，一在福建，一在江蘇。此牛首山，位於南京南郊三十里，因雙峰角立雲峙，其形如牛首，故名。佛書所稱“江表牛頭”。東晋時名天闕山，南朝梁名仙窟山，唐宋時改稱牛頭山。山有寺廟甚多，南宗(即牛頭宗)師唐釋慧融在此講禪，爲中國佛教牛頭禪宗之發祥地。周回二十七公里，高四百四十餘米，自西南而望，梵宫碧宇，列嵌岩際，雙闕并峙，浮圖高聳，蒼翠嶙峋，迥异他山。其“牛首烟嵐”爲金陵四十八景之一。專門記述牛首山之文不多，元代危素有《游牛首山記》一卷及明王世貞《游牛首諸山記》一卷，俱載《古今游記叢鈔》卷十、十四。

此志輯明人關於牛首山詩文，卷上山名志、岩洞志、池泉志、殿廬志、草樹志、法寶志。卷下爲遊覽志、麗藻志。并附録《牛首山弘覺寺原設碑記》并南京刑部廣東清吏司在卷五家墳山弓口畝數、應天府江寧縣爲乞天恩典例免差糧事、盛時泰撰《送止庵住上人住持牛頭山弘覺寺序》。大中大夫雲南等處承宣布政使司王橋《贈雪齋上人住持牛首山弘覺寺序》及四川嘉定州知府姚汝循《賀雪齋上人住持弘覺》七律一首。《四庫全書總目提要》云：“其文頗近游記，不盡沿志書窠臼。其藝文多著出某書，亦明人所難。惟地畝弓口一條，全録稟帖批詞，首尾不加删削，殊失體例。”

張鳴鳳序云：“有謂是山詩不少，志似贅者，抑豈知夫古今事，殊有難並論乎？且自採詩之典廢，世之作者，散在四方，其人不桓存，其詩未必皆傳，孰與輯爲一書，可要之久遠哉！至若其中雅俗兼收，略無刊裒，仲交蓋曰：世微宣尼，請俟來者。始將籍是，使天下曉然，知是山所有，若而巖，若而泉，若而草木哉！”

盛敏耕跋云：“山志作於嘉靖甲寅、乙卯間，藏篋中二十餘年，萬曆丙子，始安張君羽王寓江上，始序之。復於張處檢得游覽詩編入，蒐採稍廣，而精典較昔或讓。倪君公甫、周君吉甫見而欲梓之，先子咸以未脱稿辭。至戊寅秋，倏有大故，竟未及正。會祠部李公，遊山中訪志，命住山僧往率之。時不肖方襄大事，荒迷間覓原稿不獲，遽以應命，而李公遂使入梓。守備留都喬公，復捐貲助焉。不肖辭不獲已。及首夏，住手一編過我，而刻已成矣。"敏耕，時泰子，字伯牛，亦有雋才。王橋及姚汝循所撰詩文皆作於萬曆二十年，當爲後人所增刻。

徐𤊹跋云："金陵天闕山，其名肇自晋王丞相。盛仲交輯《山志》二卷，但採近代詩文，而先朝著作概未及收。至於仲交自言國初袁景文、高季迪、劉子高皆有刻集，亦不見傳。又楊東里、解春雨、吴匏庵集俱不能獲，是以仲交家輯藏書，草草據目前者而録之，譬之三家村設賽□大會，動輒弗備甚矣。著書必資於博雅，□必資於載籍耳。予兒有書癖，行經吴市，見而購之。正在除夕之前，客邸閒寂，細爲披閲漫識。崇禎戊寅七十翁徐興公書。"跋後鈐"徐氏興公"、"徐𤊹之印"。戊寅，爲崇禎十一年(1638)。𤊹，字惟起，又字興公，福建福州人。萬曆中與曹學佺狎主閩中詞壇，家富藏書。此跋，清初林佶及嘉慶間鄭杰所輯二種《紅雨樓題跋》、民國繆荃孫輯《重編紅雨樓題跋》、近人沈文倬輯《紅雨樓序跋集》皆未收録。

《牛首山圖》，爲"楓橋胡伯亥寫"、"劉繼隆刻"。

按，是書曾刊載於 1947 年 1 月《南京文獻》第一號首篇，當時印量甚少。1991 年，上海書店因其本流傳不多，又予以影印。此本藏臺北"國家圖書館"。《四庫全書總目》入史部地理類存目。《四庫全書存目叢書》僅收時泰《蒼潤軒碑跋》一卷《續紀》一卷，而不及此書。王重民《中國善本書提要補編》著録，作"明萬曆刻本"，藏北京圖書館。但查《北京圖書館古籍善本書目》，却僅有《栖霞小志》、《秣陵盛氏族譜》、《蒼潤軒碑跋記》、《游燕雜記》四種，而佚此《牛首山志》。《中國古籍善本書目》未著録。

鈐印有"侯官鄭氏藏書"、"閩戴成芬芷農圖籍"、"茞農珍賞"、"成芬私印"、"茞農"、"興公"、"徐氏興公"、"徐𤊹之印"。按，侯官鄭氏，即爲鄭杰，一名人杰，字昌英，號注韓居士，福建福州人。喜博覽肆搜，家有注韓居，藏書甚多，徐氏紅雨樓藏書多歸鄭氏。《紅雨樓題跋》即爲其輯刻。戴成芬，即戴植，字成芬，號芷農，福建福州人。藏書處曰心太平軒、翰墨軒。

寶華山志【清乾隆刻本】

《寶華山志》十五卷首一卷，清劉名芳撰。清乾隆刻本。四册。半頁九行二十字，四周單邊，白口，單魚尾。題“十六洞天劉名芳纂修；本山住持釋福聚參校”。劉名芳撰凡例十一則。有圖。

劉名芳，字南廬，閩人。乾隆初，居軍山團瓢凡十年，與李方膺、丁有煜交最久。自號七山外史。卒於如皋之雨季庵，邑令何廷模瘞之狼山駱賓王墓側。又纂有《南通州五山全志》二十卷、《金山志》等。見（光緒）《通州直隸州志》卷十三人物志下僑寓傳。

寶華山，在江蘇句容縣北六十里鳳壇鄉。其形安而逸，其勢尊而嚴，東凌鐵甕，西控金陵，南負句曲，北俯大江。峰巒起伏，爲縣外護，中結寺基，翠微環擁，紺宇窩藏，儼如花之含萼，蓮之有房，故名寶華。其名蓋取《般若經》云：“南海北有寶華山，古佛所居。”又一説云，齊釋寶志，結廬於此，後人重寶志之名，因以名山。另又有云，盛夏黄花滿山，故名，而俗第呼爲華山云。

首一卷爲御制文。卷一山圖、形勝、星野；卷二山水；卷三建置；卷四古迹、靈异；卷五高僧、律師；卷六碑銘、碑記；卷七塔銘；卷八詔敕、奏疏、公移；卷九記；卷十賦；卷十一序；卷十二傳；卷十三贊、考、書、啓；卷十四至十五詩。

寶華山舊有志，創始於康熙二十九年，然康熙志今已不傳。劉名芳以康熙志“時志局初開，未免蕪蔓”，有失體裁，故在其基礎上汰繁去謬，筆削過半。是編凡例有云：“寺宇舊志先及山門，謂志所從入也。是編先志銅殿，重伊始也，蓋兹山先有銅殿，而後有寺宇，先及之亦猶古人祭川先河而後海也。其餘樓閣軒亭，自上而下，先左後右，以次類及。而峰巖洞石，則自近而遠，由東而西。兹山形勢北嚮，以北爲正，以南爲背，故編輯亦先北後南。”

是志凡靈异一編，皆見諸傳記，而彰彰於人之耳目間者，凡近怪過誕者皆不予收録。又山中勺水拳石之命名，康熙志概不詳説，此志因名覈義，或以形肖，或以迹言，逐一予以解釋。他山以景勝，景以文傳，是山以道場顯，又以寺勝，寺又以梵律傳，故凡舊志慶祝之篇，酬贈之什，綺語諛詞，皆刪削殆盡。

是志參校者釋福聚，爲寶華第七代祖，字文海，姓駱氏，爲賓王裔，居浙之義烏，後僑寓溧水。年十四發心出家，就邑之上方寺剃度，苦志修持，潛心諷誦，十易寒燠，乃詣寶華山圓具，遂精究諸大律部，既慮聞見未廣，乃遍參諸方，閱歷八載，始歸本山，以衣鉢授命繼法席。雍正十二年，奉召入京師，主大法源寺席，今稱法源第一代律祖，奉命開三壇大戒，事畢固辭還山。(光緒)《句容縣志》卷八人物有傳。

《四庫全書總目》收有清釋德基撰《寶華山志》十卷，而不及此志。《中國古籍善本書目》未收。此藏美國哈佛大學哈佛燕京圖書館。

陽山志【抄本】

《陽山志》三卷，明岳岱撰。抄本。一册。近人許厚基題識。半頁十行十八字，無框欄。題"鄴郡岳岱撰"。前有嘉靖九年(1530)岳岱序。

岳岱，字東伯，先世以軍功隸蘇州衛，至其父始好讀書。闢草堂於陽山，花木翳然，修竹萬挺。岱結隱其中，自稱秦餘山人，又以系出相臺，號漳餘子。中年出游桓、岱諸岳，泛大江，覽留都名勝，訪豐坊於四明。歷覽天姥、天台、雁宕、武夷、匡廬而返，遂不復出。性狷介，不妄與人交。能詩善畫，嘗采時人詩爲《今雨瑶華集》傳於世。(道光)《蘇州府志》卷一百三人物隱逸上有傳。

陽山，一名秦餘杭山，又名四飛山，在蘇州府城西北三十里，高八百五十餘丈，逶迤二十餘里。昔爲吴之鎮，以其背陰面陽，故曰陽山。《越絶書》載："秦餘杭山者，越王棲吴王夫差山也，一名萬安山。"《郡國志》也云："萬安山下即干隧擒夫差處。"《史記正義》云："干隧在萬安山西南一里，又名四飛山。"

卷上爲山勢六則、泉石九則、臺洞岩壁七則、古迹九則；卷中爲寺庵廟十一則、草木十二則、藥産十七則、堂墅五則；卷下飲食八則、詩文十四則。每則首述其旨，後皆有"讃"。末附長詩二首，一爲《陽山》，一爲《陽山龍塚歌》。

岳岱序云："予蓋家於是山，爰自幼小，逮今已廿餘年。早捐干禄之業，夙敦肥遯之懷，蹤跡罕追於繽碌，言談每狎於芻蕘，故凡聞見之間，旋加採紀，玩讀之頃，亦費考咨，繇是隱者昭，而悔者著矣。而併集其詩文編成三卷，目爲十篇，篇各首述其旨，而終讃之。以俾將來之欲知是山者，庶幾不出户庭，而高深之咸覩，陟彼崔嵬，豈文辭之有訛，此非載勝之書，而卧游之假哉。"

《陽山志》最早有明嘉靖九年顧元慶刻本。此即岱序所稱顧君"執予所作，彌致稱嘉，乃命工人梓而傳焉"。顧元慶刻本今僅存一帙，藏天津圖書館。明末，陸汝成又撰《陽山志》，亦三卷，爲崇禎五年(1632)閱帆堂刻本，北京圖書館、上海圖書館入藏。據《中國古籍善本書目》，北圖又有《陽山志》三卷，明陳禮錫、陳濟生撰，清陳應留補。舊志一卷附一卷新録一卷，明顧元慶、岳岱撰。明崇禎五年閱帆堂刻清康熙三十二年(1693)重修本。美國國會圖書館藏有抄本一册。1915年，新陽趙詒琛輯《峭帆樓叢書》時，收入此書，底本乃據王培孫先生所藏抄本，然佚去《陽山》、《陽山龍塚歌》二首。

許厚基題識云："明岳岱著，嘉道時傳抄本。金蓉鏡舊藏。甲子冬得於海上客次，攜蘇重裝補志。博明。"厚基，字博明，别署懷辛，江蘇吴縣人，寓居蘇州。世代經商，家饒於資財，大購善本圖書，抗戰初年書始散出。

《四庫全書總目》未收。(道光)《蘇州府志》卷一百二十八藝文,著録岱著作二種,一爲此書,另一爲《今雨瑶華集》。《續修四庫全書總目提要》(稿本)著録亦爲傳抄本。此本藏臺北"國家圖書館"。《"國家圖書館"善本書志初稿》著録。《續修四庫全書》未采入。

鈐印有"蓉鏡收藏"。蓉鏡,即金蓉鏡,字甸丞,又字潛父,號闇伯,又號香岩,浙江嘉興人。光緒十五年(1889)進士,授工部主事,考取軍機,官至靖州知府。詩文淵雅,尤究心輿地之學。積書數萬卷,陸續捐之嘉興縣圖書館。歿後,楹書尚存一樓,然爲其妾盗賣部分,此當其一也。

惠山古今考【明刻本】

《惠山古今考》十卷，明談修撰。補遺一卷。明刻本。六册。半頁九行二十字，四周雙邊，白口，單魚尾，書口下刻字數。題"梁溪談修"。前有王徹序。目録後有《九龍山圖》。

談修，字思永，號無名生，江蘇無錫人。又有《避暑漫筆》。

惠山，在無錫縣西，亦名慧山，爲天目山支脉，由東南蜿蜒而來。相傳晋代西域僧人慧照居此山，故名。《吴地記》云："古名華山，又曰歷山，又名西神山，又名龍斗山。"因山峰九曲，故又名九龍山。

是書以無錫惠山爲一邑勝境，詳載古迹并有考證。卷一《小洞重堦考》、《賢孝祠考》、《惠山寺佛殿廢興考》、《二泉書院考》、《尊賢祠考》、《碧山吟社廢興考》、《圓亭僧房峰塢考》、《錫山考》、《禪悦院考》、《龍泉庵考》、《惠山古今名名考》、《諸泉考》、《諸祠增建考》、《貞旌坊考》、《趙令松考》、《流觴曲水考》、《圖畫匾書雜考》、《惠山諸刻考》、《明陽觀考》。卷二爲唐文三篇（陸羽、獨孤及丘舟）；宋文四篇（聶厚載、孫覿、李遠、許鑒）；元文四篇，多爲記（高明、倪瓚、黄溍）。卷三至五爲國朝文六十七篇（徐有貞、王達、陸簡、邵寶、楊循吉、王鏊等）。卷六南北朝詩三首（劉鑠、湛茂之、江淹）；唐詩四十首（皇甫冉、竇群、湛賁、許渾、李紳、張祜、皮日休、陸龜蒙、僧皎然、僧若水等）。卷七宋詩七十首（王禹偁、梅堯臣、蔡襄、黄庭堅、蘇軾、秦觀、蘇舜欽、楊萬里）；元詩四十一首（趙孟頫、鄧文原、楊載、柯九思、張雨、倪瓚、周權）。卷八至卷十國朝詩，計三百十三首（高啓、王達、韓奕、王紱、姚廣孝、周忱、聶大年、羅柔、夏寅、秦旭、李東陽等）。又補詩一首，乃抄配。補遺一卷，計十四頁（末第十一頁至十四頁抄配），二十三則，述惠山、惠山泉、周文襄公祠、熊列女旌貞坊、趙令松、二泉書院、鄒國公祠、黿池、惠山記、明陽觀、漪瀾亭、三孝祠、李丞相讀書臺、惠山僧房、張中丞新廟。

惠山，明代以來即有志，正德初年僧圓顯輯《慧山記》，備載惠山泉石、峰塢池澗、寺觀祠廟、物望山居、古迹勝覽、邱墓土産而以雜考。由邵寶潤色删定，厘爲四卷而梓傳之。後潘緒又以有關惠山詩文未録爲言，邵氏復選刊文二十一篇、詩一百七十首，曰《慧山集》，所刊印本絶少。而版藏桃花塢聽松庵，庵乃邵氏香火院，隆慶間，版毁於火。萬曆時，有處士尤茂先者，再刻《慧山續集》八卷，王世貞爲之序，然今并無傳本。崇禎間，邵氏族孫大棟又撰有《續志》，今又不存。明代又有釋至迪撰《惠山志》、華淑撰《惠山名勝志》、胡胤嘉撰《游惠山記》等，今亦湮去。此談修本，源於邵氏《慧山記》，而有新增。又兼録《慧山集》詩文并多有增選。

以此本較之邵、潘本，并明末王永積

《錫山景物略》,則可知此談本内容及考證之詳。如"惠山寺"一節,邵本及王本各僅二百六十餘字,而談本竟達八百字之多。兹録如下。惠山寺,"宋湛長史故宅也,元徽中僧顯於此置華山精舍,後廢。梁大同三年創爲招提,名法雲禪院。唐會昌中廢,咸通中重建。宋至道中,賜額普利院,紹興間,改名旌忠薦福寺。寺中有殿名大同,梁大同年間所建,元末寺燬。國朝洪武十四年,僧普真始圖興復。永樂五年,僧懷祖建佛殿。十八年,僧至迪又增建。正統初年,僧復原建兩廡。十年,正殿火。十二年,巡撫侍郎周公忱、知縣項公伾倡僧道裔溥濟重建。萬曆二十三年正月初三日,有邑中富人,挾門客、妓女蹴踘於月臺,令蒼頭輩飛火砲於佛殿梁間。香積歲久如阜,卒遇洊至火砲,勢不可遏,是夜殿燬。山僧文恣募化,通邑士民,均有檀施。鋸工王承祖,施三十金,蓋竭一生辛勤所積也。尤幸邑有吴光禄申錫,艾年喪子,因修善果,捐貲若干緡爲殿材費。無何病亡,其室人張氏,克成厥志,業已就緒矣。堪輿家謂,是寺也,錫山高聳於右,而左皆平壤,於寺不利,以故火災屢發。宜建鐘樓於左以禳文,且兩廡傾圮有年,亦宜舉廢。因募至放砲家,毫無捐助,惟語山僧曰,遊客至殿址,慎毋謂火起放砲而已。余聞斯言於僧,大爲不平。丁酉春,直指使君,行部至錫,放砲公被逮。余謂先年訪犯,有罰鍰造武進倉者,有罰鍰造吾錫西倉者,均約費貲數千鍰。二倉傾圮,非由二犯,尚議罰鍰重建。兹殿燬,槩由本犯,得如故事議罰,俾捐九牛一毛,以成億劫勝果,於理法宜然。顧余一介書生,末由上其事於當路,因商之鄉學憲愚谷公迪光、周武選雲望公子文、施冏卿勵庵公策、黄郡伯思庵公學海、嚴侍御雲岑公一鵬、葉司選玄室公茂才,及余婿安司封希范,僉謂是舉實出公義,奚啻爲吾邑增勝,而功德在官師、法施在吾輩、釋綱在本犯。釋氏所謂'幽谷無私有至,斯響正在今日'。相約共鳴諸當路,奈中有撓之者,竟爲空空之談。豈山靈之不幸耶?抑勇於義者之無其人也,余因識之。如果勝幡當振,豈無能使三十七品有樽俎之師在乎?"

王徹序云:"思永談先生,體不羈之才,固千里雄駿,而氣概矯矯,則萬仞崖壁。惜以知希,頫首窒衡下,窮愁著書,大類虞卿,山水勝情,不殊許掾,時時棲托於此,忼慨長嘯,謂不能窮古之勝而復之,俾山若益而崇,水若益而深,奈何覼此峙者頽乎?流者堙乎?因博蒐古今之詩與文,彙爲一編,埋之山房。曰:出此匪直卧游者神飛,令江山風月之主考而筌焉,庶知某泉某石,幾廢幾存,鮮不目爲幻景矣。"

按,此本傳世頗罕,華東師範大學圖書館也藏一帙,有附録三卷補遺一卷,前又有林兆珂序,并萬曆己亥談修跋。林序云:"近思永氏復重訂而廣輯之,諸如忠臣孝子、節義道學之類,及此山之勝,誰開誰廢,何代何年,與夫重堦小洞中失而今復者,其縣靡不備載圖中,命曰《惠山古今考》。"談跋佚去大部,僅餘四行。今華師大本已爲《四庫全書存目叢書》史部地理類第二百三十三册收入。《九龍山圖》,爲何汝高刻。

《四庫全書總目》入史部地理類存目,《總目提要》云:"唐張祜題詩有'小洞穿斜竹,重堦夾細莎'之句,而舊跡已湮,修營建以復其舊,故首卷載《小洞重堦考》及祠院庵觀諸考。自二卷至十卷,則自唐及明之詩文。附録三卷,皆同人賦贈之作。補遺一卷,則雜記惠山遺事。卷末自跋,有夢惠山之神云云,則未免幻妄矣。"按,此本今藏中研院歷史語言研究所傅斯年圖書館,但所藏無附録三卷,并佚去談氏自跋。

《千頃堂書目》卷八地理類下著録,作十卷附録三卷補遺一卷;(乾隆)《無錫縣志》卷三十九著述著録,但未云卷數;清汪遠孫《振綺堂書録》作五卷補遺一卷附録三卷。《中國古籍善本書目》著録,上海華東師範大學圖書館也有入藏。南京圖書館藏殘帙。

鈐印有"武昌柯逢時收藏圖記"。

狼五山志【明萬曆刻本】

《狼五山志》四卷，明王揚德撰。明萬曆刻天啓、崇禎間補刻印本。四册。民國王培孫跋。半頁九行十八字，四周單邊，白口，無魚尾。題"於越王揚德編輯、南海鍾光岳校正"。前有萬曆四十四年(1616)王揚德序。末有萬曆四十四年錢櫕跋。有圖。

王揚德，字心抑，浙江山陰人。萬曆三十八年武進士，兼通五經。歷任廣東總鎮、坐營都司。瓊崖黎嶼叛，揚德用間出奇，直抵五指山下，黎懼乞降。升狼山副總兵，築范公隄，以防海潮。天啓六年，提督狼山等處，恩威并施，將士悦服。時又與文人學士結社山中，歌詩酬唱，其食糲衣粗，無异爲諸生時。及鎮守廣西，以軍功擢南京後軍都督府僉書。流寇窺犯江浦，晝夜嚴防，賊遠遁。加署都督同知。崇禎辛巳歸，卒年八十四。(嘉慶)《山陰縣志》卷十四鄉賢、《南通州五山全志》卷十皆有傳。

狼山在江蘇南通市區東南，位於長江北岸。前臨大江，高五十三丈，周四百八十六丈。狼山得名，相傳山中曾有白狼出没，另一説山峭拔崳岈形如狼，故名。宋淳化年間，州牧楊鈞上書，以"狼"字不雅，改"狼"爲"琅"。狼山隔山與常熟之福山、虞山對峙，爲大江入海門户。此山從西北向東南延伸，依次爲黄泥山、馬鞍山、劍山、軍山。襟江負海，形勢優勝。五山之中，軍山最高，狼山次之。南朝梁陶弘景《真誥》卷十四《稽神樞》作"狼五山"。(見《嘉慶一統志》卷一〇六《通州・山川》)

卷一山圖、形勝、山川、古迹、建置、物産、名賢、仙釋、靈應、祀典(附祭文)、事紀(附災异創繕)；卷二五言律、七言律；卷三五言古、七言古、五言排律、七言排律、五言絶、七言絶、狼五山賦、萃景樓賦；卷四碑、記、傳、序。

宋王安石有《白狼觀海》詩，云："萬里崑崙誰鑿破，無邊波浪拍天來。曉寒雲霧連窮嶼，春暖魚龍化蟄雷。閬苑僊人何處覓，靈槎使者幾時回。遨游半是江湖裏，始覺今朝眼界開。"若登臨狼山之巔，北覽平原，南望大江，漁舸賈艘出没於波濤之中，千變萬態，景象蔚爲壯觀。

王揚德序云："王公設險以守國，自古記之，然則守國之要，將險是圖，東南半壁，長江天塹，惟狼、福兩山爲門户。扼狼山之險者，固宜駐狼山之麓，向署外城，非計也。不佞承乏於此，詳議遷徙衙舍，增設營房，凡一切桑土之綢繆，不敢内恡心而外恡力，工役告竣，崇川之南，隱然虎豹金湯矣。時以肆士之暇，討山水之佳麗，輯爲一志，要害名勝，巖洞臺刹及古今事跡，詩文靈奇，編次成帙，俾都人士一指畫間，恍然覩江北之狼與江南之福對峙南北，爲江海形勝之特，而益見設險周防之爲慮長也。雖然一夫守險，千人辟易，不侫愧非其人，願後來同志者，以身爲長城，使五山如帶，三江如礪，守我國家於億萬年。”

災异紀事至崇禎二年(1639)。卷三有王揚德撰《狼五山賦》。

王培孫跋云：“萬曆本《狼山志》四册，蔡先生蔚挺見書販彭姓氏得此，知爲余之所好，即爲代購。又慮購之太急，則嗜利者將高抬其價，而余又非能出高價者，於是議購而未遽購定者，經月餘之時間，而彭姓已攜書來滬。蔚挺乃發航空函托其友中國銀行秘書宋君就滬向彭姓交涉，幸未脱售，然間不容髪矣。若無航空，事殆無及。宋君得書，以交王君梅笙，轉交李君靖瀾而送余處。余驟覩此不易見之本，喜而不寐。翌日，蔚挺函到，方知此書經過之曲折，則蔚挺爲人謀之，忠至可感也。爲述原委，以志不忘。時二十三年一月之末日。”王培孫，名植善，字培孫，晚歲以字行。係出太原，爲上海故家。生於同治十年(1871)。其爲南洋中學校長時，多收方志及山川志，該校所藏書皆先生四十年精力所萃，晚年將所有佛典、方志、史乘、詞曲等珍籍七萬六千六百餘册，悉數捐助上海合衆圖書館，今則爲上海圖書館庋藏。

臺灣《“國家圖書館”善本書志初稿》史部著録《狼山志》四卷，一册。作“明王揚德撰、李贊乾續”、“明天啓三年刻本”。題“狼山把總於越王揚德編輯、通州學正東粤鍾光岳校正”。行款、序、跋皆同此本。又有天啓三年李贊乾《重修狼山志跋》，其分卷爲：首爲山圖、形勝、山川、古迹；次爲建置、物産、名賢、仙釋、祀典等；三爲詩賦頌述；末則爲碑記。又云“内文中部份爲李贊乾所增補”。按，臺灣藏本顯與此本不同，當爲另一刻本。

1935 年，南通狼山廣教寺曾據萬曆本影印流布，并附録有 1936 年排印本。清代劉名芳撰有《南通州五山全志》二十卷，爲乾隆十六年(1751)郡人徐嶺刻本。此志因“通州五山，巋然一隅，向顧無志。明總兵王揚德手輯四卷，所載古跡事實不備，即附見於州乘者，亦多舛錯”。該志首山圖、形勝，次山水，次建置，次雜志，次人物，次藝文，次志餘，凡九門，子目四十二。又《小方壺齋輿地叢鈔》第四帙收有《五山志略》一卷(清劉名芳撰)、《五狼山記》一卷(清王宜亨撰)。

《四庫全書總目》、《續修四庫全書總目提要》(稿本)未收。《中國古籍善本書目》著録，作“明萬曆四十四年刻本”，僅上海圖書館一帙。日本京都大學人文科學研究所、東京大學東洋文化研究所、内閣文庫、美國國會圖書館、普林斯敦大學葛思德東方圖書館、哈佛大學哈佛燕京圖書館等皆未入藏。

鈐印有“馬泰榮印”、“别號秋潯”、“壺天小隱”；“南和蕭敷政蒲村氏珍藏”；“王培孫紀念物”、“培孫”。

爛柯山洞志【清初抄本】

《爛柯山洞志》二卷，明徐日炅撰。清初抄本。一册。半頁八行十八字。題"青霞里人徐日炅闇仲甫纂"。無序跋。

徐日炅，初名日炅，字瞻明，後改名日曦，浙江衢州人。少聰慧，讀書一目數行俱下。天啓二年(1622)進士，授廬州府推官，以不附魏忠賢，削籍歸，崇禎間起復松江府推官。持身竣潔，活獄多所平反。爲人風流倜儻，工詩文，尤善書法，與董其昌相賞重，後卒於官。(光緒)《衢州府志》卷三十三宦迹有傳。

爛柯山，在浙江衢州城關東南十三公里處，烏溪江東岸，又名石室山、石橋山。相傳晋人王質入山采樵，見二童對弈。王質坐斧而觀，童子給質如棗核一物，含而不饑。棋終，斧柯已爛，山因此傳説得名。此山黛崖翠嶂，景極幽邃，唐末道士杜光庭《洞天福地記》稱此山"爲神州七十二福地之一"。古人云："赤縣神州七十二洞天，其八乃在信安古郡柯山之巔。"

此書題"青霞里人徐日炅闇仲甫纂"，又《浙江通志》、《續通志・藝文略》皆載徐志，然清鄭永禧輯《爛柯山志》(清光緒刻本)序則云："前明衢守瞿公溥著有《爛柯山志》一書，門下士邑人徐日炅繼成其志。"不知何據？查《衢州府志》卷二十九藝文，載有瞿序，有云：爛柯山"巨石横空，神鏤天劃，而境地曼絶，泉水清幽，宜爲仙人窟宅，問弈而來者題詠不乏，乃掌記闕然，時物遷改，斷碑破壁，榛蕪苔蘚，攫於好事者之所私而餘無幾矣。余病其遂湮没也，公餘之暇，蒐得詩文如干首，稍詮次之，壽諸梓"。如此，則確有瞿氏之刊，然今瞿志不見流傳。

此抄本字體仿宋，當據原刻本摹寫。今原刻本已不見傳世，此抄本則爲續命湯矣。書根題"爛柯山洞志"。封面貼有朱筆書簽，云"乾隆三十八年四月兩淮鹽政李送到馬裕家藏徐日炅爛柯山洞志壹部計書壹本"。

清代輯《爛柯山志》有兩種，其一爲潘世懋刻本，潘本於徐志累有增補，然今則板片無存，不見其有。另一種則爲鄭輯本，蓋因鄭氏因潘世懋刻本湮没不傳，乃殫數月之力，於殘碑斷碣中搜羅闕失，彙而訂之，輯成《爛柯山志》四卷。

此本流傳罕見。清末王綽序鄭輯本《爛柯山志》有言："前明徐日炅著有《爛柯山志》，意其纂言記事必有足備觀覽者，欲求其書而讀之，歲月寖久，遺稿難求，斯亦有志，於古者之憾也。"則王氏未曾見此徐志也。又江蘇古籍出版社 2000 年出版之《中國道觀志叢刊》，僅收鄭輯本，序言也不提徐志，蓋不知有此志也。

《千頃堂書目》卷八地理類下著録。《四庫全書總目》史部地理類存目著録，爲"兩淮馬裕家藏本"，即爲此本。馬裕，字元裕，號話山，原籍安徽祁門。馬曰琯之子，工詩文，尤精於長短句。乾隆三十八年(1773)，開四庫全書館，徵天下之書，馬裕父曰琯、叔父曰璐有小玲瓏山館、叢書樓藏書十餘萬卷，乃檢家藏書分三次進呈，共進書七百七十六種，爲獻書最多之藏書家。《四庫全書總目》著録其家藏本三百七十三種，未及進書之一半。其中史部一百二十三種，此其一也。《續修四庫全書總目提要》(稿本)僅收清鄭永禧輯《爛柯山志》四卷。《四庫全書存目叢書》未收。此本今藏臺北"國家圖書館"，《"國家圖書館"善本書志初稿》作"舊鈔本"。《中國古籍善本書目》未著録。

鈐印有"翰林院印"(滿漢文大方印)、"稽瑞樓"、"何元錫印"、"錢江何氏夢華館藏"。稽瑞樓爲陳揆藏書處，揆，字子準，江蘇常熟人。諸生。家世儒學，舊有藏書，凡邑人著述及詩文集之有關常邑者，自唐及今，搜羅殆遍。何元錫，字夢華，浙江錢塘人。監生。精於簿録之學，家多善本，嗜古成癖。有《秋神閣詩鈔》。

五蓮山志【清康熙刻乾隆增修本】

《五蓮山志》五卷，清釋海霆輯。清康熙間萬松禪林刻乾隆間增修本。二册。半頁八行二十字，四周單邊，白口，單魚尾。題"五蓮山釋海霆鶩龍編集；古琅邪王咸炤屋山批選；張侗石民訂正"。前有臧振榮序、康熙二十年(1681)李焕章序、康熙二十年海霆自序。

釋海霆，五蓮山光明寺住持，自稱開山師之曾孫。

五蓮山在山東青州諸城縣九仙山東五里，本名五朵，九仙之别峰也。蘇軾曾有云，奇秀不減雁蕩。唐時有應身菩薩，築精藍習静。宋有戒比丘昆尼於此。其後寖廢，敗壁頹垣，没於荆棘，至元季僅雲堂一椽。

五蓮山之開山祖師爲明開。明開，號心空，四川成都人，姓龐氏，少爲儒，聰敏强記，後受具足戒。遍參金陵諸大法師座下，未幾即居闍黎位，演修多羅，學者遂去諸大法師而從明開。乃渡江歷淮揚至諸城，至五朵山下，曰緣在是矣。萬曆三十年秋，明開北走京師，上書神宗，乞買山錢。據記載，時李皇太后病目，醫久不效，明開爲結壇，咒大悲水服之立愈。於是神宗發内帑千金建寺，至三十五年落成，上賜名五朵峰爲五蓮山，寺曰光明，并頒藏經計六千八百卷，敕書一、御磬一、御仗二、寶幡二、紫衣一。

是書卷一爲五蓮山及重要景點圖并各峰、臺、洞、泉、池、橋、石、塔等勝迹；卷二爲文集，分緣起、宗派、世系并住持、諸師、本傳、像贊、護法、物産、莊田等；卷三爲碑記、碑銘、藏經閣記；卷四爲雜記、游記等；卷五爲詩集，收詩四十二首。此本圖今已佚去。

五蓮山之寺僧世系，首以開山祖師明字起，下爲真、如、性、海、寂、照等字共四百五十九人。

康熙間，五蓮山及光明寺皆"巍然稱巨觀"。李焕章序云："嗣空大師，博綜群籍，輯志五卷，自空大師來，世系緣起，戒行古德，登臨著篇，峰壑泉石悉載焉。"然乾隆十六年，李瀚宰諸城，但見光明寺殿宇樓閣剥蝕於風雨，且就傾圮。翰修師補葺修治，一舉而新之。

卷四末有乾隆歲次彊圉赤奮若陽月，古襄平李瀚補撰《翰修師重修五蓮山志》一篇。按彊圉赤奮若爲丁丑，即乾隆二十二年，則此本之印當在此年或此之後。扉頁刊"五蓮山志、乘州李織齋先生删定，萬松禪林梓刻"。

查諸各家書目并《中國古籍善本書目》，皆未著録。此本藏美國哈佛大學哈佛燕京圖書館。

仙岩志【明刻本】

《仙岩志》十卷，明李燦箕撰。明崇禎六年(1633)刻本。二册。半頁八行二十字，四周雙邊，白口，單魚尾。書口上方刻"僊巖志"。題"僊陽李璨箕叔玉父著；嚴陵洪公遂孟處父糾譌；邑人徐一經伯權父箋定"。前有崇禎六年吴應鵬序、崇禎六年李璨箕重修序、崇禎六年洪公遂重修序。首有《二十六福地浙東仙岩圖》，計六頁。

李燦箕，字叔玉，號九際，福建仙游人。舉人。崇禎五年爲瑞安令。

仙岩，在浙江省瑞安縣城東北二十公里之崇泰鄉，屬大羅山南麓支脉。岡巒起伏，峰崖峙立，瀑泉飛灑，寺院則亭臺錯落，且多唐宋摩崖刻石。唐杜光庭撰《洞天福地岳瀆名山記》，稱其爲"天下第二十六福地"。是處爲浙江省級風景名勝區。

此本爲仙岩之專志，卷一仙岩志略，卷二五言古詩(二十一人)，卷三七言古詩(九人)，卷四五言律(六十八人)，卷五七言律(一百二十四人)，卷六五言絶(十六人)，七言絶(二十八人)，卷七五言排律(九人)，卷八銘二首、賦二首，卷九序二篇、記三篇、紀游一篇，卷十行略(三人)。其所收詩，每人選一首至數首不等。

仙岩建有聖壽禪寺，俗稱仙岩寺，坐落於積翠峰下。唐貞觀中始建，開山祖爲僧慧通歸一禪師。宋大中中里人陳敏九建庵，請遇安禪師住持。端拱中邑人楊通混捨田，侍郎姚揆奏請賜額。政和中因有三皇井諸迹，升郡爲應道軍，宣和中毁於兵。樂清高世則頗加修緝，延祐中大學士趙子昂篆"賓西"二字。明永樂中，邑人鮑原善捨還原買田莊，協同鄉蔡仲禮資其葺理。嘉靖中永嘉張孚敬重修，邑令劉畿、永嘉王叔果重建。

李璨箕重修序云："是集也，以學博洪先生與山人鮑武申手爲訂。先生品地奇特，唐音晋墨，翩翩風雅，前無作者，與山人博致足相賞也。乃蒐所經載，復裒所未覯。雲繢霞斐，斗致競情，無不洽然作天際真人。想一披閲焉，睫力所經，若晤故友，即屐齒未涉，悦聽鸞笙，齋心煮茗，酬此山靈，其坐領清福，當不敕少室山人之卧游矣。"

此本寫刻。有"二十六福地浙東仙岩圖"，圖之左下角刻"甲戌仲春吴郡陸羽漸畫、東嘉王家棟刊"。

《四庫全書總目》入史部地理類存目，作六卷，題王應辰撰。《四庫全書總目提要》云："嘉靖壬戌兵部郎中永嘉王叔果屬應辰爲此編，首載圖景，次録詩文，序次尚頗簡潔。"《四庫全書存目叢書》及《四庫全書存目叢書補編》皆未收入。《中國古籍善本書目》著録，浙江温州市圖書館入藏。《續修四庫全書總目提要》(稿本)亦有著録，提要甚簡。此本藏臺北中研院歷史語言研究所傅斯年圖書館。

鈐印有“張渭漁珍藏書籍印”、“海昌張光第渭漁父”、“金鑑堂印”、“東方文化事業總委員會所藏圖書印”。按，張光第(1874—1914)，字渭漁，浙江海寧人。少弃舉子業，攻金石書畫。王國維嘗云：“當吾之世，海寧言收藏者推渭漁。”1924年2月，其書散於北京琉璃廠文英閣書肆。

天台勝迹録【明刻本】

《天台勝迹録》四卷，明潘瑊輯。明嘉靖仙居林應麒刻本。四册。半頁十行十八字，四周雙邊，白口，無魚尾。題“邑人梅壑潘瑊編輯；僊居介山林應麒校刊”。前有王爌序。末有嘉靖二十五年(1546)潘瑊跋。

潘瑊，字子良，號梅壑，浙江天台人。嘗游陽明先生門，與鄒守益、吕栴、錢緒山、王龍山知交最善。嘉靖七年，有司以賢良薦，兩辭不起。裹糧行游天下，凡三十年，其不得志，而自放者也。又有《山川昆蟲百咏》、重修《天台詩選》。(民國)《天台山志》卷五高隱有傳。

天台，在浙江天台縣北，天台舊志引陶弘景《真誥》云：山高一萬八千丈，周八百里，山有八重，四面如一。當牛女之分，上應台宿，故曰天台。以神秀靈奇，稱於海内。天台博大雄奇，實可稱岳。

天台之有專記，始於釋、道。最早有唐釋神邕撰《天台山記》，今已佚。書則有唐道士徐靈府撰《天台山記》一卷，見諸《直齋書録解題》等，今有《古逸叢書》本。宋有《天台圖經》(宋之瑞撰)。明代最早有《永樂天台志》(曹宜約撰)、《天台要覽》(范理撰)、《天台勝紀》(李素撰)、《台山靈异録》(龐櫟編)等。此潘瑊輯本，乃作者“懼其久而散逸，乃博考群籍，旁蒐石刻，選粹正訛，彙次成帙”。其搜録六朝及唐人石刻，於山水并紀詞翰，計録歷代咏天台之各體詩數百首，又有孫綽、白玉蟾、張賢良賦各一首。其所録多爲後來山志諸書所本。

潘本之後，有徐表然撰《天台山志》(見《千頃堂書目》，今佚去)。萬曆間，又有釋傳燈，考山之源流形勝、寺觀教宗、僧道隱逸、盛典靈迹，以及异産文章，撰《天台山方外志》三十卷。清代關於天台之專書較多，最著者爲康熙間台州知府張聯元輯《天台山全志》十八卷，簡要賅博，著爲正例。

潘瑊跋云：“天台山水之勝溢古今，而薦紳僊釋之遊覽，接踵天下，殆無了日。其間吟詠者雖多，而留於崖石者絶少，星散無踪，噫可慨矣。世遠人更，爲山水謀者無其人。余潦倒無成，足跡與山水密，一日喟然曰：是役也，我之責也。因穿屐扶藜，更相登陟，剔蘚剥苔，得幾首壁間，近留者亦得幾首，覽還流庫中翻檢記志編集自唐而下至昭代，及吾鄉之見在作者，淘沙掃葉，共得若干首，批點成帙，瑊又不自覺形穢，除山水百詠外，亦録一二，蠅附驥尾。嗚呼！前賢之留心刻意，匪得瑊無以修葺，瑊之俚言蕪句，非竊前人無以疣贅，瑊之有功於前人，而前人之垂栊於瑊者，豈淺淺哉。”

按，此書甚稀見，僅見《天一閣書目》、《天一閣見存書目》著録，1940年馮貞群編《鄞范氏天一閣書目内編》時，是書則佚去不存。

《四庫全書總目》史部地理類存目有《天台山志》一卷，爲元代佚名所撰，《提要》云其書頗典雅可觀，惟七十二福地一條，不引杜光庭書，而引《記纂淵海》，知爲裨販之學矣。存目又有《天台山方外志》，云："此書成於萬曆癸卯，出自釋家之手，述梵跡者爲多，與專志山川者，體例稍殊。"《續修四庫全書總目提要》（稿本）收有《天台山全書》十八卷、《天台山記》一卷、《天台山迹》不分卷，但不及此《勝迹録》。《中國古籍善本書目》也未著録，僅有《天台勝紀》六卷，明萬曆十九年（1591）自刻本，藏北京圖書館。此本藏臺北"國家圖書館"。

鈐印有"博陵彭述古堂收藏金石書畫之印"、"彭印志信"、"彭氏紫符"。

廬山紀事【明嘉靖刻本】

《廬山紀事》十二卷，明桑喬撰。明嘉靖四十年(1561)刻本。二册。半頁十行二十二字，四周單邊，白口，無魚尾。題“廣陵桑喬”。前有嘉靖四十年桑喬序。目録頁前有廬山圖四幅，爲“張時曉刊”。存卷一至三、十至十二。藏香港中文大學圖書館。原《香港中文大學圖書館善本書目》作全帙，誤。

桑喬，字子木，江蘇江都人。嘉靖十一年進士。授户部主事，督草場税，宿弊頓清。改監察御史，出按山西。時大同初定，渾源失守，邊民被傷者甚衆。桑喬躬行塞上，掩尸埋骨，劾將臣魯剛、季懋輩失機正法，州邑被兵殘破者疏免其征賦。又諫止車駕、毋巡邊及籌邊方略十餘條。又曾劾禮部尚書嚴嵩、兵部尚書張贊、户部尚書張雲、工部尚書林廷棉。詔罷雲、廷棉。喬疏論之且連四大臣，直聲震天下，嵩大銜恨。尋巡按畿輔，引疾去。後爲嵩所構，逮赴詔獄，廷杖幾死，謫戍九江，二十六年不歸。念母老而迎養，母後歸江都，喬獨居一室，惟一僕供掃除汲炊而已。嗜易占，得其微奥。嘉靖四十三年卒於九江。

廬山雄偉清奇，峰巒秀麗，雲霧變幻，姿態迥异。宋蘇軾《題西林壁》詩云：“不識廬山真面目，只緣身在此山中。”乃爲膾炙人口之名句。然其有志且存於世者，最早爲宋釋惠遠《廬山紀略》一卷，所記較疏略。又有宋陳舜俞《廬山記》五卷，乃舜俞謫官後，與劉焕游廬山，以六十日之力，盡南北山水之勝，晝則山行，夜則發書考證，并參以耆舊所傳，考據精核。今宋刻原本僅存二卷，藏日本成簣堂文庫。北京圖書館有清抄本，但爲三卷。

此本爲喬戍九江時所作。卷一通志，爲山紀、品匯、隱逸、仙釋、雜志、災祥、怪异、藝文；卷二通志，總論登山道路等；卷三山南自隘口東北行至張公嶺；卷四山南自張公嶺東北行至七尖山；卷五山南自七尖山東北行至含鄱口；卷六山南自五老峰南行至宫亭湖；卷七五老峰東南至羅漢嶺；卷八山南自五老峰東北行至吴章山；卷九山北由吴章山東北行至南湖嘴、山北由吴章西南行至三山澗；卷十山北自分水嶺東北行至潯陽江；卷十一山北自分水嶺西行至嶺末；卷十二山北由烏龍潭西南行隘口。是志載録詳盡，且有喬之按語，其采摭群籍，具存其名，源源本本，有條不紊，實當年游覽廬山者之重要圖籍。

喬序於此書之撰述經過甚詳。序云：“喬在九江，屏居廬北林隱庵，省愆之暇，漫輯録廬山古今事既久，遂成篇帙，目之曰《廬山紀事》，藏諸篋笥，聊以自娱，非敢傳之作者也。它日，淮海孫公見之曰，夫廬山亞於五岳，而圖記弗備，好古者有遺憾矣。是作雖蕪穢，然姑以備覽考抑，亦仰博雅君子之訂正焉……因與四橋陶公、筆山盧公捐俸梓之，射陂朱侯董而成之。既竣，喬執卷而嘆曰，嗟夫！紀事有三愆，而鄙倍不與焉。其一，古之名賢如周景式《廬山記》、張僧鑒《潯陽記》諸篇，今不及見，獨見其數語於類書中。而宋陳舜俞《廬山記》、馬玗《續廬山記》、戴師愈《廬山文物列傳》并稱名作，亦構之不得，獨以己意撰述，去取無章程，潛德休光，多所缺遺，閟而不宣，無以式遠。其二，古今名賢篇什不爲少矣，喬旅泊既乏典籍，以稽往躅，即今時搢紳先生諸名制，山僧羽流不能珍藏，散逸者十九，雖屢蒐羅，亦無從得其跡也，逸世之珍泯焉無聞。進不能焕人文、昭盛世之多才，退不能爲兹山增重。其三，九江者，喬之并州也，事宜内山北業，既已成編矣，雙江方公見之日，是爲九江南康言，非爲廬山言也。夫苟爲廬山言，則宜先山之面者也，舍其面而背，是先議者將謂斯何，且使子志二郡内九江可也，子以子觀廬山，不若以天下觀廬山亟易諸。喬無以奪其議也，故紀事先山南。"

《千頃堂書目》卷八著録。《四庫全書總目》入史部地理類存目，然所收爲清范礽補訂本。順治十五年(1658)，巡按御史許世昌屬南康推官范礽據桑志重爲補訂，以山陰山陽别其條貫，屬南康者列於陽，屬九江者列於陰。并取桑之後百余年間事迹題咏，綴補於後。又康熙五十九年(1720)，蔣國祥曾據桑志重刻。清代廬山志較重要者尚有清釋定皓撰《廬山通志》十二卷，也以桑志爲基礎，稍增損之，無大發明考正。另有清吴煒、李瀅撰《增定廬山志》十五卷及毛德琦撰《廬山志》十五卷，後者乃取桑志及吴、李二志彙訂而成。

是本全帙藏北京圖書館、上海圖書館、南京圖書館、浙江圖書館、臺灣"中央圖書館"等十一館。按，《四庫全書存目叢書》史部第二百三十九册，收有《廬山志》十五卷，版本作"清康熙五十九年順德堂刻本"，所用底本爲上海復旦大學圖書館所藏。

鈐印有"雪翁"、"宸翰樓"。

大岳志略【明嘉靖刻本】

《大岳志略》五卷，明方升撰。明嘉靖十五年(1536)婺源方氏刻本。三册。半頁十一行二十二字，四周單邊，黑口，雙魚尾。前有嘉靖十六年王鎔序、嘉靖十五年方升自序。凡例七則。

方升，字世猷，號定庵，安徽婺源人。嘉靖二年進士。宰永嘉，灑濯弊政，制攝豪强。嘉靖十五年爲武當山提調文臣，累官至福建按察副使，凡五任，囊無餘財。以直道得罪當路，致仕。嘗自題其室曰：一官如洗人應笑，四壁皆空盗不窺。林下二十餘年，足迹未嘗入城市。好讀書，所著又有《亦愚集》、《南隱録》等。(乾隆)《婺源縣志》卷十六有傳。

此爲武當山之專志。武當山，古名惨上山、太和山，在湖北省西北部，北通秦嶺，南接巴山，綿亘起伏，縱横八百里。嵯峨雄峙，峻極穹蒼，溪澗曲折，林木葱鬱，風景秀麗，以“非真武不足以當之”而名武當。唐宋以後，爲道教名山，亦爲道教歷代祖師清修之道場。此書卷一王言略，記宋仁宗以下帝王之翰墨及詔誥；卷二人物略，記道家人物及有功於武當者；卷三宫觀圖述略，録總圖一、正宫八、小宫三、岩洞廟祠觀殿二十五；卷四藝文略，爲碑七、序二、贊三、祭文一、賦一、歌詩一百九十首；卷五雜考略，分靈感類、瑞應類、内降類、欽定類、宣召類、貢獻類、列真類、職官類、土産類、奇异類。

凡例云：“大嶽舊有志，嫌於無别，故曰志略，與舊志並行焉。”“是編採掇事實，一本舊志，間有損益，則竊附己意，而不避僭越焉者也。”“編次首王言，尊無上也。次人物，先有功也。次宫觀，昭盛舉也。次山川，叙勝概也。宫觀山川，不各自爲卷者，總繫於一圖也。次藝文，示不朽也。終之以雜考焉，録其所未録，防遺逸也。玄帝紀弁之卷端者，志爲玄帝，作特例也。”按，此所謂“舊有志”者，當指明宣德間武當玉虚宫提調、欽差太常寺丞任自垣所撰《大岳太和山志》。

王鎔序云：“山故有志，有載無擇，定庵方子取而正之，據例分門，删繁就簡，彙成要帙，是故建置沿革，褒錫崇封，王言盡之矣；隱寓逃名，受道論治，人物盡之矣；山川流峙，宫觀嚴密，圖説盡之矣；稽古證今，演述詠嘆，藝文盡之矣。末復雜考，紀異防遺，文核事實，有史風焉。昔林閭翁孺才立言得梗概之法，楊子好之，玆編類已。夫方子主斯山者也，而余亦與有採訪之寄。”

方升序云：“升少時，則聞武當奇勝甲天下，裹糧走觀之，亡一乘之便，卒莫能往。嘉靖癸巳，督屯唐鄧間，庶幾望見諸道子之宫，而又不敢越他境以勤邑人，乃止。甲午，提調命下，升奉以趨曰：玆命也，將得以指揮其宫事，行有辭矣。”“既歸，取志讀之，曰：該矣，悉矣，無所不載矣。讀之卒篇，曰：誇而俚，博而寡要，其猶有未盡乎？乃忘其愚，輯爲此編，汰十之五，增十之三，爲之檃括一百四十六處，杜述者十有九首，類爲五卷。既脱稿，唯災木是懼，質之少監李公，曰：雖然，不可無刻也。遂刻之。”

武當有志，始於元初道士劉道明撰《武當福地總真集》及羅霆震撰《武當紀勝集》，二種皆有《道藏》本。明代最早有任自垣撰《大岳太和山志》十五卷，今存者爲明刻本，藏北京圖書館、寧波天一閣，二處相加，僅存卷二至十五。此外明代又有四刻，一爲明嘉靖十二年刻本，書名、卷數、作者同上，藏寧波天一閣，但殘存卷十四至十五。二即爲此本。三爲明嘉靖三十五年王佐刻本，《大岳太和山志》十七卷，明慎旦、賈如愚等撰，藏北京圖書館。四爲明隆慶六年張著刻本，《大岳太和山志》八卷，明盧重華撰，藏北京圖書館、南京圖書館。此隆慶本後又有萬曆遞修本，爲九卷本，藏北京圖書館及上海圖書館。又按，此方升志内之篇目等，多爲盧重華撰《大岳太和山志》所利用。

此方升志在明末曾爲《廣百川學海》、《説郛》、《山林經濟籍》所收，但皆爲一卷，當爲節録之本。如《説郛》本僅收有《太和宫四圖述》、《南岩宫七圖述》、《五龍宫八圖述》、《玉虚宫六圖述》、《遇真宫三圖述》、《迎恩宫一圖述》、《净樂宫二圖述》。

此本皮紙印。字體仿宋，墨色凝重，嘉靖刻本中有如此面目者甚少見。

是書藏臺北“國家圖書館”。《四庫全書總目》地理類存目著録者爲明田玉撰《大岳太和山志》十七卷，讀《提要》，知四庫纂修官未知此方升志也。《續修四庫全書》未收。《續修四庫全書總目提要》（稿本）所收爲《廣百川學海》本，提要甚簡，於方升也云“里貫未詳”。《中國古籍善本書目》、日本《内閣文庫藏漢籍目録》皆未著録。

鈐印有“五硯樓”、“袁氏又愷”、“五硯樓袁氏收藏金石圖書印”、“古潭州袁卧雪廬收藏”、“廷檮之印”，又有“彭城仲子審定”。

羅浮山志【明嘉靖刻本】

《羅浮山志》十二卷，明黎民表撰，黄佐删定。明嘉靖三十六年（1557）刻本。八册。半頁十行二十字，四周單邊，無魚尾。前有嘉靖三十六年黄佐序。末有黎民表後序。

黎民表，字惟敬，自號瑶石山人，廣東從化人。嘉靖十三年舉人，授翰林孔目，轉吏部司務，辦制敕房中書，供事内閣，擢南京兵部車駕司員外郎，改户部浙江司監通州倉。萬曆中，還内閣，掌制敕侍經筵，預修《世宗實録》，再復修《穆宗實録》。官至河南布政使參議致仕。民表性坦夷，好讀書，工詩善畫，有《瑶石山人稿》、《北游稿》等。《明史》卷一百八十一、（雍正）《從化縣志》皆有傳。

黄佐，字才伯，號泰泉，又號海隅，廣東香山人。正德十六年（1521）進士，選庶吉士，授編修，除江西僉事，改督廣西學校。以翰林編修兼左春坊左司諫，充經筵講官，尋進侍讀，掌南京翰林院，擢南京國子祭酒。年七十七卒，贈禮部右侍郎，謚文裕。平生服膺博約之訓，慎獨而力於行，著書二十餘種。《明史》卷二百八十七、（道光）《香山縣志》卷六列傳有傳。

羅浮山爲羅山、浮山之合稱，地處廣東博羅縣西北，又跨龍門、增城二縣，以山勢雄偉奇特、瑰麗靈秀見著，爲重要道教及佛教聖地，亦中國十大名山之一。此志列羅浮之山川、物産、人物，計卷一圖經、卷二洞岩、卷三泉池、卷四品物、卷五壇觀、卷六庵廬、卷七古迹、卷八名賢、卷九列仙、卷十道釋、卷十一塔寺、卷十二雜記。文中引録詩文，凡朝代、人名、書名乃至篇名，皆加方墨圍以别之。

黄佐序云："歲庚戌春二月乙巳，與甘泉翁偕遊，黎子暨梁子孜從焉。爲詢舊志於道士，則亡矣。於是托歸善姚子浤求得録本，黎子復得圖記鉅幅於故家，乃博訪旁採，綱以圖經，而後條舉其詳，昔所未載而今創聞者，爲雜記以終之。芟補綦於精審，予亦稍加潤色，蓋七閲寒暑而後成編，凡一十有二卷云。""姚子與兄瀾及張子文鉅、徐子國瞻、湯子相共率錢一萬，購工請刻，黎子伐梓得二百片遂刻之。適與佃人送租錢五千至，亦畀爲工，於是告竣。"

黎民表後序云："歲庚戌，民表始獲侍吾師海隅先生往遊。……民表乃即陳琴軒氏所爲志而增修之，自袁彦伯、竺法真二疏以及南粤異物諸志，旁羅遠索，咸因類附見，而歷代詞賦稍馴雅者亦必採録。稿成，先生因爲釐正，括以圖經，表以論贊，山川必辨其方位，品物必摹其形狀，建置必審其興廢，名賢必核其篇詠，列僊必舉其丹詮，道釋必推其流别，雜記必定其僞舛，或昔顯而今伏，或始無而今有者，悉品列焉，凡十有二卷，而羅浮之故實粲然大備。""先生乃今因民表初編潤色成書，以副於石室而垂後世。"

據黄、黎二序，可知是志民表所爲初編，而佐修飾成之。志成，佐不欲自以爲功，故以民表著録之。《續修四庫全書》僅收有《羅浮志》十卷。

羅浮山有志，始於宋白玉蟾《羅浮志》，後世又有潘勖《羅浮山圖記》、韓德焜《名峰圖説》、鄒師正《羅浮指掌圖説》、王胄《羅浮圖志》、梁億《羅浮山志》、盧挺《羅浮山囊》等，然今皆已佚去。明代之志，今存者所知有四，一爲明初陳璉之《羅浮志》，計十卷，有《嶺南遺書》本。據卷首自識，該志乃宋王胄所輯，而後人所續者，惜非刻本，卷帙弗全，字多舛謬。幸指掌諸圖記猶在，遂爲之考訂去取，彙而成編，增至十五卷。然今僅存十卷，殆非完書。二爲此黎、黄纂修本。此外又有王希文撰《羅浮山志》十四卷，明嘉靖三十七年刻本，藏寧波天一閣文管會；韓鳴鸞撰《羅浮志略》二卷，明萬曆刻本，藏北京圖書館。

清代尚有數種，一爲《羅浮山志會編》二十二卷，爲宋廣業撰。廣業於康熙中官至山東濟東道，後因子志益爲瑞州知府，就養官署，以羅浮爲嶺南勝地，而舊志簡略，遂重爲考訂，網羅闕遺，計事增舊十之五。後來羅浮諸志，多以此爲藍本。二爲《羅浮外史》一卷，錢以塏撰。以塏康熙中官東莞、茂名二縣，羅浮山屬博羅，而游人登眺則多由東莞之石龍鄉。以塏官東莞時，其父瑛就養縣署，往游羅浮，記其名勝。以塏因參考諸籍，以成此編。首列圖二十，次述山中名勝靈迹爲五十八篇，大抵多因仍舊志，又多以近人詩參錯其中，頗爲冗雜。三爲《羅浮紀勝》二卷，吴騫撰，題清康熙刻本，藏安徽省博物館。四爲《浮山小志》三卷附史傳事略一卷，黄培芳撰。此編專志浮山，尤詳於酥醪一洞，計分三門，爲紀勝、題志文、題志詩。有嘉慶十八年(1813)刻本。北京圖書館有清抄本。五爲《浮山新志》，陳銘圭撰。銘圭久居浮山，此爲其道光間所撰。六爲《浮山志》五卷，題酥醪洞主撰。卷一爲黄培芳撰《浮山小志》、賴洪禧撰《浮山新志》；卷二爲自著浮山續紀；卷三爲唐至國朝文；卷四爲唐至國朝詩；卷五爲詩，附國朝詞。有清末刻本。七爲《羅浮志補》，民國陳伯陶撰。此本乃伯陶病銘圭志之略而惜宋志之蕪，故有所作。按《藏外道書》(巴蜀書社)第十九册，收有《羅浮志》、《羅浮山志會編》二種，而不及此，蓋此孤本全帙，不易得也。

此本現存臺北"國家圖書館"，爲劉氏嘉業堂舊藏，《嘉業堂藏書志》有湛若水撰《羅浮山志》十二卷，繆荃孫撰湛志云："羅浮名列道書，以晋葛洪得名。宋郭文美始爲《羅浮記》，譚粹裒之爲集，王胄復爲圖。明永樂中，陳琴軒璉又續之。嘉靖庚戌，湛甘泉翁、黄泰泉遊是山，覓得舊志，黎瑶石民表復得圖記鉅幅於故家，相與編纂，成書十二卷，蒐採甚博，字句亦雅。《天一閣書目》收是本，《四庫》未收，殆亦世所罕見歟？前有泰泉序，後有黎民表序。嘉靖庚戌修，丁巳刻成。《四庫》收《羅浮野乘》、《羅浮外史》，均在後矣。"按，此書乃爲黎氏編纂，黄佐删定，湛氏未參與其事。繆氏所云誤也。又(嘉慶)《天一閣書目》及(光緒)《天一閣見存書目》著録，爲全本，但至(民國)《鄞范氏天一閣書目内編》卷二已無著録。

《四庫全書總目》史部地理類未著録此本，但存目有"内府藏本"之《羅浮山志》十二卷，爲清陶益撰(總目提要誤作"陶敬益")。益，江寧人，康熙中官博羅知縣。

是編因黎民表舊志，益以僧塵异《名峰圖説》，互相補輯，合爲一書。然首有圖經，又有名峰圖，又有岩洞志，前後繁複，殊無義例，是則兼取兩家，未能融鑄剪裁之故也。《中國古籍善本書目》著録，作“黎民表撰”。上海圖書館藏，存九卷，爲四至十二。

鈐印有“豐樹堂圖書記”、“吴興劉氏嘉業堂藏書印”、“劉承幹字貞一號翰怡”。

泉河史【明萬曆刻本】

《泉河史》十五卷，明胡瓚撰。明萬曆刻清順治補刻本。五册。半頁十行二十字，四周單邊，白口，單魚尾。書口下刻“板藏濟南分司”。前有萬曆二十六年(1598)吴應賓序、萬曆二十七年于若瀛序。清順治四年(1647)任有鑑補序。凡例十六則。萬曆二十七年胡琳跋。纂修名氏。纂修名氏後有清朝水部職官録、清朝首任泉河各官姓氏。編集書目。目録前有萬曆二十五年告示牌。末有缺名跋，又萬曆二十七年寧陽縣知縣李沐民跋。

胡瓚，字伯玉，安徽桐城人。萬曆二十三年進士。授都水司主事，分司南旺司，兼督泉閘，贊河漕總督劉東星濬賈魯河故道，益治汶泗泉數百，窮源竟委，著《泉河史》上之。其治泉一夫濬一泉，各有分地，冬則養其餘力，不徵於官，以功累遷江西左參政，予告歸卒。又著有《禹貢備遺增注》。(光緒)《重修安徽通志》卷一百七十九人物志宦績有傳。

此書爲胡瓚分司南旺時，據河志、閘河考、泉河志諸書删輯而作。於河湖閘壩、堤防瀦洩之道，載之頗悉。然體例冗雜，需後人潤色。卷一圖記、卷二職制志、卷三泉源志、卷四河渠志、卷五至卷六職官表、卷七泉源派表、卷八疆域志、卷九山川志、卷十夫役志、卷十一漕艘志、卷十二宫室志、卷十三人物志、卷十四秩祀志、卷十五自叙。

吴應賓序云：“濟上故號清秩，無薄書錢穀之勞，伯玉賈其餘勇，大肆力於文章。又以燕度之役，歲登泰山，探玉簡，涉汶泗，蹶洙沂，展闕里，過鄒嶧，足跡半齊魯之疆，而文益日進。獨内念河上之署三更，典籍散亂，慨然發憤勒成一書。爰蒐郡國之掌故，徧察野老之叢談，特裁己見，莫贊一辭，爲志十有一，爲表三。又以身非史官，義存竊取托，爲客難以見意。總十六萬言，既乃出水衡餐錢若干，付羅倅一夔壽諸梓。”

缺名跋云：“顧閘以束泉，而泉之匯鼼，通於河泉，與河二而一者也。往董是役者間亦有志，然或值新泉往未具，或當新河未成，或因分署未定，志各散見，甲乙無當，不便觀覽者久矣。余同年友伯玉胡君受命行河，值黄涸口，决議者紛如，君毅然以疏瀹爲己任，廣諏博訪，務求其故，於是朔汶洮洙泗之源，驅鄒滕齊魯之野，舟車所至，奚囊自隨，拮據逾年，乃檃括其大凡，取證於墳典丘索，而折衷於郡邑之乘、父老之口。地列其圖，制仍其舊。職官、泉源、河渠有志有表。疆域山川，夫役漕艘、宫室、人物、秩祀，大事有志有記。爲卷十有五，而爲言十六萬有奇，事核而詳，語精以密，述其地必辯其方列，其人必考其實，禁例穀，艘徭、畚鍤，罔不備載。下以備九十餘君子之缺典，上以存國家二百四十餘年之故事，用詔後來，如指諸掌命之曰史，是可以爲史也。”

編集書目計三十八種，其中引述明代府州縣志多達二十五種。又有《濟寧閘河志》四卷、《東泉志》四卷、《閘河類考》六卷、《泉河志》六卷、《泉河紀略》八卷、《水部備考》、《漕乘》、《安平鎮志》等，今多罕傳之本。

于若瀛序後有“新都黄錕梓”。卷一目録後有“吉水郭惟勳寫”。按黄錕或作黄昆，曾參與刊刻《兖州府志》。卷十五末附“泉河史大事記”。大事記始自永樂十七年(1419)，止於萬曆二十六年(1598)，用編年體，以總括全書大略。

此本藏臺北中研院歷史語言研究所傅斯年圖書館。是書《四庫全書總目》著録，入史部地理類存目。《中國古籍善本書目》著録，湖南省圖書館有明萬曆二十七年刻本。上海華東師範大學圖書館藏明萬曆二十七年刻清順治四年增修本。《四庫全書存目叢書》收入，在第二百二十二册内，乃據華東師範大學圖書館藏本爲底本影印。

鈐印有“任城李氏珍藏”、“冬涵閲過”。

三峽通志【明萬曆刻本】

《三峽通志》五卷，明吴守忠輯。明萬曆十九年(1591)刻本。二册。半頁九行二十二字，四周雙邊，白口，雙魚尾，書口下間有刻工。題"高安吴守忠編輯；黄岡盧國楨校次"。前有萬曆十九年吴守忠序。末有興山知縣曠驥跋。

吴守忠，字子順，江西瑞安府高安縣人，舉人。萬曆十七年任歸州知州。見《歸州志》卷二司牧。

三峽在四川、湖北之間，地形複雜、陵谷險峭，占國内幽勝迹絶之最。三峽不僅以它獨特山水取勝，且其文物及名勝古迹也爲世人所稱道。自北魏酈道元《水經注》後，由唐迄清，千百年間，不知多少膾炙人口之篇章傳世，但專門論述三峽之志書却是罕見。

明代三峽，爲府者僅夔州府。爲州二，一爲夷陵州，一爲歸州。是書卷一爲三峽异同，三峽中額設公署衛所、峽考(夔峽、巫峽、歸峽)、詩(梁簡文帝、李白、杜甫、李頻等)、賦(郭璞等)、記(熊相□等)；卷二爲有關夔峽之五言、七言詩、歌、賦、記；卷三爲有關巫峽之詩、詞、賦；卷四爲有關歸峽之詩、記、序；卷五爲附録(帝王勝迹、聖賢過化、名宦流芳、鄉賢遺響、達人流寓、一流芰夷、偏安竊據、夏明升聞、江神顯應、岩洞搜奇、崩洪紀异、守江集議、峽俗叢談、峽志雜録等)。

此書爲吴守忠在秭歸任知州時，"冒險下峽，歲不啻七八往"，以耳聞目睹的第一手資料，並參以各種有關志書而成。書中所選詩詞賦記等皆爲精選，内容豐富，剪裁得當。其重要還在於作者當時所據之部分書籍今已不存，如《楚蜀通志》、《守夔稿》、《夔州志》、《達始志》、《明道雜志》等。不少有關三峽之災异史料及風俗資料僅賴是書而得以保存。如《崩洪紀异》中"興山縣二十年夏六月，夜雨雹如斗，次者如拳，又次者如彈，自東北降至東關革店，山水驟涌漲溢，民舍冲漂，溺死者不可勝計"。"嘉靖丁未，巫山縣大水溢，舟入市。庚申水溢，撑舟入城，斗米三錢。"此二條都不見現存之《興山縣志》及《巫山縣志》。又如《峽俗叢談》中涉及三峽地區當時風俗習慣，"夔人重武侯，以人日傾城出游八陣跡上，謂之踏跡。婦人拾小石之可穿者，以綵索繫於釵上，以爲一歲之祥"；"夔民寡婦多招贅婿，甚至年逾五十，有二三子亦行贅，間亦有弟贅兄嫂。其男子有妻妾者，利寡婦之資産，輒過寡門爲贅，久則花費其財産，變賣其人口，遂起訟端"；"語惟侏離，服用錦布，占事者以鼠撥辨吉凶，占病者以銅馬代金馬之神。婚姻論財，縛婦而娶，不論分之尊卑。祭吊索帛，罄家所有，不問人之貧富"。此中也可稽索明代民俗學之史料。

曠驥跋云："披閲其中，封疆之遐邇恢隘，山巖之崴嵬寥逖，川濤之急汩潺湲，灘跡之突兀漩激，風氣之淳澆靡儉，與夫神宇僊宫，雄關竊阻，幽境平郊，誠一覽必照。他如古昔聖帝賢卿，儒彦俠逸，凡生於兹，宦於兹，寄寓於兹，其殊勛勁節，偉略愷譯，藻文清興，以至混一偏安之跡。惜惜乎其流聲音，由斯以尚論其世，莫不想見其爲人，隨觸心動恍然，慨慕悲恨之不已，蓋不必躬履步，循攀緣。指顧而披閲所得，雖常目在之無逾，是悉大夫謂卧游信矣。”

此爲吴守忠出資“刻之郡齋，以延卧游”之專門志書，當時刷印不多，且皆贈送同好，又限於當時之地理及交通條件，致使此書流傳不廣。明末黄虞稷《千頃堂書目》及《四川通志》、《湖北通志》藝文中皆未列入，明清及近現代有關三峽之介紹或專門著作也未提及，流傳罕見。今藏上海圖書館。

堯陵考【清抄本】

《堯陵考》二卷，清李文藻撰，段松苓續補。清高氏辨蟫居抄本。一册。半頁六行二十字，中無界格，書口下刊“辨蟫居高氏寫本”。

李文藻，字素伯，一字茝畹，號南澗，山東益都人。乾隆二十六年進士，天姿俊朗，博覽今古，不爲世俗之學。曾任廣東恩平縣知縣，擢桂林府同知，居官以清白强幹稱。好聚書，每入肆見异書，輒典衣取債致之，所藏數萬卷，皆手自讎校，於金石刻搜羅尤富。有《益都金石考》四卷、《壽山金石考》十二卷、《南澗文集》三卷等。

段松苓，字勁伯，亦字赤亭，益都人。博涉群書，間爲歌詩，好李義山，於舉業頗不能屈就繩尺，故久困童試。其肆力於古，尤好金石文字，翁方綱督學山東，搜訪石刻，青州一府得之松苓者爲多。嘉慶元年，孫星衍署山東按察使，以孝廉方正舉，松苓力辭不就。嘉慶五年卒，年五十六。有《益都金石記》四卷、《山左吉金志》二卷等。

堯陵舊有二説。一穀林説，在山東荷澤縣東北五十里，舊雷澤城西，與濮縣接界；一神林説，在山西臨汾縣東七十里。是書卷上陵廟，卷下歷代建置祭告。所引史書十餘種，如《帝王世紀》、《山東府志》、《明孝宗實録》等。其間并有文藻按語，如《山東通志》云：“帝堯廟在濮州東南九十里，故成陽城西，即堯陵也，舊有堯母靈臺並中山夫人祠。”文藻按云：“陵在州東南，實六十里，云九十里，誤。”

據有關史書，堯陵在今山西臨汾縣城東北約七十里之郭村西隅、澇河北側。陵之周圍土崖環抱，陵阜崇隆，澇水經流其南，陵前祠宇恢弘，松柏蒼翠。唐宋元明清歷代都不斷重修，祠内建築有山門、牌坊、獻殿、碑亭、廂房等，布局整齊嚴謹，紅墻緑瓦，木雕精細，是較完整的明清古建築群。此李書以堯陵在濮州而詳加考證，前有圖。封面署“齊魯先喆遺書。堯陵考。益都段松苓撰”。段氏有跋云：“南澗先生主講丹陵，擬作堯陵一書而未果，後十餘年，先生卒官粤西，其遺囑猶言之。探其行篋，得一巨册，黏亂紙數十通，閲之皆堯陵故事。余悲其志，爲之再爲摭拾，附以己見，名之曰堯陵考，共二卷。乾隆丙午二月花朝前三日。益都段松苓書。”

文藻所著書，惟《嶺南詩集》四卷、《諸城縣志》十卷有刻本，餘皆未付梓。其曾有遺囑一紙，上列未成書數種，如《平臺啜茗録》等。也有求人增補者，如此《堯陵考》即是。據(光緒)《益都縣圖志》卷二十五藝文志，文藻之《堯陵考》爲四卷，然此段氏續補本爲二卷，不知何故。又卷三十七文藻傳云：“《堯陵考》亦未成之本，同里段松苓爲之編定。”

此書未有刻本，文藻稿本及松苓之續補稿本今已不傳，僅有此高氏傳抄本延其一脉，近現代之研帝王陵寢史之學者皆未之得見。今藏美國哈佛大學哈佛燕京圖書館。

鈐印有“篤志古學”、“十萬卷書人家”。

客皖紀行【稿本】

《客皖紀行》二卷，清周廣業撰。稿本。一册。半頁十行二十字。書口下刻有“種松書塾鈔本”。

周廣業，字勤補，號耕崖，浙江海寧人。璟子。早歲喪父，教授生徒以奉母。入小學，即能通訓詁，辨音切，讀書數行并下。及長，益刻苦自勵。館於王大鼎家，盡閲藏書。乾隆三十三年（1768）鄉試副榜，越十五載，年五十四始登賢書。計偕北上，時方纂《四庫全書》，館閣諸公争延致校勘。廣業肆應精詳，各饜所請，卷袠經目者，悉成善本。顧性耿介，不與時俗爲進退。三試禮闈，無所遇，歸而杜門，著書終老。嘉慶二年（1797）冬，營先世窀穸，積勞暴病，次年元旦卒，年六十九。又有《蓬廬詩文集》、《孟子四考》、《四部寓眼録》等。（民國）《海寧州志稿》卷二十九有傳。

此書題“客皖”者，當爲朱珪撫安徽，薦廣業掌廣德書院兼修州志事。卷上，始庚戌十月十三日，止辛亥正月十六日。卷下始辛亥二月初六日，至十五日止。庚戌爲乾隆五十五年。辛亥爲乾隆五十六年。後附《靈澤夫人廟考證》、《孫夫人考》、《昭烈孫夫人考》。又附有關“蟂磯”題咏數首，明以來題詩甚多，録其尤者。

書中有記此行者，有云：“是行借作歸計，雖非初心，亦所願也。陸路爲境，又别不可無紀，但終日困於輿，僅取目前，稿之腹中，旅舍燭下，寫其大略，不及水程之閒逸，可以容詳盡也，惟詩較富也。”

又上卷有：“十五日，余衣食於奔走四十年許，訖無所就，老大猶作此行，念之慨然。然每出必有紀程，獨此可掺券得，因命姪按日書之。”又云：“是行閲十有八日，初程體尚不佳，意頗悒悒。過吴趨始霍然，及溯江而上又風潮，難具論矣。舟居無事，口占命猶子筆之，隨繫以詩，抵皖後，碌碌未遑賸，頃來桐汭，繭緒益蕪，乃稍節潤録之。附冬集紀程後，聊志一時之物色焉。”又云：“庚戌仲冬，廣業客皖江，辱朱石君中丞問及蟂磯事，以向未專意，不能詳舉也。退而考諸史傳，並訪諸洽聞之士，得若干條，備録以呈。竊惟夫人以大邦寵妹作儷漢皇，雖違同穴之心，終矢壹齊之節。蜀志不爲立傳，而其事猶散見於穆後、法正諸傳，乃撮叙以補之，冠以昭烈，則從夫之義也。”

廣業此類著作，尚有《冬集紀程》一卷，記其乾隆四十八年十二月十八日至四十九年二月十五日往京畿事，凡路程所經，逐日記之，并附紀程詩四十首。廣業著述甚多，其尚未刻者，且津所寓眼者，又有《過夏雜録》六卷《續録》一卷（稿本）、《三餘摭録》三卷（稿本）、《經史避名彙考》三十九卷（稿本）等，均藏上海圖書館。

此本藏上海圖書館，未刻。《中國古籍善本書目》著録。《續修四庫全書》、《續修四庫全書總目提要》（稿本）均未收録。

黔書【清乾隆抄本】

《黔書》二卷，清田雯撰。清乾隆二十八年（1763）魚元傅手抄本。二册。清魚元傅跋。半頁十行二十三字，黑格，四周單邊，白口，單魚尾。題“濟南田雯蒙齋編”。前有康熙二十九年（1690）徐嘉炎序。王士禛跋。

田雯，字綸霞，又字紫綸，自號山疆子，晚號蒙齋。山東德州人。康熙三年進士。累官工部郎中，督學江南，力崇古學。每按試，屏絶供張，自市蔬菜脱粟以食，遠近稱之。歷户部侍郎致仕。雯記誦宏博，詩文皆組織繁富，鍛煉刻苦，自成一家。又有《山疆詩選》、《古歡堂集》、《長河志籍考》。

卷上創建、改隸、設科、定黔、苗俗種類部落、苗俗、黔風、土風、方言、治苗、平亂、積穀（米價附）、鹽價、禳火、救火、山水、牂河江、紫池、開索嶺、葛鏡橋、鐵鏁橋、大相見坡、小相見坡、白雲山、漏趵泉（賦附）、白水岩、柳坑、象冢、涵碧潭、飛雲岩、雙井、碧雲洞、東山、甲秀樓。卷下人物名宦（碑記附）、竹王、濟火、武鄉侯祠、神武祠（辨附）、奢香、詹廣文、許長史、陽明書院、淮陰侯後、張三豐（附詩）、月溪、南霽雲康保裔、黑神廟、夏國公祠、碑、水西馬、烏蒙馬、革嚣、朱砂（賦附）、水銀、雄黄、蒟醬、邛竹、石花（詩附）、脆蛇、蜜筒柑藥弩、蘆笙、蕀草、凱里鉛、羊栳藤、雞瑽、刺梨、蓮、紅梅丹桂、五九菊、魚、武侯錦、鹿、虎、紙、石、砂床、斷腸草、斷腸鳥、牡丹、紫薇、蠱毒、瘴癘、旱、土飯、竹米（歌行附）、芝妖、螞蟥、人通馬語、馬通人語、黔士制義（記附）。

徐嘉炎序云：“先生以英偉之才，深沉之識，身處其地，知之審、慮之決矣。故其爲書，於所以致治而防亂者，三致意焉。道里之險易必詳之，所以謹偵伺、嚴往來也。山谷之紆曲者、徑遂者，必分别志之，所以慎封守、飭固圉也。”“故先生之書，既重於嚴兵守土，而尤重於羈縻撫綏，每於前人定亂服叛之舉，其不事張皇，不須兵革者，必津津書之，以爲前事之不忘，後事之可師。此先生所以治黔，而即可永爲治黔之法者也。”

是書附於《古歡堂集》後，《四庫全書》集部别集類收入。《四庫全書總目提要》云：“附載《黔書》二卷，其爲貴州巡撫時作。”“王士禛《居易録》嘗稱《黔書》篇不一格，有似《考工記》者，似《公》、《穀》、《檀弓》者，似《越絶書》者，如觀偃師化人之戲。然與《長河志籍考》，實皆祖郭憲《洞冥記》、王嘉《拾遺記》之體，是亦好奇之一證，存備文章之别格云爾。”另《德州田氏叢書》、《黔志四種》、《黔南叢書》第二集也予以收録。

此本爲魚元傅手抄。元傅，字東川，號虞岩，江蘇常熟人。工書法，嗜書，雪抄露纂，矻矻不少休。尤熟于里中掌故，凡寸縑片紙爲鄉先輩所遺者，寶護如拱璧。尤好金石文，窮岩絶壑，手自摹拓。魚元傅跋云："是書爲田先輩雯所撰，曾於陸子鶴倫齋見之，每欲假閱，輒因循未果。陸子名梅，喜讀書，得秘本必手自鈔寫，丹黄校勘不倦。於雍正壬子、癸丑間，下榻予外家太原氏，過從更數，析疑問難，相洽甚歡，迨殁後，長物幾不可復問。歲壬午，訪許喰亭於古石屋，復見之，詢所自，知從陸本鈔出。即假歸，閲兩月，繕録此帙。噫！三十年往來胸臆，而一旦得之，慰何如也。雖然追思舊雨，漸化晨星，而余髮種種殆將老矣！覩物捫懷，曷勝棖觸。喰亭爲吾先友巨源先生孫，淳其名也，能古文詞、畫竹。由是觀之，一書之微，遇合有數，况其他乎？書此以告後之讀者。"按元傅生於康熙四十三年，卒於乾隆三十三年，年六十五。此本抄於乾隆二十八年，元傅應六十歲也。

此本藏臺北"國家圖書館"。

鈐印有"閑止樓"、"魚東川藏書"、"每愛奇書手自鈔"、"魚虞岩閑止樓珍藏書畫印"、"汪士鍾藏"、"黄印錫蕃"、"嘉興李聘"、"少風波處"、"西京文字"。

錢通【明末刻本】

《錢通》三十二卷，明胡我琨撰。明末刻本。十册。半頁八行十八字，四周單邊，白口，無魚尾，題“明西蜀胡我琨自玉纂；古杭何偉然僊臞訂”；卷三十題“明西蜀胡我琨自玉纂；古歙鮑山在齊訂”。前有胡我琨序。凡例十一則。

胡我琨，字自玉，四川人，生平未詳。按胡我琨序後鈐有“度支郎印”，“度支”，乃爲官名，應與財賦之統計及支調者有關，我琨或爲明末財部之官員。此書訂者何偉然，明末時人，有《快書》、《廣快書》、《四六霞肆》，皆明末刻本。我琨應亦在其時。

此爲錢幣之專書，專論明代錢法，而因及古制。目録頁載正朔一統（年紀、篇章、雜録）；一之原（始事、釋義、資采）；二之制（代更、鑄辯、課額）；三之象（正品、僞品、雜品、天品、刀布、外品、奇品、神品、厭勝、補志）；四之用（流行、度支、權積、給散、價值、饋贈）；五之才（裕國、獻納、福民、保安、鎮壓附、便宜、經紀、裒益、創守）；六之行（錫賚、蠲濟、捐輸、義俠、擅施）；七之操（主術、廉名、貞介、素風）；八之節（裁省、儉約）；九之分（前定、命達、奇獲、蠱戾、報償）；十之异（神物、怪誕、冥夢、符讖、災祲）；十一之弊（壅滯、僞竊、貪黷、冒濫、賄賂、科斂、奢費、鄙吝、逋負）；十二之文（詔誥、奏對、條議、論策、詞話）；十三之閏（雜録）。

是書内容多從史書、地方志、類書、筆記、奏疏等輯出，分門别類，每條下皆引注出處。如方志即引用《蘇州府志》、《興化縣志》、《臨安府志》、《永昌府志》、《江浦志》、《桂海虞衡志》、《廣東名勝志》等。其中《臨安府志》、《永昌府志》、《廣東名勝志》等於今已爲佚書，故其價值應可窺見。

胡我琨序云：“予閲阿堵之跡不勝收，但取預家國之資、類萬物之情者隨意筆之。此中無限陰陽變幻之狀、古今升沉之局，聊一點綴，以呼沉夢，此《錢通》所繇作也。是役也，予創其旨，而彙之西湖何、方二友，删繁補遺，以卒其業，曷以次之。蓋事必有所始，不尋始，何以識因革考制？所以先討原也。……書成，適秋月在閏，且十二分與歲功等。復取十二分中不及彙者，閏如其時。總之，不先時制，則法不尊，首以尊時，斯後先不易之規，得憲章而觀其會通乎？覽是編者，將謂經術即在是歟。”

其凡例有云：“作書之意，蒐冶雖古崇鑄，惟王總之。錢以濟時，國以興法。周立九圜，而漢則刀錯；唐行元寶，而宋則楮交。即或藉之爲規要，必擅其所，統先進後進疇違，昭代之氓生，今用今不倍會朝之典，首尊皇制，眉信憲章，庶幾衆志不惑而克從，官籍可稽而曷弊。”“泉書所彙典故靡全，紀事紀文粗備，徒煩裂錦，審端審委，詳摭寧，厭濫觴，蓋欲徵掌府之權衡何所，恃腹笥之江海曹收，獨㥄抉秘糾愆。將稱大備于孔方，豈乏餘緒於阿堵。分門彷諸成歲，合璧像其抃奇。務發千古金氣之精靈，以成一代玉函之要義。持茲十三卷，可助百一思也。”

錢幣之書，宋代有董逌《錢譜》、洪遵《泉志》。明代又有徐象梅《泉志》、李世熊《錢神志》等，此《錢通》，《四庫全書總目》入史部政書類，而非金石類。《四庫全書總目提要》云：“據書中所記時事年月，是明末人也。……每門之中各爲小目，其載明制，起洪永，訖萬曆，徵引各史紀志列傳，以及古今説部文集，援據頗爲賅洽。於明代錢法沿革條分縷析，言之尤詳，多《明史・食貨志》及《明會典》、《明典彙》諸書所未備。……皆足以資考證，中如劉仁恭九土爲錢之類，乃一時謬製，亦仿圖其式，未免稍雜，然義取賅備，不得不巨細兼收，亦未可以叢脞譏也。”四庫本原爲浙江巡撫采進本，查《四庫采進書目》“浙江省第十二次呈送書目”中有《錢通》三十二卷；“浙江采集遺書總録簡目閏集”作《錢通》三十卷。

《中國錢幣文獻叢書》第一册收入《錢通》，影印所據底本爲《四庫全書》文淵閣本，此文淵閣本未抄原書之目録。王貴忱先生撰題記云：“此書僅有明季刊本一種傳世，今藏臺灣“中央圖書館”。”按，此説有誤，臺灣“中央圖書館”并未入藏此本。

此本舊爲劉喜海藏書。喜海，字燕庭，山東諸城人，爲清代藏泉大家。鮑康《觀古閣叢稿》卷下嘗云：“燕庭丈藏泉最富。”著有《古泉笵》一百卷，《嘉蔭簃古泉隨筆》八卷、《嘉蔭簃論泉截句》二卷、《泉笵菁華》六卷等。又按此本甚罕見，鮮有藏泉家知曉，今藏臺北中研院歷史語言研究所傅斯年圖書館。《中國古籍善本書目》著録，西安市文管會也有入藏。日本内閣文庫、京都大學人文科學研究所、東京大學東洋文化研究所、尊經閣文庫以及美國國會圖書館、普林斯敦大學葛思德東方圖書館等皆未入藏。

鈐印有“劉印喜海”、“燕庭”、“燕庭藏書”（朱文方）、“燕庭藏書”（朱文長方）、“東武劉氏味經書屋藏書印”、“文正曾孫”、“泉癖”、“御賜清愛堂”、“鄂氏順安珍藏”。

牧齋書目【清抄本】

《牧齋書目》不分卷,清錢謙益輯。清抄本。四册。葉德輝校并跋。半頁九行二十字,無框格。無序跋。藏美國哈佛大學哈佛燕京圖書館。

按,此本即《絳雲樓書目》,但無陳景雲批注。亦有名《虞山錢牧齋絳雲樓書目》者。《絳目》有不分卷、二卷、五卷本之别。錢之《書目》稿本,今已不存。存世最早之書目,不分卷本乃爲清乾隆三十六年(1771)沈錢青抄本,藏四川省圖書館。二卷本則爲清康熙五十一年(1712)抄本,藏北京大學圖書館。

據他館藏《絳雲樓書目》,前有曹溶序。云:"宗伯文價既高,多與清流往來,好延後進,大爲壬人所嫉,一躓不復起。晚歲浮沈南國,操委蛇術容其身,所薦某某,大異平居所持論,物望爲之頓損。入北未久,稱疾告歸,居紅豆山莊,出所藏書,重加繕治,區分類聚,棲絳雲樓上,大櫝七十有三,顧之自喜曰:我晚而貧,書則可云富矣。甫十餘日,其幼女中夜與乳媪嬉樓上,剪燭炧誤落書堆中,遂燃。宗伯樓下驚起,焰已漲天,不及救。倉皇走出,俄頃,樓與書俱盡。"

葉德輝跋云:"此錢氏《絳雲樓書目》原本也,今《粤雅堂叢書》所刻爲陳景雲批注曹倦圃序本,書册多少與此本同,惟此分類稍有未當,前後各類却無重見之書,疑此爲黄蕘翁《士禮居藏書題跋記》中所稱'中多空行,已見他類'之原本。其紙色沈暗,似是國初藏書家物。書中書目類《桓庱齋書目》下注云:曹先生本,'庱'作'瘦'。類書類家刻《蒙求》下注云:曹先生本作'宋板蒙求'。小説類下注云:曹先生本作雜記類。蓋曾以倦圃本校抄者也。書雖不及陳批本之詳,要是原目之舊,且其中注明册數、卷數,間亦爲陳本所無,尤足以資考證。《傳》曰:雖有絲麻,無棄管蒯。讀此目者,宜知此意矣。庚子伏日,麗樓記。"

《粤雅堂叢書》第九集收有《絳雲樓書目》,爲清道光三十年(1850)南海伍崇曜所刻,爲四卷本,有陳景雲注。

《中國古籍善本書目》著録此錢目計三十五種,皆爲抄本,且多過録陳景雲批注。按,陳景雲,字少章,江蘇吴縣人。諸生,爲何焯入門弟子。博聞强識,講求通儒之學。年十七,湯斌撫吴,試士拔第一。康熙中,試京兆不遇,館藩邸三年,以母老辭歸。焯殁,以名德見推,爲中吴文獻輕重者幾二十年。性孝友,外和内剛,爲學凡經史四部書,下及稗官家無不綜覽,丹鉛不離手。尤長於史,爲文章簡嚴有法,校勘古籍,一守義門之法。乾隆二十年卒,年七十八。著有《讀書紀聞》、《三國志校證》、《通鑒胡注正誤》等。

鈐印有"江都薄氏鑒藏書畫記"、"德輝"、"麗樓藏書"、"奂彬審定"。

四庫全書簡明目録【稿本】

《四庫全書簡明目録》,紀昀等撰。稿本。二册。殘存卷十五,爲集部楚辭類及别集類部分,計四十八頁。書口上題"欽定四庫全書簡明目録"。紅格,九行,與今所見《四庫全書》本同。封面爲秋葵色,灑金絹面,湖綾包角,審即乾隆時四庫全書館原裝。每間隔一頁,皆鈐有"翰林院印"滿漢文大方印騎縫章。

細審原書,字體工整,頁數相連,當爲謄正前之清本。書中眉批計兩處,在《伐檀集》上批有"在蘇魏公集後"六字;在《浮沚集》上批有"在東堂集後"五字。書不甚工,經與上海圖書館藏《欽定四庫全書總目提要》底本中《四庫全書》總纂修官紀昀批改字體相對,完全出於一人手筆。在眉端上尚有多張夾簽小注,部分已脱落,這些夾簽間也有紀昀所書。

乾隆三十七年(1772)四庫全書館成立,九年後,《四庫全書總目提要》告成。此簡明目録當在《提要》完成後的次年編定,書成,遂有刻本流傳。然此稿本與現今通行本相校,稍有出入。

此殘稿本鈐有"許光宇"及"固始許霽祥藏書"印記,印色甚鮮,當爲近人所鈐。

長期以來,《簡明目録》及《提要》的稿本,(除分纂稿外)在清代的各種文集、筆記中鮮有記載,各種公私藏書目録也無著録,可見四庫當時的各種底本流傳至今,多散失殆盡,傳世甚少。今所知僅上海圖書館藏《四庫全書總目提要》殘稿二十四册,臺灣"中央圖書館"殘存一册以及此簡明目録殘帙。這些四庫的原稿本雖爲零星散帙,但仍爲研究《四庫全書》以及目録學、版本學的學者們不可忽視的材料。

此本今藏重慶市圖書館。

欽定四庫全書簡明目録【莫友芝校本】

《欽定四庫全書簡明目録》二十卷，清紀昀等撰。清乾隆刻本。十二册。清莫友芝校。

莫友芝，字子偲，晚號眲叟，别署郘亭長，貴州獨山人，莫繩孫之父，莫棠之伯父。道光十一年（1831）舉人，咸豐八年（1858）將補知縣而不就，與曾國藩、胡林翼善，嘗先後入其幕。太平軍敗，江南平復，携眷於金陵，後任職江南書局。友芝家貧嗜古，喜聚珍本書，讀之恒徹旦暮不息，寢食并廢。通蒼雅、故訓、六藝、名物制度，旁及金石目録家言。生於嘉慶十六年（1811），卒於同治十年（1871），年六十一。又著有《郘亭詩鈔》、《聲韵考略》、《影山詞》、《宋元舊本書經眼録》等。

卷首有莫氏題記，云："此目録中標記，半用邵位西所見經籍筆記，及汪鐵樵朱筆於邵本中勘注，並郘亭所知見雜書之。丁卯臘月，三山客舍。"丁卯，爲同治六年。

扉頁上，莫氏又寫有"明南監板《二十一史》，或取他省舊刊，附官刊《元史》，不足之部，則新刊足之。其式大小行疏密皆不一律，以嘉靖印者爲最佳，後來所收舊板遞有修補，不足貴矣。其板至嘉慶間毁於火，然自雍乾以來印者，直不可讀矣。收南監本，能得嘉靖前印舊刊諸種，益以嘉靖新刊初本數種，乃爲最善。梅伯言、路小洲兩家俱有初印本，當是嘉靖時印，未必諸舊刊皆初印也。"

"明北監板，萬曆間依南監本重寫刊爲一律，雖較整齊，而不如南監舊印之少訛字。康熙間，通修補一過，其板至今猶存，然自乾隆殿板成，此板遂罕印矣。北監不如南監古雅。惟《三國志》一種，精校勝南監。"

"乾隆四年，武英殿刊板依北監《二十一史》式，而益以新修《明史》及《舊唐書》，曰《二十三史》。《史》、《漢》等前數部校對差善，六朝及宋、遼、金等，即與北監無異。乾隆四十年刊《舊五代史》合入之，又曰《廿四史》，其中宋、遼、金、元四史，以在乾隆四十年前印，未改譯人名者爲不易得。道光四年新修殿板，校補漫闕，多爲淺學誤改，人不甚重，仍以乾隆四年本爲佳。殿板《史》、《漢》，初印者尤難得，以《史記·五帝本紀》末一頁不漫漶者爲最早精印之本。乾隆殿板初印，其上端大綫皆齊畫若一。咸豐中，廣州陳氏翻刊官本《廿四史》，間其《史》、《漢》等二三部，經校者意改字甚多，故遲遲未印行，今頗行矣，人亦不重之。"

"汲古閣《十七史》，並明崇禎時刊成，經亂未能合印，頗有損失，至本朝順治庚子修補完，乃通行，即以此時印者爲初印。其明時初印，僅有一二單部，不能全覯也。其《史記》集解後，附司馬貞《索隱》三十卷。《五代史記》後，附《五代史缺文》二種。毛氏《十七史》多據宋元舊板，勝其《十三經注疏》之僅傳監板多矣。汲古閣《十七史》外，尚刊有《宋史》，與《十七史》式同，聞吴中藏書家二三處有之。同治丁卯，郘亭於滬肆中見其殘卷，始信。《十七史》初印本，邵位西言吕鶴田有之。郘亭又見陳息凡有一部。郘亭丙寅秋，在滬收一部，桃花紙印者，絶寬大，蓋康熙中印，亦精好醒目，惜其中《三國志》、《晋書》、《唐書》，乃以書業堂翻本單宣紙印插入。翻刻汲古《十七史》，有書業堂及掃葉山房二本，以書業堂趙氏本爲勝，並嘉、道來蘇城書肆。"

邵位西即邵懿辰，汪鐵樵即汪士驤。梅伯言，即梅曾亮。路小洲，即路慎莊。吕鶴田，即吕賢基。陳息凡，即陳鍾祥。

友芝精於目録版本之學，其嗜書尤篤，校讎亦精，近人鄧邦述稱之爲同光中之盧抱經、吴兔牀也。其《宋元舊本書經眼録》、《郘亭知見傳本書目》、《持静齋藏書紀要》諸書，皆爲其重要著作。以《傳本書目》而言，類邵懿辰《四庫簡明目録標注》，詳注各書及未收書之不同版本。其書未曾刊刻時，即爲都中賈人互相傳抄，以售善價。蘇州老年書賈侯念椿見莫棠藏此書傳抄本時，嘗言："業書六十載，遠見黄蕘圃，近見袁漱六，咸同兵燹，古籍日湮，不圖垂暮，覩此鈔刻版本薈萃之書，倘能抱守一編，夕死可也。"是書在當時即爲訪書者奉爲津梁，而售書者則挾此目爲軒輊，可見其於研目録版本者之重要。

此本藏上海圖書館。據《中國古籍善本書目》之著録，當年内府所抄之《欽定四庫全書簡明目録》，除"清乾隆紀昀寫本"外，今尚存全帙三部，分藏北京圖書館、甘肅省圖書館、南京博物院。重慶市圖書館僅存一卷，爲卷十五。而清乾隆四十九年趙懷玉刻本，有二部，一有清徐鴻熙録清邵懿辰校，藏上海圖書館；一有陸樹藩批注并跋，藏南京圖書館。

鈐印有"莫印友芝"、"郘亭眲叟"、"莫友芝圖書印"、"莫友芝"、"莫氏子偲"、"友芝私印"、"莫繩孫"、"仲武"、"莫印繩孫"、"莫彝孫"、"彝孫"、"莫氏伯㥁"。

郘亭知見傳本書目【抄本】

《郘亭知見傳本書目》十六卷，清莫友芝撰。抄本。二册。莫棠跋。題"獨山莫友芝子偲"。前有莫繩孫序。

《四庫全書簡明目録》行世後，即有仁和邵懿辰創爲標注，以所知一書之版本，詳加羅列，以資考稽。繼起者則以莫友芝、朱學勤爲最著，三人各注見聞，輾轉傳抄，多所增益。莫氏於同治初年曾領書局，搜訪文宗、文匯、文瀾三閣遺籍，又盡見上海郁氏藏書。其客丁日昌幕府時，得讀丁氏持静齋藏書，并以所見各書版本列之於四庫簡目條下，間及存目，四庫未收者亦記諸上下方，自題曰《郘亭知見傳本書目》。

同治十年(1872)，友芝卒。《傳本書目》乃由其子繩孫寫定，宣統元年(1909)，爲日人田中慶太郎在北京排印以傳，田中本乃爲後來各種印本之祖。後有傅增湘大字排印本、張氏適園小字排印本、掃葉山房石印本、北京中國書店縮印傅增湘本等，較之邵懿辰標注本傳播更廣。二三十年代時，研簿録之學者，咸奉此書及邵懿辰《標注》爲金科玉律，其津逮後人，實非淺鮮。

莫棠跋於是書源流叙述甚詳，有云："伯父郘亭徵君，生平於所見所知四部書籍傳本，輒隨時箋記於《四庫簡明目録》之欄外、上下端，間及存目，又采仁和邵位西先生《經籍筆記》入焉。伯父既没，先從兄仲武觀察繩孫，乃依手跡寫爲四册，分十六卷，以當日特爲便省覽，非欲勒書行世，故無畫一體例。光緒辛卯，棠向兄迻録，爲言如此。棠得本後，偶遇所得，亦稍稍補記。湖州坊客吴申甫，曾假以浙中勞季言格所批《簡目》，竭半日擇録還之，字極草率，亦未及標明孰爲勞氏語。時蘇州書友侯駝子念椿者，年七十餘，再四乞過録一部，言業書六十載，遠見黄蕘圃，近見袁漱六，咸同兵燹，古籍日湮，不圖垂暮，覩此鈔刻板本薈萃之書，倘能抱守一編，夕死可也。余鑒其誠、閔其老，允之。無何而侯死，其本遂爲都中收書估人所得，互相傳鈔，以售重價。余方流滯嶺南，不及知也。戊申歲，廣東提學沈子封廉訪曾桐，忽視余以都市日本人排印本，審之即從余本出。余所添注者亦亂而爲一，謬誤滿紙，蓋余書有未真之字，遞經轉寫，遂至不可解釋。高雷道王雪澂觀察秉恩亦有新本，因假余本校正。未幾，余重管廣雅書局，擬以付刊，提學贊從，因更假原本爲審定刻例。用是余本留提學許。辛亥正月，余渡瓊臺，二月提學遷雲南提法，余啓賀索書，迄未得報。其年冬，余遘提學滬上，言書櫝悉致京邸，不及檢還。迨余甲寅入都，則謂粤裝倉卒，既徧求不可得。從此，余本絶歸來之望，所幸者誤本正有流傳，雪澂先生所校猶無恙也。當書局議刊之初，余寓書仲武兄，求所編初本。兄鄭重致粤，故今尚謹藏篋中。日本排本余亦有之，爲楊星吾廣文守敬借觀未還。此本海上某氏據以重印，其中補案云云，即其中所加，而奪誤終不能改。癸丑，傅沅叔太史增湘借余初本以校所得新鈔，後以鉛本印行，字體較大，視此爲勝矣。從來大亂之世，毁棄典籍，有如糞土，今則反是，舊書之值，遠倍承平時。光宣之際，古書出世，已有在乾隆朝求書之外者，如敦煌之石室、内閣之大庫、海東之流入，比比皆是。辛亥以後，宫府之藏，故家之守，流落散見者更不可以勝計。奇篇秘籍，日益有聞，兼以舟輿利通，豪强競取，因利聞風者，無間於偏鄉僻壤，上海、京師，實爲聚處。而估客之分道蒐集者，復窮其所往，計取巧偷寧波天一閣，抱經廬且以搆訟。故凡家有尺書而欲售者，但見紙墨渝敝，無論爲何，即索千百，視昔所詠宣綾包角藏經箋，不啻當時裝訂錢者，固夐乎異矣。溯其稱貴之由，殆緣日本之購皕宋樓書，法人之囊括石室古本，其他東西求書之使，更交錯都邑，國人乃憬悟譁趨翔貴，遂至於今日。然而三綱則墜敗，五禮則銷亡，亘古以來，未有甚於此時者，抑又何也。豈天心未厭，知喪亂之未可遽終，而又不忍聖人之道、文化之原，絶於中國，特聳亂世人心之所好，假强有力者以保守之，不必其人之能述能作也。不然辛壬之交，横流放決，挾其兇梟猛捍之性，佐之以兵革，禍有烈於秦火者，充其所至，安能使人間尚有充棟列架之事哉？顧收書之人，正不一類，讀者之與賞鑑，論久著矣。夫昔之賞鑑家，文采固燃然也，今乃有識字不必多、而不吝數萬金收宋槧書將百本者，豈非鬼神誘之作典守乎？十餘年中，訪書者奉此目爲津梁，售書者挾此目爲軒輊，而新見之書，溢於此者正復未已。余嘗爲雪澂先生、沅叔太史言，宜本此編，增廣附益，著明續録，不相淆雜，校訂刊木以傳，合之葉鞠裳太史《藏書紀事詩》、葉奂彬吏部《書林清話》（頃以印樣見示），則古今典册流傳之緒、刊鈔存佚之源，皆可貫穿而得，在目録一家之言，足稱淵藪。而由此求數千年名教學術，不至絶滅於變亂之餘，留以待景祚昌明之會者，所關係甚鉅也。獨余窮老，無能爲役，先代世學，遂以失墜。記此書，第覺媿戾增重爾。己未九月十二日獨山莫棠。”

莫棠，字楚生，祥芝子，友芝從子，繩孫從弟。清末需次廣東知府，辛亥後弃官，寓居蘇州。1929 年卒於滬。己未，爲民國八年(1919)。

莫氏此書稿本當不止一種，1937 年時，莫氏藏書在蘇州散出，爲書賈柳蓉春所得。潘師景鄭(承弼)先生其時收得《傳本書目》四册，審爲“先生父子群從遞校之稿”。又取校各本，時有出入，故有“千羊之裘，不如一狐之腋”之嘆。潘師又藏有孫毓修手校《傳本書目》，書眉上朱墨爛然，拾遺補缺，不下百數十條。

按，北京國家圖書館有莫繩孫抄本，又有王國維校注本。臺北《“國家圖書館”善本書志初稿》中著録有藍格抄本，爲日人田中慶太郎刻本之底本，書中有傅增湘校筆。按，田中本前有董康序，序云："日本田中慶太郎，劬書耆古，雅有同志，從南中獲邵亭目，就所經見輒標簡耑，謂宜先付印行，更竣補輯。始事於戊申之冬，經三月告成。"末又有牌記，云"明治四十二年二月即宣統元年正月東京田中氏刊行於清國北京"，爲北京德興堂印字局排印。

此本今藏上海圖書館。然《中國古籍善本書目》未著録。

鈐印有"銅井文房"、"獨山莫棠"、"楚生第三"。

寶翰堂藏書考【抄本】

《寶翰堂藏書考》十一卷，清王克昌輯。抄本。六册。黑格，四周雙邊，白口，單魚尾。書口上刻"寶翰堂藏書考"。前有康熙四十四年(1705)王克昌序。又王克昌撰凡例十一則。

寶翰堂者，爲王熙藏順治、康熙兩朝宸翰之所也。

寶翰堂藏書始自明王崇簡。崇簡，字敬哉，宛平人。少穎悟，崇楨十六年(1643)成進士，世祖時授内翰林國史院庶吉士，累官禮部尚書，加太子少保。諳練歷朝典故，居禮官，多所建白，皆折衷古今，合於經義，時議翕然歸重。工畫，家藏秘本甚多。年七十七而卒，謚文貞。有《青箱堂詩文集》等。(康熙)《大興縣志》卷五有傳。崇簡子即爲王熙，字子雍，一字胥庭，號慕齋。順治四年(1647)進士，授檢討。嫻文詞，精滿書。康熙間，吴三桂反，其子應熊居京師，熙請誅之。奉命專管秘本，爲漢臣與聞丘機之始。官至保和殿大學士。康熙四十二年，年七十六卒，謚文靖。王士禎有《光禄大夫少傅兼太子太傅保和殿大學士禮部尚書謚文靖王公神道碑銘》，所述極詳(載《廣清碑傳集》卷四)。

王克昌，爲王崇簡孫、王熙子。以蔭官刑部河南司郎中。

是書《中研院歷史語言研究所傅斯年圖書館善本書目》作"清王克昌撰"、"不分卷"。今據原書，分經籍目一卷、史籍目一卷、子書性理諸儒目一卷、經濟目一卷、文翰目一卷、類書目一卷、文集目一卷、輿地志目一卷、字學韵學目一卷、稗官目一卷、醫學目一卷，計十一卷。每書記書名、卷數、函數、册數、作者等，内容之介紹甚簡，每篇百字左右。

葉昌熾《藏書紀事詩》未收王崇簡及王熙。王克昌序叙述王崇簡及王熙藏書事較詳，可補清代藏書家考，以及來新夏主編之《清代目録提要》等藏書目録專書之缺。克昌序云："吾家自曾祖方伯公暨先祖文貞公、先君文靖公，皆世以讀書顯，而先祖文貞公於書嗜好尤篤，自爲諸生時，未嘗釋卷。祖居在金城坊，築勝引樓，讀書於上，名流輳集，唱酬觴詠，殆無虚日。爲孝廉十七年，積書萬餘卷，流寇之亂，無一存者。皇清定鼎，以名宿入翰林，移居外城，積俸所入，悉以置書，若飢者之於食，渴者之於飲。既致政閑居，猶孜孜矻矻，丹黄不去手，人間有□□，輒重價購之，或力不能購，輒命人繕寫。青箱堂□，連床架屋，幾於棟平。故京師之藏書，惟文貞公爲多，而江南人士來遊京師者，無不嘆先文貞公聚書之富而用心之專也。先少傅文靖公，自幼趨庭，習聞詩禮。文貞公讀書，先文靖公侍，耳濡目染，咸識其要，有問輒舉其辭。年二十成進士，讀中秘書，時方以國書爲重。先文靖公翻譯之餘，不廢蒐覽，性强記，過目不忘……文貞公棄世，先文靖公公兄弟六人析箸而食，書亦分授。於是文貞公之所藏聚而復散。先文靖分次第補輯，聚書復完，而四方交遊及門生故舊，知先文靖公無他好，獨好書，贈遺甚多。先文靖公獲之，雖一編一卷，不啻如拱璧，於是家之所藏，或有文貞公之所未及者。余生最晚，自八九歲時，趨走先文貞公左右，見公凝然端坐，手披目覽，寒暑無間。青箱夕集，所談者無非經史中事，間及稗官雜説，取其質而不俚有關名教者，日舉數十條，至漏盡三鼓，始各就寢。今所刻《談助》、《冬夜箋記》之類是也……而文靖公見棄後，弟姪尚幼，衣食之計不能不攖於其心，然又恐先人之遺書久而失墜也。於是盡輯所藏，又旁求市肆間及親知家所未宣播者重加裝潢，分架堆積，彙成一編，曰《寶翰堂藏書考》，經史則溯其源流，子集必考其爵里，以及其書之得失，人之優歳，亦略撮其大凡，至如天文輿地，禮樂兵刑，詩賦文翰以及醫藥、種植、卜筮之書，稗官、方外、養生之論，亦俱節取其概，雖不能徧涉其津涯，而書之梗概大略可覩矣。”

北京圖書館有抄本，作十四卷，題“清王克昌藏並撰。清抄本。李文田校注。六册”。此書藏臺北中研院歷史語言研究所傅斯年圖書館。

小學書集成【元刻本】

《小學書集成》十卷，元刻本。三册。存四卷：四、五、九、十。半頁十一行十九字，小字雙行二十一字，上下黑口，四周雙邊，雙魚尾。無序跋。

此書乃朱熹晚年所輯經籍賢傳及三代以來之嘉言善行，分内外二篇，合三百八十五章，以立教、明倫、敬身、稽古爲綱；以父子、君臣、夫婦、長幼、朋友、心術、威儀、衣服、飲食爲目。按古時八歲入小學、十五入大學，大學之書，傳自孔門。朱氏此小學書即先由是而學。正文後爲他人輯本注、纂疏、考异、附注、古注、附録，皆爲宋元朱子學派近二十家研習孔門之心得。

《香港中文大學圖書館善本書目》未著録卷數，實爲十卷。此缺去内篇（立教、明倫）及外篇（嘉言五）。熹之小學書，元代所刻今所知者，除此本外，另有《標題注疏小學集成》（北京圖書館藏，也十卷，殘本）。明代集注之本較重要者計有吴訥《文公先生小學集解大成》（明宣德八年劉氏翠岩書堂刻本）、熊禾《文公先生小學集注大成》（明宣德九年梅隱精舍刻本）、陳選《小學句讀》（明弘治十八年王鏊刻本）等，其中以陳選注本流傳最廣，版本也最多，然明代集注之本都爲六卷。

此本罕見其傳，明代集注者似多未見此本。《中國古籍善本書目》等公私目録皆未著録。此藏香港中文大學圖書館。

日本學者阿部隆一《增訂中國訪書志》云，此書“元末明初間建刊”。按，此的確是元刊元印。又李直方先生云，是書又見丁丙《善本書室藏書志》卷十五、《盋山書影》下册。皆誤。《丁志》及《盋影》所載乃《朱文公小學明説便覽》六卷，今藏諸南京圖書館，非此本也。

鈐印有“佐伯文庫”、“澹園所藏”。按“佐伯文庫”爲日本江户時代天明元年（1781）佐伯藩（現在大分縣佐伯市）二萬石第八代藩王毛利高標（字培松）所創設，藏書八萬卷，頗多中國宋元明古版，爲當時日本有數的幾個重要文庫之一。1871 年，日本廢藩置縣，文庫也隨之閉庫，書也陸續散出，此書或爲其時流失。

説苑【明永樂刻本】

《説苑》二十卷，漢劉向撰。明永樂十四年(1416)西園精舍刻本。半頁十三行二十四字，四周雙邊，黑口，雙魚尾。目録頁後有牌記："永樂丙申孟春西園精舍新刊"。全書字體墨如點漆，計五册。又有明人圈點，墨色甚舊。書爲日人重加裝訂，内裹每頁均加襯一薄皮紙。

明洪武十五年(1382)，朝廷曾頒劉向《説苑》、《新序》於天下學校，令生員講讀。此書分類纂輯先秦至漢代軼聞瑣事，參以議論，凡二十篇，借以闡明儒家政治思想和倫理觀念，古籍散佚，賴此以存者頗多。

《説苑》刻本，自宋至清，不斷刊刻，今存於世者，當在二十種之上。明代此書流傳較多的爲萬曆間新安吴勉學校刻本。《北京圖書館善本書目》著録此書有明初刻本，十行十九字，非此刻。臺灣"中央圖書館"有明初刻黑口十三行本，疑即此永樂本也。據查，南京圖書館、吉林省圖書館也藏有此刻。

西園精舍乃福建地區私家刻書處，始於元至正年間(1341—1368)，《天禄琳琊書目》著録有至正二十四年(1364)西園精舍刻元仇舜臣《詩苑珠叢》三十卷。又刻有《新編纂圖增類群書類要事林廣記》前集十三卷後集十三卷續集十三卷别集十一卷、《增廣類聯詩學大全》三十卷。

是書藏美國國會圖書館，未編目，乃得之日本者。

卓吾先生批評龍溪王先生語録鈔【明萬曆刻本】

《卓吾先生批評龍溪王先生語録鈔》八卷，明王畿撰，李贄評。明萬曆蘇州閶門刻本。八册。半頁九行十八字，四周單邊，白口，單魚尾，上刻眉批。題"新安後學吴可期、吴可善校正"。前有萬曆二十六年(1598)李贄序。

王畿，字汝中，號龍溪，浙江山陰人。受業王守仁之門，嘉靖十一年(1532)進士，歷官兵部武選司郎中。夏言斥其爲僞學，謝病歸，益務講學，足迹遍東南，吴、楚、閩、越皆有講舍，年八十餘不肯已。善談説，能動人，所至聽者雲集，學者稱龍溪先生。陽明學派，以龍溪、王艮(心齋)爲得其宗。事迹具《明史·儒林傳》。

卷一至四爲會紀、問答、會約等七十四篇；卷五至六書札九十一通；卷七序二十三篇；卷八雜著二十二篇、記説七篇、詩十二首、祭文六篇。

李贄序云:"予嘗謂先生此書，前無往古，今無將來，後有學者，可以無復者書矣，蓋逆料其決不能條達明顯一過於斯也。而刻板貯於紹興官署，印行者少，人亦罕讀。""今春，予偕焦弱侯放舟南邁，過滄州，見何泰寧。泰寧視龍溪爲鄉先生，……意欲復梓之，以嘉惠山東、河北數十郡人士，即索先生全集於弱侯所。弱侯載兩船書，一時何處覓索? 泰寧乃約是秋專人來取，而命予圈點其尤精且要者，曰吾先刻其精者以誘之令讀，然後梓其全以付天下後世。夫先生之書一字不可輕擲，不刻其全則有滄海遺珠之恨。……秋九月，滄州使者持泰寧手札果來，索書白下，適予與弱侯咸在館。弱侯遂付書，又命予書數語，述泰寧初志，並付之，計新春二三月，予可以覽新刻矣。"

按李序所云"紹興官署"本及何泰寧刻本，今已湮去不存。《龍溪語録》，明代單刻傳世者有三，一《王龍溪先生語録鈔》九卷，李贄評，明光裕堂刻本，十行二十字，僅河北大學圖書館藏；二即此本，流傳尚多，幾近二十部；三爲《石林先生批評龍溪王先生語録鈔》八卷，祝世禄評，明崇禎十五年刻本，九行十八字，山東大學圖書館入藏。是書雖作"語録"，實即龍溪文集，《四庫全書總目》入存目，又萬曆十六年蕭良干刻有《龍溪王先生全集語録》二十卷，另丁賓重鎸《龍溪王先生全集》二十二卷，卷數都較《語録》爲多，惟無法一一核之。

扉頁題"新刻王龍溪先生文集，蘇州閶門重刻"，黄竹紙印，日人裝訂。

鈐印有"環□太原王氏振記"。按，《四庫全書存目叢書》集部第九十九册收有此書，版本項作"明萬曆尚論齋刻本"，底本爲中共中央黨校圖書館所藏。

此書藏香港中文大學圖書館。

讀書筆録【明萬曆刻本】

《讀書筆録》二卷，明趙鳳撰。明萬曆二十七年(1599)自刻本。二册。半頁十行二十二字，四周雙邊，白口，單魚尾。題“北地趙鳳”。前有萬曆二十七年趙鳳《刻〈讀書筆録〉記》，末有萬曆二十八年曾上跋，跋後有“興國州陳夢龍梓”一行。

趙鳳，甘肅北地人。精曆法，曾署學秦州，又署湖北大冶縣事。

《筆録》卷上爲讀律吕新書録；卷下爲讀洪範皇極録、讀易學啓蒙録、讀太極圖録、天文指南論、讀參同契録、讀書偶見録。皆鳳平日讀書所得。

鳳序云：“余做秀才時，喜讀性理。余讀書，每至意義難解處，輒泚汗交流不肯放過。仰而思之，或累日不櫛，或通宵不寐，思之不得，或日繼以月，月繼以歲，恍然自迷而悟，則眼界乾坤頓别，真若有神明晤對。然者竊志得第之景殆不如也，隨其所得，筆之小簡，用識不忘，久而成帙，則録而藏之，不敢輕以示人。萬曆甲午，余署學成紀，刻《先天圖解》，丙申爲懷仁令刻《數學疏義》，不幸貧不能致，載以中途，留之館家，而逸其半。入楚以來，常有野婦惜荆之意。己亥之秋，余以藩曹署大冶縣事，其山多簡材，而梓人甚便，視事之暇，爰取《疏義》遺稿削其半而刻之，命之曰《讀書筆録》，志其實也。”序中所云《先天圖解》，今已不傳。

明代此類性命理氣之書相似者有薛瑄《讀書録》、徐問《讀書札記》、喬可聘《讀書札記》、何倫《讀書輯要》等，除薛瑄著作流傳較廣外，其他皆較罕見。此本《四庫全書總目》未著録，也不見於大陸、臺灣各公藏目録，殆亦罕見之本。藏香港中文大學圖書館。

鈐印有“南海馮貽嘉堂所藏印”。

老子億【明嘉靖刻本】

《老子億》二卷，明王道撰。明嘉靖四十五年（1566）無錫安如山刻本。四册。半頁九行二十字，左右雙邊，白口，單魚尾。藏美國哥倫比亞大學東亞圖書館。

王道，山東武城人，字純甫，號順渠，係明代理學大師王陽明弟子。正德十六年（1521）進士，官至國子祭酒、吏部右侍郎、禮部尚書，謚文定。《國朝獻徵録》、《明名臣言行録》、《明詩綜》、《明儒學案》、《明詩紀事》皆有傳。

是本佚去作者序文，據王重民先生《老子考》内所引，云："孔子謂賜也億則屢中，是使賜多言也。老子曰，多言數窮，不如守中；又曰知者不言，言者不知也。余自中歲頗好讀老子書，遇會心處，輒詮數語於其簡端，積久成帙，不忍棄擲，命童子録而藏之。然聖言高遠，非淺學所能窺測，時竊一察，亦直億度之言而已。正使屢中，去知已遠，況數窮乎！多言之過，吾亦自知其不免矣。"

老子學説作爲一種思想體系，歷代研究者多得不可勝計，戰國韓非，就有"解老"、"喻老"之著述。嚴靈峰先生編著的《中外老子著述目録》著録宋代著作一百十九種、金元兩代五十八種、明代一百十三種、清代一百種左右，多專著、讀書札記、注疏、解釋、考證、校刊、章句、音義等專書。至於論文、雜説、史傳、頌贊及關於老子學説之道書雜著就更多了。王道是書也在著録中，又黄虞稷《千頃堂書目》子部道家類及《明史·藝文志》卷二也著録此書。

嚴靈峰先生云此書"大抵以儒解老，間引他説，每章作解，稱佳兵不祥章有古之義，疏羼入明刊《王文定公遺書》本。日本尊經閣影印本，嘉靖丙寅安如山精刻，白紙本。余家藏明刻本，有安如山題跋，與尊經閣本稍異"。嚴氏又有《老列莊三子知見書目》，詳列《老子億》版本。除明萬曆三十七年（1609）朱延禧南京刻《王定公遺書》本外，明嘉靖刻本一藏日本前田氏尊經閣，一即此本，爲哥倫比亞大學所藏。大陸所藏僅北京中國科學院圖書館一部，嚴氏所藏，今已捐贈臺灣"中央圖書館"，是知《老子億》明嘉靖本當有四帙。

清代末年，北京崇華堂曾有《老子億》排印本行於世。1932年日本東京育德財團曾據前田尊經閣藏本影印流通，多數屬贈送，每部并附解説一册，於此書考證頗詳，哥倫比亞大學和哈佛燕京館均有入藏。

是本字體略扁方，爲明代嘉靖間刻書通行之匠體。皮紙精印。鈐有"于氏東始山序印記"、"損堂藏書善本"、"月明莊"、"直隸教育□檢查圖書□"。按"月明莊"一印，爲日人反町茂雄所用印，反町於1901年生於日本長岡，爲"日本古書肆弘文莊代表取締役"。津曾於哈佛燕京圖書館所藏從日本購得之宋刻《大般若波羅蜜多經》等書册上也曾得見此印。又“直隸”一印(二行)被倒鈐於書之上端,每行之最末一字鈐出書外,疑當爲“廳”、“印”二字。

又此書每卷末皆刻有“無錫後學安如山校刊”一行。安如山,江蘇無錫人,字子静,嘉靖八年進士,出知裕州,會户部刮天下田,因履畝丈量,方始事,而部輒更令,如山卒竟其役,民利之。官至四川僉事。事見《無錫縣志》。如山之父即安國,字民泰,富幾敵國,好古書畫彝鼎,購异書,并鑄銅活字印書,是中國活字印刷史上重要之人物。嚴氏藏本有安如山跋,爲它本所佚,俟之將來,盼能得見。

婺學志【清康熙刻本】

《婺學志》二卷，清張祖年撰。清康熙五十五年(1716)刻本。一册。半頁十行二十字，左右雙邊，上白口，下黑口，雙魚尾。題“皇清麗澤山長後學張祖年詮次”。前有康熙五十五年張祖年序。張祖年撰例言十三則。“八婺理學淵源序”(總憲試題)，“婺學圖”、目録。

張祖年，字彭齡，又字申伯，浙江湯溪人。自稱爲張栻二十世孫。年十歲，隨父可元之松山任所，瞻廟廡有南軒神位，因問父曰，我祖何爲位於此。曰此以理學傳，聖統者得祀學宫。由是心慕其學。比長，顏其讀書之廬曰道驛，若以古今道脉相遞而身爲之郵傳者。又著有《道驛集》、《笏峙樓集》等。(民國)《湯溪縣志》卷十人物上有傳。

此書即浙江金華之學志，計上編，宋子、朱子、張南軒、吕東萊、范香溪、何北山、王魯齋、金仁山、許白雲、章楓山。下編，杜叔高、杜幼高、王伯海、王伯禮、王伯紀、傅敬子、傅誠子、徐崇甫。附門人葉由庚、鞏仲至、郭希吕、馬次辛、李從仲、楊船山、應純甫、應謙之、應茂之、潘端叔、潘恭叔、潘文叔、潘坦翁(以上朱門人)；潘叔度、汪淳、張伯廣、時子澐、時叔觀、葉邽、杜伯高、喬世用、陳士斯、葛容甫、鄭南夫、石宗卿、戚少白、喬壽朋、朱仲文、李茂欽、李躬父、葉茂叔、汪約叟、胡孟博、趙周錫、夏敬仲、時子源(以上吕門人)；馬師文、潘德鄺(以上張門人)；張伯誠、倪孟暘、王剛仲、陳希善(以上何門人)；聞桂山、柳道傳、梅仲南(以上王、金門人)；王叔善、朱性初、王性之、金德原、吴正傳、宗仲實、馮原輔、吕公甫、吕宗魯、張匡敬、葉景翰、戚仲咸、朱丹溪、馬德珍、馬德璋、范景先、唐思誠、胡仲申、李唐、蘇伯夔(以上許門人)；黄夢弼、陸汝亨、胡時震、應德夫、姜仁夫、方元素、張用載、李一清、祝珍卿、唐虞佐、凌德容、徐子仁、姜實夫、章以道、章思敬、章處仁、董道卿、章良弼(以上章門人)。

張祖年序云：“金華小鄒魯之稱由來尚矣，而古今泰山喬岳之仰，必推東萊、何、王、金、許、王先生，故别詮次，以昭源頭活水也。子朱子雖非婺産，而偕宣公講論麗澤之堂，士之考德問業者填門塞户，是子朱子固金華理學淵源之是宿也。”“噫！理學淵源，亘古不磨，端賴輯録，以示來兹。昔朱子有《伊洛淵源録》，明謝方石、薛方山有《伊洛淵源續録》，歷久漫漶。今儀封恕齋先生，鏤板重新，吾婺先哲，亦多記載。如魯齋先生則又有《道學志》，董道卿則又有《金華淵源録》，惜俱不得其傳。祖年生兹右文之代，幸叨當事頻頻加意，吾婺儒先曾已備具姓氏，以供屈指，惟是爵秩事跡，未及詳晰。用拾遺編，輯爲此志，闡幽發潛，以伸敬止。不審後之人亦有嗣而志者否耶？噫！竊重有懷夫潛心理學，而堪爲後人之續而志之者。”按，麗澤之堂，即指麗澤書院，時南宋吕祖謙兄弟授徒講課之所。

例言：“是編原爲理學，採集凡前哲嘉懿足以闡發義理、羽翼聖賢者，不敢恝置，或衆美薈萃，則節其較切者録之。多緣帙隘不能備載，非妄加沙汰也。若言行之無傳者，聊以科第政績繫之。”“三先生門人，多有先於四賢者，若楓山，則益瞠乎其後矣。今九先生並列上編，餘俱分列下編，蓋德業既有深淺，位置自應頡頏，否則尊而親者莫如父子，而鄉大夫祠祀，焉而先聖，廟食焉不幾顛倒乎？”“是録之輯，以制府檄有《八婺理學淵源》序題，採風兩浙。余時心馳見獵，勉力有作，凡儒先姓氏，雖俱臚列於文，而嘉懿未詳，殊非知人論世之云。用蒐遺編，彙成兹集，吾婺留心先哲者，開卷瞭然，未必非景行惟賢之一助云。”“董道卿亦有《金華淵源録》，惜其本久已失傳，然亦不知與余所輯其同焉否也。吾婺故家遺俗，或有珍藏原稿，尤望郵示，俾余無掛一漏萬之誚，年盈願也。”“婺學淵源，雖盛於東萊，而濬其源者，實始香溪，故不得略香溪勿載。若北山，由黄勉齋以上接朱子的傳，繼東萊而開婺學者也。故尊朱子而正系之，從東萊而旁系之，列勉齋而横序之，要以溯道統而澄婺派耳，至脈絡有巨細之别，覽者當自得之。若朱、吕、張及四先生，楓山門人悉列其下，亦以造詣或有深淺之不同，其設心向道則一也。若我南軒先生，始而講學於婺，繼而流寓於蘭，祖年懼淵源之沉没，採輯詮次，昭示來兹，圖承一線，自明身之所自出已耳，幸勿以混厠訶譴。”

《四庫全書總目》收有祖年《道驛集》四卷、《筠峙樓集》五卷，但未及此書。（民國）《湯溪縣志》卷十二藝文著録也同《總目》。《繼修四庫全書》、《四庫未收書集刊》、《續修四庫全書總目提要》（稿本）未收。《中國古籍善本書目》著録，僅上海圖書館一館入藏，即此本。

鈐印有“王培孫紀念物”。

龍門子凝道記【明成化刻本】

《龍門子凝道記》三卷，明宋濂撰。明成化十年(1474)周寅刻本。半頁十二行二十一字，四周雙邊，大墨口、雙魚尾。前有張瓚重刻序，後有夏時正序并宋濂題辭。

宋濂，字景濂，號潛溪，又號龍門子，浙江義烏人。元至正中，薦授翰林院編修，以親老辭不赴，隱東明山著書，歷十餘年。明初奉命重修《元史》，官至學士承旨知制誥，後因長孫慎牽涉胡惟庸案，全家謫茂州，中途病卒夔州。有《宋學士文集》、《浦陽人物志》等。

據濂題辭云："濂學道三十年，世不我知，不能見其一割之用，顛毛種種而老將至矣，於是入小龍門山著書，曰四符、曰八樞、曰十二微，符合言樞、言奥微、言緼也。總二十有四篇，以按一歲之氣號之，曰凝道記。"濂於元至正十六年(1356)十月四日入小龍門山著書，次年正月一日書成，夏四月五日以此書付其仲子璲重録成編，計上、中、下三卷。《四庫全書總目》著録此書，入道家類存目，然作二卷，誤。

成化間，浙江布政使司左布政使張瓚至浙，有感於"此刻獨亡，學者罕見而亟求此集，偶得抄本於金華侯家，反覆淵誦，不忍去手。然卷帙失次，焉馬莫分，公暇因爲考訂成集，以屬嘉興士人周寅繕録，寅且爲句讀注解，復捐資鋟梓"。周寅，字汝欽，性醇篤，安貧守義，鄉人重之。

是書明代凡四刻，皆三卷。一爲明初刻本，十二行二十一字；一即此本，又藏上海圖書館、南京圖書館、福建省圖書館、日本内閣文庫；一爲明正德三年刻本，也十二行二十一字；另一爲明刻本，雖行款同另三刻，然非同版。此刻爲美國國會圖書館得之於日本者。《四庫全書存目叢書》子部第二百六十册收入，底本即爲上圖藏本，版本項作"明初刻本"。

鈐有"心華藏書"、"日本井氏文炳圖書"印。

諸葛孔明心書【明活字印本】

《諸葛孔明心書》一卷，題署諸葛亮撰。明正德十二年(1517)韓襲芳銅活字印本。一册。半頁七行十四字，四周雙邊，黑口。題"浙江慶元學教諭瓊臺韓襲芳銅版印行"。前有正德十二年韓襲芳序、曾敏序。

韓襲芳，字世遠，成化間海南島文昌縣人。曾任江西寧都訓導。

是書皆言爲將用兵之法。韓襲芳序云："諸葛武侯《心書》篇凡五十，尚膳太監曾公序於首，淳安商公序於後，書之巔末原委，二序已悉矣，余覆何言？嘗先任江右寧都，寇變不測，得此書助其籌畫，收益良多，兹用活套書板翻印，以與世之志武者共之，庶亦得乎安不忘危之意云。"

曾敏序云："《武經七書》載籍，誠治安要典，御侮良謀，有家國者容可忽耶？亦皆有補於世道，然未有若蜀昭烈軍師諸葛孔明《心書》尤切事焉。觀其審因、戒備、試將、整師之句，與夫逐惡、知人性、南北蠻狄之篇，雖伊吕、周召復生，誨人不是過矣，大矣哉！且武侯當漢室頹敗之際，權臣篡奪之時，猶能以區區之域，掃雲翳，清霄漢，淳太古之風於西蜀者，良可謂不世出之賢才矣。予一寺人，焉敢妄意竊附鄙談置於篇端，但予侍覲清朝，濟濟師師，誠有年矣。其於聖經賢傳古今史籍，公餘之暇，未嘗不留意討論焉，故於此集披閱再三，而不能去手也。嘗謂凡爲人臣，苟膺顧命，付托一方，欲使佳禾無稊稗之擾，黎庶有謳歌之樂，舍是書何取焉？吁，故僭云。"

自明洪武始，日本倭寇即有入侵，正德以降，軍職冒濫，爲世所輕。民不知兵，兵不知戰，沿海戰船，皆非專業，見寇船至，多望風逃匿。此書之刊印，當爲倭寇伺機入犯之時，襲芳雖掌文廟祭祀，爲訓誨所屬生員之教諭，然其衛國保民之心，可見一斑。

按《四庫全書總目》作《心書》一卷，入子部兵家類存目。有云陶宗儀《説郛》作《新書》。明弘治間關西劉讓録之於木，始改名《心書》，附以出師二表，嘉靖中夔人張鋭重刊，增入夔門圖，前載劉讓序，後有寇韋跋，皆以爲真出於亮所撰。考五十篇之文，大都竊取孫子書，而附以衍義之言。其雖不足道，亦可見僞作者之苦心也。

《心書》，傳世有數本，有一卷、二卷、四卷、六卷之别。一卷本，一爲此本；一爲明刻本，爲十行十六字，四周雙邊，黑口，藏上海圖書館，皆題《諸葛孔明心書》。二卷本，題《諸葛武侯心書》，有明書林鄭少齋刻本，八行十七字，四周雙邊，白口，藏北京圖書館。四卷本題《諸葛武侯心書》，有明萬曆三十三年(1605)書林鄭少齋刻本，行款同二卷本，藏北京大學圖書館，存二卷，爲卷一、四。雖有李盛鐸跋，但不見《木犀軒藏書題記及集録》中。又有《諸葛武侯心書》一卷附《八陣合變圖説》一卷，爲明黄邦彦刻本，八行十七字，四周雙邊，白口，藏北京圖書館。又山東省圖書館有《武侯兵要》七種，爲明天啓三年(1623)方淑如刻套印本，内也有《武侯心書》，但爲六卷，此藏上海圖書館。按，《四庫全書存目叢書》子部第三十册收有此書，版本項作"明黄邦彦刻本"，底本爲北京圖書館所藏。

鈐印有"楊元吉"、"曾留吴興周氏言言齋"。

兵録【清抄本】

《兵録》十四卷，明何汝賓撰。清抄本。二十八册，四函。半頁九行十九字。前有魏浣初、俞琬綸、陳子壯、陳元素、劉鳳、何汝賓序。末有“崇禎元年歲在戊辰仲秋之吉重訂於粤之正氣堂”。

何汝賓，字仲升，江蘇吴郡人，曾統兵鎮廣東，此書當其駐粤時所撰。是書半録《武經總要》，半録當時所見之兵器，如趙士禎之神器、西洋之火器等。分論將、選士、編伍、教練、射法、鳥銃、弩箭、牌藝、地利、天時、水攻、火攻、醫藥等。

書藏普林斯敦大學葛思德東方圖書館，屈萬里《書志》著録爲“明萬曆三十四年(1606)清寫底稿崇禎元年(1628)重訂本”。按此著録極不明確，使人分不清究竟是稿本還是抄本。如從字面上看，應該當作萬曆三十四年據稿本重新謄寫并經崇禎元年重新修訂，如果真如此，那應屬“謄清稿本”一類，即屬《兵録》之傳世最早本子。然細察此書，抄寫甚工，字體似多人所爲，又墨色較新，無舊氣。卷十四第五十頁、六十七頁“玄”字避諱。據此，是本抄寫的時間應在康熙時或康熙之後。

屈氏《書志》又云，諸家序及自序末“各鈐印記”。據序末所鈐作序者及作者印記，可視作稿本之依據。然序末之印計十三方，皆非鈐印，而係後人手之描繪，因較爲精細，故可矇人。

《兵録》又名《何大將軍兵録》，存世最早之本爲明崇禎刻本。因乾隆間修四庫書，列入“記載違謬，語多觸犯”，予以“燬”去。《清代禁毁書目補遺二》、《清代禁書知見録》、《清代各省禁書匯考》皆有著録，故崇禎本傳世不多，所知僅中國科學院圖書館、安徽省博物館、臺北“中央圖書館”(二部，其中一部爲原藏北平圖書館者)及美國國會圖書館、日本尊經閣文庫所藏六部而已。除崇禎刻本外，清代因禁網所礙，未見有翻刻，而以抄本傳世者也僅知數部。據劉申寧《中國兵書總目》(北京國防大學出版社)載上海圖書館、天津圖書館、北京大學圖書館、復旦大學圖書館有抄本入藏，而北京軍事科學院圖書館藏有明抄本，明抄者，余頗疑之。

京營巡視事宜【明萬曆刻本】

《京營巡視事宜》不分卷，明張延登撰。明萬曆刻本。二册。半頁九行二十字，四周雙邊，白口，單魚尾。前有萬曆四十二年(1614)張延登、翁憲祥序，又有萬曆四十七年唐世濟後序。第一册末刻有“本差書辦魯夢鰲對同；楊元刊住石駙馬街”。

張延登，號濟美，字華東，山東鄒平人，萬曆二十年進士。選内黄縣知縣，後補上蔡知縣，官至工部尚書，以左右都御史兩掌南院，再署刑部，以勞得怔忡病卒。《鄒平縣志》卷十五有其小傳。

自序云：“余寡昧，不習韜鈐，癸丑承乏是役，奉命最晚，春操僅一二，進營茫如也。會侍御史伯直艱去，臺彦無人，余孑焉獨任一切，營務署中絶無文卷可查，四五吏書，又皆新役，問之張目不能答，即答亦不中窾，更覺憒憒。余乃廣詢博訪，每一事必窮其原委，久之漸有頭緒，而秋操告竣，年終復命近矣，所欲行者未及行，所欲革者未及革，匆匆報完，衹了故事。余自忖不愜於方寸，乃取其急者，條爲八議奏之。其餘細大不等，各集成紙，皆與營務有關者，不忍棄也。屬甲寅正二月，尚未得代，乃撥冗稍次第之，分門析類，曰敕書、曰會典、曰營制、曰數目、曰巡視、曰儀節、曰日期、曰規則、曰循環、曰會同、曰馬政、曰班軍、曰賞罰、曰奏繳、曰軍政、曰大閲、曰雜事、曰紀要，共一百三十四條，雖挂漏甚多，而蒭蕘可備。將成，又得虞城楊公《京營紀》二册印正之，昔行而今廢者甚多，因益嘆成事之不可不知，而惡害己者之利於去籍也，乃並採而存之，名曰《巡視事宜》，亦若戎政事宜云，命坐營劉光化校梓，備後之同事者考鏡焉。”

翁憲祥序云：“於是濟美復殫三月之力，上稽典制，下蒐故實，凡尺楮尺牘，有關營務者，手自纂集，彙成一編，而就中删其繁蕪，補其缺略，大綱細目，條析縷分。蓋一展卷而京營事宜，燦然若指掌也。即後來因革損益，間有異同，而成規具在，靡出今日之範圍矣。胥吏輩即欲恣行胸臆，安能復去其籍，而蒙上之人以所不知耶？故此一編也，又振飭營務之大要也。不佞受而卒業，不覺掩卷三嘆，念濟美之領營差也，時既逼迫，力復單孑，籍令苟且涂飾，亦可僥幸於釋負。而濟美數月之内，既於營務無不修舉，焕然更新，又得賈其餘力，勒於一書，以昭示將來，信非有兼才而又有任事實心者不能及也。”

此類圖書，多嘉靖、隆慶、萬曆間所刻，當時所印不多，今當更爲稀見，且於有明一代軍事制度，頗有研究價值，有關兵書目録亦不載是書。此似爲孤帙，藏諸美國國會圖書館，書未編目，據云得之日本。書中又有墨筆圈點，色頗舊。

鈐印有“楝亭曹氏藏書”、“長白敷槎氏堇齋昌齡圖書印”、“聖清宗室盛昱伯羲之印”、“馬紹基印”、“紹基珍賞”。

類輯練兵諸書【明刻本】

《類輯練兵諸書》十八卷，明戚繼光撰，董承詔輯。明天啓二年(1622)刻本。十二册，二函。半頁九行二十二字，四周單邊，白口，無魚尾。書口上刻“類輯”二字。題“東牟戚繼光元敬父著”。前有董承詔、吴淳夫序，并有汪道昆撰《明特進光禄大夫少保兼太子太保中軍都督府左都督孟諸戚公志》。

類輯者，當爲後人分類編輯而成。董承詔序云：“公初爲秵韝愚鈍計，意主明達，不厭諄復。然中有錯出冗泛，掩公金玉，非追非琢，不成大觀。協司之暇，偶得門人提鈎之餘，嚴爲釐次，使讀者意旨直捷，而人人得衣珠懷璧，私淑愈鼓，將必有繼公後塵者，則予之爲秵韝愚鈍計，亦公心也。”董承詔，武進人，萬曆三十五年(1607)進士，天啓中官至浙江左布政使。

是書輯録戚繼光談兵之言。卷一、二奏疏，卷三、四條議，卷五將略，卷六兵記，卷七賞罰，卷八陣，卷九營，卷十戰，卷十一操，卷十二哨守，卷十三長兵，卷十四短兵，卷十五聲類，卷十六色類，卷十七什器，卷十八儀節。

《四庫全書總目》著録此書，然入存目，《提要》云：“繼光所著有《紀效新書》、《練兵實紀》、《儲練通論》、《哨守條約》四書，承詔薈萃其説，删除繁復，編爲十六類。”卷五將略之絶大部分皆出於《練兵實紀·練將》、《儲練通論》及《紀效新書》。然以全書與《明經世文編》相較，則凡《明經世文編》中所有，此書皆已收入，而甚多爲《明經世文編》失收。

繼光乃明代大將，其兵書著作中《紀效新書》傳之最廣，雖有十八卷、十四卷之分，然也達十個不同版本。此外《練兵實紀》也極難得，至於明郭應響所輯《補釋戚少保南北兵法要則》則僅有抄本傳世。此本傳世不多，查諸《中國古籍善本書目》，僅有《重訂批點類輯練兵諸書》十八卷，爲陳士縝批點，也著録爲明天啓二年董承詔刻本，八行二十一字，藏北京圖書館、北京大學圖書館等五館。陳士縝重訂之本實際上乃據此本再加工而重新刊刻，津以爲《善本書目》版本項之著録似應改爲明刻本爲較妥。是本藏美國哥倫比亞大學東亞圖書館。按，《四庫全書存目叢書》子部第三十三册收入，底本爲北京大學圖書館藏明天啓二年董承詔刻本。

讀史兵略【清莫友芝校本】

《讀史兵略》四十六卷，清胡林翼纂。清咸豐十一年（1861）武昌節署刻本。十六册。清莫友芝校并跋，黎庶昌校。藏上海圖書館。

胡林翼，字貺之，亦字詠芝，號潤之，湖南益陽人。道光十六年（1836）進士，改庶吉士，後署鎮遠府知府，累擢湖北巡撫。治軍務，明紀律，尤加意將才。年五十卒於軍，謚文忠。有《胡文忠公全集》等。

此《讀史兵略》乃胡林翼於咸豐九年進營英山縣城，"憂時賢不諳軍旅，因取《左氏傳》、《通鑒》、《宋元鑒》、《明史》言兵事者，修《讀史兵略》，以教將材"。（《胡文忠公年譜》）前十二卷始《春秋左氏傳》，至《後周紀止》，而編輯時間則止於次年十二月十二日。

胡林翼曾在貴州任知府及貴東道，與莫友芝相識。莫友芝二十一歲時，曾應道光辛卯科鄉試，中舉第一名，其座師即胡林翼之父胡達源。故友芝致胡林翼詩有"卅載箴言在，曾隨弟子聽。暗中套摸索，老去颯飄靈"之句。莫友芝九弟莫祥芝，曾被胡林翼委爲安徽懷寧知縣，莫友芝去懷寧小住，胡林翼請其出任廬州書院山長，但莫友芝并未到任，後即回胡幕爲其校訂此書。

是書每卷後多有莫友芝題識，兹選其數條於後。

卷一："咸豐辛酉三月既望，始校此卷，與李眉生、但幼湖對床於鄂撫署，梓人招未至作輟，逾五日乃畢。郘亭眲叟記。""四月二十五日，丁果臣將移板之長沙補誤，覆勘首十二卷付之，即曰畢此卷至第六卷。"按莫友芝《郘亭日記》咸豐十一年三月十四日記有"晨，小雨，食後止。起載入城，居撫署之多桂園。與但幼湖、李梅生同一室，暢談竟夜。識丁果臣時清甫"。又四月二十五日，記有"寒雨，夜尤甚。果臣將行，商以《兵略》板子攜就長沙梓人補誤，連兩日夜檢，已校出者核定得十二卷付之"。眉生、梅生即李鴻裔，别號香嚴，又號蘇鄰，官至江蘇按察使。但幼湖，則不知其人。

卷二："四月初二日，眉生、幼湖買舟西行，送之還。丁果臣以新印本來作校樣，是日即畢此卷。郘亭眲叟。"

卷五："四月初日，與蒓齋妹倩同畢此。郘亭眲叟記。"蒓齋即黎庶昌，黎庶昌與莫家爲姻親，友芝八弟生芝，即黎氏之婿。

咸豐辛酉爲十一年，時友芝年五十一歲。綜觀書中校語，可見其用力之勤。友芝《宋元舊本書經眼録》附録中著録該書稿本云："此胡文忠《讀史兵略》，宋元明三代稿本，其五代以前已刊行，爲四十六卷，宋以後尚未及分卷删定，而文忠歿矣。前段板成時，曾在鄂撫署多桂園爲之校誤，因以此段稿相付，已閲八年，乃檢舊篋見之，謹裝附昔者校樣之後，戊辰伏中。"戊辰爲同治七年(1868)，此即爲當時莫友芝所見胡林翼稿本，而此跋相距其時已有七年之久。又《郘亭遺詩》卷七有《太湖留别胡詠之林翼中丞四首》，有注云："時中丞手編《讀史兵略》刊本成，同校諸友聞警散去，命往鄂撫署，通訂勘整理印行。"

胡林翼《讀史兵略》又有續編，俞樾序云："其宋至明凡十卷，尚未刊行，而文忠已殁於王事。獨山莫友芝孝廉，時在分輯之列，守缺抱殘，手抄未刊之十册，詳校而編分之。今友人覓得原編稿本，排印成書。"莫友芝於胡氏此稿確實貫徹始終，矢志不渝。

鈐印有"獨山莫友芝字子偲號郘亭眲叟影山草堂圖書印"、"莫友芝字子偲之印"、"莫印彝孫"、"莫繩孫字仲武"。又有"吴興劉氏嘉業堂藏書記"。按，此書《嘉業堂藏書志》未著録。

炮録【稿本】

《炮録》不分卷，清丁日昌輯。稿本。紅格。半頁八行二十四字，書口下有“彩玉齋”三字。十二册。卷一第一頁下有“豐順丁日昌編輯”，當爲日昌親筆。鈐有“丁日昌印”、“禹生”、“雨生入目”、“一渡滄海兩登泰山”印。

丁日昌，字雨生，或作禹生，廣東豐順人，以廩生出仕，官至江蘇巡撫、福建巡撫、臺灣學政。晚年加總督銜，會辦南洋防務，節制沿海水師，兼總理各國事務大臣，亦洋務運動中之重要人物。曾佐曾國藩，仿造西洋火器、船舶最力。其以研究火器見長，非當時大吏所能及。在國事日衰、政治劇變之際，他痛疾時艱，倡行改革，辦理海防，整頓吏治，都有獨特見解。又丁日昌家有持静齋，藏書極富，校讎尤精，有《撫吴公牘》、《百蘭山館集》等。

是稿每册扉頁皆題“第×號炮録”，計一至十號，每號一册。又有炮録後編一卷，軍火雜録一卷。書中所録，皆爲各種火炮之製法、尺寸、配藥，製火藥法，各種槍、火箭、炮車之製造，以及步兵、戰馬之管理、使用，并有繪圖説明之。此書雖名爲《炮録》，實乃當時各種槍炮之大全也。

丁日昌序云：“洋人之於軍火製造，猶中土士夫之於八股，童而習之，故能月異而歲不同。使中土士夫能分治八股之餘力以治兵事，則才力聰明，當較勝於洋人十倍，惜乎無懸的以招者，故淺嘗而輒棄也。余去年托人赴泰西，購得軍火書數册，延閩人王君錦堂、黄君春波逐條翻譯。時適高涼有事，余奉命襄贊軍務，書之所譯，夕輒決其秘，而授之匠，得心應手，若虚若實，拉朽摧枯，雷轟電掣。賊既平，王、黄二君顧匠而笑曰：‘是書也，其可秘爲洴澼洸矣乎？’因識數語於此，使後之有心人以治八股之餘力兼治此書，則此書真洴澼洸矣。同治初元七月，豐順丁日昌於高涼軍次。”

由此序看，丁氏不失爲其時有識之士。自明成化後，八股爲入仕之途徑，然阻滯思想，不利發展，狀元公中真正有學問者不多，而當時朝廷之政策無法改變也。丁氏首先指出中國人在軍火製造上并不比洋人落後，祇是政策上的問題，如此率直説出此種言語者亦清廷明白人。

所謂“高涼有事”、“襄贊軍務”，乃爲廣東大吏檄調，日昌至高州廣東提督昆壽營中，協助籌劃職守，并督辦火器。其時，日昌在粤，經其設計監製之火器較多。

按同治三年（1864）恭親王奕訢奏折云：“治國之道，在乎自强，而審度時勢，則自强以練兵爲要，練兵又以製器爲先。”而日昌在此之前，已充分認識到軍火製造的重要性。《廣東通志》列傳稿中説，迄同治三年夏，丁氏已先後製成大小硼炮三十六尊，大小硼炮子二千餘顆。由於丁氏“學識深醇，留心西人秘巧”，故奉廷諭前往上海助李鴻章辦理軍火製造之業務，爾後的江南製造局之籌劃、早期海軍之建設及輪船航業，都與丁氏有很大關係。

此書不見著録，亦未刻印。曾見吕實强著《丁日昌與自治運動》，所列徵引書目不見此書。

此書藏於哈佛大學哈佛燕京圖書館。

新刊官板批評正續百將傳【明萬曆刻本】

《新刊官板批評正續百將傳》十卷《續百將傳》四卷,《正傳》宋張預輯,明趙光裕評;《續傳》何喬新輯。明萬曆余仁公萃慶堂刻本。半頁九行二十字,四周單邊,白口,單魚尾,上刻評。七册。《正傳》題"東光張預公立甫集;東浙趙光裕克榮甫評;潭陽余元長仁公甫訂"。《續傳》題"盱江何喬新編集;東浙趙光裕批評;潭陽余元長訂刊"。前有萬曆十七年(1589)趙光裕序。

此書正續二集各有扉頁。正集題爲"標題武經正義百將全傳評林,萃慶堂余仁公重訂梓",又有牌記曰:"本齋刊正續百將韜略諸書行世久矣,兹□敕令細加訂釋,廣而新之。皇國將傳即出登壇者拒無人乎?竚□□烟掃天河□,其於武備一大□□,□世主人識。"續集題爲"標題武經正義續百將傳評林,余仁公重訂梓"。

趙光裕序云:"東光張氏揭古百將以傳之,而盱江何氏復取宋元名將四十人續之,各各舉其行事之實。或以節制勝,或以權謀勝,或以奇詭勝,或以奮擊勝,或以用間勝,或善連援與國而勝,或善招降納附而勝,或善用衆、或善用寡而勝,其運籌決勝不同,要皆出獨智集衆思,上之裨益於國家,下之可法於後人者也。二書相爲發明,誠兵家之筌蹄,顧刊刻之魯魚亥豕者多,大爲學者患。不佞因諸友請釋武經校正傳,又並取此傳以校之,且於凡合於兵法者表之,行事有得失者表之,後先有相符者表之,其餘輕重斷截處,亦加圈點分截之,蓋惟與一二同志詳爲講解,以求會古人之心法焉耳。坊間周氏,請刊本以廣其傳,其間得失,愚不自知,然學者由此以明傳意,是亦由顯通微,由粗入精之一助也。四方志士,幸勿以余爲衒王云。萬曆己丑歲孟秋吉旦,東浙古吴趙光裕書於英武堂。"

自宋至明,六百年間,將略諸書所刻不多,流傳稀少。查各家書目,今所存者,自宋張預《十七史百將傳》始,至明末陳元素《廣百將傳》止,亦不過二十餘種而已。據趙序,可證萬曆間有周氏坊本一刻,是書又有萬曆仁壽堂刻本,爲十行二十字;另又有《新刻批評百將傳》,正集十卷、續集四卷,則爲天啓起秀堂刻本,十行二十三字。此余仁公萃慶堂刻本,山東濟南市圖書館、南京圖書館、寧夏回族自治區圖書館、北京自然科學史研究所圖書館入藏。臺灣"中央圖書館"所藏爲殘帙,存正傳四卷、續傳一卷。此書存美國國會圖書館,未曾編目。

新刻皇明百將列傳評林【明刻本】

《新刻皇明百將列傳評林》四卷、附録一卷，明顧其言輯、吴邦正評。明刻本。四册。一函。半頁十行二十三字，四周單邊，白口，無魚尾，上刻評。題"建業顧其言編集；淮南吴邦業校評"。

顧其言序云："乃蒐羅我朝將臣，詮次其事，而括以武子數語，一遵張預之舊名曰《皇明百將傳》，大都忠誠才勇之夫，英偉絶群之士，恒駢累於開創之初，而尠少於守成之日，非天之降才爾殊也。……雖然續編之外，名將如林，惜乎文獻無徵，動猷漸泯，且不谷家無鄴侯之書。"

此書《清代禁毁書目・補遺一》著録有："《百將兵法》一部二本，查《百將兵法》係明顧其言撰，大抵抄撮他書而成，甚爲弇陋，其劉挺（綎）一傳，尤多指斥字面，應請銷毁。"劉綎，字省吾，以功累官四川總兵，同楊鎬出遼東，於諸將中最驍勇，大小數百戰，有威名，後戰死。按是書自明徐達、常遇春始，至沈希儀、胡宗憲止。附録一卷僅收戚繼光、劉綎二人。

《中國古籍善本書目》及《臺灣公藏善本書目》未收録。藏美國哥倫比亞大學東亞圖書館。

農桑撮要【明弘治刻本】

《農桑撮要》一卷，元魯明善撰。明弘治二年（1489）毛泰重慶府刻本。一册。半頁十行十八字，四周雙邊，黑口，雙魚尾。前有魯明善自序，張㮚序。弘治二年江朝宗跋。末有正統三年（1438）紀振跋、正統十一年陳宣跋。

魯明善，《元史》無傳。名鐵柱，以父字魯爲氏，以字行，維吾爾族人。

此書成書時間晚於元司農司所輯《農桑輯要》四十一年、元王禎《農書》一年，爲魯明善以農時出發，從古代諸農書中摘取各種作物之種植斂藏之法，以及農民日用切近之事，按照月令時序編就的一本淺顯易懂、行之亦易的實用農書。

全書不分卷，十二月令一統到底，惟盡一萬五千字之微，然有關農事之"耕植早晚，栽培淺深，孳牧調習，製作食飲，收藏防御"却巨細無遺。

是書最早有元刻本，然今已佚去不傳。萬國鼎《〈農桑撮要〉考略》云，元代有至順刻本二部，分藏常熟鐵琴銅劍樓及上海東方圖書館。此説有誤。原題"至順本二部"，後經趙萬里等人鑒定，以爲明代所刻，非元刻也。又，所云"二部"，今藏北京圖書館，一爲八行十五字，四周雙邊，黑口，雙魚尾，卷端題"新刊農桑撮要"，爲二卷，卷上爲一至四月，卷下爲五至十二月。字體作楷書，大字刊本，前有魯明善自序。舊爲常熟瞿氏所藏，《鐵琴銅劍樓宋金元本書影》元本子部收入。一爲十行二十二字，四周雙邊，黑口，雙魚尾，卷端徑題"農桑撮要"，不分卷，前有魯明善自序，張㮚序。舊爲上海東方圖書館所藏。真正的元代至順刻本早已湮没不傳。

正統年間，汝南郡守李敏"乃以舊所得寫本閲其簡編，有益於世，欲布之於民以爲法焉。於是校正無訛，謀於貳守維揚時公恭，判府古渝駱公暹節，推仙居金公希厚，僉唯而是之，遂捐俸命工鋟梓，以廣其傳"。（弘治本紀振跋）八年後，是本又爲萊陽郡守崔恭再刻，"誠有益於民生日用，……命工梓敷布列城，俾之家喻而户曉，詎非吾有司所當務？遂刊之"。（弘治本陳宣跋）又萬曆中，周履靖輯《夷門廣牘》，於《種樹書》後附《農桑撮要》，但已被删得七零八落，全書僅餘不到五百字，是各種本子中内容最不完備之本。

從内容上看，此毛泰刻本較之明代其他刻本及清代所有刻本完整，尤其是清代所刻，内容多有缺佚，而此本則有多處可補清刻之缺。如種柳、種榖楮、種棗、種皂莢、種麻子、種葵菜、種紫草、種百合，養蠶部分之生蟻、下蟻涼暖總論、飼養總論、分抬總論、初飼蠶法、頭眠飼法、停眠飼法、大眠飼法以及收蜜蜂、種蔓菁、鋤芋、飯不餿、刈藍、種蕎麥、斫伐竹木、收芝麻秆等二十五條，都是各種清刻本所無。又此本附有《通俗直説》也爲他本所漏佚。《通俗直説》字數不多,但極爲實際。紀振跋云:“至於《通俗直説》,尤爲切實,其用心之仁惠之溥,亦將傳諸無窮矣。”

此本爲毛泰所刻。毛泰,直隸人,字時亨。生而穎异,九歲通經史,十九歲登成化五年進士。毛泰自弘治元年以户部郎中到重慶府任上,時值重慶饑荒大旱,泰極力賑救,全活者數十萬人。大旱後,又有瘟疫發生,於是毛泰又設醫施藥,全活亦衆。當自然災害過後,繼之而來就是重新安置災民,争取時間,搶種補種,此書即其時所刻。

又此本有字體工整之墨筆批注,諦審墨色,當是明人所書。書中不常用之難字,旁注有同音及音義,同時從批注看,也爲批注者農業生産實踐之心得。

清代流傳之《農桑撮要》,都以《四庫全書》本(據《永樂大典》輯録)爲底本而重新刊刻。至於一些叢書本,如嘉慶間張海鵬輯《墨海金壺》,道光間錢熙祚輯《珠叢别録》,光緒間新昌莊肇麟校刊《長恩書室叢書甲集》也是依庫本而刻。此外如《叢書集成》本又據《墨海金壺》本重印,而《清風堂叢書》本的底本則爲《珠叢别録》本。此本今藏上海圖書館。

雙溪物産疏【抄本】

《雙溪物産疏》十五卷，清陳經撰。清宣統江南圖書館傳抄本。四册。半頁十行二十一字，藍格，書口下印有“江南圖書館”。題“離墨山農陳經景辰纂”。前有嘉慶十八年(1813)秦瀛序、郭麐序、嘉慶十九年陳經序。

陳經，字景辰，號墨莊，又號離墨山農，江蘇荆溪人。布衣。又著有《陳景辰遺書》、《荆南小志》等。

雙溪在江蘇宜興地區。按一地之所産，有常産之物，有特産之物。特産者，必其地之氣候土壤與此物宜，而又爲他産所不能競，此皆斯民奉生之需。是書就雙溪所産詳疏之。卷一穀三十五則、卷二蔬三十六則、卷三瓜十五則、卷四果三十則、卷五華上二十一則、卷六華下二十七則、卷七草上三十二則、卷八草下三十三則、卷九木三十則、卷十禽三十五則、卷十一獸二十則、卷十二魚上二十八則、卷十三魚下十六則、卷十四昆蟲二十二則、卷十五雜物十則。其疏雜物者，爲絲、棉花、酒、茶、茶壺、車、船、竹器、炭、石灰。

秦瀛序云：“郭景純釋《爾雅》，箋注蟲魚，博學者尚焉。荆溪陳子景辰，詩人也，吟詠之暇，著録方物備矣。兹復成《雙溪物産疏》以示余，繁而不蕪，簡而有要，蓋詩人之餘事也，鍥諸梨棗，足以傳矣。”

郭麐序云：“陳子景辰，居於荆溪，作《雙溪物産疏》若干卷，凡百穀果蔬、蟲魚草木之屬，産於兹土者，莫不條分而件繫之。辨其名物，詳其性與其宜，而區其良楛美惡，若古注疏者之所爲而加詳焉。使人覽之如别黑白而數一二，其用心勤而於物博矣。然吾聞陳子篤學嗜古，窮覽典籍，上下古今，以究當世之務，殆所謂卓犖魁桀之士，而乃托於蟲魚草木注疏之説，以耗其日力。此又余之所不能無疑者，將以前所疑者並質之陳子，其必有以告我矣。”

陳經自序云：“古今釋草木鳥獸蟲魚者多矣，唯《爾雅》、《本草》最古最精。《爾雅》馮六經而作，爲名物之宗，其書在漢箋注未行之先，古人謂《爾雅》明，百家箋注皆可廢。《本草》人命所繫，尤貴識真。故注二書者不下數百家，然托之炎帝與周文公則謬矣。説者因疑而求，因求而迷，因迷而妄。謂鴞女匠魚窞爲荃六駮，以爲馬不可駕牽。謂芍藥無香，説芳草者不識蕙與蘭，甚或指南爲北，訛日作月，非老於田野目驗，庶類烏足究宣之也。夫物之難明，爲其名之難明也。名之難明，謂其五方之名不同，而古今語音殊異也。儒生家多不識藪澤之物，老農老圃又不明詩書之旨，二者無由參合，遂至轉相訓釋，愈茫昧難明。雙溪地兼山水，物産爲繁，匡居多暇日，徜徉於山巔水涯，與草木鳥獸蟲魚爲侶。究其生植，察其形色，探其動息，辨其性味，核實於秋，驗華於春，然後考之

《爾雅》，徵之《本草》，旁及諸傳記。有所未盡，則詢之田埂樵叟，不强不知以爲知。分門别類，始於穀蔬，終於雜物，凡十有五卷，名之曰《雙溪物産疏》。以方名爲標目，蓋緣土産易識物難明也。”

此本藏中研院歷史語言研究所傅斯年圖書館。傅目作“繆荃孫藝風堂抄本”，誤。第四册末爲“宣統三年辛亥中秋前一日，繆九疇校於圖書館”。繆九疇，或爲繆荃孫子。

《續修四庫全書總目提要》(稿本)未收。《中國古籍善本書目》著録，有清嘉慶二十一年(1816)稚春堂刻本，藏北京圖書館、上海圖書館、南京圖書館、浙江圖書館。按，此抄本當據南京圖書館藏本傳抄。另有《陳景辰遺書》(内收《墨莊書跋》、《墨莊文鈔》、《墨莊雜著》)，清嘉慶刻本，藏中國科學院圖書館。

金匱要略方【明初抄本】

《金匱要略方》三卷，漢張機撰，晋王叔和集，宋林億詮次。明洪武二十八年(1395)吴遷抄本。二册。半頁十二行二十四字，黑格，正書。書口寫"要略"。有佚名朱筆校籤小條貼於書眉。

據馬繼興《經典醫籍版本考》，《金匱要略方》宋刻本有二刻，一爲北宋刻本，"由校定醫書局校刊的《金匱要略方》初刊本，約在治平三年(1066)或稍後，但原版已佚"，一爲南宋刻本，其轉引日本《經籍訪古志》"開卷首'金匱要略'，上冠'新編'二字，考林億等言，其有'新編'字當是宋版之舊，且詮次諸臣名銜署於前，而叔和、仲景名氏都在後，此古人修書經進之體式，流傳諸本未見如此者。……此書亦無諱字，宋本多訛字，胡元瑞嘗論之，知是南宋書舶所刻，然猶不失館閣之舊也"。

此明初抄本乃據宋紹聖三年(1096)刻本傳抄，最接近北宋原刻面目。卷三末有當時刻書之公文："國子監準監闕，準尚書省禮部符準紹聖元年六月二十五日，勑中書、尚書省送到禮部狀，據國子監狀，據翰林醫學本監三學看治任仲言狀，伏覩本監先準朝旨，開雕小字《聖惠方》等共五部出賣，並每節鎮各十部，餘州各五部，本處出賣。今有《千金翼方》、《金匱要略方》、《王氏脈經補注》、《本草圖經》、《本草》等五種醫書，日用不可闕。本監雖見印賣，皆是大字，醫人往往無錢請買，兼外州軍尤不可得，欲乞開作小字重行校對出賣，及降外州軍施行本部看詳，欲依國子監申請事理施行，伏候指揮。六月二十三日奉聖旨，依奉勑如右，牒到奉行都省前批。六月二十六日未時，付禮部施行，仍關合屬去處主者，一依勑命，指揮施行。"

紹聖三年六月日雕

集慶軍節度推官監國子監書庫向宗恕

承務郎監國子監書庫曾繰

延安府臨真縣令監國子監書庫鄧平

潁州萬壽縣令監國子監書庫郭直卿

宣義郎國子監主簿王仲嶷

通直郎國子監丞武騎尉檀宗益

朝散郎守國子監司業上輕車都尉賜緋魚袋趙挺之

朝奉郎守國子監司業兼侍講雲騎尉龔原

治平三年三月十九日進呈奉聖旨鏤板施行。

朝奉郎守太子右贊善大夫同校正醫書騎都尉賜緋魚袋臣高保衡

朝奉郎守尚書都官員外郎同校正醫書騎都尉臣孫奇

朝奉郎守尚書司封郎中充秘閣校理判登聞檢院上護軍賜緋魚袋臣林億

龍圖閣直學士朝散大夫守尚書工部侍郎兼侍講知審判院事兼判少府監提

舉醴泉觀兼提舉校正醫書上柱國彭城縣開國公食邑二千二百户食實封二百户賜紫金魚袋臣錢象先

可證北宋原本乃爲治平三年三月十九日奉聖旨鏤板印行。

是書除宋本外，元刻有元後至元六年(1340)鄧珍刻本（楊守敬跋），今藏北京大學圖書館。明代無單刻，而入《古今醫統正脉全書》及《仲景全書》内，清代曾有翻刻，日本也有不同版本之流傳。

據此抄本和現今通行本在内容上略有不同，今録一條以見一斑，如“風濕，脈浮身重，汗出，惡風者，防己黄耆湯主之”。抄本作“防己四兩　黄耆五兩　甘草貳兩炙　白术叁兩　生薑貳兩切　大棗拾貳枚擘。右六味，㕮咀，以水七升，煮取二升去滓，分温三服，喘者加麻黄，胃中不和者加芍藥，氣上冲者加桂，下有陳寒者加細辛，服後如蟲行皮中，從腰以上如冰，後坐被上，又以一被繞腰以温下，令微汗差”。(腰以上，疑作腰以下)刻本作“防己一兩　甘草半兩炒　白术七錢半　黄耆一兩一分去蘆。右剉麻豆大每抄五錢七，生薑四片，大棗一枚，水盞半煎八分去滓，温服良久再服，喘者加麻黄半兩，胃中不和者加芍藥三分，氣上冲者加桂枝三分，下肩陳寒者加細辛三分，服後當如蟲行皮中，從腰下如冰，後坐被上，又以一被繞腰下温，令微汗差”。

書後有吴遷識語，云：“金匱要略，誠醫家之要書也，然學者漫不之顧，少有蓄之者，今得祝先生均實所藏古本，老眼雖昏，勉强録之。洪武二十八年歲次乙亥秋八月三日甲子寫，至二十五日丙戌而成，時年七十三歲。吴遷景長識。”計抄寫此書費時二十三天。是書朱氏《結一廬書目》著録，題“明洪武初蘇州吴遷照北宋版鈔”。然查《蘇州府志》、《吴縣志》諸書，均不得吴遷其人。

又是書乃用舊書之背面抄録而成，舊書爲《中庸五十義》、《大學會要》兩種。按二書爲宋刻本，皆不見《中國古籍善本書目》、《臺灣公藏善本書目》著録，朱彝尊《經義考》以及《藝文志二十二種引得》也未采用。《中庸五十義》題“平湖陳堯道敬之撰”，半頁十行十六字，左右雙邊，白口，雙魚尾，下有刻工，避諱至“讓”字。查《南京館閣續録》卷八有陳堯道，云：“字敬之，興化軍人，習春秋，乙未進士，二年二月二十七日以太府寺丞除秘書郎，當年四月四日除監察御史兼崇政殿説書。”《宋史·藝文志》，堯道著有《中庸説》十三卷、《大學説》十一卷。又《嘉興府圖記》云堯道，嘉興人，通五經不仕，與楊維楨輩唱和，有《竹林集》。當爲另一堯道。此二書僅知書名，卷數不詳，因裝訂之故，無法知其頁數。

鈐印有“吴遷印”、“吴景長”、“吴遷景長蘭洲秘藏醫書藥方志此印章”；“明善堂鑒書畫印記”、“安樂堂藏書”，以及朱澂“仁龢朱澂”、“子清真賞”、“結一廬藏書印”、“仁龢朱復廬校藏書籍”，又有“徐乃昌讀”。另一“上品”葫蘆印，極舊。

新刊古今醫鑒【明萬曆刻本】

《新刊古今醫鑒》八卷，明龔信撰，龔廷賢續編。明萬曆四年(1756)金陵書林對峰周曰校刻本。半頁十三行二十六字，四周雙邊，白口，單魚尾。八册。前有中憲大夫知江西南康府事劉巡序，又龔廷賢序。

龔信，江西金溪人，精岐黄。龔廷賢，信子，字子才，名雲林，又號悟真子。少爲儒，後秉父意，承家學，取《黄帝素問》、《靈樞》讀之，刻意研精，輒識真要，其名盛稱於吴楚、大梁間，有"醫林狀元"之稱。父子俱爲太醫院醫官，傳見《金溪縣志》。廷賢著述頗多，又有《新鐫雲林神彀》、《萬病回春》、《雲林醫聖普渡慈航》、《新刻醫林狀元壽世保元》、《魯府禁方》、《小兒推拿秘旨》、《種杏仙方》、《本草炮製藥性賦定衡》諸書。

廷賢行醫凡六十年，時居大梁之都，以醫名燁燁在諸縉紳間，曾醫魯王妃疾。其序云："每視疾，則先診以脈息，次察其病原；而攻治之法，方藥之制，又酌其脈病而投之。執是以往，影響不殊。"此《醫鑒》也可視作父子診病之經驗醫案。廷賢"既而以脈病治方分門别類，以古今之確論爲樞要，間亦竊附己意，參考互訂，遺者補之，略者詳之，纂輯成帙。醫有十三科，此其粗備，釐爲八卷，名以《古今醫鑒》。""是書上考諸古，古之明驗者取之；下質諸今，今之明驗者取之。雖隱伏沉痼，罔不洞察，與鑒之照物，妍媸不爽，有相類者，此之謂《醫鑒》，此余命名意也。稿甫成，不敢自秘，爰付諸梓，以公諸天下後世。"

此書卷一題"金陵書林對峰周曰校刊行"、卷七題"金陵書林竹潭周宗禮梓行"、卷八題"金陵書林前山周庭槐刊行"。疑曰校、宗禮、庭槐皆爲家庭成員。曰校刻書甚多，如《昭代典則》、《漢雋》、《重廣補注黄帝内經素問》、《保赤全書》、《瓦釜漫記》、《新刻簪纓必用翰苑全書》、《新鐫翰林考正歷朝故事統宗》等十餘種。據茅坤序《新鐫雲林神彀》云："而最後有《神彀》若干卷，……因姻對峰周君、圖付剞劂。"可證廷賢與曰校之間有着聯姻關係。

查《中國古籍善本書目》，僅著録有《重刻古今醫鑒》八卷，爲明萬曆四年金陵書林周四達刻本；又有《新刻增補古今醫鑒》八卷，爲明金陵書肆周庭槐刻本；又有《王宇泰先生訂補古今醫鑒》十六卷，爲王肯堂訂補，明萬曆十七年葉華生刻本。此本不見著録，誠當孤帙。書藏美國國會圖書館，未曾編目。卷中鈐有"順天堂病院印"、"飯蠹氏圖書記"，皆日人之印。

敬修堂醫源經旨【明崇禎刻本】

《敬修堂醫源經旨》八卷，明余世用撰。明崇禎四年(1631)刻本。八册。半頁九行二十一字，四周雙邊，白口，單魚尾。題"吉陽李日宣本晦父選訂；樊輿賈鴻洙憲仲父、古杭應朝玉碩甫父、古臨游王廷登翼父、建武劉伸叔達父、宛濱劉餘祐申之父、姚江葉大受君垣父、陽羨張定志君静父、瀛海李天經仁常父仝閲；豫章化民余世用編輯"。前有崇禎四年李日宣序、萬曆三十四年(1606)曹學程序、萬曆三十四年余世用序。《敬修堂醫源經旨發明集例》八則。

余世用，字化民，江西南昌人。

此書之輯，蓋因世用嘗誤罣於理，顔色憔悴，百念都消。以歷來方書有數百家之多，汪洋浩瀚不可爲訓，乃於面壁之暇，彙而成之，以俾後學者論症對脉，伻相檢閲。卷一五運六氣總論、運氣司天解等六十七則。卷二爲中風門、傷寒門、暑門、濕門、燥門、火門、内傷門、鬱門。卷三痰飲門、咳嗽門、喘哮門、瘧疾門、痢疾門、泄瀉門、霍亂門、嘔吐門、噎膈門、呃逆門、吐酸門、嘈雜門、諸氣門、腫脹門。卷四積聚門、五疸門、虚損門、勞瘵門、眩暈門、頭痛門、胃脘痛門、腹痛門、腰痛門、疝氣門。卷五脚氣門、痛風門、痿躄、諸蟲、麻木、斑疹、眼病、耳病、口舌、齒病、喉痺、鼻病、血症。卷六痔漏、自汗盗汗門、痓門、厥門、癲狂癎邪祟門、驚悸怔忡健忘門、消渴門、遺精白濁門、淋閉門、燥門、瘡瘍門、瘰癧門、疔瘡門、便毒門、下疳門、楊梅瘡門。卷七厲風門、臁瘡門、疥瘡門、癬瘡門、乳癰門、折傷門、破傷風門、杖瘡門、金瘡門、湯火傷門、蟲獸傷門、中毒門、骨鯁門、體氣門、諸瘡通用門、婦人月經門、崩漏門、帶下門、娠妊門、産育門、産後門。卷八幼科門總論，附面圖、掌圖、脉法；急慢驚風門、疳疾門、吐瀉門、腫脹門、臍風撮口門、癖痞門、積滯門、諸熱門、感冒門、瘍疾門、喘門、嗽門、盗汗自汗門、脱肛痔漏門、遺溺門、重舌木舌門、鵝口口瘡門、五軟五硬門、龜胸龜背門、滯頤門、夜啼客忤門、丹毒赤瘢門、天瘹内瘹盤腸氣門、耳病門、眼病門、雜症門、痘疹門、麻疹門。共一百一十門。

李日宣序云："偶爲先師鄒南翁收拾殘編，得案頭一抄，閲之則醫旨具焉。其爲書别門分欵，自論症察脈，運氣分經，聽聲寫形，以至湯液醴酒，鏡石毒熨，莫不取精。乃其摘極群書，衷以要論，劑盡玄秘，參以歷驗，猶爲最妙。其自命曰《醫源經旨》，大要於無不變之中，而有至不變者存，故足重也。蓋先師嘗語余，救人莫如廣醫，然於方投則絶不妄收，顧獨於此書什襲之，豈欲公之世而未遑者歟？余既寶是書，出入與俱，每試之無不奇中，坐間方士，往往竊去手抄，問之，曰：得未曾有也。邇案事大梁，出示同年李性參觀察，觀察爲心喜，遂謀於在坐，若憲仲賈君玉碩、應君登翼……取而梓之曰，今而後梁之人，其知飲此源頭活水乎？然余考是書，實出吾里余化民，乃序稱其幽縶後苦心成之。”

凡例有云：“方有古今，古者皆歷代醫師所製，余試其百發百中者始録；今者皆薦紳家藏，及余世業秘驗者並載於上。”“藥性不單言其是而忽其非，恐致用藥偏勝，今纂成賦，並録其功過，以便誦覽云。”

此本流傳罕見，白棉紙印。有明人朱筆圈點。每册以“福如東海，壽比南山”排比。

《四庫全書總目》、《續修四庫全書總目提要》（稿本）、《四庫總録醫藥編》、《中國分省醫籍考》、日人丹波元胤編《中國醫籍考》、臺灣《“國家圖書館”善本書志初稿》、日本《京都大學人文科學研究所漢籍分類目録》、《東京大學東洋文化研究所漢籍分類目録》、《内閣文庫漢籍分類目録》、美國國會圖書館、普林斯敦大學葛思德東方圖書館、哈佛大學哈佛燕京圖書館等皆未著録，也未入藏。

《中國古籍善本書目》著録，僅上海圖書館一帙，作者作“李日宣撰”。誤。按，李日宣，字晦伯，江西吉水人。萬曆四十一年（1613）進士。擢御史，出理河東鹽政，崇禎間爲吏部尚書。以忤旨戍邊，後赦還，卒。李序有“然余考是書，實出吾里余化民，乃序稱其幽縶後苦心成之”。《全國中醫圖書聯合目録》著録，但無卷數。

本草發明【明萬曆刻本】

《本草發明》六卷，明皇甫嵩、皇甫相撰。明萬曆刻本。六册。半頁十行二十二字，四周雙邊，白口，單魚尾。題"武林靈石皇甫嵩同男編；養心傅時泰和甫校正"。前有萬曆六年(1578)皇甫嵩序。又皇甫嵩撰《明本草類辨》。

皇甫嵩，號靈石山人，浙江武林人。皇甫相，嵩子。

卷一爲藥性陰陽、清濁氣味、厚薄法象、氣味生成流布、《東垣》用藥法象等四十三則；卷二草部上；卷三草部下；卷四木部上下、果部；卷五穀部、菜部、玉石部、金石部；卷六人部、獸部、禽部、蟲部、蟲部(鱗介類)。

皇甫嵩序云："《本草》一經，藥品性味具備，補注訓義亦詳，誠濟世之書也。第諸家輳集，各附見聞，其中治病之説，類多繁衍。每一品藥，該療諸病，多者十數證，少者三四證，漫無專治、監治之法，俾用藥者，莫知取裁。是以近世方家，務求簡便，乃捨本經，未讀藥性賦等歌括，托爲《東垣》捷徑之法，而不加察，狃於目前常用之藥，於本經中所載奇異藥品，率莫之究。執此以療病，未免略而弗詳，偏而弗備，往多謬誤，殊戾經旨，至投劑無效，良由藥性不用，製用未當也。嵩承祖父業，深爲此慮，於事儒之暇，究心於醫，蒐輯方書，推本《内經》，爰及諸《本草》、《東垣》、《湯液》、《丹溪》、《藥性》等書，參閲考訂其旨要，著爲《本草發明》六卷，卷分列上下部，其間如某藥專治某病，某藥監某藥，以某藥爲君，某藥佐之爲引用，分專治、監治之法，各有攸宜。於常用要用藥品列在上部，更加詳著；其稀用奇品列於下部者，亦發明之，以備參用。雖未敢云窺羲黄之奥，溯湯液之源，然經義略明，而臨症用藥處方者，庶知旨要，不致汎汎無從矣。是用彙諸編，以俟明者裁之。"

中國醫書中以《本草發明》爲書名者，有明陳廷贊撰者，載(民國)《常昭合志》卷十八《藝文志》。清代又有沈以義撰者，見(光緒)《嘉定縣志》卷二十六《藝文志》。

是書《四庫全書總目》、《續修四庫全書總目提要》(稿本)、《中國分省醫籍考》、《四部總録醫藥編》、臺灣《"國家圖書館"善本書志初編》、日本《京都大學人文科學研究所漢籍分類目録》、《東京大學東洋文化研究所漢籍分類目録》、《尊經閣文庫漢籍分類目録》、美國國會圖書館、哈佛大學哈佛燕京圖書館、普林斯敦大學葛思德東方圖書館等皆未收録。

《中國古籍善本書目》著録，僅上海圖書館一帙。《全國中醫圖書聯合目録》著録，作"明刻本"，除上海圖書館外，又浙江圖書館入藏，另北京中醫研究院圖書館存卷一至四，日人丹波元胤編《中國醫籍考》列"存"，日本《内閣文庫漢籍分類目録》有"江户初年寫本"。

鈐印有“安樂堂藏書印”、“明善堂覽書畫印記”。按此二印乃怡府藏書印。怡府藏書,始自怡賢親王之子弘曉。弘曉好藏書,錢謙益絳雲樓未毁前,其宋元精本泰半爲毛晋、錢遵王所得。毛、錢兩家散出,半歸徐乾學、季振宜。後徐、季之書,由何焯紹介,盡歸弘曉。乾隆中,四庫館開,天下藏書家皆進呈,惟怡府之書未進,其中爲世所罕見者甚多。

得宜本草【清初抄本】

《得宜本草》四卷。清初抄本。四册。半頁十行二十一字，無框格。無序跋。佚名點校。

得宜者，合適，得其所宜。《史記·秦始皇本紀》二十八年刻石："治道運行，諸産得宜，皆有法式。"《漢書》卷四十四《淮南厲王傳》薄昭書："上下得宜，海内常安。"

是書爲清初醫家輯録有關本草之内容，卷一水部（諸水）、火部（諸火）、土部（諸土）、金部（金、赤銅、銅青等）、石部、鹵石部、山草部；卷二芳草部、隰草部、毒草部、蔓草部、水草部、石草部、苔菜部；卷三穀部、菜部、果部、水果部、味部、香木部、喬木部、灌木部、寓木部、苞木部、藏器部；卷四蟲部、龍蛇部、魚部、介部、禽部、獸部、人部。

書中每味皆有"發明"，如"金部"之"生金"云："辛平有毒，金箔無毒。""發明"云："金能制木，故可療驚癇風熱肝膽之病，然須爲箔，庶無重險傷之中患。紫雪方用赤金葉子蒸水，取制肝降痰逆也。若成塊錠金皮首飾之類，非特無味，且有油膩，良非所宜。銀箔功用與金不殊，但入氣分，不入血分，稍爲不同。肘後方，治癧腫五石湯用之。"又"獸部"之"駝峰"云："甘濕無毒。""發明"云："駝峰，八珍之一，味雖極美，但能動風，宿有風氣，人勿食。駝脂摩風，去頑皮死肌，取熱氣透肉也。"

此本藏上海圖書館，作"舊抄本"。"玄"字有避有不避。此本非一人所抄，當三人以上之筆墨。諦審紙墨，當在清初。是本并著録有"明吴勉學跋"。吴勉學跋云："《得宜》一書，係出唐代，至明板已失傳。今學長張若凡悉項氏家有藏本，用重價購抄一通，以資考證，詢後學津梁也。時客金陵，吴勉學借閲。"下鈐"□翁"印，按，吴勉學跋，疑僞。

《中國古籍善本書目》著録，作"明抄本"。《續修四庫全書總目提要》（稿本）、《中國分省醫籍考》、《四庫總録醫學編》未收。《四庫全書總目》著録有《絳雪園古方選注》三卷附《得宜本草》一卷，作者爲清王子接。按王子接，字晋三，江蘇長洲人，葉桂師。王著之本乃取張機及前人成方，發明治法，所謂"選録古方，而推闡其製方之意，辨析往往造微。附載本草，亦殊簡括"。日人《中國醫籍考》及《全國中醫圖書聯合目録》也著録子接此書，但《全國中醫圖書聯合目録》又將子接本與此本混爲一書，大誤。

鈐印有"燕之"、"朱桂馨印"、"鏡溪"、"安漢"、"總校方略"、"白沙朱子涼家藏"。

山居本草【清康熙刻本】

《山居本草》六卷，清程履新撰。清康熙三十五年(1696)刻本。八册。半頁十行二十二字，四周雙邊，白口，單魚尾。題"新安程履新德基甫述；錢唐陳培昌武威甫校"。前有康熙三十五年孫清序、程履新序。又凡例六則。

程履新，字德基，號白岳雲深叟，安徽休寧汊口人。官至府同知，弃去不就。曾學醫於名醫李中梓，博極岐黄之書，精明醫理，遍游十餘省，爲當時良醫。據孫清序，其"少遊京師，以刀圭之神見重於王侯公卿，一時車騎盈門，指揮如意，而先生不屑留也。迨後隨督師進剿凱旋，議授叙司馬之職，而先生不樂就也。雅尚嚴子陵、林君復氣節，一琴一鶴，娱老煙霞，是先生志在山水"。又有《簡易方論》六卷。(道光)《休寧縣志》卷十九人物方技有傳，但極簡。

"本草"之名，始見於《漢書・平帝紀》。明代冠以"食物本草"名之著作頗多，内容相近，似有承沿因襲之嫌，實質一脉相承。此書似在諸食物本草之基礎上，加以本身多年之實踐醫療經驗，就人一身之内、一家之中，以及山林園圃陂澤之物，逐一探討，見有取之甚易、製之無難，而皆可以治危病、起痼疾，可供食用、救荒、治病却疾之物，使田野牧豎與山野耕夫皆得取其眼前自有之物，以救一切危難之症。此本卷一身部、卷二穀部、卷三菜部、卷四果部、卷五竹木花卉部、卷六水火木金部。

卷六後有總論，題"新安程履新德基甫述；門人鮑澄、唐翰輔、黄達、高士奇仝校"。其"辨藥十八法"爲體質所主、五色所主、五氣所入、五氣所能、五味所入、五味所走、五味所養、五味所主、五味所能、五味所宜、五味所禁、藥性清濁、藥性所養、藥性所主、藥性所用、藥力所主，頗多有辯證。又云："此古聖用藥十八法，深入造化之窟，製方之義，必本於是。"其凡例又有云："醫家用藥，如良將用兵，藥，兵也，主將練兵，必先分别武藝，區别隊伍，知其膂力伎倆，然後可使破敵立功。故用藥亦須詳細分别。昔方古庵微立其義，繼而盛後湖始列其門，猶未穩妥。今則詳悉參訂，俾學者每用一味，先爲辨别詳明，則庶乎其不差矣。"

程履新自序叙神農闢《本草》四卷始，直至李時珍《本草綱目》止，叙之極詳。其自序又云："以上諸物，皆尋常日用之物，第不可日用而不知其故，格物君子，又豈僅知而已哉？以上數集，已足養生却病，不集禽獸蟲魚者，恐傷生也。……此集祇以日用尋常之物，足以養生却病，並可以治尋常易識之病耳。七情皆由心動，一正心而諸病安矣。如薑可治寒、蘇可散風、扁豆葉可治暑、火酒可治濕、蜜可治燥、水可治火之類，第便自明其受病之原而自治之，又何難哉？老拙無能，聊作自了漢，就食山居，偶爾集成，始命曰《山居本草》云。”

孫清序云：“赤箭青芝、朱溲馬勃，天地間無一可棄之物。因纂集各方彙成一帙，名曰《山居本草》，就正於鎮臺高大人之前。大人曰：程子之隱德大矣，此書一成，則田間牧豎與山野耕夫，皆得取其眼前自有之物，以救一切危難之症。則民無夭札，人登仁壽，天下之望，救於此書者，豈容一刻緩哉？遂贈以刻資，立付剞劂。”“而今以山居名篇，猶之馬季長好音而賦長笛，揚子雲樂道而草太玄，此物此志也，言山居而城市、廟堂同之矣，言本草而丹砂、皮角概之矣。其爲物也，淺而易得，其奏效也速而且神，則先生利濟之功不更出長沙、玄晏上哉？”

此爲初印本，楮墨精良，且傳世甚罕，鮮爲人知。

《四庫全書總目》未收。日人丹波元胤編《中國醫籍考》云：“未見”。《四部總録醫藥編》、《續修四庫全書總目提要》（稿本）、臺灣《“國家圖書館”善本書志初編》、《日本内閣文庫漢籍分類目録》、《日本東京大學東洋文化研究所漢籍分類目録》、《日本京都大學人文科學研究所漢籍分類目録》未著録。美國國會圖書館、普林斯敦大學葛思德東方圖書館、哈佛大學哈佛燕京圖書館等皆未入藏。《全國中醫圖書聯合目録》及《中國古籍善本書目》、《新安醫籍考》著録，僅此上海圖書館一帙。

鈐印有“古塾曹氏儀一堂藏書印”、“易三經眼”、“楊元吉”、“□廬”

養生類要【明萬曆刻本】

《養生類要》二卷，明吴正倫輯。明萬曆十六年(1588)新安吴氏木石山房刻本。半頁十行二十字，左右雙邊，白口，無魚尾。題"族祖左竹山人吴敖校正；新安木石山人吴正倫輯"。前有嘉靖四十三年(1564)張鯉序、吴敖序、嘉靖四十三年方元焕序。鄭若庸撰《春岩子傳》。末有吴正倫跋、嘉靖四十三年吴敖跋。

吴正倫，字子叙，自號春岩子，又號木石山人，安徽歙縣人。少警敏善學，博覽群書，有志爲經生，以病弗果。篤好醫術，喜黄帝、扁鵲之書，時竊記誦，聞名醫有術，往執弟子禮，得真傳歸。又取歷代名醫家方論悉讀之，會通其要，年未弱冠，已稱良醫，名噪一時。大江南北，人無問數百里，皆走堂下叩之，所存活者甚衆。平生篤尚倫秩，事後母極孝敬，友愛諸季，人以是益器重。明穆宗貴妃疾，召至宫，一劑立愈，後遭太醫妒，卒於京邸。又有《活人心鑒》、《虚車録》、《脉症治方》。

養生類要者，類養生之要也。卷一即前集，爲善生歌訣，如《逍遥子導引訣》、《孫真人衛生歌》、《陶真人衛生歌》、《鄒樸庵玉軸六字炁訣》、《九轉秋石還元論》、《白玉蟾真人秋石歌》。餘皆爲養生之法，丹酒配置、男女起居、廣嗣育子等滋補方，如飲、散、丸、湯、膏、丹、膠、糕等。卷二即後集，分春夏秋冬四季調攝、慈幼育嬰、却老延年諸症宜忌合用之法，計春季二十六方、夏季五十方、秋季四十二方、冬季六十二方，又濟陰類三十方、慈幼類三十一方、養老類二十方，總計二百六十一方。

後集末頁刻有正倫之跋，云："古今醫家言方者夥矣，失之多者，則雜而不精；失之寡者，則漏而不全，觀者不能無遺恨也。予於暇日，縱觀群書，蒐輯預養之良法，已驗之名方，參以己意，分四時南北之異、輕重緩急之宜，别爲二册，名曰《養生類要》，命之梓人，傳布四方。或病將發，防於未形；或病卒生，尋醫不偶，循而行之，未必不爲無助也。若曰道在是，則倫豈敢。謹告。"

吴敖跋云："吾姪子懼弊道而訛人也，蒐輯於見聞之真，議擬於心思之極，察其風土，辨其氣攸，審其年叙，掄其方之可傳者，定爲司南，以示用之者存乎通焉。其用心亦良矣。"

按，是書最初有明嘉靖四十三年刻本，方元焕序有云："況其爲書，又參取往哲，卓有明驗，可以布而遠哉!"然今嘉靖本已佚去不存。此本爲明萬曆十六年吴氏重刻本，或爲嘉靖本需求者多，供不應求，版有漫漶而重刻耶？吴敖序後有"吴郡章松刻"。吴敖跋後，刻有"萬曆戊子冬十一月木石山房重刻"一行。木石山房或爲吴正倫讀書處，正倫號即爲木石山人，此當其家重刻也。

此本藏上海圖書館。《四庫全書總

目》著録，入存目。《中國古籍善本書目》、《全國中醫圖書聯合目録》、《中國醫籍大辭典》、《中國分省醫籍考》、《中國醫籍通考》著録，皆爲上圖藏本。《四庫全書存目叢書》子部第四十三册所收，也以上圖本爲底本。日本《内閣文庫漢籍分類目録》有“江户寫本”。

蒼生司命【清康熙刻本】

《蒼生司命》八卷首一卷，明虞摶輯。清康熙十六年(1677)刻本。八册。半頁八行二十字，四周雙邊，白口，單魚尾。題"花溪老人虞摶天民輯；錢塘徐開先振公校；静觀居士程林雲來閲；海昌陳彝則子奇訂"。前有康熙十六年李錦序。

虞摶，字天民，自號花溪恒德老人。江西義烏人。博覽能文，因母病遂精醫，著《醫學正傳》，其學以朱震亨爲宗，而參以張機、孫思邈、李杲諸家之説。又有《方脉發蒙》、《百字吟》、《半齋稿》。

李序云："今年秋初，晤雲來於錢塘公署，因問雲來曰，醫方之浩繁者有宋徽宗《聖濟總録》、周憲王之《普濟方》，迨後《王氏準繩》，徐氏《醫統》則渺乎小矣，醫家猶有望洋之嘆。求其簡而精、博而約者，是在吾子，亦有可得聞乎？雲來又出《蒼生司命》一編，曰此花溪老人虞天民所輯，醫家入門之秘本也，金匱要略，如商彝周鼎，古不可遺。此編如粟菽布絲，時不可廢。閲集中所載，證有寒熱虛實，藥有補瀉温凉，對病治療，隨獲奇驗，真指下之航梯，肘後之鴻寶也。……訂正剞劂，以公天下，以濟蒼生，其功不又普乎？"

是書不多見，查《中國古籍善本書目》及《"中央圖書館"善本書目》俱不載。《四庫全書總目》僅著録虞摶《醫學正傳》八卷。此藏美國普林斯敦大學葛思德東方圖書館，分元亨利貞四集。

救急易方【明成化刻本】

《救急易方》一卷附録一卷，明趙季敷撰。明成化十五年（1479）楊成刻本。二册。半頁十行二十字，四周雙邊，上下黑口，單魚尾。題“吴郡趙季敷編集”。前有成化十五年高宗本序。末有楊成玉跋（缺去後半頁）。

趙季敷，字叔文，江蘇長洲人，祖籍浙江浦江縣。知醫理，邑名醫趙良仁之孫、趙友同之子。

此書計二百三十二方。附録八方。皆民間之土方、單方、驗方、秘方等實用之方，意在“救急”且“易”，蓋方劑源於民間也。如黄疸七方、痔瘡十三方、咳嗽十四方、吐血十方、轉食嘔吐九方、霍亂八方、瘧疾四方、百蟲入耳十方、牙疼十二方、癰疽二十六方、婦人産難十五方等。又如收有五絶死、自縊死、溺水死、八脚蟲傷等。津按，此類效驗方藥，或流傳於窮鄉僻壤、市井街巷，或挾技於江湖術士之手，或秘藏於醫門藥堂之室，然多有實效。

此類方書，多爲簡帙，易於民間流通也，不似《普濟方》、《周府袖珍方》之卷帙浩繁，刊刻費時費日。此本爲揚州知府楊成所刻。成，福建閩縣人。天順八年（1464）進士，成化十四年任揚州知府。高宗本序有云：“到任不久，即出行部驗災傷，見瀕海窮鄉之民患病，苦於無醫，及有醫而又無藥，有藥而又無方，乃甘心於巫覡禱祈之末，不然則袖手待斃而已。楊公爲之惻然，思欲有以極之，乃命工以《救急仙方》重新翻刊，將欲家給一册，便窮鄉之民有稍知醫識字者，能對症檢方，執方尋藥，幸而中則一方可活一人之命，使皆活而無舛焉，則其所活又可勝數哉！此則楊公之所以用心也。”

楊成跋云：“自昔予爲郡庠弟子員，得此方於郡倅麻城徐公，公善珍藏於家，家庭之間偶患疾者，輒對症按方，執方求藥而治之，無不取效。既而宦游中外，恒收之行篋，以備取用。比者，奉命來撫漢民，適覩吾民率多居於深山窮谷之中，間有疾者，最苦於無醫而無方，故雖有藥而莫能用，徒袖手待斃而已，誠有如復齋高公所云者，予聞之惻然於中，迺閲此方而得之行篋，爰命城固李尹完翻鋟於梓。”

此書最初版本爲正統刻本，然今已不傳。又以其通俗易懂，民間需求量大，故後人多有翻刻，湖廣、四川、浙江皆有不同版本流傳。後河南大參孫伯大又以此書及黄古甫《備急仙方》二方總名之曰《備急》，而刊於河南。津所知今存明代所刻者，除此成化楊成刻本外，又有《新增救急易方》八卷（作趙季敷撰、熊佑編），明成化二十一年刻本；《校增救急易方》二卷（趙季敷撰、李延壽校增），明萬曆二十八年（1600）刻本。熊佑編本、李延壽校增本均藏日本内閣文庫。

此本目録之附録後應有牌記，但爲坊

賈割裂配以它紙，以充早期所刻。《四庫全書總目》、《續修四庫全書》、《續修四庫全書總目提要》(稿本)未收。《中國古籍善本書目》著録，僅上海圖書館入藏，即此本。日本内閣文庫亦有一部，但作“明成化十四年序刻本”，當以高宗本序爲出版年。

支氏女科樞要【明萬曆刻本】

《支氏女科樞要》三卷，明支秉中撰。明萬曆九年(1581)刻本。三册。佚名朱筆補注。半頁十行二十字，左右雙邊，白口，單魚尾。目録頁及卷一第一頁均題“太醫院吏目吴東支秉中著”。前有萬曆九年支秉中自序。

支秉中，號改齋，江蘇太倉人。精通醫道，尤擅痘科。其爲治，力主變通，反對墨守。隆慶間，以醫客居京城，曾與徐春甫等組織一體堂宅仁醫會，嘗爲太醫院吏目。又著有《痘疹玄機》、《保嬰直指》。

樞要者，中心也。《文心雕龍》四《論説》云：“凡説之樞要，必使時利而義貞，進有契於成務，退無阻於榮身。”女科治法以調經耗氣爲要務，此本卷一分爲總論、月經不通、經候不調、經行迷悶、崩中漏下、癥瘕痃癖積聚、赤白帶下、胎孕。卷二爲保護胎孕法、形體變化、食忌、脉法、小産、難産、産後、産後須知、通乳、求嗣方法。卷三雜症類，爲中風、傷寒、傷風惡寒、乾血癆瘵、頭目眩暈、血風癮疹瘙庠、五心煩熱客熱、咳嗽、喘急、諸痛、夢鬼交、嘈雜翻胃、吐瀉、霍亂、瘧症、痢疾。總共三十四小類。每類分總論道理，再引處方數則至十數則不等。此等驗方及醫案通俗易懂，簡明實用。

支秉中序云：“加以醫者不察天時，不明脈理，不審人性，執泥於婦人宜耗氣，調經血熱則行之論，慨用辛香燥熱之劑投之，非惟不能愈疾，而反增劇，以至於斃者在在有之。至於胎産前後，尤爲重事，稍或防閑不慎，調養失宜，則禍在頃刻。要必先時豫備，對症考求，則圖難於易，轉危爲安。但前人之立論處方，一則散見别出，一則各陳己見，非攻補之失宜，則寒熱之偏用，其間條理節□，未之詳明，致今之醫者，不有魯魚亥豕之差，則有望洋登山之嘆。余竊悲之。蓋余於醫無所知，亦無所不知，故不揣蕪陋，廣集衆論諸方，自月經總論胎産，以至百病，條分類析，隨症立方，撰成一帙，名曰《女科樞要》。雖不敢望古人述作之萬一，然剖析頗爲詳明易曉，庶幾有補於窮鄉下邑，猝有一疾者，即對症求藥，雖非醫家，亦能治療，免致束手無措之意。但京師人往以小兒醫目余，間有知余者，亦輒有所得。恐無徵不信，故併治驗者録之於後，使覽者知焉。是爲引。”

中國女科至宋代方有專著，最早者推《女科百問》，爲南宋寧宗時太醫局教授齊仲甫所撰，刊於宋嘉定十三年(1220)。明代醫學十三科中，獨立設有婦人科，并在總結宋元時期之專科實踐後，出現内容最爲豐富者當爲王肯堂之《女科證治準繩》、武之望之《濟陰綱目》。支氏以兒科名京師，其治婦科，人多有不知者。故支氏此書，知之甚鮮，版本亦甚罕見。此書今藏上海圖書館，乃於五十年代中得之於上海市文物倉庫工作人員在整理各地移送滬上之舊書廢紙中。

《四庫全書總目》、《續修四庫全書》、《續修四庫全書總目提要》(稿本)未收。此本藏上海圖書館。《中國古籍善本書目》著録,僅上圖入藏。《全國中醫圖書聯合目録》著録者,亦上圖一帙,然無卷數,注明爲殘本。按,此誤。

鈐印有"汪楷"、"端友氏"。

袖珍小兒方【明嘉靖刻本】

《袖珍小兒方》十卷，明徐用宣撰。明嘉靖間錢宏刻本。四册。存卷一至六。半頁十行二十四字，四周單邊，白口，單魚尾。前有永樂三年(1405)徐用宣序。藏美國普林斯敦大學葛思德東方圖書館。

徐用宣，衢州人。早年習儒，後究心醫學，至晚年貫通其理，深得要領。

徐序云："事莫難乎醫，醫莫難乎小兒，何也？蓋小兒之證，惟在揣摩推測以得之，古人喻之若草頭之露，水上之泡耳。若非燭理之明，曷能療之哉？古今方書非不多也，然往往得彼失此，不足以備檢閱。予因暇日竊蒐輯小兒諸家方書，纂成一帙，分爲六卷。以脈訣爲首，方論、針灸、圖形次之，名曰《袖珍小兒方》，總二十四門，共三百一十七方，以便出入之觀覽，非敢邀譽於世，特爲吾家子孫之業夫醫者有所循守而不妄也。噫！後之子孫，尚當寶藏而弗墜庸，書此以識云。"

據《中國醫籍考》卷七十五，又有潘琪序，云："永樂間，三衢徐用宣氏始爲之。……每嘆世傳小方脈，諸書浩翰，多得此失彼，殊無旨歸，於是究竟源流，參互己意，著爲論議，擇取良方，彙成此帙，珍藏出入，以備檢閱，以善其術，以傳其後。天順間，今撫蜀都憲貴溪丘公時爲秋官，幼稚失調，適遇用宣之孫□□於京師，延以診視，見其觀色察脈，聽聲用藥，殊異俗輩，且取效刻期，因詢其故再三。□□感公勤懇，袖出此帙以觀，乃用宣手録，細字，大逾掌，厚僅盈寸耳。……乃今弘治庚戌春，公撫蜀之暇，始得授蜀藩大方伯文安邢公採梓以傳。"

《普林斯敦大學葛思德東方圖書館善本書志》云："無錢氏序跋，未知刻於何年。卷内有'翰林院印'滿漢文大方印，乃《四庫全書總目》醫家類存目著録之底本也。據存目，知此本爲天一閣故物。"此本卷一第一頁下題"古杭錢宏重刊"，版刻較漫漶，書中無翰林院官員校筆，非四庫底本。

此書傳世最早爲《新刊袖珍小兒經濟良方》十卷，爲明弘治刻本，十行二十二字，黑口，四周雙邊，今藏中國科學院上海圖書館，殘存卷二至四、六至十；次爲《袖珍小兒方》十卷，明嘉靖十一年(1532)陳琦刻本，十行字數不等，黑口，四周雙邊，藏安徽省圖書館；三爲明刻本，十行二十字，黑口，四周雙邊，有刻工，藏上海圖書館，但爲六卷，疑爲殘帙。《中國古籍善本書目》及臺灣各大圖書館善本書目皆未著録此錢宏刻本。查日本《内閣文庫漢籍分類目録》，著録有明嘉靖十一年贛州府刻本，十卷。

按《天一閣重編進呈書目》、《浙江省第五次曝書亭呈送書目》及《浙江采集遺書總録》庚集皆著録"袖珍小兒方十卷"。《四庫全書總目》子部醫家類入存目，也作十卷，又云："其書以脈訣爲首，方論、針灸、圖形次之，總七十二門，六百二十四方，蒐採頗備，惟論斷多襲舊文，無所發明耳。是書作於永樂中，嘉靖十一年贛撫錢宏重刊，以是書原本宋錢乙也。"《總目》云是書總七十二門，六百二十四方，而徐序則云總二十四門，三百一十七方。按，此其不同處，很可能是書應十卷，普林斯敦大學藏本似佚去四卷。在余記憶中，此書目録頁似有割裂，然其時未曾録入筆記，今執筆思之，疑徐序中數字或亦有剜改之迹，又疑此本或有明嘉靖十一年序，當被抽去。俟之將來，或可再驗之。

錢宏，字可容，浙江錢塘人，正德三年(1508)進士，巡撫南贛右副都御史，此當其任内所刊。

針灸問對【明嘉靖刻本】

《針灸問對》三卷，明汪省之撰。明嘉靖十一年(1532)刻本。三册。四庫底本。半頁十二行二十二字，四周單邊，細黑口。美國普林斯敦大學葛思德東方圖書館藏。

汪省之，字機，别號石山，祁門人。曾爲邑諸生，弃去。居城内樸墅，少時勤攻經史，後因母患嘔吐頭痛，雖經其父悉心治療，仍未痊愈，遂弃儒習醫。其肆力諸醫經典，融會於一，凡岐黄倉扁之書，靡不探討，异症奇疾，治之輒愈。其醫理强調補氣血爲主，偏於理氣。有《石山醫案》、《醫學原理》、《讀素問鈔》等書，其書至今多爲醫家指南。

《問對》以問答形式闡述針灸學理論，極論誤灸之害與巧立名目之誣，多篤實可取。上、中二卷論針法，下卷論灸法及經絡腧穴，皆據《素問》、《靈樞》、《難經》、《甲乙經》及諸家著述，設問對以發明其義。

按，此書各種書目皆作汪機撰，據機後裔第十四代孫汪瑞泉抄有《祁門樸墅汪氏通宗世譜》，内載機爲遷居祁門樸墅支派之第七代，其父爲“以”字輩，名汪以望，字渭。機爲“之”字輩，其同輩中有融之、中之、贊之、辯之等。家譜中也明以“省之”排名，可證機非名，乃其字，名應爲省之。

此爲單刻。《千頃堂書目》卷十四醫家類著録。《中國古籍善本書目》未著録。《北京圖書館古籍善本書目》著録。查《四庫進呈書目》有兩淮鹽政采進本，此當其本也。

鈐印有“翰林院印”滿漢文印。

胞與堂丸散譜【明崇禎刻本】

《胞與堂丸散譜》一卷，明洪基輯。明崇禎十一年(1638)刻套印本。一册。半頁九行十八字，四周單邊，無框格，無魚尾。前有張夬序、陳肇英序、林沖霄序、闕士登題詞、江泰序。又洪基撰緣起。總目。

洪基，字九有，號晝主人，安徽新安人。美秀而文，旁精於醫，而一片婆心。自謂天地萬物，本吾一體。嘗名其堂曰胞與，啓矇開瞍不下千百十人。

洪氏以碩儒攻醫，探諸經驗奇方，以所秘授方及已秘創者拈出而詳説之，其於攝生之道，悉譜而詳説之，并鎸之以公諸人，使後世皆蒙其澤。此譜爲計八十味藥，爲補益十四方、脾胃七方、風門二方、鬱門一方、痰門二方、瘧門一方、喉閉一方、暑門一方、火門二方、痢門二方、精濁一方、黄胖疸症一方、泄瀉二方、口瘡一方、秘結二方、耳疾一方、腰痛一方、眼目四方、痔漏一方、外科三方、女科六方、幼科三方、膏子八種、藥酒六種、眼藥二種、膏藥三種等。其丸藥如天王補心丹、人參固本丸、補天大造丸、班龍丸、六味地黄丸、七味地黄丸、八味地黄丸、金匱腎氣丸、滋陰大補丸、虎潛丸、魚鰾丸、扶桑至寶丹等。每味藥之上方，均鈐有“胞與堂”三字小長方印。每方首列作用、次治方、次製法及原理。

其刻書緣起云：“余性嗜醫，每於業儒之暇，旁蒐醫典，究心於兹，蓋亦有年。因走四方，就正有道，原夫醫理，惟方與法而已。歸來，日讀三世四家之書，以窮其法，覓方心切，更榜其門曰：兑换奇方。海内高人異士，懷奇方者咸折節而辱教焉。繇是廿載辛勤，倒屣負笈，總其所得之方幾以萬計。特拈其丸散，步之最神奇最切用者若干種製以療人，輒施輒效，信乎古昔神良之醫，洞窺造化，熟曉陰陽，按證處方，自有精理。胡世之執流忘源，泥方遺理也，此丸散之不能已於説矣。乃於其升降浮沈、寒熱温平良毒之性，宣通補瀉輕重、滑澁燥濕、反正逆從之理，揆之於經，酌以心見，參之於證，演以膚言，覈綜詳悉，各鐫成篇，令千世而下猶見先哲立方深意，以免妄投。説中有所援引，仍繫書目，更爲之删繁補略，務闡方旨透徹而止。凡發一丸散，必附一説以告，故每篇贅以堂名姓氏，以志余藥耳。不意格理尋源之士，遐邇來索，因合爲譜。然而堂名姓氏殊覺贅煩，寧不貽笑大方乎？切欲削去，奈分用處多，今姑存之，得是譜者幸爲諒焉。是譜也，乃余一片婆心，願天下爲有本之學苟有志乎醫者，於此譜而推廣之。醫理雖深，其於處方用藥思過半矣。又如嘉遯山林，遨遊湖海，求良醫而不速得，按譜而斟酌自藥焉，則亦尊生之一助云。此譜之所由訂也。”

此書又名《攝生秘剖》，後世各種翻刻

本皆以此爲書名。此名乃張夬序中所題，有云："余友九有氏之丸散説，祖述《内經》，羽翼《本草》，其理其法，真昭揭如日月矣。使人人知方，在在解劑，將並菽粟以行於世，而與天地相始者哉！余甚珍之，詳爲披閲，因題其譜曰：《攝生秘剖》。"

《新安醫籍考》著録此書，作四卷。并引用《全國中醫圖書聯合目録》之《版本與館藏》，分列版本爲四，一爲此明崇禎十一年刻本，藏中國中醫研究院圖書館、北京中醫學院圖書館、廣西中醫學院圖書館，又云上海圖書館所藏爲殘本。二爲清光緒十五年(1889)六吉堂刻本，藏湖北中醫學院圖書館。三爲清光緒三十一年刻本，藏中國中醫研究院圖書館。四爲清抄本(據德聚堂本抄)，藏山東中醫學院圖書館。《新安醫籍考》著者有按云："現存中國中醫研究院圖書館崇禎十一年刻本，無刻印年月，且刻工粗糙，訛缺甚多，疑爲清坊本。"津按，真正之崇禎刻原本，世僅傳一部，即上海圖書館所藏之一卷本。所謂"殘本"之説，恐爲《聯合目録》編者未見上圖原書，而有此訛誤或想當然之錯判。後人將洪基《種子秘剖》、《種子方劑》、《房術奇書》及此譜(凡四卷本，皆爲後人之翻刻)合并而成《攝生總要》。此《攝生總要》版本多且流傳廣。

此爲寫刻本。總目後刻"崇禎戊寅孟冬之吉新安洪九有"。目録頁末刻"謹訂丸散膏瀝八十種於胞與堂中，時崇禎戊寅孟冬之吉新安洪九有"。序末之印皆爲手鈐，非刻版。

《續修四庫全書總目提要》(稿本)未著録。《中國古籍善本書目》著録，僅上海圖書館藏一部。

太醫院志【清初抄本】

《太醫院志》一卷，明朱儒撰。清初抄本。一册。題"檇李朱儒宗魯甫纂；萬安羅必煒光國甫參；綉林羅成名賓父甫校"。前有朱儒序，并太醫院使加四品服俸鴻臚寺少卿羅必煒序，後有上林苑監右監丞管御醫事羅成名跋。

朱儒，字宗魯，號東山，祖籍吴江，以贅於秀水陳氏，遂改籍秀水。年未弱冠，貧不自存。有浮屠楊時升者，教以醫術，頗精其業。後游京師，朱恭時爲太醫院判，引爲族屬，復精究其業。久之，授太醫院醫士，遷吏目，供事聖濟殿，適大疫，多所全活。人有貧病者，或以白金投劑中，戒其家人曰：必令自發。病者得金喜，因遂愈。隱德甚多，尋遷太醫院判，一年遷院使。儒以醫起家，在太醫院視院事最久，"於當世之典、醫國之事稔矣習之，且於記載，靡不窺覽"。此《太醫院志》之撰述，"其意欲人習醫國之事者，以究極於經方之旨，壽國以壽天下"。儒有《醫四書》□卷，惜未傳於世。

太醫院爲官署機構。隋唐時稱太醫署，宋爲醫官院，金代始改稱太醫院，明清兩代相沿。此志分建官考、恩异考、秩禄考、習業考、銓補考、采訪考、侍直考、差委考、藥材考、著述考、諫諍考、應試考、禮儀考，計十三類。羅成名云："玆志簡而不略，核而不誣，發例書事最得體裁，即與會典諸書並傳可也。"

明代吏、户、禮、兵、刑、工六都，職掌分明，且各有史書，記載甚詳，而太醫院則無專書且述及不多。此志對於太醫院之建制、官員、升遷、内侍、徵藥等都可供研明史者參考取材。如太醫院官員及御醫之服俸、院使爲正五品，月支禄米十石；御醫爲正八品，月支禄米六石。又太醫院内分科計大方脉、小方脉、婦人、瘡瘍、針灸、眼、口齒、接骨、傷寒、咽喉、金鏃、按摩、祝由等十三種。

《太醫院志》明萬曆間曾有刻本。羅成名跋云："夫余棄博士業應徵，承乏院中幾四十年，無能有所撰述，恒與兒子道立議梓行之，而立溘然下世矣，惜哉！今羅公右源從事校讎，而付之剞劂。"今萬曆本已不存於世，黄虞稷《千頃堂書目》也未著録。此清初抄本乃據萬曆刻本傳抄，今藏上海圖書館，《全國中醫聯合目録》失收。

此書藏印有"南昌彭氏"、"知聖道齋藏書"、"遇讀者善"，又有"常熟翁同龢藏書"。

醫史【明姚咨手抄本】

《醫史》十卷，明李濂撰。明姚咨手抄本。一册。清韓應陛跋。半頁十行二十字，無框欄。題"浚儀李濂輯"。前有嘉靖二十六年(1547)李濂序。

李濂，字川甫，號嵩渚，河南祥符人。幼穎，好讀書。九歲工古文，嘗作《里情賦》，爲李夢陽稱賞。與薛蕙齊名。正德九年(1514)進士，授沔陽州知州，升寧波同知，累遷山西按察司僉事。因坐忤權貴，㗂言者論罷，嘉靖五年遂致仕歸，年甫三十八。杜門謝客，日以著書自娱，又四十年卒。著有《嵩渚文集》、《朱仙鎮岳廟集》、《祥符文獻志》等。《本朝分省人物考》卷八十七、(乾隆)《祥符縣志》卷十四人物志有傳。

此爲古代醫家傳記，全帙應十卷，今此抄本存卷一至五。書名雖作《醫史》，實非醫之史也，與書名不符。中國現存之醫學人物傳記者，以此爲最早，所輯皆爲史書中所載名醫。此抄本計卷一《左傳》一人、《史記》二人；卷二《後漢書》四人、《晋書》一人、《宋書》八人、《南齊書》一人、《北齊書》一人；卷三《後魏書》九人、《後周書》二人；卷四《隋書》二人、《舊唐書》九人；卷五《宋史》六人、《遼史》二人、《金史》五人、《元史》一人。始醫和，止李杲，共五十四人。

後五卷之人物，乃作者輯自諸家文集，自宋代張擴以下，至張養正計十人，總共六十五人。又補寫張機、王叔和、王冰、王履、戴原禮、葛應雷六人傳記，每人之下附有李濂之評論。據李濂序云："《醫史》者，余輯前史所載方技列傳，以爲學醫者之正宗也。前史無傳，而諸名家文集有爲之撰傳者，亦採録之。都庶可考，而醫術顯著者，則僭爲之補傳。""《醫史》之輯，所以植準的、示龜鏡、存軌轍，將使天下後世學醫者以是爲師，庶弗迷於嚮往云爾。""人能常閲是編，可以窺醫術源流之正，可以諳入門造奥之階，可以識攻擊滋補之機，可以得未病先防之道，可以養身，可以事親，可以慈幼，裕乎己而周於人，實爲有益之實學。"

《四庫全書總目提要》於此書謂："濂他書頗可觀，而此書乃冗雜特甚，殊不可解。"蓋因四庫館臣稱其如"葛洪自屬道家，但偶集方書，不聞治驗，乃一概收入。則陶弘景之撰《名醫别録》，有功本草，何以見遺？褚澄遺書，僞托顯然，乃不能辨别，反證爲真本。"館臣或以此書多處訛錯，因此而入"存目"。

《醫史》一書，傳世之版本僅有明刻本二帙，一藏上海圖書館，一藏日本内閣文庫。據《全國中醫圖書聯合目録》，此書有明正德刻本，實即此明刻本。其他又有日本江户時代寫本(日本内閣文庫)、明治二十二年抄本(中國中醫研究院圖書館)以及清抄本等。清代未有刊刻。

此本有韓應陛題識，云："咸豐八年六月朔，得之蘇州黄氏滂喜園。"下鈐有"應陛"小印。按，黄氏，當爲黄丕烈。應陛與黄丕烈爲姻婭之親，故得丕烈舊藏或題跋之書甚多。應陛，字鳴塘，又字對虞，號緑卿，上海松江人。道光二十四年(1844)舉人，官内閣中書。篤志好學，喜藏書，精鑒别，爲文古質簡奥，工曆算。著有《讀有用書齋雜著》。

此本作"姚咨手抄本"之依據，當據封面上之題識，有："自書目至四卷甄權傳止，爲錫山姚舜咨手鈔，餘當亦姚屬人寫者。姚亦嘉靖時人。"題識者不知其人。按，姚咨，字舜咨，又字潛坤，號皇象山人，又號皇山樗老，嘉靖間江蘇無錫人。喜藏書，值有善本，手自繕寫，古雅可愛，家有茶夢齋。著有《潛坤集》。

按，此本藏臺北"國家圖書館"。《四庫全書總目》子部醫家類入存目，《四庫全書存目叢書》子部第四十二册收入，底本即上圖藏本，爲十卷，半頁十行二十字，四周單邊，白口。《中國古籍善本書目》著録，即上圖本。《國家圖書館善本書志初稿》入史部傳記類，然作全本，誤也。

鈐印有"句吴布衣秘玩"、"潛坤"(按此二印乃姚咨之印)；"重光"、"子宣"；"松江讀有用書齋金山守山閣兩後人韓德均錢潤文夫婦之印"、"韓印繩文"、"價藩"。又有近人張珩之"吴興張氏韞輝齋曾藏"、"韞輝齋圖書印"、"張珩私印"、"希逸""蔥玉張氏"、"張氏藏書"。又按，張珩(1917—1964)，字蔥玉，别署希逸，張鈞衡孫，浙江吴興南潯人。著名文物鑒定家，藏書及字畫甚多精品，曾任職文化部文物局及故宫博物院文物鑒定委員。

治曆緣起【明崇禎刻本】

《治曆緣起》十二卷，明徐光啓撰。明崇禎間刻初印本。八册。半頁九行二十字，左右雙邊，白口，無魚尾。黄竹紙，首尾并封面原簽俱全。前有目録共六頁，爲一至五卷。藏美國哥倫比亞大學東亞圖書館。

是書傳世不多，王重民先生曾云："崇禎曆書本的《治曆緣起》共見過三部，一在羅馬，衹殘存一册；一在紐約；一是北京圖書館新收入的。"臺灣中研院歷史語言研究所傅斯年圖書館所藏爲明崇禎刻清印本。

此書凡十二卷，計四百零六頁。除了關於曆法的重要材料外，又有印刷史方面的資料，如卷八有崇禎初年爲寫刻曆書用錢之記録："買涇縣吴文連四等紙共銀二十二兩六錢，寫稿太史連紙五十五刀，共銀二兩七錢五分；剛連紙二十七刀，共銀四兩五錢六分。"又有裝訂刻印等工食之記録："第一次裝書工銀一兩五錢，綾料等銀三兩三錢三分；第二次裝書工銀一兩五錢，綾料等銀三兩五錢四分；第三次裝書工錢一兩五錢，綾料等銀五兩六錢七分；刻板八版工銀一兩二錢二分；印書工銀一兩零七分五釐；畫格心、紅膠矾共銀二錢八分。"

按此或爲王重民先生在美所見者。又明代刻書中有如此詳細之印書工價記録者極少，此爲所見最多者。

又按，《緣起》實爲《西洋新法曆書》之零種，《曆書》爲徐光啓、李天經編。北京圖書館、上海圖書館、南京圖書館、北京大學圖書館等館均爲不全之帙，合之共存三十四種一百十三卷。

圖繪寶鑒【元刻本】

《圖繪寶鑒》五卷補遺一卷續補一卷，元夏文彦撰。元至正二十六年(1366)刻本。四册。民國葉德輝跋。半頁十一行二十字，左右雙邊，黑口，雙魚尾，書口上刻數字，題"吴興夏文彦士良纂"。前有楊維楨序，又有至正二十六年夏文彦自序。藏上海圖書館。

夏文彦，字士良，號蘭渚，吴興(今浙江湖州)人，居松江(今屬上海市)。性孤僻，六藝之外，他無所好，獨嗜畫，遇所適，輒終日諦玩，殆忘寢食。楊維楨云："士良好古嗜學，風情高簡，家藏法書名畫爲最多，朝夕披覽，有得於中，且精繪事。"

卷一爲畫論，多沿襲前人之説，并叙畫迹罕傳於世之歷代畫家姓名。後四卷，輯載自三國吴至元畫家小傳凡一千二百余人。末補遺及續補一百余人，合之一千五百余人，乃夏文彦以《宣和畫譜》附之他書，益以南渡遼金國朝人品，刊其叢脞，補其缺略，旁搜博采所得。然是書若干畫家小傳，和他書相核，亦有异文。臺灣學者翁同文有《〈圖繪寶鑒〉竄改舊文致誤舉例》，可見一斑。是書補遺末有"至正丙午新刊"一行，丙午爲至正二十六年。

上海圖書館又藏此書二部，其一爲明盧陽王舊藏，有清吴騫、陳鱣、黄丕烈、郭蘭枝及民國章鈺跋，然板刻漫漶，較另二部爲次，且補遺佚去二頁，美國哈佛大學哈佛燕京圖書館也藏一部，其中卷二第十七頁，卷四第十七頁、二十五頁，卷五第一至二、六至七頁配清抄本。

葉德輝跋曰："元版《圖繪寶鑒》五卷補遺一卷，黄蕘翁所稱《敏求記》所載五卷本，爲得其真者也，自明毛晋刻入《津逮秘書》，合明韓昂所續爲六卷，於是五卷原書遂不復行於世，至今日即毛本亦不易得，況元版乎？前輩藏書家惟孫伯淵《祠堂書目》載有此本，而蕘翁所見爲吴氏拜經樓藏書，據云刻已漶漫，似此紙墨精良、字畫清朗之本，尤爲書中麟鳳。蕘翁佞宋，余得此欲佞元矣。辛丑八月朔，葉德輝記。"按此跋又見《郎園讀書志》卷六。

明代欽天監副韓昂輯有《圖繪寶鑒》續編一卷，起明初，迄正德十四年(1519)，一百五十年間，采輯得一百七人。

《寶鑒》又有明刻本，藏北京圖書館、北京大學圖書館。明末毛晋汲古閣曾刻入《津逮秘書》第七集中。清代有借緑草堂刻本，半頁九行二十字，書口下有"借緑草堂"四字。扉頁刻"圖繪寶鑒。借緑草堂梓"。清同治間又爲張丙炎刻入《榕園叢書》。民國間又有翻刻本。又日本江户時也有翻刻之本，日本内閣文庫有入藏，另又有日本承應元年(1652)京都吉野屋權兵衛刻本，藏日本京都大學人文科學研究所。

《四庫全書總目》入子部藝術類。《中國古籍善本書目》著録，除上海圖書館外，北京圖書館、南京圖書館、四川師範大學圖書館、山東省博物館、日本静嘉堂文庫也有入藏。臺灣“中央圖書館”有明正德刻本、明嘉靖間苗增刻本。

墨池編【明萬曆刻本】

《墨池編》六卷，宋朱長文撰。明萬曆八年（1580）揚州知府虞德燁刻本。半頁十行二十二字，白口，四周雙邊，單魚尾，間有刻工。書前有《重刻墨池編姓氏》，題爲"明直隸巡按兼提督學校蘄水會川李時成重訂；直隸巡按兼提督學校晋江毓臺陳用賓等同訂；直隸揚州府知府義烏紹東虞德燁重刻；江都縣知縣慈溪獅峰秦應驄同刊；本府儒學訓導繁昌邢德璉校正；縣學生員陸君弼、蘇子文同校"。又刻有牌記"萬曆庚辰孟夏梓於維揚環花觀深仁祠"。

虞德燁，字光卿，號紹東，浙江義烏人，隆慶五年（1571）進士，由行人選兵科給事中，屢遷揚州知府，升廣西副史，以憂歸。此書當爲虞氏任職揚州時所刻。《普林斯敦大學葛思德東方圖書館中文善本書志》原著録爲"明萬曆八年李時成等刻本"，不確。

是書明刻還有兩個刻本，其一爲二十卷本又續編三卷，爲隆慶二年李茼永和堂刻本；另一爲明刻本。此虞刻本佚去序跋，似據隆慶二年本重刊。隆慶本薛晨序云："書藏吴中三百年，無刻以傳者，是書自宋以來行世之本，以此爲最先矣。""專論字學，至爲詳博，成一家言，留心翰墨者一覽一快。世無刻本，轉相手録，未免脱誤，又文頗繁複。環洲李公治郡多暇，擅著作，精工書法，乃謀余刻此，校正刪潤，以補伯原之不逮。余曰，不可。先生坐病廢日，積歲臨摹，精思篤好，優入晋室，不意宋人有此風韻，賢於玩繁華、虚歲月者遠矣。此編力疾十年就緒，不應更爲刪潤。乃取諸書載字學者，令人逐一檢討，參校異同，疏其所可知，而略其所難考，刻貽同志，以廣其傳，斯不失先生本意云。"

此書原作"《四庫全書》底本"。鈐有毛晋"子晋"、"汲古主人"，毛扆"毛扆之印"、"斧季"，均後人作僞。又鈐有"翰林院印"滿漢文大方印，亦僞。津按，真"翰林院印"，印色自然，此印色偏暗紅。且印文中"院"字右半"完"上一點，真印無"、"，僞印加"、"；又"印"字，真印作""，即中間印綫不連，下部爲""；僞印則中間連起，無點，作""。僞印係翻刻，故筆畫綫條較真印爲粗。以普林斯敦大學葛思德東方圖書館藏《袖珍小兒方》中鈐"翰林院印"較之，真印長寬各爲一〇點三厘米，僞印則長一〇點八厘米、寬一〇點七厘米。

又查當時編輯《四庫全書》時，所進《墨池編》共六次，一爲江蘇省第一次書目，爲六卷十六本；二爲兩江第一次書目，爲六卷十本；三爲浙江省第四次鮑士恭呈送書目，六卷六本；四爲補造武英殿第二次書目，六卷六本；五爲二十卷續編三卷，見江蘇省采輯遺書目録簡目；六爲二十卷本，見浙江采輯遺書目録簡目。而《四庫全書》所録本爲浙江鮑士恭家藏本，爲六卷。然是本無鮑氏藏印。

遍閱全書，凡字體模糊不清處甚多，然并無四庫館臣據它本予以重加描寫，如若不予描寫，抄胥當何從抄録？又書中凡遇玄燁之“玄”字、弘曆之“弘”字，皆不避諱，如陶弘景、毛弘、傅玄、桓玄等。以書中“古今字學”一百四十七人，“玄”字三處、“弘”字四處皆不缺筆，而書中卷二第八十三頁配清初抄本，“房玄齡”之“玄”字則避諱。按其時避諱甚嚴，清初至乾隆間又大興文字獄，故此種灼手處，館臣們都甚小心爲之。再檢臺灣影印文淵閣《四庫全書》第八百一十二册是書，四庫本卷一作“宋徐鉉校定説文表”，而此本則作“南唐徐鉉校定説文表”。四庫本注明謄寫監生爲鄧洪繼。現二本標題皆不同，更證普林斯敦大學此本非四庫底本。

又此本正文前另紙有“欽定四庫全書△墨池編卷一宋△朱長文撰△△”字樣，書中又有校簽貼於眉端，簽末題“覆校張虎□”、“覆校張簽”。查任職四庫全書館官員張姓者計十四人，爲總目協勘官張羲年，繕書處分校官張書勛、翰林院編修張秉愚等，并無張虎□其人。書中未注明據何本所校，所有字體模糊處未加填補。津以爲此書當爲清張虎□校，賈人得此書後，鈐以僞翰林院并毛氏父子印，又以別紙仿四庫全書館格式書寫一頁，重訂於書前，以充四庫底本。

此書藏普林斯敦大學葛思德東方圖書館。

未谷題跋【清抄本】

《未谷題跋》二卷，清桂馥撰。清光緒二十六年(1900)抄本。一册。半頁十二行二十四字，無框格。

桂馥，字冬卉，一字未谷，號雩門，别號肅然山外史，晚稱老苔，一號瀆井，又稱瀆井復民，山東曲阜人。乾隆五十五年(1790)進士。官雲南永平知縣。學問賅博，邃於金石考據之學，翁方綱、阮元極推之。篆刻、漢隸雅負盛名，其八分書，論者以爲百餘年來第一。暮年始好寫生，别饒古韵，意趣横逸。生於乾隆元年(1736)，卒於嘉慶十年(1805)，年七十一。又有《説文義證》、《繆篆分韵》、《續三十五舉》、《晚學集》等。

此册跋計四十六篇，始明拓《周宣王石鼓文》，止明拓《郃陽令曹景完碑》。計唐拓本一種、宋拓本三十種、元拓本四種、明拓本六種、舊拓本一種。

卷一爲册本，其中宋拓本爲《魯相韓敕造孔廟禮器碑》、《鄭季宣碑》殘、《北海相景君碑》、《中岳泰室陽城石闕銘》、《嵩山太室石闕銘》、《嵩山少室神道西闕銘》、《嵩山少室東闕題名》、《開母廟石闕銘》、《堂溪曲嵩山石闕銘》、《析里橋郙閣頌》、《漢蕩陰令張遷表》、《漢博陵太守孔彪碑》、《武都太守李翕西狹頌》、《漢司隸校尉楊淮表紀》、《故司隸校尉楗爲楊君頌》、《魯相史晨奏祀孔子廟碑》、《史晨饗孔廟後碑》、《魏王基碑殘字》、《魏修孔子廟碑》、《漢校官碑》、《白石神君碑》、《漢故豫州從事孔哀碑》、《魏受禪表》、《漢元氏封龍山碑》、《漢楊太尉碑》、《孔廟置守廟百石卒史碑》、《敦煌太守裴岑紀功碑》。

卷二爲卷軸。題"卷軸目録，附列於後"。計十四篇，爲元拓《周宣王石鼓文》、宋拓《秦瑯玡臺石刻》、元拓《吴天璽紀功碑》、《馮换石闕》、《沈君闕》、《尹宙碑》、魏《受禪表》、《裴岑紀功碑》、魏《上尊號奏》、《孔宙碑》、漢《敦煌長史武斑碑》、宋拓《嵩山三闕銘》合卷(宋拓《中岳嵩山太室石闕銘》、《嵩山太室神道石闕後銘》、宋拓《嵩山少室神道石闕銘》、宋拓《嵩山開母廟石闕銘》、《堂溪典嵩山石闕銘》)、舊拓《竹葉碑》、明拓《漢蕩陰令張遷表頌》。

此書藏臺北中研院歷史語言研究所傅斯年圖書館。在傅館善本書目上著録一卷，實爲二卷。

《續修四庫全書總目提要》(稿本)未收。《中國古籍善本書目》著録，有《桂未谷先生藏碑跋語》一卷，清抄本，藏上海圖書館。此書似未刻。末有"大清光緒二十有六年秋八月借陶簃藏本録於鄂城察院巷"一行。陶簃者，不詳何人。此本或爲柯逢時囑人所抄。

鈐印有"柯逢時印"。

書畫涉筆【管庭芬手抄本】

《書畫涉筆》一卷,清陳撰纂録。清管庭芬手抄本。半頁十行,紅格、楷書。與《觀音大士三十二贊》(元雲居寺釋明本撰)、《元人二十諸天畫像題識》、《元人二十諸天畫像贊》(義烏傅岩撰)、《書湖州莊氏史獄》(吴江翁廣平撰)合册。

陳撰,字楞山,號玉几山人。浙江鄞縣人,居錢塘,以書畫游江淮間,遂流寓江都,爲毛奇齡弟子。乾隆元年以布衣舉鴻博未就。書無師承,畫絶摹仿,善草書,工寫生,尤精畫梅,間作山水,品格極高,與李鱓相伯仲。有《玉几山房吟卷》、《綉鋏集》,并輯有《玉几山房畫外集》。

此卷所記爲陳撰自藏與平日於友朋處所見書畫文物、碑刻、珍玩等,共一百四十一條,約二萬字。如趙文敏四體千文、趙文敏書杜工部秋興四首、趙文敏飲馬圖、王蒙竹趣圖、錢舜舉秋江待渡圖、孫虔禮千文真迹、唐六如雪景、徐天池水墨小册、米南宫行草詩、孫過庭書譜真迹等,於書畫遞藏源流諸方面,頗具史料價值。

管庭芬,浙江海昌人,喜抄書,留心鄉邦掌故,而於目録之學尤爲專門。是書末有管氏跋文:"陳楞山先生雖以畫名,然生平極邃於學,隨筆纂記,不下數十百册。今惟《綉鋏》等集傳於世,知散佚者多矣。此卷余從青雲街冷攤所得,涂乙添改,幾不可讀,余體認旬日,始得録存清本,蓋皆涉録賞鑒家所載書畫精品,並以瑣碎雜事終之,亦不異採珊瑚於鐵網者。先生本籍四明,流寓錢塘,乾隆丙辰通政寧夏趙公以博學鴻詞薦。不赴,有謝啓極工,事詳詞科掌録。今所採題詠皆係兩地人,其不忘桑梓可知。至陳沂《志》跋《趙文敏書歸去來辭卷》,獨以諱標之,疑其先世云。余友六舟上人曾藏《鷺江小志》一册,乃先生客儀徵時手稿,其漶漫亦與此卷相埒,聞已轉貽歙友,不能假録其副矣,並附記之。咸豐壬子孟秋之杪,海昌管庭芬芷湘識。"按,壬子,爲咸豐二年(1852)。

鈐有"管印庭芬"、"芷湘"。

所藏書畫録【稿本】

《所藏書畫録》四卷，清曹錤輯。稿本。四册。半頁八行二十字，有框無界格，書口印有“石鼓硯齋”。末有曹錤跋、羅永符跋。

曹錤，文埴子，歙縣人。以弟振鏞貤贈太子太傅、體仁閣大學士。

此爲安徽曹文埴家藏書畫目。文埴，字近薇，安徽歙縣人。乾隆二十五年(1760)進士，歷官户部尚書，以母老乞歸養。加太子太保銜。文埴在高宗朝由翰林供奉内廷二十餘年，總裁《四庫全書》，典試廣東，視學江西、浙江。在籍奉母二十年，年六十四卒於家。嘉慶五年(1800)特旨賜祭葬，謚文敏。著有《石鼓硯齋文鈔》二十卷、《詩鈔》三十二卷、《直廬集》八卷、《石鼓硯齋試帖》二卷。(民國)《歙縣志》卷六人物志宦迹有傳。

書畫目以“鳶飛魚躍”四字分卷。卷一鳶字號，計恩賜立軸十五幅、立軸三十八幅、横軸十五幅、册五件。首幅即爲元管道昇紫竹庵圖。其他如元錢選桃花牡丹、元人紅蓼白鵝、元海雲雪徑探春、明王紱松壑林泉、明唐寅寫王維詩意、明關九思山静日長、元吴鎮芳樹雲亭等。又宋徽宗晴麓横雲、元趙孟頫雪山悟道圖、元李衎仿文同墨竹、元黄公望層壑高齋、元王蒙竹石等。又唐人書經卷、唐張旭草書歸去來辭卷、宋馬和之豳風圖卷、元錢選柴桑翁圖卷。

卷二飛字號，爲立軸八十二幅、横軸二十二幅、册九件。如宋范寬循山行旅、宋夏珪溪山無盡圖卷、宋米芾山水、宋馬麟桂月長輝、宋蘇轍書墳院記卷、元袁易書錢唐雜詩卷、明文徵明寒山積雪卷等，多巨迹。

卷三魚字號，爲立軸八十七幅、横軸十四幅、册十三件。如元人胡笳十八拍圖、元趙孟頫相馬圖、元管道昇金畫佛、元盛懋山水、明方孝孺九嘉圖、明戴進山水、明沈周夏木垂陰等。卷册内有晋王獻之鵝群帖墨迹卷、唐張旭客舍三帖卷、明沈周山水卷、明文徵明端陽景卷、元趙孟頫書出師表册等。

卷四躍字號，爲立軸六十六幅、横軸十七幅、册十七件。如宋米芾山水、宋張擇端山水、宋趙伯駒競渡圖、元王蒙琴鶴軒圖、明丁雲鵬畫壽星等。此卷多時人，如道濟畫大士、石溪畫黄山圖、羅牧烟江古木、龔賢四季山水四軸、冷枚畫壽星、瑶華道人仿董其昌設色山水、張照書詩、奚岡仿倪黄合壁山水。卷册内有宋吴炳畫蟠桃卷、元吴鎮墨竹卷、明沈周山水卷、明仇英畫渡海十六羅漢卷、明人詩札卷三十通。

曹錤跋云：“右立軸共二百八十八幅，横軸共六十八幅，摺册共四十四襲，分鳶飛魚躍四號，首冠以恩賜立軸十五幅，皆先文敏公所藏，以貽後人者也。先公袖煙餘暇，輒以翰墨怡情，故自唐宋以來法書名畫購求殆徧，其上品者率皆充貢内廷，以備琅函秘笈。次乃留之篋笥，寓目賞心。今其中尚有裝池精審，致足寶貴，爲所儲以入天府之藏者。自戊午冬，先公捐館舍，其明年春，錤與仲弟檢視遺跡，各受其半，而宸翰題識，璧耀奎光，亦各受其半焉。此則錤所奉藏者也。嗚呼！沐天恩之疊錫，撫手澤之猶新，用是鈔録成編，以志不朽，後之子孫，其亦知所永保也夫。錤謹識。時嘉慶十年，青龍在旃蒙赤奮若相月望日。”鈐有“錤印”。

躍字本末有嘉慶紀年八日羅永符跋，云：“《所藏書畫録》者，曹月鉏宫詹録其先人文敏公所藏唐宋名人書畫之作也。文敏公以殊恩隆遇，備貳臺端，而侍從内廷既親且久，得盡讀石渠寶笈之所儲，使以目見手藏，鉤元抉奥，燦然備著於録，豈直周草窗《雲煙録》、都南濠《寓意編》之比，將與孫退谷《庚子銷夏記》、高澹人《江村銷夏録》内窺中秘，外蒐散遺，斗博争奇，疏通證辨，皆足資藝林考訂之益。乃謙不自居，而以鳶飛魚躍署其甲乙，首以恩賜名跡爲冠冕，且並不以珍藏私印鈐於其後，蓋其所炳耀後人者，不藉此鑒賞翰墨之工、審辨丹青之妙已也。今宫詹自西江學署中歸，裒其家珍，傭書成册鈔録之次，符幸從旁徧觀而諦覯焉。見所示見，洞目饜心，凡閲三匝月而始竟。宫詹語符曰，某所購藏不下數十種，兹不敢混入，未經先公所鑒辨也。其慎也如此，因書於後，以志觀者。”鈐有“羅永符印”、“子信”、“新都羅氏伯子”。

此本通篇楷書，書寫極工。察其字體與曹錤同，當爲曹氏手書。所録之書畫長寬、印記、題跋皆有著録，作者小傳較詳。又著録之每幅字畫所有鈐印，皆以小方框鈐於上，再用墨筆填之。

此本似未刻，藏臺北中研院歷史語言研究所傅斯年圖書館。傅目作“清嘉慶間歙縣石鼓硯齋曹氏抄本”，誤。此本封面題籤“所藏書畫録”，扉頁除題寫書名外，又鈐有“石鼓硯齋”、“曹錤之印”、“青宫端尹之章”、“曹氏月鉏一固翁”、“古歙石鼓硯齋收藏書畫之印”。皆可證爲曹氏稿本。

鈐印有“鄂氏順安珍藏”。

畇匏所見金石書畫隨録【清抄本】

《畇匏所見金石書畫隨録》九卷，清李玉棻撰。清抄本。八册。紅格，九行。題"潞河李玉棻畇匏輯"。無序跋。

李玉棻，字真木，一作貞蕤，亦號均湖、韻湖、藴壺、畇匏，自稱虹月傳師。顔所居曰傳鑒堂，又曰褪畇館。河北通縣人。幼耽書畫，長則彌精，自謂每逍遥於古肆，討論於老成，嘗就景其濬、曾協均、僧明基三家秘籍，以及平日所見，輯有《甌鉢羅室書畫過目考》。

此爲李氏所見金石書畫之隨筆叙記，頗不經意，然簡潔得宜，考核是實。書畫不易鑒，鑒亦不易盡精，上追於古，下瞰於今，李氏浸淫其中數十年，頗有真知。其《甌鉢羅室書畫過目考》專記清代及近世諸家，蓋以所去未遠，淘洗功深，不至魚目混珠，而又識及所見之物，而成信史。此録多載宋元明清名賢之作，然第一至三册爲錢略及泉譜，第四至六册方爲書畫録。錢略者，爲大雷居士所撰，序傳計分三十二則，均居士自撰，考證精確，效之古今諸錢譜尤爲明晰。玉棻見其原稿借録，蓋恐孤本失傳也。第三册爲錢略歷代表、幣錢譜、刀錢譜、圜錢譜以及歷代著録錢幣之書。册後有"古今泉譜之富，均不能如《錢譜》一書之精確，且名賢題跋之廣，諸書不能及，可爲泉譜中最完美考證耳，學者應揩目而觀之"。

第四册載國朝名家書畫集（惲王合璧），計二十六開，二册。又其他五十五件，如王淵《四季長春》一卷、劉松年《十八學士圖》一卷、文徵明《西苑圖卷》、元人《上林羽獵圖卷》、朱熹《自書五言詩卷》、沈周《天台山圖卷》等，皆有詳細著録。第五卷録爲册頁，如《集古名繪》、《珍圖薈帙》、《宋元集繪》、《宋元名人合錦》、《名繪薈萃》、《紈扇集錦》、《名繪集珍》、《列朝名繪合册》、《唐宋名繪》、《名賢妙迹》等。

余紹宋《書畫書録解題》、《續修四庫全書總目提要》（稿本）未著録。此本藏臺北"國家圖書館"。

鈐印有"獨山莫氏圖書"、"獨山莫繩孫字仲武印"、"家書抵萬金"、"家住萬歲樓前"。

二百蘭亭齋鑒藏書畫録【稿本】

《二百蘭亭齋鑒藏書畫録》一卷，清吴雲輯。稿本。一册。書口下印有“二百蘭亭齋稿本”，緑格，九行。

是書雖題爲“鑒藏書畫録”，實爲録存《勝國忠節諸賢手札》之全部，又明代三學者手札。所録手札每通均有書人小傳、書別（正書或行書、草書）、行數、高闊。

吴雲，字少甫，自號平齋，晚號退樓，又號愉庭，浙江歸安人。篤嗜金石，自奮於學，而屢困場屋，凡六試始籍於學官。應省試，又不售，乃講求經世之學，旁及金石書畫，咸究壼奥。卒於光緒九年（1883），年七十三。又著有《二百蘭亭齋金石記》、《兩罍軒彝器圖釋》、《古官私印考》等。其云“二百蘭亭”者，云所藏《禊帖》積至二百餘種，故以名齋。此書爲吴雲手録，原札今已蕩然無存，然史料賴此具存。

《勝國忠節諸賢手札》共四卷計五十三家。第一卷十六家，爲鍾惺（伯敬）、夏言（公謹）、鄒元標（爾瞻）、范欽（堯卿）、楊漣（文孺）、魏大中（孔時）、魏學謙（子一）、周順昌（景文）、周茂蘭（子佩）、周茂藻（子潔）、繆昌期（當時）、徐汧（九一）、徐枋（法昭）、徐柯（貫時）、孫世偉（異度）、陳朱明。

第二卷十三家，爲沈鍊（純甫）、姜曰廣（居之）、王思任（季重）、申佳允（孔嘉）、曹學佺（能始）、徐石麒（寶歷）、吴麟徵（採皇）、袁崇焕（元素）、馮夢楨（開之）、朱國禎（文寧）、顧錫疇（九疇）、祁薦佳（止祥）、陳字（無名）。

第三卷十家，爲趙南星（拱極）、高攀龍（雲從）、顧憲成（叔時）、徐如珂（季鳴）、周起元（仲先）、蔡懋德（公虞）、黄道周（幼元）、陳子龍（人中）、馬世奇（君常）、李邦華（孟闇）。

第四卷十四家，爲范景文（夢章）、倪正璐（玉汝）、史可法（憲之）、劉宗周（起東）、凌義渠（駿甫）、□學東、惠世揚、王一翥、巢鳴盛（端明）、余煌、楊文驄（龍友）、王心一（純甫）、朱陛宣（德升）、王節（貞明）。

又三家爲王文成公（伯安）、徐俟齋先生（枋）、顧笄洲先生（天叙）。

《諸賢手札》資料價值頗高，除史可法二通已見於《史可法集》（上海古籍版）外，余似皆未發表，兹録三札，以窺一斑。

鍾惺札。（行書三十二行，高七寸一分，闊一尺八寸八分。首行“去歲”旁有藍印半方不可辨。）“去歲六月初七日始到家，與王明甫途中相左，明甫歸，得讀仁兄札，頗悉近狀。冬間聞徐美之自吴門還，兄復有字相寄，中路覆舟，俱爲河伯所腰截矣。《史記》一書，弟不知費幾年磨勘，又無副本，輕爲俗子所購，其意祇在流行利物，不謂其人違背約言，如此誠不知彼出何策，而不使兄一校也。此時作何下落，書於何日完刻，原本於何日見還，煩一一查問之。弟已於去年十一月葬親、葬子、葬弟，嗣子亦遊泮娶婦，可作無事人矣。静中取《楞嚴》新舊注，間出己意，約略成書，於《楞嚴》不知何如，於各注差覺簡明，然亦未嘗離各注也。此後當研心《法華》，蓋此經指點見成，止是證道分見修二分，全未説破，講者全經，字字俱了，竟成一字不了，若不必求明白，則信心終於不真，縱不敢謗，而不能不疑。今之自謂不疑不謗者非真見，其必然而不疑不謗也，特怵於地獄之苦，而勉爲面從耳。兄以爲何如？家傳一書，係弟一種質實之文，今寄四册奉覽。五月遣使至吴門買岕條，去歲茶良妙，至今香色味無改，蓋由兄手製耳，今歲得如是兄矣。偶羽便寄字，不悉友夏於二月初日北上矣。陳鏡清詩寄數韻爲望。正月元夕。惺又稽首。冲。”

范欽札。（正書，十四行，紙高六寸八分半，闊一尺四寸。）“待罪舊治生范欽頓首拜。昨幸獲挹臺范聆緒論，深慰平生。恭聞召入内臺，光濟中興，海内元元，何幸何幸！不肖往年備員江西，致忤嚴氏，屢遭構陷，人皆知之。不意近以贐饋何望山者，混諸權門，深用駭懼，謹具疏認罪陳情，良非得已。伏望門下特賜憐念心跡，倘明衰病餘生，皆老翁賜也，敢忘敢忘。干冒威嚴下懷，不任惶恐。欽生再頓首具。謹質。”

袁崇焕札。（正書，二十七行，紙高七寸五分，闊一尺八寸四分。）“皇上之憂毛帥久矣，海内本易爲亂之地，而文龍又能爲亂之人，雄行海外，莫可誰何。遼海一帶，其地其人其事，久已非朝廷有矣。然昔得之耳聞，今得之目擊，昔猶屬流傳，今已成面證。貪逆欺妄之狀，罄竹難書。小疏中姑撮其大者陳之耳。一向誕言島兵數十萬，今彼官開來盡各島之人不滿五萬，而可兵者又不滿二萬也。每年之餉無分毫到官兵，毛姓之外，誰不欲食其肉而寢處其皮。然罷之不肯，逮之不能，不即此時誅之，後必有變，變而圖之，所損所費不知若干也。今崇焕冒罪爲此，萬不得已，蓋明知不利封疆，顧留之以爲後患，義之所必不敢出，諒年台高明，必能爲不肖主持也。伏惟台鑒不一。名具正幅。左冲。”

鈐印有“承溥”、“吴苓薌讀書記”。承溥爲吴雲之子。

十二硯齋金石過眼録【稿本】

《十二硯齋金石過眼録》十六卷，清汪鋆撰。手稿本。四册。半頁十行二十字，無框格。題“儀徵汪鋆硯山”。前有同治十三年(1874)方濬頤序、光緒元年(1875)陸增祥序、光緒元年李祖望序。同治十二年汪鋆自序。凡例十一則。

汪鋆，字硯山，江蘇儀徵人。與張春蕃同師李馨門，工詩善畫，兼能寫真。嗜古之篤，幾忘寢食，雅好金石文字。著有《春草堂隨筆》、《十二硯齋詩録》、《北湖避寇草》、《梅邊吹笛詞》、《補瘞鶴銘考》。輯有《揚州畫苑録》、《清湘老人題記》等。

此編所録諸碑，大率皆四方名士郵贈汪鋆者，隨見隨録，積久乃成編者。所録皆準《石墨鐫華》例，上自秦漢，下訖宋元。其命名“過眼”，蓋因拓本有精粗，紙幅有廣狹，遺後失前，各本不同，謂所見祇此也。其分卷作秦、漢、魏爲二卷(晋附)、後秦、後燕爲一卷，宋、梁爲一卷，元魏爲二卷，齊周爲一卷，隋爲一卷，唐六卷，五代一卷，宋二卷，元一卷。

著録頗詳，可補《金石萃編》、《寰宇訪碑録》之缺。所見碑刻，皆備録全文。大凡昔賢已著録之碑，日久薶失，而今又復出者，雖有剥蝕，然金石家多未著録者，如秦之《泰山十字碑》、漢之《劉曜碑》、唐之《房仁裕母李夫人碑》。又如秦石久泐者，多後人摹勒，鋆得前人雙鈎善本載入。此外有關經學、史學、小學者，凡氏族、秩官，山川、郡邑，亦復鈎稽參考。據其凡例云：“是編所録，率皆前賢所未見及其所遺者。地非愛寶，無時無出，目見一紙，亟爲登之，俾使古人遺翰流播無窮。”“近年蒐輯之富，無過《補寰宇訪碑録》，兹録之碑，大半在其中焉。間有録中所未及者，亦亟登之，非謀補苴，足見造物所藏取之不竭。”

鋆身貧腹儉，儲皮無書，撰書頗爲辛苦，五載寒暑方成。其有云：“或數日辨一漫漶之碑，而僅得數十字；或竟日繙弮經史，而未能證一碑。鈔襲之難，蒐尋之苦，皆所不辭。”

汪鋆自序云：“古人既往，其傳之可久者，莫如金石。秦漢魏晋而降，下逮宋元，南北屢分，碑版疊出。自歐陽《集古》開其先，東武、鄧陽躡其後，嗣是斷金殘石，蒐括靡遺。於是千百年薶沈斷崖荒塚之物，一旦豁顯於世，非徒古質足重，其所以參稽經史、旁證典籍者，舍此奚從？又或忠孝炳然，功業偉著，史乘或闕於書，志銘轉詳其跡，以傳不朽，匪特藻翰書勢可寶也。其已載跋於原石者，仍爲鈔贅於後，若前賢所未見，而今獲見者，遵前洪後王例，録其全文，繫以跋語，凡其標著，以過目爲斷，或以爲補前賢所未逮，則吾豈敢。”方濬頤序云：“喜其採擇之精，能發前人所未發，於《金石萃編補》、《寰宇訪碑録》外，標新領異，層出不窮，硯山之有功於金石爲不小矣。”

此本今藏臺北"國家圖書館"。又此本曾有刊刻,爲清光緒元年刻本。《續修四庫全書總目提要》(稿本)著録有"揚州陳恒和修補本",作十八卷,又有續録六卷。《提要》云:"其所録各刻,以前賢未見及其所遺與已見者,著録復經佚失後又復出者爲多,雖所録跋識,不及王氏採輯之博,所加考定不及王氏徵引之詳。其中頗有王氏《萃編》未經著録者,其摩崖之類,則更爲《金石續編》之所未及,與陸紹聞之《續編》殊可相輔而行。其雖僅稱過眼,其實爲王氏拾遺補闕,補王氏之不足,實不啻爲《萃編》之續,而顧不以續名其編者。"《清史藝文志拾遺》著録者即爲此稿本。鋆之稿本今存於世者,尚有二種,一爲《十二硯齋詩録》不分卷《北湖避寇草》不分卷,藏南京圖書館;另一爲《十二硯齋存稿》一卷,藏上海圖書館。

鈐印有"硯山手稿"。

徐蘭貞女史珠樓遺照【清陶源繪本】

《徐蘭貞女史珠樓遺照》，清陶源繪。楊葆光跋。一卷。

徐蘭貞女史，乾嘉間著名學者、藏書家吴騫箆室也。徐姓，名貞，蘭貞其字也，號東湖女史，浙江平湖北墅里人。天性婉順，幼習女紅，家貧母老，年十九而歸於騫，時在嘉慶二年(1797)，距騫之原配魏孺人去世僅一年之隔。吴騫未刻日記稿本《日譜》有云，嘉慶二年八月初三日，"偕徐姬歸小桐溪，時年一十有九，字之曰蘭貞"。蘭貞喜作小楷，每讀唐詩，輒以烏絲欄寫之，有《珠樓遺稿》，附於《拜經樓集外詩》後。

陶源，字西疇，荆溪(今江蘇宜興)人。與吴衡章、黄湘相友善。能詩，工畫山水、人物，尤精寫照。此畫右下角有"荆溪陶源摹"，鈐有"陶源私印"、"西疇"兩小印。

徐蘭貞卒於嘉慶十四年八月廿七日，年三十有一，計在騫家十三寒暑。據《日譜》云，卒前數日即已"疾轉脾泄，飲食殊減，意彌憂也"。"病益甚，參藥不納，知莫可挽回矣"。《日譜》九月初一日"視蘭貞含，用硤石張氏綿斂法，巳時小襝[殮]，襲衣七稱，裳三稱，未時大襝[殮]"。九月十一日"蘭姬皋復於昧爽"。十二月十九日"舉徐姬殯之萬蒼安葬，黄昏發引"。

蘭貞卒後，騫有《哀蘭絶句十九首》，皆寫騫之情意，詩見《拜經樓集外詩》。騫又有《再哭蘭貞》一首："一寸相思百寸灰，巫咸乍肯下陽臺。生無子女維爲慟，死有靈香定解回。遺稿轉從焚後惜，嫁衣忍向篋中開。"

圖之畫面繪蘭貞手拈紅色小花，佩耳墜，戴手鐲，插有髮簪，倚窗欣賞園中景色。園中有修竹多竿，又有小樹幾株、山石數座，皆工筆着色繪之。此圖左方鈐有"蘭貞"、"東湖女史"印，當爲吴騫所鈐。

圖中有吴騫題："嘉慶辛未春日，陽羡陶西疇處士追摹珠樓小影見寄，蓋距姬之亡已兩載矣，視之泫然，漫題一絶：'玉碎珠沈日又徂，一回相見一模糊。泉臺若記崔郎句，猶展桃花淚眼無。'槎上老人。"辛未爲嘉慶十六年，騫年七十九，越二年，即歸道山。此詩不見《拜經樓詩集》。

又有清末楊葆光題詩："故應徐淑是前身，三十年華遽返真。得嫁才人應不恨，一篇小傳足傳神。""登臨山水慣曾經，到處勾留畫舫停。記得拈花微笑日，斜曛催下可中停。""名篇十九悼亡詩，老輩多情信有之。天女維摩同一現，靈山香火證情痴。""吴兔床先生箆室徐蘭貞女士珠樓遺照。宣統二年庚戌夏五，婁縣楊葆光敬題。"

楊葆光，號蘇庵，别署紅豆詞人。上海松江人。

畫藏上海圖書館。

春暖墨香圖【清陶源繪本】

《春暖墨香圖》，清陶源繪。一軸。張祖翼題識。楊葆光跋。藏上海圖書館。

此圖繪吴騫暨其箎室徐蘭貞女史像。圖中騫端坐椅上，面部略胖，大耳、隆鼻、蓄八字胡，身着白色皮襖，頭戴深灰色皮帽，背景爲大幅屏風，繪有山水風景。大書桌上有書八函，又有茶水一杯，筆筒一件，筆四枝，紙一卷，水竽及白盒各一。書桌旁站有身穿藍色冬袍小厮正在濡墨。小圓桌中央設有炭火，又置茶壺二件，顯然是在煮茗。右邊小桌上供有盛開之水仙一盆，高凳上置放古梅盆景。又有樹椿形凳，上設大小蘭草、小松各一盆。蘭貞頭戴灰色皮帽，身穿緑色皮襖，手捧茶壺從屏風後款款走出，窗外山石，樹木皆是白雪一片，當是冬時之景。

圖爲陶源繪。

張祖翼題識云："吴兔床先生暨箎室徐蘭貞女史遺像，光緒三十三年丁未秋七月，桐城後學張祖翼補題，時客上海。"祖翼（1849—1917），字逖先，又號磊庵，安徽桐城人，早年即好篆隸、金石之學，工行楷，偶寫蘭竹，俱有韵致。刻印師鄧石如，著有《磊庵金石跋尾》。

楊葆光跋云："吴君如九以其從曾祖兔床先生及箎室徐蘭貞女士《春煖墨香圖》示余，且謂予曰，是圖阮文達有隸書四字，秦小峴侍郎有題識，亂後俱失之。曾請張磊庵補題，程玨彝觀察見之，謂爲太略，别爲之辭，曰：兔床先生名騫，字槎客，乾嘉間名滿天下，博雅能文，工書畫，精鑒别，所收金石書畫書籍甚富，其藏庋處曰拜經樓，刻有《愚谷叢書》，粤逆之亂，散佚殆盡。箎室徐女士亦工詩畫，年僅三十而没，没後刻《珠樓遺稿》，而以諸名流挽詩附焉。此圖乃陽羨陶西疇處士所繪，今跋已全失，而像尚完好，宜付裝池云。予因爲補書'春煖墨香'四字，而摘叙其語於後，使美人名士長留天地間也。宣統二年歲在庚戌仲夏之月，雲間後學楊葆光謹題識。"

楊葆光（1830—1912），字古醖，號蘇庵，别署紅豆詞人，江蘇婁縣（今上海市松江）人。歲貢生。官龍游、新昌知縣。學問淹博，著作等身，兼工書畫。書法晋唐。風格遒勁。畫山水超邁入古，客游上海，鬻書畫以自給。與楊逸友善。嘗繼逸爲豫園書畫善會會長，又任麗則吟社社長。卒年八十三。又有《蘇庵文集》等。

鈐印有"陶源私印"、"西疇"。

考古正文印藪【明萬曆刻鈐印本】

《考古正文印藪》五卷，明張學禮輯。明萬曆十七年(1589)刻鈐印本。四册。半頁六行二十字，四周單邊，白口，無魚尾。前有張學禮自序。卷一題"江都張學禮誠甫彙選；京口劉汝立思禮同選"。卷二至四則題"歙邑吴良止中足；東海徐延年季常同選"。凡例書口下有"歙邑吴文馨刻"。

"印藪"者，集印之大成也，故此譜所收秦漢小璽、玉印、君印、侯印、將軍印、大夫印、太守印、少數民族王族諸宦印以及姓名印等皆有收録，而以姓名印居多，占四之三。是譜選印以諸世家所藏原印爲主，次及《印史》、《集古録》、《學古編》、《顧氏印譜》等，私印皆按百家姓氏排列，每印下又以楷書釋之，頗方便初學。

學禮序云："予篤嗜此，甚於寒之衣，飢之食，緣以齪齪風塵，雖好弗聚。嘗懷一帙，遊於齊梁燕冀間，輒得便印，積七千有奇，鮮獲別其妍媸。閉户三祀，窮六書之源，究偏旁之旨，取三千方出，而謀之丘隅吴君、玉溪董君、雪漁何君、魯南吴君，更十數名手，摹其體制，學其豐神。又五祀，始獲什五六，余參諸譜，兹歷廿載矣，類成一集，名曰《考古正文印藪》。"

明代集古印譜較重要者，有王常輯《集古印譜》、《秦氏印統》等，然爲刻本，而鈐印之本則有羅龍文輯《羅氏古今印藪》，顧從德輯《集古印譜》、《顧氏印藪初稿》，較此本爲早。三家用勒石鈐印之法，聘用多人摹刻，在當時來説乃開後世鈐印成譜之風。

是書應五卷，北京圖書館、上海圖書館等五館入藏(臺灣"中央圖書館"本乃原藏北平圖書館者)，王重民《中國善本書提要》作四卷，誤。正文前凡例有云："日利白方及唐以後齋堂館閣通用等印於義合者另集一類"、"各鈕形制略具數方以備賞鑒"。審此印譜，並無齋堂館閣之印及印鈕形制，當佚去卷五，存卷一至四。

鈐印有"震澤王氏家藏"、"震澤"、"王世琛印"、"王寶傳"、"王恒之印"、"蘭階"、"碧蕓館印"、"余慶堂"、"停雲"、"吴門"、"神品"、"其人如玉"、"平庵"、"聲遠"、"湖城"、"敬者民基"。

此藏香港中文大學圖書館。

宣和集古印史【明萬曆刻鈐印本】

《宣和集古印史》八卷《秦璽考》一卷，明來行學輯。明萬曆二十四年(1596)來氏寶印齋刻鈐印本，八册。題“西陵來行學校摹”。前有屠隆序、來行學自序。

印譜之輯，始自宋徽宗《宣和印譜》，後又有晁克一《集古印格》、姜夔《集古印譜》等，今皆佚去不存。是書《四庫全書總目》存目著録。

來行學，字顔叔，浙江蕭山人。

來行學序云：“耕於石箐山畔者，桐棺裂，獲丹筒一函，内蜀錦重封《宣和印史》一卷，凡載官印千二百有奇，私印四千三百有奇，傍皆音釋文字，大都始於嬴秦，盛輯兩漢，逮隋而止，唐以降無聞焉。”

明代印譜中，以雲間顧氏《印藪》、王常《集古印譜》最爲流行，然所收古今印章，多所闕略，且古印災木，原貌失之甚多。來行學少負印癖，收藏頗多，得此書後，爰爲臨摹，勒諸銅石，“並出生平所藏古印，悉裒諸家博極往牒，詳其封建姓氏，殺青以廣同志”。其書中古印多《印藪》所不載，顧氏所不獲見聞者。

然張心澂《僞書通考》云：此僞書，根據乃爲“此書則自宋以來諸家書目所不載，惟吾衍《學古編》末有明隆慶二年羅浮山樵附録五條，其世存古今圖印譜式條内載有《宣和印譜》四卷，計其年月適在此書初出之時，然則即據此本以載入，非古有是書矣。況桐棺易朽，何以南宋至明猶存，其爲依托顯然明白”。録此，他日再考。

扉頁有來行學識語，“寶印齋監製宣和印史，夾連四，棉紙墨刷，珊瑚原砂，印色覆印衣勸綾套，藏經箋面。定價官印一套，紋銀一兩五錢，私印二套，紋銀三兩。絶無模糊、剞邪、破損，敢懸都門，自方吕覽，恐有贋本，用漢佩雙印印記，慧眼辨之。來行學顔叔識”。此所云，廣告也，書之特點、價錢、標識，一一説明，也明人之生意經也。據明初一兩白銀，值錢一千文。明中葉後，每兩值制錢七八百文以至三五百文。萬曆後期，銀價由五百文升至六百文。以當時米價，每石約合制錢一百五十文至二百文，而購此印譜(官印)一部即索銀一兩五錢，或可購米約五石之多，其價之昂貴，可見一斑。

《中國古籍善本書目》著録，北京圖書館、福建省圖書館等六館有全帙。又有《宣和集古印史》四卷，明萬曆刻鈐印本，吉林大學圖書館入藏。按，此本《四庫全書存目叢書》子部第七十五册收入，底本即用北京圖書館藏本。

鈐印有“汪文柏”、“柯庭圖書”、“汪季子文柏柯庭氏印”、“鳳城舊吏鴛水間人”。汪文柏，休寧人，字季青，號柯庭，附貢生。有古香樓，收藏書法名畫甚多，詩文之外，善畫墨蘭，雅秀絶俗，其收藏之書，多爲善本。此藏美國國會圖書館，五十年代初，得之於日本。

珍善齋印印【明萬曆刻鈐印本】

《珍善齋印印》四卷，明吴迥篆刻并輯。明萬曆鈐印本。四册。四周單邊，白口。題“古歙吴迥篆”。前有萬曆四十六年劉錫玄序、董其昌序、萬曆四十年高出序、黄汝亨序。末有汪道守古篆歌及萬曆四十年歐陽琜、周仕國、朱承綵、萬曆四十二年虞國傳跋。

吴迥，字亦步，安徽歙縣人。穎慧卓悟，有嗜古癖，精於字學，以刀解書。篆刻初師何震，深得其法。所爲印章具體而饒神致，整俊之中亦復散朗，一時學士大夫氏號名物，非其手鎸則巾箱不貴、翰牘無色。《廣印人傳》卷四有傳。

是書以“印印”名，可見劉錫玄序，劉序云：“……然則亦步所篆刻一印也，所彙集以爲正印一印也，所爲致文人之品題，而收《印藪》、《印府》諸集作外護亦一印也，錫玄不敢添加一字，而直名之曰印印。”

篆刻乃藝林之一技，昔明李陽冰有云：“摹印之法有四，功侔造化冥受鬼神謂之神，筆畫之外得微妙法謂之奇，藝精於一規矩方圓謂之工，繁簡相參布實不繁謂之巧。”此譜每頁一至十二印，印下并附釋文，當可窺見迥搦管運刀之巧。汪道守歌嘗贊其技云：“新安少年吴亦步，翩翩挺發人驚懼。八法縱横逐手奇，風雷迅作蛟虬怒。雲霞布散聯星斗，大地山川收妙有。千禽萬獸出神形，變幻飛揚亦奔走。衣冠忽狀周旋體，度態岩岩得神理。六義都窮苦寸心，三才盡悟超玄旨。圖章之妙何如此，猶惜人間未知爾。居然絶技已空群，百尺竿頭不停止。”

董其昌也極看重吴氏，其序云：“亦步於舞象時氣已吞虎，今猶二十許，人試以其印章雜之長卿印章，不復可辨。不知異時復作何狀？大都翰墨之事不重久學、不輕新進，伏生皓首授書、何郎白面譚易，何容置甲乙也。亦步才美不名一器，吾就印章論亦步云爾。”

津按：余嘗見香港中文大學圖書館藏吴迥《曉采居印印》四卷。該本也有萬曆四十六年劉錫玄序、黄汝亨序。經與《珍善齋印印》相核，劉、黄二序皆同。此當爲吴氏取劉、黄之序重復置於其書之前。

此本藏臺北“國家圖書館”。《“國家圖書館”善本書志初稿》版本項作“明萬曆四十六年鈐拓本”，然此本并無明萬曆四十六年鈐印之依據。該館又有一部，但存卷一至二，一册。王敦化《印譜知本傳本書目》、羅福頤《印譜考》均未著録。《中國古籍善本書目》著録，南京圖書館、浙江西泠印社所藏皆爲殘本。迥又有《曉采居印印》四卷、《求定齋印草》一卷，皆明萬曆鈐印本，前者藏安徽省圖書館、浙江西泠印社；後者藏安徽省博物館。

鈐印有“德份”、“誰園藏書記”、“□慈山世家珍藏書畫之印”、“夏松”、“夏松印印”、“黄山葉勁”、“黄海釣翁”、“見藏徐石亭處”、“斐□”。

曉采居印印【明萬曆刻鈐印本】

《曉采居印印》四卷，明吴迥篆刻并輯。明萬曆刻鈐印本。三册。題“明古歙吴迥篆”。前有萬曆四十六年(1618)劉錫玄序、黄汝亨序。末有萬曆四十年歐陽璨跋、周仕國跋。

是譜四卷，卷一收印七十四方、卷二九十三方、卷三八十八方、卷四二百八十方。按此書原爲每卷一册，然卷三佚去部分，存十一頁，後人即以卷三、四合爲一册，實應有四册也。譜中有顔繼祖、何偉然、鍾惺、王象春、葉大受、何璧、吴從先、李維楨、楊文驄諸人印，皆萬曆間名人，也可見迥之交游。

此書名曰印印，乃劉錫玄所定。劉序云：“吴亦步氏集其手所篆刻以爲印章正印，而問名於不慧，且謂《印藪》、《印府》諸刻，咸肇嘉名，願得未曾有之，一字以冠群玉。錫玄試一展卷，則諸文人已競爲品題，謂亦步手筆遠師秦丞相、秦羽人、漢黄門；近乃不減文、許、何、顧諸名輩，是宜亦步之珍而集，集而副名山，傳通都，與秦漢圖不朽，而又何争此一字之名？又何問名於不解文翰之錫玄？……然則亦步所篆刻一印也，所彙集以爲正印一印也，所爲致文人之品題，而收《印藪》、《印府》諸集作外護亦一印也，錫玄不敢添加一字，而直名之曰印印以此。”

黄序云：“近時盛推篆刻名手爲何長卿，長卿下世，新安有洪復初，吾友温太史、沈濟南稱其與長卿競敵。吾里有許士衡，意殊未下，佳者時出洪上。南中今得吴亦步，即解書法，以刀法合之，俊整之中亦復散朗，既生瑜何生亮，恐爲洪、許所妒耳。亦步又似宗之瀟灑，且博聞强記，不止以刀筆見長，而將來刀筆之長，當不止此。”

是譜傳世不多，大陸僅西泠印社、安徽省圖書館各一部，又南京圖書館、浙江美術學院圖書館、安徽省博物館有二卷本，疑不足之本。迥又有《珍善齋印印》不分卷、《求定齋印章》一卷，皆萬曆間鈐印本。

鈐印有“穆園田”(大)、“穆園田”(小)、“平庵”、“湖城所得金石圖書”、“岳陽”、“東海樵夫”、“勝山私印”。

此譜藏香港中文大學圖書館。

能爾齋印譜【清康熙刻鈐印本】

《能爾齋印譜》六卷，清錢楨輯。清康熙刻鈐印本。四册。題"古吴練川錢氏家藏"。第一册有康熙四十三年（1704）王撰序，唐孫華、王吉武、陸毅、黄景雲、張雲飛序。第二册有張氏、顧氏序，康熙四十六年衛洽、吴之泌、許維清序。第三册有陳□序。第四册有胡荃銘序。藏香港中文大學圖書館。

《印人傳》、《續印人傳》、《再續印人傳》均不載錢楨其人。錢楨，字寧園，一字滄洲，上海嘉定人，錢大昕世父。讀書好古，精篆刻，富藏書，能爾齋即其藏書處。嘉定錢氏，代有印人，除錢楨外，楨之子繹，字以成，有《信芳館印存》。其外孫充蕓，字大田，有《大田印存》。大田子世求，字秉田，也精篆刻，有印譜。

卷一四十方、卷二三十八方、卷三六十八方、卷四六十八方、卷五七十二方、卷六七十六方。共收印三百六十二方。錢氏自用印頗多，約在七十方以上。譜成於康熙四十三年仲夏，乃錢楨集明代以來名手所刻印章彙之而成。

張雲飛序云："祁岡錢氏，自余外曾王父頤郊公而下，世稱博雅。舅氏柏卿公，尤灑落嗜古，如商彝周鼎、法書名畫、金石印章之屬，凡足以供清玩者種種畢給。迨遭滄桑之變，三世所蓄，淪亡殆盡，印章有存亦什不得一矣。厥孫明經滄洲，有先世之遺風，雅好篆刻，廣求名人手筆，歷年成藪，今並以世傳古印彙爲一帙，顔曰《能爾齋印譜》。是譜也，大都出自明季文壽承、何長卿、江杲叔諸名家，而近時佳手所篆，間有登焉，非俗工妄摹者可同日而語，庶幾彷彿籀文追踪斯篆矣。好古君子得而藏之鄴架，實字學之一助也。噫！古今印譜，自宣和以後擅散於世者，金玉之章皆湮滅不存矣。而錢氏之家藏，幾及二百載而猶存，則玆譜之薪傳正未有艾也。"按文、何之作，穩練自然，雄偉可愛，洵是浙皖之導師。細觀錢楨之自用印，参以浙皖兩派之剛柔，筆畫峻峭，蒼勁有神，文字變化，并無定式，大小疏密支配匀稱。

韓天衡《中國印學年表》云：康熙四十三年，錢楨輯自刻成《能爾齋印譜》四册六卷。按，此非錢氏所刻。韓説不確。清初鈐印之譜傳世不多，查諸大陸及臺灣地區重要善本書目，皆不著録是書。是譜雖多名家鐫刻，都未標出何人所篆，然譜中整飾嚴謹、静穆雅致、峭拔飛動之神韵，宛然蒼勁老練及沉厚勁健，皆可於譜内窺得。

鈐印有"吴興陸銓"、"慶譽秘玩"、"月河陸氏"、"熙咸珍藏"、"陸慶譽家珍藏"、"陸氏伯子"、"慶譽長壽"、"宣公三十七世孫"、"穰梨館陸氏珍藏書畫印"、"田耕堂郁氏藏書之印"、"心卿"、"郁熙灝印"、"心卿玩賞"、"北村氏蘭室收藏印記"、"彭城自得堂印"、"十萬卷樓"、"江都薄氏鑒藏書畫記"、"祁岡奇賞齋藏書印"。

超然樓印賞【清乾隆鈐印本】

《超然樓印賞》八卷，清陳鍊篆刻、清盛宜梧選。清乾隆二十七年（1762）盛氏鈐印本。四册。題"華亭盛宜梧嶧山選；陳鍊在專摹"。前有乾隆二十七年沈慰祖序、乾隆二十七年曹鑒咸序、乾隆二十七年盛宜梧序。末有乾隆二十八年陳鍊跋。例言六則。

陳鍊，字在專，號西庵，福建同安人，流寓江蘇華亭。好古力學，能詩。風雅之外，兼究心六書，書法懷素。學刻印，悟杜少陵"書貴瘦硬通神"之語，有所得。已而得朱簡譜，師之，且窮搜博采，篆法刀法遂直追於古，而不拘一格。生於雍正八年（1730）。又著有《印説》、《印言》、《秋水園印譜》等。

鍊善鐵筆，是譜章法刀法俱臻妙境，而古秀之氣時顯。卷一至二摹秦漢六朝人印，名曰古印。卷三爲摹唐宋元人印。卷四至五摹明人印。卷六至七爲自製印。卷八集印學名言。各卷印文皆有注。其所摹唐宋元明人印，半從名人字畫真迹上選入。自製諸印，俱雜選古人成語句讀鎸之，至篆文本之古印碑帖居多，故與《説文正訛》等書或有不合處。

其所集印言，計五十三則，首論時代，次論印質，再論篆文，終論篆刻，中"情"、"興"、"古"、"堅"、"雄"、"清"、"從"、"活"、"轉"、"浄"、"嬌"、"鬆"、"稱"、"整"、"豐"、"莊"、"呆"、"單"、"促"、"苟"雖屬一得之見，然於講習之家亦應有小補。其云"古"者，"古有古貌、古意、古體。貌不可强，意則存乎其人，體可勉而成也。貌之古者，如老人之黄耆、古器之青緑也。在印則或有沙石磨盪之痕，或爲水火變壞之狀是矣，意在篆與刀之間者也。刀筆峻峭曰高古，氣味瀟灑曰清古，絶少俗筆曰古雅，絶少常態曰古怪。此不但纖利之手，絶不可到，即質樸者亦終於頹拙而已。若古體，袛須熟覽古篆，多看舊物"。又云"嬌"者，"嬌對蒼老而言也，乃筆老者，如千年古木，粧點蕭竦；嬌嫩者，落筆纖媚，運刀清淺。素則如西子淡粧，艷則如楊妃醉舞"。

此譜乃在盛宜梧家所製。宜梧號秋盧，才情清麗，彈琴賦詩，寄情法書名繪，而金石之章，尤所深嗜。盛陳相善，且盛家多藏書，備歷代諸名家印譜。據盛宜梧序云，鍊"鐵筆之妙，殆欲争衡古人，間與上下。其議論獲益良多，因出所選古印相質，西庵亟賞之。不惜數月之勤，爲余摹鎸凡若干方，西庵亦出其自製得意手筆凡若干方，排次八卷，彙爲一集，鎸板印之，以備好事家案頭行篋中清玩"。曹鑒咸序亦有"暇日出其籍暨所蓄法書名畫以及彝鼎古器款識，相與討論得失，因採取古印之可法可傳者摹鎸入石。上自秦漢，下逮元明，益以西庵自製裒成一函，釐爲八卷，題曰《超然樓印賞》。縮彷袖本，公諸同好，壬午冬刊竣"。"超然樓"爲盛氏所有，當有離世脱俗,燕處超然之意也。

有扉頁,刻"超然樓印賞。雲間陳在專鐫。半園藏板"。半園者,當亦爲盛氏之家園。

鍊之《秋水園印譜》,流播藝林,然此譜則流傳不多。《中國古籍善本書目》亦不載其書。

鈐印有"山岡氏所藏記"。日人印也。

龍湖琴譜【明隆慶刻本】

《龍湖琴譜》不分卷，明石國楨、陳泰等編。明隆慶四年（1570）刻本。四册。半頁八行十字，四周雙邊，白口。前有隆慶三年鄭繼之序。末有隆慶四年陳泰跋。

石國楨，字月舟，湖北江夏人，明代琴家。《中國音樂、舞蹈、戲曲人名詞典》、《中國音樂詞典》均不載其人。陳泰，號龍湖，亦號空塵山人，湖北襄陽人。

書以"龍湖"名，蓋因多有陳泰之按語云。是書計宫調（梅花九段、陋室銘一段）、商調（醉翁吟一段、客窗六段、十八學士六段、聽琴賦十三段、雙清十二段、鶴鳴九皋九段）、角調（凌虚吟三段、列子御風十段）、徵調（關雎九段、山居吟四段、盛德頌十段）、羽調（烏夜啼九段）、慢角調（八極游六段）、商角調（莊周夢蝶八段）、南吕調（秋聲十三段）、蕤賓調（陽關九段、瀟湘水雲十段）、大古調（南薰六段）。附有"勾琴總字母"、"右手指法"、"左手指法"。

每曲皆有陳泰按語，如陋室銘，有"龍湖曰，按是銘之作，貴德不貴室之意。人能鼓此，則居廣、居宅、安宅有大丈夫之氣象"。如十八學士，有"龍湖曰，按是曲君臣際會，豪俊登崇，學者鼓此，攀龍附鳳之心益切，步月凌雲之志愈高"。如陽關，有"龍湖曰，按是曲離合關心，江山滿目，長亭送别，祖道傾盃，鼓此曲者，令人有依依繾綣之情，迢迢悵望之念"。如南薰，有"龍湖曰，按是曲南者，向明也；薰者，和暢也。鼓此曲，令人神遊帝庭，心契千古，恍然民安物阜之象，重華熙皞之風，如親見其盛焉"。

是書乃石國楨、黄禄、王舉、劉倫、陳泰遍閲各種琴譜，多加整理而成。鄭繼之序云："予生峴襄，世居江漢，叨捷兩闈，謬膺一職。嘗一日朝襄莊王，賢主坐於中和軒。語曰：古樂有琴，聲和且平，哲人君子，宜所究心。予應之曰：黄帝、堯、舜、禹、湯、文、武、周公、孔子，悉有曲操，皆以正五性、順五行，格神人、和上下，亘古然也。昔有聽古樂恐卧，聽新聲而忘倦者，奚足以語此？兹有取於琴，其誠好古樂也哉！由是，王欣然旨下，命近臣四人學琴。適有江夏月舟石生而過襄焉，遂延及静室，咸精其傳。學琴者何？曰禄號龍江、曰舉號槐泉、曰倫號忠庵、曰泰號龍湖，皆性質悖醇，心情和暢，嗜學崇文，居官忠慎者。既得月舟之法旨，而尤病古調之弗淑，乃與月舟徧閲諸譜，歷評衆音，正其格調，實以文詞，繕寫成帙，欲壽諸梓。"按，黄、王、劉、陳似是襄莊王幕府中人。

陳泰跋云："是譜之刻，鳴峴先生既序諸首而壽諸梓矣，緬思古人，述而不作，予何人斯？敢自作焉？亦不過訂述舊文，以便指示耳。公餘清暇，每偕黄君龍江、王君槐泉、劉君忠庵，共月舟石君，間閲諸調而被之於絃，果驗清濁高下咸協乎律。而其校定指法，鮮失於差訛，音韻弗至於乖疊,或一鼓再鼓,或彼先此後,其聲洋洋然,得之於手,應之於心,而天機活潑,胸次圓融,殆不覺琴之爲我,我之爲琴,而與之相忘矣。"

自唐宋至清末,所傳各種琴曲譜集一百五十餘種。明初,朱元璋子朱權始集琴曲,編爲《臞仙神奇秘譜》三卷,有明洪熙元年(1425)刻本。嘉靖後,藩邸及民間也多有集琴曲之舉,然傳至今者甚少,如《四庫全書總目》著録(包括存目)之琴書,共十六部,明人琴譜僅六部而已。《中國古籍善本書目》也僅著録明人琴書三十餘種。明人所刻琴譜不多,傳世最爲難得。是書甚罕見,《琴曲集成》四十二種未收。《四庫全書總目》、《四庫未收書集刊》、《續修四庫全書總目提要》(稿本)、《中國古籍善本書目》、《中國音樂書譜志》、《嘉業堂藏書志》皆未著録。此藏臺北"國家圖書館"。

鈐印有"吴興劉氏嘉業堂藏書記"。

名劍記【明萬曆刻本】

《名劍記》二卷，明李承勛撰。明萬曆四十二年（1614）括蒼李氏刻本。一册。半頁十行二十二字，四周雙邊，白口，單魚尾。卷一首行題"雅歌齋雜集"。前有萬曆四十二年黄克纘序、萬曆四十二年李承勛引。末有李大生跋。

李承勛，字立卿，湖北嘉魚人。自幼英邁，家食時以經濟自負。弘治六年（1493）進士。授太湖知縣，修舉學校，考德問業，砥身廉介，然勁氣孤峭，人多忌之。久之補南京刑部主事，歷員外郎中。明習法律，多所平反。會以憂去服闋，仍補南京工部郎中，未幾，升南昌府知府、浙江按察司，進陜西右布政使，轉河南左布政使，正德間又升右副都御史，巡撫遼東。再轉南京刑部侍郎，進尚書，加太子太保，改兵部尚書兼都御史。後致仕。卒贈少保，謚康惠。《本朝分省人物考》卷七十六有傳。

劍，兵器也，文人俠士多好之。昔梁陶弘景有《古今刀劍録》一卷，載古今名劍，然脱漏甚多。有云："刀劍之由出久矣，前王後帝莫不鑄之。"然著録劍者，不甚詳録。明陶珽輯《説郛》續卷三十六載有李承勛撰《名劍記》一卷，計十頁，録名劍五十八則。又《寳顔堂秘籍》廣集有郭子章撰《蠙衣生劍記》一卷，録古今説劍之記一百五十七則。此書編集古昔名劍及奇异之事，所有事例皆摘録自《刀劍録》、《廣列仙傳》、《唐書》、《蜀小志》、《酉陽雜俎》、《廣艷异編》、《异聞録》、《劍俠傳》、《一統志》、《廣輿圖》、《文選》、《楚辭》等。

李曾巡撫遼東，時邊備久弛，墻堡墩臺，圮廢殆盡，承勛疏請修築。會世宗立，發帑銀四十萬兩。承勛身負畚鍤先士卒，招逋逃，開屯田。據云其總戎山東，奉命率師遠戍三韓，行至碣石，腰間寳劍時發光怪狀，遂博稽載籍而成此書。承勛引云："不佞自分僻陋，不敢媲古哲自豪，然世習戎馬，對客説劍者有年。一旦叨縣官任用，提兵瀚海，仗鉞大東，奉命移鎮朝鮮善後，竭蹶險夷之塗，役役半天下，皆擕先世一劍以行，資之自衛，乃其氣干紫霓、耀白日，渡碣石時，一發光怪，遂沾沾心喜，以爲非凡刃也。第無款識，亦不知爲何代物，因博考載籍，洎稗官野史所稱名劍、神怪、靈異，遇表表者磨墨劍頭，勒之爲記，凡百有四十，時時把玩，不忍釋手。……《名馬記》輯自泰和郭司馬，已刻浙紫薇署中，不佞時承乏浙閫，幸得攬觀，因謬綴數語末簡。兹《名劍記》編輯與《名馬記》相埒，似宜並傳以勗英雄壯氣，故解槖中奉遺刻之。"

此書傳世稀見，研古兵器者如周緯《中國兵器史稿》、楊泓《中國古兵器論叢》、馬明達《説劍叢稿》等書均未引用此書及郭子章《蠙衣生劍記》。

《四庫全書總目》、《續修四庫全書總目提要》（稿本）未收。《中國古籍善本書目》著録，僅寧波天一閣文物保管所入藏。此本藏臺北"國家圖書館"。

香閨鞋襪典略【稿本】

《香閨鞋襪典略》二卷，清蘇馥輯。稿本。一册。清鄒存淦題識。半頁十行二十字。書口下印有“師竹友蘭室”。題“海昌女史蘇馥佩萱輯”。前有咸豐七年(1857)鄒存淦序。後有光緒五年(1879)蘇馥後記。

蘇馥，字佩萱，浙江海昌人。

明清人輯撰閨閣鞋襪之書者甚少，津僅知清余懷(澹心)有《婦人鞋襪考》，載《檀几叢書》卷三十一。纏足爲惡習，歷史久遠，但屢禁不絶，而專述纏足事類者更若鳳毛麟角，余僅見有民國姚靈犀編《采菲録》，其分類摭述，乃爲研民俗學者必讀之本。此《典略》采擷史書、詩詞、文集、筆記、類書，凡數十種中有關香閨鞋襪之事，卷上皆爲鞋、履、襪，計一百十八則。卷下爲足，包括纏足、金蓮等，計一百三十四則。合計二百五十二則。其所引用書中之詩詞，有李後主詞、杜子美詩、黄山谷詞、元薩都剌詩、尤西堂詞、龔鼎孳詞、吴梅村詞、温飛卿錦鞋賦等。

鄒存淦序云：“丙辰春，謀食省垣，寓湖上者十閱月，及冬季來歸，得内子所輯香閨鞋襪典故百數十條於花樣本上，蓋皆得之予向所輯《婦女鞋襪詳考》，而復補所未備者。予嘉其用意雅深，重爲刺取數十條，編成上下兩卷，擬付剞劂氏，以質世之賦香奩詠玉臺者。”丙辰，爲咸豐六年。

蘇馥後記云：“婦女弓足，原始及履，觸之制考之者多矣，惟胡震亨語爲然。震亨之言曰，大抵有男女來，便分男女，體態婀娜，細步孅小玉蚨，古人定早鑿此竅，不待今日。其漸變漸妍，或至五代始作，弓樣則有之。若謂纏束，非始古人，待古人亦太村且拙矣。審如是，則纏足非始於五代矣。吾夫子嘗編採諸論説，著《鞋襪詳考》一書，洋洋萬餘言，余於女紅之暇，時復讀之。因摘其零章斷句，可備香奩選者，得二百餘條，積成上下兩卷。此蓋嘗鼎一臠耳，欲窺全豹，有《詳考》在。”

按，此爲謄清稿本，其根據乃在鄒存淦題識，有云：“光緒五年己卯嘉平月下浣海寧三百有六甲子老人儷笙氏重録一過。”存淦，字儷笙，浙江海寧人。喜藏書，遭世多艱，流離失所，鬱鬱不得志，每於詩以紓其所抱，詩作甚多且工。蘇馥，其室人也。存淦又有《七十以後吟》、《客居所居堂稿》、《己丑曝書記》、《田家占候集覽》、《外治壽世方》等。

此稿本今藏臺北“國家圖書館”。《“國家圖書館”善本書志初稿》作“清光緒五年海寧鄒氏師竹友蘭室稿本”。臺北文海出版社曾借得影印，收入《清代稿本百種彙刊》中。

尺苑【稿本】

《尺苑》不分卷，清吴騫撰。稿本。二册。

騫之簡歷，見《皇氏論語義疏參訂》。

《尺苑》一書，是薈萃古今尺度沿革之綜合著録。騫自序云："聞之屈左徒之言曰，尺有所短，寸有所長，知古今度制之不齊蓋非一日矣。先王同律度量衡，上以調鐘磬，和陰陽，其次定禮義、考制度、作宫室，夫豈細故哉？故《隋書・律歷志》特著一十五等之制，明古今之定則不可廢也。間嘗推度之所始，知其原出上古，爰博稽典籍，凡有尺之名目與夫長短盈絀之制，上自庖犧，下迄近代，聊備考古之一助。"自古以來，禮器百物制度，都和尺有密切之關係，尺度之沿革、使用，曾是近代古器物學家和古史學家研究的重要課題。康雍以前，研究尺度者鮮有其人，乾嘉間翁方綱、孔繼涵嘗略有述及，而集尺度之大成者，則此吴騫之《尺苑》。

此稿本計有《古今尺名録》、《歷代尺數考》、《〈隋書・律歷志〉十五等尺表》、《〈稗史類編〉十七等尺表》、《孔氏〈漢銅尺記〉訂訛》、《周尺考訂誤》、《周尺辨訂誤》等内容。《古今尺名録》係吴騫據史、子部有關書中覓得尺名之彙録，自"伏羲氏尺"始，至"國朝尺"止，計著録九十八種尺名。又如《孔氏〈漢銅尺記〉訂訛》，騫就"漢建初六年慮俿銅尺"提出了自己的見解，認爲孔尚任《漢銅尺記》中"考訂頗多疏謬，爰核其制度，參諸典籍爲《訂訛》一卷"。作者在稿本中對歷代尺度進行了比較研究，引經據典，旁徵博引，多有按語，對後人研究歷代量器、尺度來説，有着很高的參考價值。

《海寧州志稿》中曾著録《尺苑》，"寫本，刊入文集者係删節之本"。查《愚谷文存》卷七，收有《孔氏〈漢銅尺記〉訂訛》、《〈周尺辨〉訂訛》二種，内容較《尺苑》爲簡。

清代道咸以來研究古尺者不乏其人，其中較著者有吴大澂、王國維諸先生，他們的研究頗有建樹，遺憾的是没有見及吴騫的《尺苑》。

羅福頤先生的《傳世歷代古尺圖録》序云："當一九二六年，王國維亦彙所見，由漢逮清之尺度得十七品，著中國歷代之尺度，並載在文集（見《觀堂集林》十九），是爲古尺有專録之始，綜觀以上之記録，可見清代以前尺度無專書。而歷來古尺之記載，皆藉音律以傳。"今羅福頤先生作古，未見及騫之《尺苑》，然而《尺苑》實是我國第一部有系統有例證的古代尺度的專書，它是古器物學家和古史學家借以研究的重要著作。

此稿本鈐有"騫"、"兔床山人"、"兔床漫叟"、"吴郎"諸印。今藏上海圖書館。

金石昆蟲草木狀【稿本】

《金石昆蟲草木狀》二十七卷，明文俶繪。稿本。十二册。明張鳳翼、楊廷樞、徐汧題記。半頁八行。左文右圖。前有趙均序。

文俶，字瑞容，又號寒山蘭閨畫史，江蘇長洲人。其高祖父即文徵明，父從簡。性明惠，所見幽花异卉，小蟲怪蝶，信筆渲染，皆能樵寫性情，尤工花鳥，鮮妍生動，至蒼松怪石，則又老勁。圖得千種，名曰《寒山草木昆蟲狀》。時貴姬季女，争來師事，相傳筆法，又遠近購者填塞。其扇頭繪事，必圖兩面，蓋恐爲人浪書，惜中年而歿。生於萬曆二十三年(1595)，卒於崇禎七年(1634)，年四十。

文家世代筆墨相傳，文徵明之後，有文彭、文嘉、文伯仁、文震亨、文點、文從簡等。清張庚稱文俶爲"吴中閨秀工丹青者，三百年來推文俶爲獨絶"。此圖繪始萬曆四十五年，迄四十八年，歷三年而成。各卷卷首别有目録，皆本草圖，分目爲金石三、蟲二、獸一、禽一、草九、外草一、外木蔓一、木六、菜一、果一、米穀一。總共一千三百十六幅。

此本實乃據明内府藏《本草品彙精要》摹繪，部分則以古圖及家藏之物配之。趙均序云："嘗閲勝國鄭氏《通志》，謂成伯璵有《毛詩草木蟲魚圖》、原平仲有《靈秀本草圖》、顧野王有《符瑞圖》、孫之柔有《瑞應圖》、侯亶有《祥瑞圖》、竇師綸有《内庫瑞錦對雉鬪羊翔鳳遊麟圖》，又於符瑞有靈芝、玉芝、瑞草諸圖，今皆逸而不傳矣。若稽含《南方草木狀》，則有其書而無其圖者，碎錦片璧將何取耶？此《金石昆蟲草木狀》乃即今内府《本草圖彙》秘籍爲之，中間如雪華、菊水、井泉、垣衣、銅弩牙、東壁土、敗天公、故麻鞵，以及陶冶、鹽鐵諸圖，即與此書不倫，然取其精工，一用成案，在所未删也。若五色芝、古銖錢、秦權之類，則皆肖其設色，易以古圖。珊瑚、瑞草諸種，易以家藏所有，並取其所長，棄其所短耳，與今世盛傳唐慎微氏《證類圖經》，判若天淵，等猶玉石。余内子文俶，自其家待詔公累傳，以評鑒翰墨，研精緗素，世其家學，因爲圖此，始於丁巳，訖於庚申，閲千又餘日，乃得成帙，凡若干卷，雖未能焕若神明，頓還舊觀，然而殊方異域、山海奇珍，羅置目前，自足多矣！"

按，《本草品彙精要》，計四十二卷，爲明劉文泰、徐鎮等撰。《中國古籍善本書目》著録，北京圖書館有明抄彩繪本及清抄彩繪本二種，但爲殘本。前者存十一卷，爲卷一至二、十三、二十四至二十六、三十、三十二、三十四至三十五、四十。後者存十二卷，爲卷一至十二。又上海圖書館也有清抄彩繪本，但僅存卷二十四至二十五。據知是書海外另存四部，分藏羅馬之國立中央圖書館、柏林之國立圖書館、日本之大塚恭男、日本武田藥工株式會社。

文俶作品存世不多，余僅知上海博物館藏有其《花蝶圖》、《墨梅圖》、《山中花蟲圖册》、《花蝶草蟲圖册》、《葵石圖》、《花鳥圖》；北京故宫博物院有《花蝶圖扇》、《萱石圖扇》、《罌粟湖石圖扇》、《萱花湖石圖軸》、《梅花成扇》、《石蘭圖扇》、《金色萱花圖扇》、《萱石圖軸》；臺北"故宫博物院"有《花蝶圖》、《春蠶食葉圖》；美國耶魯大學美術館有《石榴花圖扇》。

此本藏臺北"國家圖書館"，爲四十年代，由鄭振鐸代中央圖書館購得者。其時，鄭致蔣復璁札有云："又由潘博山處購入明文俶彩繪之《金石昆蟲草木狀》（源出明内府之《本草圖譜》），十二巨册，計價二千元。此書内容之美、淵源之久，不可殫述，且係怡府舊藏。價雖昂，却不能不忍痛收下，蓋潘已向海外接洽（索美金二百元），故不能不先下手爲强也。"

鈐印有"趙均之印"、"靈均"、"明善堂覽書畫印記"、"怡府世寶"、"張鳳翼印"、"象風"、"宫保尚書"、"楊廷樞印"、"南京解元"、"徐汧之印"、"勿齋"。

梅史【清初栖園刻本】

《梅史》十四卷,明黄瓊編。清初栖園刻本。六册。佚名批并題識。半頁八行十九字,左右雙邊,白口,單魚尾,書口下刻“栖園藏板”。題“莆田黄瓊朋石輯;林人中中子校”。前有崇禎三年(1630)陸階序、崇禎六年黄瓊序。末有崇禎三年黄瓊跋。

黄瓊,字朋石,福建莆田人。(民國)《福建通志》不載其人。據其自跋,知生平歷風霜諸苦,安貧自適,貧則身逸,逸則心清。嘗嘆曰:夫人生若寄,貴乎得趣,徒洶涌於名利之場,至老了無休歇,良可嘆息!

梅花爲天下神奇,而詩人尤所酷好。梅之賦咏,六代及唐漸有,而偶然寄意,視之亦與諸花等。自北宋林逋諸人,遞相矜重,林之“疏影横斜水清淺,暗香浮動月黄昏”之句,乃爲其咏梅絶唱。南宋江湖詩人,無論愛梅與否,無不借梅以自重,凡别號、齋館之名,多帶梅字,以求附於雅人。《宋史·藝文志》載李祺《梅花百咏》一卷,久佚弗傳。又端平中有張道洽者,作梅花詩三百餘首,今惟《瀛奎律髓》僅存數首。宋黄大輿輯有《梅苑》十卷,所録皆咏梅之詞,起於唐代,止於南北宋間。元馮子振有《梅花百咏》一卷,皆七言絶句,乃其與釋明本唱和詩也。又元郭豫亨有《梅花字字香》二卷。明楊光溥《梅花集咏》一卷,乃集前人咏梅名句,亦成律詩百篇,以備一格。至於文徵明及清人李確皆有《梅花百咏》一卷。

瓊愛梅成癖,其家“庭除數樹,花時日箕踞幽賞不忍去,鄰塢聞香,亦必冲寒尋訪,折一枝插鬢而歸”。此集乃其搜諸載籍,凡忠孝、儒林、理學、名臣譜傳及梅史格言、序記、歌賦、詩詞有片言涉及於梅者,爰集成編。計賦、五言古詩、七言古詩、五言近體、七言近體、五言排律、五言絶句、七言絶句、詞、序、記等。詳目則記人名,人名下方刻字號爵里。

陸階序云:林和靖“謂其豐姿皎潔,香隨風而遠度;謂其標格秀雅,氣冲寒而後春;謂其雪花交下,或含影而臨池;謂其枯幹冰肌,抱貞白而自□。……但名賢達士品題最多,未曾合集,惟黄子朋石適意獨鍾,編次成書,使後來之□,開卷奪目,玩詠□□。今黄子蕭然,結茅梅村,朝夕清玩,實有得於梅之真而無媿於梅者也。則和靖以梅爲妻,朋石以梅爲友,且其閉户著書有古人之風,而無塵俗之氣,當並梅花傳之不朽”。

《四庫全書總目》、《續修四庫全書總目提要》(稿本)、《續修四庫全書》、《中國古籍善本書目》皆未著録。此本藏臺北“國家圖書館”。

鈐印有“真州吴氏有福讀書堂藏書”、“徙直”、“長池梅畔一茅屋”、“豐財”。

封氏聞見記【清莫友芝校本】

《封氏聞見記》十卷，唐封演撰。清乾隆盧見曾刻雅雨堂叢書本。一册。清莫友芝校并跋。藏上海圖書館。

《聞見記》，宋元明以來無刻本行世，至乾隆中方由德州盧氏據虞山陸敕先所録孫伏生家藏本，刊入《雅雨堂叢書》。孫本爲吴岫舊藏，録於正德戊辰(1520)，不言所出。孫氏又假秦西嚴别本校勘，秦本則朱良育依唐寅、柳僉兩本先後各抄五卷者，有至正二十一年(1361)夏庭芝跋，蓋出於元抄。

盧見曾，字抱孫，號雅雨，康熙六十年(1721)進士，官至長蘆鹽運使，復調兩淮鹽運使。詩名早著，一生好刻書，其《雅雨堂叢書》計十一種一百二十八卷，所刻當代名家詩文集尤多。此本前六卷記典章文物及風俗習慣，七、八兩卷記古迹傳説，末二卷記士大夫逸事。所述唐人掌故，多可補唐代史料之缺。

莫友芝跋云："以明隆慶戊辰(1568)録宋鈔本校此刊本，第二卷石經篇，增出六十三字；三卷制科二十三字，銓曹增六字；四卷尊號增二十六字，露布增八字；五卷燒尾增十九字，圖書增二十四字。其一二字足補正者，又各數十處，悉於卷端行潤標記，以便觀覽。此刻所據陸敕先依吴方山、秦西巖兩本録校者，不及隆慶舊鈔遠矣。封氏書雖説部雜記，其述唐代掌故，多史志遺略，足充學者考鏡資糧。漁洋亟稱之，雅雨亟刊之，皆以此。儻有好事，更以此校付雕，當亦王、盧所深許也。同治己巳開歲日校完，穀日識，獨山莫友芝。""同治己巳睚月，以明隆慶時寫本校於江蘇書局。郘亭眲叟。"

《宋元舊本書經眼録》附録一，收有友芝隆慶抄本一跋，即此書跋之前段，然未收後段。己巳，爲同治八年(1869)，莫友芝五十九歲，越兩年，歸道山，此當爲其晚年手校。《封氏聞見記》，傳世最早本子僅有明抄本數部，莫氏所據乃爲明隆慶抄本，不知此校本較之其他明抄有何優出之處。今莫友芝所據之隆慶抄本已佚去，此當可存其一脉。十年前余有西南之行，所見蜀、黔、滇三省善本圖書甚多，然其間所見莫友芝手迹甚少。彼辭世僅百餘年，著作手稿所剩無幾，且影山草堂藏書也星散各地。目前，收藏莫氏所遺文獻最多者，應推臺灣"中央圖書館"。今黔南獨山建有莫友芝紀念館，又有莫友芝研究會之設立，當可推動莫友芝研究之進展也。

自警編【明嘉靖刻本】

《自警編》九卷，宋趙善璙撰。明嘉靖四十年陳善刻本。十册。半頁十行二十一字，四周雙邊，上下黑口，三魚尾。前有嘉定十七年(1224)趙氏自序。藏普林斯敦大學葛思德東方圖書館。

趙善璙，宋宗室，太宗七世孫。歙人。字德純，少苦學登第，爲德清縣簿，累官尚書郎。是書編集北宋名臣大儒嘉言懿行，以垂法則，并載趙忠獻王普至王忠穆公礮一百六十人姓名字號爵里於前。其分九類，曰學問、曰操修、曰齊家、曰接物、曰出處、曰事君上下、曰政事、曰拾遺。每類各分子目，凡五十有五。

屈萬里《普林斯敦大學葛思德東方圖書館中文善本書志》著録爲"明初葉刻本"，"字類松雪體，黑口，殆明代初葉刻本也"，"《四庫簡明目録標注》云有洪武中蜀刻本，未知即此本否"？津按：是書傳世有五卷本、八卷本、九卷本、十一卷本之分。

五卷本爲甲、乙、丙、丁、戊五編，爲宋刻本，曾見遼寧省圖書館藏，有翁方綱題款，十行二十字，白口。又有明初刻本，行款同宋本，上海圖書館、北京圖書館皆有入藏。另北京圖書館又有明嘉靖七年蜀藩刻本。

八卷本，僅明嘉靖二十四年唐曜刻本一種，十行二十一字，黑口。北京師範大學圖書館入藏。

九卷本存世有七種。一爲嘉靖十九年陳光哲刻本，藏南京圖書館；一爲嘉靖四十年陳善刻本；一爲明萬曆二年李華春刻本，藏上海圖書館；一爲萬曆四年徐栻壯猷堂刻本，藏南京圖書館；一爲萬曆五年李超刻本，藏北京圖書館；又有明刻本二種。此七種皆以每類爲一卷，"事君"分上下二卷而附以拾遺。

十一卷本爲九行十七字，也明刻本，藏北京圖書館。

此九卷本，缺去拾遺，實存八卷。非屈氏所云明初刻本。瞿氏《鐵琴銅劍樓宋金元本書影》云："《自警編》五卷，前有趙善璙自序，分甲乙丙丁戊五卷，與明刻作九卷者異。"丁丙《八千卷樓藏書志》卷十九著録是書二種，一爲明嘉靖四十年滇南刻本，一爲明刻校宋本(即萬曆四年徐栻壯猷堂刻本)。前者云："有嘉靖十九年三山林庭棉刻於閩中薇垣舊序，四十年雲南按察司提學副使錢塘陳善刻於大理序。"後者對是書版刻叙述更詳："予辛巳去國，屏跡龜溪，省愆余暇，集我朝諸公言行，越三年而成編，名以'自警'，……端平改元再跋，遂鋟於九江郡齋，原分甲乙丙丁戊五卷，明洪武甲戌(1394)一梓於蜀藩，弘治壬戌(1502)再梓於嶺表，嘉靖四十年吾鄉陳方伯善，按察雲南，更刊於大理，改編九卷。萬曆元年，姑蘇徐栻巡視江右，就滇本校刊，四年移撫兩浙，重刊於壯猷堂，即此本。"據此，萬曆元年徐栻曾有刊刻。

普林斯敦大學藏本應爲明嘉靖四十年陳善刻本。屈萬里疑此爲洪武中蜀刻本,非是。蜀刻應爲嘉靖七年蜀藩所刻五卷本,傳世罕見,一藏臺北"故宫博物院",一藏北京圖書館。

此嘉靖本應有嘉靖十九年林庭棉序,嘉靖四十年陳善序并宋端平元年(1234)趙善璙自跋,然皆爲賈人抽去,以充舊刻。

意林【馬叙倫校本】

《意林》五卷，唐馬總撰。補遺一卷。清光緒三年(1877)湖北崇文書局刻本。二册。馬叙倫校并跋。藏美國哈佛大學哈佛燕京圖書館。

按，《意林》明代刻本凡四刻，爲明嘉靖五年黄鳳儀刻本、明嘉靖八年於敖刻本、明萬曆六年錢普刻本、明萬曆十六年徐元太刻本。清代通行本則有清乾隆武英殿活字印聚珍版叢書本、嘉慶張海鵬照曠閣刻學津討原本及此崇文書局本。此爲馬叙倫校本，叙倫爲中國教育家、語言文字學家，字夷初，早年參加同盟會，曾任職浙江省教育廳長、教育部次長，其重要著作有《説文解字六書疏證》。

馬跋云："海昌周廣業勤圃校定天一閣《意林》五卷，已缺其第三卷，第二、第五卷亦不全，嘉興李遇孫金瀾取聚珍本補之，又假汪選樓照宋本補校，並補録《意林》第六卷及第二卷有目無文者兩條。仁和汪遠孫小米有過録校本，今藏許增邁孫家，因借得録武昌局本上，並附第六卷於後。其校語之不係以牲及宋本者，定海黄以周元同所重校也。"

是書第六卷爲馬叙倫抄補并校，補一卷也爲其補抄。鈐印有"馬叙倫印"、"天馬山房藏書印"。

丹鉛總録【明隆慶刻本】

《丹鉛總録》二十七卷，明楊慎撰。明隆慶凌雲翼刻本。十册。半頁十行二十字，四周雙邊，白口，單魚尾，書口下有刻工。題"博南山人升庵楊慎用修著集"。前有楊一魁重刻序。

楊慎，字用修，號升庵，四川新都人。正德六年(1511)廷試第一，授修撰。武宗微行出居庸關，楊慎抗疏諫。明世宗立，充經筵講席。大禮議争，楊慎與同列伏左順門力諫，帝命執首事下獄，其及王元正等撼門大哭。帝益怒，悉下詔獄廷杖之，削籍，遣戍雲南永昌衛，卒年七十二。天啓中追謚文憲。楊慎投荒多暇，於書無所不覽，以博洽冠蓋一時，著述之富，推爲第一，詩文外雜著至一百餘種。有《升庵集》。

卷一天文類，卷二地理類，卷三時序類，卷四花木類，卷五鳥獸類，卷六宫實類，卷七冠服類、珍寶類、音律類，卷八物用類，卷九人事類，卷十人品類，卷十一至十二史籍類，卷十三至十四訂訛類，卷十五字學類，卷十六官爵類、博物類、禮樂類、卦名類、飲食類，卷十七干支類、數目類、怪异類、身體類，卷十八至二十一詩話類，卷二十二至二十七瑣語類。

《四庫全書總目》子部雜家類三著録，云："其考證諸書異同者，則皆以丹鉛爲名，顧其志攬茝微言曰，古之罪人，以丹書其籍，魏志緣坐配没爲工樂雜户者，用赤紙爲籍，其類以鉛爲軸。升庵名在尺籍，故寄意於此也。凡余録十七卷、續録十二卷、閏録九卷，慎又自爲删削，名曰摘録，刻於嘉靖丁未(1547)。"其《丹鉛余録》、《續録》、《摘録》三種，共四十二卷，後由楊慎之門人梁佐删其重復，并爲二十七卷，合成一集，故名《總録》。書中考據經傳，辨論史實，頗爲淹博，但也有考證疏失、論斷錯誤之處。明人胡應麟、陳濯文皆有指摘謬誤之處。王世貞謂其"工於證經而疏於解經，詳於稗史而忽於正史，詳於時事而略於詩旨，求之宇宙之外而失之耳目之内。亦確論也。"

《總録》最早之本爲明嘉靖三十三年(1554)梁佐刻本，今存於世者達十餘部之多。此凌雲翼刻本，乃凌氏出資囑襄守黄思近據梁刻翻梓之本，臺灣"中央圖書館"藏一部，又一部爲原北平圖書館舊藏，美國普林斯敦大學葛思德東方圖書館也有入藏。明代又有萬曆十年張士佩刻本；又有萬曆間刻本，十行二十字，左右雙邊。

楊一魁序云："中丞洋山凌公節鎮郧臺，正色雄剛，威信華夷，澤流江漢，吏民頌戴，四國宴請，乃於公餘，博求執文，嘉惠來學，顧有取於梁觀察所刻楊太史《丹鉛總録》，捐資屬襄守黄子思近重刻之，以廣其傳。郡丞高子持、别駕馬子昌、司理馮子福謙實校正焉。"據王重民查諸光緒《襄陽府志》，黄氏諸人皆隆慶間任職襄陽。凌雲翼，字洋山，江蘇太倉人，嘉靖進士，萬曆初累官兵部左侍郎，提督兩廣軍務，後爲南京兵部尚書，乞歸卒，有干濟才。

此本刻工有連、明、吉、得、寶、良、元、四、方、申、吟。書中有朱筆所注及抄配，日人所爲也。裝訂也日人所爲。

今藏香港中文大學圖書館。

丹鉛總録【明萬曆刻本】

《丹鉛總録》二十七卷,明楊慎撰。明萬曆刻本。十四册。半頁十行二十字,左右雙邊,白口,單魚尾,題"成都楊慎用修著集;江都陸弼無從校訂"。卷十三後皆題"新安汪宗尼仲逸校訂"。前有嘉靖二十一年(1542)楊慎序。

此本字體方正。黄紙初印,書口下有"句吴何之源書,何鯨刻"。鯨又刻有《莊子》(明刻本)、《方山薛先生全集》(明嘉靖間刻本)。查此書北京圖書館藏二部,臺灣"中央圖書館"存一部。此藏香港中文大學圖書館。

鈐印有"天上無不讀書神僊"、"祖孫文子兄弟叔姪名宦科第"、"承元文章"、"松坡居士"、"澹浦甲寅重遊燕市所得"、"濠上草堂藏本"、"濠堂藏本之一"。

雲薖淡墨【明崇禎刻本】

《雲薖淡墨》八卷，明木增輯。崇禎十一年(1638)木懿喬等刻本。四册。半頁九行二十字，左右雙邊，白口，雙魚尾。題“玉水長卿甫木增纂輯；雲間方壺甫楊汝成較；九隆人望甫閃仲儼閱；鶴陽門生解元梁甲壯對；男懿喬、參、宿同刊”。前有楊汝成序，閃仲儼序、崇禎十一年楊方盛序、傅宗龍序、木增序、王御乾跋。

木增，字生白，一字長卿，號華岳，爲阿得八世孫，雲南麗江土司，萬曆間襲土知府，以助餉征蠻功，晋秩左布政使，年甫三十，即謝職。天啓五年(1625)，特給誥命，以旌其忠。增好讀書，博極群書，深受漢文化熏陶，家有萬卷樓，多與文士往還，輯楊慎、張含唱和甚多，康熙十年(1672)病逝。

此爲子部雜家之書。楊汝成序云：“及得其所輯《雲薖淡墨》讀之，廣而大山小山之藏，微而帳中枕中之秘，靡不掇其葩，而擷其奇，即鄧林一枝，吉光片羽，亦爲之捃撫殆徧。雖茂先之博物，齊諧之志怪，亦何從加兹，乃知公經世出世之學，皆從讀書中來……是編所載，雖不皆蓮臺净土之言，而言三教，可以證道原言，四時五行可以以資民用；言惠逆果報，可以增長人善根，斷除人邪妄；言天地山川、鳥獸草木、飲食珍異之屬，可以攝生，可以專對，可以疏瀹耳目，破人之顓患。可以借著當前所笏畫地，與國王大臣辨析古今疑義，皆大有益於世。且公處鐘鳴鼎食之家，不爲聲色狗馬之好，而獨沈酣竹素、漁獵典墳，此一段清明之氣，便超出痴憨富貴習俗萬萬。……是編皆古今書史之所不載，震旦國中之所稀有。”

閃仲儼序云：“諸家子史以至藝苑精華、稗官瑣説、昆蟲草木之蕃變，罔不旁蒐詳考，間以已意訂正之。而三教嘉言，一則陰功報應，二則尤於世道，人心綽有裨益，博聞强記，詢可傳矣。”

《四庫全書總目》所收有六卷本，入存目。今雲南省圖書館藏明末刻本，即爲六卷本，半頁八行十八字，四周單邊，白口，殘存卷三至六。《總目提要》於此書，以其隨筆摘抄之本，大抵直録諸書原文，甚少闡發，又多參以釋典道藏之語，未免糅雜失倫，特以其出自蠻陬，故當時頗傳之。

卷六爲莊釋義，有毛晋序、趙士春序。題“天臺陶宗儀纂、雪峰木增釋文、雲間章臺鼎校”。此本封裏，有木增之謹白，云：“不才不揣謭陋，局於見聞，每於山居無事，觸景寫懷，偶成《雲薖集》、《山中逸趣》、《竹林野韻》、《嘯月函空》、《翠居録》以及《雲薖淡墨》諸集，業經請政於名公鉅卿，有序有跋。然珥筆於人，書寫三次，而寫者之心與作者之心未必符合，或點畫之差，或字句之錯，難免亥豕魯魚之訛。凡觀覽君子，幸原諒而裁正之，是亦與人爲善之一端也。謹白。”增之著作，大部不存，此書傳世，也僅此一帙而已。今藏上海圖書館。按，《四庫全書存目叢書》子部第一百四十五册收入此本，底本即爲上海圖書館所藏。

説部雜記【清翁方綱手稿本】

《説部雜記》不分卷，清翁方綱撰。手稿本。一册。清爽良、劉啓瑞、陳含光跋。半頁十一行，藍格。書口題“説部雜記”。上海圖書館藏。

封面上書“已摘其題頭入附考之稿本矣，如此本需謄寫時，當查取此而抄入之。戊戌五月二十三日記”。

此爲翁氏手書筆記，當任職四庫館時所書。劉啓瑞考之甚詳。戊戌，爲乾隆四十三年(1778)，翁方綱四十六歲。曩見翁氏《四庫全書提要稿》殘稿數十頁，藏上海圖書館；《提要稿》民國間劉承幹嘉業堂傳抄本四十二册，藏上海復旦大學圖書館。又《提要稿》原稿則藏澳門何東圖書館。翁方綱所作筆記，并有小考。兹録如下：

《蘆浦筆記》卷五。“以上《蘆浦筆記》十卷，宋清江劉昌詩與伯著，蘆浦乃廨宇之寓齋，因以名其書也。自序在嘉定癸酉後二年乙亥，鋟梓於六峰縣齋。後有自跋。此書頗資考據。”

《井觀瑣言》上中下三卷，明閩南鄭瑗。“以上《井觀瑣言》上中下三卷，頗足資經史考證，其於《紫陽綱目》尤所究心。鄭瑗，明人，而抄本作宋，誤也。”

《梁溪漫志》。“司馬温公獨架園之讀書堂，文史萬餘卷，……豈以吾儒友不如乎？當宜志之。”“此條宜刊作座右銘，或刻印章。”《梁溪漫録》十卷，宋費衮著，後有嘉泰元年晋陵施濟跋，云：“頃在戊申之歲，見其副於都城，戊申爲淳熙十五年，卷内所記時事亦至淳熙年，則其書作於淳熙中也。開禧初，抄入國史實録院，蓋當時取以修國史云。”

《曲洧舊聞》，宋新安朱弁少章。“《曲洧舊聞》十卷，二百九十餘條，起藝祖，訖徽、欽之事，與魏泰《東軒筆録》意義實相類，而事語無雷同。嘉靖三十四年義烏沈敕跋。”

清爽良跋云：“小庵通守出示舊藏蘇齋先生《説部雜記》一帙，行草精鈔，摘録要義，不墜簡牘，苟簡溪徑，猶存篆分，微意具見，昔人讀書精審勤苦，至老不息，與南朝沈麟士相彷彿。曾於陶齋制使齋中，見先生手鈔二長帙，一録《御覽》，一録《説郛》，提要鈎秘，字跡相似，皆天壤之瓌寶也。先生十歲，即工小楷，爲封翁寫會課文，見《復初齋集》。既重赴恩榮，後徜徉數年，始歸道山，可謂硯田多穀翁矣。惜公子檢討君早世，身後碑志，略不一具，遺文散落人間，精光自不可掩。顧通守永寶守之，且以詔讀父書者有所取法也。宣統己酉嘉平，滿洲爽良拜觀敬識。”

清劉啓瑞跋云：“右翁覃溪先生手録《説部雜記》一册，萬小庵丈屬余友鮑執之君見示，且命題字。覃溪曾與修《四庫提要》，余疑其修書時摘録。後以《學海類編》目校此，則所見十八種皆在，僅《曲洧舊聞》，非《類編》所有。而《宋景文筆記》，

《提要》録三卷本，覃溪云二卷。《珩璜新論》，《提要》録一卷本，覃溪云四卷，卷數皆與《學海》同。其爲閲《學海》時摘録無疑，《曲洧舊聞》，或一時瀏覽雜録入之耳。《歲時廣記》，實宋陳元靚撰，前有朱鑒序，後有劉純序各一。覃溪乃云朱鑒撰，前有自序語，殊失檢。《提要》疑《蘆浦筆記》自跋刻於六峰縣齋，不知六峰何地。而覃溪此册，書作鋟梓於六縣齋，後六即今六安州。劉昌詩，蓋嘗爲其縣令。《提要》據傳鈔本，豈誤衍峰字耶？《梁溪漫志》，備列實録院牒文，與余藏宋本同。其書上下册，各五卷。覃溪所抄多上册語，余皆有之，覃溪或尚未見此秘籍也。册凡三十一頁，後四頁爲王漁洋三種，蓋亦雜覽録入。雖《學海》亦有《師友詩傳》，實無漁洋《詩語》。又翁所見十六卷本，與《四庫》所録三卷異。今黄刻三卷，猶或有之，自《帶經堂詩話》三十卷行，而此十六卷本已罕見，惜覃溪亦未舉其撰人也。覃溪手録甚富，余昔在京時，聞其後人藏有稿本二巨簏，爲廠肆人得之，分析出售，獲數萬金。當覃溪時，中原清晏，宋元書籍，方萃京師，所見既多，又劬心手録，宜其積存如許。此册每紙雙行，其提要鈎玄處，作篆體以别之。有録入所著者，則以朱筆書於眉，想見老輩讀書稽古之勤。余適於蘇州得傳鈔《瘞鶴銘考》稿本，兹所摘尚未録入，意或在編定《鶴銘》後也。《説部雜記》，手書標名，或尚不止一册，考據精審，觸處不放過正，不僅以能書貴之。戊辰冬日，寶應劉啓瑞識於韓齋。"

陳含光跋云："覃溪老人手寫《説部雜記》三十二頁，所鈔皆宋元明人筆記，而以漁洋《詩話》附焉。自宋以來，凡考據經史，援證金石，核論文義，大抵皆具於諸説部中，而其逸事異聞，又往往足爲詩家運用。覃溪兼擅金石、詞章、考訂三者之勝，宜其録此，以爲枕中鴻寶也。翁書小楷最精，然平時所作，每或過於工麗，此則繩頭蚋脚，信筆爲之，類孫吴郡所稱偶然欲書者，尤上乘中之最上上乘矣。壬午元日書此，後劉君作跋十有三年，劉君家多宋槧，富敵連城，目録學亦極精洽，今尚健在，但目頗苦青耳。後學陳含光題。"

鈐印有"葉志詵"、"東卿過眼"、"翰齋過目"、"小庵珍藏之印"。

楚庭稗珠録【清乾隆刻本】

《楚庭稗珠録》六卷，清檀萃撰。清乾隆三十八年(1773)九曜山房刻本。藏美國哥倫比亞大學東亞圖書館。

檀萃，號默齋，望江人。乾隆二十六年進士。乾隆初，服官黔粵四載，在黔粵期間，足迹所經，披奇采勝，博采廣志，隨手札録，而成此書，頗有文史資料價值。《國朝耆獻類徵》卷二百三十九有傳。

前有乾隆三十八年檀萃自序及黄燾(薌蘋)序。書名之所以取“楚庭稗珠”，可見作者自序，云：“旅黔、粵垂四年，惟粵差久。黔故楚也，而粵爲楚庭，大長霸南徼，西役夜郎，則黔亦粵之所曾屬；録所見聞，總曰‘楚庭’。粵故爲珠海，游者多艷心焉。珠有九品，而稗珠最下，其量也以升斗計，易粟而已矣。”此也爲作者之自謙。

書凡六卷，卷一黔襄，六十一則；卷二粵襄上，五十七則；卷三粵襄下，五十八則；卷四粵琲上，三十五則；卷五粵琲下，二十二則；卷六爲粵産。其所謂“襄”、“琲”，也見作者自序：至臚其目，凡足迹所經而以目纂者，輒投之古錦曰“襄”；或客曹聚愁置於耳者，聯貫排比曰“琲”。黄燾序云，此書“光怪陸離，聲華熣燦。山川草木，鳥獸蟲魚，靡不羅舉而駢列之。其中九江、五溪考辨綦詳，輔翼乎《水經》、《輿圖》。若乃前朝軼事，先賢名跡，片善必舉，單辭必録，感人心，振風教，大有合於《荆楚歲時記》、《襄陽耆舊傳》之意”。

檀萃文筆佳麗，所寫黔、粵之山川、名勝、古迹、掌故、軼事、文化、宗教、風俗、傳説以及外地名人入粵之活動，記載頗詳。卷四也記有圖書版本之事，如《曲江集》、《嶠雅》、《海日堂集》等書。又《粵襄》曾被收入《小方壺齋輿地叢鈔》。

此書雖乾隆年間所刻，然流傳罕見。1976年，香港中文大學曾以此書有相當資料價值，况傳世不多，故商得陳君葆先生所藏予以影印流傳，編入《大學圖書館叢書》第三種，影印一千册。(陳氏所藏爲廣州徐信符南州書樓故物)校長李卓敏先生序云：“偏檢海内外公私藏書目，傳世刻本，衹此一部，洵足貴矣。”李棪先生也有識語云：“此書刊於清乾隆年間，距今二百餘載，已成海内外罕本，今獲影印流通，洵藝林之幸。惜原書黄序及内文，間有殘缺字句，然大體完備，不失爲傳世之珍也。”

1982年，廣東人民出版社也以此書作爲廣東地方文獻叢書加以排印出版，從出版説明中得知編輯者找到兩部刻本，一部手抄本，然各有不同程度的殘缺，其中一部還可以辨認是九曜山房刻本，比較完整，并説“《楚》目前幾乎衹剩孤本。”文字模糊，概念也不清楚。又由於編輯出於

《説蠻》部分多污蔑少數民族之詞，認爲“也没有多大參考價值”，故予以删節。因此廣東本衹能説是個不全之本。筆者所知此本北京中國人民大學圖書館藏一部，不知廣東人民出版社所用底本是否即此？如是，則書品并不佳。如以陳君葆本、人民大學藏本與哥倫比亞大學本相較，哥倫比亞大學藏本首尾俱全，扉頁完整，紙張如新，確是三本中最佳之本。

柳崖外編【清乾隆刻本】

《柳崖外編》八卷，清徐昆撰。清乾隆五十八年(1793)刻本。四册。半頁九行二十字，白口，左右雙邊，單魚尾。題“平陽徐昆後山撰；聊攝任郿佑禮齋；蘭佑醴岩”。前有乾隆五十六年李金枝序。扉頁有“柳崖外編。乾隆癸丑鐫。貯書樓存板”。

徐昆，字後山，號柳崖，别號嘯仙。平陽人。《平陽縣志》不載其人。

此爲筆記。卷一十六則、卷二十四則、卷三十五則、卷四十四則、卷五十五則、卷六二十四則、卷七十六則、卷八二十二則。共一百三十六則。部分附有作者抒發感慨的“柳崖子曰”評語，計九十條。其稱之外編，可見李序。序云：“後山以其闡發經義，考據史傳之文爲内編，其奇見異聞隨筆偶録者，則爲外爾。”

李序云徐昆乃蒲松齡之轉世，頗爲荒謬。序云，昆父年四十四得子，周歲設筵，有客至，及視昆，乃曰：“公之子吾之師也。”問故曰，吾師蒲柳泉，績學而殁，在去年此日，有句云：“紅塵再到是金鄉。吾徧訪金鄉縣不可得，不圖今日遇之。”序又云及《聊齋》事，“詢前生事，後山秘不言，問《志異》稿，則有記出者若干篇，與余所藏本皆相符。後山子一人兩世，前世師之，今世友之，幸矣。前時快讀《志異》稿，每嘆柳泉先生殁，無有繼者，二十年又快讀後山之作數百篇，余又幸矣”。

作序之李金枝，據稱曾少師蒲松齡。按蒲氏《聊齋志异》行世後，不少人爲之作評、作注，轟動一時，風行百年。又有才子仿其文筆寫作，如沈起鳳《諧鐸》、管世灝《影譚》、袁枚《子不語》等。此書多寫鬼怪精靈、男女友情、奇聞异事。其中也有發人深省者，如《城步令》，寫縣令與女鬼私通，“柳崖子曰，好色而甘死，色之迷人如是。人又談令死之日，新娶夫人，自家送到，年止十九，色亦不惡，不能忍數日之欲，竟以彼而易此，且曰吾願足矣，令真迷而不悟矣”。又《李俠客》，寫貴公子與伶人事，“柳崖子曰：有錢則蟻附，無錢則鳥散，伶人常態，公子何見事之晚也。割雞用牛刀，俠客殆爲天下負心人作榜様哉！”皆可視爲作者對當時社會之暴露、諷刺和抨擊。

查《北京圖書館古籍善本書目》，著録徐昆《春花秋月詞》一卷，稿本。又《中國叢書綜録》有《古詩十九首説》一卷，爲清朱筠口授，徐昆筆述，《嘯園叢書》收入。然不知三徐昆究爲一人否？1969年臺灣廣文書局輯印《筆記叢編》，收有是書，然佚去序文，并有數頁爛版，文字不全，不及是本之初印也。

鈐印有“赤龍館”、“櫻山文庫”等，皆日人印也。

此藏香港中文大學圖書館。

敬米齋筆記【稿本】

《敬米齋筆記》不分卷，清繆曰藻撰并輯。手稿本。一册。半頁七行，黑格。題“古吴繆曰藻者”。

繆曰藻，字文字，吴縣人，號南有居士。康熙五十四年(1715)進士，授編修加日講起居注官，隨遷司經局洗馬，視學粤東。性孝友，善鑒别法書名畫。有《寓意録》。

此筆記前半記平時所見書畫，如宋人藍關圖、柯敬仲竹譜巨册、陳惟允仙山圖、曹雲西雙松圖、黄大痴九峰雪霽圖、趙松雪行書赤壁二賦、倪雲林畫、蘇文忠與民師尺牘(此札今藏上海博物館)、倪雲林像、趙松雪小楷等數十則，頗有價值。

中爲節録《魏志・王昶傳》、白香山七律抄、杜工部七律抄。後爲抄録明沈周《吟窗小會》前卷，凡二十一頁，楷書精絶。白香山七律抄後有“癸卯正月十三日鈔完”。癸卯爲雍正元年(1723)，繆曰藻卒於乾隆三十六年(1771)，此或爲其早年所抄録。

《吟窗小會》爲沈周所集古今人小詩警句。石田有《石田先生詩文集》、《石田雜記》、《客座新聞》等，皆有刻本傳於世，而此類小品則最不易存。末有繆曰藻録明陸師道、清錢謙益跋，於石田所録略有叙述。

“長洲縣十八都，邑之至低處也，而石田先生世居於此，詩禮相承，文雅不絶，累世不以科第爲業，而以詩文自雄。其所以過人者，不特繪事也，平生著述最多，旋復棄去，此特其一也。率以手鈔，然分散零落多不完者，不以先生手鈔爲高，而各矜其所得也。其取精弘而明辨者如判玄白，而分曲直，信哉！其精詣也。明庵見示，師道外祖贅沈氏，與先生有葭莩之親，因述其事，固知明庵之見愛也。嘉靖乙丑十月二十四日後學陸師道謹跋。”

“石田先生《吟窗小會》前卷，皆在今人小詩警句心賞手鈔者，今爲遵王所收，後卷向在絳雲樓，爲六丁取去久矣。少陵云，不薄今人愛古人。前輩讀書學詩，眼明心細，虚懷求益，於此卷可以想見。今之妄人中風狂走㾐，梅聖俞不知比興，薄韓退之南山詩爲不佳，又云張承吉金山詩是學究對聯，公然批判。不復知世上復有兩眼，雖其愚而可愍，亦良可爲世道懼也。壬寅正月四日牧翁漫筆。”

辛壬日鈔【稿本】

《辛壬日鈔》三卷，清周勳懋撰。稿本。一册。半頁八行二十字，無框格。

周勳懋，字虞嘉，號竹泉，浙江海昌人，廣業子。道光二年(1822)副貢。世居洛塘，夙稟庭訓。十齡隨侍先君子於梓溪王氏，見先君孜孜考訂，博極群書，頗受影響。稍長，枕經葄史，重修《洛塘周氏家乘》。其著書又有《重修西湖周元公祠志》三卷、《竹泉詩存》前後續集十六卷、《壓綫集》四卷、《小蓬萊札記》十八卷、《小蓬萊雜綴》二卷、《海昌詩繫補》二十卷等，皆未刻。

此《日鈔》乃勳懋讀書所録，或偶有見聞，輒條記之。其有記曰："余於辛卯、壬辰下榻修川陳氏，閉門却掃，不與世通。惟與古人相晤對，有所得，輒録之，爰彙成一册，題曰《辛壬日鈔》，取錢氏先申所以飭蠱，後庚所以制巽義，各有當也。海昌周勳懋。"辛卯爲道光十一年，壬辰爲十二年。

卷一十九則。爲河堰、三閘、市鎮、古三女墩、翟妃墓、胡令公廟、虹橋、義亭、建興湖、運河、阮店村、石王廟、節孝坊、長安庫、長安坊、税課局大使、巡檢司、陳木扇、王生。

卷二八則。爲海塘、洛塘河、臺灣、鴉片烟、名字、家風詩、科舉、割股。

卷三十七則。爲書目、祠堂、哥窑、潤筆、移風社、男女异禀、冥中重朔望齋、産子過期、紫河車、牧宰成碑、丁糧、致仕不乘轎、宴會簡約、寒窗故人、鄒輗、石門洞、奢儉之罰。書内有夾紙二，皆所書筆記，未抄録於内，一爲"三年生子"，一爲"三女堆詩并序"。

其"臺灣"條云："吾邑俞玉峰中丞於康熙五十三年以歲貢生授臺灣縣，甫下車，立三誓於城隍廟。三誓者，毋貪財、毋畏勢、毋狥人情。在任六年，歷著政績，士民感之。又吾邑章丹儀先生幕理番司馬署，乾隆乙巳，土寇起事，章公與司馬戰，力竭被擒，駡賊遇害，以未蒙恤典爲恨。今安得守令如俞公、幕友如章公者？特志之以爲吾鄉幸。"

"潤筆"條則云："以財乞文，俗謂潤筆之資。起於隋鄭譯唐柳玭與顧彦暉書德政碑，玭曰：若以潤筆爲贈，不敢從命。文字潤筆，晋宋以來有之，而唐始盛。李邕作文，受餽遺至巨萬。皇甫湜爲裴度作《福先寺碑》，贈車馬繒綵甚厚。湜大怒。又酬絹九千匹。白居易作《元稹墓志》，謝以鞍馬及玉帶之類，價當六七十萬。裴均死，其子持萬縑，詣韋貫之求銘。劉禹錫祭韓昌黎云，公鼎侯碑志隧表，一字之價，贄金如山。自宋以後，此風衰息矣。"

封面題"辛壬日鈔"，鈐有"信天翁"白文小方印。

此本未刻，《海昌備志》卷四十一藝文著録。今藏上海圖書館。《續修四庫全書》、《續修四庫全書總目提要》(稿本)、《四庫未收書集刊》未收。《中國古籍善本書目》著録，即此本。

秋水庵隨筆【清抄本】

《秋水庵隨筆》不分卷，清岑湰輯。清紅格抄本。二册。半頁八行二十六字。題“甘泉岑湰秋舲手編”。無序跋。

岑湰，字秋舲，安徽天長人。治算學，嘉道間人。《疇人傳》三編卷三有“又同時治《四元玉鑑》者，尚有天長岑紹周氏建功暨其從子秋舲氏湰，亦僅傳姓氏”。

此書爲湰讀書摘録，多録明末李自成、張獻忠事。《隨筆》中録自九十餘種筆記、方志、文集、史籍，其中部分今已不多見，如《古處齋集》、《綴寇記略》、《冬夜箋記》、《貞勝紀》、《蜀難叙略》、《知寇子》、《慎宇日録》、《岳半主人偶編》、《羅他山記》、《誅巢新編》等。

首爲《壬戌讀書雜記》，記闖事甚詳。壬戌爲嘉慶七年(1802)。第三十八至四十一頁爲《虎口餘生記》，約二千五百字，記李自成起事始末。此爲録任邱邊大綬文，邊氏嘗令陝西米脂縣，以掘李自成祖父墓，聚其骨而灰之，名動京師，後任太原守。

第八十四至九十四頁録《嘯虹筆記》，有云：“群盜闖獻，糜爛天下，破城屠邑，迄無寧日，表而出之，俾考古者知生民之不幸。”此當録清趙吉士撰《寄園寄所寄》者。

其所録列表而述，分某年、一年之大事，并按月記之。又録中原群盜及闖、獻背景。謝國楨《增訂晚明史籍考》卷六有“農民起義”上下二節，載“大順農民軍之書”及“大西農民軍及夔東十三軍之書”約一百種，所録甚詳。此《秋水庵隨筆》則未著録。

此抄本墨色較新。藏臺北“國家圖書館”。《“國家圖書館”善本書志初稿》於此書版本項作“著者手稿本”。似不確，蓋無作者手稿之依據也。

知過軒隨録【手稿本】

《知過軒隨録》不分卷，清文廷式撰。手稿本。五册。

文廷式，字芸閣，一作藴閣，號道希，又號薌德，晚號純常子，江西萍鄉人。生於咸豐六年（1856），卒於光緒三十年（1904），年四十有九。光緒壬午科順天鄉試舉人，庚寅科一甲第二名進士，授職編修。乙未歲大考翰詹，一等一名，擢侍讀學士。以盛名抗直，爲忌者中之，罷官，戊戌政變，幾陷不測。其於史部尤所長，窮其所至。

此書今藏美國芝加哥大學遠東圖書館。書名題"知過軒隨録"，不確。蓋其輯稿本四種，一《旋江日記》，一《知過軒隨録》，一《晋書補逸》，一《經義叢鈔續編》。1969年臺灣大華印書館印行《文廷式全集》時皆失收。《全集》收有文氏日記爲《南旋日記》（光緒十二年四月至六月）、《湘行日記》（光緒十四年正月至四月）、《東游日記》（光緒二十五年十二月至二十六年三月止）。此《旋江日記》始光緒十七年五月四日至六月初四日止，時先生三十六歲。據錢仲聯先生輯《文芸閣先生年譜》，廷式是年在廣州，夏有湖南之行。錢氏嘗見此日記，然誤"旋江"爲"旅江"。

又《全集》所收《知過軒隨録》，與此稿二册皆不同。此稿一爲隨録七十三則，可補《全集》本之不足。其中"讀梅村清凉山贊佛詞證以故老傳聞"一段，乃廷式從盛伯羲處得御制行狀一刻本，并録九紙，甚長，四千餘字。一爲隨録黑龍江及俄界情形，計五十八紙，二萬六千餘字，諸如鐵路、河流、風俗、出産、寺廟等叙述極詳。此册題"知過軒隨録之十八"，蓋册數甚多，據《年譜》後之資料，云《隨録》有四卷。不確。

稿本皆用紅格紙書寫，書口下印有"錦泰號制"、"懿文齋"字樣。按文廷式卒後，所遺著作手稿有數十部之多，且多存放長沙白鵝塘外室龔氏家中。民國初年，龔氏將廷式手稿相繼出售，爲各地圖書館和收藏家所得，其中以易培基收得最多。

芝加哥大學遠東圖書館所藏文氏之稿，得之於臺灣李玄伯（宣倜）先生，原爲玄伯岳父易培基所有，後印書館印行《全集》時，商借李玄伯先生所藏部分文氏遺著，而此四種稿本却未采入。

車橋聞見記【稿本】

《車橋聞見記》一卷，清潘亮彝撰。稿本。一册。無序。無目録。

潘亮彝，字元欽，號廉亭，江蘇淮安縣車橋人。又著有《六畦軒詩文稿》。

車橋，在江蘇省淮安府東南，跨澗河兩岸，在射水之濱，居南北之中，西距郡城四十五里。又東爲鹽城、阜寧水陸之孔道，西起太平庵，東至文昌宫。曾有"九橋十三庵，一百零八巷"之説。車橋命名之始，不知所謂，或爲明末清初始建。一説因舊時澗河無橋，偶以水車代橋，故名。又有謂一水之上横列五橋，形似"車"字者。潘亮彝云："然以'車'字名橋，似在車橋既興、五橋畢備之後，非始名也，始名者其以車代涉乎？至志書謂爲車家橋，似沿以人姓得名者，倒非車橋本意也。車橋舊無此姓，故老傳聞亦俱不謂然。"車橋僅見於志書之"坊鎮"内，他無可考。按，此地面積六十七平方公里，1950年設車橋鎮，1958年改名車橋公社，1983年改置鄉，1985年復置鎮。

車橋在明末之前無事迹可記，而三百年後該地遂爲巨鎮。據記載，依澗河兩岸居者約有千百家，其地有農有賈，有百工技藝，而詩書之秀，亦生生而不已。考其人物，爲東鄉之望，論其風俗，又較城市稍樸。此書所記皆有關車橋古迹、人物、風俗等，多作者聽聞目睹之事，故曰"聞見記"。如"乾隆五十一年江北大飢事"、"乾隆三十三年車橋大火事"、"咸豐三年太平天國破江寧事"、"咸豐九年、十年捻軍事"、"應童子試事"、"道光年水災、旱災"、"各族大姓之事"等。其記當地百姓食鴉片事云："地方之窮，多由於吸食鴉片。即以車橋而論，開館者三四十家，吸食者七八百人，約計每年所費不下二萬餘金，此其費從何來乎？總計車橋田地貿易及食力者所入不過十萬餘金，是每年以二萬餘金爲煙貲也，在盛時已不可，況此時所入不及一半邪！焉得不窮！"又其記同治元年捻軍事甚詳。

此爲稿本。雖無前序後跋，但有作者隨手札記數條，可窺此書寫作時間及資料來源。録之如下。"此書無多佐證，縣志《信今録》外，先人詩文集而已，先集可得十之三四，餘則資諸記古之士。""又有劉健翁《酬世偶筆》一書可備採所，乃屢屢借觀無得，想忘失矣，噫，一憾也！""此書以簡净大方爲主，不可有意渲染。""此書作於光緒初年，大致已成，約七十餘條，一萬五千字，雖不過冗，究不雅馴，如之何？光緒丁丑五月，廉亭書。""風晴日朗之下，偶然弄筆，意到即書，故無次序，是書以先集爲經，而以諸人事緯之，故兩世先德亦不備書，恐複疊也。若謂聞見寡尠，不足成書，則予謝不敏矣。廉亭再書。"書前又有作者墨筆書"前半同治末年作"。又朱筆書"此書當審訂重抄"。按丁丑，爲光緒三年(1877)。

地方雜記之書,有別於地方志,然刻印甚少,流傳亦不廣,但有資料價值。六十年代初,上海古籍書店將此稿本定作"抄本",而以二十元人民幣歸諸上海圖書館典庋。

(光緒)《淮安府志》卷三十八藝文著録有潘亮彝撰《六畦軒詩文稿》、《車橋聞見記》。《中國古籍善本書目》著録,入史部地理類雜記之屬。《續修四庫全書》未收。

鈐有"亮彝"、"廉亭"、"元欽"、"散花居採芷子"印。

新刊重考全補發微曆正通書大全【明萬曆刻本】

《新刊重考全補發微曆正通書大全》四十卷，元宋魯珍撰。明萬曆十九年(1591)書林陳春積善堂刻本。十册，半頁十五行二十九字，四周單邊，黑口，雙魚尾，有圖。題"臨江宋魯珍輝山通書；金溪何士泰景祥曆法；鰲峰熊宗立道軒纂集；樂平吴齋洪理天典歷府；章貢雲隱池紀本理重類；薌溪陵岡顧乃德敬甫曆正"。前有顧乃德、夏溪序。

熊宗立，字道軒，明建陽人，好講陰陽醫卜之術，并設有種德堂，自正統年間始刻書，多醫術及陰陽五行之書。

顧乃德序有云："遂强求鋟梓，與天下後世公共，予義不得辭，於是遂付與後街積善堂諸梓。"序末有"萬曆十九年歲次辛卯孟春月吉日書林陳春茂和刊行"一行。末有牌記云："通書一書，名色雜出，五行倒論，秘傳悉湮。玆因受陵岡全補曆正通書一部，命工鋟梓，榮惠天下，以便選覽。凡我四方君子，務要認取書林後街積善堂茂和續刊，增補圖局，明白標題，方爲的實者。萬曆壬辰年孟春月吉旦日陳氏刊行。"此種書牌已轉變爲廣告式宣傳，於此也可窺見明末社會商品競争日趨激烈。所云"書林後街"，似爲書坊集中之街道。序末署"萬曆十九年刊行"，而牌記所署刻書年爲壬辰，壬辰爲萬曆二十年(1592)，實是十九年正月始刻，次年正月竣工，歷時一年而書成。

北京圖書館有明崇禎書林陳國旺刻本《新鍥全補發微曆正通書大全》(存乾集三卷)，及明崇禎五年(1632)書林陳國旺積善堂刻本《精刻張翰林重訂京本排韵增廣事類氏族大全》二十八卷。據此陳國旺或係陳春後人，陳氏積善堂刻書自萬曆至崇禎數十年間，屢有續刻。此類陰陽五行之書，多民間坊刻也通俗應用。是書不見各家書目著録，亦罕傳之書也。書未編目，藏美國國會圖書館，爲第二次世界大戰後美國得諸於日本者。

觀象玩占【明抄本】

《觀象玩占》五十卷附《太乙玉鑒風雨全書》一卷，題唐李淳風撰。明藍格抄本。十二册。半頁十行二十三字。圖皆彩繪。藏美國哈佛大學哈佛燕京圖書館。

《四庫全書總目》子部術數類存目著録。是書除臺灣"故宫博物院"代管原北平圖書館藏明初刊黑口本(存卷十一至十五)外，傳世似皆抄本，而尤以明抄本爲多。最早者爲明成化二年(1466)抄本，今藏上海圖書館。哈佛燕京圖書館又有一部，爲九行二十字，明許明元手抄本，十册。許氏不知誰人。此本所附《太乙玉鑒風雨全書》一卷，爲它本所無。

查《四庫進呈書目》，《觀象玩占》共有數次進呈，一見《兩江第一次書目》，二見《浙江采集遺書總録簡目》，三見《浙江省第四次吴玉墀家呈送書目》。吴氏所呈送者作十二卷，二本。然《四庫全書總目提要》却作五十卷，不解何故。此董其昌舊藏本，雖鈐有"翰林院印"，然非四庫底本。

又查《中國古籍善本書目》，明抄本全帙計十三部，分藏北京圖書館、上海圖書館等館，又臺灣"故宫博物院"代管原北平圖書館藏明藍格抄本(卷六至十以舊抄本配之)。日本京都大學人文科學研究所有明吴士安沕穆齋抄本。《四庫全書存目叢書》子部第五十九册收有此書，底本爲北京清華大學圖書館藏明抄本。

鈐印有"董印其昌"、"吴城"、"敦復"、"要流傳勿損污"，又有"翰林院印"滿漢文大方印。吴城，字敦復，號甌亭，錢塘監生，爲吴焯長子，亦雅好聚書，其搜求校讎五十年，丹黄不去手。四庫所收爲浙江吴玉墀家藏本，吴玉墀爲焯次子，城之弟。

北堂書鈔【明卧雲山房抄本】

《北堂書鈔》一百六十卷，唐虞世南撰。明范大澈卧雲山房抄本。十六册。清李孝劼跋。半頁十一行十八字至二十二字不等，藍格，書口下有“卧雲山房”四字。

此爲唐宋著名八大類書之一，存世僅見明代傳抄之本及明陳禹謨刻本。卧雲山房，即明代四明范大澈藏書齋名。范大澈，字子宣，又字子静，爲天一閣主人范欽之從子，官鴻臚寺序班，喜聚書，所得俸資悉購書藏之，每聞人家有善本，多方借抄，長安旅中，嘗雇善書者謄寫，多者二三十人。大澈卒於萬曆三十八年(1610)，年八十有七。所著有《灌園叢談》、《卧雲山房遺稿》。

《北堂書鈔》，明萬曆間爲陳禹謨所篡改，陳氏刻本已非原來面目。清代學者嚴可均批評陳刻“陳乃何人，臆改之，臆删之，以他書易之，甚且以貞觀後事及五代十國之書補之，是惑易之疾，亟當沐以蘭湯者也”云云。清初藏家所得抄本，有名《大唐類要》、《古唐類苑》者，悉皆錯誤難讀。嚴可均曾合校諸本，刊成三十八卷，然亦未見傳世。至清光緒十四年(1888)，南海孔氏曾據孫星衍藏明抄本校勘刊行，其所據有嚴可均、孫星衍、顧廣圻、洪頤煊諸人所校，當推精善之本。傅增湘曾以此卧雲山房抄本與孔氏本比勘，“則其文字異同，亦頗有可供考證者，意當時孔氏僻在嶺南，未能彙集衆本，以致頗有失漏”，“頗足正孔刻之失”。

抄本卷尾有李孝劼跋。李孝劼爲雲貴總督李崧蕃之子，清季藏書家宗室盛昱之婿，嗜圖籍，精鑒别，藏書多宋元本。李跋曰:“此本與《平津館鑒藏記》所引同，而尤與《經義述聞》内所云鈔本《北堂書鈔》諸條合，洵善本也。”傅增湘《藏園群書題記初集》卷四著録此書，叙述其得書之經過。全書分三次所得，尚有遺缺，取篋於明抄殘帙，析取增入，配成完編。足證藏家得一珍本，拾遺補缺，甘苦備嘗，於此略見一斑。

此本紙墨如新，諦審書體，當經數人手抄，然字多端楷，整齊劃一，洵明代抄本中之至佳者。曩見有《離騷草木疏》四卷，亦范氏卧雲山房抄本，鈐有“范大澈印”、“子宣父”、“范大澈圖書印”、“滄瀛外史”、“萬書樓”諸印。白皮紙，楷書精寫。范氏卧雲山房抄本較之明季無錫姚舜咨茶夢齋、常熟楊儀七檜山房、山陰祁承爜澹生堂等諸名家抄本并無遜色。重慶市圖書館李文衡先生説，此本乃數十年前爲某氏得自傅增湘者，後輾轉流入上海，爲天津榮先閣李氏所得。1949年後，李文衡先生爲保護文化遺産起見，藏書悉捐贈重慶市圖書館，此其一也。

文選雙字類要【宋刻本】

《文選雙字類要》三卷，宋蘇易簡撰。宋淳熙八年(1181)池陽郡齋刻紹熙三年(1192)重修本。二册。半頁十行二十字，左右雙邊，白口，單魚尾，書口下有刻工。序跋及目録皆佚去。

蘇易簡，字太簡，江蘇銅山人。太平興國五年(980)進士第一，才思敏贍，以文章知名。累官翰林學士承旨，眷遇甚隆，嘗直禁中，歷參知政事，以禮部侍郎出知鄧州，移陳州卒。又有《文房四譜》、《續翰林志》等。事迹見《宋史》本傳。

《文選》多選録先秦至梁詩文辭賦，較注重駢儷華藻，故談藝者多宗之。蘇易簡此書，取《文選》中藻麗之語，分類纂輯，"芟繭繁蕪，掇摘孔翠，門分彙列，璧合珠聯，言成數千，都爲三卷"(皇甫汸序明嘉靖十九年刻本)。《四庫全書》纂修官疑是書非易簡所撰，蓋因"其中語出經史，偶爲漢以來詞賦採用者，亦即以採用之篇，注爲出典。易簡名臣，不應荒陋至此。陸游《老學庵筆記》稱宋初崇尚《文選》，草必稱王孫，梅必稱驛使，月必稱望舒，山水必稱清暉，方爲合格。疑其時科舉之徒，輯爲此書，托易簡之名以行也"。館臣所云甚是。

是書乃袁説友知池州時所刻。袁説友，字起岩，建安人，流寓湖州，隆興進士，嘉泰中官至同知樞密院參知政事，學問淹博，又刻有《東塘集》。其知池州時，刻書多種，今所知者，有淳熙七年刻《山海經傳》、淳熙八年刻《文選注》、嘉泰四年至開禧元年刻《晋書》。

此本存二卷(上、下，卷上第七十三至七十四頁係清人抄配)。書口下有"壬子重刻"字樣。"壬子"爲紹熙三年，計衡繼任池州。計衡，字致平，紹興進士，歷任監察御史，出守池州，轉朝奉大夫。衡博洽强毅，居官多善政，游太學時，上書言天下大計，高宗嘉之。此書當爲其補刻。

原刻本刻工有李彦、曹侃、盛彦。補版刻工有劉用、湯仲、楊珍、王明、曹佾、王才、黄寶、劉升、唐才、朱辛、唐彬、蔣永、王淵、劉彦中等。其中，劉用、劉彦中、王明、曹佾、唐彬刻過《文選》，劉用、劉彦中、唐彬、王明、王才、曹佾刻過《晋書》。又此本顼、弘、玄、讓、構、殷、徵字皆缺末筆；惇、鏡、敬字不避諱。

是書入《四庫全書總目》子部類書類存目，且爲宋本傳世較早之版本，雖佚去部分，但仍爲孤帙，曾見錢曾《也是園書目》著録，今藏上海圖書館。除宋本外，明代有嘉靖十九年(1591)姚虞、季本刻本，以及明刻本兩種。

鈐印有"德興集學書籍準條不許借出"(楷書長方木印記)、"竹林中人"。德興，唐爲樂平縣，五代南唐時改置德興縣，明清時皆屬江西饒州府。《四庫全書存目叢書》子部第一百六十六册收入此書，底本即爲上海圖書館藏此宋本，惟原缺卷，則用南京圖書館藏明嘉靖十九年姚虞等刻本配補。

文選雙字類要【明嘉靖刻公文紙印本】

《文選雙字類要》三卷，宋蘇易簡撰。明嘉靖十九年(1591)姚虞、季本刻公文紙印本。三册。莫棠跋。半頁十行二十字，左右雙邊，白口，單魚尾。前有嘉靖十九年姚虞序，皇甫汸後序。

是書分三卷，上卷爲天道門、地道門、君道門、官職門、帝王門、聖賢門；中卷爲文教門、武功門、道教門、釋教門、農商門、神道門、人物門、肢體門、性命門、百行門、禮樂門、雜技門、親族門、雜録門、仕宦門；下卷爲刑獄門、京邑門、室宇門、服用門、器物門、財貨門、修身門、宴樂門、畋獵門、行旅門、喪服門、方色門、蠻夷門、寇賊門、百禽門、百獸門、鱗介百蟲門、花木門。

此本爲公文紙印本，也即傅增湘《藏園群書經眼録》中著録之本，又北京圖書館也入藏一公文紙印本。按宋代印書，多用故紙，反背用之，而公牘尤多，元、明兩代也皆有之。此本用紙爲明代攸縣公牘文字，時間在嘉靖十九至二十年間。攸縣，屬湖南長沙。姚虞序有“書曷得之自黄州理官皇甫氏也，仍授校正，乃檄長沙季守刻之”。姚虞，莆田人，字澤山，嘉靖進士，官至淮安知府。季本，會稽人，字明德，號彭山，師事王守仁，能傳其學。正德進士，除建寧推官，徵授御史，累遷長沙知府，以言事謫揭陽主簿，落職歸。蓋此書當爲季氏任長沙知府時命人利用府中廢舊公牘所印。

皇甫汸後序云：“至宋學士蘇公易簡，芟翦繁蕪，掇摘孔翠，門分彙列，璧合珠聯，言成數千，都爲三卷。”是書《四庫全書總目》入存目。

是書有莫棠跋：“四庫提要謂此書以詞賦採用經史語，即以採用者爲出典。易簡名臣，不應荒陋至是云云。竊謂其書專爲《文選》而作，所標摘皆在本書，故即各以本篇注所出，檢尋乃易，體例亦當如此。若窮流溯源，則自有李善暨五家注存，何待詳列乎？固未可以包舉四部諸類書之例，繩之所論，不足爲病也。至獺祭飣餖，則一時場屋所資，風氣所尚。雖其人後有媲美伊周之功，當其獵取科第時，即不能不俯首降志以從事。則亦何疑於易簡之爲此哉？傳刻頗罕見。此本明嘉靖十九年莆田姚虞按湖廣所刊，言得本於黄州理官皇甫氏，故汸爲後序，正其初次貶官時。全書皆用其時公牘試卷模印，可云異觀。《書録解題》著録是書，卷數相同。宋史志不著撰人，而曰四十卷者，疏矣。棠記。”

蘇易簡此書除宋淳熙八年(1181)池陽郡齋刻紹熙三年(1192)重修本(存二卷，藏上海圖書館)和此明公文紙印本外，尚有用白紙印刷之本。大陸尚存五部，爲南京圖書館、北京師範大學圖書館、山東師範學校圖書館、天一閣、吴江縣圖書館入藏。又臺灣"中央圖書館"、"故宫博物院"也各藏一部。此本今藏美國芝加哥大學遠東圖書館。

鈐印有"獨山莫氏銅井文房藏書印"、"莫棠字楚生之印"、"莫天麟印"。

新編古今事文類聚【明萬曆刻本】

《新編古今事文類聚》前集六卷後集五十卷續集二十八卷别集三十二卷，宋祝穆輯；新集三十六卷外集十五卷，元富大用輯。明萬曆三十五年(1607)書林劉雙松安正堂刻本。三十七册。半頁十四行二十八字，四周單邊，白口，雙魚尾(新、外兩集間有下黑口)。題“建安祝穆和父編集；知建陽縣事南海鄒可張訂刻”。新集題“南江富大用時可編集；知建陽縣事南海鄒可張訂刻”。前有淳祐六年(1246)祝穆舊序。

祝穆，字和甫，初名丙，福建建陽人幼孤，與弟癸同從朱熹受業，性行温淳，刻意問學，以儒學昌其家，後主持興化軍涵江書院。又有《新編方輿勝覽》。

富大用，字時可，四川南江人。鄒可張，南海人，舉人，嘉靖三十八年(1559)任建陽知縣。《類聚》初乃祝穆垂暮之年，將其讀書所記仿《藝文類聚》、《初學記》體例加以整理編次。每類首録群書要語，次古今事實，再古今文集，引文完整，且注明出處。宋人遺佚之篇，間有足徵者。然精審未備，訛誤甚多，富大用依其體例續補而成新集、外集。

祝穆序云：“穆至愚陋，且復善志，凡觀古人嘉言粹行，大篇短章，始固拳拳服膺，久則惘然，不復可憶。未幾悔悟，隨即疏記，積以累年，遂成鉅帙。第叢穰猥雜，每以散無統紀病之，因考歐陽詢、徐堅所著類書，採摭事實及詩文，合而成編，頗有條理，暇日仿其遺意，詮次舊稿、自羲農以至我守，各循世代之次，紀事而必提其要，纂文而必拔其尤。編成，輒以《古今事文類聚》名之。”

前集計分天道部、天時部、地理部、帝系部、人道部、仕進部、仙佛部、民業部、技藝部、樂生部、嬰疾部、神鬼部、喪事部。後集爲人倫部、娼妓部、奴僕部、肖貌部、穀菜部、林木部、竹笋部、果實部、花卉部、鱗蟲部、介蟲部、毛鱗部、羽蟲部、蟲豸部。續集分居處部、香茶部、燕飲部、食物部、燈火部、朝服部、冠履部、衣衾部、樂器部、歌舞部、璽印部、珍寶部、器用部。别集分儒學部、文章部、書法部、文房四友部、禮樂部、性行部、仕進部、人事部。新集分三師部、三公部、省官部、省屬部、六曹部、樞密院部、御史臺部、諸院部、國史部、諸寺部、諸監部、殿司部、諸庫局部。外集分東宫官部、睦親府部、王府官部、節使部、統軍司部、諸司使部、諸提舉部、路官部、縣官部。

是書今存最早有元刻本，次則有明代内府刻本、書林明實堂刻本、嘉靖四十年書林楊歸仁刻本、萬曆三十二年書林唐富春德壽堂刻本以及此本。其中傳世最多者爲唐氏德壽堂本，在四十部以上。此本前集目録頁刻有“是編告成，惟本朝諸賢所著之文不敢僭書其諱，謹依文選各以字書，又有不以字顯者，未免直以諱書之，並志篇端，庶知凡例云”。扉頁刻有“憲臺校正官板古今事文類聚大全、安正堂劉元初重梓”，并有紅色木記，鈐有“每部實價紋銀三兩”。憲臺者，御史之别稱，後世用作地方官吏對知府以上長官之尊稱，然此憲臺則不知何人。

此書外集末頁有荷蓋蓮座牌記：“萬曆歲次丁未季冬月，書林安正堂劉雙松梓”。北京圖書館藏《鍥王氏秘傳知人風鑒源理相法全書》十卷，有“閩建安正堂雙松劉朝琯鋟梓”牌記，則知雙松名朝琯。安正堂本目前所知共存五帙，分藏臺灣“中央圖書館”、北京清華大學圖書館、浙江圖書館、四川省圖書館、江西師範大學圖書館。

安正堂爲明代福建名肆，自弘治劉宗器始至萬曆劉朝琯止，今可查知的該坊之書近二十種之多，詳見葉德輝《書林清話》卷五。

續集卷一爲日人抄配。單綫裝訂，日本藍色面紙，封面每册皆有“圭齋藏書”印記。此本藏香港中文大學圖書館。

事物紀原集類【明成化刻本】

《事物紀原集類》十卷目録二卷，宋高承撰。明成化八年（1472）平陽府通判李果刻本。十二册。楊守敬跋。半頁十二行二十四字，四周雙邊，上下黑口，雙魚尾。題“鄉貢進士南昌閻敬校正；平陽府判成安李果批點”。前有正統十二年（1447）閻敬序，成化八年李果序。

此書有“翰林院印”滿漢文大方印，封面又有“乾隆三十八年十一月浙江巡撫三寶送到鮑士恭家藏《事物紀原》壹部，計書肆本”木記。《普林斯敦大學葛思德東方圖書館中文善本書志》據此定爲“《四庫全書》所著録之底本”。津按，是本有小簽一張，上書“丁丑三月十一日收藏”，審其字體，當爲清代藏書家鮑廷博手書。丁丑爲乾隆二十二年（1757）。又有一長簽，上有“□□□□處閲定”，下有“總辦擬抄”，皆爲紅色木記。佚去之字應爲“四庫全書”四字。簽上又有一小印，曰“臣昀、臣錫熊恭閲”。據此，是本當爲紀昀、陸錫熊閲定之本。然查《四庫進呈書目》，除鮑士恭進呈本外，還有編修嚴福家藏本，今四庫所收爲嚴福家藏本，而非鮑士恭家進呈本。所以此本應爲後來發還之本，故《書志》言四庫底本之説恐難以成立。

《書志》不録楊跋，今補録如下：“趙希弁《讀書附志》，《事物紀原》十卷，高承撰。有項彬序。陳振孫《解題》則二十卷，不著名氏，引《中興書目》十卷，開封高承撰，元豐中人，凡二百七十事。今此書多十卷，且多數百事，當是後人廣之。而明正統、成化刻本有閻敬序，又衹十卷，亦不著撰人，而所載事則一千八百四十一（《提要》誤作一千七百六十五），説者遂謂振孫後又有增益。今海内著録家無二百七十事之本，而有毛氏校宋二十卷之本，所載已一千八百餘事，則知即振孫所見之本（振孫本當亦無項彬序）。振孫言多數百事者，蓋約略言之，故不符，非必明本又有增益也。余所得係明胡文焕刊本，蓋又從成化本出，以二十卷校本照之，非唯無溢出者，且十四卷（明刊本卷七）州郡方域門（明刊本門皆作部）‘驛下’脱四條，此則閻敬之疏也。此本爲節庵所藏，卷首有翰林院印，是官庫中物，不知何時流出（余所得宋槧《大觀本草》亦有是印）。宋本既不可見，此本非著録家不能有，惜其卷七道釋科教部脱兩葉，卷九農業陶漁部脱兩葉，餘爲囑抄胥補之，又録宋本‘驛下’四條於左，以成完書。節庵見之，以視一瓻之酬爲何如？光緒庚子十月廿日楊守敬記。”

跋謂“驛下”脱四條，爲“敕書樓”、“鼓角樓”、“酒務”、“遞鋪”。守敬跋此書時年六十二。節庵當爲梁鼎芬，字星海，廣東番禺人。

按此書爲李果據閻敬本重刻。是書最早有宋刻本，十卷，書名作《重修事物紀原集》，爲十三行二十一字，存四卷（六至九），藏北京圖書館。次爲明正統十二年閻敬刻本，十二行二十四字，北京圖書館、北京大學圖書館、臺北"中央圖書館"等五館入藏。三即此李果刻本，大陸、臺灣共十八館皆有入藏。四爲明弘治十八年（1505）魏氏仁實堂刻本，十二行二十四字，北京大學圖書館、南開大學圖書館等館入藏。此外另有明刻本二種。

除上述諸本外，又有二十卷本，爲明正統九年陳華刻本，九行二十字，存北京圖書館、上海圖書館；明刻本，十行二十六字黑口本，藏南京圖書館；明刻本，九行二十二字白口本，藏北京圖書館、廣東省博物館、重慶市圖書館；明胡文煥刻《格致叢書》本（然書名易作《新刻事物紀原》）。

此本藏美國普林斯敦大學葛思德東方圖書館。

新編婚禮備用月老新書【宋刻本】

《新編婚禮備用月老新書》二十四卷。宋刻本。八册。清黄彭年、江標、楊守敬并近人葉昌熾、葉德輝題記。半頁七行二十五字，小字雙行二十五至二十八字不等，左右雙邊，黑口，單魚尾雙魚尾不等，書中刻圈點。無序跋。

此爲民間坊賈所刻之實用小類書。婚姻之道，謂嫁娶之禮。嫁謂女適夫家，娶謂男往迎女。古人認爲，"聘則爲妻，奔則爲妾"，婚姻不"享聘"，無禮節，即"男女無别，夫婦無義"，故對婚姻禮節甚爲重視。是書爲婚姻禮節之大全，分前、後兩編，各十二卷。

前編卷一婚姻禮法門（文公家禮七則、聖賢訓誡二十三則）。卷二至六姓氏源流門，分宫、商、徵、羽類。計宫音類七十六姓、商音類四十四姓、徵音類七十六姓、羽音類五十二姓。卷七至九故事備要門，計前定類十二則、媒妁類七則、自媒類二則、擇婦類五則、擇婿類十一則、卜相擇婦四則、卜相擇婿六則、不暇擇類五則；慕婚類五則、女自擇類七則、選名行類五則、選才學類六則、及第後娶類六則、娶後及第類四則、妻門下士類四則、選容儀類二則、師友婚姻類六則、指腹爲婚類二則；幼婚類六則、晚娶類四則、姑舅類七則、舅甥類十則、連襟友婿類十則、繼婚類五則、繼室類三則、再醮類二則、聘禮類六則、及時類五則。卷十事實備要門，爲男女年歲類（舉五歲至八十歲類，共二百一十五則）。卷十一至十二事實摘奇門，爲合姓類（姓氏雙璧，凡百有餘聯，計二百餘事），警語類（姻契雙璧，凡五十餘聯一百餘事；婉淑雙璧，凡七聯十四事）。

後編卷一啓狀諸式門（帖子式、公啓式、書啓式、札子式、大狀式）。卷二婚書警聯門（换易類）。卷三媒妁求親門（請媒類、請開書類、求親類、問名類）。卷四納幣聘定門（通用類、合姓類）。卷五官儒聘定門（宦族類、宗姻類、登第類、發學類、儒家類）。卷六士庶聘定門（師友類、朋舊類、同里類、异鄉類、用地名類、不信讒類）。卷七至八親眷聘定門（舊眷類、姑舅類、兩姨類、入贅類、交婚類、續親類、姐妹妯娌類、兄弟類、弟妹姪類、女先男類、幼婚類、晚娶類）。卷九至卷十二親迎合歡門（送鸞類、親迎類、致謝類），工聘定門（農圃工藝類、工藝類）。卷十又納幣聘定門（再娶類、再嫁類、納寵類）。卷十一聘定請期門（娶娼類、螟子類、聘兼請期類、未允請期類、請期類）。

婚喪之事，爲人道之始終，皆禮之大者，而言禮家往往詳於喪而略於婚，故喪禮有專書，而婚禮獨缺。此種類書，蓋因屬婚姻"萬寶全書"，包羅萬象，各色咸備，涉事者取而閲之，大概已具，或可得心應手。此合乎時勢也，亦坊賈生財之道也，當時所印必多，然今則流傳罕見，若此類者余僅知北京圖書館藏《婚禮新編》二十卷，宋丁昇之輯，宋刻元修本。清代有曹廷棟輯《婚禮通考》二十四卷，於諸經有關婚禮者，摘采其文，節引疏解，并搜集史傳及群言雜説，薈萃爲編。若歷代之儀節不同，諸家之議論各异，巨細弗遺，雅俗畢舉，皆以資言禮者之考鑒。又《香艷叢書》第十一集收有清陳著撰《婚啓》一卷。

按，元明清所刻類書中也多輯有婚姻禮法及啓狀諸式，余曾見元泰定元年(1324)日新書堂刻本《新編事文擊要留札青錢》，其卷二至卷五即爲"婚禮門"，分文公婚禮、婚禮事實、婚姻啓狀諸式、婚姻四六啓式、月啓二幅新式、聘定往復啓式、往復聘定啓式、起聯用事活套、聘定往復札子、佳期啓狀諸式。

此本密行小字，書中凡稱本朝及宋諸帝，皆空字。審其字體紙張，當爲建刻無疑。金鑲玉裝。《四庫全書總目》、《續修四庫全書總目提要》(稿本)、《中國古籍善本書目》皆未著録。此爲孤帙，今藏臺北"國家圖書館"，《"國家圖書館"善本書志初稿》著録。

鈐印有季振宜之"季振宜藏書"、"宋本"；王文心之"荆門王氏文心珍藏"、"荆門王氏珍藏"；黄公瑕之"黄公瑕與婦傳鬗同審定"；楊守敬之"鄰蘇老人"；劉銓福之"大興劉銓福家世守印"、"劉銓福子重印"、"劉銓福之印"；張珩之"張珩"、"張氏藏書"、"韫輝齋圖書印"；蔣祖詒之"密均樓"、"穀孫秘笈"以及"惠祖齋"。

新刻搜羅五車合并萬寶全書【明樹德堂刻本】

《新刻搜羅五車合并萬寶全書》三十四卷，明徐企龍輯。明福建書林樹德堂刻本。八册。有圖。兩節版，半頁上節十五行十四字、下節十三行十七字，四周單邊，白口，無魚尾。題“豫章羊城徐企龍編輯；古閩書林樹德堂梓行”。前有萬曆四十二年(1614)徐企龍序。

卷一天文門(太虚之圖、太極圖説、陰陽正朔、紫微星列、天文祥异)。卷二地輿門(歷代國都、户糧土産、地輿紀原、天下路程、京省傳世)。卷三人紀門(亘古賢卿、帝王源流、甲子紀年、我朝名相、大明聖紀)。卷四諸夷門(嬴蟲録志、諸夷圖像、外夷雜説、民俗土産、山海异物)。卷五時令門(歲時紀事、氣候本始、節令詳明、天文占論、滴漏圖式)。卷六官品門(俸儀要覽、文武品級、京郡統率、吏典體則、科第正録)。卷七四禮門(喪禮品節、喪服總圖、冠禮摘要、祭禮次第、婚禮儀制)。卷八柬札門(邀賓柬札、請召新式、饋送短啓、慶賀詞箋)。卷九民用門(體段活套、萬金家報、關禁契約、衷悃情書、呈結諸式)。卷十風月門(春閨要妙、風月機關、色欲良方、春意妙藥、子弟要覽)。卷十一書畫門(永字八法、諸家篆法、字體要妙、各樣梅譜、撇竹秘傳)。卷十二八譜門(棋勢精要、牙牌全録、雙陸全譜、琴譜采妙、三弦譜式、投壺巧式、圍棋要訣)。卷十三醫林門(濟生奇方、杏林摘切、諸品藥性、四時用藥、眼科便覽)。卷十四夢員門(解夢全書、天罡時訣、六壬時訣、壓怪靈符、怪异鎮祥)。卷十五相法門(古賢相貌、相法摘要、二十四孝、富貴標格、夭壽標格)。卷十六詞狀門(蕭曹遺筆、十段錦説、貫串活套、分類弭語、告訴真稿)。卷十七算法門(指南寶鏡、算盤定局、掌中輪拿、金蟬脱殼、歸除全式)。卷十八戲術門(醉舞童法、神仙戲術、踏板碗轉、留魚待客、留月照客)。卷十九舞備門(把勢場語、戰策機關、奇巧拳式、槍棒勢法、臨危解法)。卷二十塋葬門(砂神真訣、塋葬須知、歌調指明、山穴要妙、圖穴指南)。卷二十一卜筮笑談門(文王易卦、總斷掐法、金錢問卜、江湖宴笑、譏誚相答)。卷二十二謎令門(新奇燈謎、酒令叢錦、邀賓雅好、時節會飲、新令助筵)。卷二十三雜覽門(萬金良言、藏頭詩説、織錦璇璣、戒諭新文、器皿圖格)。卷二十四馬經門(牛病之圖、牛病藥方、馬病之圖、馬病藥方、元宵花方附)。卷二十五翎毛門(翎毛筆法、飛鳥十勢、訣法的真、飛鳴宿食、獨立朝岡)。卷二十六克擇門(涓吉一覽、諸用宜忌、吉凶星例、克擇凡例、彭祖百忌)。卷二十七筶譜門(關王靈課、請神致語、擲筶斷法)。卷二十八耕布門(農桑撮要、耕種圖詞、蠶桑圖詞、耕織總賦、樹藝之類)。卷二十九星命門(入門訣要、天干通變、吉凶神例、初學訣要、五星摘微)。卷三十陽宅門(營宅真訣、周公宅經、相路形經)。卷三十一祈嗣門(祈嗣真詮、積德施恩、聚精養神、成胎保産、受持訣法)。卷三十二種子門(嗣子秘訣、乾坤合圖、交會日期、調經藥方、十月胎圖、十月胎方)。卷三十三修真門(釋祖源流、道祖源流、修真秘訣、五運六氣、搬運坐功)。卷三十四筆法門(百姓真體、百姓草體、百姓篆法、字法訣要、草法百章、音字指南、山水秘訣)。

徐企龍序云:"兹集蒐櫃古今,包羅宇宙,括天地人之閫奥而槖籥之。按象則七政立睫,披圖而華夷指掌,甚而至於術之所工,趣之所涉,微而卜筮命理,奇而鬼神僊佛,備載編湘,正所以啓知長識,破愚益睿,誠爲顓蒙之型範,後學之户牖也。其哀累類聚、銖兩無漏,分派款件,釐毫拆辦,自非鄴候家積而可蒐輯其詳且盡也,命曰《鄴架新裁萬寶全書》。海内君子一開卷,則從心所欲,不必徧求諸書,真可爲世之寶矣。"

此爲民間日用小類書。明萬曆至崇禎間,坊間此種小類書甚多,坊肆聘請文人將之演變爲通俗教育之工具,然變换名目、大同小异,互有增補,蓋因民間需求量大,易於銷售也。此類通俗書當時印量既少,流傳也不廣,隨生隨滅,最不易保存。鄭振鐸當年每見於坊肆,必收之,各種類書之數量竟達數十百種。據《中國古籍善本書目》著録,明人輯類書(明刻本,不包括叢書)今可得見者在三百種左右。據津之統計,北京國家圖書館所藏約爲一百一十種,臺北"國家圖書館"約爲一百零二種,美國國會圖書館約爲五十五種,而哈佛燕京圖會館則爲七十五種。

此本目録頁所寫標目與書内所刻不符,書名署"新刻蒐羅五車合併"之名目,蓋坊賈之廣告生意經也。有扉頁,刻"萬寶全書。徐筆洞先生精纂。存仁堂梓"。扉頁上有木記二方,一爲"每部定價銀壹兩正"(朱色),一爲"坊間萬寶全書不啻充棟,然不一精檢,魯魚亥豕,混雜編章者有之。本堂特請名士校讎,事物度數,一仿古典,啓牘書札,别换新藻。端寫繡梓,點畫不差,應酬便用,價比南金矣"(黑色)。

按,存仁堂者,爲明末福建書林陳懷軒之肆名,存仁堂刻書,今僅知有《新刊月峰孫先生增補音切玉鑒海篇》、《刻李九我先生批評破窑記》、《鼎刻江湖歷覽杜騙新書》、《新刻眉公陳先生編輯諸書備采萬卷搜奇全書》、《新鐫國朝名公神斷口詳情公案》、《新刻艾先生天禄閣彙編采精便覽萬寶全書》等。此本應爲樹德堂刻陳懷軒存仁堂得板重印本。其扉頁上鈐有"每部定價銀壹兩正",當爲其時建陽之書價。明刻本扉頁上鈐有書價印記者甚罕見,此爲研明末書價之絶好見證。又按日本東京大學東洋文化研究所仁井田文庫藏《新刻艾先生天禄閣彙編采精便覽萬寶全書》三十七卷,其書封面上鈐有"每部價銀一錢"之木記。兩書内容性質相同,又刻於一地一肆,且卷數相差無幾,然不知爲何價錢却有如此落差。

每卷一圖,圖甚精。卷三十四末刻"樹德堂繡梓"。按樹德堂當爲福建建陽坊肆,《中國古籍版刻辭典》作"明天啓間人,龔姓之室名",又刻有《古今名將全史備覽》、《精校青蓮露六箋》,此樹德堂是否即爲龔氏,尚無證可據。

此本稀見,今藏日本宫内廳書陵部。平成十五年(1994)汲古書院影印,編入《中國日用類書集成》,爲第八至九卷。《中國古籍善本書目》未收。

新鎸編類古今史鑒故事大全【明萬曆刻本】

《新鎸編類古今史鑒故事大全》十卷，明葉向高輯。明萬曆三十三年(1605)余成章刻本。五册。半頁十行二十字，白口，四周雙邊，單魚尾。上欄刻"精選歷代名公手札"。題"臺山葉向高輯；還初吴遷校；僊源余成章梓"。前有萬曆三十三年夏葵垣序。

葉向高，字進卿，號臺山，福建福清人。萬曆十一年進士，選庶吉士，累官禮部尚書兼東閣大學士。後居相位，數陳時政得失，帝不能用，遂乞休歸。光宗立，召爲首輔，屢與魏忠賢抗争，被閹黨指爲東林黨魁，後遭排擠去官。卒謚文忠，有《向高全集》七種。

卷一天文門、地理門、時令門；卷二至四人物門；卷五至七人事門；卷八花木門、鳥獸門、文史門、珍室門；卷九宫室門、器用門；卷十身體門、衣服門、飲食門。

是書乃葉氏致政餘暇休息於緑野之時，因念後生士子終日爲應試而營營，故對有關史鑒之書，選其實用者予以分類編纂。夏序云："臺山公始惠然蒐繁剔簡，採要摘奇，凡史之可垂訓，鑒之可示效書，言之可恢識見，拔其數千言，分門定類，壽之於木，以嘉予海内。又思辭命所以傳心代面，人人尤不可一日缺，復取自周及我昭代，凡諸貴介尺牘，亦得數千言，與本書上下文相蒙者，備著卷端，開淑來學，使後之學者知此柬得之於此故事，此故事可用之於此柬，故題曰爲《古今史鑒大方故事》。"

此爲二節版，一書之刊刻，而内容在兩種以上者，多見於明代萬曆間坊肆所刻小類書，此種編纂方法於讀書士子可收一舉兩得之功，於坊賈也可得射利之效。

葉氏編纂的有關史鑒之書，今所存者尚有《歷代大方通鑒》二十一卷(明李廷機、葉向高校正，明周時泰刻本，藏臺灣"中央圖書館")、《鼎鍥葉太史纂玉堂鑒綱》七十二卷(明熊成冶刻本，藏北京圖書館)。葉向高所著書如《四夷考》、《後綸扉尺牘》、《蒼霞草》等均爲清代禁書，此書雖不見"禁書目録"所載，然流傳稀見，《中國古籍善本書目》也未加著録。此藏香港中文大學圖書館。

藏印有"安政七改"、"明倫館印"、"安藤氏文庫之章"，皆日人藏印，裝訂也日人所爲。

刻注釋藝林聚錦
故事白眉【明萬曆刻本】

《刻注釋藝林聚錦故事白眉》十卷，明鄧志謨輯。明萬曆二十七年(1599)書林余彰德萃慶堂刻本。半頁十行二十字，四周單邊，白口，單魚尾，上刻評。題"百拙生鄧志謨集；真如子車天挺校；萃慶堂余彰德梓"。前有車天挺序、王稚登引。

書分二十五部，爲君道部、官品部、人道部、法教部、人品部、交際部、德器部、庸劣部、文學部、人事部、吉事部、凶事部、雜劇部、仕進部、天文部、地理部、歲時部、宫室部、花木部、禽獸部、器用部、珍寶部、衣服部、身體部、飲食部。所載皆習見之故實，當爲童蒙所設之小類書也。

車序云：志謨"暇日嘗筆其聞聞見見者，彙爲一書，分門别類，綱羅千古，包孕百家，而又採拾諸大家之登於翰墨標於尺牘者，列於上以證之。若曰某名公，某名公所用者其取於斯，其取於斯間又附以己札，蓋欲觀者得其指歸，不然讀撑犁而不識者，天下豈少斯人哉？其用志蓋已瘁矣。余受而卒業，嘆曰是書也，坊間其牛汗矣，然莫若是之最良也，故題曰《故事白眉》，蓋取於馬氏之五常云"。按三國蜀馬良兄弟五人，字皆有"常"字，均有才名，以馬良最著，鄉諺云"馬氏五常，白眉最良"。

扉頁有萃慶堂余泗泉刻書告白九行，文曰："古人之事，法戒存焉，觀興備焉，詎云灾木，第坊間刻者，非略而不詳，則混而失序，博覽君子，興嗟不便久之。邇聞許先生手編《故事白眉》，分門别類，搜羅無遺，藏爲家珍。余走幣求鋟，以公四方，願明公共鑒。萃慶堂余泗泉謹白。"許先生者，當爲許以忠，字貫日，吴人。余氏萃慶堂乃萬曆間福建著名之書坊，刻書頗多。鄧志謨輯《鍥音注藝林唐故事白眉》、《精選故事白眉》、《鍥旁注事類捷録》、《鍥旁訓古事鏡》等也皆余氏所刻。

是書藏美國國會圖書館。未編目，乃40年代末50年代初得之於日本。

鼎雕燕臺校正評釋注解金璧故事【明萬曆刻本】

《鼎雕燕臺校正評釋注解金璧故事》五卷，明徐會瀛輯。明萬曆元年(1573)閩書林羅永正刻本。三册。半頁十行二十四字，白口，四周雙邊，無魚尾。上刻評，有圖。題"豫撫金心魯、徐會瀛精集；閩書林端源羅永正精梓"。序佚去。

徐會瀛，不詳其人。

金璧者，黄金與璧玉也。卷一五十六則、卷二五十二則、卷三五十六則、卷四三十二則、卷五六十五則。總共二百六十一則。

是書選春秋以來史書所載膾炙人口之故事，如鑿壁偷光、項莊舞劍、老驥伏櫪、火牛破陣等加以詮注，正文上端刻有時人李九我(廷機)、袁了凡(黄)、陶石簣(望齡)、陳如岡(大科)、翁青陽(正春)等十餘人之評釋。閩建書林，刊書甚多，通俗應用書及童蒙讀物所刻尤多，此也其中之一種，每卷有圖二幅。卷五末有蓮座牌記，"龍飛萬曆新歲書林端源發行"。

徐會瀛又輯有《新鍥燕臺校正天下通行文林聚寶萬卷星羅》三十九卷，明萬曆書林余獻可刻本，藏北京圖書館；《鼎雕燕臺校正天下通行書柬活套》五卷，明萬曆三十二年閩建書林劉孔年喬山堂刻本，藏南京圖書館。於此或可見徐氏所輯多爲民間通俗實用之小類書及啓蒙圖書。此類圖書，當時所印不多，且童蒙之物，最易散佚，傳至今日更稀若星鳳。此本不見諸家書目著録，也罕見之書也。又題"金璧故事"者，明代有《鼎梓校增評注五倫金璧故事大全》十卷，明吴宗禮校增，彭濱評注，萬曆二十一年書林鄭世豪刻本；《新鐫京板圖像音釋金璧故事大成》十卷，明吴國倫校釋，明書林鄭世魁刻本。然皆較此徐輯本爲晚。

今藏香港中文大學圖書館。

鍥旁注事類捷録【明萃慶堂刻本】

《鍥旁注事類捷録》十五卷，明鄧志謨撰。明書林余彰德萃慶堂刻本。半頁十行十八字，四周單邊，白口，單魚尾，上刻評。前有鄧士龍序、鄧志謨自序。藏美國國會圖書館，未編目。

鄧志謨，字景南，號竹溪散人，又作竹溪散生、竹溪風月主人，亦號百拙生。江西饒州府安仁縣（今余江縣）人，所著書多自署饒安人。嘗游閩，爲建陽余氏塾師。志謨事迹不見於史書，惟鄧士龍序中略有述及："維余族季明甫，幼稱穎敏，長擅博物，綜今昔已髗胥臣，披圖牒亦媲袁豹。丁年屈首，暫戢翼於雲程；壯歲雄心，益游神於藝圃。"志謨有《花鳥争奇》、《童婉争奇》、《風月争奇》、《蔬果争奇》、《山水争奇》、《茶酒争奇》、《梅雪争奇》以及靈怪小説《新鐫晋代許旌陽得道擒蛟鐵樹記》、《鍥唐代吕純陽得道飛劍記》、《鍥五代薩真人得道冗棗記》等，多由福建書坊余泗泉（彰德）萃慶堂刊行。

余氏刻書，歷史悠久，上溯宋，盛於元，明代仍習其業，泗泉萃慶堂即其一支也，其刻書時間當在萬曆中。扉頁有萃慶堂識語六行："書史亦浩瀚矣，不索其要領而讀之，譬之理絲者無緒，棼焉亂也；又譬之涉遠者無指南，多岐途也。兹編窮古今天地民物而總之，名曰事類捷録。披却導窾，有庖丁之技；走綫穿珠，奪天孫之巧。繁而能約，簡而能工，誠後學晬盤、舉業捷徑也，買者幸具隻眼。萃慶堂識。"是書又有萬曆德聚堂刻本及萬曆名山聚刻本。

此書經鄧志謨所引用書目，計選有經傳、諸子、正史、别史、圖注、志乘、傳記、詩話、别集、類書等共一百八十三種之多。其書按事分類，"窮古今天地民物"。士龍序又云："間嘗抒酉陽之逸興，出武庫之遺珍，組織群書，裁成捷録，分門三十，摛詞數千，綴狐腋，舒鳳苞，文彩絢焉。"爲未步入仕途學子所需之小類書。此類圖書，今已傳世不多，惟北京故宫博物院、浙江圖書館、上海華東師範大學圖書館及美國普林斯敦大學葛思德東方圖書館、日本關西大學内藤文庫各存一帙。

重訂四六鴛鴦譜【明十竹齋刻本】

《重訂四六鴛鴦譜》六卷，明蘇琰撰，明崇禎七年(1634)胡正言十竹齋刻巾箱本。十册。半頁六行十五字，四周雙邊，白口，單魚尾。書口上方刻“鴛鴦譜”。版心下刻“十竹齋”。題“古閩蘇琰伯潤彙集；華陽孔尚蒙聖初參訂；海陽胡正言曰從較正”。前有崇禎七年孔尚蒙序、何喬遠序、崇禎七年蘇琰自序。

蘇琰，字伯潤，福建晋江人。萬曆四十一年進士，授行人，擢御史。罷歸復起，巡按貴州。會安邦彦亂，特敕爲監軍，累敗敵陣，黔中以寧。未幾，謝病歸卒(見(乾隆)《晋江縣志》卷十一《人物志》)。蘇琰自序署辛亥，爲萬曆三十九年，當其家居時所撰。

《鴛鴦譜》以四六駢體行文，故名“鴛鴦”。該書屬小類書，爲明代酬應書啓之用。卷一内閣、六部(吏、户、禮、兵、刑、工)、翰林院(附國子監)；卷二都察院、外都御史、通政司、大理寺、太常寺、太僕寺、尚寶司、大領及京官活套、六科十三道通用、御史、六科、術薦、謝薦、親友、吹嘘汲引、通候稱贊活套；卷三中書科、行人司、主試、順天應天二府尹丞通行、布政司、按察司、運使司、府、州、縣、王府、官生、罷謫起廢存問、武弁、佐領、雜套；卷四年節、元旦、元宵、茶節、端午、中秋、重陽、冬至、歲除、賀生日、答賀生日、生子生孫、答來賀；卷五山川考略，順天府、保定府等二十四府；卷六姓纂，列馮、熊、洪、龔、徐等一百二十七姓。

孔尚蒙序云：“唐宋間，歐陽公獨推蘇坡老爲冠政，以叙述衷，惟□恕精盡，恐後此難繼，良有以也。沿遞至今，浮靡逾甚，捨白雪而歌下里，忘秋實而採春華，貽笑知音，祇傷大雅。惟蘇伯潤先生所纂兹譜，美秀而文，恍如巫嶺行雲，清溪片月，天然之妙，絶類長公。曰從氏齋頭，秘籍靈箋，奇葩異卉，宇内共寶。此道未有佳篇，終屬闕事，爰命殺青，梓成袖帙，展卷燦然，供我抒軸。即使倚馬削草，墨楯飛書，亦毋須阮瑀操觚也。至若情鍾思涌，别具爐錘，則又在點佳之手矣。”

按，此序作於崇禎七年，所云“曰從氏齋頭，秘笈靈箋，奇葩異卉，宇内共寶”，可見其時正言所爲箋作，已爲友朋所賞。胡藝《胡正言年譜》載，萬曆四十五年，正言三十四歲，“爲箋，爲繪刻”，“箋如雲藍、麥光，盡左伯烏絲欄之妙”。《十竹齋箋譜》輯於崇禎十六年，而成於弘光元年，即順治二年。由此序，也可知正言其時之製箋已經得到人們之喜愛，而其技巧也達爐火純青之地步。孔尚蒙，四川華陽人，事迹不詳，當爲正言之友。

何喬遠序云：“眉山舊氏伯潤先生，與文則筆陣風驅，耽書則學海瀾排。使轉有神，如脂油之炙轂；談辨無域，若水碓之翻車。念尺牘之八行，輸神情於萬里，固所以通纓冕之面談，代几席於寤嘆。唐宋以來，則叙事寓修詞之中；叔季而還，乃剪採失爲花之意。良由劇冗難裁，造次易荒，兼以假手郢斤，蒙皮澤虎。職司官曹，恨簡牒之叢猥；州縣方輿，或山澤之固陋。採雋句於琳琅，名厥譜曰鴛鴦。對語兩立，佳話並來。葉廷珪之海録，一句一金；谷子云之筆札，如喉如舌。至地里之未周，或風謡之特異，採諸古文，足以己作。山龍藻火，渾忘綴補之工；人物河山，各極葳蕤之致。載諸篋中，傳乎海内，備不羽之鴻飛，修無翼之鯉腹。亦以具劉勰之一門，廣陸機之衆義云爾。”

明代私人編撰之類書種數頗多，有目可查者即達三百種左右，而以“四六”引入書名的，如明吴瑞登《四六正始》四卷、明李自榮《岳石帆先生鑒定四六宙函》三十卷、明鄧志謨《新刻四六旁訓古事苑》二十三卷、明章斐然《新刻分類摘聯四六積玉》二十卷、明曾汝魯《車書樓纂注四六逢源》六卷等。此《重訂四六鴛鴦譜》也爲明末讀書士子箋啓時所用之參考用書。

十年前筆者爲撰《胡正言與十竹齋》一文（載《朵雲》第三期，上海書畫社 1981 年），曾遍查胡氏十竹齋所刻圖書，歷年所見原本二十餘種，其刻書中有《四六霞肆》一種，爲明吴偉然輯，也崇禎間所刻，和此書同類，皆爲駢偶之詞，分類編次。十竹齋專營刻書、造箋、發兑，故胡正言不僅是位卓越的藝術家，同時也是出版家。

此本又有扉頁，刻“十竹齋重訂四六鴛鴦譜。本衙藏板”。是書不見於中國、美國、日本各公私藏書目録著録，頗爲罕見。查《中國古籍善本書目》著録有《四六鴛鴦譜》十二卷、新集十二卷，明崇禎書林吕太如刻本，爲明陰化陽、蘇太初輯，題“東里陰太乙先生、東粤蘇紫蓋先生彙輯；豫章養恬王世茂、西鄆綫嶺黄國輪參閲”（新集則有“書林吕太如較梓”）。前有蘇太初序。内容分節序類、姓氏譜、賀壽類、婚姻類、地理類（兩京十三省）、表類、頌德類等。新集分先帝王、三公、翰林院、六部等。兩本相比，書名相似，但作者和版本皆不同。後者藏浙江圖書館、廣東中山圖書館、四川重慶市圖書館、中國科學院圖書館、中國人民大學圖書館、北京師範大學圖書館。

近年來，研究胡正言及其《十竹齋書畫譜》、《十竹齋箋譜》的文章，據筆者所見，有十數篇之多，其中涉及《重訂四六鴛鴦譜》者僅兩篇。一爲王貴忱、王大文《胡正言所刻圖書簡述》（《十竹齋研究》，1987 年 10 月，南京十竹齋藝術研究部編），把《重訂四六鴛鴦譜》列入版畫一類，置於《石譜》、《書畫譜》、《箋譜》、《竹譜》之後，云“《重訂四六鴛鴦譜》六卷，十竹齋刊袖珍本。已故羅原覺先生藏。原書未見，聞圖版刻印甚精。此本見羅原覺先生遺書之抄本目録。未著編輯者姓名。原書今在香港羅氏後人處”。二是王達弗《胡正言和他的三譜——印譜、畫譜、箋譜》（載《東南文化》），其也將胡氏所刻此書列於版畫一類。

1986 年初，津以訪問學者身份在美國紐約州立大學石溪分校作圖書館學的研究，因楊振寧教授紹介，在香港中文大學中國文化研究所所長陳方正博士的安排下，自紐約飛港，鑒定香港收藏家羅原覺先生所藏一批古書。羅氏藏善本中有宋刻元明遞修本《通鑒紀事本末》、元刻本《新編方輿勝覽》（原作宋刻本）、明天順刻本《朱子大全》（原作宋刻本）等十種。其中最難得者，非宋元舊槧、明清佳刻以及抄校之本，而是以此明末胡氏十竹齋刻巾箱本《重訂四六鴛鴦譜》爲最罕見。1993年5月，筆者由美國波士頓飛返香港，承香港大學馮平山圖書館館長李直方先生相助，親自開啓特藏書庫中之鐵櫃，羅原覺先生藏書赫然俱在，蓋因當年開價甚昂，中文大學圖書館無法購入。相隔一段時日後，羅氏後人又減價轉售於香港大學馮平山圖書館了，此或係天壤間僅存的《重訂四六鴛鴦譜》。

古今圖書集成【清雍正銅活字印本】

《古今圖書集成》一萬卷，目録四十卷，清蔣廷錫、陳夢雷輯。清雍正四年(1726)銅活字印本。分裝五百二十二函，共五千零二十册。藏美國哈佛大學哈佛燕京圖書館。

按，清《内務府奏請查武英殿修書處餘書請將監造司庫等官員議處折》，此活字印本當時僅印六十四部及様書一部。所印之書有兩種紙張，一爲開化紙，一爲太史連紙。此本爲太史連紙印本。

查《故宫殿本書目現存目》，著録内府文淵閣藏太史連紙一部、乾清宫藏開化紙一部(内缺一册)，皇極殿藏開化紙、太史連紙各一部。此外如翰林院寶善亭及圓明園内之文源閣、熱河行宫之文津閣、遼寧故宫内之文溯閣和揚州文匯閣、鎮江文宗閣、杭州文瀾閣各一部。其余官員和民間所獲賜頒者有張廷玉、舒赫德、于敏中、劉墉以及鮑士恭、范懋柱、汪啓淑、馬裕等。

目今文源、文匯、文宗所藏早已毁於戰火，私人藏者，二百年來也歷遭兵燹，迭經喪亂，存世無幾。余三去寧波天一閣，所見范懋柱藏本，置之大櫃，但已不全，尚存八千五百二十卷、目録三十二卷。

余又見哥倫比亞大學東亞圖書館和國會圖書館藏《集成》全帙，非以往所云雍正間銅活字印本，而爲清光緒二十年(1894)上海同文書局影印本。誤傳數十年，今可澄清矣。哥大有《集成》銅活字印本一册，爲第二百四十九卷，屬皇極典。又見普林斯敦大學葛思德東方圖書館所藏《集成》，觸手如新，鈐有"寧邸珍藏圖書"朱文長方印，或原藏王府者。

此本鈐有"八徵耄念之寶"、"五福五代堂古稀天子寶"、"重華宫寶"三璽，的真無疑，可證原藏宫中，惟不知何時流入民間，再轉至域外的。

今《集成》全帙不多，國内僅北京圖書館、中國科學院圖書館、甘肅省圖書館、徐州市圖書館四部。上海圖書館(缺十二册)、遼寧省圖書館、故宫博物院、寧波天一閣所藏均爲殘帙。臺灣"中央圖書館"一部、臺灣"故宫博物院"三帙。此外哈佛、普大以及英國大英博物院圖書館各一部。聞諸法國巴黎國家圖書館及西德柏林圖書館各一部。如此，大約共存全本十三部。

平江府磧砂延聖院大藏【宋刻本】

《平江府磧砂延聖院大藏》,宋延聖院編。宋紹定四年(1231)至元至治二年(1322)平江府磧砂延聖院大藏經坊刻本。六行十七字。存一千四百七十九種六千零十四卷,計五千三百五十九册,裝五百六十一函。此經刊刻歷時九十一年,是藏經刊刻時日最長的一次。函編號按千字文排列,始"天"終"煩"。

平江府在今江蘇吴縣,磧砂在吴縣東南三十五里陳湖地方,爲洲名,原爲費氏所有,寂堂師元於乾道八年(1172)由華亭來此建一草庵,乃成爲開拓農民之佛教信仰中心。師元圓寂後,其徒建舍利塔,獲頒"延聖禪院"扁額一方。

藏經目録卷上有宋理宗端平元年(1234)識語,曰"干緣僧善成、可南、法燈、法如、法界、法超、志圓同募,本院藏主法忠化到,小比丘善源書,勸緣大檀越成忠郎趙安國。都勸緣住持釋法音"。此大藏今藏普林斯敦大學葛思德東方圖書館。除宋元所刻外,餘皆補配明南藏本、天龍山刻本及明寫本。據當年之統計,存宋本六百九十八册,元本一千六百三十二册,明南藏本及天龍山本共八百六十八册,明寫本爲二千一百六十一册。

明寫本多爲萬曆年間佛弟子抄補,如《大般若波羅蜜多經》卷第十(天十)後有"湖廣麻城縣芝佛院釋子常志發心書補大藏尊經,一年不受睟,又捨天字一函,經成裹全。萬曆二十七年六月初一日寫完"。又有部分爲萬曆間趙志皋夫人捨金求佛保佑抄補的,字體極工整。趙志皋,蘭溪人,字汝邁,隆慶進士,萬曆初官侍讀,後爲禮部尚書,入參機務。

普林斯敦大學又有影印宋磧砂藏,首册有胡適於 1955 年 12 月 31 日朱筆題記,兹録如下:"磧砂藏經在民國二十年初發現時,已另有一部在北京大悲寺被美國人 I. V. GILLIS 發現,代葛思德東方書庫買得,民國十八年已運到加拿大境内。這一部現存美國普林斯敦大學。我曾作詳細的檢查,計存宋刻約七百册,元刻約一千六百册,餘爲配補明南藏本或天龍山本,約八百餘册,又有明萬曆間白紙精抄補本二千一百餘册,總計五千三百四十八册。GILLIS 曾受海軍偵探技術訓練,頗能鑒别版本。他知道這裹面有宋元刻本兩千多册,但他在當時實不知道這是平江府磧砂延聖院刻的大藏。後來朱慶瀾將軍在西安發現磧砂藏,他和他的同志朋友也都不知道海外另有一部磧砂藏,殘存幾千册,可供參校借補。如影印例言中記出'無從訪補'之十一卷,其中七卷,葛庫本皆有之(寧三、四,更一、二、三,横七、八),其寧九、十,葛庫亦有之,即影本之寧要十一與十二也。故兩本互校,其真'無從訪補'者衹有何字之八、九兩卷耳。"胡適先生又有專文詳述此藏,爲《記美國普林斯敦大學的葛思德東方書庫藏的〈磧砂藏經〉原本》。

《磧砂藏》,除 1931 年發現的西安開元、卧龍二寺所藏(後歸陝西省立第一圖書館,1949 年劃歸陝西省圖書館),以及太原市崇善寺所藏皆是整部而略有殘缺外,其餘經查《中國古籍善本書目》(稿本),知北京圖書館、北京市文物局、上海圖書館、遼寧省圖書館、旅順市博物館、寧夏回族自治區圖書館、南京圖書館、南京博物館、蘇州市文物保管委員會、蘇州市西園寺、四川省圖書館、四川大學圖書館、四川師範大學圖書館、四川省博物館、雲南省圖書館也皆爲殘帙。又此藏至治二年後又有明代遞補之本,藏北京圖書館、北京大學圖書館、遼寧省圖書館,也爲不全之帙。

一切如來心秘密全身舍利寶篋印陀羅尼經【宋刻本】

《一切如來心秘密全身舍利寶篋印陀羅尼經》，爲五代末吴越王錢俶所刻，然僅存上截，約二百五十斷行，缺佚甚多。有談國桓跋，云："此《一切如來心秘密全身舍利寶篋印陀羅尼經》也，宋時天下兵馬大元帥吴越國王錢俶造此經八萬四千卷，捨入西關磚塔永久供養，即雷峰塔所藏者是也。塔傾經現，敬閲一過，福緣不淺。佛歷二千九百五十二年歲次乙丑十二月十五日，談國桓爲蘭爾先生題。"

《陀羅尼經》於 1924 年 9 月 25 日（陰歷 8 月 27 日）雷峰塔圮而出，散出時，路人争拾，且遇風毁去甚多。

當時有渡雲者，所寫《雷峰塔内的心經》一文，較爲詳細地記載他所目睹的當時情況。有云：塔圮後，"即偕同事往觀，去校凡十數里，至則惟見人山人海，均在挖取《心經》。《心經》印紙上，裱以黄綾，幅長尺許，寬二寸，卷之中指大小，塔磚兩端中有隙，磚與磚相接而中塞《心經》一卷，有如合縫之榫。塔圮而經亦出世，拾而舒之，或迎風成灰，或僅餘殘篇，其整幅完好者甚少。當有收古玩者出資收購，時值三五元，後漲至數十百元"。所謂《心經》全稱爲《一切如來秘密全身舍利寶篋印陀羅尼經》，也即《藏經》。

《藏經》卷端題記都説八萬四千卷，故有人認爲當時錢俶刻的《藏經》八萬四千卷，全數置於磚孔内。按"八萬四千"，本爲佛教表示事物衆多的數字，後用以形容數量極多。佛教中有謂衆生煩惱種類極多，喻稱八萬四千煩惱，或稱八萬四千塵勞。即使在文學作品中也有使用"八萬四千"之詞。如宋陸游《劍南詩稿》卷二十五中的《醉歌》云："八萬四千顛倒想，與君同付醉眠中。"錢俶或用阿育王故事，實際上未必是八萬四千之數。

據《中國古籍善本書目》的著録，國内所藏《雷峰塔藏經》三十卷左右，爲北京、上海、浙江、湖南四圖書館，北京大學、吉林大學、西北大學三圖書館，上海、浙江、浙江温州、陝西省、甘肅武威縣、山東省六博物館等所有。這其中，上圖計有四卷、國圖及上博各三卷、浙圖兩卷，幾近國内所藏之一半。

國家圖書館所藏，其中的一卷，已爲《中國版刻圖録》（增訂本）收録，此卷雖首尾俱全，但内中略有缺損。後來所出版的鄭振鐸編著的《中國古代木刻畫選集》及周心慧等輯的《中國古版畫》所收《雷峰塔藏經》，均對此圖加以收録，惟周輯本該圖模糊不清，拙劣之極，扉畫及題記幾不能辨，大有慘不忍睹之感。

數十年來，筆者所見僅上海圖書館、上海博物館、五臺山文管所、臺北"中央圖書館"、美國國會圖書館、美國哈佛大學塞克勒博物館所藏十一卷而已。其中上海圖書館藏四卷中，以民國龔心釗跋本爲最佳。卷之題簽爲"西湖南屏晚鐘"，内有何星叔繪雷峰塔圖。此卷之珍貴，在於附有塔圖（略殘），還有以小木棍（非小竹簽）爲軸心，將經卷卷起。津所經眼之《雷峰塔藏經》中存有小木棍者僅此一卷。

由於有些人認爲此經能免除一切灾難，壽命長遠，得無量功德，故善男信女需求者甚多。爲了滿足没有得到此經的需求者，杭州刻字印刷鋪及書商見有利可圖，便照原刻本翻刻，售於各路來杭之信佛者或愛好藏書者。據當時人之回憶，經卷散出後，完整者極少，當時杭州商會會長王薌泉得一完整者，并由大井巷懿文齋裱畫店主人許某，從王氏處借來，加以仿刻。由於刻工甚精，雖有少數誤字，但大體上也可亂真；且連裱價在内，每卷僅售一塊銀元，故價廉物美，銷售頗廣。另杭州著名書賈朱遂翔的抱經堂，也翻刻《藏經》，這類翻刻本和有意作假、牟取暴利者不同。

如今，即使這類杭城翻刻的不同《藏經》卷子也不多見，偶有一卷，便也有人當作真本而奇貨可居，視若珍秘，甚或轉手進入拍賣之列。對於這種翻刻本，如有不精於版本鑒定者或看走眼者，也會當原刻購入。

美國國會圖書館此卷殘損甚多。又芝加哥大學遠東圖書館也藏一卷，乃得之於香港，然非原刻，當爲民國間書賈重刻。津二十餘年前，所見《藏經》百餘卷，北宋所刻僅兩卷而已，餘皆爲重刻售於善男信女者，其中多染色充舊，以欺瞞藏家。

津另有《杭州雷峰塔及〈一切如來心秘密全身舍利寶篋印陀羅尼經〉》一文，載《文獻》2004 年第 2 輯，讀者自可參閱。

御制秘藏詮【宋刻本】

《御制秘藏詮》二十卷，宋太宗趙光義撰述。宋大觀二年（1108）刻《開寶藏》本。存卷十三。半頁十五行、十六行不等，每行大字十三至十五字不等，小字十七字。中無界欄，無邊框。圖共四幅。

隱而不傳於人曰秘，蘊蓄於内曰藏。秘藏者稱諸佛之妙法，以諸佛守護之不妄宣説故也，以非器而妄傳，便爲破法故也。《佛祖統紀》卷四十三載有宋太宗至道二年（996），“詔以《御製秘藏詮》二十卷、《緣識》五卷、《逍遥詠》十卷，命兩街箋註，入大藏頒行”。

此卷爲卷十三，計十五紙，拆分成三卷。第一卷爲第一紙至第五紙。但第一紙佚去，第二紙存十七行半，有圖一幅。第二卷爲第六紙至第十紙，有圖兩幅。第三卷爲第十一紙至第十五紙，有圖一幅。

末刻“蓋聞施經妙善，獲三乘之惠因，讚誦其詮，超五趣之業果。然願普窮法界，廣及無邊，水陸群生，同登覺岸。時皇宋大觀二年，歲次戊子十月日畢。莊主僧福滋、管居養院僧福海、庫頭僧福深、供養主僧福住、都化緣報願住持沙門鑒巒”。查日本大正十四年（1925）版《法寶留影》第十圖（甲、乙），爲《開寶藏》二種，前者爲《佛本行集經》卷十九，後者爲《十誦律》卷四十六。後者卷末所刻文字和上述全同。

刻工有史志（第十三紙）、英（第十一紙）、楊蘊（第十四紙）。印工有邵明（第十五紙）。此卷偶有字缺末筆，如契、小、所等字。間有簡筆字，如断字。又有别體字，如悪、忢、恼等。墨色深淡不勻，有的字歪斜不直，如第九頁“一音”之“音”字向左偏離。用紙似較竹紙爲韌，纖維甚少，紙不厚，非皮紙。字體爲宋體。

按，津細諦此經文及圖，似非同時所刻。圖之上下有雙邊。圖鑲裱於經文之間，如第一卷之第三紙和第四紙之間爲圖。宋本佛經中有圖，然多釋迦游説法圖。但此卷之圖却爲山水圖，且構圖緊密，布局嚴整，諸如高僧講道、樹木草廬、敞軒小榭、山巒起伏、祥雲朵朵、怪石嶙峋、小橋流水、老者小童等，中國宋代版畫，似如此精雕細琢者可説絶無僅有，即使是明人版畫中也很少有如此之精者，實精妙之極。津又疑此經原無圖，而此圖應爲一長卷，經人割裂後移入，惜無實證，俟之他日，或可冰釋。

此爲《開寶藏》之零卷。北宋刊藏，始於《開寶藏》，共五千零四十八卷。刻始於開寶四年（971），訖於太平興國八年（983），爲宋太祖命張從信往四川益州（今成都）雕版。今全藏及其版久佚，即印本祇有單本流傳，亦稀若星鳳，今所知者，美國僅此一卷，日本存有六卷，大陸存有五卷而已（分藏於北京圖書館、上海圖書館、山西省博物館）。

此卷於 1962 年 11 月爲美國哈佛大

學塞克勒博物館(大陸出版物涉及此版畫之介紹者,皆作福格博物館,誤)庋藏,乃得自美國加州洛杉磯大學魯道夫教授處。按,日本京都南禪寺藏有高麗版《大藏經》一帙,爲據宋刻本翻刻,并附有《御製秘藏詮》及木刻插圖。又李鑄晋有《評羅越:〈中國十世紀所刻(御製秘藏詮)之木刻山水畫〉》(載《中文大學中國文化研究所學報》),宿白《唐宋時期的雕版印刷》也有涉及《御製秘藏詮》篇章并圖版。

大般若波羅蜜多經【宋刻《萬壽大藏》本】

《大般若波羅蜜多經》六百卷，唐玄奘譯。宋福州東禪等覺院刻《萬壽大藏》本。一册。六行十七字。題“三藏法師玄奘奉詔譯”。存卷一百九十三。爲“往”字號。末頁題“都勸首住持傳法慧空大師冲真，請主參知政事元絳”。計十二紙。此本字體頗類顔真卿體，刷印之墨色極黝黑。藏美國國會圖書館。

王重民《國會圖書館藏中國善本書録》著録此本云：“余不知在何藏内，亦不知是否爲宋刻單本？”按，此應爲福州東禪等覺院刻《萬壽大藏》本。凡《萬壽大藏》本之《大般若經》，除卷一外，在每卷之首皆無題記，卷末則刊有冲真、元絳之名號。元絳之事略，詳見《宋史》列傳。臺灣道安法師《中國大藏經雕造印史》云：元絳“其參知政事之任職期間，是在神宗熙寧八年(1075)十二月至元豐二年(1079)五月。退職後之翌年，元豐三年七十六歲時去世。元絳當大藏經之請主，應在熙寧至元豐年間任參知政事之時。因在《大般若經》天字函之刊記内，有‘捨錢開此函，用延臺算’等字様，由此即可察知”。

此卷版心下記有刻工，有邵保、昌、宗、亨、俊、丁思諸人。丁思名後并加一“刁”字，王重民云：“其作‘丁思刀’者，謂爲丁思刀刻也。”此似可商榷。因寺院雕板印經，除另聘請匠坊熟練工人外，在寺院裏也有僧人爲雕板者，稱之爲雕(刁)字僧，管理雕字僧者稱雕(刁)字教首。如著名之《趙城藏·孝帙攝大乘論釋》卷七末題：“河間府天寧寺刁字教首至玉”；珍帙《大般若經》第五百七十九卷末附記雕字僧名云“本寺王普慈刁”；枝帙品類足論卷五末跋云“大朝國燕京弘法寺雕造僧普輪”。可證“丁思刁”爲“丁思雕”。

張秀民《宋元的印工和裝褙工》(《文獻》第四期)云：“北宋福州東禪等覺院《萬壽大藏》零種，在南宋初印刷者，除載有勸緣施主與北宋刻工外，往往加有印工的長方木戳小印。”此卷卷末有“丁慶印造”小黑印記。丁慶還印有明州奉化縣王公祠堂刻《大般若波羅蜜多經》。除此卷外，存於國内者，北京圖書館五卷，爲卷二十二、二百四十六、二百七十、二百九十三、五百三十九；遼寧圖書館一卷，爲卷三百五十七；泉州開元寺存一卷，爲卷一百九十五。九百年來，由於兵燹、天災等原因，存留下來的《萬壽大藏》本《大般若經》并不多見，大陸所存僅上述七册而已。又據李圓净《歷代漢文大藏經概述》，日本宫内省存有《萬壽大藏》及《毗盧大藏》混合的全藏，惜未有專文論述并加以區別。

大般若波羅蜜多經【宋刻《毗盧大藏》本】

《大般若波羅蜜多經》六百卷，唐玄奘譯。宋政和五年(1115)福州開元寺刻毗盧大藏本。六行十七字。

紐約市立公共圖書館存一卷，爲卷一百零三，一册。“盈”字號(“初分攝受品第二十九之五”、“初分校量功德品第三十”)。計十三紙。前有“今上皇帝祝延聖壽，文武官僚同資禄位，雕造毗盧大藏印板一副，計五百餘函。時政和壬辰歲十月　日勸緣沙門本悟謹題”。刻工有“奴刊”、“宗”、“遂”。末有“林從造”小黑印記。壬辰爲政和二年。

又普林斯敦大學總圖書館存卷四百二十九，一册，爲“麗”字號，計十三紙。前有“今上皇帝祝延聖壽，文武官僚同資禄位，雕造毗盧大藏經印板一副，計五百餘函。時政和丁酉歲九月　日勸緣沙門行崇謹題”。末有“陳和造”小黑印記。據説此卷乃從日本東京神田書店購得。丁酉爲政和七年。

《毗盧大藏》，始刻於政和二年，至乾道八年(1172)告成，共五百六十七函，六千一百十七卷。此經之雕造，乃由福州名士蔡俊臣、陳靖、葛龜年、張周、林昭、陳芳、卓元忠、趙天與等二十五人爲都會首，開元寺歷代住持本明、净慧大師法超、宗鑒大師元忠等爲證會，由多名勸緣沙門在福州管内巡回勸摹善資，調度出版費用，在開元寺之經局内雕板，管勾沙門管理實務。

大般若波羅蜜多經【宋刻本】

《大般若波羅蜜多經》六百卷，唐玄奘譯。宋紹興三十二年（1162）明州奉化縣王公祠堂刻本。六行十七字。存卷三百、四百五十一、五百四十五，共三册。每册底頁印有"明州奉化縣忠義鄉瑞雲山參政太師王公祠堂大藏經，永充四衆看轉莊嚴報地。紹興壬午五月朔男左朝請郎福建路安撫司參議官賜緋魚袋王伯序題，勸緣住持清涼禪院傳法賜紫慧海大師清憲"五行。

明州即今寧波。參政太師即王慶曾，崇寧癸未（1103）進士，通易、書、詩、春秋，歷官資政殿學士。其時家住西社壇橋南，奉祠引年居鄞。著有《南河集》、《易説》、《春秋旨義》、《元元通數》。其子伯序，紹興五年進士，官宗正丞。忠義鄉，宋代在奉化縣東南一百里。真宗景德三年（1006）以鄞陽爲忠義鄉（鄞陽亦曰海陰）。瑞雲山，距奉化縣城六十里，宋楊簡生於此，生時有五色雲起，蓋山上鄉人异之，因名瑞雲山。

卷四百五十一，爲"出"字號。刻工爲侃、纔、余中、求、任、畦。末有"何文印造"小黑木記。計十三紙。藏哥倫比亞大學東亞圖書館。

美國國會圖書館藏。刻工有亨、賓、宏、俊、平、昌、楷、劉青、鄭求、吴鉛等人。卷三百爲"吕"字號，後有"李意印造"，按李意又印有《大般涅槃經》。卷五百四十五爲"夜"字號，後有"林彦印"小黑木記。

此二册封面皆有極細之小黑點，書名爲手寫，楷書。

1972年張秀民先生在泉州開元寺見到一册奉化王氏祠堂印《般若經》，爲卷一百九十五，末有"丁慶印造"小黑木記。此卷乃近代高僧弘一法師自日本請歸之物。

按，美國哈佛大學哈佛燕京圖書館藏有卷三百二十二、三百五十一、三百八十三、四百三十六、四百五十七，計五卷，詳見《美國哈佛大學哈佛燕京圖書館中文善本書志》。

大般若波羅蜜多經【元刻《普寧藏》本】

《大般若波羅蜜多經》六百卷，唐玄奘譯。

元至元十六年（1279）杭州路余杭大普寧寺刻大藏本。六行十七字。一册。此爲"昆"字號。末有"大藏經局伏承湖州路長興縣至德鄉白茆保居奉佛弟子欽文言謹施净財，刊造大藏般若經板三卷，所集良因，上薦考欽六三承事，乘兹妙利，超方净域，仍將功德祝扶在堂竇氏色身康健平安者。至元十六年二月南山普寧寺住山釋道安題"五行。

普寧寺爲元代白雲宗之寺院，其雕板爲普寧寺住持道安、如一、如志、如賢等募緣，以思溪、福州二藏校勘付刻。於元至元六年始刻，至至元二十二年竣工。據《昭和法寶内普寧藏目》，共五百五十八函，六千零十卷，一千四百二十二部，又加二十九函，以千字文編號，始"天"終"約"。此經計六百卷，今所存均爲殘本。北京圖書館存有五十九卷。臺灣"中央圖書館"存二卷，此外上海、北大、山西、遼寧、江蘇、浙江、湖北、雲南等圖書館亦藏有零帙。此藏美國國會圖書館。

大般若波羅蜜多經【大理國寫本】

《大般若波羅蜜多經》，存卷第四十一。大理國天開十九年寫本。藏雲南省博物館。

天開十九年，當爲宋嘉定十六年(1223)。卷總長一千二百九十四厘米，寬三十點九厘米。每紙二十九行，每行十七字。卷首殘去數紙，卷末寫有"大理國灌頂大阿左梨趙泰升敬造大般若經一部，聊申記云"。邊欄、欄綫，有的粗獷隨便，有的整齊劃一，不似唐人寫經規格甚統一。

灌頂，爲佛教密宗儀式，凡弟子入門，須先經本師以水或醍醐灌灑頭頂。灌，謂灌持，明諸佛之護念；頂謂頭頂，表佛行之崇高。阿左梨，即阿闍梨，梵語，僧徒之師，意譯爲軌範師，謂能糾正弟子品行，爲弟子規範。趙泰升者，當爲佛門之大軌範師。

雲南大理，歷史悠久。佛教之入大理，約在唐初貞觀、開元之際。南詔文化，本屬中國西北高原古文化系統，其後又受漢、唐兩代文化影響極深，其并無任何特殊之文字，故此卷寫經全用漢字，書法較粗率，無唐人寫經之筆致秀勁，然也剛勁有力。綜觀殘卷，似爲一人手書。

卷中每紙接縫處均有"大理國督□印"朱文長方印。據雲南省圖書館于乃義先生生前告知，"□"字疑爲"爽"字，余不及細考，今從其説。又有多方"皇帝聖德奉戴玄珠"朱文長文印，卷中并夾有梵文字母。卷背爲《龍關趙氏族譜》，明代趙汝濂纂修，清趙登瀛增修。趙汝濂，字敦夫，大理人，明嘉靖進士，官至太僕寺卿、都察院右副都御史。

值得注意的是，卷中每紙接縫處有似深粉紅狹長條紙，紙質堅韌，中印有花紋，各各不同，有花有葉，顯然是從一張大紙上截裁成條。可以設想，如果將這些條紙拍成照片，進行拼配，定然是一幅美妙的花卉圖案。從花和葉的圖案來看，則是很成熟之作品。用花來作圖案，應和大理古時盛産花卉有關。如今在雲南所能看到的一些寺院庵觀，皆有種種之裝飾壁畫及版畫，或爲圖案，或爲人物、花鳥，或爲佛教故事，等等，可以看出大理人民自古愛好藝術，故其流風所被，影響至今。

《大般若波羅蜜多經》，今所存最早之本爲唐寫本，除敦煌外，尚存二卷，藏諸黑龍江省圖書館和山東省博物館。而宋代寫本也僅存四卷，今藏北京圖書館和貴州省博物館。

此經僅殘存第四十一卷，雲南大理縣圖書館也藏有此經殘卷，惟不知爲卷幾，疑爲一部。

大理國寫本傳世極罕，今所知者，還有《金剛般若波羅蜜經》二卷(存一卷)、《藥師琉璃光如來本願功德經》一卷、《仁王護國般若波羅蜜多經》二卷、《大灌頂儀》□□卷(存一卷七)、《大方廣佛華嚴經疏》六十卷（存一卷三十八）、《金光明最勝王經疏》一卷、《大方廣圓覺修多羅了義經疏》四卷（存四十三頁）、《佛説灌頂藥師經疏》十二卷（存一卷十二）、《息災觸净散食次難咒棺啓請》一卷（存十段）、《諸佛菩薩金剛等啓請儀軌》一卷、《禮佛懺悔文》一卷，共十一種，除《金光明》、《諸佛菩薩》外，餘皆藏雲南省圖書館。

佛說高王觀世音經【明嘉靖刻本】

《佛説高王觀世音經》一卷。明嘉靖四十五年(1566)陶恩刻本。一册,半頁五行十五字,上下單邊。框高20公分。字體仿宋。卷首爲佛説法圖,畫面繪有五佛,如來後站立四大金剛。次爲經牌贊,刊"皇圖鞏固,帝道遐昌,佛日增輝,法輪常轉"。次爲觀世音菩薩端坐蓮臺説法圖。後有八大菩薩摩訶薩名號,爲南無觀世音菩薩摩訶薩、南無彌勒菩薩摩訶薩、南無虚空藏菩薩摩訶薩、南無普賢菩薩摩訶薩、南無金剛手菩薩摩訶薩、南無妙吉祥菩薩摩訶薩、南無除蓋障菩薩摩訶薩、南無地藏菩薩摩訶薩。

此經又稱"高王白衣觀音經"。爲東魏天平年間孫敬德所感得之觀音經,然明代蓮池大師以之爲僞經。據《法苑珠林》卷十七載,魏天平中,定州募士孫敬德造觀音像,自加禮敬,後爲賊所引,不勝拷楚,妄承其罪。將斬決之前夕,夜夢一沙門,令誦救生觀世音經千遍即可解脱。翌日有司執縛向市,孫敬德且行且誦,臨刑滿千遍,刀斫自折,皮肉不傷,三换其刀,終折如故。有司以狀奏聞,丞相高歡表請免死,敕寫其經廣布於世。

此本末有荷蓋蓮座牌記,刊"内織染局僉書官弟子陶恩奉佛,因爲本官御馬監掌印太監陳憲偶遭縲絏之中,弟子謹發虔心印造《高王觀世音經》一千卷,保佑本官早得解脱此難,永保平安。嘉靖歲次丙寅仲春吉日施"。牌記外又有"東四焊[牌]樓北邊靈床衚衕沈家印行",并韋馱造像,圖甚精。此經當刻於北京。

按御馬監及内織染局同爲明代二十四衙門之一,前者設掌印太監、監督太監、提督太監各一,掌御厩諸事。後者掌染造御用及宫内應緞匹。牌記所云御馬監掌印太監陳憲偶遭縲絏之中,指陳憲因故入獄,陶恩托神庇佑而刻此經。

此經又有明正德十六年(1521)襄王同妃王氏刻本,萬曆十八年慈聖宣文明肅皇太后刻本,均藏北京圖書館。此外,在香港還有兩種,一爲明崇禎刻本,其蓮座牌記上寫有"奉佛修因内官監總理太監祈福保安吉祥,信官蘇若霖誠心印造《高王觀音經》五百卷施誦流通。崇禎元年三月吉旦"。另一爲明景泰刻本,書名題"誦高王觀世音感應",圖粗糙,不及此本遠甚,其有荷蓋蓮座牌記,刊"鎮守密雲等處都指揮同知趙汶,正統十四年十二月三十日爲事被監在都察院。景泰元年正月十五日對天啓一許《高王觀音經》一藏,保右[佑]無事,出監印舍,景泰四年月日謹施"。

大方廣佛華嚴經【宋刻本】

《大方廣佛華嚴經》八十卷，唐釋實叉難陀譯。宋刻本。存七卷，爲卷十四、十六、二十五、四十二、四十三、七十七、七十八。每紙二十五行十五字，刻工有羅光夫、馬。

卷七十七末刻有"宣差乾州劉元帥希真居士、夫人完顔瑞雲同發心願，刁華嚴經第八帙一十卷，所將刁經功德追薦祖先父母累世親姻，同承有作之功，盡證無爲樂果，更希蒲宅臺眷吉祥如意者。丁巳年六月初一日功畢"。乾州，唐末置，宋因之，尋廢，後復置醴州，金復爲乾州。劉希真，查《宋人傳記資料索引》、《宋史人名索引》均無此人。丁巳，或爲紹興七年(1137)。

卷七十八末刻有"京兆府新市街奉佛女弟子張宅李惠明、女婿王福秀、女張惠秀一家等，追薦祖先生身父母，追薦亡夫經歷官張福海，保延衆家眷。戊午年二月日工畢"。京兆府，應在今陜西省西安市附近地區，戊午或爲紹興八年。

此本當爲民間所刻經。後記中捐資刻經者皆在西北境内，則此本之刻或也在陜西。又字體似《趙城藏》。此經據著録，單刻本有宋紹興十九年刻本、宋朱紹安等刻本、宋寶祐三年(1255)江陵府先鋒隘李安檜刻本、宋刻本四種。此本則不知和何種同版，或别爲它刻。此藏上海圖書館。

大方廣佛華嚴經【宋刻《萬壽大藏》本】

《大方廣佛華嚴經》八十卷，唐釋實叉難陀譯。宋元豐八年（1085）福州東禪等覺院刻《萬壽大藏》本。存一册。半頁六行十七字。題"東晋天竺佛陀跋陀羅譯"。

此爲大乘佛教要典之一。大，即包含之意；方，即軌範之意；廣，即周遍之意，亦即總説一心法界之體用，廣大而無邊，稱爲大方廣。佛，即證入大方廣無盡法界者；華，即成就萬德圓備之果體之因行譬喻，故開演因位之萬行，以嚴飾佛果之深義，則稱之爲佛華嚴。莊爲璣《華嚴經考》云："華嚴經爲佛説大乘五經之一。佛祖釋迦年十九出家，三十歲成正覺，即爲世人説法。華嚴爲佛最初度人之法寶，亦佛少年時代之理論也。佛初出爲世人華嚴，正欲爲其理論之綱領，故曰：'華嚴者，萬法之統宗，群經之鈐轄，教乘之洋海也。'"

此本存卷第四十五，入法界品之九。"垂"字號。字體方整。刻工有陳正、付。前刻"福州東禪等覺院住持傳法慧空大師冲真等謹募衆緣，恭爲今上皇帝、太皇太后、皇太后、皇太妃祝延聖壽，國泰民安寧，開鏤《大藏經》印板一副，總計五百函，函各十卷。元豐八年乙丑歲五月日謹題。"

東禪等覺院在福州閩縣易俗里之白馬山。按《萬壽大藏》，又稱《崇寧萬壽大藏》，共爲六千四百三十四卷，在經板雕造之時，由徽宗皇帝御賜名稱。始刻於宋元豐三年（1080），訖於政和二年（1112）。大陸所存八十八卷，分别存於北京國家圖書館、上海圖書館、天津圖書館、南京圖書館、遼寧省圖書館、湖南省圖書館、北京大學圖書館等十四館。臺灣"中央圖書館"藏五卷，美國哈佛大學哈佛燕京圖書館藏九卷。北圖所藏最多，計十七卷，中有《大方廣佛華嚴經》之第五十一卷。

日本所藏《萬壽大藏》本較之大陸本土爲多。據《圖書寮漢籍善本書目》卷三著録《萬壽大藏》，其藏本乃爲《萬壽大藏》及《毗盧大藏》之拼本。《書目》有云："此本配東禪、開元兩寺版，以湖州本而屢遭世事變遷，輾轉四方，卷帙散佚，雖可憾，然尚存六千七百五十九卷，真可謂奇跡。按是本原藏京都法華山寺，寺係僧慶政之創建。建保五年，慶政入宋求法，偶會本經開雕之秋，捐財資工，攜歸刊經若干，以藏於法華山寺。爾後，令宋舶齎來遞刊餘經。元弘三年，千種忠顯陳於本寺堂宇，罹燹經藏，纔免燒亡。建武、曆應之間，山寺所藏之經卷悉移於石清水八幡宫益性法親王，每歲於本宫閲月轉讀本品供養千僧，以祈邦家之安泰。應仁年中，《大般若經》六百卷失其所在，至天正十二年蒐索獲之。翌年，豐臣秀賴生母澱君等助資修補經函，漸復舊觀。爾來什襲無缺。此事據慶政傳記、山寺記、八幡宫文書經卷識語，並所捺印章等可以知焉。……明治二年，神佛分離之令一出，本經四散，流傳民間。明治十九年，近江小島氏藏其大半，政府購得儲諸官庫。明治廿四年，移於圖書寮，大正十五年，大阪森本氏獻《大般若經》及其他若干卷於帝室。其後，力於蒐集散佚諸經，殆近於完璧矣。此書鐫刻鮮明，紙質堅緻，正是可謂天地間之至寶矣。"

按，《中國書店三十年所收善本書目》著録此經，亦《萬壽大藏》本，爲卷十，一册。又按，《中國木器文玩古善本拍賣圖鑒》上卷（遼寧畫報出版社，1996），著録此經一册，版心下有"賈侍郎舍"、"安撫使賈侍郎舍"字樣。鈐有"讀杜草堂"、"天下無雙"印。實即中國書店藏本，此本今不知拍至何方。

《萬壽大藏》本，皆六行十七字，每紙三十行乃至三十六行。卷首之三行或四行例刻藏經題記，其題記内容，依年代各有不同。其最早者爲元豐三年。宋刻單本《大方廣佛華嚴經》，今所存於世者，有數刻，皆爲不全之本，爲宋紹興十九年（1149）刻本（五行十五字），存二卷，藏北京圖書館；宋朱紹安等刻本（五行十五字），存七十九卷，藏北京圖書館；宋寶祐三年（1255）江陵府先鋒隘李安檜刻本（五行十七字），存七十四卷，藏北京圖書館、上海圖書館等館；宋刻本（五行十五字），存一卷，藏上海圖書館；宋刻本（五行十五字，左右雙邊），存一卷，藏北京大學圖書館。

日本内閣文庫、京都大學、東京大學皆無收藏。此本雖爲殘卷，然大陸各館也僅存卷十、四十五、五十一三卷而已，故也彌足珍貴。2000年2月，美國麻省理工學院圖書館來電，請去該館鑒定善本，余與嚴佐之教授同去，所見中國漢籍數部，此爲其最佳者。

鈐印有"東禪"、"能仁禪寺大藏"（藍色楷書木記）、"魯德福印"。

妙法蓮華經【宋刻本】

《妙法蓮華經》七卷，宋刻本。一軸。題“姚秦三藏法師鳩摩羅什奉詔譯”。原藏傅增湘藏園，有“沅叔審定宋本”印，另紙有傅氏手跋。跋云：“此北宋刻《蓮華經》，余十五年前得之吴門積寶齋孫伯淵許。據言吴江垂虹橋畔某寺有塔忽圮，塔中藏此經二卷，其完好者歸於湖州蔣孟蘋。此卷雖多破損，然余見其蠅頭細字，雕鎸工雅，楷法精妙，似仿東坡，亟以善價易得。卷末跋文二行，文曰‘此經再將諸本校勘重開，並無訛謬。錢塘丁忠開字’。據此知爲浙杭刻本。昔治平元年詔刊七史，即牒下杭州開版，以杭州多良工，故雖細楷如米粟，而刀法精妙，鋒穎如新，至可寶也。蔣氏得此經後，曾有影本，余乞得一本。此卷重付裝池時，其首卷缺損之處，即取影本補入。女媧煉石，爲天地彌此缺憾，亦足快矣。庚辰十月蜀南傅增湘收於藏園。”

《妙法蓮華經》，宋代所刻有二十多種不同版本，最早者當爲宋慶曆二年(1042)杭州晏家刻本，藏諸山東省博物館。查《中國古籍善本書目》(稿本)，此經宋刻於杭州各書坊約有六種，該殘軸乃爲美國國會圖書館所藏，以跋文所云“錢塘丁忠開字”，似可補《善本書目》之版本所缺漏。

妙法蓮華經藥草喻品【清乾隆永瑢寫本】

《妙法蓮華經藥草喻品》一卷，姚秦釋鳩摩羅什譯。清乾隆永瑢寫本。一册。清永瑆跋。半頁八行二十字，四周花邊，乃手繪，極細緻。

永瑢，封質莊親王，號九思主人，高宗弘曆第六子。《四庫全書》正總裁。書法得徐浩筆意。生於乾隆八年(1743)，卒於乾隆五十五年(1790)，年僅四十八。著有《九思堂詩鈔》。《清史稿》卷二百二十列傳七載："二十四年十二月，以皇六子永瑢爲之後，封貝勒。三十七年，進封質郡王。五十四年，再進親王。永瑢亦工畫，濟美紫瓊，兼通天算。五十五年，薨，謚曰莊。"

藥草喻品，爲《法華經》二十八品中之第五品，爲法華七喻之一。又作雲雨喻，以雨比喻佛陀之教法，而以藥草種類有别，名色各异，雖密雲瀰布遍覆，同受一雨所澤，然因根、莖、枝、葉之别，大小諸樹各稱性而長，致各有差别。謂衆生根性各异亦復如是，佛陀隨衆生品類，以教化衆生各自之智性，治愈其病惑，令證入菩提。天臺宗依據此一比喻，而謂受如來方便法雨之衆生有"三草二木"之别，其中三草謂小草、中草、大草。小草比喻人、天，中草比喻聲聞、緣覺，大草比喻菩薩。藥草雖有大小不同，若蒙雲雨滋潤，皆得敷榮鬱茂，能治衆病；故以之比喻三乘人之根器雖有高下，若蒙如來慈雲法雨潤澤，則能成大醫王，普救群生。

此本書法工整，匀圓豐滿，用筆一絲不苟，類館閣體。蓋乾隆中葉後，四庫館開，而其風益盛，瑢之書法也從其體也。永瑢習佛，其所書佛經，當有數種，所知存於世者，又有乾隆四十四年書《大乘妙法蓮華經》七卷，及《大聖文殊師利菩薩讚佛法身體經》一卷，爲乾隆間泥金寫本，二本皆藏北京故宫博物院圖書館。

按《妙法蓮華經》計七卷，佛經中傳寫最多者應推此經，乾隆間即有陳邦彦寫本、嵇璜寫本、王際華泥金寫本、王杰等泥金寫本等傳世，且均藏諸北京故宫博物院圖書館。

永瑆跋云："六兄敬書《妙法蓮華經》一部，數年而竣，恭進御覽，藏之秘府。此册二十八頁，乃錯誤字數之廢篇也，兄意欲存之，以見工夫之可驗、校讎之可據，而天禄所儲，洵無魚魯之可疑。於是訂成一本，且命瑆題其後。瑆觀楷法醇和雅正，似蔡忠宣學顔平原筆，兼之紙墨相洽，望之蔚焉生彩，信可珍也。雖殘編斷簡，文句不貫，正如四句偈等，包大千義，全鱗不多，片甲不少，作如是觀亦無不可爾。永瑆謹記。"按永瑆，高宗第十一子，號少厰，一號鏡泉，别號詒晋齋主人。乾隆五十四年封成親王，曾任《四庫全書》正總裁。嘉慶四年(1799)在軍機處行走，總理户部三庫。二十四年因祭地壇贊引誤，罷内廷行走差使。工書，胎息歐陽，出入羲、獻，臨摹唐宋各家，均造極詣，兼善篆隸。著有《詒晋齋集》。生於乾隆十七年(1752)，卒於道光三年(1823)，年七十二。《清史稿》卷二百二十一列傳八有傳。

此書襯紙爲清寶善堂刻本《聖諭像解》。此本藏臺灣"國家圖書館"。《國家圖書館善本書志》(初稿)著録作"清乾隆間永瑆手寫本"。誤。

鈐印有"菦圃收藏"。菦圃者，即張乃熊，菦圃爲其字，張鈞衡長子，浙江吴興人。光緒貢生。繼承其父適園藏書，搜書之興不下其父，尤精鑒别。此本之得，係1940年至1941年間，鄭振鐸等人在上海組織"文獻保存同志會"，在朱家驊、陳立夫、杭立武、蔣復璁等人之指導、支持下，爲"中央圖書館"購得張氏藏書大部，此其一也。

四經同卷【宋刻《萬壽大藏》本】

《四經同卷》計《文殊師利根本一字陀羅尼經》一卷，題“大唐天後代天竺王藏寶思惟譯”；《曼殊室利菩薩況藏中一字況王經》一卷，題“唐三藏法師義净奉制譯”；《十二佛名神咒較量功德除障滅罪經》一卷，題“隋三藏法師闍那崛多譯”；《佛説稱贊如來功德神咒經》一卷，題“唐三藏法師義净奉制譯”。四經合册。宋元豐八年(1085)福州東禪等覺院刻《萬壽大藏》本。六行十七字。爲“效”字號。前有“福州東禪等覺院住持傳法慧空大師冲真等謹募衆緣，恭爲今上皇帝、太皇太后、皇太后、皇太妃祝延聖壽，國泰民安，開鏤大藏經印板一副，總計五百函，函各十卷。元豐八年乙丑歲五月日謹題”。

此本鈐有“東禪經局”印。東禪等覺院刻萬壽大藏專門設有經局，而在經中鈐有此印者甚少。是本刻工爲余鄭。舊藏日本三聖寺，有“三聖寺”圜印。

藏美國國會圖書館。

藏經五種【宋刻《萬壽大藏》本】

《藏經五種》爲《雜阿含經》等五經。

《雜阿含經》，宋求那跋陀羅譯。宋福州東禪等覺院刻《萬壽大藏》本。六行十七字。全經五十卷，此存卷九，一册。計十九紙。末署"詳對經弟子黄端、詳對經沙門擇寧、都句當藏主沙門集成、同勸緣聖泉寺賜紫沙門惠榮、同句當住聖泉寺傳法沙門紹登、都勸首住持傳法沙門智賢、前都勸首住持傳法慧空大師冲真、左朝請郎權發遣福建路刑獄公事兼本路勸農提舉河渠公事權福州軍州事兼本路兵馬鈐轄上輕車都尉借紫王祖道、請主參知政事元絳、證會靈應侯王"。

《大般涅槃經憍陳如品》，題"唐南海沙門若那跋陀羅與沙門會寧等譯"。六行十八字。存一册，計九頁。宋刻本。

《甘露軍荼利菩薩供養念誦成就儀軌》，宋刻本。存二頁。末有"陳珣造"小黑木記。

《邑字函音釋、雜阿毗曇心論》，宋刻本。一册。存一紙。六行十七字。

《佛説一切如來真實攝大乘現證三昧大教王經》，宋施護等譯。宋刻本。一册。六行。經應三十卷，此僅存一卷。是卷上半皆殘去，書名前佚去六字。承美國紐約世界宗教高等研究院圖書館館長楊麗娜女士告知，此佚去之字爲"佛説一切如來"。末有"鄭保印造"小黑木記。以上五種皆藏美國國會圖書館。

金剛般若波羅蜜經【元至正刻朱墨套印本】

《金剛般若波羅蜜經》一卷，後秦釋鳩摩羅什譯，元釋思聰注解。元至正元年(1341)劉覺廣江陵刊經所刻朱墨套印本。一册。半頁五行十二字，小字雙行二十四字，上下單邊。題“姚秦三藏法師鳩摩羅什奉詔譯；梁昭明太子加其分目；汝水香山無聞思聰注解”。卷首有後人朱繪《釋迦說法圖》，圖甚精，細若髮絲。又雙龍祥雲碑，上書“皇帝萬歲萬萬歲”。末附《般若無盡藏真言》、《金剛心陀尼》、《補闕真言》、《普回向真言》、《南無般若波羅蜜多心經》。又《無聞老和尚注經圖》及(後)至元六年(1340)劉覺廣跋。又朱繪《韋陀護法圖》，於雙龍祥雲中書有“皇圖鞏固，帝道遐昌，佛日增輝，法輪常轉”。邊框爲朱色，乃手繪，非刻板。

釋思聰，字無聞，河南汝州香山人。初參獨峰，不得其解。同雲峰、月山等六人立盟，互相究竟。復見淮西無能、鐵山瓊，方得穎脱。住汝州香嚴。至元中爲資福寺方丈。注《金剛經》，有紫雲瑞芝之應。見《金剛持驗》下、《續稽古略》三、《續燈存稿》七、《五燈嚴統》二十一。

《金剛般若波羅蜜經》，即《金剛經》，在佛經中流行最廣，也爲禪宗借以弘揚之主要經典。其書名意謂以金剛不壞之志和大智慧之心乘度彼岸。因其篇幅簡約，述意深刻，歷來爲之注釋者不下數十百家，明代注釋之本，自太祖朱元璋始，後又有成祖朱棣注本，秦登瀛注本，徐雲嶠注本，釋大鑒注本，釋宗泐，如玘注本，曹元相注本等。至於集注本最多者達五十三家。然釋思聰注《金剛般若波羅蜜經》，則未見著録。

此本經摺裝。字體爲楷書，經文乃大字，字大如錢，爲朱色；注釋分雙行，爲墨色。中有簡筆字，如礼、乱、恋、断、弥、尔、潜、宝、弃等。也多异體字，如関、躰、揔、李、竟等。以板三十九塊雕印而成，每板印五半葉，板心記有板次，自第三至三十九，缺第一、二兩板。

此本確爲朱墨套印本，而并非一板雙色印本。其爲套印本之根據，可見“妙行無住分第四”，由右至左朱色大字第、薩、施、布、不皆斷裂，但夾在中間之小字“菩薩人本心”皆不斷裂。此可説明不是一塊板子。如係一板，斷裂時，大字、小字即應同時一起斷裂，而絕不可能衹斷大字而不斷小字。又，有數紙清晰地顯示無論是黑色小字或朱色大字，都是用小木塊或長方形木塊在一張紙上捺印文字。在紙的上面、中間、下面，往往都有木塊兩頭捺印之痕迹。如第七頁小字雙行“於禪定無有欲心”、“慾想乾枯無想天中”二句，在“於”、“慾”字之上即有邊痕，而朱色大字也有如是之迹。這種情況，或許可以推測原已刻就一板，爲了區分經文和注釋，請匠人鋸開，然後用朱、墨雙色套印。

細審全經，可知印刷時，朱色先而墨色後，如第十三紙“受生欲界名不還果也”内“還”、“也”二字，墨色壓在朱色之上。又“善規起請分第二”之“二”(大字)，後爲小字“梵語”，也顯見黑色小字壓於朱色大字之上。

其末圖《無聞老和尚注經圖》甚爲古樸，繪思聰執筆作注，左有小和尚捲袖濡墨，右爲頭戴帽之老者雙手合十，後爲蒼勁古松，祥雲朵朵，地面有靈芝四莖。桌前又另置四方桌一張，置香燭二、插花净瓶二、香爐一。圖之左上角刻有“無聞老和尚注經處産靈芝”數字。此圖也朱墨雙色，僅蒼松爲墨色，餘皆朱色。

圖後有劉覺廣跋，末刊“至元六年歲在庚辰解制日寓中興路。潛邑蚌湖市劉覺廣再拜謹跋。荆岑鄧覺富焚香拜書”。“師在奉甲站資福寺丈室注經，庚辰四月間，忽生靈芝四，莖黄色，紫艷雲蓋。次年正月初一日夜，劉覺廣夢感龍天聚會於刊經所。讚云：‘稽首金剛界，大聖法中王。願垂實際處，字字放毫光。’”庚辰爲(後)至元六年，次年則爲至正元年。中興路屬荆湖北道宣慰司，宣慰司爲元代地方行政機構，掌軍民之務。治所即今湖北江陵。據(乾隆)《江陵縣志》卷五十七外志寺觀載，僅江陵一地即有佛寺一百座，可見前代佛教之盛行。資福寺在江陵城東南之化港，建於唐代，應是一座規模不大的寺廟。昔之著録皆作“(後)元至元六年中興路資福寺刻朱墨套印本”，蓋以劉覺廣跋後之小字“師在奉甲站資福寺丈室注經”，爲資福寺所刻之據，除此之外，再無確證。按，此僅云釋無聞在資福寺注經，并未云在資福寺刻經。“注”、“刻”爲不同之概念，不能混淆。劉覺廣當是篤信佛教之居士，刊經所，即在江陵，故此經之版本似應作“元至正元年劉覺廣江陵刻經所刻朱墨套印本”爲妥。

唐陸德明《經典釋文·序録》云：“以墨書經本，朱字辨注，用相分别，使較然可求。”又敦煌所出唐人寫經也有用朱墨兩色分寫經文和注解，這可從近年上海古籍出版社出版之數種大套敦煌文獻窺見。1974年在山西應縣佛宫寺木塔内發現三幅彩印的《南無釋迦牟尼佛》，其印刷時間在遼統和年間(983—1011)，乃爲目前所知最早套印單張畫頁。而此《金剛般若波羅蜜經》則爲我國現存用雙色印製形式出版的最早一部圖書。

昔王重民先生嘗評論此經云：“每頁上的經文不到幾個字，它的印法雖説采用了朱墨兩色，但恐怕不是兩版套印，而衹是用一版塗上兩種顔色印成的(當不是用一塊版，塗兩次色，印兩次)。”(《套版印刷法起源於徽州説》，載《安徽歷史學報》1957年創刊號)昌彼得先生云：“惟就此印本細察研究之，實係一版而先墨後朱分兩次印成。”(《元刻朱墨本〈金剛經〉題識》，載《增訂蟫庵群書題識》)按，王氏當未見原本，故有每頁經文僅數字之説。書版刊成，往往先有朱印本或藍印本，以便於再修改剜版，版塊如先印黑色，則不甚便，故朱印本或藍印本必定是初印本。且此經墨色壓朱色之字有多例。

此本即中國現存最早之雙色印本，然大陸研版本及古版畫者多因未見原本，故在著作或論文中雖有引述，但頗多訛誤。較有影響者如周心慧《中國古版畫通史》(北京學苑出版社，2000)於此經云“卷首繪無聞和尚解經情形”。又劉覺廣跋文“忽生靈芝四”佚去“四”字；“無聞老和尚注經處産靈芝”漏“老”字；“劉覺廣夢感龍天聚會於刊經所讃云”句，“讃云”應是後段之語。又周氏對此本是否套印本“還很難判斷”，“似以前者（指單版塗上朱墨二色一次印成）的可能性爲大”。周氏又編有《中國佛教版畫》（浙江文藝出版社，1995），云此經“圖繪無聞和尚著書情形。原圖爲朱、墨兩色套印，經文爲紅色，注解爲黑色，靈芝草亦爲紅色”。其所見爲從日本影印的書影，故朱墨二色無法分辨，所以也就導致“圖中注經圖和經解分朱墨二色印刷”之類自相矛盾而又不能自圓其説的錯誤。

此本爲中央圖書館於 1947 年購獲於南京（周心慧《中國佛教版畫》云爲 1941 年發現，不知何據），今藏臺灣“國家圖書館”。《“國家圖書館”善本書志初編》著録，作“元至正元年中興路資福寺刊朱墨套印本”。1969 年，臺北“中央圖書館”與漢華文化事業公司合作，影印《善本叢書》十一種，由時任特藏組主任之昌彼得先生編選，《金剛般若波羅蜜經》即爲其一。此本之影印本，仿其原式，力求逼真，於 1971 年出版。

鈐印有“甘露記”、“慈航記”。印甚舊，當爲寺院舊藏。

白衣大悲五印心陀羅尼經【明景泰刻本】

《白衣大悲五印心陀羅尼經》一卷。明景泰元年(1450)孔祥刻本。一册。半頁五行十五字,上下單邊。前有扉畫,繪觀音端坐海波之上,旁置净瓶柳枝,又有童子合十立於小舟上,天空有祥雲數朵。構圖簡單,字體仿宋。正文前爲《净口業真言》、《安土地真言》、《開經偈》。

大悲者,救他人苦之心謂之悲,佛菩薩之悲心廣大,故曰大悲。

此本卷末刻"差到處州府青田縣前急遞鋪内,見此經發心,請回家侍奉。於丁亥年十二月二十五日果生一男,有此靈驗法,通同妻連氏一娘,今用淨財刊板印施,次冀萬保,合人口遇諸事吉昌如意者"。又有蓮座荷蓋牌記云:"大明國京都順天府大興縣靖恭坊居,奉佛信官孔祥室人紀氏妙德,於正統十三年五月内,因病患不安,無伸(神)保佑,恭對三寶前,同發誠心,印施《五印心陀羅尼經》一千卷,用保平安吉祥如意者。景泰元年七月日散施。"

在中國,無論何處都没有一種神佛像觀音那麼普遍地受到尊重及信仰,千百年來,觀音即是菩薩中在民間影響最著者。此佛經小册,也爲善書,即功德之書,出資者刻板印之施捨與人。其卷末所刻乃爲禱求子嗣、祈免病患之語。

處州,浙江境地,明代爲處州府。青田,明清時皆屬處州府。急遞鋪,即傳送文書之驛遞機構,不同於驛站,宋代即有,元代因之。《元經世大典·急遞鋪總序》云:"十里或十五里或二十里設一急遞鋪。"明代急遞鋪每十里設一鋪,每鋪設鋪司一人,鋪兵要路十人、僻路四至五人,遇有公文遞到,迅即辦妥交接手續,即刻撥兵轉送,晝夜不停。明代急遞鋪之設置,遍於全國各州縣。此處所云丁亥年,當爲明永樂五年(1407)。將此種善書置於急遞鋪内,由人索取,或由鋪兵轉遞公文時代爲散發,也是積累功德之一種宣傳方式。此本當爲景泰元年據明初刻本所翻刻流通者。

此經明代又有正德十六年(1521)襄王同妃王氏刻本,藏北京圖書館。北京故宫博物館藏有清乾隆十二年(1747)弘曆帝書泥金寫本。津旅居香港時,曾見有此經之萬曆四十年(1612)刻本,構圖較此本爲精。末有荷蓋蓮座牌記:"在京永清右衛前所軍余見居庸縣□家莊,奉佛弟子李修身同妻王氏,因育嗣艱難,發心書寫一千卷,先年已請僧誦持五千零四十八卷,伏冀聖慈俯鑒徵處,弘敷惻隱之仁,廣衍多男之慶。萬曆壬子仲春吉旦喜捨。"今并記於此。

白衣大悲五印心陀羅尼經【明萬曆刻本】

《白衣大悲五印心陀羅尼經》一卷，明萬曆四十年(1612)刻本。一册。半頁五行十五字不等，上下單邊。曾藏香港劉健威處。

前有扉畫，繪觀音端坐蓮花座，座於荷花池中，一枝荷花上有净瓶。背景爲竹林，上有飛燕，左繪有山、樹、祥雲；池邊左首繪七童子，四立三跪，五童合一，一童手持净瓶。

正文前爲《净口業真言》、《安土地真言》、《開經偈》。

末有荷蓋蓮花牌記，云："在京永清右衛前所軍余見居□縣□家莊，奉佛弟子李修身同妻王氏，因育嗣艱難，發心書寫一千卷，先年已請僧誦持五千零四十八卷，伏冀聖慈俯鑒微處，弘敷惻隱之仁，廣衍多男之慶。萬曆壬子仲春吉旦喜捨禾。"牌記後爲韋馱像。永清，明清皆屬順天府。"居□"疑爲居庸縣。

白衣觀音五印心陀羅尼經【明成化刻本】

《白衣觀音五印心陀羅尼經》一卷。明成化五年(1469)韓安等刻本。一册。半頁六行十七字,上下雙邊。前有扉畫,繪觀音端坐金光圈内,下爲海波,右下有童子合十立葉舟上。左繪夫婦并侍女一人,前又有孩童四人,其中一人跪地叩首,上有祥雲。構圖不精。正文前爲《啓請》,文曰"稽首大悲,婆盧羯帝。從聞思修,入三摩地。振海潮音,應人間世。隨有祈求,必獲如意"。

白衣觀音,又曰大白衣,又曰白處觀音,爲三十三觀音中之第六尊。以此尊常著白衣,在白蓮中,故就其被服名爲"白衣"。白者,表淳净之菩薩心也。梵名半拏羅縛悉寧,爲胎藏界觀音院之一尊,蓮華部之部母也,民間以送子觀音視之。

此爲民間禱求子嗣之善書,卷末有"遵化縣信士馬驄同室李氏妙能,陳氏妙善,發心於成化元年十月内,喜捨淨財,印造《五印心陀羅尼經》五百卷,祈求子嗣。又成化四年一月十八日,果生一子,重發心印造經一百卷,不負原許之心,用資印造,所集功德,永保子孫昌盛吉祥如意者。歲次月日"。末爲荷蓋蓮花牌記:"奉佛錦衣衛信官韓安同室衛氏妙福等,於成化五年閏二月内,發心喜捨資財,印造《白衣觀音五印心陀羅尼經》一千卷,祈求子嗣,所集功德吉祥如意者。成化五年月日。"

遵化縣,在河北省。韓安身屬錦衣衛,當非一般百姓。大凡這類善書,皆爲善男信女出資委托匠人刻之,有祈福流通之意。按照佛家之信念,凡生爲人,都有父母,也皆有子孫。既有父母、子孫,便會求福祈壽,此乃人情之常。若刊刻善書,并盡己之力廣布流傳,則其神通天,所祈願者皆可實現。此類小册,其時所印雖多,如此經韓氏即印有一千卷,馬氏印五百卷,然傳至今日,却稀如星鳳,難得一見,觀此可知其時民間信仰之一斑。

此經,上海圖書館藏有明初刻本,又廣西師範大學圖書館藏明正統五年(1440)刻本。又此本原係太平蘇氏繼廎舊藏,其藏佛經中約八十種於數年前流入香港,又輾轉爲劉君健威所得,而今則又轉入他人之手矣。

大佛頂首楞嚴經【清嚴虞惇手抄本】

《大佛頂首楞嚴經》十卷,唐釋般刺密帝、彌迦釋迦譯。清康熙嚴虞惇手抄本。二册。清翁同龢跋。半頁九行二十六字,無框格。封面題簽"嚴思庵先生楞嚴經真跡。裔孫鍾瑞竹君氏謹藏。戊子大暑同里後學衛鑄署簽"。

此經全稱《大佛頂如來密因修證了義諸菩薩萬行首楞嚴經》,又名《中印度那爛陀大道場經》、《首楞嚴經》。經述阿難、富樓那、憍陳如等佛陀弟子求法與弘教故事,借以宣傳密宗即事而真,即身成佛教義。曾有學者疑此經爲漢人撰述,至今尚無定論。

嚴虞惇,字寶成,號思庵,嚴訥之曾孫,常熟人。康熙三十六年(1697)進士、殿試第二名,授編修。己卯,以順天科場事牽連革除歸里,起補國子監丞,改大理寺副,歷遷至太僕少卿。癸巳,主湖廣鄉試,榜發,以勞致疾卒。有《嚴太僕集》、《讀詩質疑》。

嚴虞惇自爲諸生,即以學問氣節爲己任,年近五十始登第,中遭顛踣浮沉又十數年。其學根柢經史,貫穿三通之書,爲文典實正大,館閣文字,多出其手。此本爲虞惇手抄,其與佛教有緣,當在其三十五歲之前,也即其境況不佳之時,然其文集有關此類記載不多。查《嚴太僕集》卷二,記有"往余與先師碩公有十年行禾脚之訂,浮沉宦海,未遂初盟,而先師袛履西歸,又已八年矣。舟渡淮河,夢瞻禮先師法座,座上大書'栖雲'二字,知我塵緣已斷,先師來導我也。覺而賦詩,以申余志"。并有詩云:"水中明月觀空色,火裏青蓮離濁波。鴻爪雪泥塵影事,而今真許作頭陀。""法喜維摩真眷屬,海山兜率是家鄉。'栖雲'示我迷津路,彼岸從教一葦杭。"於此也可見一斑。

此本有翁同龢跋,云:"此思庵嚴先生手抄《楞嚴經》十卷。第一卷末記甲子仲冬己丑日,西陵署中。按甲子爲康熙二十三年,是時先生年三十五,憔悴不遇,客遊荆楚。西陵者,今湖北黄岡縣也。厥後通籍,列侍從,躓而復起,卒以典試湖廣,歿於楚中,豈彼法所謂前緣者耶? 先生之學根柢經史,卓然儒林丈人,然嘗師事碩揆和尚,有十年行脚之訂。其跋半塘寺血書《華嚴》,署曰法名開良,先生固耽於禪悦者哉? 其寫經也,有以也夫。光緒壬寅臘月望,邑後學翁同龢記。"壬寅,爲光緒二十八年(1902),翁同龢時七十二歲,越二年,即歸道山。

此本爲近人蘇繼廎所藏。蘇氏名錫昌,字繼廎,安徽太平人。早年畢業於北京大學商學院,後在商務印書館編審部數十年,學識淵博。其前半生以研究西方人文科學爲主,中年以後始對古籍版本發生興趣，歷年所得善本凡八百餘種，佛經所藏尤富。蘇氏藏書中部分精本近年始輾轉流入香港，後爲劉健威所得小部分，中多宋、元、明刻佛經，頗有難得一見者，此即其一也，津兩年前見之。近年返港辦事，乃知此本又轉至他人之手矣。

鈐印有"嚴印虞惇"、"寶成"、"恩庵居士"、"文靖後裔"；"松禪過眼"、"龢"、"翁同龢觀"；"均齋收藏"、"太平蘇氏"。

文殊師利問菩提經【日本藤原皇后書】

《文殊師利問菩提經》一卷，日本藤原皇后書。計八紙，每紙二十二行至二十四行。末有願文："皇后藤原氏光明子，奉爲尊考贈正一位太政大臣府君，尊妣贈從一位桔氏太夫人，敬寫一切經論及律，莊嚴既了，伏願憑斯勝因，奉資冥助，永庇菩提之樹，長遊般若之津。又願上奉聖朝，恒延福壽，下及寮採，共盡忠節。又光明子，自發誓言，弘濟沉淪，勤除煩障，妙窮諸法，早契菩提，乃至傳燈無窮，流佈天下，聞名持卷，獲福消災，一切迷方，會歸覺路。天平十二年五月一日記。"

藤原皇后(700—760)，名安宿媛，又名光明子，爲元明天皇時右大臣藤原不比等的第三女。天平元年(729)八月，册封爲皇后，史稱光明皇后。其母名縣犬養宿禰桔三千代，因此，藤原皇后也稱之爲桔夫人。藤原皇后爲日本歷史上非皇族出身而成爲皇后的先例，她和聖武天皇都是受到唐代佛教的影響，而成爲虔誠的信徒。她自幼聰敏好學，姿容秀麗，性情温厚，爲了輔助聖武天皇保護佛教，她修建施藥院於皇后宫，每年向諸國購藥草，且設悲田院，以療飢餓貧病之民，養育孤兒。皇后重視漢學，酷愛中國書法，她所臨摹的書法，也是當時從中國帶去的唐代或唐以前的書法真迹或摹本，因此功力深厚，不似一般女書法家軟媚嬌麗，容止羞澀的姿態。

藤原皇后書此願經，正四十歲時，乃爲其父不比等、母桔夫人發願寫經，并祝聖武天皇之御福壽，勵臣下忠節及沈淪一切衆生，傳法燈於無窮。願經之書法筆勢暢達、風骨勁健，圓熟的筆觸令人感到有唐人之韵味。現在日本所存天平時期的藤原皇后書的各種願經，尚有天平十二年書《大寶積經》一部、《般若波羅密小品經》、《瑜伽師地論》、《光明皇后發願一切經》，天平十五年書《光明皇后御願一切經》。其中的願經都是爲父親和母親的祝福而寫，并且都有着唐代寫經生一樣的書體。此外，日本正倉院藏有皇后書《杜家立成雜書要略》和臨寫的《樂毅論》，更是院内所藏衆多書迹中之白眉。應該説，《文殊師利問菩提經》和其他古寫經一樣，都是日本古寫經中最優秀的部分之一，把它們作爲整個奈良時代佛教鼎盛期中之代表作，也是無可置疑的。

天平十二年，當爲唐開元二十八年，距今一千二百餘年。此卷首尾完整，無潮蒸蠹蝕之傷。清末學者陳榘稱其可與"玉環繕經、彩鸞寫韻，並爲天壤奇秘"。可見此卷確爲極難得之珍品。

此願經乃江標於清光緒十六年(1890)往游日本時，於一寺廟中得之，當時所得唐以來各種經卷不下百餘種，而以此卷爲第一奇秘。江標，字建霞，號萱圃，光緒進士，官編修，博學工詩文。清光緒駐日本國公使黎庶昌曾跋此卷云："日本寫經之風，莫盛於唐開元、天寶時，蓋彼國數遣使至唐，其時效慕華風傾誠悦服，亦如今日之崇重西法。故凡有寫經，概以唐目之，宋元以還，此稱不替，然其字體之濃纖厚薄，亦可以時代求也。""以余在東倭所見經卷數百種證之，其爲天平中所寫無疑。光緒庚寅，建霞太史往遊日本，與余盤桓月餘，所得經卷頗多。靈鶼閣中要以此卷爲第一，斯足珍已！"

此卷鈐有江標"靈鶼閣夫婦所藏金石書畫"，葉恭綽"第一稀有"等印。卷面題簽爲費念慈所題。後又有費念慈、黎庶昌、陶濬宣、陳桀、潘志萬跋，并有繆荃孫、丁立鈞、黄紹箕、沈曾桐、王同愈觀款。今藏上海圖書館。

冥樞會要【宋刻本】

《冥樞會要》三卷，宋釋祖心撰。宋紹興十五年(1145)湖州報恩光孝禪寺刻本。六册。清朱彝尊、錢天樹、李兆洛、程恩澤、蔣因培、張爾旦、趙宗建跋。半頁十行二十字，四周雙邊，白口，單魚尾。題"黄龍庵主祖心集"。前有潘興嗣序。末有宋紹聖三年(1096)釋惟清跋。又朱彦後序。

釋祖心，宋代臨濟宗黄龍派僧，廣東始興人。俗姓鄔，號晦堂，年十九依龍山寺惠全，翌年試經得度，住受業院奉持戒律。後參謁雲峰文悦，隨侍三年。未幾，參謁黄檗山慧南，留侍四年；後進文悦，時文悦示寂，迺依止百霜楚圓。一日，閲《傳燈録》，大悟，隨慧南移黄龍山，慧南卒，遂繼黄龍之席。十二年後入京師，晚年移庵深入棧，絶學者二十餘年。宋元符三年(1100)示寂，年七十六，謚號寶覺禪師。

此書乃釋祖心摘《宗鏡録》中要語而成。按《宗鏡録》，分標宗、問答、引徵三章，輯録佛教各宗之教義，自稱"宗門寶鏡"，故名。原本百卷，浩若烟海，其書使觀者一時遽難尋繹其旨。余嘗見美國哈佛大學哈佛燕京圖書館藏此書之明刻本，該本有釋來復序，有云："《宗鏡録》一百卷，其辭奥贍，無宗不通，無法不含，無機不攝，理行兼融，真俗互顯，可謂入道之捷徑，集佛之大成者也。黄龍晦堂心公，恐觀者滯於文繁，莫達其奥，迺依卷帙，撮略精微，以便來學。其門人靈源清公，考訂舛誤，編爲三卷，題曰《冥樞會要》，以傳於時，言簡義詳，一覽畢備，使讀者達本而知源，忘言而契道，則此書之出，於宗教豈小補哉？"

此本字體方正，紙墨完好，鐫印俱精雅，且世不經見，罕秘特甚，殆爲孤本也。潘興嗣序後刻"凡遇標起處，是宗鏡録中卷軸。板數如欲廣覽，請自尋檢本文"。卷下末刻"四溪比丘了義書"。牌記刻"湖州報恩光孝禪寺住持嗣祖比丘道樞重開，時紹興十五年歲次乙丑端午日謹題"。刻工有章、王等。明代又有洪武間釋本空刻本及明刻本二種。

報恩光孝禪寺在浙江湖州府治西北，梁大同二年(536)建，唐開元二十六年(738)名曰龍清，後居女道士。宋熙寧中廢，元豐元年(1078)知州事鞠宜卿命道士居之。崇寧三年(1104)改崇寧萬歲觀，政和中改天寧萬壽觀，紹興七年(1137)改報恩廣孝觀，後改今名。明隆慶元年(1567)重修。見(乾隆)《湖州府志》卷九寺觀。

此書爲臺灣"國家圖書館"珍藏。舊藏明末董其昌、清初朱彝尊處，後爲翁方綱、錢天樹所得。據錢天樹跋，因張蓉鏡見之愛不釋手，以《權文公集》足本易之於錢氏。明葉氏《菉竹堂書目》、朱氏《聚樂堂藝文目》著録。《四庫全書總目》、《中國古籍善本書目》、《續修四庫全書總目提要》(稿本)、《日本内閣文庫漢籍分類目録》、《尊經閣文庫漢籍分類目録》、《京都大學人文科學研究所漢籍分類目録》、《古籍版本題記索引》等皆未著録。

鈐印有"董印其昌";"朱彝尊印"、"彝尊"、"竹垞";"翁印方綱"、"覃溪"、"方綱";"張蓉鏡"、"小瑯環福地"、"曾藏虞山渭濱張本淵家"、"曾藏張渭濱家"、"芙初女士姚畹真印";"方氏若蘅"、"若蘅"、"畹芳"、"方氏若蘅曾觀"、"叔芝"、"桐城女士"、"鏡清閣"、"方勤襄公季圃收藏"以及"明月前身"、"宋刊奇書"、"真宋刊"、"德操"、"雲何"、"忍辱僊人"、"心蓮室"、"餘事作詩人"、"真味"、"壽平"、"興祖"、"錢氏藏"。按,此書迭經名家遞藏,流傳有緒,亦足珍也。印中姚畹真者,爲張蓉鏡室,號芙初女史。方若蘅者,號叔芝、畹芳,又號桐城女史,方維甸之女。

古德禪師真心直説【明萬曆刻本】

《古德禪師真心直説》一卷，明釋古德撰。附高麗國普照禪師修心訣一卷。明萬曆二十六年(1598)福建開元寺藏經堂釋如岩等刻本。一册。半頁八行十七字，四周單邊，白口，單魚尾，間有刻工。書口上題“真心直説”，前有古德禪師序。

查明復編《中國佛學人名辭典》：“古德，明比丘，住西溪天竺，有《阿彌陀佛經鈔演義》四卷，其門人智頤爲校定刊行。”疑非此人。

此書爲釋如岩諸人出資印行，後刻有如岩、圓潭、真西、明叢……各二錢；真常、悟宗各三錢；真燦、真威等十四人各一錢。末有“萬曆二十六年開元寺藏經堂如岩等重刻”一行。開元寺，在泉州市，唐垂拱二年(686)始建，唐開元二十六年(738)詔以年號改今名，歷五代至宋，旁設支院一百二十所，元至元二十二年(1285)合并一寺，寺僧“食指常萬”，爲福建最大佛教寺院之一。藏經堂，據云今藏經近萬卷，有二十餘卷宋刻藏經，爲稀世之珍。

自唐以來，僧徒多記録師語以傳後世，著名者爲宋釋道原采諸方語録集成之《景德傳燈録》三十卷。此書傳世似僅此帙，各家書目均未著録。

刻工作良、汝、養、江存、魏泗等人。

書藏美國國會圖書館，乃50年代初期得之於日本者。

楚辭【明萬曆尚友軒刻本】

《楚辭》八卷，漢王逸章句。明萬曆二十五年(1597)郁文瑞尚友軒刻巾箱本。五册。半頁七行十四字，白口，四周單邊，眉上鎸音釋。題“漢劉向子政輯；明馮夢禎開之校”。前有萬曆二十五年陳基夏序。序末刻有“尚友軒藏板”。

是刻姜亮夫《楚辭書目五種》未著録。卷一爲離騷經、九歌傳；卷二天問傳、九章傳；卷三遠游傳、卜居傳；卷四漁父傳、九辯傳；卷五招魂傳、大招傳、惜誓傳；卷六招隱士傳、吊屈原傳、七諫傳；卷七哀時命傳、九懷傳；卷八九嘆傳、九思傳。

陳序云：“傳家譚文辭，則莊騷併稱云，間或以莊生浩蕩，旨恣詭於大道，其言多幻，眇[渺]不可訓。屈騷所稱古連類與經傳不合，小疵風雅，總之文生於情。莊生遊世之外，故清濁一流，醉醒同狀，寄幻於寰中，標旨於象先。而屈子以具獨醒獨清之意，沉世之内，殷憂君上，憤懣溷濁。六合之大，萬類之廣，耳目之所覽覩，上極蒼蒼，下極林林，摧心裂腸，無之非是，辟之深秋，永夜淒風苦雨，鬱結於氣，宣㤯於聲，皆化工殹，豈文人雕刻之末技，詞家模擬之艷辭哉！馬遷讀莊生書，而歸之寓言，此可與言騷也已矣。宋玉而下，有其才而非具情，賈誼有其情而非具才，誼之泣以死也，又其甚者也。亦猶晋人者之嫉物輕世，冗莊之流也。相如因緣得意媚於主上，所爲《子虚》、《大人》之篇，都麗寥廓，乏於深婉，具情可知，己道不同，不相爲謀。嗚呼！此又騷之所以作也。學者探易之幽而參於莊，諷詩之深而參於騷，參於莊可以群，參於騷可以怨，具庶矣乎。然莊有善本行世，而楚騷獨缺。武林文瑞郁君，素嗜古文辭，博而知約，獨制袖珍，斂不盈一掬，而辭謏悉載，衹僅爾半尺，而攜藏甚便，旅處陶情騷壇，適興快哉！是刻誠符節騷人而登之風雅哉！余以暇日過尚友軒，見而喜之，因請公於世，乃妄爲之叙云。明萬曆丁酉仲秋望日，閩陳基夏犖犖子謹識。”

該書傳世除此本外，另帙藏臺灣“中央圖書館”。鈐印有“戴譽之印”、“餐秀簃程氏藏書之章”。

楚辭章句【明萬曆刻本】

《楚辭章句》十七卷，漢王逸撰。附録一卷。明萬曆金陵益軒唐氏刻本。四册。半頁九行十八字，左右雙邊，白口，無魚尾，上刻評。前有萬曆十四年(1586)黄汝亨序，馮紹祖後序。題"漢劉向子政編集；王逸叔師章句；明後學武林馮紹祖繩武父校正"。

此書今藏美國芝加哥大學遠東圖書館，饒宗頤《楚辭書目》及姜亮夫《楚辭書目五種》未著録。查《中國古籍善本書目》，此書傳世不多，僅南京圖書館、浙江圖書館、武漢大學圖書館、湖北省襄陽地區圖書館入藏。

按明萬曆十四年馮紹祖刻有此書，此唐氏本行款同馮本。馮本卷一第一頁書口下有"杭州郁文瑞書"六字，餘頁也有記刻工姓氏者。此本無寫工、刻工。扉頁刻"新刻釐正離騷楚辭評林。萬曆著雍赤奮歲。金陵益軒唐氏梓"。著雍爲戊，赤奮爲丑，干支中無戊丑，顯是唐賈胡編亂造，再冠以"新刻釐正"之標號，以達射利之的。萬曆間坊賈據馮氏觀妙齋本翻刻者，除此本外，又有《楚辭句解評林》，也乃變换名目，竄改馮氏序年。此本因不見專題目録著録，故可補楚辭書目版本之一種。

楚辭集注【明刻本】

《楚辭集注》八卷，宋朱熹撰。附《各家楚辭書目》一卷。明刻本。四册。半頁八行十七字，白口，四周單邊，無魚尾。明佚名圈點。無序跋。題"朱子集注"。書藏上海圖書館。

朱子集注，乃因後漢王逸《楚辭章句》及宋洪興祖《補注》二書詳於訓詁，未得意旨，而檃括舊編，定爲此本。

自宋至明，《集注》版刻繁多，幾達三十種左右，此刻姜亮夫《楚辭書目五種》未著録。審其紙張、字體，約刻於明嘉靖間。附録《各家楚辭書目》，爲集注的其他刻本所無。書目收書八種，爲王逸《楚辭》十七卷、《楚辭釋文》一卷、《補注楚辭》十七卷《考异》一卷、《重編楚辭》十六卷、《續楚辭》二十卷、《變離騷》二十卷、《龍岡楚辭説》五卷、《楚辭贅説》。其中《龍岡》、《贅説》二書，姜目云"佚去"，而於《續楚辭》、《變離騷》則不著録。

按《四庫全書總目提要・集注》云："又刊定晁補之《續楚辭》、《變離騷》二書，録荀卿至吕大臨凡五十二篇，爲《楚辭》後語。""晁氏《續楚辭》，凡二十卷，《變離騷》亦二十卷，後語删爲六卷。"此《書目》於《續楚辭》、《變離騷》紹介較《提要》爲詳。

鈐印有"錢印興祖"、"孝修"、"興祖"、"壺中天"、"萬年"、"玄覽樓藏書印"、"聖廎秘籍識者寶之"、"宋本"、"聚學書藏"、"宜春堂"、"葱石讀書記"。

楚騷協韵【明刻本】

《楚騷協韵》十卷，明屠本畯撰。明刻本。三册。半頁九行十八字，四周單邊，白口，單魚尾。題"明甬東屠畯田叔重協；明吴郡黄姬水淳父校正"。前有隆慶六年(1572)沈九疇序，次爲黄姬水序。卷十末刻"吴人章莒書。袁宸刻"。

屠本畯，初名畯，字田叔，浙江鄞縣人，以門蔭入仕，官福建鹽運司同知。其自髫年起，即承父訓，得授《楚辭》。此書題屠畯，當未改名以前所刻。

卷一爲離騷經、卷二九歌、卷三天問、卷四九章、卷五遠游、卷六卜居、卷七漁父、卷八大招、卷九九辯、卷十招魂。而惜誓、招隱士、七諫、哀時命、九懷、九嘆、九思皆不録。協韵者，即叶韵，指南北朝學者因以當時語音讀《詩經》、《楚辭》，有感於部分詩韵不和諧，故以某些字改讀某音。是書所撰，蓋因以朱子所載協韵爲未備，是以廣之故也。

沈序有云，吾友屠田叔氏"博取韻書，裁衷經訓，務求諧暢，積有歲年，遂成《協韻》十卷，其用心亦勤矣。蓋三閭被讒遭放，行吟憚離，托志樂神，乃心宗國。雖乏絲竹之和，以□歌舞之節，不取諧韻，何從永斯，後之讀騷者，其以吾田叔氏爲南車也"。又黄序云："惜乎王叔師、洪慶善則闕而未協，朱仲晦則協而未詳。至於文字之點畫，偏旁多所舛謬，甬東屠田叔氏玩誦而病焉，乃精研博考，積日累歲，輯爲《楚騷協韻》十卷。"然姚鼐《惜抱軒書録》則以爲屠本畯所增實未必得當。

此書《四庫全書總目提要》及姜亮夫《楚辭書目》五種著録，但《五種》所引沈序任意删削，如上引序文，被删存竟幾達半數，且書名也誤爲《楚辭協韵》。另，姜目此書版本著録爲天一閣藏本，當爲四庫底本，今已佚去，蓋姜氏未見原書也。

此本正文前有《讀騷大旨》一卷，分録篇、原協、正字、明鈔、示志、解嘲六篇，於作者寫作宗旨有所叙述。是書不多見，除此本藏上海圖書館外，另一帙今藏臺灣"中央圖書館"。

鈐印有"曾在孫翔熊處"、"翔熊清玩"、"鄞蝸寄廬孫氏藏書"。

楚辭韵解【清乾隆刻本】

《楚辭韵解》八卷，清邱仰文撰。清乾隆三十七年(1772)碩松堂刻本。二册。清盛百二校。半頁九行二十字，白口，四周雙邊，單魚尾，書口下刻"碩松堂"。題"滋陽省齋邱仰文編"。前有乾隆三十五年邱仰文自序。扉頁有"楚辭韻解。乾隆壬辰新鐫。碩松堂藏板"。藏上海圖書館。

邱仰文，字襄周，號省齋，山東滋陽人，天資敏悟，少從鄆城名儒張先生游，爲學以主静爲宗。雍正十一年(1733)進士，充乙卯科河南鄉試同考官，去取精審。官四川定遠縣知縣，力行保甲，以清盗源。調南充縣，攝乾州事，莅官均有治狀。又有《碩松堂稿》、《省齋自存草》。(光緒)《滋陽縣志》卷八鄉賢有傳。

仰遂於易學，由易韵通諸楚辭，自序云："《楚辭韻解》者，就楚辭紀韻也。韻，天籟也，兩漢以前無韻書聲類之學，自魏左校令李登始，齊梁間乃厘爲四聲，迄隋陸法言，則有切韻。切韻者，就李登所書聲類細别之也。……不曉通韻，固不可讀古人之書，盡廢叶音，通不一類，亦終口吃。故三聲之叶，可盡省通而不類必存叶音，以核其聲類之所取，不妨用改音作通韻，讀法釋義一並詳之。"

是書八卷，卷一離騷經，卷二九歌，卷三天問，卷四九章，卷五遠游、卜居、漁父，卷六九辯，卷七招魂、大招，卷八吊屈原、服賦、招隱。其凡例計十六條。末云："前十條，已鹽通韻之腦，後六條，分别類韻，專爲改音諧聲而設，觀者詳之，庶無讀古之厄。又是編原爲取解韻訓義，止撮大意而止，所採不過王逸叔師《章句》、洪興祖慶善《補注》及朱晦翁《集注》。近世則林西仲雲銘《楚辭燈》、毛西河《天問補注》、方靈皋《離騷經解》、王貽六邦採《三閭賦》，但據所見隨手錯綴，每一二語，括其全旨，意取簡賅，難徧列名，觀者當自得之，間附蠡測，既無可以獨標，譬萃千狐，亦不嫌於攘取云爾。"

此書姜亮夫《楚辭書目五種》雖著録，但未見原書，乃輯自《山東通志・藝文》，并録陸耀《切問齋集・楚辭韵解序》，而未及邱氏自序。

作者於是書評估甚高，勸喻士子熟讀，以爲"資鈍者，日以三百計，兩月可以讀完，三月可以熟復，不過少讀時文數篇，即可收之胸中。世傳《莊》、《騷》，《莊》實不如《騷》，嗜古則不俗，嗜俗則不古，而有言不信，則亦不可如何矣"。

書中有盛百二校。盛百二，字秦川，號柚堂，乾隆舉人，官淄水知縣，精研六經。

鈐印有"臣百二"、"秦川"、"秀水盛氏柚堂圖書"。

離騷草木疏【清初毛氏汲古閣抄本】

《離騷草木疏》四卷，宋吴仁傑撰。清初毛氏汲古閣抄本。一册。半頁十二行二十四字。題"通直即行國子録河南吴仁傑撰"。末有慶元三年(1197)吴仁傑跋，又慶元六年方燦識語。

吴仁傑，字斗南，一字南英，自號蠢隱。其先洛陽人，居崑山，博洽經史，講學於朱熹之門，淳熙五年登進士，歷羅田令、國子監學録。又有《古周易》、《漢書刊誤補遺》。

此爲釋草木之專書。前三卷爲芳草嘉木，共四十四種。第一、二卷爲草木植物三十四種；第三卷爲木本植物十種；第四卷爲惡草，計十一種。其書正文，每列一草木名，皆先引《屈賦》原文，次引王逸、洪興祖、沈括、郭璞、陸機等各家之言，次加己按，并雜引《山海經》、《爾雅》、《神農本草經》等書以申己見。其書博采衆説，徵引宏富，考辨其核，頗可見吴氏用力之勤。是書宗旨在闡發屈原借草木以喻賢愚善惡之微言大義，所引各條，除名物考證外，着重於辨别其所象徵之品質善惡。

《朱子文集》中有《答吴斗南書》三篇，皆論學之文，其第三書之後段有"草木疏用力多矣"之語。仁傑自跋云："仁傑少喜讀《離騷》文，今老矣，猶時時手之，不但覽其言辭，正以其竭忠盡節，凛然有國士之風，整冠斂衽，如見其人。凡芳草嘉木，一經品題者，謂皆可敬也。因按《爾雅》、《神農書》所載，根莖花葉之相亂，名實之異同，悉本本元元，分别部居，壽之於梓，薈萃成書，區以别矣。……獨取諸二十五篇，故命曰《離騷草木疏》。""《離騷》以蘼草爲忠正，蕕草爲小人。蓀、芙蓉以下凡四十又四種，猶有青史氏忠義獨行之有全傳也。薋、菉、葹之類十一種，傳著卷末，猶佞臣姦臣傳也。彼既不能流芳後世，姑使之遺臭萬載云。"

《四庫全書總目》入集部楚辭類。《中國古籍善本書目》著録，有宋慶元六年羅田縣庠刻本、明抄本、清方甘白抄本、清抄本，俱藏北京圖書館。臺灣"中央圖書館"藏有明抄本。是書明代無刻本，直至清乾隆間方再有刊刻。明屠本畯有《離騷草木疏疏補》四卷，屠氏以吴氏書多有未備，故增添十一種植物，又爲求簡明，略删吴氏疏文。

此毛氏汲古閣所抄，底本乃爲宋慶元六年羅田縣庠刻本。方燦識語云："國録吴先生以淹該之學，從政之暇，訓釋諸書，警刊後進，不爲不多，此以《離騷草木疏》見屬，刊於羅田縣庠，吁遠矣哉。"又識語後有"州學生張師尹較對、羅田縣縣學長杜醇同校正、免解進士蕲州學正充羅田縣縣學講書吴世傑校正"。吴氏此書上梓，時適爲縣宰。

按此毛抄，傅增湘曾於1935年見過，題"影寫本"。

此本非影宋也，宋本每半頁十二行二十一字，白口，左右雙邊，版式高闊，版心下刊字數并刻工姓名。吴仁傑自序爲手書上版。1986年，中華書局據北京國家圖書館藏本原樣影印，入《古逸叢書》三編之二十九。然此版心字數、刻工皆無，行款爲十二行二十四字，吴氏自序也爲楷書，俱不同也。抄本書中數毛抄最著，毛抄中又以影宋抄本爲貴，一筆不苟，可謂下宋本一等。此本字體工整秀麗，繕寫精絶，紙墨俱佳，當爲毛氏精抄入藏者。

據王文進先生以各家書目綜合之統計，見諸《明毛氏寫本書目》之毛抄，二百四十餘部，但此書不見其中。如今傳世之毛抄不逾百種，大陸僅北京圖書館、上海圖書館、蘇州市圖書館、北京大學圖書館、天津圖書館五館有藏，臺灣"中央圖書館"、故宫博物院也有若干部。哈佛燕京藏抄本逾千部，清初抄本以此本冠其首。

鈐印有"汲古閣"、"毛氏圖史子孫永保之"、"美人芳草"。又有"黔山黄氏竹瑞堂藏書"、"正鋆秘籍"、"雨山草堂"及"蔣祖詒"、"穀孫"、"密均樓"。又有"均之心賞"、"不可思議"、"曾亮"、"葛君"、"長尾甲印"。

賈長沙集【明成化喬縉刻本】

《賈長沙集》十卷，漢賈誼撰。明成化十九年（1483）喬縉刻本。四册。傅增湘跋。半頁九行十八字，黑口，四周雙邊。卷一第一行題“賈長沙集”，次行題“賈誼新書卷第一”，首爲洛陽賈生傳。前有成化十九年喬縉序。

喬縉，字廷儀，河南洛陽人。少穎敏，學士薛瑄見而奇之，授以《毛詩》、《太極》、《西銘》諸書。成化八年登進士，尋以家艱歸。後授都水司主事，督理山東泉源，以績效改兵部職方。又二年，遷員外郎，弘治四年（1491）出補四川布政司參議。上疏乞歸，年七十二卒。又著有《性理解惑》等。《中州人物考》卷二有傳。

是書喬序云：“縉與誼爲鄉人，恨生也晚，不得追逐後塵，企慕高風於千載之上，公餘因取二家之傳並誼平時所爲論賦，略加檃括，纂而爲一目，曰《賈長沙集》，庶發潛德之幽光，復捐貲綉梓，以廣其傳。”

王重民《中國善本書提要》著録是書明刻本一部，無序跋及校刻人姓氏。王云：“觀其大題‘賈長沙集’四字，皆是剜改補刻，疑原與他書合刻，或原在某叢刻中，其後板片散亡，僅存是書，遂改原來總題爲‘賈長沙集’，因印爲此本耳。”查《中國古籍善本書目》（徵求意見稿）子部儒家類，著録有北京圖書館藏《賈誼新書》十卷，爲明刻本，殘存二卷，行款同喬縉刻本，疑即《提要》所録之本，惟書名所取不同。是書卷九第一頁空去首行；卷十第一頁次行刻“賈誼新書卷之第九”，“九”顯是“十”字之誤；又喬序中“賈長沙集”四字，似爲書板刻成後剜改補刻，然不知此書原擬書名爲何？

賈誼《新書》版本頗多，明代有弘治十八年沈頡刻本、正德八年李夢陽刻本、正德九年陸相刻本、正德十年吉府刻本、正德十四年何孟春訂注本、萬曆十年胡維新刻《兩京遺編》本，又有萬曆間程榮刻《漢魏叢書》本、何允中刻《廣漢魏叢書》本、天啓六年孟稱堯刻本等，此成化本當是現今存世賈氏新書之最早刻本。

傅增湘跋云：“賈誼《新書》，今所見者吉府本、陸相本、何孟春本。何氏訂注最爲疏舛，陸本曾從莫楚生丈假校，旋亦收得一本，視諸本差善，惟此喬縉所刻乃求之積年不可得者，今忽於積學齋案頭見之，蓋貴築黄再同前輩舊藏。卷中有新安汪氏、湘潭袁氏印，流傳有緒，珍秘可知。莫氏又藏有明刻本，楚丈認爲喬縉本，今得此證之，彼乃十行十八字，則與陸相本爲同種矣。宋刻世不可見，此明初所刻亦罕秘若此，雖與宋本同珍可也。積餘屬爲題記，客中無書可檢，姑就所記憶，略綴數語於卷端。辛酉二月初四日，江安傅增湘識。”

是書《藏園群書經眼録》著録，然跋不見《藏園群書題記》。

鈐印有“新安汪氏”、“啓淑印信”、“古潭州袁卧雪廬收藏”、“南陵徐乃昌校勘經籍記”、“積學齋徐乃昌藏書”。

此本今藏上海圖書館。

諸葛忠武侯集【明崇禎單恂刻本】

《諸葛忠武侯集》二卷，蜀諸葛亮撰，明單恂輯。附録一卷，明單恂輯。明崇禎十一年(1638)净名齋刻本。二册。半頁九行二十字，白口，單魚尾，四周單邊，版心下鎸"淨名齋"三字。題"漢琅玡諸葛亮撰，明華亭單恂輯"。前有崇禎十一年單恂序。後有單恂跋。

單恂，字質生，號狷庵，又號尊僧，松江人。崇禎十三年進士，授麻城知縣，甫二月，乞養歸。工詞，有《竹香庵詞》、《枯樹齋詩集》、《白燕庵詩集》。《華亭縣志》卷十五云："大兵下松江，恂與李待問、章簡、張壽孫等分守四門，城破，以父老潛匿，得免。後僑居東郊白燕庵，足不入城市。巡按李森先以地方人才薦，不就，卒年六十有六。"

明刻諸葛文集，世不多見，最早之本乃六卷本，爲明正德十二年(1517)閻欽刻本，次爲明刻本；此外又有萬曆四十五年(1617)錢世垚刻十六卷本、天啓九年(1629)諸葛清刻四卷本、崇禎五年諸葛羲刻三卷本、崇禎刻九卷本。此單恂刻二卷本爲僅見之本，單恂跋云："予鍥武侯集，反覆心書，洎陣説諸篇，其言一本諸仁義，而出奇應變，要妙畢存，直與《六韜》十三篇相彷彿，宜萬世兵家所尚也。獨世所傳新書一卷，真贋莫辨，姑闕弗録。它若魏氏春秋記，公作八務七戒六恐五懼，皆有條章，訓勵臣子，則又恨無從考，不勝沈珠斷璧之嘆云。"查《麻城縣志》前編卷六職官，恂任麻城知縣一年，時在崇禎十三年，是書之刻在其中進士之前。

1974年中華書局排印本《諸葛亮集》四卷，爲清張澍注本，是諸種刻本中較好之一種，然和此單恂本互校，各有多寡不同。按單本卷上收《梁甫吟》等八十一篇，卷下爲心書(計五十篇)、新書(陣要篇、行軍篇、謀政篇、險阻篇)，附録爲作木牛法、流馬法、連弩、八陣圖記，又附逸篇二十四篇之目。卷上《問趙雲》、《問馬謖》、《戒魏延》、《語王建》、《答劉琦》、《嘆徐庶、龐統》、《征吴嘆》等二十餘篇不見張澍注本，而張本中《答李恢書》、《答司馬懿書》、《彈李嚴表》等十餘篇則爲單本所失收。

諸葛忠武侯全書【朝鮮校書館木活字印本】

《諸葛忠武侯全書》二十卷，漢諸葛亮撰，明王士騏編。朝鮮校書館木活字印本。六册。半頁十行十九字，左右雙邊，白口，雙花魚尾。題“王士騏鳳雛編；吴審度仲法定”。前有崇禎十年(1637)薛寀序。又諸葛孔明像并像贊。黄朱撰定武侯全書述。楊時偉撰《武侯全書年譜》。末有崇禎十年周之麟跋。

王士騏，字冏伯，江蘇太倉人。世貞子。萬曆十七年(1609)進士，禮部主事，俶儻軒豁，仕至吏部員外郎，有政績。爲權要所嫉，坐妖書獄，削籍歸。屢薦不起，骯髒以終。又有《醉花庵詩》、《馭倭録》、《四侯傳》等。

諸葛亮，爲千百年來受到人們普遍稱頌及景仰之人物，經過歷史反復熔煉，已升華爲中華民族智慧和忠貞之象徵。據《後周書・東夷傳》“高句麗書籍，有《五經》、《三史》、《三國志》、《晋陽秋》”，可證正史《三國志》即已傳至朝鮮。又羅貫中撰《三國演義》也於明隆慶三年(1569)舶至朝鮮。而朝鮮1695年(康熙三十四年)明令修諸葛亮廟，并以岳飛配享。

此書乃朝鮮校書館木活字印本，卷一陳壽國志、卷二張子補傳、卷三鼎立、卷四繼統、卷五連吴、卷六南征、卷七北伐、卷八遺命、卷九調御、卷十法簡、卷十一心書(兵法五十篇)、卷十二新書(兵法十二篇)、卷十三八陣圖(圖迹、圖説、圖贊、創始、真傳、議論)、卷十四篇翰(共五十七篇，此卷實詩文十七篇，另四十篇散見前後卷中，本卷止存篇目)、卷十五世系(自豐以下凡見史傳者，皆録入，晋以後不録)、卷十六外紀(木牛流馬法在内)、卷十七朱子綱目(附异同)、卷十八附録後賢評論、卷十九附録後賢詩賦、卷二十附録後賢雜文(碑竭、記、序、銘、贊、題石、祭文)。

其卷一叙侯事甚略，因係舊史，故列之首，并附壽進諸葛集表。卷二因敬夫以陳壽私且陋，因裒集群書作傳以補陳志。卷三輯侯左右昭烈父子事，又以補張傳。卷九與十乃輯侯駕馭蜀中文武事，亦以補張傳。

周之麟跋云：“先是，歲星先生聖朝，守在編成，邊防戎畫，瞭若指掌。因慨時方多棘，開濟需人，思古將相，器識猷略，無踰武侯。乃取其所評王鳳雛輯武侯書，重爲參訂。會拜開封之命，遂舉以屬其表舅吴仲法先生。仲法博雅嗜古，藏書最富，而精於鑑裁，芟複訂訛，補正遺缺，多所蒐討，諸凡曲説裨言鄰於附會者，概斥不録，名賢碑記、詩賦之可傳者節取附焉，釐爲二十卷。於是武侯遺編，粲然全璧。而歲星先生評騭之精，仲法先生纂訂之嚴，直與陽都、伏龍同懸不朽矣。”

孔明集傳世版本甚多，查《中國古籍善本書目》史部傳記類，載有《漢丞相諸葛忠武侯傳》一卷，宋張栻撰，宋刻本，藏上海圖書館;《忠武録》五卷,明沈津輯,明嘉靖十九年(1540)唐藩刻本,藏北京圖書館;《武侯集》十六卷,明王士騏輯,明萬曆四十五年刻本,藏寧波天一閣;《諸葛忠武侯全書》二十卷,明王士騏輯、薛寀評,明崇禎十一年吴天挺刻本。集部漢魏六朝别集類别有《蜀丞相諸葛亮文集》六卷,明正德十二年(1517)閻欽刻本(存卷四至六),今藏北京圖書館。明代尚有五刻,分别爲《蜀丞相諸葛亮文集》六卷,明刻本;《武侯集》十六卷,明錢世垚輯,明萬曆四十五年錢世垚刻本;《漢丞相忠武侯書》三卷,明諸葛清輯,明崇禎元年諸葛清刻本;《漢丞相忠武侯書》三卷,明諸葛羲輯,明崇禎五年諸葛羲刻本;《漢丞相諸葛忠武侯集》二卷附録一卷,明單恂編,明崇禎十一年净名齋刻本;《諸葛丞相集》四卷附録一卷,清朱璘輯,清康熙三十七年(1698)萬卷堂刻本。

此朝鮮木活字本,或據明王士騏輯崇禎十一年吴天挺刻《諸葛忠武侯全書》本重刻。吴天挺刻本,半頁九行十九字,四周單邊,白口,無魚尾。題"明王士騏鳳雛編、吴審度仲法定、薛寀諧孟評、周之麟玉書較"。前有崇禎戊寅吴南灝序、崇禎十年薛寀序。末有崇禎十年周之麟識語、黄朱跋。余嘗見此本。

朝鮮印刷文化歷史悠久,十三世紀初,高麗朝已有以活字印書之記載。此本爲朝鮮肅宗十四年(1688,清康熙二十七年)前後用"校書館筆書體字"所印。朝鮮宣祖年間(約萬曆間)即有校書館之設,校書館在製作印書體字之同時,亦製有筆書體木活字用於印書,稱"校書館筆書體字"。其字體爲扁平正楷之中小型字,字列横伍整齊,偶爾有歪斜之字,墨色不均匀。其時所印多詩文集,計十五種,且多中國著名作家之集,如《韋蘇州集》、《陶靖節集抄》、《歐陽文鈔》、《柳柳州詩集》、《韓文抄》等,《諸葛忠武侯全書》也其一也。後因又流行印書體字,故此"校書館筆書體字"僅有五年左右即告消失。

此本藏美國哈佛大學哈佛燕京圖書館。《中國所藏高麗古籍綜録》、《臺灣公藏韓國古書籍聯合目録》未著録。

曹子建文集【宋刻本】

《曹子建文集》十卷，三國魏曹植撰。宋刻本。半頁八行十五字，白口，左右雙邊，雙魚尾。書口上刻字數，下有刻工。無序跋。題“魏陳思王曹植撰”。卷八、卷十末則題“新雕曹子建文集”。

建安作家中曹植作品存留最多，其詞采華茂而勁健質樸。梁鍾嶸《詩品》云：“陳思爲建安之杰。”唐皎然《詩式》也云：“鄴中諸子，陳王最高。”按，子建集見於《隋書·經籍志》者爲三十卷，《唐書·藝文志》及陳振孫《直齋書録解題》皆題二十卷，而《文獻通考》及《宋史·藝文志》則著録十卷。此本十卷，凡賦四十三篇，詩六十三首，雜文九十篇，與《四庫》著録之宋寧宗嘉定六年(1213)刻本不合。又據清朱緒曾《曹集考异》，另有一宋本，爲元豐五年(1082)萬玉堂刻本，也十卷。今傳世之宋槧，僅存此帙。藏上海圖書館。

清同治間金陵書局刻丁晏撰《曹集詮評》十卷逸文一卷，丁氏嘗以《魏志傳注》、《文選注》、《初學記》、《藝文類聚》、《北堂書鈔》、《白孔六帖》、《太平御覽》、《樂府解題》、馮氏《詩紀》諸書校之，以爲宋本脱落舛訛，不可枚舉。

是書字大悦目，板刻精妙，宋本中之不可多得者。《鐵琴銅劍樓藏書目録》卷十九著録。1922 年上海商務印書館曾據此影印，收入《續古逸叢書》之五，又民國間烏程蔣汝藻輯入《密韵樓影宋本七種》中。刻工有徐仲、葉材、王彦明、劉世寧、劉祖、陳朝俊、李安、于宗、陳俊、魏之先諸人，然皆不見於日人長澤規矩也《宋元刊本刻工名表初稿》。“媾”、“遘”字缺末筆，“敬”字則不避諱。

鈐印有“華亭朱氏”、“朱文石史”、“書史之記”、“我法齋”、“子孫永保”、“毘陵周氏九松迂叟藏書記”、“周印良金”，以及常熟瞿氏鐵琴銅劍樓、杭州王綬珊藏書印。華亭朱氏，疑爲明朱大韶，字象玄，松江華亭人，嘉靖二十六年進士，性好藏書，尤好宋時鏤板。周良金，明毘陵人，爲嘉靖三十年歲貢，光禄寺署丞。

支遁集【明七檜山房抄本】

《支遁集》二卷，晋釋支遁撰。明嘉靖楊氏七檜山房抄本。一册。半頁九行十八字，黑口，書口上鎸有“嘉靖乙未七檜山房”。題“東晋沃州山沙門支道林”。民國莫棠跋。藏上海圖書館。

支遁，字道林，本姓關，陳留人，或云河東林慮人。幼而才拔，善談名理，年二十五出家，晚始收迹剡中，於太和元年卒，年五十三。慧皎《高僧傳》有其傳。

集分上下二卷，卷上爲詩，計十八首，收咏懷詩五首、述懷詩二首、土山會集詩三首、咏利城山居一首、咏禪思道人一首、四月八日贊佛詩一首、咏八日詩三首、五月長齋詩一首、咏大德詩一首。卷下爲文，計五篇，爲上皇帝書、座右銘、釋迦文佛像贊、阿彌陀佛像贊、諸菩薩贊。遁詩文平淡玄遠，淹貫玄宗，旁通莊老，造微之論，傾倒一時。

《隋書・經籍志》云《支遁集》八卷。《唐書・藝文志》則作十卷，而宋志則不著録，或詩文佚於唐宋之間。錢曾《讀書敏求記》及《述古堂書目》皆作二卷，疑二卷本或是後人綴集叢殘而成。

《支遁集》明代僅有抄本流傳，清初收入《宛委别藏》，嘉慶時蘇州支硎山寺亦嘗刊板，然傳播未廣。同治間徐干刻《邵武徐氏叢書初刻》，乃據歸安陸氏藏明崇禎抄本輾轉傳抄而付刻。徐氏刻本後又附有蔣清翊輯《支遁集補遺》一卷，收書二、序二、贊四、論二、詩一，乃從《弘明集》、《明刻釋藏》、《姑蘇志》、《廣清凉傳》等書中輯出。

七檜山房，爲明代楊儀藏書處。楊儀，字夢羽，號五川，嘉靖五年進士，官山東副使，移病家居，惟以讀書著述爲事，又構築萬卷樓，藏書多宋元本。儀又有《螭頭密語》、《驪珠隨録》等著作。《蘇州府志》云，楊儀宅在迎恩橋東北，七檜山房當在其内。乙未，爲嘉靖十四年(1535)。徐本卷末後刻有“崇禎己巳得是集於曹生，舅氏爲余録就，八月二日晚李涵冲偕余對勘一過，原本乃嘉靖乙未七檜山房鈔本，爲景陽主人舊籍，五川居士校，各有印記”。此楊氏抄本當爲徐干刻本之祖本無疑。

是本莫棠跋云：“此明嘉靖中吴郡楊儀抄本，光緒辛亥得於蘇州，頃又獲嘉慶十年潘奕雋序支硎山僧寒石刻本，蓋即從此本轉寫者。阮氏進本乃據汲古舊鈔，篇目相同，近人有藏葉石君抄本者，亦據此本校過，然則此蓋吴下最古最著之鈔本也。無意遇之，欣賞曷已。”

莫棠跋後又有傅增湘題識曰：“丙辰八月影鈔二卷畢，江安傅增湘謹志。”然查傅氏《藏園群書經眼録》,未有著録。

鈐印有"楊氏夢羽"、"華陰世家"、"又玄子"、"五川居士"、"禮部員外郎吴郡楊儀校"。又有汪士鐘"曾藏汪閬源家",潘介祉"潘菽坡圖書印"、"潘氏桐西書屋印",莫棠"獨山莫氏收藏經籍記"、"莫氏秘籍"、"莫棠楚生父印"等。

陶淵明集【明周顯宗刻本】

《陶淵明集》八卷，晋陶潛撰。附録一卷。明周顯宗刻本。二册。汪兆銘跋。半頁十行二十字，白口，四周單邊，單魚尾。前有周顯宗重刊序。書藏上海圖書館。

陶集流傳甚廣，由於版本文字之不同，歷代注釋家和研究者聚訟紛紜，莫衷一是。此本罕秘其傳，附録一卷爲《靖節陶徵士誄》、《陶淵明傳》、《陶淵明集序》、《陶潛集序録》、《集私記》、《集後書》、《集總論》。

周序："予既刻陶集成，客有過而問者，曰奚以刻？曰樂斯刻也。客曰陶樂耶？樂於陶耶？是獨可陶，而不可李杜耶？樂必於陶，而捨陶則微樂耶？將取其辭耶、志耶、音聲耶？放逸冲淡之致耶？高潔不屈之節、超然達觀之見耶？抑感於時而懷抱偶與之同耶？今陶俱在也，果求之天下而皆樂者耶？然我非陶，陶奚以使我樂，陶非我，我奚於彼而獨樂耶？是故陶樂則樂，因乎陶也，樂於陶則樂寓乎陶也，因與寓相去遠矣，子奚樂耶？予恍然謝曰，陶我兩忘之矣。"由此序看，顯宗當爲"陶痴"也。按周顯宗，字子孝，濮州人，嘉靖八年(1529)進士，除秀水知縣，歷官漢中知府，有《桃村山人自適稿》。

汪兆銘跋云："癸未七月，龍渝生得此本於故都李霈秋，考證知周顯宗字子孝，號洞虛，山東濮州人，明嘉靖八年進士，官漢中知府，著有《桃村自適稿》。見《千頃堂書目》。又《四庫提要》集部别集類存目四亦載《周漢中集》四卷，謂前三卷爲自適稿，後一卷爲感寓録。此本雖不甚精，然罕見，邵、莫兩家亦失之，則亦在可貴之列矣。"

此陶集裝幀爲明代包背裝，内裏襯紙計四頁，每册前後各一頁，然内容各有重復。襯紙行款爲半頁十二行二十三字，四周雙邊。文字中有"箅"、"箇"、"聞"、"喫"等异體字。察其内容，乃《三國演義》中太史慈與孫策交戰之事。檢毛宗岡本《三國志演義》核之，當爲卷八第十五回"太史慈酣鬥小霸王，孫伯符大戰嚴白虎"的上半部分。目前"三國"存世之最早版本爲明嘉靖元年(1522)刻本《三國志通俗演義》。70年代北京人民文學出版社曾據上海圖書館藏本影印流傳。此殘頁之内容也即該本之第三卷"孫策大戰太史慈"。今據殘存之二頁襯紙的字體、紙張、文字等進行鑒定，此種刻本應在明嘉靖刻本之前，或在明成化、弘治間。查孫楷第《中國通俗小説書目》，不載此刻之行款，當另一新版本也。

藏印有"張映初印"。又有"雙照樓中夜讀書"。

重訂駱丞集【明萬曆刻本】

《重訂駱丞集》六卷，唐駱賓王撰，明黄蘭芳評注。明萬曆三十年(1602)刻本。六册。半頁九行十八字，四周單邊，白口，單魚尾，書口下有刻工并字數，書眉上刻評。題"蒲陽黄蘭芳訂、男大任校"。前有萬曆三十年黄蘭芳自序。藏美國哥倫比亞大學東亞圖書館。

駱賓王爲初唐四杰之一，詩多悲憤，又善駢文，頗得時人之喜愛。賓王文集自宋至明，歷代刊刻者不下二十種，近人萬曼《唐集叙録》僅著録顏文選、虞九章及陳魁士注本。按明代注駱集者計十家，最早者當爲王世貞注本《鍥太倉王氏音釋駱丞集》十卷(明書林詹聖謨刻本)，後又有王衡等評釋《唐駱先生集》八卷(明凌毓枬刻朱墨套印本)、陳魁士注《新刊駱子集注》四卷(明萬曆七年劉大烈等刻本)、顏文選補注《駱丞集注》四卷(明萬曆四十三年顏氏刻本)、陳繼儒注《類選注釋駱丞全集》(明刻本)、梅之焕《梅太史評釋駱賓王文鈔神駒》四卷(明萬曆三十五年閩書林劉大易刻本)、虞九章等注釋《唐駱先生文集》六卷(明萬曆十九年虞九章刻本)、施鳳來評注《鼎鐫施會元評注選輯唐駱賓王孤白》三卷(明萬曆余文杰自新齋刻本)、孫養魁注《新刊注釋駱丞集》十卷(明徐州兵備副使林紹刻本)及此黄蘭芳注本。

黄蘭芳，湖北蒲陽人，自稱虛白堂主人，萬曆二十年進士，曾任知府，然《湖北通志》無其傳。黄蘭芳序云："今觀諸刻，中有事本典淺，而或從深晦之；意本高曠，而或以俚掩之。義不相蒙，而時有牽合，疑本當闕，而偶以傳僞，將使愆謬相沿，神理不暢，差足病武功矣。歲壬寅，余承乏上谷，度支之暇，因取□□□□爲參訂焉。信者存之，疑者□之，刺謬者駁之，其冗而無當者竟削之。諸先輩所爲評騭者，仍僭以管蠡，潤色而補綴之。草既脱，因付之坊間，蓋謬謂成諸家之美，而且毋失乎作者之心云爾。至其注之不必合，而評之不以當也，則俟之大雅君子，余願執鞭矣。"

此集當刻於萬曆三十年上谷任上，除此帙外，又知北京圖書館、清華大學圖書館也有入藏。

刻工有王溥、張明、朱天祥、徐節、徐茂、李珍、黄松、徐朝、梅憲、朱祥、郭智、王廷溥、錢登。

劉隨州集【明銅活字印本】

《劉隨州集》十卷，唐劉長卿撰。明銅活字印唐人詩集本。二册。清王振聲校并跋。半頁九行十七字，細黑口，左右雙邊，單魚尾。

劉長卿，字文房，河間人，開元二十一年(733)登進士第，曾任長洲縣尉，因事下獄，兩遭貶謫，量移睦州司馬，官終隨州刺史，故其集稱《劉隨州集》。

是書卷一、二爲五言古詩，計六十八首；卷三七言古詩，計二十九首；卷四至六爲五言律詩，計一百九十八首；卷七、八爲五言排律，計五十首；卷九爲七言律詩，六十四首；卷十爲五言絶句二十三首、六言律詩五首、七言絶句三十六首。總計四百七十三首。

劉長卿集有十卷、十一卷、十二卷之分，十卷本最早有宋刻本，題“劉文房集”，然今僅存六卷。《四庫全書》所收爲十一卷本，較此本多文一卷。然以此銅活字本所收詩與明弘治十一年(1498)李紀刻十一卷本相核，刻本收詩四百九十二首，較活字本多出十九首。又二本編次不同，如活字本卷一第一首爲《湘中紀行五首》，而刻本却入卷四，作《湘中紀行十首》，活字本佚去《湘妃廟》、《斑竹岩》、《洞山陽》、《雲母溪》、《赤沙湖》五首。

明銅活字印唐人詩集，傳世極爲罕見，據《中國古籍善本書目》，國内僅存《陳子昂集》、《孟浩然集》等七種。原北平圖書館藏多種唐人詩集之銅活字印本，今皆存臺灣，見《臺灣“中央圖書館”善本書目》者，即已達二十七種之多，此《劉隨州集》亦在其中。萬曼《唐集叙録》載是集云：“再有一個明活字本，止詩十卷，不載其文。”又云：“江安傅氏曾用以和臨洮本勘過，並云頗有異文可取，第屬分體編次，已非宋時舊第。館臣認爲編次叢脞，古近淆亂，不知此正唐集原來面目也。”

王振聲跋云：“《劉隨州集》，明刻有十一卷又外集一卷者，最爲賅備，然編次清整則不及是刻，獨惜其一作字盡行刊去，因以十一卷出校，録於上下方，以資參考。舊有丹筆録鍾、譚評，不知出自誰手，而前後有樂安、孫氏潛、潛夫諸印記。潛夫，吾邑國初時人，喜校書，有馮已蒼、陸敕先諸先生風，藏書家往往有其遺墨，不獨匯校《水經》見稱趙氏一清，傳播藝林也。此評疑即潛夫所録，然其時蒙叟方掊擊鍾、譚，潛夫獨不之信，何耶？抑余尤有感焉。嘗見潛夫假校寒山趙氏宋刻殘本《論衡》有云，時海寇至京口犯金陵，遷徙紛紛，余獨揮毫不輟，其勤如此。而全謝山題匯校《水經》，莫能識其里居，一分孤寒，畢生研討，不附青雲之士，多至姓名湮没，是則可爲浩嘆者已。咸豐己未天中節，文村老民王振聲書於守一處和之室。”又卷五末有“咸豐戊午季夏揮汗校，文村居士記”；卷十末有“咸豐己未天中節校畢”。按，王振聲，常熟人，字寶之，道光舉人，精音韵之學，晚好桐城書，漸入宋儒，有《歸文考异》、《文村詩古文稿》。

王振聲疑是書朱筆爲孫潛所爲。孫潛，字卧園，一字節生，又曰知節君，常熟人，喜藏書，校書甚多。筆者嘗取潛校書數種爲之相核，字體絶不相同，可證是集非潛所校。

鈐印有“孫潛之印”、“樂安”、“潛夫”、“曾在沈芳圃家”、“曾在海隅沈氏希任齋”、“希任齋秘籍”、“鐵如意齋”、“詩外簃藏書”、“非昔居士”。

杜工部七言律詩【明正德刻本】

《杜工部七言律詩》二卷，唐杜甫撰，元虞集注。明正德三年(1508)羅汝聲刻本。四册。半頁十一行二十一字，白口，雙魚尾，四周單邊，下有刻工。前有正德三年新安鄭莊序，末有永嘉黄淮后序。

鄭序云："邵庵虞先生法朱子詩傳而注釋之，僅一百五十篇，皆律詩也，不鑿不泛，深得其旨，惜乎未及其多也。四方學者如景星慶雲，皆欲争先而快覩，雖已梓行，而售者極少。羅君汝聲嘗以孝友尚義名於鄉，其於子美素所羡慕，特發其囊篋所蓄，命工綉梓，蓋將以廣其傳，暴白其心於後，使學者不惟欲其有所自得，而且欲效其爲人，不以顛沛流離而忘乎世，其嘉惠之心不亦至耶？嗚呼！聖門之才多矣，惟商賜可與論詩；杜詩之注多矣，惟邵庵之注獨得其妙。由此觀之，則子美之詩非邵庵固不足以明，邵庵之注傳之不廣，又何以知其學之博而識之深者耶？是知邵庵之注固有功於杜，而汝聲之梓行又有功於邵矣。愚也識淺才膚，固不敢妄以序，而於汝聲之好事則不以泥，故僭以識其歲月焉。正德三年戊辰七月吉旦，新安鄭莊書。"檢《新安志》不載羅汝聲其人。

杜集元代有虞集、趙汸注本，而通行者以虞、趙二注本爲多，如《杜律二注》、《杜律五七言》、《趙虞選注杜工部五七言近體合刻》等。虞注杜工部七言律詩二卷本，明代所刻有朱熊刻本、鄧秀夫刻本、馮惟訥删刻本等數種。此羅汝聲刻本傳世或僅此一帙，周采泉《杜集書録》雖有著録，然誤作北京圖書館藏，查是書《北京圖書館善本書目》并未著録。是書注者虞集，乃後人之托名，《四庫全書總目提要》及《菽園雜記》皆有述及。

刻工爲黄瓊、仇才、黄暠、黄龍、黄旻、黄文迪、中、通、青、虎、良、順、林、學、正、向、永、玉、海。據序和刻工，此本當刻在新安。

此本藏上海圖書館。

新刻翰林考正京本
杜詩評選【明萬曆坊刻本】

《新刻翰林考正京本杜詩評選》四卷，唐杜甫撰，明何烓選，明李承重批釋。明萬曆十九年（1591）書林熊氏宗文書屋刻本。半頁十行二十字，四周雙邊，白口，單魚尾。書口下刻"宗文書屋"四字。題"工部少陵杜甫集著；陵邑朗峰何烓精選；吉水雲溪李承重批釋；翰林九我李廷機考正"。後有牌記"萬曆辛卯年孟冬月書林熊氏綉梓"。

何烓，字文明，號朗峰，南陵人。嘉靖三十二年（1553）進士，授行人，選兵科給事中，屢升户科給事中，以憂歸，復除，卒於官。

此書計四卷，卷一爲五言排律；卷二爲五言律詩、七言律詩；卷三爲七言律詩、五言絶句、七言絶句、五言古風；卷四爲七言古風、行類、歌類。杜詩風格多樣，語言精練，書中所選多爲膾炙人口、廣爲傳誦之詩。

杜詩自宋代即有劉辰翁爲之選輯，有《劉須溪杜詩》七卷；元代虞集又有《杜律注》二卷、《杜工部七言律詩注》二卷、趙汸《杜工部五言律詩注》二卷。到明清二代評選之本則有數十種之多。萬曆間書林鄭雲竹曾刻有虞集注杜詩。題《翰林考正杜律七言虞注大成》二卷；又刻有趙汸注本，題《翰林考正杜律五言趙注句解》三卷。此書名所謂"翰林考正"者李廷機，晋江人，字爾張，萬曆進士，累官禮部尚書，入參機務，卒謚文節。編有《漢唐宋名臣録》五卷，又纂有《大方綱鑒》三十九卷、《新鐫翰林考正歷朝故事統宗》十卷等多種。廷機，閩人，故建陽坊間多托名廷機，如余象斗、熊氏諸書坊皆是。

是書檢之《中國古籍善本書目》和《臺灣公藏善本書目》，皆不著録，當爲人間罕見之本，亦可補杜詩版本之一種。此書現藏美國國會圖書館。

元次山集【清莫友芝批校本】

《元次山集》十二卷，唐元結撰。清乾隆兩間書屋刻本。四册。清莫友芝批校。藏上海圖書館。

元結曾參與抗擊史思明叛軍，立有戰功，後任道州刺史。其爲文多涉及時政，風格古樸；詩也反映社會現實及民衆疾苦，頗受杜甫推重。

莫友芝題識云："《舊唐書・元次山傳》，此蓋據新書鈔，乃錯落四十餘字，豈以意增減耶？今一一校正。同治初元閏月，郘亭眲叟記。"

卷四末莫氏補抄《桔井》一首，詩云："靈桔無根井有泉，世間如夢又千年。鄉園不見重歸鶴，姓字今爲第幾僊。風冷露壇人悄悄，地閑荒徑草綿綿。如何躡得蘇君跡，白日霓旌擁上天。"并批"此詩見《全唐詩》，全與次山風格不似，當係誤收，漫寫附此，俟考"。

卷六末有"同治初元閏月戊申，皖城學使行館畢此卷。郘亭記"。

卷八末有"閏月杪日己酉燈下畢此卷。郘亭"。

卷十二末有"同治壬戌九月庚戌朔，獨山莫友芝手校畢，於十二卷外蒐得《冰泉銘》及《再讓容州表》，與載本傳之《自釋》凡三首，使繩兒別紙寫附卷尾，更留餘紙以待續得云"。（此段又見莫友芝《宋元舊本書經眼録》附録。）

全書莫氏手批甚多，如卷十二第一首"庴亭銘"，批有"此銘祁陽有石刻，題作廎。《全唐文》有廎銘，無亭銘，蓋用石本。今依校"。

同治元年（1862），友芝五十二歲，時已爲曾國藩所攬，是書當在曾幕時所校，也可證莫氏在皖城時讀書之勤。又嘗見《古今長者録》一書，内鈐友芝"同治初元獨山莫友芝皖江軍次收書印"，并記於此。

元結文集，宋元之刻，皆不見傳世。今傳之本，皆明人所輯。明代所刻十卷本，有正德十二年（1517）郭勛刻本（又有《四部叢刊》本）、嘉靖刻萬曆十一年（1583）夏鏜補刻本、明刻本（以上三種皆題"唐元次山文集"），另有一種明刻本，題"唐漫叟文集"。十二卷本則有明刻本一種。

鈐印有"莫友芝圖書印"、"莫氏子偲"、"莫友芝字子偲之印"、"莫印彝孫"、"莫印繩孫"、"莫繩孫字仲武"，又有"吴興劉氏嘉業堂藏書印"。

王建詩集【宋刻本】

《王建詩集》十卷，唐王建撰。宋刻本。半頁十行十八字，左右雙邊，白口，單魚尾。存目録三至四、七至九頁，卷一之六至九頁，卷四之九至十四頁，卷六至卷八，總計四十五頁，初印精湛，餘皆配以清抄本。避諱至"敦"字，當是南宋光宗朝所刻。

王建，字仲初，潁川（今河南許昌）人。出身寒微，大曆十年（775）進士，晚年爲陝州司馬，又從軍塞上。擅長古樂府，與張籍齊名，尤長宫詞。馬端臨云："宫詞天下傳播，仿此體者雖有數家，而建爲之祖。"其以田家、蠶婦、織女、水夫等勞動人民爲題材之詩篇，對當時政治的腐朽和人民生活的痛苦作了不同程度的反映。

傳世王建詩集有八卷本和十卷本之别。八卷本有明嘉靖間蔣孝輯刻《廣十二家唐詩》本、明末毛晋汲古閣刻《唐六名家集》本（1936年上海商務印書館有影汲古閣本）以及《四庫全書》本。康熙間胡介祉谷園也刊有《王司馬集》八卷。十卷本除宋本外，尚有清康熙四十一年（1702）洞庭席氏琴川書屋刻《唐詩百名家全集》本（又有清光緒八年重刻本）。

《王建詩集》，宋本傳世僅存三帙，一即此本，藏上海圖書館；一藏諸北京圖書館，亦有缺卷，其卷二至三、六至十配以清抄本。又一部據云"存前五卷，後半毛氏汲古閣影宋抄補，原爲浙人孫鳳鈞藏書，今不知飄墜何所"（《中國版刻圖録》）。

席刻《唐詩百名家全集》本，"皆係宋人原本，一一校讎而付之梓"（葉燮《百家唐詩》序）。其卷次行款悉同宋本，但經互相比勘，席刻卷二、四、五、六、九内妄爲增補不少。如卷二《柘枝詞》、《雞鳴曲》、《送衣曲》、《斜路行》等十首，卷四《早發汾南》、《酬盧秘書》、《題柏岩禪師影堂》等十四首，卷五《望行人》、《塞上二首》、《送嚴大夫赴桂州》等五首，卷六《上陽宫》、《李處士故居》、《贈賈島》等四首，卷九《宫人斜》、《春詞》、《野池》等三十六首，合計六十九首，係從别本補入。宋本中卷九《故行宫》、《酬從姪再詩本》、《别自栽小樹》三首，則爲席刻所佚。

席刻多有墨釘，而宋本則小有數處，可補席刻之缺。如卷一第一首《凉州行》中"邊頭州縣盡胡兵"、"洛陽家家學胡兵"，"胡"字在席刻中被墨釘隱去。

此宋本卷末有"俞子容家藏書。唐寅勘畢"二行。俞子容，名弁，明正德中吴縣人。唐寅，明代著名畫家，字伯虎，年廿九中鄉試第一，與沈周、文徵明、仇英合稱"明四家"，善書法，能詩文。此唐寅題識書法瀟灑，下鈐有"唐寅私印"、"南京解元"二印。諦視宋本，中有朱筆點句，墨色極舊，當寅二十歲（1498）以後所閲。

目録後有"臨安府棚北睦親坊巷口陳解元宅刊行"牌記一行。陳解元者，南宋臨安業書者也。陳氏刻書，以唐宋人詩文小集爲最多，除《王建詩集》外，又有宋鄭清之《安晚堂集》，李龍《梅花衲》、《剪綃集》，陳必復《山居存稿》，劉翼《心游摘稿》等書。近人葉德輝《書林清話》卷二述之甚詳。

此宋本鈐有"湘雲館"、"淞涯子"、"安素堂印"、"金志仁印"、"宋本"、"季振宜藏書"、"汪士鐘曾讀"諸印。前四印頗舊，似明人所鈐。查諸增訂本《室名别號索引》，"湘雲館"有清仁和孫雲鳳、釋弘儲、德清許之雯，似和此印無關。"安素堂"有明嘉興葛嵩。嵩，字鍾甫，弘治進士，由行人擢禮科給事中，孝宗時閱蘇州軍儲，核貴戚所侵地歸之民，因劾魏國公徐俌，又偕九卿請誅劉瑾，瑾斥爲奸黨，遂罷歸。葛氏與俞子容、唐寅均爲同時人，又爲無錫人氏，此"安素堂"可能即爲葛氏也。此本清初爲季振宜所得，後歸諸汪士鐘藝芸书舍。

韓昌黎詩集編年箋注【清莫友芝批點本】

《韓昌黎詩集編年箋注》二十卷，清方世舉考訂。清乾隆二十三年（1758）德州盧氏雅雨堂刻本。四册。清莫友芝批點，王秉恩批校并跋、王文燾跋。書藏上海圖書館。

方世舉，安徽桐城人，字扶南，一字息翁，博學篤行，不求仕進，好爲詩，晚年注韓詩，酷嗜其體。此編年箋注，方氏以爲“注而不箋，則非子夏三百篇小序之旨，又不得孟子以意逆志、知人論世之義”，但箋必須編年，“年不重編，詩終多晦”。因此“一一考諸史，證諸集，參之旁見側出之書，以詳其時，以箋其事，以辨諸家之説”。盧見曾序云：“扶南老矣，將售是書以爲買山計。余既歸其貲，且付欹劂。”

此箋注爲莫氏批點。王秉恩跋云：“此獨山莫郘亭先生手點本，哲弟芷升教授所贈者，詩與注均已加墨，前輩讀書不苟如此。雪岑記。”

王文燾跋云：“此書原爲獨山莫氏藏籍，光緒初元芷升太姻丈夫子文燾啓蒙師贈家大人者。鈐有某府儒學印及‘郎岱廳學正鈐記’。儒學印，府名漫滅，存劃又不似遵義、思南等字（遵義爲莫猶人教授所官，思南則芷升師由郎岱學正所升任者），未敢臆定。郎岱廳學正爲芷師補官，藏籍中故多鈐之。又有‘莫五’白文長印、‘子偲’赤文長印、‘衹泉莫友芝讀本’赤文長印、‘莫友芝印’白文方印、‘則心第五’赤文四格方印，皆鈐第一册卷首各頁。又有‘雙鷹山樵’者白文方印，‘莫友芝’雙螭環側白文方印，鈐封面下方。又每卷目録首葉鈐‘餘事作詩人’白文方印。每册末鈐‘歸愚識夷塗，汲古得修綆’赤文方印，是皆郘亭太姻丈之私印也。自首迄尾，圈點整齊一式，間加眉評，又以它本校此，多詩二十餘首，另紙録目冠端，足徵讀書之勤與寶愛此書矣。家大人遊黔時，撰修本黔記略，芷師適掌教南城書院，亦預修官書役，故過從極密，賞奇析疑，時以圖籍互假，讀校贈答，此書其一也，大人志之册端，嘗攜自隨。丁未、戊申間，大人自廉欽道改組，因羊城楚生姻丈適得黎二樵評昌黎集，持以見示，大人以另紙移録評語，存去集中，今春重易書衣，文燾恐浮簽易迭，命工裝治，置諸各卷目後。是書又與莫氏增一重緣矣。郘亭徵君藏書，凡碑刻十載前已鬻於肆，去秋楚丈亦歸道山，藏書千六百餘種亦散出，聞黎評昌黎集則尚存在也。獨山莫氏，原籍金陵，明季仕黔，遂家焉。自猶人教授太夫人以樸學名西南，鄭珍、黎庶昌皆及門，哲嗣郘亭、芷升師、善徵三太姻丈接踵健興，名儒循吏，炳耀南天。曾文正爵相所撰猶人教授墓表，張廉卿裕釗撰郘亭徵君墓志，詳述靡遺，足千秋矣。楚生姻丈棠，爲猶人教授之孫，善徵大令祥芷哲嗣，郘亭徵君友芝、芷升師庭芝之猶子，隨官江南，宗仰世父書法，收藏步趨法則，因滯棘闈，乃筮仕粵東，歷任韶州、瓊州等府，儲書富有，多名籍秘本。辛亥後歸江南，卜居金閶，南中大吏多舊交，嘗以権税事任之，所得仍以購典籍書畫古器物。去秋歸道山，莫氏學派與長物盡散出歸他人矣。徵君南遊後，所得書鈐印與黔中異，此書所鈐各印外，間罕有知者，故詳識之。己巳二月清明，華陽王文燾識。""按儒學印爲安順府，芷升師曾兼領之，故並鈐之。立夏日又識。"

王秉恩，字雪澄，晚號茶龕，四川華陽人。同治十二年(1873)中舉，隨父宦黔，參軍幕，叙功以知縣用。張之洞督兩廣時，調入幕府，協創廣雅書院、廣雅書局，後歷充署理潮州知府、廉欽兵備道、廣東巡警道等職。辛亥革命後，寓居滬上，鬻所藏古器書畫以食，精目録校勘，有《平黔紀略》等書。

文燾，秉恩子。據文燾跋，莫棠去世當在 1928 年，所云黎批《昌黎集》，不見《中國古籍善本書目》著録。

皇甫持正集【清雍正抄本】

《皇甫持正集》六卷，唐皇甫湜撰。清雍正蔣氏賜書樓抄本。半頁九行十九字，左右雙邊，黑格，框外有"賜書樓鈔"四字。無序跋。

皇甫湜，浙江淳安人，字持正，元和進士，仕至工部郎中，與李翺、張籍齊名。從韓愈學古文，文章奇崛，流於險奥。錢遵王嘗云："孫可之得文章真訣於來無擇，來無擇得之於皇甫持正，皇捕持正得之於韓吏部退之，斯文自有真傳。"

皇甫集版本存世最早之本爲宋刻本，今存北京圖書館，《四部叢刊》曾據以影印。明代所刻僅存兩種，一爲正德十五年(1520)皇甫録世業堂刻本，傳世亦罕；一即明末毛氏汲古閣刻《三唐人集》本，清代似無單刻本，僅有抄本流傳。

卷一賦文、卷二論序、卷三制策、卷四書、卷五記、卷六雜著詩。雜著詩末二首爲《題浯溪石》、《石佛谷》，爲《四部叢刊》本及汲古閣本所無。汲古閣本毛晋跋云："嘗見《浯溪詩》一篇爲元結而作，其辭云……此詩乃評論唐人文章風格，殊無可採也。"然查《元次山集》，不見有此《浯溪詩》。按，皇甫集中無詩，詩見於世者，僅此抄本後所附之二首，抑或皇甫湜另有詩集，今已不傳。

賜書樓爲蔣杲藏書樓名。蔣爲長洲人，字子遵，號篁亭，燦四世孫，何焯弟子。康熙五十二年(1713)進士。富藏書，歷户部郎中，出知廉州府，年四十九卒。有《挹秀集》、《於京集》。此集即爲蔣杲家抄本，字體工整。《中國古籍善本書目》集部徵求意見稿著録此書有"蔣杲校"，然檢之全書，不見校字。是否别有所據，不得而知。

是書末粘有小箋，云："鈔本《皇甫持正集》，行款與毛本合，中間點畫間存古體，亦與毛本合，惟卷末多詩二首，每卷前添一子目耳，疑即從毛本抄出。汲古刊本風行寓内，而鈔手又是乾隆間人筆墨，不解何謂。子清仁兄啓事。文田啓。"子清者，即朱澄，仁和人，字子清，學勤之子，好聚書，有《結一廬書目》，光緒十六年(1890)病殁。文田，當爲李文田，廣東順德人，字仲約，號芍農，咸豐進士。

鈐印有"西圃蔣氏手校鈔本"、"□集齋"、"結一廬藏書印"、"仁和朱復廬校藏書籍"、"徐乃昌讀"。

今藏上海圖書館。

張司業詩集【清初影宋抄本】

《張司業詩集》三卷，唐張籍撰。清初影宋抄本。一册。清劉位坦跋。半頁十行十八字，左右雙邊，白口，前有張洎序。

張籍，字文昌，原籍吴郡，少時僑寓和州烏江，貞元進士，歷任太常寺太祝、水部員外郎、國子司業等職，世稱張司業。籍爲詩長於樂府，多警句。白居易嘗讀其集，賦曰："張公何爲者，業文三十春。尤工樂府詞，舉代少其倫。"王荆公也有絶句云："蘇州司業詩名老，樂府皆言妙入神。"

張洎序云："自皇朝多故，薦經離亂，公之遺集，十不存一。予自丙午歲迄至乙丑歲，相次緝綴，僅得四百餘篇，藏諸篋笥，餘則更俟博訪，以廣其遺闕云耳。"此集上卷收五言律詩一百十五首、五言絶句十八首、五言排律九首；中卷收七言絶句九十四首、七言律詩七十五首；下卷收古詩八十五首。共計三百九十六首。

司業詩集有八卷、七卷、六卷、五卷、三卷之分。七卷本僅見《新唐書·藝文志》及《崇文總目》，五卷本爲晁公武《郡齋讀書志》著録。流傳較多的則爲八卷本和三卷本。八卷本所收詩詞、樂府等共四百四十五首，多出此本四十餘首。清黄丕烈嘗跋舊抄本八卷本云："三卷中詩，此皆有之，而諸體中間有多於彼者，此所以爲勝也。"清陸貽典云："宋刻《張司業集》有二，一本八卷，一本上中下三卷，而要以八卷爲勝，百家唐詩中所刻一卷僅三卷中之下卷耳，其爲可笑如此。"

據萬曼《唐集叙録》，清顧氏試飲堂曾藏一宋刻三卷本。以此影宋抄三卷本校《四部叢刊》八卷本，可正八卷本之誤字多處，如五言今體《送邊使》，八卷本作《送遠使》；七言律詩《送從弟彤東歸》，八卷本誤"彤"爲"删"，《贈趙將軍》一首，誤"軍"爲"事"；七言今體《送辛少府任樂安》，誤"樂安"爲"安縣"等。今宋刻三卷、八卷本均已佚去，僅有清初影宋抄本流傳，亦續宋刻一綫之延。

劉位坦跋云："司業集，按四庫書目云，傳世凡三本，一爲張洎編，一爲湯中編，一爲明張尚儒編。張尚儒本凡詩四百四十九首。張本、湯本，河間紀文達公皆未及見，而約略計之，曰張本凡八卷，與湯本、張尚儒本不甚相遠。此蓋據《崇文總目》稱爲七卷，今作八卷也，豈知此張洎本實止三卷，凡詩三百九十六首乎。是本爲汲古閣毛氏所藏，又爲司業最初編葺，世無刻本，宜珍重傳襲之。大清道光甲辰年正月初八日，大興劉位坦識。"劉位坦，字寬夫，大興人，藏書極富。甲辰，爲道光二十四年(1844)。

鈐印有"毛晋私印"、"子晋"、"海虞毛晋子晋圖書記"；"長白毓本務旃父讀書印"；"朱學勤修伯甫"、"修伯珍藏圖籍"、"修伯過讀"、"修伯秘藏"、"結一廬藏書印"。

此本藏上海圖書館。

薛許昌詩集【明抄本】

《薛許昌詩集》十卷，唐薛能撰。明抄本。半頁九行二十字，藍格。卷一第一頁題“許昌軍節度使檢校禮部尚書薛”。前有張泳序、陸榮望跋。

薛能，字大拙，汾州人。會昌進士，咸通中以監部攝嘉州刺史，累遷至工部尚書，爲政嚴察，絶私謁，癖於詩，政暇日賦一章。傅增湘《藏園群書題記》於能叙述頗詳。

宋陳振孫《直齋書録解題》著録。是書最早有宋刻本，今已不傳，清丁丙藏一抄本，《善本書室藏書志》云：“有集十卷，宋咸平癸卯刻於三川，凡四百四十八篇，樞密直學士尚書刑部侍郎知益州張泳序。”“此本凡二百三十篇，紹興元年山陰陸榮望選録也，有後跋，毛氏汲古閣曾刻之。”毛氏所刻即爲《唐人八家詩》本，毛扆曾據宋本校過。

此明抄本卷一、二、三、七爲五言，卷四至六、八至十皆爲七言。細審此本，無論字體、墨色、用紙，均早於汲古閣本，二本相校，卷數雖同，然編次改易，如汲本卷十《春日北歸舟中有懷》、《初發嘉州寓題》則見此本卷八。又篇名也有不同，如《贈歡八娘歲善吹笙》，汲本作《贈歡娘》；《宿仙游寺望月生峰》，汲本易“仙”爲“山”；《送禪僧》則改“僧”爲“師”。汲本中《升平詞十首》（末一首）、《惜春》、《天際識歸舟》、《寄河南鄭郎中》、《送人自蘇州之長沙縣官》、《黄河》、《西縣作》數首爲明抄本所無，而明抄本《斜道中作》等則不見汲本。又此本凡訛字皆用白粉抹去，個别處也有漏補，如卷四《春日重游平湖》中“離人忽有重來日”一句，佚去“離”字。然二本互校，各有佳處，如卷三《戲題》一首，末句“思家不是夢，北會勝高堂”，汲本“家”改“惟”字，“北”易“此”字。

鈐印有“皇清官舍”、“顧肇聲讀書記”、“讀有用書齋”、“百耐眼福”。

此本藏上海圖書館。

賈浪仙長江集【明初刻本】

《賈浪仙長江集》七卷，唐賈島撰。明初奉新縣刻本。沈曾植跋。半頁十行十八字，黑口、四周雙邊、雙魚尾。無序跋。卷末有“奉新縣刊”四字。

賈島，字浪仙，初爲僧，名無本，范陽人。累舉不第，生誹謗，謫長江主簿，時稱賈長江。會昌初，以普州司倉參軍遷司户，未受命，卒。島每歲除夕，檢一年所作詩，祭以酒脯，曰勞吾精神，以是和之耳。“鳥宿池邊樹，僧敲月下門”即其名句。

是書最早有宋刻本，爲十卷。宋陳振孫《直齋書録解題》著録有《賈長江集》十卷，云：“今遂寧刻本，首載大中墨制云……”清毛扆曾據宋本手校明末毛氏汲古閣刻《唐人八家詩》本。據清黄丕烈《蕘圃藏書題識》，賈集宋刻七卷本曾藏揚州阮元家，半頁十行十八字，爲書棚本。今宋刻十卷本已佚。

明代所刻有七卷、十卷之分，七卷本以此奉新縣刻本爲最早。卷一爲五古，卷二、三爲五律，卷四爲五排律，卷五爲七律，卷六爲五絶，卷七爲七絶。此刻今存四帙，餘三帙藏南京圖書館、吴縣圖書館、臺灣“中央圖書館”。十卷本則有明嘉靖二十九年(1550)蔣孝刻《中唐十二家詩》本及明末毛氏汲古閣刻《唐人八家詩》本。《四庫全書總目提要》著録爲十卷本，收詩三百七十九首。

是刻字體古樸，紙墨頗舊，爲明初所刻，然篇中訛誤甚多。奉新，明清皆屬江西南昌府。傅增湘曾於常熟丁秉衡處見過此刻，爲丁丙八千卷樓舊藏。傅增湘跋云爲洪武、永樂間所刻，然跋不見《藏園群書題記》。丁氏藏本今在臺灣“中央圖書館”，著録爲明初刻本。《藏園群書經眼録》，載有是書，却著録爲明嘉靖刻本，一人一書之鑒定，竟大相徑庭，或其先後鑒别不同耳，抑或爲另一本耶？

沈曾植跋云：“《長江集》通行十卷，此獨七卷，自非唐本之舊，然以明仿宋本相校，異同夥，而此本與彼所注一作△字，合者十得八九，然則此爲《長江集》别本，宋世固兩刻並行也。此天一閣書，得諸滬上。宣統十年正月，寐叟檢書記。”

鈐印有“曾植”、“海日樓”；“壽祺”、“壽祺經眼”。

此本上海圖書館藏。

唐劉蜕集【明天啓刻本】

《唐劉蜕集》六卷，唐劉蜕撰。明天啓四年(1624)吴馡問青堂刻本。一册。半頁七行十六字，四周雙邊，白口，無魚尾。

劉蜕，湖南長沙人，字復愚，號文泉子。時長沙歲解舉人，多不成名，蜕始及第，號破天荒。其爲文奇詭岸杰，自成一家，官至右拾遺，論令狐滈恃權納貨之罪，謫華陰令。有《文泉子集》。

此本前有吴馡《刻唐劉蜕集紀事》，述及得劉集之經過和刻印之事甚詳，"讀唐代文嘗癖劉蜕，恨全書未獲覩，壬戌歲，業制舉於醉李，偶向緇廬披幡朽簡，忽一册首尾蠹蝕，文益漫漶不可句，以意强會，僅辨《山書》、《文冢》兩篇，反復檢認，襞幅隱隱，是桑悦印記，奇士鑑藏，喜愕生信。是夕，燈下摩挲眼力，十字九想，若陟華巔，愈艱愈快。吾友楊收之，同好者也，時住石耳，手録一軸遥報之，二人書沈篋底，所遘名賢，輒謀原集讎正，卒無傳本。甲子同在婆髻詩巢，慨然興懷，悲是復遭淪没，乃萃凡唐編輯迄夫稗紀，補入脱遺，考索同異，次第後先，成六卷，留劉蜕所著精神，换桑悦所傳面目，以佈藝林。……"然此本佚去熊文舉《題唐劉蜕集》，曾見上海圖書館藏此本三部，其中一部尚存熊序。

末有"明吴馡梓於問青堂，時天啓甲子"。按吴馡，字衆香，江寧人。具孝友至性，而酷耽奇書。《金陵詩徵》云："馡居城南委巷，舉文社於天界寺，集者近百人。……刻劉蜕、孫樵、皇甫湜文行世。"又《梨洲思舊集》有《黄宗羲别衆香詩》，云："一榻藏書君寂寞，半年旅邸我糊涂。"又按，蜕集原書全本十卷，修《四庫全書》時，爲汪如藻所進。據紀昀所記，原有四卷之本，乃於《英華》、《文粹》中抄合而成，初擬寫入《四庫》，後得汪本，乃易之。而今十卷之本不可得見，此吴馡問青堂本爲校讎精審者，也流傳不多。張元濟先生主持商務印書館時，曾借得原書影印入《四部叢刊》，今所知僅北京圖書館、上海圖書館、復旦大學、華東師範大學和臺灣"中央圖書館"入藏。此書又有明崇禎十六年(1643)黄㸌然刻本，藏四川省圖書館等館。

鈐印有"島田翰讀書記"、"島田翰字彦楨精力所聚"、"内藤虎印"、"耕讀齋之家藏"四印。島田翰和内藤虎均爲日本近代著名學者、藏書家，收藏中國古書字畫碑帖甚多。此書亦爲自中國帶去日本者，現爲美國國會圖書館珍藏。

杜荀鶴文集【宋刻本】

《杜荀鶴文集》三卷，唐杜荀鶴撰。宋刻本。四册。半頁十二行二十一字，左右雙邊，白口，單魚尾。皮紙印。字體古樸，遇宋諱皆不避。第一册爲目録。前有顧雲序："目曰《唐風集》，視其人，齒尚壯，才力未盡，謳吟方興方酣。"則《唐風集》乃其原名。

今此本僅卷端下題"唐風集"，與毛氏汲古閣《唐人四集》、貴池劉氏《貴池先哲遺書》本徑題"唐風集"不同，分卷編次亦异。清康熙間洞庭席氏琴川書屋刻《唐詩百名家全集》收有《杜荀鶴文集》，分卷編次則悉據宋本。

《唐風集》世多以毛氏汲古閣刻本爲最佳，《四庫》所據亦毛刻。以宋本與毛本、席本相較，宋本中《和吴太守罷郡山村偶題》二首、《送人遇亂歸湘中》二首，毛本未收。席本和毛本中《閩中秋思》、《傷峽石縣病叟》、《贈友人罷舉赴辟命》三首則宋本所缺。在某些地方，宋本可正毛本、席本之誤訛。試舉三例：《秋宿臨江驛》一首"聽猿鞭馬過長安"句，毛本、席本"長安"作"長關"；《春日旅寓》中"江上有家歸未得"句，席本"有家"作"有歸"；《秋江雨夜逢詩友》之"夜來江上秋無月"句，席本"無"字爲墨釘。

宋本唐人小集，傳世最少。宋蜀刻本唐人集傳世有十一行、十二行本之分。十一行本僅存駱賓王、李太白、王摩詰三集，約刻於南北宋之際。十二行本有孟浩然、李長吉、鄭守愚、歐陽行周、皇甫持正、許用晦等集，總計現存十二行本之全本及殘本共有十八種，約刻於南宋中葉。此本亦爲十二行本系統，即毛扆、朱學勤所稱之北宋刻本。按杜荀鶴集及王無功、張説之集，過去僅見前人著録，流傳罕見，以至於許多版本目録專家嘆爲"不傳"。此集之發現，實可補宋刻蜀本唐人集之缺。

此本卷三末有"泰興季振宜滄葦氏珍藏"題款一行。曾經藏毛晋汲古閣、黄翼聖蓮蕊樓、清初季振宜、王聞遠孝慈堂、汪憲振綺堂，同治年間流入朱學勤結一廬。

今藏上海圖書館。

張蠙詩集【明末抄本】

《張蠙詩集》一卷，唐張蠙撰。明末抄本。一册。清葉奕跋。半頁十行十八字，無格。

張蠙，前蜀清河人，字象文，唐乾寧二年(895)進士，調櫟陽尉，遷犀浦令。仕蜀王建爲膳部員外郎，後爲金堂令。蠙生而秀穎，幼能爲詩，登單于臺，有“白日地中出，黄河天上來”句，由是知名。咸通時與張喬、許棠、喻坦之、劇燕、任濤、吴宰、周繇、鄭谷、李栖遠、温憲、李昌符稱十哲。

是書傳世不多，宋陳振孫《直齋書録解題》及晁公武《郡齋讀書志》著録。清黄丕烈嘗見有宋刻十行十八字本，當爲唐人小集之書棚本，黄氏并藏一舊抄本。此本或據宋本所抄。蠙詩曾收入《唐百家詩》、《唐詩百名家集》以及《唐人五十家小集》中，清代似未有單刻之本。此本收詩八十一首，與《唐百家詩》本同。

此抄本乃葉奕舅氏所抄。葉奕跋云：“崇禎四年辛未十月，舅氏伯仁從柳大中鈔本爲余印寫，校時改正十字。十三日夜，葉奕記於南壇之書室。”奕，字林宗，名與樹廉相上下，居洞庭山中，性好學，於書搜訪甚力，每見秘本，必假歸躬自繕寫，篝燈命筆，夜分不輟。《讀書敏求記》載其得一秘册，即與錢遵王互相傳録，雖昏夜，必叩門，兩家童子輒聞聲知之。

北京大學圖書館有《張象文詩集》三卷，爲清抄本，收詩或多於此本。

鈐印有“林宗”、“義門小史”、“白洪居鍾”、“官羲文章”、“樹蓮居士”、“吴興劉氏嘉業堂藏書記”。

此本今藏上海圖書館。

禪月集【明柳僉手抄本】

《禪月集》二十五卷，唐釋貫休撰。明柳僉手抄本。二册。半頁十行二十字，黑格，左右雙邊，書口刻有"叢書堂"三字。題"浙江東道婺州蘭溪縣和安寺西岳賜紫蜀國禪月大師貫休述"。前有吴融序、曇域後序及周伯奮跋。

貫休，字德隱，一字德遠，姓姜氏，蘭溪人。幼而穎悟，七歲出家，苦節峻行。據載其十歲發心念經，每於精修之暇，更相唱和。漸至十五六歲，詩名益著，遠近皆聞。其詩以悲憤蒼凉之思寫清新俊逸之辭。二十歲受具足戒，善畫羅漢，工篆體草書，爲吴越王錢鏐所重。後入蜀，王建禮遇之，號爲禪月大師，亦稱得得和尚。

是集卷一爲樂府古題雜言三十首；卷二至六爲古風雜言，計一百三十二首，古意九首、行路難四首；卷七至十八爲五言律詩，計三百六十一首；卷十九至二十五爲七言律詩，一百二十五首，七言絶句五十一首。共計七百十二首。

貫休之集，宋代有嘉熙四年(1240)釋可燦婺州刻本，其行款爲十三行二十字，今宋本已佚，北京圖書館有明末毛氏汲古閣影宋抄本，上海圖書館又有清初影宋抄本。此柳僉手抄本後序末有"時嘉熙四年五月十五日婺州蘭溪縣兜率禪寺住持賜紫禪悟大師可燦重刊"二行，可證爲僉據宋本傳抄。

柳僉，字大中，號安愚，又號味茶居士，生當武宗之世，隱居不仕，吴之隱君子也。嘗以宋槧手抄改正《水經》錯簡，考核甚精，又嘗摹寫唐人詩數十種。是書末有大中題識："時正德九年六月十三日吴中布衣柳僉大中録畢於桐涇别墅之簡静齋中，復值病起，聊以詩紀歲月云：'病愈入城懶，斯文敗筆書。山林圖自在，風雨欲何如。白滿秧田水，青翻柳浪魚。不知塵不到，岑寂是安居。'"大中抄本傳世不多，檢《皕宋樓藏書志・樂府古題要解》及《士禮居藏書題跋記・録异記》，俱有大中題識并詩。

此書用紙書口刻"叢書堂"三字，按"叢書堂"爲明吴寬堂名。吴寬，長洲人，號匏庵，字原博，卒於弘治十七年(1504)，則大中所用"叢書堂"紙，當非寬家所制。

貫休集，明代僅有毛氏汲古閣刻《唐三高僧詩》本，清同光間又刻入《金華叢書》中。又清孫星衍《平津館鑒藏書畫記》著録舊抄本一帙，云："末有正德九年吴中布衣柳僉大中手抄題識並詩一首"，"此本乃柳僉從可燦本影寫"，"收藏有葉氏菉竹堂藏書朱文圓印"。疑柳氏當時手抄或有二本，然孫藏本今已不存。

鈐印有清初錢謙益"钱後人謙益讀書記"及近人于右任"右任"印。

此本今藏上海圖書館。

廣成集【舊抄本】

《廣成集》十二卷，蜀杜光庭撰。舊抄本。二册。題“唐杜光庭撰”。半頁十二行二十四字，無框格。清蔣因培、屠用明題識。近人録清黄丕烈跋。藏美國哈佛大學哈佛燕京圖書館。

杜光庭，字賓聖，一作聖賓，道號東瀛子。處州縉雲（今屬浙江）人，一作長安（今屬陝西）人。初喜讀經史，工詞章翰墨之學。懿宗設萬言科，其進試不中，入天台山爲道士。僖宗幸蜀，光庭始充麟德殿文章應制。王建據蜀，事王建父子，官諫議大夫，賜號廣成先生、傳真天師，進户部侍郎，後歸老青城山白雲溪。據記載，其游成都，喜青城山白雲溪氣象磅礴，遂結茅居之，溪蓋薛昌真人飛泉之地。一日，忽謂門人曰：“吾昨夢朝上帝，以吾作岷峨主司，恐不久於世。”後唐莊宗長興四年(933)，年八十四歲，一旦披法衣，作禮辭天，升堂趺坐而化，顔色温晬，宛若其生，异香滿室，久之乃散。

是書《四庫全書總目》著録。云：“《宋史·藝文志》載光庭《廣成集》一百卷，又《壺中集》三卷。《通志·藝文略》載《光庭集》三十卷，今此本十二卷，僅表及齋醮文二體。”《十國春秋》所載《序毛仙翁略文》及《瀘州劉真人碑記》等五篇“皆不載集中，蓋殘闕之餘，已非完本也”。《總目》又云光庭“駢偶之文，詞頗贍麗，而多涉其教中荒誕之説，不能悉軌於正，獨五季文字闕略，集中所存，足與正史互證者尚多，故具録之，以爲稽考同異之助焉”。

是集又有十七卷本，藏上海圖書館，爲清彭氏知聖道齋抄本，有彭元瑞跋；南京圖書館所藏也爲清抄本，有丁丙跋。蓋十七卷者，乃出自《道藏》者。北京圖書館有明抄本，臺北“中央圖書館”藏清雍正間抄本。

黄丕烈跋云：“此書向藏五硯樓，校近抄本多莫庭乂《周天醮詞》一篇，《請不赴山陵表》一章。余家舊有曝書亭藏鈔本，校之正訛五十餘字，善本也。汲古閣毛氏所藏，毋忽視之。乙亥秋七月，蕘夫。”又有“此苕川韓求仲太史藏本，録計百有六十六幀。丁卯十二月廿又四日於嘉禾，屠用明氏借觀”。“道光甲午七月下澣，辛峰老人蔣因培向芙川仁兄假讀之，復以識歲月。”

按，黄丕烈跋爲後人所摹。跋後“蕘夫”小印僞。近人王欣夫輯《蕘圃藏書題識續録》收有此跋，然未注明出處，僅以墨釘處之。

此本金鑲玉裝幀。“玄”、“弘”字不避諱。

鈐印有“小琅嬛福地秘籍”、“曾藏張蓉鏡家”、“顯月齋主人”、“鶴齋”、“菩薩心腸英雄歲月神僊眷屬名士文章”。又鈐有“汲古閣收藏”，僞。

徐公文集【清康熙抄本】

《徐公文集》三十卷，宋徐鉉撰。清康熙五十一年（1712）翁栻手抄本。四册。清翁栻跋。半頁十行二十一字，無框格。題“東海徐鉉”。前有天禧元年（1017）胡克順進徐騎省文集表及批答，又有淳化四年（993）陳彭年序。

徐鉉，字鼎臣，廣陵人。楊溥時爲校書郎，直宣徽北院，掌文翰。李昇時知制誥，璟、煜時遷翰林學士，歸宋，直學士院，加給事中，後爲散騎常侍，故其集一名《騎省集》，或曰《常侍集》。集爲其婿吴淑所編。鉉精小學，校定《説文解字》，爲世所重。詩致清婉，爲文才思敏捷，自成一家。

李昉撰徐氏墓志銘云：“所著文多遺落，今其存者編成三十卷”。《徐公文集》，清代黄丕烈時，即新抄本亦不可多得。今宋刻早已亡佚不存，檢《中國古籍善本書目》，上海師範大學圖書館藏有清影宋抄本。又徐乃昌有影刻宋明州本，似皆可延其一脉。

卷一文賦三首、詩三十首；卷二詩六十九首、歌一首；卷三至五爲詩，計二百十八首；卷六至七爲制誥，計五十五篇；卷八制誥三十六篇、祭告文二篇；卷九策九篇、謚議一篇；卷十至十二爲碑銘，計十三篇；卷十三記七篇；卷十四記三篇、頌一篇，并序、贊四首，銘二篇，哀册文二篇；卷十五至十七墓志二十二篇；卷十八序八篇；卷十九序六、表四、書五；卷二十表四、書五、狀二、文九；卷二一應制詩十九首、寄送詩四十九首；卷二二雜詩五十九首、文賦二首；卷二三序九篇；卷二四序五篇、連珠五篇、贊四篇、銘三篇、論三篇；卷二五至二七碑銘十三篇；卷二八記十篇；卷二九至三十墓志，計十二篇。

此抄本凡遇帝諱，均作“今上御名”。又玄、敬、匡、徵字皆缺末筆。再《武烈帝廟碑銘》中“告禎符於”下三百六十字、《筠州清江縣重修三清觀記》中“其守固者其事舉道”下五十餘字皆佚去。

翁栻字猶張，號洞庭山人，酷嗜藏書，其所抄書，字畫均作端楷。其跋云：“徐騎省，南唐舊臣，入宋後於雍熙年間承詔校理許氏説文者，此則其詩文集十四卷也，世少刻本，近兢相傳寫，余亦得抄之。余性好書，苦力不副，然苟可及之，則輒買一二，至於今無多也。有可抄者，或命子姪及孫，或自爲之，亦僅得十六種。此帙又屬手抄，始於去年而完於今者也。或曰子已年踰耳順，猶兀兀事此，何爲耶？余不覺自笑曰，初無所計及，不過猶然適其性之所好，以寄事隙之心思，以運老年之手腕而已。書成輒一喜，裝好更可愛，將來歸老家山，得時一展玩，或更精力可以讀之，是在天假以還其性，便成過望之樂矣。至於傳之子孫，有能愛而讀之，以慰及吾心者，乃拂雲蘭至千里名駒也。有以爲吾之手澤重而藏之者，亦可謂知禮守成之人。若或漫不知省，遺散出售，則自成不肖，吾何能責之？吾但爲前賢流傳，亦吾心性之一端也矣。康熙五十一年壬辰臘月望日。洞庭東山翁栻識於金閶鳳凰橋康熙字典書局中，時年六十有一。”

鈐印有“湖山遵祀鄉守義里翁氏”、“天爵太湖公”、“栻”、“翁又張”，又有金元功“金元功藏書記”、“延庚外史”。

此本今藏上海圖書館。

孫明復小集【清鮑氏知不足齋抄本】

《孫明復小集》一卷，宋孫復撰。附録一卷，宋石介等撰。清鮑氏知不足齋抄本。一册。清鮑廷博校并題識。半頁十行二十字，左右雙邊，黑格，書口下印有“知不足齋正本”。

孫復，字明復，晋州平陽人。舉進士不第，退居泰山，學《春秋》，著《尊王發微》十二篇，大約本於陸淳而增新意。除秘書省校書郎、國子監直講。車駕幸太學，賜緋衣銀魚，召爲邇英閣祗侯説書，官至殿中丞。嘉祐二年(1057)卒，年六十六。《宋史·儒林傳》有傳。

此集收文十九篇、詩三首。《郡齋讀書志》、《宋史·藝文志》及《文獻通考》皆云十卷，然明代以來并無刊刻，諸家書目也未見著録。清乾隆間，爲編《四庫全書》，館臣從《永樂大典》輯出宋元人集數十家，中有《明復小集》。《四庫提要》謂出自泰安趙國麟家，蓋從《宋文鑒》、《宋文選》諸書抄撮而成。此抄本雖乾隆間所抄，仍不失爲現存明復集最早之本。

鮑氏題識見於詩後及附録後。前者爲“乾隆己丑十二月初五日校於綉溪寓廬”；附録後爲“乾隆庚寅正月十二日，從徂徠先生集復校一過。貞復堂記”。己丑爲三十四年(1769)、庚寅爲三十五年(1770)，正鮑廷博四十至四十一歲時。

此本封面鈐有“乾隆三十八年十一月浙江巡撫三寶送到鮑士恭家藏孫明復小集一部，計書壹本”木記，又有“翰林院印”滿漢文大方印，又鈐有“教經堂錢氏章”、“犀庵手校”。查《浙江采集遺書總録簡目》及《浙江省第四次鮑士恭呈送書目》皆有是書，前者寫明“孫明復小集一卷，附録一卷，知不足齋寫本”。此外又有山東巡撫呈送本，然二本皆非《四庫》底本。按《四庫》所收乃爲兵部侍郎紀昀家藏本，丁氏《八千卷樓藏書志》卷二十六著録，爲清初抄本，今藏南京圖書館。

此本今藏上海圖書館。

古靈先生文集【宋刻本】

《古靈先生文集》二十五卷，宋陳襄撰。宋紹興三十一年(1161)陳輝贛州刻本。半頁十行十八字，左右雙邊，白口，雙魚尾，下有刻工，上刻字數。前有宋紹興五年(李綱)序，末有陳輝跋。今藏上海圖書館。

陳襄，字述古，福建侯官人。慶歷二年(1042)進士，神宗時爲侍御史，其言行皆以古人爲法。蒞官所至，務興學校，學者稱古靈先生。卒於元豐三年(1080)，年六十四。有《易義》、《中庸義》等。

是集乃其子紹夫所編，書分二十五卷，卷一爲求賢手詔等；卷二古賦、律賦；卷三古詩；卷四至六爲律詩；卷七、八爲書；卷九啓；卷十記狀；卷十一序記；卷十二内制；卷十三表奏；卷十四至十六爲奏議；卷十七、十八爲札子；卷十九詳定禮文；卷二十文；卷二一議論策題；卷二二、二三爲易講議；卷二四禮記講議；卷二五墓志銘。收古律詩賦雜文凡三百六十餘篇，以襄居侯官之古靈村，爲其詩文集名。

末有襄孫陳輝跋，云："四世從祖密學公，平日所爲文章不知其幾，厥復裒綴爲卷者，僅二十有五，目曰'古靈先生文集'，以聖天子詔冠之，預有榮焉。里人大夫徐君世昌嘗摹刻於家，而其間頗有舛訛，歷歲漸久，且將漫漶，輝竊有意於校正，因仍未遑，每以爲根。竭來章貢，屬數僚士參校亥豕，……並鋟之木，庶幾有以慰子孫瞻慕之心也。"

其詩文中最重要者，應推卷一《熙寧經筵論薦章稿》，此乃襄居經筵時，神宗訪以人才，其薦舉司馬光、韓維、吕公著、蘇軾、蘇轍等三十三人。末卷中葉祖洽作行狀、孫覺作墓志、陳瓘作祠祀，皆以襄興學育才，勤於吏治諸事，不及薦賢一舉。年譜爲襄六世侄孫曄撰，參以三朝實録暨文集行狀、墓志、家譜諸書而成。

陳襄文集，宋代所刻當有三本，一即陳輝跋中所云宋徐世昌刻本，今已佚去。二爲日本静嘉堂文庫藏宋建陽刻本，乃清季吴騫拜經樓舊藏，《拜經樓藏書題跋》卷五著録，并云末有"《使遼語録》一卷，乃諸本所無者"。十行十八字，白口，左右雙邊，有刻工。此刻北京圖書館、上海圖書館也各藏一部，然佚去《使遼語録》。三即此陳輝贛州刻本，傳世僅此一部。襄集明清二代皆未有翻刻，僅有抄本流傳。

書中諱字殷、完、桓、敬、徵等皆缺末筆。敦、慎字不避。刻工有蕭岡、黄彦、鄧正、劉智、余中、葉松、弓友、肖昌、管十、弓整、葉文、蔡升、吴立、方志、龔整、方仲、祝允、方惠。查《宋元刻工表》，知黄彦、葉松、余中、方惠、吴立於紹興中刻過明州本《文選》；余中、吴立、方惠又參與贛州刻本《文選》刊刻，余中還於寶慶中廣東漕司刻過《新刻校定集注杜詩》。

是本鈐有“翰林院印”，并有“乾隆三十八年十一月浙江巡撫三寶送到孫仰曾進呈陳古靈集一部，計書拾本”木記。查《四庫全書總目提要》，古靈集乃爲福建巡撫采進本，非孫仰曾本，此當爲四庫發還之本。藏印又有明代“文淵閣印”及清代朱氏結一廬諸印。

宛陵先生文集【宋刻本】

《宛陵先生文集》六十卷，宋梅堯臣撰。宋紹興十年（1140）宛陵郡守汪伯彦刻，嘉定十六年（1223）至十七年（1224）重修本。十册。日本島田翰跋。存三十卷，爲卷十三至十八、三十七至六十。半頁十行十九字，白口，左右雙邊，書口下有刻工。末有紹興十年汪伯彦後序。

梅堯臣，字聖俞，安徽宣城人。以蔭生爲河南主簿，歷鎮安判官。仁宗召試，賜進士出身，累遷都官員外郎，預修《唐書》。堯臣工詩，在宋代影響頗大，詩以深遠古淡爲意，歐陽修與爲詩友，自以爲不及。陸游極爲推重，自稱"學宛陵先生體"，其《讀宛陵先生詩》云："李杜不復作，梅公真壯哉。豈惟凡骨换，要是頂門開。鍛煉無遺力，淵源有自來。平生解牛手，餘刃獨恢恢。"劉克莊《後莊詩話》也稱堯臣爲宋詩之"開山祖師"。

《宛陵集》早期版本有十卷本、十五卷本、四十卷本，又外集十卷，今皆不傳，張元濟《涉園序跋集録》述之較詳。此六十卷本，宋陳振孫《直齋書録解題》著録，宋刻僅此本存世。元刻梅集，據日人島田翰云，其家舊有元翠岩精舍刻本，乃據宋本翻雕者，今翠岩精舍本不見於國内及美國各大圖書館收藏，蓋亦孤帙也。明刻僅二本，一爲明正統四年（1439）袁旭刻本，一爲明萬曆四年（1576）姜奇方刻本。

汪伯彦後序云："余被命來守宛陵，視事之翌日，有客謂余曰，郡學請鏤版印書，公留意否乎？乃問其目，曰梅聖俞詩集。曰遭兵火殘編斷簡靡有全者，幸郡教官有善本。余樂聞而應之，……乃命學官董其事。鏤版既成，請序於余，余豈敢辭。"據後序，可知此紹興本以前應另有一六十卷本，由伯彦命人據郡教官藏善本而翻雕。伯彦，祁門人，字廷俊，登進士，高宗時擢右僕射，專權自恣，不能有所經畫，尋劾罷，帝後思之，拜檢校少傅，保信軍節度使，卒謚忠定。

此本傅增湘於1930年秋訪書日本時，嘆爲"海内之奇書，傳世之孤籍，驚喜賞嘆，生平未見"之書。傅氏曾以宋刻影印本校之明刻，以爲"文字異同，固不必言，而今本佚收之詩，乃至一百篇，其最著者，如東軒筆録所記之《書竄》詩，乃赫然具在"。1928年，張元濟訪書東瀛，於日本著名收藏家内野皎亭家獲見此帙，審爲人間孤本，并攝影携歸。十年後，考慮到"疊經兵燹，屢瀕於險，恐復亡失，爰付印行"，入《四部叢刊》，於是宋刻孤本纔得以化身千百，廣布藝林。

卷十五後有島田翰跋，然不見於《四部叢刊》影印本。跋云："□□之春，予井井竹添夫子命將校書於野庠，路迂回川越，而到於大宫□越。有新井政毅先生者，受業於漁村海保，翁好古通敏，家多藏古文舊書，中有元翠岩精舍覆紹興刻《宛陵集》，紙質净致，墨光焕發，凛然於行墨之間，真稀世之寶也。予懇請欲必獲之，而先生以其書出於先師舊收，不許之。既而先生歸於道山，其書不知歸於何人之手，而殘宋本偶爲予所獲。是書蓋係宋嘉定槧本，在現存《宛陵集》中爲最古，較諸秘府明刻本，可以訂補今本之訛脱者極多，則其爲宋時善本也亦可知也。嗚呼！予向失元本而獲殘宋本，是豈爲不獲足宋本之讖哉？夏日曬書理所，手校者恍如隔世。追想往日，一則慘然以傷，一則愴然以自悲也。明治三十五年太歲壬寅九月二十四日，島田翰識於留原荒久井井書屋，二十四歲。”卷十六末又有“是書先大夫及太夫人圖章捺鈐各卷者，蓋記不忘其原也。癸卯二月，島田翰識，二十五歲”。又卷五十一末有“明治庚子嘉平月，從古澤草堂獲之，島田洸”。

是書字體方正，皮紙印。刻工有金言、潘暉、昌彦、昌茂、金大受、金宣、金明、盛彦、唐彦、唐思恭、衛良、又良、侯琦、劉青、顔友亨、劉友端、唐彬、張才、劉中、陳革、德璋、勝、蔡、夏等人。其中昌彦刻過明州本《文選》；金大受、盛彦刻有尤袤本《文選》。

鈐印有日人“皎亭收藏”、“島田翰讀書記”、“島田重禮”、“敬甫”、“香山常住”。

此本今藏上海圖書館。

南陽集【明祁氏淡生堂抄本】

《南陽集》三十卷，宋韓維撰。附録一卷。明祁氏淡生堂抄本。十六册。半頁十行十八字，藍格，書口下印有"淡生堂抄本"。前有紹興十年(1140)沈晦序。

韓維，字持國，開封雍邱人。以蔭生入仕，英宗朝除知制誥，神宗即位，爲翰林學士。元祐初拜門下侍郎，以太子少傅致仕，紹聖中坐元祐黨籍，謫均州安置，元符初復官。嘗封南陽郡公，故以名集。事迹具見《宋史》本傳。

卷一至六爲古詩；卷七至十二爲律詩；卷十三、十四爲絶句；卷十五内制；卷十六至十八外制；卷十九至二十一王邸記室；卷二十二至二十六奏議；卷二十七表章；卷二十八雜文；卷二十九碑志；卷三十書簡。

宋陳振孫《直齋書録解題》著録是書，然作二十卷，并云："卷首載鮮于綽所述行狀，而晦跋其後。"今此本三十卷，第一册爲序等，首缺第一至十二頁，鮮于綽撰行狀已佚去，沈序則存。第二册爲目録。又《四庫全書總目》所收爲三十卷本，乃江蘇巡撫采進本，鮮于綽撰行述與沈序并列卷末，與陳氏著録不同。《四庫全書總目提要》云："其集刊版久佚，藏書家轉相繕録，訛脱頗多，第三十卷與附録一卷，尤顛舛參差，幾不可讀。蓋沈晦作跋之時，已云文字舛駁，不可是正，今流傳又四五百載，其愈謬也固宜矣。謹考定其可知者，其原缺字句，無可校補，則姑仍其舊焉。"可見四庫本錯訛甚多。此祁氏淡生堂抄本乃韓維集存世最早之本。檢《中國古籍善本書目》，著録此書二部，一即此本，另一爲清抄本，有丁丙跋，藏南京圖書館。

鈐印有祁氏"淡生堂經籍記"、"曠翁手識"、"山陰祁氏藏書之章"、"子孫世珍"，又有清初"安樂堂藏書記"、"明善堂覽書畫印記"；朱學勤"仁和朱復廬校藏書籍"、"結一廬藏書印"，以及"徐乃昌讀"。

此本今藏上海圖書館。

東坡先生往還尺牘【元刻本】

《東坡先生往還尺牘》十卷，宋蘇軾撰。元刻本。二册。半頁十三行二十四字，細黑口，左右雙邊。無序跋。

是書收東坡尺牘共三百五十八通，計卷一四十一通、卷二四十八通、卷三四十通、卷四三十六通、卷五四十通、卷六三十八通、卷七二十八通、卷八二十九通、卷九三十一通、卷十二十七通，涉及友朋共三十七人。

蘇軾詩清新豪健，藝術表現獨具風格，故其集風行海内，四方人士喜讀，各地刊刻亦多。元明以來，閩中坊肆鎸雕，更是巧立名目，以期廣銷射利，此《往還尺牘》即爲其一。坡札單刻本元代似僅見二種，一爲《東坡先生翰墨尺牘》□卷，爲十六行二十八字密行細字本，然僅存二卷，爲一至二，藏北京圖書館。另刻即此，亦類巾箱。明代則有《蘇長公尺牘選》、《東坡尺牘》、《蘇長公表啓尺牘選》等多種。嘗以清道光眉州三蘇祠刻《東坡集》卷四十七至五十八所收坡札核之，計收二百八十三人，一千二百八十一通，較此元刻多出數倍。

此坊刻，檢之各私家目録皆不著録。第三卷始題“新刊東坡先生往還尺牘”，卷四末有元人盧熊手録詩一首，署“至正十三年丁未崑山盧熊”。

鈐印有“子孫永保其用”、“元和陸氏藏書”、“小盃鷗舫所藏金石書籍印”、“振宜家藏”、“季寓庸珍藏書畫印”、“長州王□□珍藏清玩書畫印”。

此本今藏上海圖書館。

新刻陶顧二會元類編蘇長公全集【明萬曆刻本】

《新刻陶顧二會元類編蘇長公全集》四十卷，宋蘇軾撰，明陶望齡輯、顧起元補訂。明萬曆刻本。十六册。半頁九行二十二字，白口，四周單邊，無魚尾。題"太史陶望齡周望甫類編；顧起元太初甫補訂"。前有宋乾道九年(1173)蘇嶠舊序，并《宋贈蘇文忠公太師敕》。

坡公爲文爲詩，四海傳誦，上至王公大臣，下至閭巷田里，皆知其名。其全集自宋至明不下二十種，詩集、尺牘、選本等也有數十種之多。

是書計分元亨利貞四集，每集十卷。元集爲年譜、本傳、賦、記、序、書後、論、評史、評文選、書事、雜文、嘲、表。亨集爲制策、策略、策别、策斷、雜策、策問、南省説書、左傳、穀梁、公羊、邇英殿進讀、青詞、詞、傳、頌、擬作、解、説、贊、銘、偈、箴、奏狀、繳詞頭奏狀、札子、御試札子、省試放榜札子。利集爲書、啓、尺牘、碑、祝文、疏文、祭文、志銘。貞集爲外制、内制(赦文、詔敕、敕書、口宣、批答、表本、國書、青詞、疏文、齋文、祝文、祭文、導引歌詞)、春貼子詞、端午貼子詞、賀冬至詞語、賀年節詞語、集英殿宴教坊詞語(又春宴、秋宴教坊詞語)、紫宸殿正旦教坊詞語、興龍節宴教坊詞語、志林上下、别集。

此爲陶望齡輯、顧起元補訂之本。陶望齡，字周望，號石簣，萬曆十七年(1589)會試第一，廷試第三，授編修，謚文簡。顧起元字太初，萬曆二十六年進士，官至吏部左侍郎，卒謚文莊。明代萬曆乃至明末，坊間於唐宋名家之集、史綱史評、傳奇曲譜一類書籍，多喜請名士批點校訂，或有冠以新科狀元、進士之名，然其中也有托名者，以圖書籍廣銷并達射利之的。此雖題"全集"，但并未收入詩、跋。

查《中國古籍善本書目》著録此書，作四十卷首一卷。實則此首一卷者乃爲年譜、本傳，原書正文列作卷一。其書之末爲"别集"，乃後人所輯坡公軼事，計三卷四百七十二條。嘗見臺灣廣文書局印有近人沈宗文輯《東坡逸事》正續二編，凡三百七十一條，部分見於"别集"之中。

此書存全帙六部，分别藏山東省圖書館、故宫博物館、遼寧省圖書館、湖南省圖書館、重慶市圖書館、南開大學圖書館。此藏香港中文大學圖書館。臺灣"中央圖書館"未入藏。

竹紙印，間有朱筆圈點，色較舊。

鈐印有"司馬中丞"，也甚舊。

山谷外集詩注【明弘治刻本】

《山谷外集詩注》十七卷，宋黄庭堅撰、史容注。明弘治九年(1496)陳沛刻本。六册。清翁方綱批校并補録史季温跋。清翁同龢題記。半頁九行十九字。四周雙邊、黑口、雙魚尾。題“青神史容注”。前有宋嘉定元年(1208)錢文子序。

此書有翁方綱校，卷十七末有“乾隆三十七年二月，看史注外集起，至十一月廿六日始看一徧訖，雪中記”；“乾隆四十年五月十四日重校一徧，至廿六日校訖，青棠書屋記”；“乾隆五十二年九月二十五日至三十日校一徧訖，鉛山舟山記”；“乾隆五十四年五月十日贛州使院玉樓前軒校一徧記”。可證方綱於此書用力頗勤。

翁氏又有批注，卷一《贈元發弟》，批有“此似不應入詩，衹似座右銘”。卷三《丙寅十四首效韋蘇州》，批有“遽以此效韋五古，則何以别皎然乎”。於“衹取人看好，何益百年身”，批“焉有讀此而不警醒者”。卷九《發贛上寄余洪範》，批“己酉五月五日於贛州使院對鬱孤臺誦此詩”。卷十一《和答魏道輔寄杯十首》，批“此注‘愍’寫作‘惽’，蓋宋時書手尚爾，然則陸凡叔編修所藏之藏經墨跡，據此‘惽’字定爲唐人寫者，亦未有以見其必然也。乾隆壬辰十一月二十日記於燕譽居”。又第三册封面書有“己酉午日晨起校此册，是日贛郡科試生員榜出，文字視吉安郡爲稍勝也。翠玉樓南軒記”。書後有翁氏朱筆補録史季温跋，色較淡，審視筆墨，當和乾隆四十年五月校筆相同，補録史跋必在其時無疑。

檢方綱《復初齋文集》卷三《刻黄詩全集序》，知其於乾隆四十七年曾校黄詩三集注，并刊入《聚珍版叢書》，後四年，又奉命視學江西，携其草稿於篋，此本後二次校批即在其時。翁方綱奉命提督江西學政在乾隆五十一年九月四日；十一月到南昌任；五十四年六月十二日校《黄詩三集注》刻竣，九月則在江西任滿。

是書又有翁同龢題記，云“光緒元年七月，從伯寅假此蘇齋點本略翻一過。是日大熱，伯寅退直，住東華門黄酒鋪，與余居相望也。翁同龢揮汗題記”。潘祖蔭《滂喜齋藏書記》卷三著録此書，作“明刻本”，爲一函四册，此六册，當重新裝訂之故。

鈐印有“虞山錢純孝修氏原名興祖”、“錢孝修圖書印”；“翁方綱印”、“秘閣校理”、“提督江西學政關防”；“翁引達”、“蘇孫過眼”；“葉志詵”、“東卿過眼”、“補讀未完書”；“伯寅藏書”。

此本今藏上海圖書館。

宛丘先生文集【明抄本】

《宛丘先生文集》四十一卷，宋張耒撰。明抄本。五册。清丁晏跋，佚名校。半頁九行十七字，無格。題“起居舍人張耒文潛”。無序跋。

張耒，字文潛，淮陰人。弱冠第進士，紹聖初知潤州，坐黨謫官。徽宗召爲太常少卿，出知潁、汝二州，復坐黨籍落職。耒有雄才，尤長騷詞。誨人作文，以理爲主，詩效長慶體，晚年務平淡，而樂府得盛唐之髓。

宛丘集，卷數頗爲繁雜，参差甚大，題“宛丘先生文集”者即有四十一卷、四十二卷、四十三卷、七十六卷之分；題“張右史文集”者，又有六十卷、六十五卷、七十卷、八十二卷之别；此外又有題“柯山集”十卷、五十卷、一百卷者；“張文潛文集”十三卷者；“張龍閣集”三十卷者，竟達十數種之多。

此書四十一卷，卷一至四爲賦，計三十二篇；卷五至二十七爲詩，計六百七十六首；卷二十八至四十爲文類，計九十九篇；卷四十一爲序、記、墓志銘十篇，啓書六篇。宋陳振孫《直齋書録解題》著録二本，一爲七十五卷，一爲七十卷又年譜一卷。《四庫全書總目》著録爲鮑士恭家藏七十六卷本，所收詩文較此明抄本爲多，以詩計之，古詩七百十八首、律詩六百二十六首、絶句六百八十四首、古樂府歌七十二首，合計爲二千一百首。以文類計之，則爲三百零五篇，多出二倍。然此四十一卷本甚少流傳，《四庫提要》也未提及。傅增湘曾得有一舊抄本爲四十三卷，并以舊抄校之廣雅書局聚珍本，以爲詩文雖少於刻本，然佳處却不可枚舉。檢《中國古籍善本書目》（稿本），四十一卷本僅著録二帙，除此本外，另帙爲清初抄本，藏山西省文物局。

丁晏跋云：“《宛丘集》爲吾鄉文獻，傳世甚稀。往年購得《張文潛集》二册，有文無詩。己丑春，在京都琉璃廠書肆見抄本《張右史集》四函，苦索值昂不能購，悵然如有所失。歸里後，六月中旬，有持汲古閣抄本《宛丘先生集》來售，亟買而藏之，此本乃阮唐山司寇故物也。考周紫芝《書譙郡先生集後》，在南宋之初已有四本，一本十卷、一本三十卷、一本七十卷、一本一百卷。《四庫》目《宛丘集》七十六卷。此本四十一卷，與諸本不合。然余所藏《枌社詩文集》，十餘年來裒輯頗多，獨宛丘詩文最尠，得覩此本，喜可知矣。屠維赤奮若且月己卯邑後學丁晏志。”晏，字儉卿，一字柘堂，江蘇山陽人。早歲治經，篤好鄭學。道光初舉人，咸豐中以在籍辦團練功，由内閣中書加三品銜，手校書籍甚多，有《頤志齋叢書》二十二種。跋中所云阮唐山即阮葵生，字寶誠，號唐山，乾隆進士，官至刑部右侍郎。

是書原爲十册，經後人重裝改訂五册。原册封面左方有紅色長框，題寫書名、卷數，框下鈐有“毛氏汲古閣藏”。

鈐印有毛氏“汲古閣”、“子晋氏”、“毛鳳苞印”、“得知千載外，正賴古人書”、“丁宴”、“頤志齋藏書記”、“山陽丁宴之章”、“四留堂”。

此本今藏上海圖書館。

倚松老人文集【宋刻本】

《倚松老人文集》二卷，宋饒節撰。宋慶元五年(1199)黄汝嘉刻宋補版印本。一册。袁克文題識、題詩并跋；李盛鐸、傅增湘跋。半頁十行二十字，白口，左右雙邊，雙魚尾，有刻工。

饒節，字德操，撫州人。祝發爲浮屠，更名如璧，挂錫靈隱，晚主襄陽之天寧寺。其有詩曰"閑擕經卷倚松立，試問客從何處來"，遂號倚松道人。陸游稱其爲當時詩僧第一。

是書題"倚松老人文集"，卷二末刻有"慶元己未校官黄汝嘉重刊"一行。按《宋史·藝文志》載《倚松集》十四卷，陳振孫《直齋書録解題》著録爲《倚松集》二卷。《四庫全書總目》所收爲抄本，爲二卷，末也有黄汝嘉重刊一行："蓋猶沿宋刻之舊。又今所傳本，與謝薖、韓駒二集行款相同，卷首標目下俱别題'江西詩派'四字，與他詩集不同，或即宋人所編江西詩派集一百三十七卷内之三種，舊本殘缺，後人拆出单行歟?"

此存第一頁之後半頁、十一至四十八頁，皆爲詩作，計存一百六十九首。查清劉喜海家抄本及清宣統二年(1910)姚埭沈氏仿宋刻本《倚松老人詩集》二卷，皆收七古七十首、七律二百十五首，共二百八十五首。此存者也即上二本卷二律詩上之末五首至下之全部。

刻工有余二、高□、黄鼎、吴元、吴震、余千、劉元、高才、余茂、江、廷、達、宗、陞。其中吴元又刻有《本草衍義》、《宛陵先生文集》；劉元又刻有《新刊校定集注杜詩》、《春秋經傳集解》。是書黄汝嘉原刻僅存八頁，後人補刻較原版略低，字體方正，刻印精朗，也宋刻之佳者。帝諱"慎"、"構"、"惇"字，皆缺末筆。

袁克文題識云："後百宋一廛鑒藏，宋慶元刊本倚松老人文集第二卷，凡存三十九頁。丙辰九月，寒雲題於上海寓樓。""乙卯七夕，歸三琴趣齋。寒雲記於上苑倦綉室。梅真侍觀。"袁克文又有題詩并跋："詩派江西幾輩傳，倚松遯世有殘編。慶元佳刻成孤本，并世於湖兩宋鎸。乙卯八月，寒雲。""暮春佳日，偕雲姬遊頤和園，出城時得句曰：'近城村市兩三家，桃李疏疏半着花。最是好春殘未老，長條細葉向人斜。'詩成，適覽此帙，即録於册端。丙辰三月十八夜，寒雲。""饒集從無刊本見於著録，四庫所收亦影鈔也。藏家所記鈔本，每卷尾皆有'慶元黄汝嘉重刊'一行，當即出於此本。此本傳爲西陂舊物，久非完帙，滿洲景氏得自正文譚估，後歸吴印臣。印臣知余有佞宋癖，舉以見貽，可與《於湖居士集》並珍篋中，宋刊宋印宋人集，得雙孤本矣。七夕，喜不成寐，起而書此。"

李盛鐸跋云："饒德操爲江西詩派二十五人之一。宋志《倚松集》十四卷，今行世抄本止存二卷，末題黄汝嘉重刊者，皆從此本抄出也。《四庫提要》謂與謝薖、韓駒二集傳本行款相同，卷首標目俱題'江西詩派'四字。余藏景宋本《竹友集》，板式與此本相似，行款則爲十行十八字，而所見抄本《陵陽集》標題詩派者，行款確與此同。又明刻《具茨集》標目下亦題'江西詩派'，卷末亦有'慶元己未校官黄汝嘉重刊'一行，是皆江西詩派一百三十七卷之存於今者。而詩派宋本，則僅此書與潘文勤師藏《竹友集》同爲海内孤本也，抱存其寶之。盛鐸。"

傅增湘跋云："《倚松老人集》，宋慶元刊本，今存者三十八頁半，每頁二十行，每行二十字。原板紙祇存八頁，高六寸六分，闊四寸八分，補板亦宋刊，第板框略低四分耳。刊印皆精雅，古香郁然。憶壬子夏初，意園書方散出，余得見此，詫爲奇秘，留齋中數日，爲沈乙庵、張菊生及椒微師諧價貲未成，旋爲吴印臣以重值得之，乙庵刻饒集時曾假校焉。抱存兄佞宋成癖，既得意園所藏三經三集，皆爲海内孤本，然猶皇皇四索，如飢渴之思食飲，尺書商榷，殆無虚日，因爲作緣，以是集歸之。余既喜意園之書散而復聚，而抱存通懷樂善，它日俾同志得以從容勘寫，爲古人續命，爲尤足幸也。乙卯新秋，傅增湘謹識。"按，此傅跋不見《藏園群書題記》。

鈐印有"公餘清趣"、"愚庵"、"文林世家"、"友竹之章"，皆極舊。又有"景行維賢"、"完顔景賢精鑒"、"小如庵秘籍"、"曉滄藏書"、"譚錫慶學看宋板書籍印"以及袁克文"上第二子"、"惟庚寅吾以降"、"劉奴"、"孤本書室"、"人間孤本"、"三琴趣齋"、"寒雲"、"克文"、"佞宋"、"後百宋一廛"、"寒雲子子孫孫永保"、"與身俱存亡"、"寒雲鑒賞之璽"、"寒雲秘籍珍藏之印"。

此本今藏上海圖書館。

劉給事文集【清鮑氏知不足齋抄本】

《劉給事文集》五卷，宋劉安上撰。附録一卷。清鮑氏知不足齋抄本。清鮑廷博校并題識。一册。半頁十行二十字，黑格，左右雙邊，雙魚尾，書口下刻有“知不足齋正本”六字。無序跋。

劉安上，字原禮，紹聖進士，累官侍御史，時蔡京擅政，安上有章直言其罪數十條，未報，又與中丞石公弼率同列廷劾之。後遷諫議大夫，知婺州，宣和初致仕。其詩格意在中晚唐間，頗見風致，文筆亦修潔自好，無粗獷拉雜之習。

是集卷一詩、五言、七言、彈事、奏議、札子；卷二外制；卷三表、啓；卷四策問、記、墓銘、頌、銘偈、祝文、祭文；卷五經義。附録爲行狀。行狀末有“按本傳行狀有詩五百篇，制誥雜文三十卷，中更兵毁。厘其存者爲五卷”。

焦竑《國史經籍志》載安上集也五卷，與此本合。《四庫全書總目提要》云：“蓋兵毁之餘，後人綴拾而成，非其原本矣。《宋史・藝文志》作四卷，則當由刊本舛訛，以五爲四耳”。劉安上集傳世皆爲抄本，《中國古籍善本書目》著録最早者爲清初抄本，藏上海圖書館。

鮑氏題識均在各卷之末。卷一末“乾隆己丑十二月朔，綉溪寓舍校”；卷二末“己丑十二月朔午後校於綉溪寓舍”；卷三末“己丑十二月初二日晨起校於綉溪寓舍”；卷四末“乾隆己丑十二月初二日已刻校於綉溪寓舍”；卷五末“乾隆己丑十二月初二日校於綉溪寓舍，已刻畢”。又後有跋，“曩從劉考功公㦷借抄二劉長史合集，元禮止得半部而已，康熙壬午福州林孝廉吉人抄此本見寄，乃得其全。竹垞老人識”。又有“乾隆己丑七月，傳錢塘汪氏振綺堂本，二十六日完。知不足齋識”。按朱彝尊跋爲抄手所録，鮑氏知不足齋識語也非親筆。然於朱跋也可知自明以來，安上集流傳甚少，即朱氏初得也僅其半，後乃得其全。

是書封面有木記，雖已模糊不清，然仍可知爲乾隆三十八年浙江巡撫三寶送到鮑士恭家藏是書部册之記。鈐印有“翰林院印”滿漢文大方印、“海陵錢犀庵校藏書籍”、“重修東觀帝王書”、“犀庵藏書”、“海陵錢氏小天目山館圖書”。

此本今藏上海圖書館。

宋東京留守宗忠簡公文集【明正德刻本】

《宋東京留守宗忠簡公文集》五卷，宋宗澤撰。明正德六年(1511)刻本。二册。半頁十行十八字，黑口，四周雙邊，雙魚尾。前有正德六年金華府知府趙鶴序。

宗澤，義烏人，字汝霖，元祐進士，有文武才，初仕州郡，所至有政績，知開封府，進東京留守。澤集最著者爲請帝還京二十餘疏。謚忠簡。

宗集版本有二卷、五卷、六卷、八卷、十一卷之分。二卷本爲明張維樞選本，明萬曆三十三年(1605)宗焕所刻；五卷本則此本；六卷本有明嘉靖三十年(1551)宗旦刻本及崇禎十三年(1640)黄正賓、熊人霖刻本；八卷本則爲清王廷曾重編，有康熙三十年(1691)刻本及乾隆二十六年(1761)趙弘信刻本；十一卷本則題宋宗忠簡公全集，爲康熙宗文燦刻本。至於康熙後所刻及叢書本尚有多種。

按明萬曆張維樞選本有宋樓昉舊序，言及曾刻宗集事，樓序云："昉兒時固已得公方規於四明所刊遺事中，真所謂膽大於軀者，意其語言文字當亦稱是。客授金華，始獲拜公像，公之曾孫有德出示遺文若干種，因爲補綴而襲藏之，適守南徐公松楸在焉。會部使者喬行簡攝郡事，築僧廬於墓左，創祠堂於學宮，總餉岳公珂、太守趙公善湘，繼命有德主烝嘗所以風厲，扶植之意甚厚，郡博士方君符尤所嚮慕，請以有德所授遺文鋟梓。昉遂掇取遺事中所載表疏，次第其月日，而並刻之。"然宋陳振孫《直齋書録解題》、晁公武《郡齋讀書志》皆未著録，《宋史藝文志補》有宗集八卷。《四庫全書總目提要》著録爲八卷本，"一至六皆札子狀疏詩文雜體，七八爲遺事附録，皆後人記澤事實及誥敕記之類也。……考史稱澤力請高宗還汴，疏凡二十八上，本傳不盡録其文，今集中所載僅十八篇，猶佚其十，則其散亡已多矣"。

是本卷一爲書、書狀、札，卷二、三爲疏，卷四爲疏、表(四卷共四十篇)，卷五爲詩，凡賦二篇、詩十四首。卷中請帝還汴疏爲二十二篇。明代所刻宗集，存世最早者應推此趙鶴編次之本，趙序云："公文近出王忠文公家，愚爲類次，適侍御一山張先生按婺，復加校定，題曰《宋東京留守宗忠簡公集》，蓋亦著其圖復初志云。"又嘉靖本宗集有文徵明序，亦云："是集也，金華守趙君鶴得之於王忠文公家，遂刻以傳。"王忠文公即王禕。嘉靖本乃據此本重刻，多出一卷之内容爲《宋史・本傳》、小像贊、畫像贊、題誥詩、復墓田記、附刻文三篇。是本流傳罕見，僅此一帙而已。

鈐印有清劉喜海"嘉蔭簃藏書印"、"文正曾孫文清從孫文恭冢子"，又有近人"徐乃昌讀"印。

此本今藏上海圖書館。

增廣箋注簡齋詩集【清抄本】

《增廣箋注簡齋詩集》三十卷《無住詞》一卷，宋陳與義撰，胡穉箋注；《簡齋年譜》一卷，宋胡穉編。清抄本。四册。清莫友芝校，陳曾壽題詩，民國陳祖壬跋。半頁十行十八字。黑格。

是書封面有莫氏隸書"陳簡齋詩箋注"。卷八後"己巳六月晦，自第四卷校正此卷畢。是日立秋"。卷十九後"六月廿八日校自十九卷，畢此卷"。《無住詞》後有"此卷所據宋本係鈔補"，"己巳六月丙寅校，自卷廿六至此卷"。皆爲莫友芝書。

按己巳爲同治八年(1869)，莫氏年五十有九，於蘇州江南書局校勘圖籍。書前首頁劉辰翁序、簡齋詩箋序、胡穉序皆友芝手抄。全書繕寫極精，乃莫氏影山草堂托人代抄者。書中夾一紙，有"莫偲翁帳，孟輿經手，代托抄《簡齋集》，計字九萬七千九百六十，每千字七十文。起四卷至《無住詞》。共計字價六千八百五十八文，付洋六元"。末又有友芝書"又第一本譜目至卷三，仁卿覔鈔，付洋一元"。

陳曾壽題詩三首，云："三宗虚谷主西江，律髓精華每卷藏。珍集爲君單管得，故應换骨檢神方。""莫鄭邊隅並老師，郘亭勤校重殘遺。咸同詩格微遷變，可是皈依次祖詩。""尺一南來更唤歸，見擠同列事多歧。猶賢輕背山陵去，齒豁頭童待聖時。""雲甫老弟屬題。戊子十月陳曾壽。"陳曾壽(1878—1949)，字仁先，號蒼虬，湖北蘄水人，光緒二十九年(1903)進士，官御史，工畫松，兼山水，詩傳家學，有《蒼虬閣集》。

末又有民國陳祖壬跋，曰："余外家舊藏《武英殿聚珍版叢書》，中有《陳簡齋集》，凡十六卷，兒時嘗取誦習。後得觀常熟瞿氏藏宋槧胡仲孺箋注本，卷分三十，而詩僅少於十六卷者，心頗異之。及見徐君積餘所藏元鈔外集，則胡箋所無者胥在焉，乃知武英殿本蓋合内外集編成者也。近年涵芬樓假瞿、徐二家藏本影印入《四部叢刊》中，江寧蔣氏亦從兩家假鈔合刻行世，更傳鈔日本所刻劉須溪評語附焉，而馮蒿庵撫部爲作校勘記，於是蔣刻最號爲完善本矣。余觀馮氏自記，嘗假劉君翰怡所藏莫氏鈔校本參校。翰怡，吾故人也，然書藏吴興嘉業堂，無由借讀，向往而已。戊子秋，丁子雲甫忽持來余齋，乞爲題記，蓋劉氏遭亂散失，而雲甫得之肆中者，欣然留觀旬日，取涵芬樓影本及蔣刻校讀一過，雖不知子偲先生所據是何宋本，然與瞿本無甚差異，惜當時未見元鈔外集，不及合鈔。雲甫倘能影抄一徧附此書後，爲郘亭彌此缺憾，亦書林一佳話也。至莫鈔本世所共珍，久有定評，無待贅述矣。新城陳祖壬。"

按莫友芝所云據宋本補抄，不知是何宋本，今陳與義是書所存最早版本爲元刻本，藏北京圖書館。《簡齋詩外集》一卷之元抄本也存北圖。上海圖書館又藏清覆武英殿聚珍版《簡齋集》十六卷，四册，亦有莫友芝校并題識，一并記於後。集前有友芝朱筆補抄《宋史·文苑本傳》，末爲手録《無住詞》提要。題識云："道光戊申二月重裝，八日燈下畢一過。郘亭寓公莫友芝記。十三日重一過。"戊申爲道光二十八年(1848)，友芝三十八歲。

鈐印有"莫友芝圖書印"、"莫氏子偲"、"友芝私印"、"莫友芝"、"莫氏秘籍之印"、"莫印彝孫"、"獨山莫繩孫省敫字仲武讀過"、"莫經農字筱農"、"莫俊農字德保"、"吴興劉氏嘉業堂藏書印"、"病樹審定"、"放慵樓"、"伯繩過目"。

此本今藏上海圖書館。

李學士新注孫尚書内簡尺牘【宋刻本】

《李學士新注孫尚書内簡尺牘》十六卷，宋孫覿撰，李祖堯注。宋蔡氏家塾刻本。四册。半頁十二行二十字，左右雙邊，細黑口，雙魚尾，書口上間刻有字數。題“左朝奉郎元龍圖閣待製孫覿仲益撰，門人李祖堯編注”。無序跋。

孫覿，字仲益，號鴻慶居士，晋陵人。宋大觀三年(1109)進士，後舉詞學兼茂科，歷官翰林學士，吏户兩部尚書，立朝正直。知秀州、温州、臨安諸郡。因忤執政，歸隱太湖濱西徐里。孝宗朝，嘗命編類蔡京、王黼等事實，上之史館。乾道五年(1169)卒，年八十九歲。

是書總計四十八類，簡練明達。覿在當日頗以詞翰著，故手柬也典雅，其又身歷徽宗、欽宗、高宗、孝宗四朝，爲宋室南渡後文人之最耆壽者。其尺牘中可見覿學術之博异，識見之高邁，自流露於揮灑翰墨之間。清翁方綱跋是書元刻本云：“覿之爲人無足道，而此編之注則祖堯當日得自親所見聞，頗足以資考訂。”昔傅增湘曾以明嘉靖刻本校之元刻，知明本之脱誤，不可枚舉。其最甚者，如卷五與常守王司諫帖，元刻爲十六帖，適脱去一頁，明本遂易其句話蟬聯而下，改爲十一帖。卷七與常守强朝議帖，脱去半頁，文義全不相屬。卷八與胡寺丞帖，脱去五行一百二十六字。又脱張郎中帖一百六十一字、張郎中第二帖首三十三字。卷十與鄒承務帖，脱大字及注二百八十七字，與撫州疏山白雲如老帖，脱注文半頁等，可見宋刻及元本之可貴。又覿《鴻慶居士集》，自卷三十七至五十皆爲書帖，然較之《内簡尺牘》，又多有不同。是書之書帖，頗有集本所不載者。

此書宋元所刻，今存僅見四部。宋本即此蔡氏家塾刻本，藏上海圖書館，乃爲孤帙。元刻今存二刻，一也爲十六卷本，書名同宋本。半頁二十行二十字，左右雙邊，黑口，天津圖書館藏，有清翁方綱、吴榮光跋。另一題《新刊李學士新注孫尚書内簡尺牘》十卷，半頁二十行二十二字，左右雙邊，細黑口，北京圖書館藏二部，一有傅增湘跋。明代所刻則存三刻，書名均題《孫尚書内簡尺牘編注》，皆爲十卷本，一爲明成化十七年刻本，半頁九行十九字，四周單邊，白口，臺灣“中央圖書館”、杭州大學圖書館、南京大學圖書館藏，此本乃爲祖堯裔孫李仁所刻，頗精。二爲明嘉靖三十六年顧名儒刻本，行款同成化本，北京圖書館、上海圖書館、臺灣“中央圖書館”等八館藏。三爲明萬曆八年廬州知府葉逢春刻本，半頁十行十九字，左右雙邊，白口，北京圖書館、上海圖書館、臺灣“中央圖書館”等十二館藏。清代則有乾隆十二年刻本，光緒二十三年盛宣懷刻《常州先哲遺書》時，也予以收入。

《四庫全書總目》入集部别集類，然爲

十卷之本。汪士鐘《藝芸書舍宋元書目》著録《孫尚書内簡尺牘》十六卷。《中國古籍善本書目》著録。

此本避諱"慎"、"徵"、"惇"字。"廓"、"敬"字不避。目録後有書牌，刊"蔡氏家塾校正"，隸書。黄丕烈《百宋一廛書録》乙部云："每半頁十二行，每行大二十字，小二十五字，無序文及刊刻年月日，後有'蔡氏家塾校正'六字。余向有趙靈均用元天曆庚午本所校之明刻，其首有鈔補序一通，云慶元三祀閏餘之月，梅山蔡建侯行父謹序，以之相證，即此本之序，而今失去耳，元本蓋從之出也。"又據黄丕烈跋明成化十七年刻本，黄氏曾借得顧五痴家藏宋本與明本對校，宋本"無刻書年月，於分類之目末一葉有'蔡氏家塾校正'六字。合諸此本鈔補序文，有云慶元三祀閏餘之月，梅山蔡建侯行甫謹序云云，未知即此否也。……顧本實有勝於此本處，可知宋刻定勝元刻也"。(《蕘圃藏書題識》)又黄氏跋又云："此《内簡尺牘》宋本，顧南雅於去冬殘臘，仍以歸余，易去白金八兩。"可見此宋本於嘉慶間書值之昂也。

鈐印有"馬子淵氏"、"玄默道人"；"汪印士鐘"、"閬源真賞"；"韓印繩文"、"德均審定"、"爾藩"、"韓應陛鑒藏宋元名鈔名校各善本於讀有用書齋印記"、"甲子丙寅韓德均錢潤文夫婦兩度攜書避難記"、"松江讀有用書齋金山守山閣兩後人韓德均錢潤文夫婦之印"。

羅鄂州小集【明洪武刻本】

《羅鄂州小集》五卷，宋羅願撰。《羅郢州遺文》一卷，宋羅頌撰，明洪武二年(1369)羅宣明刻本。二册。清徐康跋。半頁十一行二十一字，四周雙邊，黑口，雙魚尾，下有刻工。前有洪武二年宋濂、蘇伯衡、林公慶等序；元至正二十五年(1365)趙纁、李宗頤序；鄭玉序。末有元至正十四年趙纁後序并至正二十五年再序、洪武二年王禕後序。藏香港中文大學圖書館。

羅願，字端良，號存齋，安徽歙縣人。乾道二年(1166)進士，幼凝重寡言，穎悟强記，資特穎异，博學好古，法秦漢爲詞章，高雅精練，爲文亦雄深典雅。以蔭補承務郎，通判贛州，淳熙中知南劍州事，遷知鄂州。文章政事，炫譽當時，願藹然有循吏風。適天旱禱雨，立日中，得暴疾而卒，年僅四十有九。鄂人懷其德，繪其圖像，供之靈竹寺祠。其爲官，尤以勸學劭農爲先，久之績用大著。又有《爾雅翼》、《新安志》。事迹附載《宋史》。羅頌，字端規，通判鎮江府，知郢州，紹興二年(1132)卒。其爲詩文至藏稿數十，筆力高古，時出奇詭跌宕，識者以爲有西漢風，生有抱負，一時名士所推許。

羅願之詩文，皆非苟作，簡重謹嚴，議論純粹，絶無文人迂冗酸腐之氣。此本卷一帝統一、辭一、賦三、古詩十、律詩十八、歌一；卷二論一、説四、問二；卷三序四、記五；卷四行録一、墓志銘二、碑一、箴一、文七、題跋二；卷五札子六、表箋七、書一、啓六、語一。附録爲曹弘齋撰鄂州太守存齋羅公願傳。《羅郢州遺文》爲銘一、記五。願文中最好者，推《淳安縣社壇記》。引據精博，當爲一集之冠。又其文多有關於世數與風俗，勾深致遠，曲折條暢，盡達其意之所。賦咏則凝楚音，而宗杜陵，非若文苑之士挾編長以鳴於世者所比。

羅願平生爲文甚多，樓鑰極爲推服。朱熹也稱其文字細密，經緯可愛，而亦惜其傳之不能多。是本爲願七世孫宣明求訪於喪亂之餘，并刻梓傳世。趙纁序云："鄂州七世諸孫傳道來爲丞於江右之靖安，則子常之姻友也，予以流寓南昌，因得會晤。詢及鄂州集，則兵後刻本亡矣，傳道早夜兢兢焉，唯先世遺書泯墜是俱，求訪抄寫，得所爲辭賦、古律詩、雜著、記序、行録、志銘、碑箴、祭文、題跋、奏札、表箋、書啓等凡九十三篇，釐爲五卷，乃出其囊中寫本以見示，且俾予爲之校讎，將再刻於梓。"羅宣明，字傳道，篤學有文，洪武三年任山陽縣令，以廉能著稱。

羅願集最早應有宋刻本十卷，據李宗頤序，願"當時所爲文十卷，刻本毁於兵"。後有五卷本，宋權通判鄂州軍州事臨江劉清之所編，劉、羅同官於鄂，羅卒後，劉撫柩哭曰，公輔器也，竟止於斯邪？人雖亡，文不可亡。以此刻置郡齋，然於羅所著不能十一，故題之曰小集，歲月既久，劉清之本至元代亦不復存。

一百四十餘年後，又有鄭玉刻本。鄭玉序有云："予嘗得之於藏書之家，讀而愛之，乃謀刻之梓，以廣傳布。從予遊者洪氏之兄弟，曰斌、曰杰、曰宅；鮑氏之叔姪曰元康、曰深樂，以其資共成之。"今鄭玉所刻之本毀於兵燹，也不存傳。

明代最早版本應推此洪武二年羅宣明刻本，除中大藏本外，全帙又有北京圖書館、湖南省圖書館、安徽省博物館、日本静嘉堂文庫（原陸心源皕宋樓藏本）入藏，合此共五部。明弘治間羅願裔孫文達再有一刻，曾見其序云："家藏僅有録本，文達與叔氏臻，兄祺卿，弟文昌、文輝、昊泰，孫麟，姪惟善等懼久而泯失，咸爲之助，復序鋟梓，以廣其傳。"據文達序，其未見羅宣明刻本，并認爲"期欲刊布，未遂而卒"。又有明刻本，爲九行十九字本，藏北京圖書館、上海圖書館；明天啓六年（1626）羅朗刻本，較洪武本多《新城記》一篇，傳世較多，約二十餘部，清代刊刻之本則爲康熙五十二年（1713）程哲七略書堂刻本，據程哲序，哲并未見此洪武刻本。其有云："原集五卷，前弘治中刻於裔孫文達，薦更兵燹，流布漸稀，余特取舊本，校讎補綴，授諸剞劂，以廣其傳。"按程刻有《粤雅堂叢書》本。

按上海圖書館、臺灣"中央圖書館"藏有明洪熙元年（1425）刻本。疑二館著録之依據，乃爲書中有乙巳趙纁、李宗頤序。乙巳元代有至正二十五年、明代有洪熙元年。趙纁序有"曩以戊子之夏，哭雍郡虞文靖公於崇仁"。戊子爲至正八年（1348），也即虞集卒去之年，故趙序末署乙巳應爲至正二十五年，而非洪熙元年。據此，二館所藏或亦爲洪武二年刻本。

《四庫全書總目》雖著録此書，然其後附願兄頌、弟頎、侄似臣之文，末又有明人《月山録》一卷，當爲他本。

徐康跋云："明人重宋版，其時去宋年代近，故明賢書目收集頗多，我朝收藏書較勝國爲難，明初至今已五百年矣。此鄂州小集，系明初刻本，較乾隆時所刻遠勝。同治二年正月雨窗試筆。子晋康。"康，字子晋，吴郡人，博雅嗜古，精鑒别，有《前塵夢影新録》。寫此跋時，康正養痾於趙宗建之舊山樓。

刻工有中、海、寸。

鈐印有"趙印宗建"、"非昔居士"、"曾在舊山樓"、"舊山樓秘篋"、"常熟趙氏舊山樓經籍記"、"庚申以後次侯所得"、"子晋"。又有"隨庵觀"、"桐溪傳生"、"屈印向邦"、"誦清芬室"、"蔭堂"印。趙宗建，字次侯，亦作次公，常熟人。舊居北山之麓，因其舊而新之，名其樓爲舊山樓，藏秘籍、書畫兼古器物，又得蘇州汪士鐘舊藏，插架益富。

朱子大全【明天順刻本】

《朱子大全》一百卷目録二卷續集十卷别集十卷，宋朱熹撰。明天順四年(1460)賀沈、胡緝刻本。一百册。近人蔡守跋。半頁十一行二十二字，四周雙邊，黑口，雙魚尾。序佚去。香港大學馮平山圖書館藏。

80年代後期，香港大學馮平山圖書館購得香港羅原覺先生藏書一批，此本乃其一也，原作宋咸淳元年(1265)刻本。1992年，適逢馮平山館八十周年紀念，該館有善本書展以資慶賀，此本也以宋刻本參展。然此非宋刻，實爲明天順刻本。傅增湘《藏園群書經眼録》著録有"明初刻本，十一行二十二字，黑口，四周雙邊，刻手不精"。即指此本。

此本金鑲玉裝。簾紋極窄。凡遇宋諱皆不避。卷五末頁末行"晦庵先生朱子大全卷之五"之"先"字，缺去右邊小半。又此本幾乎所有頁之天頭地脚，甚或左右餘紙，皆遭坊賈切割，再配以别紙。惡賈之費盡心機，無所不用其極，撫之全書，實感慨之至。

朱熹文集，宋刻本今存三種，一爲宋寧宗時浙江刻本，十行十九字，書口題"晦庵文集"，北京圖書館有全帙，上海圖書館、北京大學圖書館、首都圖書館所藏爲殘帙。次爲宋刻元明遞修本，行款同上本，北京圖書館、四川師範學院圖書館所藏，皆爲不全之本。三即爲宋咸淳元年建寧府建安書院刻宋元明遞修本，十行十八字，上海圖書館、臺灣"中央圖書館"有全帙；北京圖書館、北京大學圖書館所藏皆殘本。又有元刻本，爲十一行二十二字，寧波天一閣入藏。明代刻本除此天順本外，又有嘉靖十一年(1532)張大輪、胡岳等刻本，十二行二十二字，北京圖書館、上海圖書館等九館有全帙。又萬曆三十三年(1605)吴養春、朱崇沐等刻本，行款同嘉靖本，北京圖書館、天津圖書館等四館有全帙。

蔡守跋云："《晦庵先生朱文公文集》一百卷續集十一卷别集十卷，精裝百册。丁卯中秋節，守與香山莫君干生作緣，以二千金購自澄海高氏，實豐順丁氏舊藏也。據瞿氏鐵琴銅劍樓所得僅百卷，云書中遇廓、擴等宋諱，皆爲字不成，寧宗後刊本也。卷數與《書録解題》等均合。案王、黄兩序則續集、别集，刻非一手，亦不同時，正集固有單行之本。又據成化本黄仲昭跋云，浙本載劾唐仲友事狀，閩本不載。又嘉靖本卷六十七'仁説'小注所云，浙本誤收。南軒先生而以'仁説'序兩説考之，定爲浙本云云。則瞿氏所收衹正集，而缺續集、别集也。持静齋云，宋刊本正集缺序，唯續集有淳祐王遂序，别集有咸淳黄鏞序。嘉靖本潘潢跋，稱文集百卷續集五卷别集七卷，與此稍異。朱玉《朱子大全類編》稱朱子之季子左所編文集，實八十八卷，合續集、别集乃成百卷，與此尤爲不符。唯康熙蔡方炳稱原集百卷續集十卷别集十一卷，與此略(同)，但誤以續集卷數爲别集卷數耳。大約宋本已經久湮，而潘、蔡、朱諸人，僅耳聞而未目覩，是以傳聞異詞耳。此本以一百二十一卷巨編，經七百餘年之久，猶復神明焕然，寶光奪目，蓋文公在天之靈默爲維持呵護於其間也。有錢謙益牧齋，陸氏春雨堂，雞山社長及文石史五十四字諸印章，流傳有緒，尤足寶貴，願到處有吉祥雲擁護也。是冬十一月，順德蔡守寒瓊，杜門静觀三日，識於香港深水涉鴨寮。""是冬十月假讀，寒瓊。""丁卯年中秋節，與香山莫生作緣，以貳仟金得之。順德蔡守寒瓊志。"按，蔡守，原名詢，字哲夫，廣東順德人。南社早期重要成員，參加國學保存會、國學商兑會，曾任《國粹學報》主筆，又主編《天荒雜志》。1941 年因心臟病，在南京去世。著有《有奇堂詩集》、《寒瓊遺稿》等。

《四庫全書總目》入集部别集類。《中國古籍善本書目》著録，北京大學圖書館有全帙。北京圖書館、浙江圖書館、遼寧省圖書館、江西省圖書館、山東師範大學圖書館所藏皆爲殘帙。

鈐印有"趙子昂印"、"趙氏子昂"、"趙文敏公書卷末云吾家業儒辛勤置書以遺子孫其志何如後人不讀將之於鬻頹其家聲不如禽犢苟歸他室當念斯言取非其有毋寧捨旃"、"陸氏春雨堂家世藏"、"錢印謙益"、"牧齋"。又有"莫干生藏書畫"、"香山莫干生藏"、"高氏藏書"、"韞岑讀本"、"敦復書室"、"蔡守寒瓊"、"莚白"、"順德蔡守寒瓊辛酉年四十"、"哲夫傾□同觀"、"寒瓊"、"到處有吉祥雲呵護"、"澄海高氏蘊琴圖章"。按，趙子昂、陸深、錢謙益印均僞，篆工拙劣、印色暗紅一律，書賈所爲也。

晦庵先生五言詩鈔【明宣德刻本】

《晦庵先生五言詩鈔》一卷，宋朱熹撰，明吴訥選。明宣德十年(1435)錢宣刻本。二册。半頁九行二十一字，四周雙邊，白口，單魚尾。前有宣德十年吴訥序，末有陳敬宗序。

吴訥，字敏德，號思庵，江蘇常熟人。永樂年間以知醫薦至京，洪熙初用薦拜監察御史巡按貴州，累官至左副都御史，剛介有爲，憲度振舉，正統中致仕，天順元年(1457)卒，年八十六。謚文恪。有《删補棠陰比事》、《祥刑要覽》、《文章辨體》、《思庵文粹》。《明史》有傳。

吴訥序云："宋室前遷，晦庵朱子以天挺豪杰之才，上繼聖賢之學，文詞雖其餘事，間嘗讀《大全集》，觀其五言古體，冲遠古淡，實宗風雅，而出入陶韋之間。至其齋居感興之作。則又於韻語之中，盡發天人之蘊，以開示學者，是豈漢晋詩人之所可及哉？然集中編載，衆體混出，且卷帙浩瀚，獲見者鮮。暇日因手抄五言古體，始於擬古，終於感興諸詩，得二百首，置於家塾，以教子弟，蓋欲使知詩章之學，亦先儒之所不廢。沈潛之久，庶因有以得其歸宿云。"

陳敬宗序云："今副都憲海虞吴公，慨世人之罕知，乃手録先生五言之作，自擬古至感興，凡若干篇，編寫成帙，既已叙其編端，其婿錢宣公達將鋟梓，以廣其傳也。"

吴訥於宣德五年時曾刊《晦庵先生文鈔》六卷，乃從"《朱子大全》總一百卷，於衆體之中各録數篇，彙成一帙，凡經書序説及性理書所載者不復再録，蓋圖易於記誦，非敢有所去取也"。而是本流傳罕見，《四庫全書總目》未著録。今所知者，僅臺北"中央圖書館"一部。

此書又有明成化十八年(1482)太平郡學刻本，與《文鈔》七卷同刻。是本書前書末鈐印二方俱被剜去。藏普林斯敦大學葛思德東方圖書館。

樂軒先生集【清康熙裘杼樓抄本】

《樂軒先生集》八卷，宋陳藻撰。清康熙汪森裘杼樓抄本。二册。清朱學勤跋，清佚名校。半頁十行二十字，黑格，書口下有“裘杼樓”三字，前有宋劉克莊序。

陳藻，字元潔，福清人，林亦之弟子，自號樂軒。是集爲其門人林希逸所編。

卷一至三爲古律詩；卷四賦；卷五記、序；卷六至八爲策問，計三十九篇。《四庫全書總目》著録。《提要》云：“集中所載諸體詩，頗涉粗率，而真樸之處，實能自抒性情，古文亦主於鍛煉字句，不爲奔放閎肆之作，與艾軒集體格相近，雖其蹊徑太僻，不免寒瘦之譏，然在南宋諸家中，實亦自成一派也。”藻集不見宋陳振孫《直齋書録解題》著録，據各家目録，似僅有抄本傳世。

是本朱學勤跋云：“裘杼樓乃桐鄉汪氏藏書之室，予嘗見其書目一册，抄本一百五十五部，七百二十本，此書在焉。計其時當在康熙中葉，今吾浙人無能舉其名氏者矣，容再訪之。修伯。”“裘杼樓乃汪晋賢家藏書室，與竹垞共輯《詞綜》者也，前有序文可考。修伯又記。”朱學勤，字修伯，清仁和人，咸豐時藏書家，其藏書處曰“結一廬”。汪森，字晋賢，一字碧巢，清桐鄉人，生於順治十年(1653)，卒於雍正四年(1726)，年七十四。官户部郎中，有《小方壺吟稿》。其藏書甲於浙西，裘杼樓即其藏書處也。

鈐印有“嘉蔭簃藏書印”、“結一廬藏書印”。

此本今藏上海圖書館。

重刻雙溪類稿【明萬曆刻本】

《重刻雙溪類稿》二十七卷，宋王炎撰。明萬曆二十四年(1596)王孟達刻本。十二册。半頁十行二十字，白口，四周單邊，無魚尾。字體方正。題"宋新安王炎晦叔著；明新安王鏻子礪校；男孟達督刊"。前有萬曆二十四年王鏻序。

王炎，字晦叔，婺源人。乾道五年(1169)進士，爲潭州教授，以薦知湖州，與朱熹交誼頗篤，所居有雙溪，築亭寄興，以樂天相比。官至軍器少監，著作甚多，有《讀易筆記》等十數種，然大多不傳於世。

王炎詩文博雅精深，具有根柢。是書卷一古賦、辭、頌、樂府，卷二至九古律詩；卷十長短句，卷十一至十三表，卷十四至十八啓，卷十九至二十二書，卷二十三札子，卷二十四至二十五序，卷二十六考古雜論，卷二十七疏。宋陳振孫《直齋書録解題》僅著録炎之《讀書筆記》等書，而不及此。《四庫全書總目》著録。

清丁丙《善本書室藏書志》稱此本乃明萬曆丙申尚寶司丞王鏻得沈一貫家舊本爲校正開雕者，又云"程敏政輯《新安文獻志》所採最多，其所未採諸篇，議論醇正，引據典確者，尚不可悉數。蓋學有本原，則詞無鄙誕，較以語録爲詩文者，固有蹈空徵實之别矣"。

《類稿》明代僅二刻，一爲十七卷本，明嘉靖十二年(1533)王懋元所刻，如今尚有數部存世；一即此本，罕見他有。清代康熙間炎族孫王德淇等刻《雙溪集》十二卷，其序有云："我雙溪公理學純深，經濟練達，文章彪炳，世所共識，……今考公此集，其始刻之者，則六世孫倆也。其後重刻之者，則十一世孫文魁岩琰也。"可見德淇并未見有此萬曆本。

鈐印有"一六淵海"、"湘潭袁氏滄州藏書"，又有"翰林院印"滿漢文大方印，然僅餘一角，書中有《四庫》纂修官改正并校字數十處，然查《四庫》所收乃爲兩淮馬裕家進呈之本，此或爲另外校正後發還之本。

此本今藏上海圖書館。

方是閑居士小稿【元屏山書院刻本】

《方是閑居士小稿》二卷，宋劉學箕撰。元至正二十年(1360)屏山書院刻本。二册。半頁八行十八字，黑口，四周雙邊，雙魚尾。前有嘉定十一年(1218)趙必願序，嘉定十年劉學箕後序。末有游彬、陳以莊、劉瑑跋尾。

劉學箕，字習之，崇安人，閑居不仕，自號種春子，家饒池館，有堂曰"方是閑"，故又號方是閑居士。其爲文高爽閑雅，得其家傳，劉淮稱其詩摩香山之壘，詞拍稼軒之肩。

劉學箕後序云："游季儒來山中相訪，索余詩文，不置口辭，拒不能爲，檢尋舊唱和，揭出一百首、新作七十一首、雜著二十七首、詞四十一首，集成兩編，以酧其雅志。余語塵俗不足道，季儒先世文學彰彰在人口，而季儒伯仲詞翰又皆稱於朋儕，今棄彼取此，豈厭膏粱而思藜糗，忘黄鐘而取瓦缶者乎？"

是書二卷，上卷收詩九十八篇一百六十八首；下卷收六十三篇，爲賦、銘、頌、序、記、雜文、詞等。《四庫全書總目》著録，然《提要》云："上卷古今體詩一百七十一首，下卷賦及雜文二十七首，長短調三十八首……初已鋟版，因兵亂散失，元至正辛丑，其裔孫名張者，復重刊之，此編蓋從刻本影抄者也。"按辛丑，爲至正二十一年，而是本爲至正二十年所刻，劉張所據翻刊之原本或系此屏山書院本。清丁丙《善本書室藏書志》著録之影元抄本亦系據劉張本影抄。此書明代似未刊刻，僅有抄本流傳，民國間武進陶湘涉園曾據影抄元至正刻本影刊。又屏山書院還刻有陳傅良《止齋先生文集》五十二卷。

鈐印有"浙西世家"、"檇李項藥師藏"、"萬卷堂藏書記"、"項靖之印"、"翰墨奇緣"、"季振宜印"、"滄葦"、"御史振宜之印"、"季振宜藏書"、"元本"、"馬玉堂"、"笏齋"、"漢唐齋"、"古鹽馬氏"、"笏齋珍藏之印"、"家在豐山翠靄中"、"結一廬藏書印"、"復廬贅姻滬上所得"。

此本今藏上海圖書館。

宋國録流塘詹先生集【明嘉靖刻本】

《宋國録流塘詹先生集》三卷，宋詹初撰。附録一卷。明嘉靖三十七年(1558)詹景鳳寒松草閣刻本。二册。半頁九行十三字，白口，四周單邊。題"裔孫景鳳校、璧刻"。前有嘉靖三十六年王畿題詞，後有嘉靖三十九年周怡、饒魯、李士英跋，嘉靖三十七年汪以湘後序，又有吴景明、吴欽儀跋。

詹初，字以元，安徽休寧人。爲學獨尊紫陽，始爲縣尉，有政聲，以薦入太學爲學録，上疏請辨君子小人邪正之書，忤韓侂胄，罷歸，遂入廬山，終其身不出。其所居曰流塘里，故其詩文名流塘集。又因其構讀書閣於萬松之間，以寒松名閣，故其集又云寒松閣集。

是書爲詹初論道之書，遺著凡二十一卷，悉毁於火。詹陽附語云："先君子自朝歸日，惟與海内名賢以講明斯道爲汲汲，所著凡二十一卷，陽不孝，不能嗣守，遭家毁，悉爲煨燼，嗚呼！恨哉！後二載，之宗大叔體仁先生孫處，見此數紙，陽泪下以故告乞歸，裝爲一卷，藏於家，以少存世守永念之意云。"今所存三卷，惟翼學十章、序經論語二篇、目録上下二篇、詩四十二首。又十七世孫璧識語云："是集族舊有刻，今湮毁幾無傳者將二百年，戊午之春，與族叔景鳳謀再刻之，蓋將因是以紹前芳，非徒刻書爾也。刻成，族長老皆曰，海陽理學，實自先公始……先生書既少而又鮮刻本，人罕得見，是以無所聞……是集刻分三卷，共四十一板。"

《宋史·藝文志》、宋陳振孫《直齋書録解題》不載是書，各家書目亦鮮著録。《四庫全書總目》著録爲《寒松閣集》三卷，爲抄本，乃據刻本影抄。傅增湘《藏園群書經眼録》著録有舊寫本，也據明嘉靖本影抄。

詹集嘉靖以後似未再刻。按流塘爲休寧屬地，刻工有黄大有、仇宜、黄珽，皆爲歙人，可證是書乃爲徽地所刻。目録後有"先公是書有刻本、有寫本，歲久承傳，互有訛字，今以刻本爲正，間有殊者，悉注於下，以俟君子定焉"。又有牌記"戊午季春寒松草閣重刻"，并"寒松草閣重刻"小牌記。

鈐印有"經我眼爲我有流水壽南氏藏"、"古修"、"務□之印"。

此本今藏上海圖書館。

後村居士詩【明抄本】

《後村居士詩》二十卷，宋劉克莊撰。明抄本。十册。明錢允治、陸嘉穎，清朱之赤題記。半頁九行十九字，四周雙邊，黑口，雙魚尾。前有淳祐九年(1249)林希逸序。

劉克莊，字潛夫，號後村，福建莆田人。嘉定間以郊恩官建陽令，淳祐初特賜同進士出身，除秘書少監，官至工部尚書兼侍讀，以龍圖閣學士致仕，卒謚文定。其詩初受"永嘉四靈"影響，學晚唐，其後轉而推崇陸游，喜用典故成語，詩詞頗有感慨時事之作，詞風近辛棄疾。

後村集宋代所刻，今有《後村居士集》五十卷、《後村先生大全詩集》十五卷、《後村居士詩》二十卷三種，此外抄本《後村先生大全集》一百九十六卷、《後村集》六十卷，以及明刻本《宋劉後村先生集》十二卷等多種。此抄本爲據宋本傳抄者，卷二十末有"門人迪功郎新差照州司參軍林秀發"。

卷二末有陸嘉穎題記云:"天啓壬戌春分，借江陰李貫之不全刻本補鈔於吴門之葑溪精舍。練川陸嘉穎記。"

卷三嘉穎題記云:"後村詩話，先生鄉人黄鞏謂全集不行，獨刊此以表見，時正德庚辰也。予於崇禎癸酉季春二日鄰友方正之持示鈔本，又校對改正數字。嘉穎記於吴門之西郊草堂。"

卷五末有錢允治書:"劉克莊，字潛夫，號後村，父□正，祖夙，莆田人。詩文閎肆，瑰奇超邁。淳祐中賜進士出身，除秘書少監兼崇政殿説書，遷秘閣修撰，後因梅詩忤□相謫。官至工部尚書，致仕加龍圖閣學士，謚文定。有梅花百□文集五十卷。十一月十八日閲過。"

卷六嘉穎題記云:"天啓甲子春三月乙丑檢補於杏花書屋。"并抄録《題長沙王墓》一首。

卷八嘉穎題記云:"崇禎甲戌十二月六日簡興化府志漫録。"又抄録《送黄尉岩孫秩滿注潮教》、《龍華寺》二首。

卷十一朱之赤題記云:"丁卯初夏四日雨窗檢補，十一月十九日晚閲完。朱批，錢少室先生筆。戊辰五月望日雨，坐壽樸亭閲三至十一共八卷。卧庵老人赤。"

卷十二錢允治題記云:"萬曆戊午十一月十七日，借陸宅書閲竟。功甫記。"又有嘉穎"壬戌三月，江陰李貫之持宋板一帙補□，居葑門程橋市廛中。嘉穎記"。

卷十四錢允治有"十一月十九日晚閲完"。嘉穎有"丁卯初夏四日雨窗檢補"。又抄録《宴湖南趙帥》一首。

錢允治，字功甫，江蘇吴縣人。錢穀子，愛書成癖，酷似其父，與錢謙益善。年八十餘，雖隆冬病瘍，仍映日抄書，薄暮不止。陸嘉穎，字子垂，又字明吾，嘉定人。天啓中官主簿，嘗輯古來義僕事爲《銀鹿春秋》，又有《硯隱集》。朱之赤，字卧庵，休寧人。

鈐印有"錢穀"、"錢叔寶印"、"嘉穎"、"子垂"、"吉州穎"、"平原"、"篁山老泉"、"朱印之赤"、"朱卧庵收藏印"、"卧庵老人"、"忠孝世家"、"卧庵所藏"、"籍蘭僊館"、"甲子丙寅韓德均錢潤文夫婦兩度攜書避難記"、"松江讀有用書齋金山守山閣兩後人韓德均錢潤文夫婦之印"、"清涇内史後人家藏"。

此本今藏上海圖書館。

雪磯先生文集【清抄本】

《雪磯先生文集》二卷，宋樂雷發撰、清趙烺輯。清抄本。一册。半頁九行十八字，黑格。題"九嶷樂雷發雪磯著；錢塘趙烺秋塍輯"。

樂雷發，道州寧遠人，字聲遠，少穎敏，長詩賦，累舉不第，門人姚勉登科，以《讓第疏》上理宗，詔親試對，賜及第。因數議時政不用，歸隱雪磯，號雪磯先生。其詩舊列江湖集中，而風骨頗遒，調亦瀏亮，無猥雜粗俚之弊，視江湖一派迥异。有《雪磯叢稿》五卷，今存世者最早有明活字本，藏上海圖書館，餘皆爲抄本。

本卷上爲"宋寶祐元年癸丑科廷試八事策"；卷下爲詩六首（時事、逃户、呈趙汝愚司理、寄姚雪蓬使君、寄李伯輝、讀系年録紹興八年以後事），并游紫霞洞歌、象石銘、游紫霞岩賦。然詩及歌皆見於《叢稿》。

是書末有樂雷發十七世孫士恪後序，云："宋寶祐癸丑科，我祖蒙賜及第，惟時西北多變，宋祚日蹙，權奸蔽賢，言不見用，憂國憤世，退隱雪磯之濱，徜徉山水，寄懷吟詠，或抒悲歌感慨之詞，或賡嘯傲岩霞之樂，更與姚雪蓬、趙司理、徐清叟、李伯輝數君子相倡和，皆有詩集傳於後。第歷年四百有奇，世代四遷，家所藏版數罹兵燹，歸隱所製詩賦，盡遭散失。今於邑乘内僅得詩六首、歌賦銘各一篇，附載策後，庶俾後之子孫世相傳守焉。"據序，似爲其於邑乘中輯得，然是書却題趙烺輯，或爲趙氏輯得後求序於士恪者。

鈐印有"禮培私印"、"掃塵齋積書記"。

書藏上海圖書館。

石堂先生遺集【明嘉靖刻本】

《石堂先生遺集》二十二卷，宋陳普撰。明嘉靖十六年(1537)寧德縣知縣程世鵬刻本。八册。半頁十行二十字，白口，四周單邊，雙魚尾，間有刻工。題"宋寧德陳普尚德"。目録頁題"後學浮梁閔文振蒐輯"。前有嘉靖十六年沈伯咸序，嘉靖十四年陳褎序，嘉靖十五年程世鵬後跋。末爲寧德縣儒學教諭蔣濂跋。

陳普，字尚德，號懼齋，福建石塘人。宋鼎既移，隱居不仕，所居有石塘，學者稱石堂先生。劉純父曾聘主雲莊書院，熊勿軒留講鰲峰，造就益衆。延祐二年(1315)卒於家，年七十二。所著有《四書句解》、《學庸指要》等。

是集宋陳振孫《直齋書録解題》未著録。《四庫全書總目》著録爲選刻四卷本，即明阮光寧輯明天啓三年(1623)刻《選鎸石堂先生遺集》。此二十二卷本有三種之别，一即此本，一爲明萬曆三年(1575)薛孔洵刻本，另則爲明刻十行二十二字本。據萬曆本阮鏷序稱"嘉靖辛酉之變，全集化爲秦灰"。辛酉爲嘉靖四十年，可見此後陳集傳世已不多見。此本實陳集所存最早之本，臺灣"中央圖書館"所藏僅爲傳抄寧德縣本。

卷一講義，爲大學十篇、中庸二篇；卷二講義，爲論語十篇、孟子四篇；卷三講義，爲易十八篇；卷四講義，爲書二十三篇；卷五講義，爲詩十五篇；卷六講義，爲春秋一篇、禮記六篇、周禮三篇；卷七經説九篇、經辨一篇；卷八答問十一篇；卷九字義一百三十九篇；卷十渾天儀論十六篇；卷十一論十二篇；卷十二書三篇、雜著七篇；卷十三序十三篇、記三篇、題跋八篇；卷十四策問三篇、字訓二篇、箴一篇、文六篇、青詞一篇；卷十五賦十四篇、辭四篇、歌六篇、吟一篇；卷十六古詩五言四十三首、古詩七言十一首；卷十七律詩五言九首、律詩七言六十八首；卷十八絶句五言十三首、絶句六言十一首、絶句七言九十四首；卷十九絶句七言一百二十六首；卷二十絶句七言一百十六首；卷二十一絶句七言一百七十九首；卷二十二拾遺。

卷二十一後閔文振識語云："先生詠史之作，題曰詩斷，信乎推心窮跡，昭道比義，繩以春秋之法，歸諸天理之公。其詞嚴、其論正、其詣深、其意遠，視古今諸家詠史大有間矣。謂詩之斷，不其然乎！予始獲稿本於侍御驪山先生，乃其先封君五真翁手録，僅及其半，中多亥豕之訛。侍御屬予校訂，予遂欲梓傳，而恨不獲其全，因徧訪先生遺文而集幾就緒，詠史之闕，尚未出也。梓工既半，始得諸深山學究，然唐宋諸詠亦甚略矣，寧免遺珠之嘆乎！姑詮集末，以俟後之君子取足焉。原本錯雜訛舛，稍加叙訂，其有未詳者悉仍其舊，讀者幸共考諸。閔文振謹志。"閔文振，浮梁人，貢士，嘉靖十二年訓導，博雅能文，持身嚴謹，修州志、縣志、學志，搜采先儒韓信同等遺書梓之，又欲刻林駧、黄履翁《源流至論》，以升去未成。傳見（萬曆）《福寧州志》卷七。

卷二十二拾遺，即雜纂二十段。閔文振又有識語云："先生遺稿漫漶特甚，文詩稍完及闕而少者俱入編矣，其闕甚不可讀者欲棄之，則零金碎玉皆至寶也。竊所不忍，則取其成段者雜列於後，以俟知言者擇之，以見有道者之遺一言不可忽也，故編拾遺。"是書後又有石堂先生傳并梓集文移，梓集文移述及是書刊刻之經過甚詳。目録後有"寧德縣知縣揭陽程世鵬奉欽差整飭兵備分巡建寧道福建按察司僉事王批校刻，儒學訓導新城潘鶚同校"。程世鵬，福建揭陽人，嘉靖中教諭，矩度嚴飭，朔望與諸生講習禮儀，令其遵行，一時風俗爲之丕變。傳見明（萬曆）《福建府志》卷四十三名宦。

刻工有葉九、黄一、蔡五。皮紙精印。

鈐印有"曹溶之印"、"鑒躬氏"。

此本今藏上海圖書館。

剡源戴先生文集【明萬曆刻本】

《剡源戴先生文集》三十卷，元戴表元撰。明萬曆九年(1581)戴洵刻本。四册。清鲍廷博校，清趙懷玉跋。半頁十二行二十三字，白口，左右雙邊，單魚尾。前有萬曆九年戴洵序、周汝礪序、萬曆元年周儀序、洪武四年(1371)宋濂舊序、戴表元自序。

戴表元，字帥初，一字曾伯，或稱質野翁、充安老人，浙江奉化剡源鄉人。五歲知讀書，六歲知爲詩，七歲知習古文，十五始習詞賦。古文多奇語，後師王應麟、舒岳祥，以文章名家。宋咸淳間登進士乙科，屢薦不起，寓鄞授徒甚衆。元初以執政薦舉教授信州，輒弃去，卒於家。清顧嗣立《元詩選》小傳嘗云，元至元、大德間，東南之士以文章大家名重一時者，僅帥初一人而已。《元史·儒學》有傳。

卷一至六記；卷七至十四序；卷十五至十六墓志；卷十七墓表、墓碣；卷十八、十九題；卷二十跋、銘、箴、贊、述、碑；卷二十一賦；卷二十二史論；卷二十三雜著、祭文；卷二十四書啓、疏、傳、札子、説、諭；卷二十五、二十六講義；卷二十七古詩五言四十五首、排律十六首；卷二十八古詩七言六十四首；卷二十九律詩五言九十九首、律詩七言四十九首；卷三十律詩七言九十九首、絶句五言二首、五雜組、絶句七言八十八首。

戴表元學博而肆，作文清深雅潔。其集明代僅二刻，一爲洪武四年宋濂序刻本，爲文集二十六卷詩集二卷，然歲久傳稀，僅有抄本傳世。嘉靖三十五年(1556)四明周儀得全集舊目，博訪旁搜，又輯成三十卷，由表元後裔刻之，即此本，清道光二十年上海郁氏又刻入《宜稼堂叢書》中。清初黄宗羲有選本四卷，收記十六篇、序三十六篇、墓志銘四篇、題後書九篇，計六十五篇，康熙二十七年(1688)馬思贊道古樓有刻本。是本卷四《唐畫西域圖記》後半脱去二百六十餘字，鮑廷博墨筆補之，有注云："此篇缺後半段，雖梨洲先生選刻亦未見也，頃從鮑從善鈔本校補，惜世無知之者。介叟時年八十又五。"

趙懷玉跋云："戴帥初剡源集三十卷，一刻於洪武初宋景濂爲司業時，再編於嘉靖中周儀羽可，重刻於萬曆間後裔戴洵，今世所行者皆此本，而頗不易覯，余購之久矣。嘉慶辛未冬，訪老友鮑君以文於烏戌，時君病足不能起，留坐榻前，清話竟日，並許以此書見貽。老人善忘，是冬未能即寄。明年春，余有關中之役，及乙亥返里，已嬰末病，欲往烏戌未果，而君且歸道山。余自苕霅還，迂道烏戌，命兒子熒代奠生芻，值令嗣志祖它出，晤於吴門，因及此書。今年四月，又見志祖於吴興，復申前説。既别，輾轉覓寄，八月始達常州。知爲竹垞、秋岳藏本，鮑君亦嘗校之，書誠不易覯，而購之者亦綦勞矣。爰識得書所文，自爲宋文憲推服，洎乎國朝，已入《四庫》，久經論定，不更贅云。嘉慶丁丑九月，收庵趙懷玉力疾書。”懷玉，武進人，字億孫，一字味辛，乾隆舉人，官登州知府，好學深思，工詩，有《亦有生齋集》。

鈐印有“曹溶之印”、“潔躬”、“亦客”、“葵崖”、“鉏菜翁”、“秋岩生”、“老屋三間賜書萬卷”、“歙西長塘鮑氏知不足齋藏書印”、“長塘”、“世守陳編人家”、“鮑正言印”、“鮑家田”、“曾在味辛齋中”、“億孫寓目”、“叔美過眼”、“去疾無恙”、“慶善”、“歸安陸樹聲叔桐父印”、“鴻爪一痕”、“海寧陳琰友年氏曾觀”。

此本今藏上海圖書館。

存悔齋詩【清嘉慶抄本】

《存悔齋詩》一卷補一卷續補一卷，元龔璛撰。清嘉慶鮑正言手抄本。一册。清鮑廷博、鮑正言跋，張燕昌題識。半頁十行二十字。黑格。第一頁書口下書有“長塘鮑氏知不足齋正本，嘉慶乙丑十月㞧齋手抄”。

龔璛，江蘇高郵人，字子敬。少爲徐琬辟置幕下，後充和靖、學道兩書院山長，以江浙儒學副提舉致仕。龔璛善屬文，刻意學書，詩格伉爽。

龔璛詩存世不多，此册鮑廷博跋云：“龔子敬宣城詩凡十一首，顧氏秀野草堂《元詩選》僅刻其九，偶於李竹嬾《味水軒日記》中獲見全帙，因並句曲、雲林二跋録附存稿之後，以補其佚云。嘉慶十年歲在乙丑冬至前二日通介叟記於知不足齋，時年七十有八。”廷博卒於嘉慶十九年(1814)，年八十七。諦審此跋，非廷博手寫，乃正言代筆。

是書鮑正言手抄，正言跋曰：“家塾舊藏《存悔齋詩》，屢經吾祖手校，乾隆癸丑呈送四庫館收入全書矣。老人近理故簏，出所存副本展玩，丹黄滿卷，嫌妨病目，令言重録清本，以娱晚景。承命欣然，四日終卷。末附《宣城詩帖》十一首及《游天平山詩》一首，又介叟頃時所增入也。嘉慶乙丑冬至前二日燈下，孫正言謹志。”乙丑爲嘉慶十年(1805)，㞧齋爲正言號。

《存悔齋詩》存世以北京圖書館藏元至正五年(1345)俞楨抄本爲最早，其《補遺》一卷爲明朱存理輯，爲稿本，并有俞楨、張丑、黄丕烈諸名家題跋。北圖又有鮑氏知不足齋抄本，鮑廷博校。疑正言跋中所云“出所存副本展玩，丹黄滿卷”之本即爲此帙。

鈐印有“巴陵方氏碧琳瑯館珍藏秘籍”、“功惠私印”，又有“樸孫庚子以後所得”、“景行維賢”、“小如庵秘籍”三印。藏美國國會圖書館，未編目。

周此山先生詩集【清初抄本】

《周此山先生詩集》四卷，元周權撰。清初抄本。四册。佚名臨清查慎行校并跋。半頁十行十六字，無框格。題"元括蒼周衡之著"。前有延祐六年(1319)袁桷序、元統二年(1334)歐陽玄序、陳旅序。末有謝端跋、元統二年揭傒斯跋、弘治十一年(1498)顧福跋。

周權，字衡之，號此山，處州人。工詩，嘗游京師，以詩贄翰林學士袁桷。桷深重之，薦爲館職，以母老辭，然詩名日起，唱和日多。

卷一五言古詩五十首；卷二七言古詩八十四首；卷三五言律詩三十首、七言律詩八十首；卷四五言絶句三首、七言絶句五十四首。

是集以權之號名集，又趙子昂嘗手書"此山"二字爲額以贈。此山詩詞俱絶佳，元人中不可多得，同時與往還者，皆名人。袁桷謂其意度簡遠，議論雄深。歐陽玄則謂其無險勁之辭，而有深長之味；無輕靡之習，而有舂容之風。陳旅又謂其簡淡和平，語多奇雋。

是本乃據明弘治十一年刻本傳抄。顧福跋云："周此山爲人，其肥遯高尚之士，在前元一時詞林名公，若袁伯長、歐陽原功、陳衆仲、謝敬德、揭曼碩，歷評其詩，或言其雅健，或言其冲淡，或言其如子石之求諸已。陳提舉直謂其有温柔敦厚之德，是則兼文與行而有者。嗚呼！邵堯夫有言，删後更無詩，豈真無詩哉？繼風雅之遺音者，難乎其人也。巡按河南侍御沁水李公誦此山之音，喜其不激不隨，實彌中而彪外者，蓋嘗屢與予言之，因命復梓，俾傳播於世，與知言之士共之用。"

《中國古籍善本書目》著録。此山詩集傳世僅有明刻本一帙，爲十行十六字黑口本，藏北京圖書館，餘十多家所藏皆抄本。《元史・藝文志》著録，作四卷，又云"一作十卷"。按十卷之本，今所存者有元刻本、清文瀾閣《四庫全書》本，藏臺灣"中央圖書館"。南京圖書館所藏後附題咏一卷，爲清抄本。又臺灣央館還藏有八卷本，爲舊抄本。

此本藏美國哈佛大學哈佛燕京圖書館。有缺名臨查慎行跋，云："焦氏《經籍志》，周權《此山詩集》十卷，今此本止四卷，蓋莆田陳衆仲所選定者，非全集也。明弘治朝曾鏤版汲中，余所見乃泰興季氏抄本。詩後間有評騭，當是莆田手筆，並録存之。""周權，字衡山，此山其别號，詩集以此名。《經籍志》即載周權《此山集》十卷，又載周衡之《此山集》一卷，卷帙皆與此本不符，疑焦氏所見必有一訛，俟更考。初白又識。"按北京圖書館藏清抄本，有清查慎行跋。

鈐印有"璜川吴氏收藏圖書"、"徐康"。吴氏爲吴銓，字蓉齋，號璜川，長洲人。雍正中爲吉安守，歸田後居瀆川遂初園，讀書其中，架上萬卷皆秘籍。徐康，即《前塵夢影録》之作者，字子晋。

金華黄先生文集【元刻本】

《金華黄先生文集》四十三卷，元黄溍撰。元刻本。繆荃孫跋。二十册。半頁十二行二十四字，黑口，左右雙邊，雙魚尾。書口上刻字數。題“臨川危素編次；番昜劉耳校正”。前有至正十五年(1355)貢師泰序，末爲金華黄先生行狀。

黄溍，義烏人，字晋卿，延祐進士，歷諸暨州判官，所至有治績，累擢侍講學士，知制誥，同修國史，致仕卒，追封江夏郡公，謚文獻。其天資介特，清風高節，博極群書，而約之於至精，剖析經史疑難，及古今因革制度名物之屬，多先儒所未發，文辭布置謹嚴，援據精切。有《義烏志》、《日損齋稿》、《日損齋筆記》。

黄溍集計四十三卷，初稿三卷，未第時作；續稿四十卷，則登第後作。元代刻有二本，一爲此本；另一爲二十三卷本，題“黄文獻公集”，爲溍殁後五年所刻，北京圖書館、上海圖書館、臺灣“中央圖書館”皆有藏本。據《中國古籍善本書目》，明代又有十卷本二種，一爲明張儉編，明嘉靖十年(1531)虞守愚刻本；一爲明張維樞輯，明萬曆刻本。然明本已經編輯者誕妄竄易，又加刊削，已失原來面目。清代似僅有康熙三十年(1691)王廷曾據明萬曆刻重修本。

此本雖爲元刻中最早、最足之本，然卷二十一至四十三配以清抄本。另有全帙舊爲清陸心源皕宋樓藏書，後流入日本，爲静嘉堂物。傅增湘曾獲殘本，爲内閣大庫佚書(今藏北京圖書館)，其有跋云：“世傳黄文獻集，以題‘金華黄先生文集’者爲佳本，其卷次文字與題‘黄文獻公集’者頗有不同。”

是書封面鈐有“乾隆三十年江蘇巡撫薩載送到金華黄先生文集計書□本”木記。按《四庫全書總目》著録之本爲十卷本，浙江鮑士恭家呈送者。《提要》又云：“又有危素所編本，爲二十三卷，今皆未見。”據《江蘇采輯遺書目録簡目》，江蘇曾送呈《黄學士文集》初稿三卷續稿四十卷，及《黄文獻集》二十三卷兩種，纂修官竟未之得見，也四庫館之奇事。

黄溍此集，民國間曾經張元濟二次影印入《四部叢刊》，初次印本底本爲影寫本，二次印本爲張氏借得常熟瞿氏、上元宗氏藏元刻殘本計三十一卷，再配得日本静嘉堂藏十二卷，方成全帙。張氏曾有札記附於後，有云：“全書卷帙繁重，刊時猶有訛奪，屬目所及，隨筆札存，信乎古書非校不可讀，所可貴者損泐漫漶之字，猶可辨認，終勝後來景本之滿紙訛闕耳。”并有“是集綴合不易，札校頗瘁心力”之嘆。

繆荃孫跋云：“《金華黄先生文集》，刊於三山學舍。每葉二十四行，行二十四字，高六寸六分，廣四寸二分，黑綫口，雙邊，版心有字數，語涉元帝提行，元刊元印本。首行題云‘金華黄先生文集第幾’，下題‘初稿幾’、‘續稿幾’，次行題‘臨川危素編，鄱陽劉耳校正’，間有題‘門人編次’者，次行有題‘日損齋續稿’者。卷一至三爲初稿、卷四至四十三爲續稿，宣城貢師泰序，實成於先生未歿之前二年。至先生歿後，家藏《日損齋稿》二十三卷，縣大夫胡君惟信恐其湮没，亟取刻梓以傳，宋景濂序之，正統戊午補完印行，杜桓序於後，胡公刻板未覩此足本也。書目亦罕及。元本藏皕宋樓，始表出之，今已歸東瀛，錢唐丁氏景鈔副本，假以鈔録。荃孫先得明本十卷，張大輪刻別集二卷，又得張芙川録藏二十三卷，已稱難得。今宗子岱觀察出新得殘本二十卷，元板元印，相校一過，補字不少，十九卷覺隱文集序補至四行，可見陸本尚不如此本，惜不全耳。愛日精廬僅得二十三卷，今歸古里瞿氏，則卷一至十三、二十三至三十一，止存二十三卷。合之尚缺二十一、卷三十二至四十三，共一十三卷。錢竹汀跋所見黄集云，貢序中廿八卷字乃書估作僞者，洗改痕跡宛然，因疑‘廿八’二字爲‘三十’之僞，而不知元刻貢序原文實係四十三卷，初稿三卷續稿四十卷也。生古人後，見所未見，疑竇盡釋，豈非快事哉？歲在乙卯冬至前一日，江陰繆荃孫跋。”“此集公手定，以齋名集；以黄先生名集，門人尊之也，至明人重刻則曰《黄文獻公集》矣。四庫不蒐足本，僅以十卷本著録，未免因陋就簡。”

鈐印有“翰林院印”滿漢文大方印、“重光”、“子宣”、“邊氏空青館鑒藏經籍書畫記”。

此本今藏上海圖書館。

順齋先生閑居叢稿【元刻本】

《順齋先生閑居叢稿》二十六卷附録一卷，元蒲道源撰。元至正十年(1350)刻本。十二册。每半頁九行十四字，左右雙邊，白口，雙魚尾。卷端下題“男蒲機類編；門生薛懿校正”。前有至正十年前史官金華黄元刻本序。

蒲道源，字得之，號順齋，生於南宋景定元年(1260)，卒於(後)至元二年(1336)，年七十七。世居眉州，後徙興元。少時岐嶷不群，鄉里异之。歲嗜讀書，過目成誦，少長即曉大義，善屬對吟詩，未冠文聲大振。其作文平實顯易，不尚華藻，有承平之風。元初爲郡學正，皇慶中官至國子博士，旋以疾去，復被召爲陝西儒學提舉，不就，澹於仕宦。其以經史授徒，前後五十年，弟子數千人。

《叢稿》共收古賦、古詩、律詩、雜文、樂府、經旨、策問、傳、記、制詞、表、碑、書啓、序、字説、祝文、祭文、哀辭、墓志銘、行狀等。

細檢《叢稿》，卷三第五頁，卷七第十五、十六頁，卷十四第廿三、廿四、廿九、三十、三十二、三十五、三十六頁，卷十六之第三頁，卷十七之第十三、十四頁，卷十八之第七、八、十七、十八頁，卷廿一之第九頁配清抄本。卷十三之第五、六頁，卷十四之第一、二頁爲皮紙，當爲明代補版。

是書總目下有張雋題款一行，云：“丙申十一月得之錢生，云周恭肅公家舊物。”恭肅，即周用，吴江人，字行之，弘治十五年進士，仕至吏部尚書，有《周恭肅集》。書中并鈐有“張雋之印”。按丙申爲康熙五十五年(1716)。張雋，吴江人，一名僧願，字非仲，又字文通，明諸生，積書甚富。南潯莊廷鑨聘修《明史》，雋爲明代理學諸儒作傳，列名斯集。史案未發，恐不免，逃於僧舍，後史獄起，就逮於杭州被誅。著有《三部略》、《西廬詩草》、《易序測義》等。

此書用紙爲草莖紙，這在元刻本中不多見。中國古代造紙術至宋、元時已爲成熟階段，其時，竹紙和麥莖、稻秆紙的出現，標志着造紙史上的新紀元。此種草莖紙甚薄，有若蟬翼，草莖顯而易見。

蒲氏《叢稿》，元刻今存二帙，一藏北京圖書館；一即此本，藏上海圖書館。此書明、清兩代未有翻刻，但抄本尚有數種，較著者有北京圖書館藏明抄本，上海圖書館藏明山陰祁氏淡生堂抄本(《四庫》底本)等。

《文禄堂訪書記》卷五著録之本，即此本。

青陽先生文集【明正統刻本】

《青陽先生文集》九卷，元余闕撰。附録《青陽先生忠節》二卷，明張毅輯。明正統十年(1445)高誠刻本。莫棠題識。三册。半頁十二行二十二字，四周雙邊，上下黑口，雙魚尾。題"門人淮西郭奎子章輯"。前有正統十年高谷序、王汝玉序、程國儒序、李祁序。序後附有《青陽山房記》，爲新安程文撰。附録二卷，題"後學淮陽張谷輯"。封面書名爲莫棠書。

余闕，字廷心，一字天心，安徽廬州人。元統元年(1333)進士第，授同知泗州事，擢翰林應奉，遷刑部主事，不阿權貴弃官，復入翰林爲修撰，拜督察御史轉禮部員外郎，出爲湖廣行省郎中，徵入集賢爲經歷，尋改翰林待制，官至淮南行省左丞，贈謚文忠，追封夏國公。嘗讀書青陽山中，學者稱青陽先生，故因以名其集。《元史》有其傳。

高谷序云："先友吴陵張君彦剛，好古尚賢，嘗裒輯公之遺文，鏤板以傳，然其所作散佚四方，弗克盡覩其全，君恒以爲憾，至今又數載矣。予宗姪沅陵縣丞誠，蓋聞彦剛之風而興起者，臨民稍暇，復取忠宣公文集訛者正之，僞者去之，損者補之，遺者益之，積累既久，仍壽諸梓，其意不亦美哉！"

王汝玉序又云："《青陽先生文集》若干卷，武威余忠宣公所著也。其前集若干卷已綉梓行於世，續集若干卷，及士大夫忻慕公高風大節播之文辭者又若干卷，則維揚張仲剛氏採諸四方，而裒集成編者也。所散逸者尤多，仲剛尚訪求之，次第附焉，其用心亦勤矣。"

余闕爲文氣魄深厚，能達其言，詩則體尚漢魏，優柔沉涵，於元人中别有一格。其又留意經術，五經皆有傳注。闕集明代所刻有九卷、六卷、四卷之分，九卷本以此正統刻本爲最早，北京圖書館也藏一帙。此外又有弘治三年(1490)徐杰刻本、正德沈俊刻本及明刻本計四種；六卷本則有正德二年(1507)安慶府同知顔禄壽刻本，正德十五年胡汝登刻本，嘉靖十七年(1538)鄭錫麒刻本，嘉靖三十三年雷逵、洪大濱刻本四種；四卷本則爲明萬曆十六年(1588)張道明刻本一種。

如以九卷本和六卷本相校，則二本所收詩文大致相同，然九卷本詩《龍丘萇吟贈程子正重出》一首爲六卷本失收；六卷本中《兩伍張氏阡表》、《染習寓語爲蘇友作》、《結交警語》則爲九卷本所無。又二本分卷略有出入，六卷本詩爲一卷，九卷本一分爲二；六卷本碑、銘、墓表合爲一卷，九卷本則析爲三卷。

卷一詩七十八首、卷二碑三篇、卷三記八篇、卷四序十四篇、卷五書十篇、卷六銘四篇、卷七墓表二篇、卷八雜著二十篇、卷九詩十二首、策一篇。又有續輯題後一篇、記二篇。附録二卷，爲采集記傳、慨悼追挽之作。輯者張毅，字仲剛，《山陽縣志》卷十五《流寓傳》云："毅博學多才，尤邃於詩。太師英國公張輔奉命征交趾時，聞其才，召爲行軍掾史，章奏露布，多出其手。班師不受賞，歸隱山陽。有詩集。"

下册末有條曰："青陽集，黄蕘圃校過，此正統本爲最善，别本皆不及矣。所有簽係從别本補録，聊備參考，不可據以補入。嘉慶己未九月三日，漱六居士錫瓚記。"按錫瓚，即周錫瓚。此書曾經傅增湘《藏園群書經眼録》著録，云："黄丕烈手校，周錫瓚、汪士鐘遞藏，有印記。"然細檢全書，并無黄蕘圃校語。

莫棠題識云："《四庫》著録本四卷，其他刻本頗多，有五卷、六卷者。此正統十年刊本，凡九卷，附録二卷，辛亥六月吴下所收，時書友侯世經更持一正德本即重刻此本也，今已得此矣，故置之。光緒癸巳三月展讀漫記。"

鈐印有"汪士鐘藏"、"還硯堂印"、"南陽叔子苞印"、"二泉"、"潘氏桐西書屋之印"、"潘茮坡圖書印"、"崦西草堂"、"徐康"、"直民"、"獨山莫氏藏書"、"莫氏秘籍"、"獨山莫氏銅井文房藏書記"、"獨山莫氏收藏經籍記"、"莫棠字楚生印"。

此本今藏上海圖書館。

佩玉齋類稿【清康熙抄本】

《佩玉齋類稿》十三卷，元楊翮撰。清康熙抄本。二册。半頁九行十九字，左右雙邊，無框格。題“上元楊翮文舉”。前有至元二年(1336)陳旅序、虞集序，至元元年吴復興識語，至正八年(1342)楊維楨序。

楊翮，字文舉，世其家學，元末官休寧主簿，歷提舉江浙學校、太常博士。元政亂還金陵，明祖徵纂修《明史》，後以謫死。翮工古文，陳旅曾云：“其言騁而不放，麗而不靡，敦樸而不野，刻雕而不鑿，蓋非徒文也。學殖於内，而文達於外也，其用功亦不淺矣。”

楊維楨序云：“如文舉獲見予吴門次舍，示所著碑銘叙志箴頌論贊，凡若干卷，累日讀之，喜其識職，而各毗於律理察而其言沛如也。予自居吴門，閲今之名能文者無慮數十家，類未有及文舉者，則知文舉之得其本於家，而又丁乎氣運之盛於國家者，非庸衆人之所同也。”

卷一至二記、卷三至八序、卷九論、卷十題跋、卷十一樂歌、卷十二啓、卷十三箴。翮集元代曾有刻本，但未見傳世。《勞氏碎金》卷中有跋《佩玉齋類稿》云：“此從朱述之先生借抄，闕本缺逸，已據别本補完。述翁擬刊行其鄉先輩遺集，此乃其一也。錢遵王有元刊本，不分卷數，乃是原本，傳抄本類皆隨意分析，故兩本次第不同耳。”按勞氏云朱氏欲刻翮集以傳，但其校刻而未果，朱氏抄本今存臺灣中央圖書館。此書明清二代似未刊刻，而僅有抄本流傳，據各家目録，此康熙抄本當爲現存最早之本。乾隆間編《四庫全書》所收爲十卷本，其卷十乃合題跋、樂歌、啓、箴爲一卷，内容同此康熙抄本。

鈐印有“謙牧堂藏書印”、“謙牧堂書畫記”、“徐乃昌讀”。

此本今藏上海圖書館。

倪雲林先生詩集【明天順刻本】

《倪雲林先生詩集》六卷，元倪瓚撰，明蹇曦編。附録一卷，明天順四年（1460）蹇曦刻本。清沈曾植跋。二册。半頁十行二十字，黑口，四周雙邊，雙魚尾。字體遒勁。題“荆溪蹇曦朝陽編集”。前有天順四年錢溥序，後有卞榮序，又蹇曦後序。

倪瓚，字元鎮，自號雲林，錫山人。嘗築清閟閣，蓄書畫於中，愛寫溪山竹石，攻詞翰，皆極古意，性狷介好潔。

蹇曦後序云：“若前元雲林倪先生瓚，遭世之季，知其不可爲也，因放跡於山水，寓情於詩畫，才高一代，人皆知重之。今其殁且百年，遺墨之或存者，咸膾炙於人口，金玉於當世，功名似未多讓，視殁世無聞者，蓋倍蓰無算矣。予曾大父西溪翁，至正間與同里彝齋王先生、鶴溪張先生齊稱於時，雲林恒往來荆溪，交誼既洽，題詠最多。彝齋之季文静，號梅西，舊藏雲林集，其孫景陞，近出而輯之，予得覽焉，不勝追嘆。然慮謄繕久，將愈訛而廢。因命工鳩梓，用壽其傳。”此天順本，臺灣“中央圖書館”也藏一帙。雲林詩集六卷本，除天順本外，又有明萬曆十九年（1591）倪珵刻本、明毛氏汲古閣刻《元人十種詩》本。據丁氏《善本書室藏書志》云，六卷本世尚有一刻，爲江陰孫大雅序本，然未之見。

沈曾植跋云：“此即汲古閣刻祖本也，毛氏於雲林若有異世同情之感，既梓《雲林遺事》，又從墨跡輯《集外傳》，用心亦已勤矣。顧所刻卷數次第雖同，而不存蹇氏編集之名，又無錢序，第一卷脱《送吕養浩》詩，第二卷脱《泛滄浪》詩。此本諸墨釘，毛本皆爲空格，而卷一‘别鄭明德□體保寧謚’，毛本並無‘謚’字。卷二《快雪齋對月》詩‘心境快然同一潔’，毛本脱‘同’字，而加□於‘潔’字下。其它訛脱不少，又似不出此本，而出於傳抄或重刻者，豈此本明季已罕流傳耶？得此逾年，頃乃見毛本校其異同。宣統乙卯十一月，海日樓記。植。”“此刻殊不工，而書體絶佳，周南老言雲林所著，張天雨、俞紫芝愛之，爲書成帙，藏於家，豈此所從出耶！”

鈐印有“植”、“乙盦”、“海日樓”、“耄遜”、“潭月山房書印”、“巽齋所藏”、“霞秀景飛之室”、“壽祺經眼”。

此本今藏上海圖書館。

雲林先生續集【清抄本】

《雲林先生續集》不分卷，元倪瓚撰，清佚名輯。附録一卷。清抄本。王禮培跋。二册。半頁十四行二十字，無框格。無序跋。

此續集乃後人輯佚雲林四言古詩、五言古詩、七言古詩、五言律詩、七言律詩、七言絶句、五言絶句、六言絶句以及雜著（像贊三、辭一、詩序四、跋八、書札三十）。附録爲雲林墓銘、像贊、寄贈、題雲林畫等。

王禮培跋云："雲林《清閟閣集》始刊於元末，洪武初刊成，即天順本也。余舊藏一部，已歸涵芬樓中。此續集世無刻本，附録一卷則當時名流投贈題畫及墓銘諸作，惜無好事者付之手民，孤本劫餘，儻竟不傳，吾知後人不知有此書，良用慨然！甲子秋夕，王禮培記於小招隱館。"

鈐印有"學坐"、"平原"、"樵隱"、"古潭州袁卧雪廬收藏"、"竹蔭館"、"禮培私印"、"掃塵齋積書記"、"湘鄉王氏秘籍孤本"。

此本今藏上海圖書館。

鐵崖賦稿【清勞氏抄本】

《鐵崖賦稿》二卷，元楊維楨撰。清仁和勞氏據何元錫編定本影抄。清勞權校、勞格校并跋。二册。半頁十一行二十一字，無框格。

楊維楨，字廉夫，號鐵崖，又號東維子，諸暨人。泰定進士，官至建德路總管府推官，晚年居松江。長於樂府詩，詩學李賀，好馳騁异想，遣辭奇詭，因其風格，明初人有"文妖"之譏。

此本收賦計五十首。勞格跋云："東維子集不載，所作古賦世所傳者，僅有《麗則遺音》中三十二首，及鐵崖文集中《土圭》、《蓮花漏》、《記里鼓車》三首而已。此本計賦五十首，俱《遺音》所未載者，蓋後人從《青雲梯》録出，以補其未備。觀後録朱子新跋，自見初藏桐鄉金氏，後歸吴縣黄氏，錢塘何夢華主簿曾傳其副，又重編爲二卷，改名《鐵崖賦稿》。以《紫薇垣》爲上卷，《會通河》爲末；《渾天儀》爲下卷首，《進善旌》爲末，復删去《姑蘇臺》賦第一首、《玩鞭亭賦》一首。每卷二十四首，止存四十八首，次序移易，非復元本之舊。今《孯經室外集提要》所載《鐵崖賦稿》二卷，即何氏重編本也。頃從高叔荃借得何氏元本，始知何氏於諸賦中字句又多竄改，不僅移易次第而已。爰命工依元本影録一本，凡何氏所竄改，悉爲標出，使可識别，使不見此本不幾以何氏重編者爲定本耶？道光癸卯五月二十一日季言校畢識。""此本諸賦題下悉無'賦'字，與《麗則遺音》同，又版心僅書'鐵崖'二字，凡'賦'字以及'賦稿'、'上'、'下'等字俱係何氏所加，傭書人誤依補入，又賦中字句又多從何氏改本，今悉涂乙，以復其舊。是日又識。""此本雖係影寫，頗多訛謬，頃倩力之小史映郎用元本逐字比較一過，改正數十字，然元本亦有訛字，惜不得《青雲梯》校之。二十五日夏至，季言又識。"

勞格三跋，俱見《勞氏碎金》卷下，然著録爲一卷，且有漏字多處。此本有朱、墨兩色校筆，凡朱者爲勞權所爲，墨者爲勞格所爲。首楊鐵崖先生文集目、末《青雲梯》第二册《鐵笛》諸賦目、附録《青雲梯》第二册《鐵笛》諸賦後跋，又第一册《諸人賦》後跋，皆爲格所補抄。

何元錫，字敬祉，號夢華，又號蝶隱，錢塘人，曲阜孔氏婿，監生，精於目録學，家多善本，嗜古成癖。勞權，字平甫，又字巽卿，工詞典。其弟格，字保艾，一字季言，以博洽得名，二人皆精校讎之學。

鈐印有"景葵所得善本"、"杭州葉氏藏書"。

此本今藏上海圖書館。

北游詩【清味夢軒抄本】

《北游詩》不分卷，元釋梵琦撰。清錢天樹味夢軒抄本。二册。半頁十一行二十一字，四周單邊，黑格，書口下有“味夢軒手抄”。題“元釋梵琦楚石著”。無序跋。

梵琦，元代高僧，字楚石，小字曇曜，晚號西齋老人，明州象山朱氏子。年七歲靈性穎發，遠近號爲奇童。九歲弃俗，其受具足戒時年十六。參徑山元叟瑞得法，出世海鹽福臻，屢遷天寧、報國、本覺諸寺。至正中，名被海内，士夫多歸之。梵琦學行超邁，宗教俱通，參禪之外，專志净業，撰有《净土詩》數百首，年七十五卒。

《北游詩》，前有明宋濂撰《佛日普照慧辨禪師塔銘》，云：“其别有《净土詩》，慈氏上生偈，北游、鳳山、西齋三集通合若干卷，並傳於世。”此册收詩計一百七十七首。北京圖書館藏有清抄本，臺灣“中央圖書館”也藏一帙，題《楚石大師北游詩》一卷，爲舊抄本。

此本平湖錢天樹味夢軒所抄。錢天樹，字子嘉，號夢廬，平湖人，監生。《平湖縣志》卷十七有傳。“少失怙，承母意，以質弱不應試，顧天分極高，讀書不求甚解，發爲詩古文，清超拔俗，一抒其情。工寫竹，遒勁中有逸致，尤精於鑒賞，篤嗜古籍，凡書畫碑碣，以及彝鼎尊壺之屬，到眼真贋立判。”

鈐印有“錢印天樹”、“味夢軒”、“荃孫”、“雲輪閣”、“古磚精舍”、“沈燕謀藏書”、“古書流通處”、“友年所見”。

此本今藏上海圖書館。

韓氏遺書【清知聖教齋抄本】

《韓氏遺書》二卷，元韓信同撰。清杜氏知聖教齋抄本。一册。半頁十行二十字，左右雙邊，黑口，書口下有"山陰杜氏鈔本，知聖教齋藏書"。題"元寧德古遺韓信同存稿；明浮梁後學閔文振輯刊；署寧德縣事新安韓士元重刊"。前有萬曆九年(1581)韓士元重梓韓氏遺書序，後有嘉靖十七年(1538)閔文振序、萬曆九年陳文跋。又有附録《古遺先生陳公行狀》，爲張以寧撰。

韓信同，字伯循，號古遺，又號中村，福寧人。幼穎悟，十歲日誦數千言，十四五通經傳子史，工文賦，尤精駢語。其爲學貫穿周程張朱之説，條分縷析，爲雲莊書院山長，以四書六經爲課試，從者甚衆。至順三年(1335)卒，年八十有一。撰述甚富，有《四書標注》、《易詩三禮旁注》、《書集解》、《諸史類纂》等。

張以寧撰行狀云："其詩文原有十餘卷，易、詩、三禮各有旁注，書有集解，史有類纂，皆根據義理，不尚華麗。"然信同諸文稿在其卒後，多所散佚。嘉靖十七年，閔文振知寧德，訪之數年，始得殘遺，編爲二卷，刻於學宫。

閔文振序云："而古遺標注雖非四書之全，抑亦餼羊之存也，乃爲校訂並蒐其講義、詩文散見諸書流傳鄉里者，釐爲二卷，題曰《韓氏遺書》，捐俸刻置學宫，俾學者因是猶可以知古遺也。"

目録後閔氏又有識語云："先生著作甚富，振訪求五六年所得止此，不忍使之無傳，故托之梓，世之君子倘藏有先生遺墨幸出而續焉，亦景行一快事也。文振識。"

今閔氏所刻嘉靖本不見於世，此爲萬曆間韓士元重刻本。韓序云："兹氏鉅儒，有言熠熠，其學本經術，末文藝，師石堂陳先生，溯其源考亭正派也。所蓄書富甚，佚弗傳，僅僅遺書兩卷，嘉靖乙未歲已刊行在庠，遭辛酉邑毁板燼焉，其裔弗忍祖書湮滅也，方重梓之矣。……是書也，涵儒道腴，闡自性靈，不徒在舌端發藻，細嚼之，可望入腹其有味乎，其言之也。其標注，毫分縷析，雖諸儒注疏弗過；其講義抉玄摘奥，雖關洛辨議弗過；其州學置田記，大裨風教，雖袁州記弗過。其它詩賦詞多精麗語，尤振響藝林，雖風雅騷經弗過。"

此爲清杜氏知聖教齋抄本，卷上爲大學標注、中庸標注、論語標注、孟子標注；卷下爲講義一篇、記二篇、賦一篇、文一篇、詩十五首、詞一首。北京圖書館、臺灣"中央圖書館"所藏均爲傳抄本。知聖教齋爲杜春生藏書齋名。春生，字禾子，山陰人，孝廉，喜抄書，搜羅甚富，嘗與其兄煦撰有《越中金石記》。

鈐印有"浙東沈德壽家藏之印"、"亞東沈氏抱經樓鑒賞圖書印"、"吴興沈氏藥庵父尚絅廬主人所蓄經籍書畫金石印"、"授經樓藏書印"。

此本今藏上海圖書館。

元天目中峰和尚四居詩【清摛藻堂抄本】

《元天目中峰和尚四居詩》一卷，元釋明本撰。清汪氏摛藻堂抄本。一册。半頁十行十九字，左右雙邊，黑格。書口下有"摛藻堂"。楷書精抄。無序跋。

明本，元代高僧，錢塘孫氏子，號中峰，字幻住。性睿敏，十五出家，参高峰於雁蕩獅子院，二十四歲始剃落圓具。高峰寂，其隱於湖海，晚居天目；道行甚高。仁宗召聘不出，賜號佛慈圓照禪師。至治三年(1323)八月圓寂，壽六十一。元統中，賜號普應國師，有《中峰廣録》三十卷。

此四居詩爲船居十首、山居十首、水居十首、廛居十首，皆爲明本避地時所作。查清顧嗣立《元詩選》二集壬集收明本《中峰廣録》一卷、《中峰梅花百咏》一卷。《廣録》收詩二十三首，其中船居十首僅收四首、山居十首收四首、水居十首録六首、廛居十首僅録一首，皆不全。此中峰詩與《元岳林栯堂禪師山居詩》一卷、《石屋禪師山居詩集》一卷合册。

摛藻堂，爲清汪文柏堂名。文柏，字季青，安徽休寧人，官北城兵馬司正指揮，好藏書。潘耒《摛藻堂集序》云："吴興多佳山水，休寧汪子季青，築别業讀書其中，名其堂曰摛藻之堂。"

鈐印有"汪印文柏"、"柯庭流覽所及"。

此本今藏上海圖書館。

昌黎文式【清抄本】

《昌黎文式》四卷，元程端禮撰。清抄本。四册。半頁十行二十字。前有至順三年(1334)程端禮序。藏美國普林斯敦大學葛思德東方圖書館。

程端禮，字敬叔，年十五能記誦六經，曉析大義，從史蒙卿游，傳朱熹明禮達用之旨。官衢州路教授。又有《畏齋集》、《讀書分年日程》。

屈萬里《普林斯敦大學葛思德東方圖書館善本書志》作明抄本，"並有明黄淳耀手跋"。黄跋云："歲在丁酉，吾應試於京都，見友人家藏此書，心雖慕之，殊覺此書甚不易得。越三四年，偶於書肆中遇此書，不惜多金，遂購之，但欲參五色筆耳。蓋元代程公端禮，其文學與先賢共轍，所以得入聖廟，與先賢並列。昌黎古文，用五色筆如此批點，遂使後學觀此，自無慮其難解矣。陶庵黄淳耀謹識。"

黄淳耀，字藴生，號陶庵，嘉定人，崇禎十六年(1643)進士。南都亡，嘉定也破，偕弟淵耀縊於西城僧舍，門人私謚貞文。據清徐秉義《明末忠烈紀實》卷十六云："弘光立，不謁選入。大兵圍城，佐侯峒曾調兵食。城破，淳耀與淵耀入草庵。庵僧無等，淳耀方外交也，謂曰：君未受職，可以無死。淳耀曰：大明進士，與城存亡，分也。今托上人，死此清浄足矣。索筆書曰：進士黄淳耀死於此。弘光元年七月四日自裁西城僧舍。嗚呼！進不能宣力王朝，退不行潔身自隱，讀書寡益，學道無成，耿耿不没，此心而已。與淵耀分左右就縊，年四十一歲，暴尸七晝夜而無改色。"淳耀弱冠即有志聖賢之學，晚而充養和粹，造詣益深，詩古文卓然名家，有《山左筆談》、《陶庵集》。

是書非明抄本，楷書極精，清末抄手所爲，明人抄書絶無是種字體。用紙皆被染色充舊，并有似蟲蝕之洞，然非蟲蝕，而乃人工針錐鑽出。鈐印有"黄勤勉堂"、"陶庵"、"淳耀珍藏"；又有"金氏家藏"、"熙堂"。黄氏三印似小木所刻，頗爲拙劣。

《書志》云："黄跋所稱丁酉，乃萬曆二十五年也。"津按，黄淳耀生於萬曆三十三年(1605)，卒於弘光元年(1645)，年四十一。萬曆二十五年，淳耀尚未出生，而後一丁酉，則爲清順治十四年(1657)，其已逝去十二年矣。跋中所云"越三四年"，即指黄淳耀崇禎十六年中進士後之三四年，而此時淳耀又已棄世三年。書賈之信手胡編，頗有令人咋舌之感。

查《昌黎文式》，山東省圖書館藏有一帙，爲二卷，著録爲唐韓愈撰，宋真德秀輯，元程端禮批點。明弘治秦紘抄本，清張昭潛跋。十行二十一字。十年前筆者曾去濟南該館閱書，未能於是書摘録筆記，然疑此秦抄本或爲賈人覓抄手抄録之祖本，又析二卷爲四卷，抄竣後再施小技，以瞞世人，書賈爲了射利，真所謂無所不用其極矣。

藍山先生詩集【清抄本】

《藍山先生詩集》五卷，明藍仁撰。清抄本。一册。半頁十行二十字，無框格。前有蔣易序、洪武八年(1375)張榘序。

藍仁，字静之，崇安人。元末杜本隱武夷，崇尚古學，仁與弟智俱往師之，授以四明任松鄉詩法，遂謝科舉，一意爲詩。詩作力追盛唐，規圓矩方，靡不合度。後辟武夷書院山長，遷邵武尉，不赴。《明史·文苑傳》附載陶宗儀傳後。

是集爲仁之子仲穆所輯。張榘序云："其子仲穆好學不倦，能世其業，嘗裒輯其父平昔所作，以類成編。"卷一五言律詩九十一首、卷二九十首、卷三七言絶句七十首、卷四七言律詩一百二十四首、卷五七言律詩一百六十七首，共四百六十一首。《四庫全書總目提要》云："仁詩規摹唐調，而時時流入中晚。蔣易作是集序，稱其和平雅澹，詞意融怡，語不凋鎪，氣無脂粉，出乎性情之正，而有太平之風。惜其不列承明著作，浮湛里閭，傲睨林泉，有達士之襟懷，無騷人之哀怨，即屢更患難，而心恒裕如，要其所作，皆治世之音也。雖推之稍過，實亦近之。閩中詩派，明一代皆祖十子，而不知仁兄弟爲之開先，遂没其創始之功，非公論也。"

藍仁詩集，明代似有二刻，一爲洪武刻本，據今存之明嘉靖刻本張榘序，後有"洪武庚辰秋藍山書舍刊"長方木記(按洪武無庚辰，實爲建文二年)。又丁丙《善本書室藏書志》卷三十五"吴明經焯嘗於吴門買得《藍山集》，是洪武時刊，有蔣、張二序"。今洪武本已湮去不存，疑此抄本或爲據洪武本傳抄。二爲明嘉靖五年(1526)藍鉭等刻後代補刻本，也即丁丙《善本書室藏書志》著録爲"明正統刻本"者。今傳世也僅三帙，藏南京圖書館、重慶市圖書館、臺灣"中央圖書館"(原藏北平圖書館者)。嘉靖本乃據洪武本重刻。而清代咸豐時，藍氏後裔蔚雯輯有《二藍集》(藍仁、藍智)，爲清咸豐七年(1857)定海藍氏刻光緒十六年(1890)金匱宣敬熙補刻本。藍集流傳不多，即今所見抄本也僅上海圖書館、廣東中山圖書館、北京大學圖書館及南京圖書館(《四庫》底本)四部而已。

是書《千頃堂書目》、《明史·藝文志》著録爲六卷，清朱彝尊輯《明詩綜》(收藍詩二十四首)也曾見有六卷之本；又《四庫全書》本藍詩，乃從《永樂大典》内采掇，輯得五百餘篇，也厘爲六卷。今所存世之刻本及抄本也都爲六卷，唯此則爲五卷，爲何殘去一卷不詳。

鈐印有"曾藏汪閬源家"；"愚齋圖書館藏"、"武進盛氏所藏"。汪閬源即汪士鈙敵致果鐘，嘉慶間著名藏書家，藝芸書舍爲其藏書處，其藏書可與常熟毛氏汲古閣、泰興季氏并列。愚齋圖書館即清末盛宣懷藏書處，館在上海住宅旁，藏書近三萬卷。

此藏香港中文大學圖書館。

明太祖文【明吴寬抄本】

《明太祖文》不分卷，明太祖朱元璋撰，明吴寬抄本，一册。有明吴寬、項元汴及清吴榮光、羅天池跋，半頁十行，裱本。

此裱本計十八紙，起自太祖《中都告祭天地祝文》，次爲《大祀文》、《即位詔》、《諭安南國王詔》、《諭安南國王陳煒伯陳叔明》、《命中書諭止安南行人敕》、《命中書諭高麗敕》、《辨韓愈訟風伯文》、《駁韓愈頌伯夷文》、《閲江樓記》、《嚴光論》、《建言格式序》、《堯湯水旱説》等十三篇。按太祖御製文計二十卷，所抄各篇皆分見於卷一、二、六、七、十、十三、十四、十五、十七中。

吴寬，江蘇長洲人，字原博，號匏庵，以文行有聲諸生間，成化中會試、廷試皆第一，授修撰，侍孝宗東宫，每進講，閑雅詳明。孝宗即位，以舊學遷左庶子，預修憲宗實録，累遷掌詹事府，入東閣，專典誥敕，進禮部尚書，卒謚文定。寬行履高潔，不爲激矯，而自守以正，於書無所不讀，作詩文有典則，書法習東坡。《書林藻鑒》云："寬作書姿潤中時出奇倔，雖規模於蘇而多所自得。"邢侗也云："匏翁書法，法蘇學士，濃顔厚面，祛去吴習，亦畢竟趙宋文色耳。"此本乃寬四十二歲時所書，書法自成一路，端楷中自有凝重處。

寬跋云："臣寬偶獲太祖高皇帝御製文集，恭誦再三，窺見聖神高明之見，卓越之識，足爲一代之制，百王之法，有非秦漢以下諸君所能及者。又况大哉之言，皆信筆直書，不加斧藻，而事實粲然具備，真典謨訓誥之詞也。臣緣目眚，不能悉録，謹摘集中數篇，篇中數句，録而尊閣於家，蓋其言尤切要，亦史氏之所當知者，非敢去取於其間也。成化十二年十一月初三日，翰林院修撰臣寬謹書。共十九葉子，中補二葉。"查寬《匏翁家藏集》，未收此跋。

項元汴跋云："此册汴得之於東吴文徵明伯子文壽承處，乃先自衡山先生常出示於予。捐館後，其孫持以屬余，恐辭去而遂失先生所珍，且先朝典故所存，不可不重襲而藏之，敬用永寶無忽。就李丘民項元汴謹識。"

吴榮光跋云："右文定公手抄明太祖文，李君實曾見之載入《六研齋三筆》，云端楷整栗，後竟掇巍科，以書法擅一代，蓋謂文定援俊秀例入胄所時書也。今此本書於成化十二年，是年歲在丙申，文定四十二歲。文定以成化八年壬辰授修撰，此乃大魁後四年所録，安得謂'後竟掇巍科'耶？明人考據之疏，於當時尚且如此。至此本筆力端重，乃文定真跡無疑，想爾時尚未專學坡老耳。道光丙申十一月朔，南海吴榮光，時年六十有四。"

羅天池跋云："吴文定公書，專師東坡，傳世者多見於題跋、卷册及便面手札，然皆行草之作。此册小楷九翻，莊重端凝，無欹側偃筆之習，乃文定矜心當意所書者，歷觀藏家，均無正書妙跡，是册豈可忽耶？道光丙申春仲，羅天池重裝並記。”“丙午冬十月十九日，六湖重觀。”

此本欄綫自劃，每紙皆鈐有“項元汴印”。鈐印又有“檇李項氏一家寶玩”、“查瑩”、“映山珍藏”、“依竹堂書畫”、“吴榮光印”、“石雲山人”、“羅天池鑒定藏之修梅僊館”、“修梅僊館秘玩”、“六湖”、“柏氏家藏”、“柏成櫟鑒賞章”、“張建錫鑒賞章”、“潘仕成”、“德畬”、“德畬審定”、“宫保世家”、“石公所藏”、“朱鶴年”。

此本今藏上海圖書館。

天衢舒嘯集【清初抄本】

《天衢舒嘯集》二卷，明詹同撰。清初抄本。清朱彝尊題識，清趙宗建跋，一册。半頁九行二十二字，無框格。題"明吏部尚書詹同著；族孫標刊，男軫光校"。前有洪武七年(1374)宋濂序，末有萬曆十六年(1588)詹軫光跋。

詹同，字同文，初名書，婺源人，元至正中舉茂才异等，除郴州學正，陳友諒以爲翰林學士承旨。太祖下武昌，召爲國子博士，賜今名。後累官吏部尚書，與宋濂等修日曆，爲總裁官，次年書成，凡一百卷，尋以老乞歸。同操行耿介，終始清白，卒謚文敏。又有《海涓集》。同與吴濬仲、樂致和、宋景濂齊名，號中朝四學士。吴、樂韵語寥寥，宋亦非其本色，同於四子中遂爲翹楚。宋景濂云，同文襟期瀟灑，濟以雄博之學，故體物瀏亮，鏗鏗作金石聲。

是集卷上爲四言古詩六首、五言古詩七首、七言古詩三十八首；卷下爲五言律詩四首、五言排律一首、七言律詩三十六首、七言排律一首、集句一首、五言絶句一首、七言絶句三十三首、雜體詩十六首、附遺六首。共計一百五十首。

按此本乃朱彝尊選《明詩綜》所用底本之一，卷二末有"庚辰八月既望，竹垞老人閲選十二首"。此抄本中凡朱筆改正處皆竹垞親筆。查《明詩綜》卷三收詹同詩《題善原道幹黑馬圖》、《送德安張用周游廬山》、《題松鶴蔡先生家藏李伯時西岳降靈圖》、《題雲林丹房爲葛元德賦》等十二首，皆爲朱氏圈定者。然底本中《題方壺水石圖》則未收入。

趙宗建題識也在卷二末，云"非昔居士坐雨梅顛閣校閲一過"，又其跋見於另紙云："此竹垞選《明詩綜》稿本也，朱筆校正處俱竹垞手筆，今《明詩綜》卷三所載悉爲改正矣。小傳云，同，字同文，初名書，婺源人，元末爲郴州路學正，遇亂家黄州，入明累官吏部尚書，改翰林院承旨，謚文敏。與吴濬仲、樂致和、宋景濂齊名，號爲中朝四學士。"

詹集傳世不多，《明史·藝文志》卷四有《詹同文集》三卷，又《明史藝文志附編》(國史經籍志)著録有《天衢吟嘯集》一卷，又《海涓集》二卷。今《海涓集》不見傳本，詹詩也僅於此本可窺一斑。

鈐印有"璜川吴氏收藏圖書"、"曾藏汪閬源家"、"孫鋆私印"、"趙印宗建"、"曾在舊山樓"、"非昔居士"、"非昔玄賞"。

此本今藏上海圖書館。

中丞集【清文瀾閣《四庫全書》寫本】

《中丞集》二卷首一卷，明練子寧撰。附録一卷，清乾隆文瀾閣《四庫全書》寫本。二册。半頁八行二十一字，紅格。卷一第一頁第一行題“欽定四庫全書”，次行“中丞集卷上”，三行“明練子寧撰”。封面用灰色絹面。内頁有黄紙小條，署“詳校官監察御史臣曹錫寳”。卷後有“總校官編修臣吴裕德、檢討臣徐鑒、校對監生臣劉洪”。藏香港中文大學圖書館。

練子寧，名安，以字行，號松月居士。江西新淦人，性英邁不凡，幼從鄉長者游，與金幼孜善。洪武十八年(1385)進士，授翰林修撰，以名節自砥礪，由是聲望蔚然中外，咸以文學行義稱之。建文時，爲吏部左侍郎，遷左副都御史。燕兵入，殉節死。事迹具《明史》本傳。

卷首爲“洪武十八年殿試策”。卷上序八篇、記八篇、墓志銘六篇；卷下書跋九篇、賦一篇、五言古詩一首、七言歌行七首、五言律詩六首、七言律詩三十九首、五言絶句六首、七言絶句十三首；續集詩文附詩五首、跋贊各一篇。附録爲《忠祠議》、《史傳》等。

弘治中，王佐曾刻子寧遺文，曰《金川玉屑集》，其時任提學副使之李夢陽始命有司梓之，夢陽又立金川書院以祀之。然弘治本今已不存。現存世最早者爲《金川玉屑集》六卷，明正德七年(1512)新淦縣刻本，僅北京圖書館、上海圖書館入藏；其次爲《金川玉屑集》二卷首一卷附録二卷，明萬曆二十六年王文燿刻增修本，南京師範大學圖書館入藏；此外又有《練公文集》二卷手迹一卷崇祀實紀一卷遺事一卷，明萬曆三十九年刻本，藏上海圖書館、北京大學圖書館。(此本又有清康熙間重修本，臺灣“中央圖書館”、南京圖書館入藏)。清代則有《練中丞金川集》二卷遺事録一卷，清康熙二年(1663)高檠刻本，北京圖書館、中國人民大學圖書館藏。《四庫全書》所據之本應爲明萬曆三十九年刻本，即郭子章重編本。《四庫全書總目提要》云：“此本乃泰和郭子章重編，附以遺事一卷，其裔孫綺復增輯之。”

《四庫全書》成書後，藏之文淵、文源、文津、文溯、文匯、文宗、文瀾七閣。今文源、文匯、文宗俱毁於兵燹，文津、文溯、文淵、文瀾之本分存北京圖書館、甘肅省圖書館(原存遼寧省)、臺灣“故宫博物院”及浙江圖書館。咸豐十一年(1861)太平天國戰争期間，文瀾之書於兵燹中散出部分，其時，太平軍攻入杭州城，文獻焚毁，損失甚大。八千卷樓主人丁丙、丁申兄弟，即目擊其慘劇。文瀾所藏，横弃道側，俯拾即是。申、丙二人遂深夜潛身詣閣，負而藏之僻地，始避居海上，亂定歸里，并移之郡庠尊經閣，依類編目，綜一萬餘册。此本即爲散出之本。文瀾之本，其封面經部用葵緑、史部用紅、子部用白、集部用黑灰，皆絹面；每册首鈐“古稀天子之寶”白文印，後頁又鈐“乾隆御覽之寶”朱文印。此本爲集部者，皆與之同，殆可證爲文瀾之本。

然以此本取校臺灣“故宫博物院”藏文淵閣本（影印本），文淵本“洪武十八年殿試策”作“制策一道”，析入卷上。此本附録内容較文淵本多出《練子寧謁安慶余忠宣公祠詩》、《犁生賦》、《峽江縣練公祠記》、《浩然堂記》、《自靖祠記》等十二篇，計十七頁。又文淵本署“詳校官編修臣曹成、中書臣劉源溥復勘；復校官主事臣龔敬身、校對官中書臣嵇承志、謄録監生臣胡宗高”。可見兩本雖爲閣本，不僅内容有出入，且負責抄録、校對之四庫館官員也有不同。

此本曾爲羅振常收藏。振常，字子經，晚號邈園，浙江上虞人，少年艱苦力學，工詩古文辭，又旁通東瀛語言，清季維新變法之際，譯東籍甚衆，中年乃設蟫隱廬書肆於滬上，遂終老焉。羅氏《善本書所見録》未收此書。

鈐印有“古稀天子之寶”、“乾隆御鑒之寶”、“羅振常”、“羅子經”、“羅氏藏書”、“羅振常讀書記”、“上虞羅氏終不忍齋藏書”、“振常私印”、“頑夫”。

重編王文端公文集【明刻本】

《重編王文端公文集》四十卷，明王直撰。明王有霖刻本。半頁十行二十字，四周單邊，白口，單魚尾。題“中順大夫廣西梧州府知府後學劉教重編；五世孫有霖校刊”。卷末有尾題，同前。前有嘉靖四十二年(1563)劉教序、隆慶二年(1568)胡直序、隆慶二年王有霖序。次爲王文端公文集前録、致仕敕諭、贈謚誥命、太保王文端公遺像、像贊、神道碑、謚議、事略。

王直，字行儉，號抑庵，江西泰和人。自幼端重，异於常兒，家貧力學，苦志自奮。永樂二年(1404)成進士。授修撰，歷仕仁、宣二朝，遷少詹事，兼侍讀學士，在翰林二十餘年，稽古代言，凡機密之政、編纂記注之事。經筵講義及文武群臣誥敕，多出其手。正統間拜吏部尚書，進少傅兼太子太師。天順初以老疾致仕，卒謚文端。生於洪武十二年(1379)，卒於天順六年(1462)，年八十三。事迹具《明史》本傳，又《本朝分省人物考》卷六十三也有其傳。

直學高才敏，前後立朝五十餘年，閱歷最久，其啓沃之嘉，謨謀之弘，讀是集可以想見，而國政之因革，世道之升降，亦大略可睹。又直詩文典雅清緻，有宋元遺風，其退休居家，安於淡泊，杜門不出，日課諸孫讀書而已。此集計詩七卷、文三十三卷。

目録頁題“五世孫有正輯録”。

《四庫全書總目提要》云：“直當景帝易儲之時，持之不堅，爲平生之遺憾。然于謙當國，亦不能争，其中殆有難言者。至於初諫親征，繼力争遣使迎英宗，侃侃不撓，至以出使自任，大節究爲不愧。其器識厚重，在銓曹十六年，奉職公允，亦稱名臣。”《四庫》之本，爲其子稹所編，成化初其次子稹復加校訂，而以原集未録及，致仕後所作别爲後集。《抑庵集》有蕭鎡序，稱“其文汗漫演迤，若大河長川，沿洄曲折，輸寫萬狀。蓋明自中葉以後，文士始好以矯激取名，直當宣德、正統間，去開國之初未遠，淳樸之習猶未全漓，文章不務勝人，惟求當理，故所作貌似平易，而温厚和平，實非後來所及，雖不能追古作者，亦可謂尚有典型者矣”。

劉教序云：“公詩文有《抑庵前後續集》若干卷，皆公之子希誠編輯而梓行之，顧當時酬應浩繁，録稿頗無倫次，未免重復紛雜，卷帙既多，觀者病焉。公曾孫翰林編修改齋先生思，嘗有志删改，未果而卒。教，改齋婿也，得徧讀公之諸集，未嘗不惜改齋之志未遂，而無能任其責者也。頃者，公之五世孫有霖携公集謁教山中，以删訂重編見屬。教雖非能任其責者，而誼不容辭，乃覈僞正訛，稍加删次，以類相從，合諸集爲一，定爲詩七卷、文三十三卷，總題曰‘王文端公文集’云。”

又王有霖序云：“先文端公前集，高伯祖檢討公編，授門人鋟諸梓矣。高祖贈後軍都督府經歷存齋府君，總後續集、詩集編次入梓。少師蕭公鎡、祭酒陳公教宗、吴公節、學士錢公溥、學録梁公栗咸有序，世久日剥，不便覽觀，先叔祖改齋太史意欲約修未就。有霖追憶其志，懇劉大夫見川先生詳校重編，彙爲一集，其留駕、迎復、乞休諸疏，舊集所未載，今增入之，而散佚者尚多。”

《四庫全書總目》入集部别集類，爲《抑庵集》十三卷後集三十七卷。文淵閣本《四庫全書》集部第一百八十至一百八十一册收入，無詩，爲記、序、碑、論、墓表、銘、墓志銘、傳、説、哀辭、賦、頌、表、引、題跋、贊等。

此本藏上海圖書館，《中國古籍善本書目》著録，僅此上圖一部。臺北“國家圖書館”也藏一部，然頗多補抄。又日本《内閣文庫漢籍分類目録》，著録有此書，但版本項作“明嘉靖四十二年刻本”，疑佚去隆慶二年胡直序及王有霖序。又按，上圖又有《抑庵文集》十三卷，明天順二年王稹刻本，《中國古籍善本書目》著録，也僅一部。《中國善本書提要》有明成化刻本，注明北京圖書館藏，然查諸《北京圖書館古籍善本書目》，未載。疑天順本及成化本或爲一本，書此，或可證諸將來。

節庵存稿【明成化刻本】

《節庵存稿》不分卷，明于謙撰，明成化十二年(1476)于冕刻本。二册。王禮培跋。半頁十一行二十三字，黑口，四周雙邊。前有成化十二年夏時正序。末有于冕識語。

于謙，字廷益，浙江錢塘人，永樂十九年(1421)進士，曾任監察御史、兵部右侍郎，巡撫河南、山西，後任兵部尚書。因佞臣誣陷謙謀逆而被處死，後追謚忠肅。《明史》有傳。

是本不分卷，計有雜體詩、五言絶句、五言律詩、七言律詩、七言絶句、序、記、贊、祭文等。仇岳撰《于謙神道碑》，稱謙平生著述甚多，然僅存詩文稿、奏議各若干卷，又云禍變之餘，稿存僅千百之什一。謙殁後，遺稿多散失，後來刊行者，皆出後人綴拾而成，各本互有同异。今已知者，有《于肅愍公集》八卷，明嘉靖六年(1527)大梁書院刻本，爲詩六卷、文二卷，又附録《梅花百咏詩》七律一百首。又有《于忠肅公集》十二卷，附録四卷，爲明天啓元年孫昌裔重經編次而刻；又李贄有《李卓吾評于節庵集》八卷，爲《三异人集》零種。而《明史・藝文志》著録謙集三種，一爲《肅愍集》八卷(即大梁書院本)；次爲《奏議》十卷、《文集》二十卷；三爲《忠肅集》十三卷。

以此成化本與天啓本相核，後者内容多出許多，如《寒夜煮茶歌後》、《題壽萱堂卷》等十餘篇，《存稿》皆未收録。又如祭文，《存稿》僅收一篇，天啓本則多出十篇。然《存稿》中《宋文丞相畫像贊》一首則爲天啓本失收。

此乃謙子于冕所刻。于冕，字景瞻，蔭授副千户，坐戍龍門，屢上書訟父冤。謙冤既雪，改兵部員外郎。居官有干局，累遷至應天府尹，致仕卒。冕後序云："先少保尚書平生所作詩文，惟巡撫梁晋時爲多，迨歸兵部，適罹砌勦之秋也，雖日不暇給，而猶不廢揮灑，然亦罕矣。不幸奸讒構難，原燎烈烈，片隻不遺，痛可言哉！越至天順甲申，恭遇聖明嗣統，明年改元，聖政惟新，渥恩汪洿，漏澤九京，沉冤昭雪，不肖孤亦得效犬馬，馳驅輦下。亟訪舊稿無得，僅於士林得抄録者計若干首。如梁晋所作，得之都憲無錫楊公；今南昌二守同邑夏世芳兵部作所，得之少宰崑山葉文莊公。今祠部主事表弟董序，近於鄉典之家，又得公進士御史時所作。若《畫魚》、《葡萄》諸詩，所謂存什一於千百也。嗚呼！痛哉！然以屢經謄寫，中間魚豕雜然。去年秋，得告南還，南京大理寺卿仁和夏先生致政家居，間求是正，先生欣然爲之手校，而又序其□簡，因題之曰節庵先生存稿。"

王禮培跋云："于少保奏議傳本尚多，此則其詩文集，諸家目録皆未見，焦弱侯《國史經籍志》有其目。此本刊於成化十二年，有汪魚亭、趙緝寧、古歡堂諸家藏印。善化賀瑗，爲耦耕先生之子。湘鄉王禮培記於小招隱館。”王禮培，光緒二十九年(1903)進士，好收藏，藏書多秘本。

此成化刻本極稀見，各私家目録皆不見著録。鈐印有“行素堂藏書記”、“趙印緝寧”、“古歡書屋”、“汪魚亭藏閲書”、“中肅”、“善化賀瑗所藏書畫印”、“燕謀”、“湘鄉王氏秘籍孤本”、“掃塵齋積書記”、“禮培私印”。

此本今藏上海圖書館。

圓庵集【明初刻本】

《圓庵集》十卷，明釋居頂撰。附録一卷。明初刻本。二册。殷鮮顥、丁祖蔭、歸曾祁跋。半頁十二行二十一字，黑口，四周雙邊，雙魚尾。題"天臺釋居頂玄極"。前有榮禄大夫少傅兵部尚書兼華蓋殿大學士楊士奇序。

居頂，字玄極，黄岩人，幼學出世法，聰慧過人，得西邱之正傳，性相雙融，行解兼至。初住四明翠山，次遷婺之雙林。洪武中授僧録，住靈谷，敷座傳經，其道大行。永樂間寂。有《續傳燈録》三十六卷。

是集存六卷，爲一至六。卷一詩、賦、辭五十二首；卷二至四爲序，三十六篇；卷五説十一篇；卷六記十三篇。計一百一十二首、篇。餘四卷及附録一卷今存寧波天一閣。《天一閣書目》集部三著録。又傅增湘《藏園群書經眼録》著録之書即此本，爲趙元方先生携示者，但作六卷，誤也。

據楊士奇序，云明太祖聞其名，召至奏對稱旨，命爲僧録左講經，升左闡教兼住持靈谷寺，奬任之日重焉。又玄極平生詩文甚富，然多不存稿，其謝世後，其徒崇遠收集散逸，僅得其詩賦雜文二百首，厘爲十卷。按楊序中"釐爲十卷"之"十"字，被賈人剜改爲"六"，以殘充全，傅氏即爲其矇。

殷鮮顥跋云："天臺頂公爲詩文數十年，即遠遊不遑息，圓寂後，其徒彙而刻之，名曰《圓庵集》，楊士奇爲之序，江南北少流行本，故諸藏書家多不載此書，而世遂無知之者。戊午秋，余得之武林，讀之能於諸名家外自辟町畦，其古質處如漢尺秦權，博雅處如山經水注，詭逸處如聱軒竭陀，真率處如村談巷語，衆妙畢臻，無美不備，知公之得於此道者深矣。按序云，公字玄極，天臺儒家子，壯歲出家，事浮圖，師道通。棄去，從名儒遊，盡力爲詩文，業大進，偶有所作，一時傳誦之。洪武中，王十一子椿封成都，知其賢，幣聘之，公不去。太祖召爲僧録，遷左闡教，住持靈谷寺。所交皆當世貴顯有大才，而亦甚奇公才，公由是知名。在靈谷時，雖居方外，然朝廷慶賀事，未嘗不與，集中嘉禾、應制諸詩是也。洪武十五年，高後崩，諸王奔喪將還，帝選高僧各一與之福，上人在遣中，寓詩於王。其後二十六年，巽公之蜀，又爲文以宣王之德化。其惓惓不忘蜀王者，蓋以感王之知遇也。公生於元季，流寇之亂尚及見之。洪武中，公年方盛，所作詩文甚多，永樂改元，公將老，而又懷遜國之憂，則絶筆矣。集凡六卷，刻於洪熙，初集不載年歲，以楊序推之，當亦可信。戊午十一月耕石殷鮮顥記。"殷氏所云六卷，也誤。

丁祖蔭跋云："是集諸家藏目未著録，字體圓勁，紙質堅韌，確是明初刊本，去元槧遺意未遠也。元季多名僧，蒲庵、全室爲最著，東里稱公在伯仲間。今二集流傳亦罕矣，矧是本之亡來久乎？天壤孤槧，當與予家蒲庵一集共寶之。戊午嘉平初園識。”

歸曾祁跋云：“耕石遊杭，得明僧居頂《圓庵集》，刻劃精爽，紙墨雋雅，確系明初佳刻本，而諸家藏目未載，比之陳氏之得稽瑞，喜不自勝，出以視余。余案，頂公俗姓陳，臺之黄岩人也。父君璋，母氏葉，夫婦奉法華惟謹。兄景星、嫂氏王刲股療翁疾。頂公響慕真乘。發心出家，投天臺和尚無慍，剃落受具。無慍淹博教觀，益工文翰，年七十，歸自京師，著《山庵雜録》上下卷，頂公與其同門韞中等鏤板行世。頂公事略不概見御覽雜録，而知其得父師之教，濡染有自來。今觀其詩文，又知頂公所與交者，皆一時知名士，天資清敏，才解英富，承一心三觀之傳，通百氏諸子之學，宜其灑翰摛辭，動可觀采也。文如《送松岩上人侍師使日本序》，有曰惟忠與孝可以動天地，感鬼神；《念佛三昧説》，有曰治其心實自古立國爲政之本也。是則頂公之學，不僅以法雨溉莖草，慈雲遮尺地，成宗門著作家已也，殆隱於浮屠，竊取君平賣卜之意歟。己未閏七夕，虞鄉歸曾祁跋於三薇精舍。”

鈐印有“趙氏元方”、“曾在趙元方家”、“趙鈁珍藏”、“一廛十駕”、“藏園藉觀”、“沅叔審定”。

此本今藏上海圖書館。

夢墨稿【明弘治刻本】

《夢墨稿》十卷，明時季照撰。明弘治五年(1492)魏士華、吴昌期刻本，四册。半頁十行二十二字，黑口，四周雙邊，三魚尾。題“四明時季照著”。前有翰林院尚書博士迪功郎饒仲恭序、永樂二年(1404)國子祭酒胡儼序、翰林學士奉議大夫王景序、弘治五年廣東按察副使李士實序。

時季照，《明人傳記資料索引》等書皆未收。按是書卷十有“夢墨生自述”，云：“生名某，字某，時其姓，以字行，四明慈溪人。幼能詩，其師稱賞……學古文涉獵經史，未嘗釋卷。”饒序也稱季氏：“而於五經四書之旨，周程張朱之學，未嘗怠荒於心，秦漢以來，下逮唐宋諸家之文，未嘗絶吟於口，宜其文字之古雅，詩律之精嚴，而人莫能及也。”查(光緒)《慈溪縣志》卷四十七，有時銘《夢墨稿》十卷，“《名賢録》、《千頃堂書目》、《徵文録》曰《夢墨稿》，范氏天一閣藏有刊本，永樂間臨川饒仲恭爲之序，徐象梅稱其文奇正間出，變化不窮，希古作者”。或銘乃其名，季照其字也。

是書卷一五言詩、五言近體、五言古體；卷二七言絶句；卷三七言近體；卷四七言詩；卷五樂府、詞；卷六賦、文、傳、贊；卷七銘、箴、書、跋；卷八記；卷九序；卷十爲《夢墨生自述》。其稿署“夢墨稿”，乃時氏嘗夢人遺以墨，自是學益進。《明史藝文志補編》之《明史・經籍志》及附編之《國史經籍志》著録有李照《夢墨稿》，乃捨其姓氏，誤季爲李，大謬也。

李士實序云：“其集舊已梓行，而今亡之。侍御魏君士華，公鄉人也，仰止先達，意亦惓惓，間得舊本，喜不釋手，因其自□，以付撫州郡守吴君昌期翻刻以傳。”此弘治本雖爲翻刻，然也時氏詩文集傳世僅見之本。

鈐印有“章氏珍藏書畫”、“清玩草堂”、“瑞□鑒賞書畫之印”。

此本今藏上海圖書館。

彭文憲公集【明成化刻本】

《彭文憲公集》八卷，明彭時撰。明成化十八年（1482）彭頤刻本。十二册。半頁十行二十字，黑口，四周雙邊，單魚尾，前有成化十八年楊守陳序。

彭時，字純道，江西安福人。自少端重寡言，不與群兒狎戲。正統十三年（1448）成進士，授修撰，入文淵閣，升侍讀，遷左春坊大學士、太常寺卿。後升吏部侍郎，知經筵，尋進兵部尚書兼學士。又爲太子太保兼文淵閣大學士，改吏部尚書，進少保，年六十而卒，贈太師，謚文憲。時立朝三十年，孜孜奉國，非有疾未嘗不在公，外和内剛，有儒者風。又有《可齋雜記》。《殿閣詞林記》卷三有傳。

《明史·藝文志》中著録此書爲四卷，《千頃堂書目》未著録。《四庫全書總目》入存目，也爲四卷，《提要》云："其集原本十卷，歲久散佚，此本乃其六世從孫篤福所刻，掇拾殘剩，取盈卷帙，不足見所長矣。"此本八卷，卷一至三爲序，計四十七篇；卷四記十一篇、傳二篇；卷五神道碑銘八篇、墓表三篇、墓碑銘一篇、墓碣銘一篇；卷六墓志銘十五篇；卷七五言古詩五首、七言古詩二十六首、五言律詩十五首、五言排律二首；卷八七言律詩六十八首、七言絶句二十首。按《四庫》所據之本爲明萬曆間六世侄孫篤福編、七世侄孫志楨重梓之《彭氏二文合集》（清康熙五年刻本）中，彭時集四卷，卷一爲奏疏十一篇；卷二詩，有五言古風二首、七言古詩二十四首、五言律詩七首、五言排律一首、七言律詩三十首、七言絶句十七首；卷三爲序八篇、記四篇、跋三篇；卷四爲碑銘二篇、墓志銘六篇、祭文四篇。又有附録一卷，輯彭時行實、墓志銘、文集原序、奏疏原序、殿試策一道。此明成化本當是彭時集最早之本，較後世之重編重梓者在内容上多出許多，爲罕傳之書。

《四庫全書存目叢書》集部第35册收有此書，但爲北京大學圖書館藏清康熙五年刻本。

鈐印有"蕒垚"、"雪廬"、"周越然"、"越然"、"吴興"、"曾留吴興周氏言言齋"、"吴興周越然藏書之印"。

此本今藏上海圖書館。

菉竹堂稿【明嘉靖刻本】

《菉竹堂稿》八卷，明葉盛撰。明嘉靖八年(1529)葉夢淇刻本。明葉恭焕、葉古愚跋，近人王禮培跋，八册。半頁十一行二十一字，黑口，左右雙邊，雙魚尾。前有天順三年(1459)自序、嘉靖八年葉夢淇序。題"皇明名臣正議大夫資治尹吏部左侍郎謚文莊崑山葉公存稿；奉議大夫同知衡州府事蔭孫葉夢淇刊行；鄉進士衡陽門生朱希賢校正"。

葉盛，字與中，號蜕庵，江蘇崑山人。生於永樂十八年(1420)，卒於成化十年(1474)。正統十三年(1448)進士，授兵科給事中，代宗立，進都給事，物論推重，擢右參政，督宣府，協贊軍務。天順時以右僉都御史巡撫兩廣。憲宗朝擢禮部右侍郎，轉吏部左侍郎，卒謚文莊。生平嗜書，手自讎録至數萬卷，嘗欲作堂以藏之，取《衛風》"淇奥"學問自修之義，名曰"菉竹"。

是集卷一三言、四言、五言絶句，五言律詩，五言古詩，五言排律，七言絶句；卷二至三七言絶句；卷四七言律詩；卷五序；卷六説、墓志銘、墓表、贊；卷七祭文、題跋；卷八題跋、雜記。《明史藝文志補編》著録此書，《千頃堂書目》著録有《菉竹堂集》□卷。又《四庫全書總目》入存目，《提要》云此集"乃盛所自訂，凡詩詞四卷、文四卷。詩詞皆非所長，文有勁直之氣，稍勝於詩，然亦無杰構，惟碑志諸篇什，尚頗整飭有法耳"。

此集乃盛自編，始於景泰三年(1452)，終於景泰七年(1456)，所收皆官嶺北及撫廣時所作，其時盛當三十三歲至三十七歲時。葉夢淇序云："《菉竹堂稿》者，先公官嶺北及撫廣時所作，詩文八卷，共若干首，皆先公手自編定，兹於是而刻之者，存手澤也。淇嘗於京師接厚齋老先生語及廣中故事，數稱先公撫廣時，恩威並著，寬猛兩宜，每有大功，輒推於人，雖近時名臣聲譽之赫赫者，而其實殆不若也。……手澤之藏於家者，子孫容可不壽諸梓乎？推被其澤者之感，以重繼其世者之思，蓋不容不刻矣。凡爲我葉氏子孫者，尚當世守之。"夢淇，盛子，正德中知衡州府，廉能公正，治民如治家，以疾卒於官。

葉恭焕題記云："此上紅點者，乃俞仲蔚所選，將欲録出付梓一部。括蒼山人恭焕記。"葉恭焕，盛玄孫，字伯寅，號括蒼山人，竟盛遺志，建菉竹堂以藏書，王世貞爲之記。仲蔚乃俞允文，又字質甫，也崑山人，年十五，爲《馬鞍山賦》，長老异之。年未四十，謝去諸生，專力於詩文書法，與王世貞友善，爲嘉靖廣五子之一，有《俞仲蔚集》。又書中朱筆所點有兩種，一在詩之篇目或某詩之第一字上，色極舊，此即葉氏所云仲蔚所點選者；另又有紅點，見諸目録之篇名或夾簽之篇名上，夾簽中有"宜參考乾隆板更正"字樣，色澤較新，當清人所爲。

葉古愚跋云："菉竹堂稿本，先君之所藏而分授大兄者，被其後人借去十餘年矣，屢索不還，僅償《水東日記》一部，大兄恒不能忘情焉。今渠後人亡未一載，此書已流落書肆矣，余今得之，不啻趙璧之完歸，大兄歸當以告之，喜可知也。時丁丑仲夏，古愚識。"

王禮培跋云："王士禎《池北偶談》云，葉文莊公集，世無刻本，所傳止《水東日記》四十卷。予從其遠孫翰林學士訒庵所見公集稿二册，未編卷次，序、記、碑、志、雜文凡二百四十六首，附《宣府志》序例一卷，後有葉氏族譜，甚簡質。又一册有巡撫宣府關防。詩文多手稿，皆公親筆點竄。公文章平實條暢，蓋德宣以後弘治以前文體，大概如此。《國史經籍志》載公集四卷，不知何據？學士云，集至今未梓。其弟方蔚則云，公集舊已版行，歲久失傳耳。禮培案，此《菉竹堂稿》八卷，爲嘉靖八年裔孫葉夢淇所刊。《經籍志》所載四卷，當衹得此集之半，或文或詩耳。訒庵先生所得公手稿，當别是一集，故文之篇數不合。而《宣府志》序例、葉氏譜，此本皆無之，即所謂至今未梓之本也。其弟方蔚所云，公集舊已版行，殆即指此刻耳。舊有葉恭焕題記云，紅點乃俞仲蔚所選，欲録出付梓。其説必有依據。又有葉古愚識語，備述家集之失而復得，不啻趙璧。則是書之珍貴可知矣。宣統二年冬，得之袁漱六先生家。又六年，秋窗曝書，遂爲題記。"

此爲葉氏家刻，流傳亦罕，國内所藏僅此一部，且鎸工精良，筆致疏秀，閲之賞心悦目，又有盛玄孫等人題跋、印記，當更難得。《四庫全書存目叢書》集部第三十五册收入此八卷本，但爲山東省圖書館藏清初抄本。津按，此抄本之底本即爲明嘉靖八年葉夢淇刻本。

鈐印有"葉恭焕印"、"據梧生"、"古愚"、"禮培私印"、"掃塵齋積書記"、"湘鄉王氏秘藏孤本"、"杭州葉氏藏書"、"武林葉氏藏書印"。

此本今藏上海圖書館。

彭文思公文集【明弘治刻本】

《彭文思公文集》十卷，明彭華撰。明弘治十六年(1503)刻本。十册。半頁九行十七字，白口，左右雙邊，無魚尾。題"通議大夫都察院左副都御史弟禮校編"。前有弘治十六年林瀚序、楊一清序；末有弘治十六年楊廉、十五年楊循吉後序，又有彭禮跋。末二行題"崑山縣舉人方鵬、生員陸表校刊，儒士李元壽謄寫"。

彭華，字彦實，號素庵，江西安福人，彭時族弟。自幼篤學，深於六經之言，抱負宏遠。年十九，以家學領江西鄉薦第七名，景泰五年(1454)會試第一。性深刻，多計數，善陰伺人短，與萬安、李孜省相結，借以排斥异己，大臣相繼被逐，其遂由詹事遷禮部侍郎，入内閣。逾年以風疾去，卒謚文思。其傳《明史·萬安傳》附見，又見華集卷十之附録行實及墓志、神道碑銘中。

卷一經筵講章(尚書十三、春秋一、中庸二、孟子一)；卷二頌一、銘二、書七；卷三序二十二；卷四記十七；卷五碑銘九；卷六墓志銘十九、墓表二；卷七行狀四、傳五、哀辭六；卷八題跋十二、贊文、祭文二十四；卷九詩七十七、詞十八；卷十爲附録，爲像贊二、壽序一、行實一、墓志一、神道碑銘一、哀辭一、祭文二。

彭華集，《明史·藝文志》著録有十卷、六卷本二種。《千頃堂書目》作"《彭文思公素庵集》十卷"。《四庫全書總目提要》著録爲六卷之本，乃華六世孫篤福所編。《提要》云："所著有《素庵集》九卷，李東陽序，稱其文嚴整峭潔，力追古作者，今未見傳本。"此集十卷，或即《提要》所云"未見傳本"之書，然此本無東陽序，或佚去耶？

楊序云："彭文思先生即卒七閲歲，其弟都憲公輯其遺文殆千篇，嘆曰是先生心神道術所寓，不可泯無傳於後，又追憶先生恒言，以文不貴多，乃屬吴門楊儀部君謙擇其粹者梓行之，得十一焉。"

彭禮跋也云："先兄文思先生自釋褐入館閣三十四年，詩文頗富，今梓行者僅九卷，文百五十三篇，詩詞百餘首，蓋收什一於千百，豈敢輕有所擇哉？……夫先生爲文最慎嚴，數脱稿而後出以示人，或已出而稿之存於家者，時加檢閲，輒有删政，故今行者與昔少異，遵存稿也。"

江西省圖書館藏有彭華集四卷，又有附録一卷，乃明萬曆四十年(1612)彭篤福刻彭氏二文合集本，清康熙五年(1666)又有重梓之六卷本，題"六世孫篤福編輯、七世孫志楨重梓"。其集中所收卷一經筵講章六、重譯末王頌；卷二爲詩，古風十、五言律詩六、七言律詩二十二、五言絶句二、七言絶句八、詞十四；卷三爲序九、記九；卷四爲傳四、題跋七、書三；卷五爲碑銘

三、墓志銘十四;卷六爲行狀三、哀辭二、祭文八。附録則爲像贊二、行實、墓志銘、文集原前序、後序、文集跋。以弘治本和清康熙五年刻本之内容相核,清刻似僅爲原集之一半矣。是書傳世不多,各家目録中僅臺灣"中央圖書館"收藏一部。

此本今藏上海圖書館。

定庵集【明弘治刻本】

《定庵集》五卷，明張悦撰。《榮壽録》一卷。明弘治十七年(1504)劉琬刻本。三册。半頁九行二十一字。黑口，四周雙邊，雙魚尾。前有弘治十七年賜進士中憲大夫松江府知府前監察御史宜春劉琬序。

張悦，字時敏，號定庵，松江華亭人。天順四年(1460)進士，授刑部主事，成化中出爲江西僉事，改督浙江學政，力拒請托。孝宗時爲吏部左侍郎，兩攝選事，衆稱公允。官至兵部尚書，參贊機務，鎮静簡易，上下安之，贈太子少保，卒謚莊簡。事迹具《明史》本傳。

卷一詩類，計二百六十四首；卷二題跋七篇、贊五篇、傳二篇、箴二篇、書二篇、表一篇；卷三記五篇、序十二篇；卷四行狀一篇、墓志銘八篇、墓表二篇、祭告文三十一篇；卷五奏疏二十二篇。末附《榮壽録》一卷。是書《明史・藝文志》卷四著録，《四庫全書總目》入存目，《提要》云："是集凡詩一卷、文四卷，大抵流易有餘，而頗乏雋永之味。"

劉琬序云："吴淞定庵張先生，際此隆盛，夙賦醇粹，養成篤實之學，自庚辰進士歷秋官，擢江浙憲僉推提學，尋陞湘屬憲副，長遷都察院僉都御史，改刑、禮、吏三部侍郎，轉南京都察院右都御史，遷吏、兵二部尚書，參贊機務，以年高七上章疏乞休。……既裒成帙，名曰《定庵集》。復録兩京縉紳以及鄉士夫所贈送者，別爲一帙，名爲《榮壽録》。"

鈐印有"曉霞"、"曉霞收藏"、"徐鈞印"、"長林愛日"、"靈芬館圖書印"、"愛日館收藏印"、"楓溪戴二蕉珍藏書畫之章"、"善化賀學蘧秘籍書畫之章"、"善化賀瑗鑒藏之章"、"禮培私印"、"掃塵齋積書記"、"松石秘籍之章"。

此本今藏上海圖書館。《四庫全書存目叢書》集部第三十七册所收即爲此上圖藏本。

恥庵先生遺稿【清康熙抄本】

《恥庵先生遺稿》不分卷，明胡超撰。清康熙胡俊生抄本。潘景鄭、范行準跋。一册。半頁九行三十字，藍格。

胡超，字彦超，號恥庵，安徽青陽人。成化間中式應天舉人，成化八年(1472)進士，授工部都水司主事，改虞衡司轉營繕員外郎。

卷一第一頁第二行有"七世從孫東田俊生倬臣甫録於緑野堂之讀書深處"。俊生，字一之，康熙三十一年(1692)貢生。詩末并録胡超識語，云："予承乏虞衡，近委治京河，公余因閲《唐詩鼓吹》，輒亦和之，積二百餘首，非敢與唐人馳騁，特寫一時之興耳。予友楊廷光，欲索一觀。噫！廷光其知我者，豈以效顰而見誚也，聊具稿以上，且求正云。時成化癸卯仲夏既望胡超識。"癸卯爲成化十九年。

是稿收詩七百九十八首、文一篇、祭文五篇。此册乃范行準先生收得并贈給原上海市合衆圖書館收藏者，潘及范跋具述始末并詳證其書，録於下：

"《恥庵先生遺詩》一册，不分卷，明胡超撰。超，字彦超，號恥庵，青陽人，明天順間由選貢卒業南雍，成化戊子中式應天舉人，壬戌成進士，授工部都水司主事，改虞衡司，轉營繕員外郎，奉使華陽。饋遺皆不受，强之，勉取其一投諸江，今人以投金名其地，尋上書乞骸骨歸。超好學善詩文，當時有以詩名者，雖千里必從往質之，著有《恥庵集》。《千頃堂書目》著録十卷。此册爲其七世從孫俊生手録之本，未分卷帙。末附吴寬所撰《恥庵説》及成化己亥古剡舜夫錢悌一序，或從稿本移録者。又《青陽胡氏文獻録》載超所著尚有《班超傳奇》一種，未知有無傳本。湯溪范行準先生訪得此書，重其爲鄉賢遺澤，特贈館以圖永久保存，爰略志顛末於後，以告後之讀是書者。壬辰除夕前二日，潘景鄭識。"查《明清進士題名碑録》，超中進士應在成化八年(壬辰)。

"壬辰之夏，衡陽李洣佩秋以郵片示余，謂寢瘵之久，瓶罍屢空，擬將架上之書以易薪米而屬旦夕之命，屬爲作緣，辭極辛切。乃撥冗往視，尚能坐談，檢視架藏，猶盈三十餘篋，中惟詩文集居多，而明刊初印本《文苑英華》及《籌海圖編》二書爲白眉，醫部則多經見者，因稍檢若干種，以介友人。其後往返數四，盡爲此事。間從秘籍中出示吾邑胡超《恥庵集》，謂此乃人間孤本，歷劫幸存。今老病待盡，以予與胡氏同邑人，又宿嗜緗素，故珍重付托，情意綦至，甚可念也。洣於民國初年曾長吾邑，並倡修邑志，有洣序可考，唯謂此書於三十年前以重值得之杭肆。而洣序自云'又胡超《恥庵集》，余從其裔孫心農得康熙時抄本一册，無卷數，次第甚紊亂'云云。則此本洣實取於胡氏後人也。《恥庵集》自一見於黄氏《千頃堂書目》後，公私藏家迄無著録，則是書爲天壤間孤帙，洵非浪言。龍游余紹宋越園，自負爲其鄉邦文獻之宗，所爲邑志，固亦度越前人，以此新會梁啓超劇稱許之，顧仍以超爲龍邑進士並爲立傳，固不免流於鄉曲之見，亦由未覩此集耳。今詳湯溪建於成化七年，系割金、蘭、龍、遂四邑毗連之地者，明年超始成進士，實開邑進士也。唯《耻庵集》有《新建湯溪縣上梁文》，末有'成化七年歲舍辛卯閏九月七日邑人進士胡超撰'一行，'進士'二字，顯爲後人沾入。超爲成化八年進士，固有題名碑録可驗也。自超登進士第後，邑之甲科幾盡爲青陽人，至清始替，然仍爲著姓。而數百年來青陽之藝文零落殆盡，不可復求。此書亦幾成斷種，賴沭左右葆愛，僅存於世，復珍重付予。予何敢重踏胡氏後人覆轍，以私於一家一姓，隨年運而銷盡哉？因舉以贈上海市立合衆圖書館，俾與讀者共守之，庶不負沭三十年來抱殘守缺之雅志也。又沭守吾邑時，雖無甘棠之詠，然亦未聞有虐民之政，蓋猶愈於後來饕餮之徒朘削民脂，唯恐不至者，殆尚存古儒吏之風乎？今沭殁已年餘，予始叙此書流傳顛末於此，並檢沭與予郵片三紙間於册，以助來者之稽證焉。時公元一九五四年六月十三日邑人范行準記。"

是書《明史・藝文志》、《四庫全書總目》皆未著録。按，《明詩紀事》丙籤卷六收有超詩一首，題爲"詠懷"。今藏上海圖書館。

鈐有"湯溪范氏栖芬室圖籍"印。

松籌堂集【明萬曆木活字印本】

《松籌堂集》十二卷，明楊循吉撰。明萬曆元年(1573)上海顧從德芸閣木活字印本。每半頁十一行二十四字，四周單邊，白口，書口下有“顧氏芸閣”四字。卷一第一頁題“吴郡楊循吉著；上海顧從德校”。前有萬曆元年顧從德序。

楊循吉，江蘇吴縣人，字君謙，明成化二十年(1484)進士，授禮部主事。性狷狹，好持人短長，致仕歸，年纔三十一。循吉體弱多病，好蓄書，聞某所有异本，必購求繕寫。結廬支硎山下，課讀經史，并以松枝爲籌，不精熟不止，多至千卷，作文構思，竟日不苟。《松籌堂集》即循吉自定詩文之合集。

集凡十二卷。卷一賦，卷二古詩，卷三記，卷四序，卷五碑，卷六至七墓志銘，卷八墓表，卷九至十雜著，卷十一駢儷，卷十二詞。雜著中有《吴中水利議》，系統論述吴中水利。循吉以爲興修水利至爲重要，不得輕視之。“所謂水利者，今爲水害矣。何謂水利？太湖之水善用之則爲利，不善用之則是爲害也。不善用之，害則今年大潦，禾盡没，民至餓死，賣子女，拆廬舍，而不得食者是也。害至是弗可再，皆郡中所目見，有去害之道而容不講乎！所謂致害者，可一言而盡也。不開白茆塘，害也。害何在？害田、害人，害人之好兒女爲奴婢，害無罪之人束腹而死。”應該説，在四百年前能這樣直言不諱地呼吁上官興修水利，爲百姓着想，這在封建社會的官吏中也是不可多得的。

循吉著述頗多，除《松籌堂集》外，尚有《蘇州府纂修識略》、《吴中故實記》、《吴中往哲記》、《廬陽客記》、《吴邑志》、《奚囊手鏡》、《篷軒别紀》等近二十種。其中《松籌堂集》和《奚囊手鏡》都爲循吉之重要著作。據《列朝詩集小傳》云：“《奚囊手鏡》薈萃諸總類書，多人間未見之書，最爲該[賅]博。”惜稿本後爲劉子威、王元美分得，今已散佚不存了。

“顧氏芸閣”即顧從德，字汝修，爲其時松江之望族，其人頗喜金石，嘗摹唐張旭書，刻有《烟條帖》。又搜羅古印，摹刻成譜，爲《集古印譜》六卷，書口下亦有“顧氏芸閣”四字。

顧從德於嘉靖二十五年(1546)北試時道經吴門，獲拜循吉，時循吉壽已望九。從德“感先生之知，而益恨相見之晚”。循吉逝去後四年，從德“鈔是集於董子元家，子元雅尚博綜，乃與廣蒐遺文，全並爲一函，將登梓以傳，會友人以已刻告，遂中止，然此心終不能恝然也”。後從德夢中思及循吉，“告以刻集事，先生亦不答，久之，其意若有所托者。德隨索集稿。先生曰：此屬之華某，當用他物易歸，即自袖中探出一把若蠙珠卞玉相貫者然，方遺易稿者去，而忽夢回枕上矣”。“然友人言，集已刻，終非實事，今卒登梓，一以酬德掛劍之心，一以慰先生神交之托。”

此活字印本，字體歪斜，大小參差，深淺不勻，魚尾不連，邊框斷離。卷九第一頁書中下“顧氏芸閣”排成“氏芸閣顧”；卷十二第一頁排成“閣氏芸顧”。至於書中植字錯訛，更是百出，間有漏句。此書流傳罕見，今所知者，僅上海圖書館入藏二帙，蘇州市文管會殘存卷一至二。明代木活字印本傳世不多，而顧氏用活字排印圖書，似亦僅此一種，别無他書傳世。

書中鈐有“毛氏收藏子孫永保”、“汪士鐘印”，可證曾爲明末常熟毛晋汲古閣、清代吴中汪士鐘藝芸書舍所藏。

竹廬詩集【明嘉靖刻本】

《竹廬詩集》一卷，明吴璡撰。明嘉靖九年（1530）刻本。一册。半頁十一行十九字，左右雙邊，上白口，下黑口，雙魚尾。題“南海吴璡著”。前有嘉靖九年胡韶序。藏香港中文大學圖書館。

吴璡，字美中，廣東南海人，成化十年（1474）中鄉薦，二十年成進士，任含山知縣，以憂去，起復進賢，引疾歸，卒年八十餘。又有《洗炭録》。

是集録吴詩二百十七首，多其家居時所作，其有《自喜》詩云：“堂堂八十翁，自喜無人識。外事了不聞，閉門看周易。”也可窺其心態。胡序云：“近得考部來書，有先人以癸未即世之諭，披緘未竟，涕泗交流。”癸未爲嘉靖二年，璡當卒於是年。

此書鐫刻甚佳，刷印清整，頗爲難得。《千頃堂書目》、《四庫全書總目》均未著録。《天一閣見存書目》卷四曾有著録，但已散出。今所知廣東中山大學圖書館及臺灣“故宫博物院”（原藏北平圖書館者）各一部，合此也僅三部。

鈐印有“陽湖陶氏涉園所有書籍之記”、“桐溪傳生”、“番禺屈氏所藏”、“蔭堂”。

思玄集【明萬曆活字印本】

《思玄集》十六卷，明桑悦撰。明萬曆二年(1574)桑大協活字印本。八册。半頁十行二十一字，四周單邊，白口，雙魚尾。題"柳州府通判海虞桑悦民懌著；賜進士羅池計宗道惟中校"。序跋皆佚去。金鑲玉裝。藏美國普林斯敦大學葛思德東方圖書館。

桑悦(1447—1513)，常熟人，字民懌，成化舉人，遷柳州府通判，丁外艱歸，遂不出。家貧無所蓄，書從肆中鬻得，讀過輒焚弃之。童時已自能文，爲人怪妄，敢爲大言以欺人。有《桑子庸言》。

《四庫全書總目》存目著録，《提要》云："朱彝尊《静志居詩話》，稱悦在長沙著《庸言》，自詡窮究天人之際，非儒者所知。又自稱其詩根於太極，則史所云怪妄不虚也。所作《兩都賦》，有名於時，然去班固、張衡，實不可道里計，而夸誕如是，淺之乎其爲人矣。"是集名曰"思玄"，據計序"取張平子賦題以爲號"。

是刻卷一至二爲雜著、卷三文、卷四碑、卷五序、卷六記、卷七志表、卷八説贊、卷九賦、卷十五言古詩、卷十一和古人詩、卷十二長詩、卷十三五言律詩、卷十四七言律詩、卷十五五七言絶句、卷十六詩餘。是本應有附刻一卷，爲悦之志傳，然已佚去。

《思玄集》最早有弘治十八年(1505)刻本，又有明萬曆四十四年翁憲祥刻本，清代未有翻刻。今弘治本不可得見，而翁憲祥刻本雖亦爲十六卷，但與此活字印本略有出入，如刻本卷一爲賦，卷二爲雜著。又如卷三爲文，活字本僅有《留窮文》、《吊屈原文》、《吊賈太傅文》；而刻本則多出《祭劉賢良文》、《祭柳子厚文》等五篇。又卷五爲序，刻本又多出《節婦陳孺人節壽堂詩序》等五篇。可見此活字印本缺漏較多，不及後來刻本之完善。

《普林斯敦大學葛思德東方圖書館中文善本書志》作"明活字本"，并云："是本之印，不知的在何年，疑當正德、嘉靖間也。"按此活字本傳世不多，國内僅藏七部，爲北京圖書館、上海圖書館、南京博物館等收藏。檢上圖藏本，前有弘治十八年計宗道序，後序則佚去。又查傅增湘《藏園群書經眼録》，知北京圖書館藏本爲《四庫》底本，殘存八卷(卷六至七、十一至十六)，末有萬曆二年粤西柳融、青城野史李祝後序，且定爲明萬曆二年桑大協活字印本(《四庫》底本)，則普大本當亦此本也。

筆者1987年9月在哥倫比亞大學總圖書館觀書，也見有此活字本殘帙，存一册，爲卷三至五，《四庫》底本，乃傅增湘先生早年售出者。北京圖書館所藏和哥倫比亞大學藏本原爲一帙，然仍佚去卷一至二、八至十。附記於此，不知有無延津劍合之緣。

《四庫全書存目叢書》集部第三十九册收入此書，底本乃用北京圖書館所藏。

雪江詩稿【清抄本】

《雪江詩稿》二卷，明釋明秀撰。清抄本。一册。半頁十行十九字，黑格，題"海鹽釋明秀子呈著"。前有嘉靖十六年(1537)仁和姜南序、嘉靖十六年徐泰元序，末爲嘉靖十六年吴昂撰《石門大和尚傳》。

明秀，字子呈，浙江海鹽人，俗姓王。成化二十三年(1487)削髮於海寧天寧寺，晚習定於錢塘勝果山。號雪江，又號石汀山人，晚號石門禪師，素與孫太白、鄭少谷、沈石田諸人善，卒於嘉靖十三年。

是書名雪江者，乃從其始號。卷一詩二百十二首，卷二詩二百零一首，共四百十三首。按《盛明百家詩前編》有《釋雪江集》，收明秀詩一百零九首，僅是本四之一。明秀削髮爲僧後，諳内典，修戒行，其詩也得元人之遺思。吴昂《石門大和尚傳》稱其生平詩草累千篇，今存録者十之二三。

姜序述明秀其人其詩甚詳："僧以詩名自貫休始，而唐宋諸高僧繼之，……而復有所謂雪江和尚者出焉。嘗取其詩而讀之，觀其韻味清越，膏芬馥播，如入檐蔔之林，栴檀藹然，而清香獨異也。其高古澄邁，秀辭峻句，如瞻好堅之樹，衆木森然，而喬姿孤聳也。其圓融宛轉，和聲絶唱，如聞頻伽之鳴，百鳥啾然，而奇音不偶也。由是高標方外，獨步吟壇，繼響前宗，馳聲海内，豈偶然哉？公名明秀，始出家，爲海鹽天寧寺僧，實爲楚石琦公九世法胤，以戒律精修叢林，推爲僧會。已而厭之，去遊錢塘勝果山，遂朝構許泉亭居焉，更號石門山人。初與朱西村、陳句溪結詩社，晚得友鄭少谷先生，皆海内聞人。公既没，其徒永欽，將梓行公詩。……"

《明史・藝文志》卷四集類有明秀《雪江集》三卷，多此抄本一卷。然據徐泰元序，明秀化去後四年，其徒永欽乃選拾明秀遺詩，得四百餘首梓以傳，則明秀詩集最早刻本應爲明嘉靖十七年永欽刻本。此抄本收詩也四百餘首，當從此刻本抄出。

此本今藏上海圖書館。

龍江集【明隆慶刻本】

《龍江集》十四卷，明唐錦撰。明隆慶三年(1569)唐氏聽雨山房刻本。四册。半頁十行十九字，白口，左右雙邊，單魚尾。題"雲間唐錦士絅"。前有隆慶三年顧名世序，又朱希周撰《唐公墓志銘》。

唐錦，字士絅，號龍江，上海人。自少以文學名，弘治九年進士，預修《大明會典》，除東明知縣，升兵科給事中，累官至江西按察司提學副使。其人好學不已，凡諸子百家之書，靡不周覽，爲文章莊重有法，所纂又有《上海縣志》、《大名府志》、《龍江夢餘録》諸書。生於成化十一年(1475)，卒於嘉靖三十三年(1554)，年八十。事跡具見序後朱撰墓志銘。

卷一詩八十六首；卷二至四爲序，共三十篇；卷五至七爲碑記，共十三篇；卷八至十一爲墓志銘十六篇、墓表一篇、誄一篇；卷十二至十三爲行狀，計四篇；卷十四雜著二十二篇。

顧名世序云："先生性嗜史籍，自勝冠至於耄齒，口未嘗廢稱説，凡士民之賢豪有聲者，皆願交親之，其樂善詡詡，推置自喜，誠其中不能自釋也。優遊林壑三十餘年，逡醇謹躬、孝弟廉讓之節如一日，族里化其行，幾於逡醇矣。"有子世"具居能世其學，是役躬親校讎，鬻琴書以命梓。忠信媚懿，紹美後先，可謂聲施不窮矣。天於盛德之根，豈獨無意其間哉？先生官諫議，日奏議凡若干篇，皆論當世大務，今毁不存，所存僅僅止此，又非先生所以垂後之意。……"

是書《明史・藝文志》著録，臺灣中央圖書館所藏一部，乃原藏北平圖書館者。卷一第一頁書中下有"長洲錢世杰寫，姚起刻"。錢世杰爲明代著名寫工，除此本外，又有《咸賓録》八卷、《醫學綱目》四十卷、《國朝名世類苑》四十六卷、《楚辭》十七卷附《疑字直音》一卷、《新刻三徑閑題》二卷皆其手寫上板者。又卷十四有書牌"隆慶己巳唐氏聽雨山房雕梓"。按此本潘恩序佚去，目録頁也缺失一頁。刻工有章右之、仇鵬、兆、林志等人。

鈐印有"朱域"、"敷九"。

此本今藏上海圖書館。

石田先生集【明萬曆刻本】

《石田先生集》十一卷，明沈周撰。明萬曆四十三年(1615)陳仁錫刻本。八册。半頁九行十九字，四周雙邊，白口，單魚尾。題“長洲沈周啓南著；後學錢允治功甫校；陳仁錫明卿編”。前有萬曆四十三年錢允治序。

沈周，字啓南，號石田，又號白石翁，江蘇長洲人。博覽群書，文學左氏，詩擬白居易、蘇軾、陸游，字仿黄庭堅，以繪事名一時，與唐寅、文徵明、仇英并稱爲明四家。郡守欲以賢良薦，周筮得遁之九五，遂决意不出。年八十三而卒。事迹具《明史》隱逸傳。

是集以詩體分五言古二卷一百三十三首；七言古一卷八十三首；五言排律、七言排律合一卷二十二首；五言律二卷二百零六首；七言律三卷三百八十三首；五言絶句、七言絶句各一卷，合一百九十九首。石田爲詩，傳其家學，藴蓄洪巨，而天姿駿逸，又擅丹青，其於畫所題詩詞至多，今十不得三四，觀此集，僅得一百六十餘首。

錢允治序云：“先生遺集一刻於成化甲辰，鄱陽童太常軒爲之序；一刻於弘治癸亥，安城彭中丞禮爲之序；一刻於正德丙寅，同郡吴文定寬爲之序。互有去取，互有得失。嗣後散佚漫漶，莫有愛惜收拾之者，逮今萬曆中，稍稍復知向慕，欲付剞劂，則不可多得矣。陳孝廉明卿既刻其先白陽先生集，復欲裒先生集，而苦無善本，不佞爲之訪於故藏書家，稍獲一二，於是按體分類，都爲若干卷，付書林翁氏。”

沈周集明代凡有六刻，成化二十年(1484)所刻，今已湮去不存，餘五刻一爲《石田稿》三卷，弘治十六年(1503)黄淮集義堂刻本，書口上有“弘治癸亥集義堂刊”八字二行，存世僅北京、上海、天津、南京圖書館各有一帙。二爲《石田詩選》十卷，華汝德輯，正德安國刻本，也即《四庫全書總目》著録之本，傳世極罕，全帙僅一部，藏上海圖書館。三爲《石田先生詩鈔》八卷《文鈔》一卷，瞿式耜輯，又附事略一卷，清錢謙益輯，明崇禎十七年(1644)瞿式耜刻本，藏北京、上海、南京等館，約十餘部。四即此陳仁錫刻本，流傳較多。其時，陳氏還刻有明陳淳撰《陳白陽集》不分卷，也即《中國叢書綜録》著録爲《陳沈兩先生稿》者。五爲明隆慶間俞憲輯《盛明百家詩》本，收石田詩一卷。明代畫家所撰詩文集，傳世較多者爲唐寅集及此集，均在二十部以上。此藏香港中文大學圖書館。

此本佚去陳仁錫序。仁錫，字明卿，天啓進士，授編修，累遷南京國子監祭酒，卒謚文莊。是書字體類松雪，頗遒美。鈐印有“孫若英氏”。

劉清惠公集【明萬曆刻本】

《劉清惠公集》十二卷，明劉麟撰。明萬曆三十四年(1606)陳幼學等刻本。半頁九行二十字，四周雙邊，白口，單魚尾，書口下有刻工。題"明豫章劉麟著；後學錫山陳幼學、進賢熊明遇、吴興朱鳳翔、丁元薦仝校梓"。前有萬曆三十四年朱鳳翔序。

劉麟，字元瑞，一字子振，江西安仁人。因居鄣之南坦，人稱坦上翁。弘治九年(1496)進士。歷刑部河南清吏司主事、員外郎、郎中，升紹興、西安知府。再爲陝西布政使司右參政、雲南按察使，因病奏准回籍調理。正德十六年(1521)，升太僕寺卿、都察院右副都御史、巡撫保定等府地方，改大理寺卿、刑部右侍郎，官至工部尚書。後致仕歸里。生於成化十年(1474)，卒於嘉靖四十年(1561)，年八十八，謚清惠。

麟立朝硜硜，知無不言，以忤劉瑾褫職，嘗以詩酒自娱，與湖山爲伍。入仕四十五年，而生理不逾中人，栖於坦上，一室頽如。此集卷一至二詩，爲四言古詩五首、五言古詩二十一首、七言古詩十二首、五言律詩四十一首、七言律詩五十六首、五言排律二首、五言絶句十一首、七言絶句四十三首；卷三至六奏疏，計二十一篇；卷七序七篇、記四篇；卷八碑文一篇、墓志銘四篇、墓表一篇、贊一首、祭文二篇；卷九至十書簡，計九十四通；卷十一雜著，計二十一篇(則)；卷十二附録。附録爲《部札》、《諭祭文二通》、《生銘》(王廷相撰)、《墓銘》(顧應祥撰)、《墓表》(雷禮撰)、《小傳》(李默撰)、《履略》(張寰撰)、《大司空南坦劉公神樓頌》(陳應和撰)等。

麟與孫一元、文徵明等善，往來多有唱和，詩有《寄文衡山》、《壽文衡山》、《與文衡山》三首。又有《神樓》、《神樓漫咏》二首。

此集爲麟曾孫懃陛所編。朱鳳翔序云："劉，豫章人。不佞鳳翔少時聞諸先達，公杜門絶軌，臺使、監司、守令之車轍盈閭，不得一見。惟佳時勝日，與高士吴甘泉、孫太白諸公，扁舟往來菰蘆間，人望之若神僊。已復覩公家所藏《神樓圖》，知公居萬山中，欲構一樓而不可得，文太史徵明繪是圖以贈，一時名公歌詠盈幅。已復讀公所撰《峴山浮碧亭碑》，文最爾雅。其所傳尺牘書法，人間重如璣璧，及索公全集，大都散逸，即陳大理公子方伯公應和，有所摭次，亦以垂橐故寢梓。適錫山筠堂陳公來守吾郡，詢及郡中典型，慨然有當於清惠公，遂徵其集。幸伊曾孫懃陛藏若干卷，文則疏𠁊簡直，出入秦漢，詩則浸浸韋杜，蓋公之標格，高入雲霄，胸中無一毫芥蔕，故所發皆盎然天趣，讀之足消鄙吝，恍若濯魄冰壺，澄心玉井者。想公之在朝，耿耿大節，如忤逆璫瑾，首倡節慎庫等事，足垂不朽。"

刻工爲俞堂、錢忠、沈潤、蔣禮、芮山、顧用、耿龍、許悉、趙遴、潘美、張斌、將等。此集爲湖州知府陳幼學所刊。幼學，字志行，號筠堂，江蘇無錫人。萬曆十七年進士，授確山知縣，爲人樸誠，視吏事如家事。進刑部主事，歷員外郎，出知湖州府，遷九江副使。後起太常少卿，不赴。年八十四卒。

《四庫全書總目》入集部别集類，文淵閣《四庫全書》第一千二百六十四册收入。《明史・藝文志》卷四著録有"劉麟文集十二卷"。《明史藝文志補編》有"清惠集十二卷"，附編又有"南坦集□卷"。《嘉業堂藏書志》有《坦上翁集》不分卷，傳抄本，云："原集罕傳。"

此本藏上海圖書館。《中國古籍善本書目》著録，即此上圖一部。又臺北"國家圖書館"也有入藏。又《中國善本書提要》著録，云北京圖書館入藏一部，但核之《北京圖書館古籍善本書目》，佚之。上圖又有《劉清惠集》不分卷，爲明抄本，有民國丁祖蔭跋。北京國家圖書館有《坦上翁集》不分卷，爲清抄本。臺北"國家圖書館"又有《坦上翁集》不分卷，爲清宣統二年(1910)烏程沈氏睹秘簃抄本，據云乃傳抄之底本爲皕宋樓藏抄本。

邊華泉集【明萬曆刻本】

《邊華泉集》八卷《集稿》六卷，明邊貢撰。明萬曆魏允孚刻本。四册。清毛贊跋。半頁十行二十二字，四周單邊，白口，無魚尾。前有魏允孚跋。藏香港中文大學圖書館。

邊貢，字庭實，號華泉，山東歷城人，生有异質，襁褓中從祖母學語章句輒成誦。弘治九年(1496)進士，授太常博士，擢兵科給事中。貢峻直敢言，孝宗崩，上疏劾太監張諭與太醫劉泰、高廷和用藥之誤。又劾太監苗遠與保國公朱暉、都御史史琳用兵之失，辭義剴切，聞者凛然。後遷太常寺丞，以不善事劉瑾，出爲衛輝知府。正德五年(1510)，改荆州。次年即擢山西提學副使。世宗即位，即起爲南京太常寺少卿，晋南京太僕寺卿，歷太常寺卿，提督四夷館，轉刑部右侍郎，拜户部尚書，皆在南京。貢早負才名，所交悉海内名士，久官留都，優閑無事則游覽江山，揮毫浮白，夜以繼日。後因縱酒，而爲右都御史某所劾，遂廢職致仕。歸後築萬卷樓於湖上，蓄書籍金石文甚富，一夕毁於火，貢仰天大哭曰：甚於喪我也，遂發病卒，年五十有七。

明代自永樂後，辭尚纖弱，貢與李夢陽、何景明、徐禎卿起而振之，號爲弘治四杰。魯中立《海岳靈秀集》云，華泉之作，雖不逮何、李，然平淡和粹，孝廟以前，海岱之才無其倫比……獨邊華泉興象飄逸，而語尤清圓，故當其推此人。陳子龍《明詩選》則曰，尚書才情甚富，能於沉穩處見其流麗，聲價在昌谷之下，君采之上。貢詩清婉和粹，顧起綸《國雅品》也云，邊集中佳句如“緑水閶門道，青山建業城。地入河流渺，天連塞日曛”；“魯連箭滅遺書在，微子城荒故堞留。千盤鳥道緣雲上，五色龍江抱日流”。

是本詩集卷一四言古體六首、五言古體六十六首、七言古詩十六首；卷二騷體四首、樂府四十首、歌行五十三首；卷三至四五言律詩二百七十二首；卷五至六七言律詩三百六十五首；卷七五言絶句二十九首、七言絶句一百四十五首、五言排律十三首、長短句六首、六言六首、六言近體一首；卷八箴二篇、銘二篇、頌一篇、贊四首、詩餘六首。《集稿》卷一奏本一道、疏二篇、序十三篇；卷二序十七篇；卷三書二十四通；卷四墓志銘十篇、行狀二篇；卷五祭文二十三篇；卷六雜著二十五篇。

華泉集，明代單刻傳世者凡三種，一爲《華泉詩集》八卷，嘉靖十七年蘇祐刻本，僅上海圖書館及北京大學圖書館二部；二爲《邊華泉集》八卷，明劉天民輯，嘉靖十七年濟南知府司馬魯瞻刻本，存世尚有十餘部；三即此本，爲魏允孚所刻。魏序云：“先生集舊有本，歲久而蝕，又遺所爲文不載，余理濟之。明年，從先生仲子蒐得數十篇，因叙入集中爲重鋟之，匪徒不朽於先生之詞，且俾論世者有所考見。”允孚，字懋成，號雲門，南樂人，萬曆二年(1574)進士，官刑部郎中，與兄允貞、允中并負時名，世稱南樂三魏。

毛贊跋云：“邊貢著詩八卷文六卷，大名魏允孚叙而傳之，或云公文不止此，然千江之波，其水同源；千枝之秀，其木同本，即一波一葉，亦可以求水木之本源，安在先生之集不可即此而逆其全耶?”贊，字映雪，乾隆初山東東萊人。

此本北京圖書館、上海圖書館、南京圖書館也有入藏。臺灣“中央圖書館”所藏爲殘帙。又明代刻《明四家集》及《盛明百家詩前編》也收有華泉詩，前者二卷，後者一卷，皆爲選本。清光緒間張祖同輯《邊華泉詩集》七卷附録一卷，爲《弘正四杰詩集》收入。另清王士禛輯《王漁洋遺書》也收有《華泉先生集選》四卷。

邊華泉集，查之數種書目，卷數著録均有不同。李開先《閑居集》中收有其序邊集之文，云：“全集四十卷，聞將有入梓者。”又李廷相撰邊貢神道碑也云，《華泉集》有四十餘卷，四十卷本或爲最足之本，然則不見流傳。《明史・藝文志》著録《華泉集》四卷詩八卷；《明史藝文志附編》則著録爲《華泉集》十四卷，而《千頃堂書目》卷二十一則又作詩集八卷文稿一卷。(乾隆)《歷城縣志・藝文考》所著録之卷數同《明史・藝文志》。另《四庫全書總目》著録之本同此本。《總目提要》云：“詩集爲貢没後，其里人劉天民所編，時當嘉靖戊戌……其文集亦大名魏允孚所續刻。”然以此本卷六七言律詩與庫本相核，刻本《白岩席上奉於蕃侍御留别之作》、《送顧明府之聊城》、《送胡質軒還京》、《送柴廷相少尹之無錫》四首爲庫本失收；庫本《客至》一首則爲刻本所無。四庫官員將劉輯本與魏刻本混爲一談，誤也。又劉本、魏本互勘，所收也各有多寡。

鈐印有“毛式□印”、“番禺屈氏”、“蔭堂”、“向邦”、“誦清芬室”、“幼平珍秘”。

杭雙溪先生詩集【明嘉靖刻本】

《杭雙溪先生詩集》八卷，明杭淮撰。明嘉靖杭洵刻本。清朱彝尊題識。半頁九行十八字，四周單邊，白口，單魚尾。四册。前有嘉靖十四年（1535）晋江王慎中序。末有林東海跋。書藏美國芝加哥大學遠東圖書館。

杭淮，字東卿，江蘇宜興人，弘治十二年（1499）進士，官至南京總督糧儲右副都御史，與史濟并負詩名，與李夢陽、徐禎卿、王守仁、陸深諸人遞相唱和。其詩格清體健，在弘治、正德之際，不高談古調，亦不沿襲陳言，頗諧中道。林東海跋謂"杭友洵示予雙溪公詩一帙，自進士而刑曹、而視學、而長藩憲、而卿、而巡撫，而近者，山林之作多載焉。灑叙平鋪，宏雄雋雅，細詠之，真若周鼎商彝，篆紋剥古，其淮不敬重焉者，梓而傳之也固宜"。

此爲《四庫》底本，鈐有"翰林院印"滿漢文大方印。卷中有纂修官改動之筆迹，如"序不寫"、"此首不必寫"、"不必寫"。卷四《長至日江上二首》（缺一頁）上批有"此詩未完，下有脱簡，將此詩删去，接下臺州道中寫"。又卷中貼有小簽紙，末署"陳元熙簽"、"纂修盧遂"。盧遂爲翰林院編修，任四庫館繕書處分校官。

查《浙江省第五次曝書亭呈送書目》有"杭雙溪詩集八卷，明杭淮著，二本"。又《浙江采集遺書總録簡目》有此書，注明"朱彝尊手跋"。據《四庫全書總目》，此書舊爲曝書亭藏本。

是書卷末朱彝尊題識云："康熙辛巳九月十九日竹垞老人讀一過，選入《詩綜》一十四首。"鈐有"竹垞"橢圓印。按卷中朱筆圈點，爲朱氏所爲，凡詩名上朱筆畫"○"者，均爲朱氏選入《明詩綜》者。《總目提要》云："各詩内亦多圈點甲乙之處，蓋其輯《明詩綜》時所評騭，今《詩綜》本内所録淮詩篇數，並與自記相同。"《提要》寫淮爲乙未進士，《善本書室藏書志》作癸未進士，皆誤。

是書嘉靖間凡二刻，一即此杭洵刻本，藏首都圖書館、中國科學院圖書館、南京博物院及臺灣中研院歷史語言研究所傅斯年圖書館，合此共五部。一爲嘉靖間刻九行二十字本，藏中國社會科學院文學研究所及南京圖書館。

漸齋詩草【明嘉靖刻本】

《漸齋詩草》二卷，明趙漢撰。明嘉靖刻本。二册。半頁十行二十字，四周雙邊，白口，單魚尾。前有海寧許相卿序、嘉靖三十四年(1555)趙漢序，末有嘉靖三十四年錢德洪後序并趙伊跋。

趙漢，字鴻逵，號漸齋，浙江平湖人，正德六年進士，官兵科給事中。嘉靖初請譴逐太監崔文，不聽，哭争大禮，繫獄廷杖，以疾去。後起用，遷工科都給事中，終山西右參政。

卷上收詩二百二十五首，卷下收詩二百二十三首，共四百四十八首。查清朱彝尊《明詩綜》僅收漢詩三首。《四庫全書總目》入存目，《提要》云："是集刻於嘉靖乙卯，詩學江西，於爾時爲别調，然風格雖異，興象未深，究不能獨絶一時也。"《明史藝文志補編》著録。今臺灣"中央圖書館"所藏乃原藏北平圖書館者。《千頃堂書目》作四卷，又查清薛福成編《天一閣見存書目》卷四有此書，然作十二卷，惜無法得見。

是集卷下癸卯有"六十六吟"，云"嘉靖丁未漢年七十整"，以此推算，漢當生於明成化十四年(1678)。

鈐印有"周越然"、"越然"、"言言齋善本圖書"、"曾留吴興周氏言言齋"。

此本今藏上海圖書館。《四庫全書存目叢書》集部第六十八册收入。

杏東先生文集【清乾隆刻本】

《杏東先生文集》十卷，明郭維藩撰。清乾隆十五年(1750)郭方康刻本。四册。半頁十行二十二字，四周雙邊，白口，單魚尾。題"儀封郭維藩价夫著；德清門人蔡汝楠校訂"。前有嘉靖四十一年(1562)蔡汝楠序、乾隆十五年張師載序。又諭祭文、誥命文、墓志銘、墓碑銘。末有嘉靖四十一年趙希夔後序。

郭維藩，字价夫，河南儀封人。卜居杏岡之陽，人稱杏東先生。少豐神慧朗，十餘歲即强記，善屬文。正德六年中進士，選庶吉士，授翰林院檢討，擢南京國子監司業，改侍讀學士，典内制，再擢太常少卿兼侍讀學士，掌院事。嘉靖十六年卒，享年六十三。

卷一賦一篇、歌三首、樂章六首、長短句一首、四言古詩二首、五言古詩十五首、七言古詩十三首；卷二五言絶句八首、七言絶句七十四首、五言律詩九十八首；卷三五言律詩一百四十六首；卷四五言排律十八首、七言律詩八十五首；卷五七言律詩一百一十二首、詞調三首；卷六記六篇、序十四篇；卷七序二十二篇；卷八序十七篇；卷九墓志十四篇；卷十墓志四篇、行狀二篇、祭文十八篇、雜文十三篇。

蔡序云："先生少席家學，起進士，編摩史館。以司業佐南雍教，再典翰林，入侍講幄，奉職始終。居敬明誼，務竭誠欵，時所獻納，必緣古訓，以格上心，敷陳治道，纚纚有規緒，……故立朝幾四十年所，區内學士大夫尚論，今天子舊學之臣，無弗謂郭先生賢。""其爲歌詩，體裁悉具，劘濯雕鎪，不見其芒焰突兀之狀，然天採炳若，有識者未始不知其爲世寶也。""今誦先生之文，其間奏對者愛而諷，紀載者簡而覈，贈送者婉而貞，登臨者激而達。吟咏之篇，皆優柔温厚，典則風雅。"

郭集中令人印象最深刻者爲《剥樹皮行》，頗寫實，於灾民之悲慘景况及官吏之驕横有生動之描述。歌云："朝剥樹上皮，暮剥樹上皮，剥來且救眼前飢。東鄰舉室皆餓死，乳下無人收小兒。往年苦兵今苦旱，南北東西俱愁嘆。死亡流離城半空，縣主催科有拘唤。萬樹如雪皮不存，葉落枝摧下及根。樹死吾生亦已矣，於乎！賑恤何日沾皇恩。"

按，維藩集，明代有蔡汝楠刻本，汝楠乃郭氏之門人，嘉靖十一年進士，其任都察院右副都御史，巡撫河南等處地方時，即購得維藩所遺詩文，彙爲十卷并授趙希夔梓之。《千頃堂書目》卷二十二著録有郭氏之香東文集十二卷，"香"字顯誤，其云十二卷者，或也有誤。

是本乃維藩六世孫方康重刻，較嘉靖原本多出《何文定公贈序》(少司成杏東郭先生考迹序)一篇并和詩六首。卷十末有"按此序與和詩六首，舊集俱未載，兹謀重刻，幸得讀於文定集中，故授梓人，以附其後”。張師載序也云:“蓋是集刊於德清蔡中丞汝楠,中丞廼公會試所得士,其持節河南也,距公殁已久,故裒集缺略,兵燹之後,版亦不存。公之後人,方康、定侯、一麟、承謨於故家搜得之,録其副,謀重付梓。”

此本藏美國哈佛大學哈佛燕京圖書館。《中國古籍善本書目》著録此本,作“清乾隆十五年郭方康十笏齋刻本”,山西大學圖書館也有入藏。又有明嘉靖四十一年蔡汝楠刻本,僅上海圖書館、美國國會圖書館兩部。

鈐印有“粹芬閣”。

歸來稿【明刻本】

《歸來稿》四卷，明盧瓊撰。明隆慶二年(1568)刻本。八册。半頁九行二十字，四周單邊，下黑口，單魚尾，書口上方刻"歸來稿"三字。前有嘉靖四十一年(1562)詹珊序、曹天祐序；末有嘉靖四十四年侯有功後序。

盧瓊，字獻卿，浮梁人。正德六年(1511)進士，由固始知縣入爲浙江道監察，贈光禄寺少卿。嘉靖改元，出按畿輔。桂萼疾臺諫排己，考察京官既竣，令科道互糾劾。瓊言互相批抵報復，非盛時事。帝怒，奪俸三月，而命部院考之，竟以劾勛貴讁戍邊。赦還卒，年八十一。

卷一易、書、詩、禮；卷二春秋、戰國策；卷三序、記、賦、跋、引、傳、書、碑、墓志銘、表、文、論、贊；卷四詩，爲五言四句、七言四句、五言律、七言律、古詩、排律及附録。

是書乃瓊讁戍生還後所作，故取名"歸來稿"。卷一有序曰："瓊不自懲艾，以言語文字罪戍遼左，勤勞軍務，親服邊役，居常取經書史策，平昔蓄疑者，摭拾衍繹，固知贅疣，亦惟自釋而已。又詩文酬答於人，與日俱積。及蒙賜還家居，二十年内，復叨詔給冠帶，以示宥過。杜門守約不能已，於求索而鳴者亦若干首，通前編爲一帙，名曰《歸來》。雖用靖節之言，蓋十年遠譴，萬里生還，實賴聖恩浩蕩，志喜幸之詞耳。"卷四又有："詩發乎情，出於田夫野叟者，樸略無僞，故觀政與俗亦必以此。予落泊窮邊，詞惟自咎。雖處荆棘，而舊知新識，遠寓書物致唁，不以陞沉易轍。及居十年，朝廷肆青，尤令生還，可見聖政待物之洪，可見友朋風俗之厚。久必湮没，悉宣於聲，而田夫野叟之言，似亦可信，因記以自慰。"

盧瓊鯁介嚴毅，不與世俗相浮沉，年未弱冠，則六經史書并諸子百家之書均有涉獵。其讀古書，嘗研析其大義，究極其奥旨。詹珊序云："庚午領鄉薦，聯登甲第，授固始令，政跡爲汴中第一，當道力薦之，召拜監察御史。公入臺中，亟振揚風紀，罔避權勢。遇有國家大政暨大疑獄，即力排衆議，守正不回，雖舉世不敢言者，獨言之，尋以抗直忤時宰，幾被傾軋。幸賴聖明優容，衹薄罪戍遼。公寓遼十年，樂天安命，杜門著書，凡經史疑難，悉辨釋闡明之，要皆發前賢所未發。感時觸興，則賦詩以自娱，雖所處苦甚弗堪，而情況常豁如也。……公自戍遼至歸老，二十餘年所著作甚富，晚慮散佚，授二郎彙集之，詞微有忌諱者弗録，録其可傳者爲稿，自名曰《歸來》，蓋取陶賦歸來之義。録成，二郎請壽諸梓。"按，二郎者，即瓊子邊、篚二人。

《明史・藝文志》、《四庫全書總目》等均未著録，頗罕見。書藏上海圖書館。

承庵先生集【明刻本】

《承庵先生集》七卷《同心集》四卷，明胡松撰，胡廷烋等編。明刻本。六册。半頁九行十八字，四周雙邊，白口，單魚尾。書口上方刻“承庵集”。題“新安績溪胡松著；男廷烋、孫堅編輯”。卷二至七題“績溪胡松著”。《同心集》題“不肖男廷烋、廷默、孫堅編輯”。無序跋。

胡松，字茂卿，安徽績溪人。正德九年(1514)進士。由嘉興推官擢御史，首劾臧賢、錢寧爲宸濠黨。能言人所不敢言者。以疏薦謝遷、韓文、彭澤等。忤旨罷歸。嘉靖初起故官，進福建僉事，察冤獄有聲，歷貴州按察使。旋以右副都御史治河漕，晋工部尚書。後引疾歸里，隆慶初晋階一品。卒年八十三。(乾隆)《績溪縣志》卷八人物志有傳。

卷一奏議十七篇、表四篇；卷二序十七篇；卷三記十四篇；卷四行狀一篇、墓志銘一篇、雜著七篇；卷五五言古詩十二首、七言古詩七首；卷六五言律七十三首、五言排律一首；卷七七言律詩六十七首、五言絶句一首、六言絶句三首、七言絶句一首。《同心集》，卷一目録；卷二名公簡書八十七篇；卷三名公簡書八十四篇；卷四贈言記二篇、聯句紀二十九篇。

《同心集》爲書簡，計有孟洋、劉魁、賈秉宜、施儒、何天衢、王翊、邊貢、王應鵬、范永鑾、熊相、虞守隨、汪思、吴鎧、程容、宋滄、王璟、方豪、張璧、樊繼祖、王以旂、潘潢、林大輅、費宏、費寀、鄒守益、林應驄、胡纘宗、林炫、黄訓、徐階、陳經、李濂、萬鏜、王汝孝、林應標、胡宗憲、蔣信、汪道昆、趙大佑。

奏疏中最重要者爲《遵律詰窮宸濠餘黨疏》、《請黜群邪以清仕途疏》、《薦拔遺賢以勵士風疏》、《請退黨逆内竪疏》、《陳三策以革弊安民疏》、《劾横臣舉用奸黨疏》。

卷一第一頁書口下有“歙邑黄鋒刊”。卷三末篇《乳溪道院記》佚去後半。卷四佚去第一頁。卷七佚去第十頁。《同心集》卷三第三十六頁佚去。聯句紀佚去第七至十頁。

《千頃堂書目》卷二十二别集類著録。《四庫全書總目》、《續修四庫全書總目提要》(稿本)、《中國古籍善本書目》未著録。原北平圖書館藏一部，今存臺灣“故宫博物院”，然作“八卷附録一卷”，版本項作“明萬曆間歙邑刻本”。

此本藏臺北中研院歷史語言研究所傅斯年圖書館。

薛西原集【明嘉靖刻本】

《薛西原集》二卷，明薛蕙撰。明嘉靖刻本。二册。半頁十行二十字，四周單邊，白口，無魚尾。前有嘉靖十四年(1535)李宗樞序。

薛蕙，字君采，晚號大寧居士，河南偃師人。正德九年(1514)進士，累官吏部考功司郎中，以議大禮及辦張璁、桂萼所論七事，合數萬言上於朝，以忤旨獲罪，又爲陳洸所劾，遂解仕歸，後屢薦不出，卒年五十三。學者重其學行，稱"西原先生"。文徵明有《薛君墓志銘》。事迹具《明史》本傳。

卷上詩一百十一首、卷下一百二十九首，爲蕙自正德十年至嘉靖二年所作古今體詩，計九年。蕙少以詩名，王廷相謫判亳州，激賞之，曰可繼何、李。後之論者，亦曰弘嘉之際，三君鼎立，古詩自河梁以暨六朝，近體自神農以迄五季，靡不句追字琢，心摹手追，其詩也有清削婉約之氣。

薛蕙爲嚴嵩同年，初亦愛嵩文采，頗相酬答，迨其柄國後，即薄其爲人，不相聞問，凡舊時唱和，亦悉削其稿。此詩集中無一字與嵩有關，多爲致王廷相、何景明、鄭善夫、崔銑、劉天民、文徵明等人唱和詩。

嘉靖間，薛蕙集共刻有三種，此爲最早之本，另二種爲《薛考功集》十卷附録一卷、《西原先生遺書》二卷。是集《明史藝文志》未著録，《千頃堂書目》著録。除此部外，又知北京圖書館、南京圖書館、上海圖書館、杭州大學圖書館及臺灣"中央圖書館"均有入藏。此本藏香港中文大學圖書館。

鈐印有"金元功藏書記"。金元功，太倉人，富藏書。

青湖先生文集【明嘉靖刻本】

《青湖先生文集》十四卷附録十卷，明汪應軫撰，汪延艮編，楊汝輔輯。明嘉靖三十八年(1559)汪延艮刻本。五册。半頁十行二十字，四周單邊，白口，無魚尾，下有刻工。黄紙。金鑲玉裝。題"明賜進士江西提學僉事前翰林院庶吉士户科給事中山陰汪應軫著；不肖男延艮編；明賜進士翰林院修撰後學諸大綬校；門人長樂縣知縣南昌楊汝輔輯"。前有嘉靖三十五年翁溥序、嘉靖三十八年葉邦榮序。附録爲朱節撰《送汪出守泗州序》、湛若水撰《贈汪之南都序》、崔銑撰《贈汪任江西序》。書藏香港中文大學圖書館。

汪應軫，字子宿，號青湖，浙江山陰人。弱冠舉於鄉，正德十二年(1517)進士，選庶吉士，以諫南巡被杖。出知泗州，州土瘠，民情不知農桑，應軫教以蠶繅耕作，由是民足衣食。有吏才，兼以氣節著。世宗立，召爲户科給事中，歲餘上三十餘疏，咸切中時弊，後官江西督學僉事。父艱歸卒，學者請謚清憲。事迹具《明史》本傳，明張師澤《月鹿堂文集》卷五有汪傳。

卷一奏疏二十四、卷二序四十八、卷三記十、卷四雜著十二、卷五祭文三十三、卷六銘志十、卷七書柬二十八、卷八五言古詩三十一、卷九七言古詩三十、卷十五言律詩四十六、卷十一至十二七言律詩一百六十九、卷十三五言絶句三十二、卷十四七言絶句四十五。《四庫全書總目提要》云："集中諸奏牘，多侃直之言，頗見風采。詩文則率皆樸實，猶守成宏之舊格。"

翁序云："青湖先生，夙抱奇氣，好古力行，其素所蓄積，直欲康濟天下，世所謂宏儒碩士，非耶？而沉淪偃蹇，卒不得志於天下。其平生之奇，不徵於文，詎可見哉？先生歿，其子延艮裒集其文謁余，冀通其父之意，以圖不朽。余諦觀之，則見其文卓犖奇偉如其人，又雅馴不詭於道，無放棄離怨之懷，乃嘆曰：是不足徵耶？先生爲不歿矣！輒不自量，僭爲删定，凡爲卷若干；詩文諸體裁咸備，繕寫成帙，歸其子藏於家，古稱藏之名山，傳之其人，通邑大都將不有望於他日耶？"

是書《千頃堂書目》卷二十二及《四庫全書總目提要》存目著録，然不見國内及美國各圖書館入藏，實罕見之本。葉序云："先生仲子連山君延艮丞侯官，以儒術而飾吏治，孝思不忘刻集以傳信，夫能世其家者也。"此當其家刻本也。鎸刻精雅。刻工爲劉清、李三、詹崇、劉和、一清、王良、江田、葉興、劉四、余三、余宗、黄文、劉堂、黄應春、王松、周四、周壽、葉六、周二、在、徐平、徐至、楊良壽、周一。

《四庫全書存目叢書》集部第七十三册收入，底本爲北京首都圖書館藏清同治十一年廣州刻本。鈐印有"姜公銓鑒藏圖書"；"番禺汪氏藏書"、"汪兆鏞印"、"宣統辛亥番禺汪氏賜福堂印"、"汪兆鏞長壽年宜子孫"；"微尚齋"、"靈壁何氏"、"曼庵墨緣"、"三十二芙蓉山主曼盦"、"何曼盦鑒藏"、"番禺何氏靈壁山房藏"。

介立詩集【明刻本】

《介立詩集》六卷，明林時撰。明刻本。二册。羅振常跋。半頁十行二十二字，四周單邊，白口，無魚尾。

林時，字懋易，號介立山人，汝陽人。幼岐嶷，穎悟絶人，六七歲讀書，一目成誦。正德十二年(1517)成進士，授翰林院庶吉士，官至南京通政使司右通政。嘉靖十四年(1535)卒，年四十有五。《獻徵録》卷六十七有《介立林公行狀》，(康熙)《汝陽縣志》卷九下列傳也有林傳。

卷一詩七十四首，卷二詩七十三首，卷三詩八十首，卷四詩八十首，卷五詩五十一首，卷六詩六十一首。時在南京國子監祭酒任内，暇時作文賦詩無虚日，然其文則難得一見，僅(康熙)《汝陽縣志》卷十上藝文有《縣學碑記》一篇。

羅振常跋云："《介立詩集》六卷，范氏天一閣藏書，《天一閣書目》及《天一閣見存書目》並云不著撰人。按此書爲明林時撰，時字懋易，汝陽人，正德丁丑科進士，南京右通政，自號介立山人，見《千頃堂書目》，故書端書'林介立詩集'。阮氏、薛氏均未深考，又不見書端之字，亦云疏矣。時庚申二月心井識。"按此羅振常跋，不見羅氏《善本書所見録》。振常，字子經，晚號邈園，浙江上虞人，少年艱苦力學，工詩古文辭，又旁通東瀛語言，清季維新變法之際，曾譯東籍甚多，後設蟫隱廬於滬上，遂終老焉。

《明史·藝文志》、《四庫全書總目》未著録。所見臺灣《"中央圖書館"善本書目》著録之一部，乃原藏北平圖書館者。是本字體方正，紙白如玉，明刻之佳者。

鈐有"梅花草堂"、"沈氏粹芬閣所得善本書"、"研易樓藏書印"。

此本今藏上海圖書館，即《中國古籍善本書目》著録者。

古山先生文集【明刻本】

《古山先生文集》四卷，明桂華撰。明刻本。二册。半頁九行十八字，四周單邊，白口，無魚尾。無序跋。

桂華，字子樸，安仁人。正德八年(1513)舉人，爲大學士萼之兄。嘗從胡居仁門人張正游。嚴毅天成，步趍矩度，而充養成見，動自有執。由身而家，日有定課，尤以厚風俗、表鄉閭爲務。《紀録彙編》卷一百三有傳。

卷一賦，卷二古詩十三首、律詩二十三首，卷三古詩十七首、樂府十四首，卷四律詩五十七首、絶句十七首。卷一《孔子佩象環賦》、《工師求大木賦》、《五老峰賦》、《崇文夜宴賦》四篇，僅録其目。

此書爲華弟萼所輯，卷末有萼記云："先生屬文援筆書意，既脱稿不甚惜，而他人往往有得之者。今萼集先生所作，第能録耳目所覩記者，其他散逸則多矣。如《孔子佩象環》等賦，求其稿至今莫得，良以爲恨。竊意先生之文，當不横棄道側，故特存其目爲首卷，庶幾四方有同萼之所好者，得之或能爲吾補入焉，誠斯集之幸，萼之至願也。"查清朱彝尊《明詩綜》卷三十七，僅收華詩一首。又此本題爲文集，實僅存詩，與名不符。

此本藏上海圖書館。《明史藝文志補編》、《四庫全書總目》著録，然《四庫》入存目，《提要》云其"所學頗爲醇正，詩文則尚未成家"。《中國古籍善本書目》著録，即此本。又《四庫全書存目叢書》集部第六十八册收入。

鈐印有"端居室"、"正青"。

鴻泥堂小稿【明嘉靖刻本】

《鴻泥堂小稿》八卷續稿十卷，明薛章憲撰。附録一卷。明嘉靖刻本。八册。半頁十一行二十字，白口，左右雙邊，單魚尾。續稿四周單邊。題“江陰薛章憲”。前有正德十一年(1516)都穆序。續稿前有嘉靖三十五年(1556)張衮序、曾孔化序；後有嘉靖三十五年沈翰卿序。

薛章憲，字堯卿，自號浮休居士，江陰人。少爲諸生，隱鄧暘溪上。通經博學，弃經生業，於書無所不窺，性喜佳山水。與沈啓南、都玄敬爲文字交。爲文平和典則，出入經史，詩則格律精嚴，不苟一字。《四庫全書總目提要》於其詩文評價不高，以爲“皆乏神韻，蓋摹古而僅得其貌”。然明都穆序則云：“其文古奥簡質，如商彝周鼎，雜然並陳；蒼緑眩目，不俟摩挲，知非今世之物。其清健嚴密，又如修僊道人，僻處深山，餐霞飲泉，而塵濁之不能溷也。蓋君少嘗業進士，通易、書、詩三經，屢試，有司不利，幡然棄去，一意古學，每有所作，日鍛月煉，弗工弗已。其爲人沈静寡欲，而性嗜山水，嘗徧遊吴越，以至齊魯燕趙之墟，尋幽吊古，蒐奇抉怪，推用賢以爲文，其在稠人廣坐，衆方高談宏辯，較短争長，君獨袖手默然，若無能者。乃其操觚摇毫，篇章一出，如予前之所評，則人未嘗不驚且服，以爲江陰之有人，置之孫王之間，殆未可優劣論也。”

是書前八卷爲卷一賦十三篇，卷二辭五篇，卷三古詩四十九首，卷四律詩九十首，卷五聯句十三首、詞十五首，卷六記、志、序文六篇，卷七頌、贊、詞八首，卷八銘、誄、碑文八篇。卷八末有章憲子布識語，云：“先考浮休府君，潛德弗耀，所著有《鴻泥稿》藏於家，布等懼其久而散失也，敬用鋟梓以傳之不朽云。時正德丁丑正月，男布百拜謹識。”可證前集爲章憲子所編，且刻於正德十二年。

續稿十卷，卷一賦十六篇；卷二銘、贊、頌、四言詩二十首；卷三凱歌擬招規操樂府二十七首；卷四五言古風三十八首；卷五七言古風四十四首；卷六五言律詩四首、排律三首、七言律詩四十八首；卷七七言律詩六十七首；卷八五七言絶句五十首、六言十首、詞三首；卷九説、記、序、跋十篇；卷十墓志、碣、銘、碑、行狀、傳文十二篇。附録爲崇祀浮休先生案驗、祭文二篇，頌一篇(沈翰卿撰)，詩二首(沈周撰)。續稿爲沈翰卿所編，刻於嘉靖三十九年。張衮序有云：“至是公子憲副君甲，蒐其散逸，發其餘留，屬邑儒生沈氏翰卿爲之編次。”按，《明詩紀事》丁籤卷十五收有薛詩一首，爲《游張公洞》。

是書小稿寫工爲姑蘇周潮。刻工章

鉞、張鰲。續稿刻工爲何陞、俞庭。

此本藏上海圖書館。《明史藝文志補編》著録,《四庫全書總目》入存目。《中國古籍善本書目》著録,即此本。又《四庫全書存目叢書》集部第七十八册收入。

鈐印有"陽湖陶氏涉園所有書籍之記"。

菁陽集選【明刻本】

《菁陽集選》五卷，明范言撰，范應期選。明范應賓刻本。四册。半頁八行十六字，白口，左右雙邊，單魚尾，書口下間有刻工。題"檇李范言孔嘉著"。目録後有"姪孫應期選訂；孫男應賓校刻"。無序跋。

范言，字孔嘉，浙江秀水人，幼穎异，四歲能探句出奇，髫年即善屬文。因其五世祖居吴興菁山之陽，故號菁山。十五以儒士應試，補校官弟子員，文譽極甚。嘉靖五年(1526)成進士，知蒲圻縣，後出爲大理府同知。其家居三十餘年，治别墅郊郭，日與友朋對弈，觴咏不倦。晚歲爲崇古雅會，杖履翛然，郡之士人稱者謂有香山洛社之風。言天性孝友，博綜圖史百家，揚榷今古。爲文多自卧思，起輒援筆立就，擅稱藝林。所著又有《四音存稿》。卒於嘉靖四十五年，年八十三。

范應期，字伯禎，號屏麓，嘉靖四十四年登進士第一，授修撰，累官至國子祭酒致仕。後爲惡少所齮齕，巡按邑令共爲搏擊，自縊死，年六十八。應賓，字光父，號嵩臺，萬曆二十年(1592)進士，授高城知縣，遷工部主事，督易州山廠，年四十九卒。有《水部集》。

卷一詩一百三十首；卷三序二十篇；卷四序十篇、引一篇、記十一篇；卷五爲碑記三篇、歌一首、頌三首、傳四篇、雜著七篇。末爲《明故奉政大夫云南大理府同知菁山范公墓志銘》，刑部尚書謚恭肅孫植撰。

是本卷二佚去，賈人以卷三析爲二卷，并將目録頁割去部分，書口下頁數亦剜去。按此乃家刻。《明史藝文志》卷四集類著録。刻工爲韓三元、畢，即《中國古籍善本書目》著録之本。

此本今藏上海圖書館。

任文逸稿【明萬曆刻本】

《任文逸稿》六卷,明任瀚撰。明萬曆刻本。二册。半頁九行十九字,四周雙邊,白口,單魚尾,書口下有刻工。題"明宫坊太史任瀚少海著"。前有萬曆十九年(1591)陳文燭序、萬曆十八年王九德序。

任瀚,字少海,號忠齋,四川南充人。少穎敏,性方嚴。嘉靖八年(1529)進士。選庶吉士,除吏部考功主事、文選郎中。歷侍經筵,帝寵眷甚渥,爲當國者所忌,意有不合,常以病辭。改春坊左司直兼翰林院檢討,曾分校禮闈,扈蹕巡楚。後乞休杜門,年甫四十,絶迹公庭。既家居,研究六經,闡明聖學,惟以静養著書爲事。當道薦剡三十餘次,竟不出。家居五十餘年,未嘗通謁時貴,晚年耄勤不倦,潛心於易,惟講性命之理,深有所得,年九十三而卒。(咸豐)《南充縣志》人物志有傳。又見藝文志。

瀚少懷用世志,凡百家二氏之言罔不搜討,工於文,亦高簡,尤善自秘。海内慕其高,徵文者踵至,與陳束、唐順之、熊過輩均以文名,時人謂之"八子"。此本編排甚亂,明人文集中甚少如此者。卷一己丑廷試策、乙未會試策、戊戌武舉會試策、衛甸行宫火災疏、辭色服色俸級疏、庚子養病疏、庚子乞休疏。卷二書三通、賦一篇、碑一篇、記一篇、序六篇、祠記一篇、序一篇。卷三記一篇、壽序二篇、七引一篇、詩序一篇、碑一篇、壽卦一篇、贈言一篇、辨一篇、題一篇、序一篇。卷四贈序一篇、雜説一篇、壽序一篇、小引二篇、序十二篇、記一篇。卷五題稿一篇、詩引一篇、詩序一篇、碑一篇、墓志銘二篇、題辭一篇、序九篇、傳一篇。卷六記一篇、墓志銘二篇、序三篇、題辭一篇、書一通、祭文二篇、賀序一篇、記一篇。

王九德序云:"任先生在世宗朝以清修方正著聞,初從翰林,改吏部,爲考功大夫,骨鯁自持,不與權貴人通關節。其考察去者多勢力門下人,或嘗先事以姓名相請托者,切皆罷去不問,以故權門多按劍,疾之如仇。及皇太子出閣講學,先生奉廷推,稍遷宫坊司直兼史館經筵官。時號得人,獨按劍者馮藉寵靈,悒悒不能釋,常欲嗾私人持公短奏上,竟無所得。……遂毅然抗疏,乞骸骨,辭甚懇,至疏三上,然後賜歸。居無何,聞前怙寵者就刑西事,先生猶函辭數千里,使人投鄱湖水上吊之。有謂智侔秦相,適逢上蔡之悲;才近中郎,偶蹈承家之恨,其渾厚如此。先生還山四十年間,前後經中外薦剡者三十餘疏,凡以高明見忌,孤介難容,終與世圜方不相入,不能用也。嘉陵江上有山田數畝,釣臺一區,不足資口食,而先生唯日坐草廬中,彈琴著書,淡然忘老。德自出守兹土,既嘗慕先生之高節,而又篤愛其文章可以雄峙百代,因命諸生就隱所求之,見先生題其户曰:龐德公衣掛漢江云,已知身在風塵表；魯仲連脚踏滄海水，何用名垂天地間。既無所用名，則又安所用詩文爲也。諸生但得其漁蓑中逸稿數篇，皆應世之作。德不敢自私，因叙而傳之行於世，時先生年九十，不減丁壯云。”

刻工爲馬興忠、楊厚、鑾、用、上、信、劉、柳、黄、和、宣、朝、位、李。

瀚生平著作甚富，然蜀亂散亡略盡，清咸豐間《南充縣志》即云“惟任詩逸草僅存”。此任集流傳甚少，今藏臺北中研院歷史語言研究所傅斯年圖書館。《千頃堂書目》卷二十三别集類著録。明隆慶間刻《盛明百家詩》前編中收有《任少海集》一卷。《四庫全書總目》、《續修四庫全書總目提要》(稿本)未收。其他各家公私藏目皆鮮有著録。《中國古籍善本書目》著録僅有《任少海先生文集》不分卷，爲明天啓刻本，半頁九行十九字，四周單邊，白口。藏吉林大學圖書館。

鈐印有“古潭州袁卧雪廬收藏”。

王同野集【明嘉靖刻本】

《王同野集》十六卷，明王梴撰。明嘉靖四十年(1561)劉邦獻刻本。四册。半頁十一行二十字，白口，左右雙邊，單魚尾。題"象山王梴於長著；衡陽劉邦獻校刊"。前有嘉靖四十年劉邦獻序。

王梴，字子長，又字同野，浙江象山人。嘉靖十一年進士，授中書舍人，奉詔諭江南、直隸諸郡，所司率故事致贐，一無所受。累官湖廣參政。梴慷慨豪氣，善詩古文，晚更精詣，有漢唐風格。《象山縣志》有梴傳。

卷一樂府六首；卷二五言古體三十九首；卷三七言古體十首；卷四五言律體七十二首；卷五五言律體九十四首；卷六七言律體六十五首；卷七五言排律七首；卷八七言絶句十七首、賦一首；卷九雜著九篇；卷十序十二篇；卷十一序十三篇；卷十二記五篇；卷十三墓志銘四篇、行狀一篇、傳二篇；卷十四疏議二篇；卷十五書三十五通、附録四篇、箴四首；卷十六祭文九篇、偈一首。

此集《明史·藝文志》、《四庫全書總目》等均未著録。查《中國古籍善本書目》又有《徐徐集》一卷，又《家乘》一卷，也梴所輯，明嘉靖刻本，藏北京圖書館。民國間張壽鏞輯《四明叢書》第八集收有《徐徐集》，但爲二卷，卷一詩二十一首，卷二文八篇。二本相核，《徐徐集》之文皆爲此集所收録，疑《徐徐集》或爲選本，而此集當爲梴集之足本。張序於梴其人其集叙之頗詳，兹録於後："……生平博覽全書，過目輒成誦。爲文閎肆豪邁，詩更精詣，有漢唐風。從涇陽吕柟、後渠崔銑游，一意反約，爲躬行實踐之學。復與羅洪先、鄒守益、趙時春諸人論辨往復，力闡致良知之旨。當參議江右，嘗建王陽明祠，正孫忠烈燧、許忠節逵位。暇則單車過白鹿洞，進諸生講學。自少有大志，廷對萬餘言，觀政禮部，抗疏論事凡六端，悉中肯綮。及司營繕，尤以省國用、恤民力爲要歸。……此集爲備兵後州時所作詩文也，凡二卷，余得諸坊間，爲明刻本，無序跋。《象山志》録參政著述凡三種，曰《涉江集》、曰《同野遺稿》、曰《雜著》，均無卷數。《徐徐集》不知《雜著》中嘗附録否？無可考。今讀其詩二十一首、文八篇，即景生情，實事求是，藹然仁者之言，非徒以文藻勝者也。然即以文藻論亦豈多讓哉？因重刻而叙之。"

此本今藏上海圖書館。

鶯谷山房藏稿詩集【明隆慶刻本】

《鶯谷山房藏稿詩集》四卷《文集》三卷，明李遷撰。明隆慶五年(1571)龔大器刻本。四册。半頁九行十八字，白口，四周單邊，無魚尾。題"豫章蟠龍山人李遷著；門人荆南龔大器校刻"。前有隆慶五年龔大器序、江一麟序。卷四末爲嘉靖四十三年(1564)曹汴跋《楚粤吟稿》。

李遷，字子安，新建人。幼負才名，素性閑澹，簿書餘暇，惟涉書史，吟咏性情。嘉靖二十年進士。以行人出使滇、蜀、貴、竹，堅却饋賮。隆慶間以南京兵部左侍郎提督兩廣，兼巡撫廣東，以平銀豹功，加右都御史，升刑部尚書，引疾歸，卒謚恭介。遷出入中外三十年，不妄取一錢，年近七十，母終，廬墓。《明史》卷二二二有傳。又王世貞撰有《資善大夫南京刑部尚書盤峰李公神道碑》，載《弇州山人續稿》卷一三二。

詩集卷一五言古詩十九首、七言古詩十一首、五言律詩十九首；卷二五言律詩六十二首；卷三七言律詩一百零四首；卷四七言律詩六首、五言排律七首、五言絶句四首、六言絶句一首、七言絶句三十三首、集句七首。文集卷一序十六篇、記六篇、引二篇、跋七篇、箴二篇、銘三篇、贊四篇、傳一篇；卷二祭文三十五篇、碑志六篇、墓志銘三篇、雜著四篇；卷三啓札八十七通。

龔序云："少司馬中丞蟠峰李先生所著詩也，先生以洪都世家發跡巍科，歷官郎署，晋兩京卿貳，康世保民，矯矯著聲。每馳騁古今，留心詞翰，即案牘盈庭，應酬裕如，逡巡授簡，立成篇什，彬彬乎，蓄邃而發昌也。""已而先生出是集，屬器校輯，且命引其端。器寡昧，亦不敢以不文辭。每於師暇捧誦之，見其體裁迥別，意興暢達，其擘擷章闡，天然自得，不落言筌。古風則憲章漢魏，近體則逼真盛唐，真足以淩駕往哲，作法嗣來也。又詩非徒作，取其有裨世教爾已。先生每吟詠，輒念及君親，其撫景興懷，緣物寄情，已畢見乎辭矣。其與古人，一飯不忘君，舉足不忘親，誠不相先後也。先生文武忠孝於是乎備，詩可以傳矣，器豈敢爲佞哉？因請壽諸梓，以廣其傳云。"

據曹汴跋，遷之《楚粤吟稿》爲"公門生賀登儒輩，謀刻公詩"。曹序作於嘉靖四十三年，然《吟稿》未見單刻傳本，或其時并未刻印耶？

此書爲龔大器所刻。大器，字用卿，號少東，一號春所，公安人。嘉靖三十五年進士，授刑部主事，歷江西、浙江副使，屢官至河南布政使，致仕卒，年八十有三。

《明史藝文志補編》著録，題"鶯谷山

房集，刑部尚書李遷著，新建人"。又《千頃堂書目》卷二十三著録爲"鶯谷山房稿四卷"。

此書鈐印有"南面王百城"、"閩中謝又紹鑒藏經籍圖史之章"、"謝道承印"、"又紹氏"、"鄭聯芳印"、"春田氏"、"漢書下酒"、"李宣龔印"、"碩果亭"。

書藏上海圖書館。

子威先生澹思集【明刻本】

《子威先生澹思集》十六卷，明劉鳳撰。明刻本。四册。存卷三至五、九至十六。半頁九行十八字，左右雙邊，白口，單魚尾。書口上刻"澹思集"，下有刻工。題"長洲劉鳳子威著"。

劉鳳，字子威，江蘇長洲人。嘉靖二十三年(1544)進士。授中書舍人，擢御史，官至河南按察僉事。家多藏書，勤學博記。其所撰述，刻意奥僻，或至於餖飣堆積，晦昧詰屈，不可句讀。《江左脞談》云，劉鳳好爲詰屈聱牙之文，吴人推服之，無敢後。又有《續吴先賢贊》十五卷、《雜俎》十卷等。

卷三七言古詩二十二首；卷四五言律詩七十八首；卷五五言律詩七十七首；卷九七言律詩六十四首；卷十至十二七言律詩，每卷皆六十二首；卷十三上七言律詩八十四首，卷十三下五言排律五十九首；卷十四五言排律三十九首；卷十五七言排律六首、雜體三首、五言絶句七首、七言絶句八十五首；卷十六七言絶句一百零五首。

是本似爲單刻，全書應六册。書根上書有"樂"、"御"、"書"、"數"，缺去"禮"、"射"，即卷一至二、六至八。書前應有屠隆序，見《白榆集》卷二。

此本刻工爲劉溥卿，吴郡人。皮紙印，刷印清朗，字體工整。審其字體、紙張，當爲嘉靖間刻。

書爲明范欽天一閣、清沈復粲鳴野山房舊藏。有"天一閣"、"沈氏鳴野山房圖籍印"。范欽，字堯卿，號東明，鄞縣人。嘉靖十一年進士，官至兵部右侍郎，其天一閣藏書七萬餘卷，雄視浙東。沈復粲，字霞西，山陰人。嘉慶間隱於書肆，自壯至老，博覽廣搜，藏弆數萬卷，著稱越中。

按是本早在薛福成編《天一閣見存書目》時即已殘去二册，佚去之卷數與此本合。查諸各家書目，劉鳳《劉子威集》卷數多有不同，最多者爲《鳴野山房書目》，著録爲《劉子威全集》一百四十五卷，疑爲劉鳳之集大成本。次爲《千頃堂書目》卷二十三著録"《劉子威文集》三十二卷，又《澹思集》五十二卷，又《客建集》□卷，又《越覽篇》□卷，又《太霞草》□卷，又《禪悦小草》十五卷"。三爲《明史·藝文志》、《四庫全書總目》皆著録爲三十二卷。今據《中國古籍善本書目》，《劉子威集》五十二卷，明萬曆刻本，全帙僅北京圖書館、北京大學圖書館、中國科學院圖書館、中國社會科學院文學研究所入藏，它如上海圖書館等十館所藏多爲三十二卷本，當爲不足之本。又臺灣"中央圖書館"藏《劉子威集》二種，卷數分别爲三十二卷、五十二卷(原藏北平圖書館者)，然著録前者作明萬曆初年原刻本，後者爲明萬曆間吴郡劉氏家刻本。疑版本相同，三十二卷本爲不足之本。此藏香港中文大學圖書館。

白石山人詩稿【明萬曆刻本】

《白石山人詩稿》七卷，明劉崙撰。明萬曆十二年（1584）劉汝默刻本。六册。半頁十行二十字，白口，四周雙邊，無魚尾。前有萬曆十二年劉汝默《白石山人稿引》。

劉崙，字山甫，無爲州人。嘉靖二十三年進士，授刑部主事，曾爲大理寺少卿。《引》云："先大夫白崖公，以明經登嘉靖癸卯甲辰科第，歷官兩京，終湖廣巡撫僉都御史，年五十一，卒於家。所著詩文書疏凡若干首，題曰《白石山人稿》，不肖孤覩手澤之猶新，溯日月之逾邁，大懼涣失，爰壽諸梓，藏之家塾云。"

是書雖題"詩稿"，實爲詩文合集也。卷一七言絶句三十首、詞一首、五言絶句二首；卷二五言律三十八首；卷三七言律七十九首、贊二首、古選十五首；卷四序二十篇；卷五記十篇、表、述、跋、况、行實、墓志銘各一篇，祭文十二篇；卷六小柬計九十二通；卷七疏十七通。

《明史·藝文志》、《四庫全書總目》均未收録。清金星軺《文瑞樓書目》集部有"白崖詩文稿七卷"，即此書。《中國古籍善本書目》著録僅此一部。

此本目録九頁，爲清人所抄補。鈐印有"金星軺藏書記"、"徐堅藏本"、"鄧尉徐氏藏書"、"褭新館藏書記"。金星軺，即金檀，康熙間桐鄉人。自幼嗜古，好蓄异書，藏書處爲文瑞樓。徐堅，字孝先，號友竹，吴縣人。工隸書，善篆刻，有《峴園詩鈔》等。

此本今藏上海圖書館。

龍江先生文集【明嘉靖刻本】

《龍江先生文集》七卷，明胡膏撰。明嘉靖三十八年(1559)王正意、王以旗、程鎖刻本。六册。半頁十行二十字，白口，四周單邊，無魚尾。題"餘姚門人王正意、休寧門人王以旗、程鎖校梓"。前有嘉靖三十八年方萬有序。末有王正意後序。

胡膏，浙江餘姚人。嘉靖二十九年進士，曾爲徽州府同知。

卷一記、銘十二篇；卷二至五爲序文，每卷皆三十六篇，共一百四十四篇；卷六祭文、像贊計四十二篇；卷七雜著十篇。

方萬有序云："龍江公文集，門人淛王君仲實手抄者，擕以來海陽，諸青衿子爭傳録弗暇給，則胥謀廣以梓刻。龍江公聞而止之曰，雕蟲小技，壯夫弗爲也，近達人亦云刻文集非士夫美事，信哉！余將安用之。……惟龍江公世家、越州文獻，早受業於陽明先生，弱冠即以文鳴東浙，魁薦省闈。既益自淬奮，幽探微索二十餘年，靡書不讀，乃見道益真，文益邃，四方負簏從者日衆，今江左鴻儒巨卿多出其門。中歲登上第，列官卿寺，名益殷殷動京師，一時文雅，咸心忻慕執鞭焉。諸有所陳述叙贈，必得公文以爲榮，於是制作日積以充。今觀厥集，弘肆優博逸超，而清遠有棪天之響焉。"

王序也云："近閲當代既灑落於彩翰，亦諷誦於人口者，孰不曰吾師龍江先生耶？先生自幼英拔，卓然先登，天與巇巇之性，加以弘麗之識，紡績墳典，組織篇什，率人所未言者，譬春臺之熙，衆人樂餌之止過客也。又性頗嗜誘後進，江左鴻巨多出其門。"

《明史・藝文志》、《四庫全書總目》均未著録。流傳罕見，傳世或僅此一部而已。

此本今藏上海圖書館。

郭襄靖公遺集【明萬曆刻本】

《郭襄靖公遺集》三十卷，明郭應聘撰。明萬曆三十四年(1606)郭良翰刻本。十一册。存二十六卷，爲卷一至二十六。半頁九行二十字，白口，四周單邊，單魚尾，下有刻工。題“莆中郭應聘君賓著；年友漳浦朱天球君玉編；門人泰和郭子章相奎訂；門人晋江王任重尹卿校；不肖男良翰梓”。前有萬曆三十四年陳經邦序。

郭應聘，字君賓，號華溪，福建莆田人。嘉靖二十九年進士。累擢廣西布政使，進右副都御史，巡撫廣西，擢都御史，總督兩廣，歷南京兵部尚書，與海瑞躬行儉素，一變士大夫侈汰之習。卒年六十七，謚襄靖。海瑞曾爲撰郭公傳。事迹又見《明史》本傳。

卷一奏疏十通(參藩廣東、巡撫廣西時)；卷二至四奏疏三十八通(巡撫廣西)；卷五至六奏疏二十八通(再撫廣西)；卷七至八奏疏二十七通(總督兩廣)；卷九奏疏七通(參贊留樞)；卷十奏疏九通；卷十一諸議六篇(南寧太守、威茂兵備副使)；卷十二諸議四篇(嶺南分守參政)；卷十三諸議七篇(廣西布政)；卷十四諸議十八篇(巡撫廣西，又檄文)；卷十五諸議三篇；卷十六家訓、宗法議；卷十七至十八紀事十一篇；卷十九序文十五篇；卷二十志銘四篇，傳、事述、碑各一篇；卷二十一祭文三十二篇；卷二十二至三十書翰，共四百八十通。

是書《明史・藝文志》未著録，傳世或僅見。應聘又有《西南紀事》六卷，《明史藝文志補編》及《四庫全書總目》存目皆著録，爲其巡撫廣西用兵之謀略。其刊版則爲萬曆八年。應聘又有《威茂邊防紀實》二卷，臺灣中研院歷史語言研究所傅斯年圖書館入藏。

刻工爲子蟾、岩黄、岩孔文、方、邦、國、光、玉、臺、文、王、達、沈。

鈐印有“廉讓居珍藏”。

此本今藏上海圖書館。

大樸主人詩文集【明萬曆刻本】

《大樸主人詩文集》九卷《詩集》七卷，明沈節甫撰。明萬曆刻本。二册。半頁八行十八字，白口，左右雙邊，無魚尾，下記字數。卷一第一頁有"男潅校"。無序跋。

沈節甫，初名曆，字以安，又字節甫，號錦宇，後以字行，浙江烏程人。嘉靖三十八年進士，歷祠祭郎中，萬曆間累官至工部左侍郎。嘗獻治河之策，語鑿鑿可用。致仕卒，天啓初追謚端靖。喜藏書，有《玩易樓藏書目録》，又有《紀録彙編》。

文集卷一至二爲奏議，計六通；卷三奏議十一通、批駁三篇；卷四記一篇、序十篇；卷五書序三篇、引四篇、雜著六篇；卷六書十三通；卷七墓志銘七篇；卷八行狀六篇；卷九祭文十八篇。詩集卷一五言古詩二十九首，卷二七言古詩十五首，卷三五言律詩二十四首，卷四七言律詩五十三首，卷五五言排律五首、七言排律一首，卷六五言絶句三首、七言絶句二十二首，卷七竹花篇十一篇。

沈節甫此集未著刻梓者，津疑或爲其子沈潅所刻。沈潅，字銘縝，萬曆二十年進士，選庶吉士，授檢討，累官至南京禮部侍郎，光宗立，召爲禮部尚書，兼東閣大學士，卒後謚文定，有《沈文定公集》。

《明史・藝文志》卷四著録有"沈節甫文集十五卷"，與此有别，然今已不存。《四庫全書總目》僅著録節甫《紀録彙編》而不及此書。按美國國會圖書館藏有明萬曆刻本《馬要沈氏族譜》七卷，爲明沈墊撰，其子節甫續成之。馬要沈氏自宋以來，爲吴興著姓。

此本今藏上海圖書館。

林熞文稿【明抄本】

《林熞文稿》二卷，明林熞撰。明抄本。一册。半頁九行二十二字，黑格。無序跋。

林熞，字貞耀，福建閩縣人，林廷機季子。嘉靖四十一年進士。授户部主事，歷廣西副使。後官涖浙江，徙廣東参政，召爲太僕少卿，因災异極陳礦税之害，請釋逮繫諸臣。歷南京大理卿。萬曆三十九年召爲刑部右侍郎，拜南京工部尚書，尋致仕。又有《覆瓿草》。其事迹附見《明史》林瀚傳後。又《蒼霞續草》卷十三有熞墓志銘。

卷一序二十一篇、碑一篇；卷二疏十八通、表五篇、書三十一通。《明詩紀事》收有林熞詩一首，爲《渡湘潭》。

《明史藝文志補編》、《千頃堂書目》、《四庫全書總目》僅著録熞《覆瓿草》，而不及是書。

陳氏僅存集【明萬曆刻本】

《陳氏僅存集》四卷，明陳燁撰。明萬曆二十八年（1600）刻本。四册，半頁八行十八字，白口，四周雙邊，單魚尾。題"諸城陳燁光宇氏著；門人庠生邵濬、張節、張其本同校"。前有萬曆二十八年賜進士第湖廣按察司副使、前四川道監察御史丁惟寧序。末有萬曆二十八年陳燁後序。

陳燁，字光宇，號後崖居士，山東諸城人。嘉靖四十一年進士。授工部虞衡司主事，榷浙江南關商税，力除夙弊。歷屯田司，進員外郎中，奉使督修永陵，以勞績著。擢正定知府，後出爲延安知府。陝西巡撫曹疏薦之，稱爲三邊不群之才，諸郡循良之最。年七十致仕。去官時軍民繪巡邊圖以獻，又立碑頌其德政。傳見（乾隆）《諸城縣志》卷三十列傳。

此《僅存集》所收皆詩，卷一一百四十八首、卷二一百七十首、卷三一百四十五首、卷四一百三十一首。

丁氏序云："吾邑後崖陳公，蓋宇内瑰奇士也。登進士高第，歷冬官郎，累遷郡守，尋以兵憲副臬歸，行年今將古稀矣。自弱冠迨今，觸事濡毫，緣情托素，笥囊之富，無慮百千。顧襟期宏遠，雅不願以詩博名……公乃輯篋笥之夙藏，蒐里巷之家蓄，共得八百餘篇，命之曰《陳氏僅存集》。"

陳燁後序云："余弱冠遊鄉校，登科第，薄宦中外，迄於歸田，隨所感遇，輒爲韻語，以自求適。然於此道實無入門，且明自知其不能，而故不已，若有以使之然者，得非有先入主之如先君之言乎？顧性疏脱，每一稿出，就録即棄，其稿不存，故作多遺忘無從考核。摯友少濱丁公知其然，嘗謂余：子所爲詩詞，宜鋟之梓，然聞稿多不存者，何也？余曰：自謂爲惡道，稿存無益，直須棄之耳。曰：存之而無益也，將棄之而有益乎？……遂旁蒐遺稿於數十年前，以及近日所爲一二，合諸雜體，共得若干篇，以少不足臚列門類，直據自登鄉舉以來歲月前後以爲次第，而漫題曰《陳氏僅存集》，蓋謂放失者多矣，而所存者僅此什之三四耳，亦紀實也。爰令門下邵生等校正其訛，以復於少濱，而付諸剞劂氏。"

此書《千頃堂書目》、《四庫全書總目》等均未收録。臺灣"中央圖書館"也藏一部。此本今藏上海圖書館。

刻毅齋查先生闡道集【明萬曆刻本】

《刻毅齋查先生闡道集》十卷，明查鐸撰。附録一卷。明萬曆三十七年(1609)查一訓等刻本。五册。半頁九行二十字，白口，四周雙邊，單魚尾。題"前廣西副使涇毅齋查鐸著；門人同邑蕭彦、趙士登校閲"。目録後有"男查琪次稿，姪孫查曰俞同校；孫查一訓、查一試，曾孫查希顯、查希頌、查希頊修梓"。前有萬曆三十七年樊良樞序。

查鐸，字子警，别號毅齋，涇人。生於正德丙子。嘉靖四十四年進士。隆慶時爲刑部左給事中，忤大學士高拱，出爲山西參議。萬曆初官廣西副使，移疾歸，繕水西書院，講王畿、錢德洪之學，後進多歸之。卒於萬曆十七年，年七十四。

此《闡道集》卷一奏疏九通，卷二書札六通，卷三書札七通，卷四語録三則，卷五語録三十五則，卷六文類(文序)二十二篇，卷七文類(壽叙)十八篇，卷八文類(記、説)十七篇，卷九文類(墓志銘、行狀、傳、墓碑、祭文)十四篇，卷十雜吟一百零三首、補贊一首。附行實(查琪撰)、行略(張應泰撰)、祭文呈稿、焦漪園墓志銘。按，卷四至五之語録，乃爲鐸致仕歸後，在水西書院主講，欲使水西之學有所歸一，其時從游者日衆，語録皆記當時問答之言、辨證之意。

《叢書集成》初編收有《涇川叢書》本《毅齋經説》、《毅齋奏疏》、《楚中會條》、《水西會條》、《水西會語》五種。經核對此集，《經説》皆見集之卷五；集中《查參守衛官員違誤不職疏》不見《奏疏》。後三種皆爲集之卷四所收。而書札、文類、雜吟等皆不見重刻。

據趙紹祖嘉慶四年跋涇川本《經説》云："毅齋湛深諸經，尤邃於易，今所録者，皆《闡道集》語録中之所載也。余觀其所言，而知其學皆從向上一層入手，如云爲學在於致知，致知在於心悟。又云多聞擇善，多見而識，已落第二義，故當其冥心獨造，辨之毫厘，雖經義未必果盡如此，而取熔往説，歸於所學，不使稍有抵牾，亦幾於直辟蠶叢矣。宜乎一時同學諸前輩群奉爲圭臬，而莫敢相抗也。《闡道集》舊傳二十卷，今存者十卷，乃近時重刻，不知足本尚有藏者否也，具書於此，以俟知者。"此萬曆時查一訓等所刻，當爲家刻無疑。紹祖所云"近時重刻"之本或爲别本。按，《明史・藝文志》僅著録鐸之《西漢菁華》十四卷，而不及此書。《千頃堂書目》卷二十三著録，也作十卷。《四庫全書總目》未收録。

鈐印有"浙江王金門晚翠軒藏本"、"甘棠居士"。

此本今藏上海圖書館。

文三橋詩稿【稿本】

《文三橋詩稿》不分卷，明文彭撰。稿本。一册。清趙文麟、陳宗元跋。半頁九行十四字。

文彭，字壽承，號三橋，文徵明長子。以明經廷試第一，曾任兩京國子監博士。自幼繼承家學，篆、隸、真、行、草無所不能，又精篆刻，其印作長期被後人奉爲金科玉律，在印學史上有深遠影響。

此手稿，收詩九十四首。彭有《博士詩》二卷，見《文氏五家集》卷七至八，共收詩二百八十首。然以手稿相校，此稿中《送楊子任會試》、《送陸修撰舉之省覲還鄞》等多首皆爲刻本所未收，且已收之者文字上也略微不同。如《丹陽舟中話嘉弟》一首，四庫全書本"話"作"同"；末句稿本爲"對酒無言泪萬行"，庫本"萬"作"兩"。

趙文麟跋云："比來賞鑒家見古人手筆，殘縑剩楮，不惜重貲争購，珍於球璧，自唐宋以迄元明，自謂目光如炬，鑒衡不爽。余非不愛古人名跡也，特其真贋莫能辨耳。何則，並世書畫不少專門名家，嘗見聲稱籍甚，持素紙踵門請者應接不暇。不得已，授諸其徒，或倩其友規橅鈎染，遺神襲貌，輒應其所請以去，甚至慧黠之徒，假托盛名，丐潤以爲糊口計然，則並世者猶難決其是真是贋，何論乎元明？又何論乎唐宋？而鑑古家猥云真贋易辨，或覩其款識，或詳其題跋，或别其圖章，犁然百無失一。噫，款識可冒，圖章、題跋何不可僞之有？今春，延芹生先生課余姪讀，出其所藏文三橋書册示余，文與陳先世爲中表親。此册詩筆神妙固不待言，其書有整飭處，有錯落處，有涂抹添注處，天然姿媚，筆端具有逸氣往來，置諸案頭，昕夕展覽，殊令余愛不忍釋。此真名跡也，此重貲所不能購，而宜珍之逾於球璧者也。什襲藏之，非獨墨寶流傳，且亦徵先澤之所貽者遠矣。道光十有九年，歲在己亥仲冬長至前三日，吴縣趙文麟謹跋。"

陳宗元跋云："文三橋先生，世其家學，以翰墨名當時，然余於公之書獨罕見，又未獲覩公之詩爲憾。癸卯春，翠岩叔出此册示元，謹授而讀之，琳琅滿目，一字一珠，至其運腕之超妙，尤得晋人三昧，駸駸乎登其堂嚌其胾焉。後生小子，又何能贊一辭？余先世本文之所自出，獨幸二百餘年來，此册之得藏吾家，不至流落人間，抑亦公之神明有以呵護之矣。吉光片羽，罕而彌珍，爰志數語於尾末，既爲公喜，且爲翠岩叔幸。後之人，其永寶之。道光癸卯仲春之月，後學陳宗元謹跋。"

鈐印有"吏科都給事中"、"瀫沅五秀人家"、"浮丘山人"、"珠泉主人"、"居在吴楚之間"、"存笏堂"、"少恒盛生"、"文彭之印"、"吴門王守"、"王履約印"、"東吴文獻衡山世家"。

此本今藏上海圖書館。

俞仲蔚文稿【稿本】

《俞仲蔚文稿》不分卷，明俞允文撰。稿本。清金農跋。四册。半頁九行，藍格。欄外上端有“文園雜俎”四字。

俞允文，字仲蔚，江蘇崑山人。年十五，爲《馬鞍山賦》，長老异之。年未四十，謝去諸生，專力於詩文書法，與王世貞友善，爲嘉靖五子之一。萬曆七年卒，年六十七。《明史》有傳。王世貞曾刻其集四卷，嘗云：“仲蔚好里居，又善病，家甚貧，凡所爲行者不厭死而已，然終不能事干謁，而自托古文辭特甚，平生不屑唐以後書，悉置弗讀。賦宗楚人，詩汰齊梁諸體，俱有奇思。餘文亦能辟易流輩。”

此稿本題“文稿”。第一册收賦十六首、詩九十五首；第二册收詩十一首、七言古詩一百零三首；第三册爲記二篇、序十五篇、傳一篇、志四篇，碑一篇、行狀一篇、頌五首；第四册爲文四篇、疏三篇、書十六篇、啓三篇、銘四篇，又高士贊三十二首、漢循吏贊十八首、雜著十篇。

明嘉靖間俞憲刻有《盛明百家詩》，其前編收允文賦四首，詩一百零二首。明萬曆十年程善定刻《仲蔚先生集》二十四卷附録一卷，其卷一收賦十二首，卷二四言古詩五首，卷三五言古詩一百三十五首，卷四七言古詩九十四首，卷五五言律詩一百八十五首，卷六七言律詩四十三首，卷七五言排律五十三首，卷八五言絶句三十四首，卷九七言絶句五十一首，卷十序三十篇，卷十一記四篇，卷十二傳三篇，卷十三墓志銘九篇，卷十四墓表一篇，卷十五碑二篇，卷十六行狀一篇，卷十七頌七首，卷十八贊三十二首，循吏贊九首，卷十九銘四篇，卷二十誄三篇，卷二一祭文七篇，卷二二雜著六篇，卷二三書啓三十篇，卷二四跋十三篇。

以稿本與萬曆刻本之細目相核，後者收詩頗多。然稿本賦之部分，如《瑞寶賦》、《白鸚鵡賦》、《桃賦》、《擬艷賦》爲刻本所無。又序中《贈醫師魯守正序》、《崑山雜咏序》、《婁江悵别圖咏序》、《送贊教陸煉師游龍虎山序》、《送大参龍池王公赴陝右治所序》；雜著中《崑山重建慧聚寺募緣疏》、《重修有唐卜將軍神祠募緣疏》等皆爲刻本所失收。由此可見，刻本所收也非允文所著之全部。

金農跋云：“新安俞祭酒允文，嘉靖間巨公也，文體妥雅，書法亦工。此其自書手稿，世所罕傳，得之者何異神接蓬壺，復遊乎麗農之山，心目爲之一快，珍愛又何吝焉。乾隆丙寅秋七月，杭郡後學金農識。”農，字壽門，號冬心，杭州人，流寓揚州。乾隆元年(1736)薦舉鴻博，嗜古精鑒賞，工書畫，爲揚州八怪之一。

鈐印有“陸時化”、“潤之”、“祖詒之印”。陸時化，字潤之，號聽松，江蘇太倉人。監生，好藏書畫，賞鑒精確，有《吴越所見書畫録》、《書畫説鈐》等。祖詒，即蔣祖詒。

此本今藏上海圖書館。

鳳笙閣簡抄【明嘉靖刻本】

《鳳笙閣簡抄》四卷，明凌約言撰。附録一卷。明嘉靖四十五年(1566)凌稚德刻本。四册。半頁八行十七字，白口，左右雙邊，無魚尾，下有刻工。題“吴興藻泉凌約言著”。前有嘉靖四十五年彭年序、王世貞序、王問序、李幼滋序。末有嘉靖四十五年吴嶺、須用賓後序。

凌約言，字季默，號藻泉，浙江烏程人。中應天鄉試，授全椒知縣，歷刑部員外郎，所在有政績。性開爽疏朗，與人和而介，按治不法如律，豪猾惴惴，尋乞歸，卒年六十八。又有《椒沔稿》、《病稿偶録》。王世貞《弇州山人四部稿》卷九十四有其墓表。

明代以簡札單刻者不多，重要者如申時行《綸扉簡牘》、王錫爵《王文肅公牘草》、沈煉《寒鴻尺牘》、熊廷弼《遼中書牘》、馮琦《宗伯馮先生尺牘》皆是。此本卷一三十八通、卷二四十九通、卷三五十八通、卷四二十四通、附簡四通，又附録空庵多病道人自叙。末爲顔鯨、洪朝選、王世貞、薛甲、唐樞、陳良謨讀鳳笙閣簡抄。簡多爲致茅鹿門、羅念庵、歸震川、顧箬溪等，皆一時名流學者。約言詩文集今未得見，此其簡札，也可窺見其和諸方人士來往之情景。

王問序云：“鳳笙閣手簡，乃吾常貳守凌侯録其尊大夫藻泉先生作也。先生宏才博學，交遊徧海内，自館閣臺省群公以及山林俊茂，凡致訶通候者積若干首。簡雖短長不均，其稱述敷揚，比事屬句，近取遠稽，亦人人殊矣，率隨意而言，意盡而止。舂容乎，大篇不爲漫；寂寥乎，短章不爲寡。攡藻繪於毫端，攄衷悰於染翰。據所演若不經思，覈其旨鮮或不當。温温乎，其諷之而非訣也；亹亹乎，其陳之而非激也。”

李幼滋序又云：“所至民愛，所去民思，與修同在位者，孰不曰：吾欲去。然未有脱然者，公官比部，通顯矣，一旦棄去，公茂異絶倫，西吴多名公卿，方諸生時，與公校不能出公右，書無所不讀，文章追古作者，詩雋麗秀妙，篇什俱存。顧托意二氏，不欲以自名即兹抄之善，非其子稚德刊之，公不欲令人知也。”

是書《明史·藝文志》著録。《四庫全書總目》未收。臺灣“中央圖書館”也藏一帙。此本書口下有“顧轅寫，何貞刻”。按顧轅爲吴郡名寫工，其所寫書版又有《漢書評林》一百卷、《孔子家語》十卷、《管子》二十四卷、《醫學綱目》等書。刻工有何祥、夏潡、王龍、何成德、何釗、何銓、何鎡、夏邦臣、王宷、何鑒、何鈐、夏文祥、何鑰、何鈿、袁宸、金汝南、邵埴、張璈。

鈐印有“曾留吴興周氏言言齋”、“周越然”；“熊國琦印”、“熊□登印”、“東湖草堂”。

此本今藏上海圖書館。

松莊文集【明嘉靖刻本】

《松莊文集》五卷，明蔡元偉撰。明嘉靖四十四年(1565)刻本。二册。半頁十行二十一字，白口，左右雙邊，單魚尾，下有刻工。題"温陵蔡元偉撰"。前有嘉靖四十四年蔡元偉自序。

蔡元偉，字伯詹，福建晋江人。總丱受學，有孝弟稱。非聖賢書不觀，非孝弟之志不存，領鄉薦不謁有司，力耕爲養。既就羅田學諭，即舉業之中默誘之聖賢之域。擢德安令，一用節愛爲本，每退食，取《小學》、《近思録》等，揭觀成誦不釋手。尋升撫州同知，有惠政。署樂安、崇仁邑篆。學尚程朱，而重躬行。嘗作《考德録》，日識所行事。有《四書折衷》、《易經聚正》。

卷一詩五十二首、七言律詩六首、五言絶句二十首、五言古風自述一篇；卷二書五十三通；卷三書二十三通；卷四序二十一篇；卷五記七篇、祭文二十篇、墓志銘一篇、行狀二篇、傳一篇。

其五言古風《自述》云："抽簪恨不早，白髮乃丘山。弱冠起道心，悠悠四十年。追思一幻夢，俛仰恒慨然。古人弗可作，高風增企焉。良朋復乖違，濁滓誰與湔。所以披黄卷，尚友訂吾頑。明訓非不勤，無奈氣習偏。艱苦深磨煉，依稀寡舊愆。逆途屢摧挫，俗物兼牽纏。排剪去還積，長倚片心堅。卜築名儒里，幽棲有餘閑。師保凛面命，庸駑强策鞭。大路何漫漫，力綿幾放肩。冥蒼賴默相，平地將升巔。衰顔難長進，獨憩萬峰前。"

是書《明史・藝文志》、《四庫全書總目》等均未著録，頗罕見。刻工有虞、德堅、于、陳二、詢、奇、仁、臺、希、蔡、謨。

鈐印有"松石草堂"。

此本今藏上海圖書館。

沈嘉則詩選【明萬曆刻本】

《沈嘉則詩選》十卷，明沈明臣撰，沈九疇選。明萬曆六年(1578)刻本。清佚名批。半頁九行十九字，白口，左右雙邊，單魚尾。題"四明沈明臣著；從子沈九疇選；通州張成詔、錢兆賢校"。前有萬曆五年王世貞序、劉鳳序、屠隆序，末有萬曆六年沈明臣後跋。

沈明臣，字嘉則，别號句章山人，浙江鄞縣人。嘉靖中諸生，其於文益奇有秦漢風。嘗與徐渭同入胡宗憲幕府，又撰有《通州志》八卷。其傳見《明史》文苑傳徐渭傳後。

卷一樂府三十四首，卷二五言古詩二十七首，卷三至四七言古詩七十一首，卷五至六五言律詩一百零九首，五言排律三首，卷七至八七言律詩一百六十一首，卷九五言絶句二十八首，卷十七言絶句五十首。共四百八十三首。

屠隆序云："……世宗皇帝時，嘗從胡少保行，間爲書記。少保禮先生，待以國士。少保死，先生遂挾筴走湖海，往來吴楚閩粤間。先生少年時，才思敏博，能對客揮長句，落筆百韻不止，咸瀟灑出塵，聲名以是大噪。及歷覽天下佳山水，結交海内豪杰，遂以盡文章之大觀，所造益精，而所得益艱，往往悔其少作矣。……一日晤先生於張司馬公所，一見把臂，歡如平生，遂連宿先生齋中。先生盡出所爲諸稿，讀之，至漏下五鼓不休。如登西華山，下睇黄河若帶，踞秦岱，臨碣石而瞰滄海，曾不盈睫焉。……先生不屑屑於擬古，而春容璀燦，即言言無不作漢魏聲。五言古詩亦自出機杼，而富勁力，自令鮑、謝却走，若先生之於唐音，猶傴僂丈人之承蜩掇之而已矣。而尤長於七言古詩，蓋海内稱獨步焉，王元美謂先生布衣之傑。嗟乎！先生獨杰布衣也。"

沈明臣跋云："不佞少也賤，治經生業不用，用治詩，然於詩性殊好也，而且撰結不甚勞苦，然業必勞苦甚始脱草。如是者垂三十年於兹，計草殆萬篇，而自汰去者三之一，以三之二授從子箕仲選，箕仲選復汰去七之六半，而止存四百篇，已而箕仲就太常奏名去會。不佞客海陵，攜以隨，復以新撰授湯生慈明選，湯生慈明選復得百五十篇有奇，手録在笥，乃張克應、錢子愚、子南知而請授梓。梓就半，通大夫林君登卿知狀，謂不佞曰，諸生高誼哉，業不可不使余分誼。乃割奉，於是梓全，就題曰'沈嘉則詩選'，凡十卷，蓋林君命名，而序以王廷尉元美。萬曆戊寅春日沈明臣跋。"

《四庫全書總目》存目收有明臣《豐對樓詩選》四十三卷，《提要》云："明臣生平所作詩，凡七千篇，屬其猶子九疇選定爲四百篇，今未見傳本，是集爲廣陵陳大科所校梓，凡爲詩四千四百八十九首，較九疇所選增十倍。"此《沈嘉則詩選》傳世極罕，四庫館臣未見，故有"今未見傳本"之説。《天一閣見存書目》卷四有著録，然僅存卷六至十，今已不知去向。明臣又有《丁艾集》、《用拙集》、《青溪集》、《帆前集》、《蒯緱集》、《越草》、《吴越游稿》、《荆溪唱和詩》，不知是否爲《豐對樓詩選》所收。

序後有"長洲吴曜書，袁宸、章國華同刻"。吴曜乃姑蘇重要寫工，明嘉靖四十一年刻《野客叢書》三十卷、明嘉靖八年刻《何翰林集》二十八卷、明嘉靖三十六年刻《修辭指南》二十卷、明萬曆刻《夢占類考》十二卷，皆曜所寫。袁宸也參與刻有《野客叢書》、《何翰林集》。此本今藏上海圖書館。

鈐印有"四明盧氏抱經樓藏書印"。

金栗齋先生文集【明萬曆刻本】

《金栗齋先生文集》十一卷，明金瑶撰。明萬曆四十一年(1613)瀛山書院刻本。四册。半頁九行二十字，白口，四周單邊，單魚尾，下有刻工。前有萬曆四十四年范淶序。末有萬曆四十四年汪從龍跋。目録後有"萬曆四十一年癸丑菊月刻於瀛山書院；外孫邑庠生汪從龍、汪時震，内姪國子生汪嗣志，外曾孫邑庠生汪鍾鼎、郡庠生汪鍾日、國子生汪繼美同校梓"。

金瑶，字德温，號栗齋，安徽休寧人。嘉靖十年(1531)選貢生，歷會稽、廬陵縣丞，遷桂林中衛經歷，以母老不赴，教授鄉里，卒年九十七。

卷一序二十四篇；卷二記二十二篇；卷三説二十二篇；卷四引十六首；卷五祭文十五篇；卷六贊十三首；卷七傳二十三篇；卷八行狀十七篇；卷九墓銘五篇、墓表一篇、事略一篇；卷十雜著二十六篇；卷十一書疑七十七條。

范淶序云："先生名瑶，字德温，瑺溪人。持身嚴，肅范後，端師道，學者稱栗齋先生。弱冠以詩補邑廩士，郡守鄭公首拔入紫陽書院，凡九試南北闈不第，乃謁選。初丞浙之會稽，後以父憂服闋，補丞江右、廬陵，先後署篆，廉介多異績。各生儒稔先生夙養，就講學，必以實心理奥，辨析幾微，竟其歸宿，所至大得多士心，謂科甲令弗若也。越兩考，擢桂林衛經歷。歸省，以母垂白在堂，遂投檄，時届耆年，而鬒猶墨，自是日以著述爲事，歷年九十四，猶侵晨往館，暮歸，以爲常。而耳目聰明，心思淵徹，不減於壯强，故纂輯盈笥，蒼蒼者有以相之乎？今其外孫汪從龍氏諸生梓所集於瀛山書院者十一卷，始於序記説引，以至《雜著》、《書疑》皆館笥所藏，敦宗盟，扶世教，厚民俗，以補經傳之所未備，爲後學考德問業之蓍龜，非如世之應酬炫彩，聊以自娱。……其初集有《傳習録》、《雍聽録》；其集之大者，有《周禮述注》、《六爻原意》、《十七史摘奇》、《瑺溪金氏族譜》；其考究經傳異同，有深造而自得者，則《雜著》、《書疑》二卷，多發明宋儒所未發，而洙泗之淵源，將可默識乎！"

此書《四庫全書總目》入存目，《提要》云："是集乃其外孫汪從龍所梓，文頗有跌宕之致，其闡發經義之作，大抵空言多而實際少，蓋其説《易》、説《周禮》，即多以臆斷云。"按上圖又藏此刻一部，另臺灣《"中央圖書館"善本書目》著録者乃原藏北平圖書館者，有"翰林院印"。

刻工有黄德聚、黄光清、黄大年、黄奇、叶茂實、之、元、正、拱諸人，皆新安派刻工。

藏印有"餘姚謝氏永耀樓藏書"。

此本今藏上海圖書館。《四庫全書存目叢書》補編第七十八册收入此本。

自適詩集【明嘉靖刻本】

《自適詩集》十三卷，明謝矩撰。明嘉靖謝汝儀刻本，六册。半頁十行二十字，白口，四周雙邊，單魚尾。題"曾孫表、章編輯"。前有豐熙序。後有嘉靖八年(1529)林魁、陳璟後序，并正德十三年(1518)叶應聰撰《修孝義堂記》、謝汝儀撰《孝義堂刻扁引跋》。

謝矩，字原規，浙江寧波人。《浙江通志》卷一百八十四孝友二有其小傳，云："以父命爲人後。兄員坐事謫戍涼州，矩裹糧匍匐，走萬里資送，終其身不衰。後以例籍父及妻子俱赴戍所，矩獨以別籍免。矩曰，奈何使父與嫂姪獨困苦耶？力請與偕。抵吴門，父病死，矩哀毁幾絶，以父柩權厝旅舍，相嫂姪抵京師，適偶例以家屬放還，遂復至吴門迎櫬歸葬。明年兄没戍所，矩又間關數千里，函骨歸祔先壟，撫其遺孤。薦紳高其行，扁其堂曰孝義。"矩爲四明孝義處士，暨其兄尋樂先生皆以文行起東南，其流風餘韵，衣被鄞地。昆仲二人晚與香雪坡、樗軒二王、徐梅江、章終慕、傅藥欄、袁德鄰諸英結社，以詩共娱。

是書卷一五言古詩；卷二七言古詩；卷三五言律詩；卷四至九七言律詩；卷十五言、七言絶句；卷十一雜著；卷十二附録孝義處士行實、孝義處士傳；卷十三附録，爲尋樂詩文并贈挽。

書乃矩曾孫表、章所輯。《天一閣書目》集部卷四之二作明謝表、謝章撰，非也。豐熙序云："吾鄞詩派在國初最盛，蓋豪雋生貞元之會，宣大和之氣，若自適謝先生，與其昆尋樂先生皆號豪吟，尋樂方期用世，遽遭坎坷……詩初有前後集，先生没後，册乃逸。其曾孫贈御史表、庠士章蒐輯斷稿，得若干什，今玄孫汝儀僉閩臬，校刻漳臺，附以尋樂殘稿，總十三卷。"按汝儀，字國正，號果庵。正德九年進士，授餘干知縣，擢監察御史。在官清廉，後自雲南參政遷江西按察使，便道歸省，遭祖母喪，遂以哀毁卒。此本當爲汝儀以閩臬僉事按節漳南時所刻。

矩集傳世極罕，明祁承㸁《兩浙著述考》、《明史・藝文志》及《四庫全書總目提要》(稿本)諸書皆未著録，《千頃堂書目》也僅著録矩兄尋樂先生《鳴窮集》，而不及此書。

此本今藏上海圖書館。

天池玉芝和尚内集【明嘉靖刻本】

《天池玉芝和尚内集》二卷，明釋法聚撰。明嘉靖四十三年（1564）明源刻本。一册。半頁十行二十字，白口，四周單邊，單魚尾。題“覺庵居士祖覺選集”。前有忘言居士林樹聲跋。嘉靖四十三年羅汝芳序，嘉靖三十七年天池老人法聚後序。又有玉芝禪師塔文。

法聚，字玉芝，姓富氏，浙江嘉興人。年十四出家海鹽資聖寺。工詩。嘉靖四十二年卒，年七十二。

上卷上堂十首、小參十四首、頌古十一首、偈五十一首、贊二十首、箴銘五首；下卷法語十六首、序六篇、記三篇、書問十二通、雜著七篇。

羅汝芳序云：“内語凡二卷，僧明源爲其師玉芝刻也。玉芝初得法於夢居，隱居武康天池山，名聞遠近，宗其教而歸者數千百衆，開示指陳，句皆要義，録久成帙，争共誦傳。歲癸亥五月，玉芝忽入寂，其録益爲從所重。僧明源乃謀刻之，欲予叙其首。夫予固慕玉芝之久而且切者，叙安可辭？顧淺劣不足以窺其法要耳。然聞玉芝初參夢居云，何以得不落人圈繢，夢居與一掌，玉芝遂大悟。則玉芝之法，原非由言筌得者，吾人又可以言筌而得玉芝也哉。竊領諸方普同真證，謹書此以俟。”

《明史·藝文志》卷三子類著録，有《玉芝語録》六卷，《内語》二卷。

鈐印有“枕流軒圖書記”、“知非樓所藏書”。

此本今藏上海圖書館。

沈山人詩【明嘉靖刻本】

《沈山人詩》六卷續集十卷，明沈霑撰。明嘉靖四十三年（1564）宗臣刻萬曆四十一年（1613）王百祥修補印本。四册。半頁九行十八字，白口，四周單邊，單魚尾。書口下有“麻沙”二字。題“首乾盧學易遴選；子相宗臣編梓”。前有嘉靖三十九（1560）宗相序，次爲沈山人小像及李春芳撰像贊。續集題“子云袁孟龍遴選；化遠王中孚校梓”。有嘉靖四十三年王中孚序、萬曆四十一年王百祥跋。

沈霑，字伯雨。天性孝友，與其兄雷、弟霈，築三髯雅居於湖上，飲酒賦詩，友愛彌篤。簞瓢屢空，辭受不苟。杖履超然，有物外之志。著有《雨田集》、《孝順卷》等。咸豐《興化縣志》卷八有小傳。

卷一五言古詩九首、卷二七言古詩二十九首、卷三五言律詩四十二首、卷四七言律詩七十首、卷五五言排律十一首、卷六七言絶句十三首。續編卷一楚詞八首、卷二樂府二十六首、卷三五言古詩十三首、卷四七言古詩十八首、卷五五言古詩五十首、卷六七言律詩四十四首、卷七五言排律五首、卷八七言排律一首、卷九五言絶句三十五首、卷十七言絶句三十四首。

《明史・藝文志》、《四庫全書總目》未著録。王重民《中國善本書提要》著録，然續集僅爲五卷，當殘去其半。宗相序云：“沈山人者，雨田先生，諱霑，伯雨字。性靈敏，古今書、傳、經一涉獵即能條悉大旨，與人論世事，晝成敗，率常嘆賞。情閒曠而冲美，不少淆溷世坌中，故發爲詩歌，逸而不俚，艷而不靡，婉順而不恚疾，冲古而不淺淡，蓋備王、孟二家之長焉。山人多作詩，不喜存集舊稿。予自肇慶入比部，乃招山人爲秣陵之遊，始僅索其稿凡三百篇。吾兒臣從稽勛郎，出參閩政，予以山人集授之。臣亦予告曰，先生素善我者，南北風塵中，嘗彼此有唱和，及歸芙蕖館，每舉觴而詠之。臣喜山人詩，恐終托諸溟涬也，行將裒編《萬花谷集》，此集蓋不可少，然竟未篋去。及己未歲，臣督學閩上，適盧子首乾、潘子啓明二君，以諸鄉先生稿寄臣，蓋山人集與焉。時臣疾已劇，得之甚喜，曰：‘此可以畢吾志，恨不能强起爲一傳述也。’遂以所與酬答者命梓之，付其僕曰：‘謝予父幸爲叙其故謝沈山人狀，予疾未能也。’庚申夏日，乃得其所梓歸，予深嘉山人之詩，復以重表吾兒之志也。”

王百祥跋云：“庚子之歲，先君以貢事寓金陵承恩寺中，適江右老學究久病謀歸，無以爲裝，因向先君曰，予有板刻一付，乃公鄉人詩也，桑梓之遺，遠人之急，先生得無意乎？讀之知爲興化沈山人詩。山人亦素善先君者也，乃出橐中裝易之，及欲刷行，而中多殘缺，徧索於昭陽親友，絶無此集，幾欲付之丙丁。今年春，偶從閩友方伯郊館中檢得舊本,始能校閲詮補,復爲完刻,然書成而先君已不及見矣。俯仰今昔,感慨繫之。夫是刻也,覓之同邑同時而絶不可見,乃一得於豫章之人,一得於八閩之友,相去數千里,相隔數十年,而又皆與予父子相遇,不亦奇哉!”

宗臣,字子相,揚州人。嘉靖進士,由吏部考功郎歷稽勛員外郎。文章與李攀龍、王世貞相切磋,爲嘉靖七子之一。楊繼盛死,臣賻以金。出爲福建布政參議,卒年三十六,有《宗子相集》。是書當爲宗臣出參閩政時,其父屬爲刻之閩者,故書口下又刻有“麻沙”二字。續集則爲王百祥補刻者。此本今藏上海圖書館。

鈐印有“楚漢陽張卿岡藏書之印”、“于氏世守”、“右任之友”。

歐虞部文集【明萬曆刻本】

《歐虞部文集》二十二卷，明歐大任撰。明萬曆十二年(1584)程懋易、程烈卿刻本。十六册。半頁九行十八字，左右雙邊，白口，單魚尾。題"嶺南歐大任楨伯著"。前有萬曆十二年方沆序。末有程懋易跋。藏香港中文大學圖書館。

歐大任，字楨伯，號侖山，廣東順德人。早禀家教，聰慧絶倫，稍長，博涉諸史，攻古文辭。年十四補諸生，督學林云門、張希舉嘗合十郡雋异士試之，皆第一，名噪膠庠。嘉靖癸亥，以歲貢廷試，瞿景淳得其卷，驚曰一代才也，進呈列首，由是聲稱益甚。後升國子監，尋改大理寺左給事，遷南京工部屯田主事，再轉虞衡郎中。年八十卒。王世貞譽其爲五子之一。傳見(咸豐)《順德縣志》卷二十四列傳四。

卷一賦一首、卷二頌十七篇、卷三銘七篇、卷四至七序七十篇、卷八至十記二十五篇、卷十一行狀八篇、卷十二碑四篇、卷十三墓志十一篇、卷十四誄、哀辭各一篇、卷十五傳十一篇、卷十六祭文十八篇、卷十七札疏六篇、卷十八贊十九篇、卷十九跋五十八篇、卷二十雜著十篇、卷二十一至二十二書五十七通。

方沆序云："楨伯僅從明經里選，北遊上國，出爲諸生大師，入拜雍館、廷尉、虞部，得與當世文章家濟南李先生、琅琊二王先生、新都汪先生、吴興徐先生、武昌吴先生相遇，中原旗鼓並稱，詩日以工，直溯建安、大曆而上之，所至有《南翥》、《北轅》、《軺中》諸集，駸駸乎人誦而家傳矣。及其所爲古文辭，則大洗詰屈鉤棘之習，上自先秦兩司馬，下至六朝隋唐，極意取材，觸事而發，大旨一歸於温厚爾雅，即王先生之雄博登壇，汪先生之雍容節制，楨伯以偏介乎其間，未嘗不旗相靡而心相重也……語曰：南海之羽，出疆始珍，歐先生類之矣。"

是書乃大任門生程懋易、程烈卿所輯刊。程懋易跋云："……索詩若文者，足跡滿户外，每一詩出，人争傳誦，好事者梓其詩凡十餘種，今彙梓爲《歐虞部詩集》，從今官也。曩佣館時，每見先生一文成，輒收其草，亦既充篋矣，並索其家居及廣陵、浮光所著合梓之，亦名曰《歐虞部文集》，從詩名也。先生詩每集輒有宗工爲之序，顧未有論其文者，以集未出故耳。懋易不佞，於是集也，與家姪校寫凡四閲歲而卒業。"方序也云："新都程氏兩生懋易、烈卿雅從歐楨伯先生遊，乃裒輯先生文若干言，付之剞劂，永垂不朽。"

歐大任自萬曆十年任工部虞部郎中，掌帝都之街道、苑囿及草木、山澤等，而其重點在營造宫殿陵廟城恒，并督修孝陵，帝雖有白金文綺之賜，然大任已懷去志。十二年秋，建玄武門，工竣即得旨遣歸，是書即刻於其督建玄武門時。大任卒於萬曆二十三年，也即是此本刊刻十一年之後。按《中國叢書綜録》著録《歐虞部文集》爲萬曆二十年刻本，不知根據何在，或爲後來之翻刻。

《歐虞部文集》有六十五卷本，爲禁書。《清代禁毁書目》入"全毁"之列，此本《明史・藝文志》、《千頃堂書目》著録，甚罕見。日本内閣文庫也有入藏。《中國古籍善本書目》僅著録《歐虞部選集》十四卷一種，明萬曆刻本，臺灣"中央圖書館"則有《歐虞部集》三十四卷，清初刻本，非足本，其子目爲《思玄堂集》八卷、《雍館集》四卷、《浮淮集》七卷、《軺中稿》一卷、《十先生傳》一卷、《旅燕稿》四卷、《游梁集》七卷、《南翥集》一卷、《北轅集》一卷。

原《香港中文大學圖書館善本書目》著録作二十卷，誤。卷一第一頁書口下有"吴門高洪書，郭昌言刻"。刻工又有郭泰初。高及郭氏三人皆蘇州人，高曾寫有《國朝名世類苑》四十六卷。

鈐印有"古萬川温氏藏"、"丹銘"、"温氏丹銘"、"右任之友"。

歸田漫稿【明萬曆刻本】

《歸田漫稿》二卷，明錢騰蛟撰。明萬曆二十四年(1596)刻本。二册。半頁八行十七字，白口，四周單邊，單魚尾。題"虎林錢騰蛟子雨甫著"。前有萬曆二十四年張朝瑞序、沈文序。

錢騰蛟，字子雨，號雲川，仁和人。嘉靖舉人，由邑令擢知海州。忤當軸，左遷潞安別駕。會西部警事，騰蛟厲兵治餉，尋引歸。

卷上五言古詩八首、七言古詩十五首、五言律詩三十五首、五言排律二首；卷下七言律詩七十首、七言絶句十六首。

張序云："雲川公天性憾厚，原愨軥録，士林推長者。往者刺海州，不佞爲公部民，公敦禮薦紳，綏字氓庶，温温讓充，真仲卿次公儔亞也，州人翕附焉。公代去，卧轍者踵相接，迄今尸祝未忘也。其投簪税駕，養高衡泌，多寄意詩酒間，詩累成帙矣。"

沈序云："公少嗜古，於書靡所不鏡，所爲文琢以秦葩，鏤以漢藻，卑晋魏六朝而下之，詩則五七言，古建安也。近體律，大曆、貞元乎？樂府歌行，吾不知其所祖，騷人之遺烈矣。總之抒性靈而鳴心得，則三百篇前茅哉，乃今獨以其詩行，詩亦獨以其《歸田草》行。蓋公下帷流覽博洽，即時時不廢吟諷，然其十九治博士業，仕則十七治簿書，至解組抽簪而後，三徑菊松間，益得獨肆力於聲歌，以故《歸田草》最著。今讀其詩，固已金筏競津，浸浸名場矣。"

《明史・藝文志》、《四庫全書總目》等皆未收録。

鈐印有"豐華堂書庫寶藏印"。

此本今藏上海圖書館。

武陵詩選【明嘉靖刻本】

《武陵詩選》六卷，明施漸撰。明嘉靖四十五年(1566)王其勤刻本。二册。聖猶氏、沙彦楷跋。半頁九行十八字，白口，左右雙邊，單魚尾。題“明無錫施漸著”。前有嘉靖四十五年王其勤序。

施漸，字子洞，江蘇無錫人。少小即好詩歌，既長，乃工舉子業，竟以序貢授海鹽丞，尋罷去，歸老蠡川田舍，蓋終身不遇，賫志而歿。其詩盛有名稱，不群於時輩。其友俞憲云漸詩“苦心考索，竭力磨洗而後工者，大都精雅閑遠，絶類王、孟。至於趣味悠深，聲調雋特，又在韋、柳、錢郎間”。曾校刊《皇明名臣言行録》。《荆川先生文集》卷十四有《施推官墓志銘》。

王序云：“錫山武陵施君，博綜群書，精極理致，本性情而寄興，黜浮靡以成家，直遂而引高者，可敬可仰；温厚而就下者，可愛可親。長而數十語，不覺其繁；短而四五言，曲盡其旨，平淡處，多類孟浩然諸篇。而《摩詰》、《黄雀》諸詞，似不能出施君之右，是在熟讀君詩者，自可見矣。”

聖猶氏跋云：“武陵先生與曾王父昆季交契最深，唱酬亦甚富，有集所未盡者，如《山園》諸作，原稿具存。先輩謂其詩精雅閑遠，絶類王、孟。家鬱州《國雅》評亦云，蕭條冲寂，卓乎名家。大抵先生詩品、人品俱吾邑第一，惜其後嗣不振與寒家子姓，真不勝魯衛之感。晚學聖猶氏跋。”

沙彦楷跋云：“按荆州集《施闇墓志》，漸實闇龔氏妹之子，其父廉命字而子之後。闇自有子曰涣，旋夭死。迨闇卒，漸行三年之喪，以子報之。然志中謂闇嘗録《水東日記》，所載周氏之事及朱子答汪尚書之書而自題其後，蓋不以周氏之祭其外家爲是，而以朱子爲外家，立後之言爲不可易也，惟漸迄未歸龔氏本宗。(萬曆)《無錫志》藝文類載施漸《武陵詩選》，各門内復常引其詩，而傳人物則無漸名云。”“漸字子洞，未見荆川集中。”“集内有聖猶氏録補詩多首及跋，並引顧起綸所輯《國雅》，稱其家鬱州，又在《顧憲副洞陽清涇莊雜詠》後跋，稱先生與曾王父昆季交契最深云云，知爲涇陽洞後人也。”沙彦楷，字武曾，江蘇武進人，回族。清末畢業於京師法律學堂，早年從事司法工作，并任衆議院議員，1925 年起長期以律師爲業，抗戰勝利後加入民社黨，後另組民社黨革新委員會，歷任副主席、主席。1949 年加入中國民主同盟，1970 年去世。

是書《明史·藝文志》未著録。漸詩又見《盛明百家詩集》本，但僅一卷，所收甚少，此集極罕見。藏上海圖書館。

鈐印有“蕉林藏書”、“蕉林梁氏書畫之印”、“觀其大略”、“綉佛齋”、“梅花堂”。

長鋏齋稿【明隆慶刻本】

《長鋏齋稿》七卷，明馮遷撰。明隆慶四年(1570)汪稷刻本。四册。半頁十行十九字，左右雙邊，白口，單魚尾，書口下有刻工并記字數。題"上海馮遷著；門人汪稷校刊"。前有隆慶四年潘恩序、朱察卿序。

馮遷，字子喬，號樵谷，父淮，原籍崑山，耕於浦濱，遂爲上海人。隆慶中與朱察卿以布衣稱於詩。《雲間志略》卷二十云："志格高華，不肯向人貸貫錢斗粟，第以硯田糊口，日夕苦吟，而亦自出幽棲爲愉快，山林高士子也。"

卷一五言古詩五十一首，卷二七言古詩五十首，卷三五言近體七十六首，卷四五言近體七十一首，卷五七言近體九十一首，卷六七言近體九十二首，卷七五言排律七首、七言排律二首、五言絶句十二首、七言絶句二十首。

潘序云："《長鋏齋稿》者，上海馮君子喬所著詩也。子喬負隱君之行，居然瓠落，嗇於逢時，類古齊客馮歡，遺有一劍蒯緱耳，且又同姓，乃以長鋏名齋，因以名其集稿云……子喬，名遷，父雪竹先生，以詩人離於時。""馮氏父子，陸沉闤闠之區，性逸雲霄之上，作詩取材漢魏，效法盛唐。雪竹之詮辭俊逸，氣格清新，庶幾入室。子喬採掇菁英，鋪張平實，可謂升堂。叔氏子潛六，能嗣音步武。近時韋布之士，父子稱能詩者，必推先馮氏矣。説者評雪竹之詩，猶宋蘇明允之文；子喬伯仲，則子瞻之流亞也。"

是書乃遷之門人汪稷所刻。朱察卿序云："馮先生子喬，所著詩賦文章各若干首，其門人汪生德馨先請刻其詩。"

此本卷一第一頁書口下刻"長洲吴曜書，沈喬刻"。卷七末又有"長洲吴曜寫，沈喬、沈元一同刊"。刻工又有姚起。吴曜爲吴郡名寫工，又寫有《夢占類考》十二卷、《野客叢書》三十卷、《修辭指南》二十卷。沈元一即沈玄易，又刻有《夢占類考》及《國朝名世類苑》。姚起又刻有《龍江集》十四卷。

《明史・藝文志》卷四集類、《千頃堂書目》卷二十四集部著録，《四庫全書總目》未收，《中國古籍善本書目》著録，上海圖書館及臺灣"中央圖書館"各藏一部。

鈐印有"葉氏菉竹堂藏書"、"石林後裔"、"龜山范氏文房"、"許"、"許氏鞠霜樓藏書"、"許鞠霜樓所藏"、"家在小瀛洲行舍"、"鞠霜樓"、"葉啓發家藏書"、"葉啓發讀書記"、"葉啓發藏"、"葉啓勛"、"定侯所藏"、"拾經樓"、"東明所藏"、"東明審定"、"憖齋"、"憖齋秘籍"。菉竹堂即明葉盛堂名。鞠霜樓不知誰人。葉啓勛，字定侯，號更生居士，生於光緒末年，湖南長沙人，葉德輝從子，其藏書樓曰"拾經"，蓋取拾經眼之書意。

潛初子集【明崇禎刻本】

《潛初子集》四卷，明岳元聲撰。明崇禎十五年(1642)岳漢等求志堂刻本。四册。半頁十行二十字，左右雙邊，白口，單魚尾，書口下刊"求志堂"。題"長水岳元聲石帆著；男潢、洵輯；孫枌、桯較"。前有崇禎十五年吴橋范景文序。序後有臨川湯開遠撰《潛初子傳》。

岳元聲，字子初，號石帆，别號潛初，浙江嘉興人。宋忠武王十八世孫。少負异姿，九歲博通經史，尤精心於《易》。稍長，從賀道星游，倚馬千言，超妙入神。萬曆十年舉於鄉，十一年聯捷，初仕旌德令，遷國子監丞，進工部郎中。後削籍歸，建天心書院，崇祀四先儒於堂，與四方士講習理學、易乘。天啓初，起歷太僕卿，晋南京兵部侍郎，劾魏忠賢不法事，罷歸，有"監丞鐵面"之目。卒年七十二。有《圖書編》、《聖學範圍》、《易象圖説》等。

卷一奏疏十道，卷二五言古詩四十首、五言排律二首、五言律詩六十首、五言絶句三十九首、六言絶句六首、七言古詩二十八首、七言律詩四十八首、七言絶句四十首，卷三序三十三篇、引十四篇，卷四記九篇、傳四篇、説十篇、議四篇。

范序云："先生不獨以氣節著也，蓋先生德業備乎已，而尤遜志於《易》，觀象繪圖，探賾索隱，其足於子明、堯夫間分置一座，以其餘緒發爲文章，尋統系於理扃，致豐美於性術。渾渾焉，灝灝焉，若星緯之經天，而江河之行地也，豈與夫織章組句，選字鏤詞，争綺靡之波蕩已哉？"

其奏疏第一篇爲《止選宫侍請停銅具疏》，"諫止選良家女入宫。……先是陛下詔下禮部，選良家女子三百入宫，預教應用。臣聞之道路之言曰：陛下選進宫女未及十年，老者計歲不過三十，少者計歲不過二十餘，殘疾者歲計不過十之一二，而何以缺乏至此？已而部臣疏請停止，陛下未可其奏，下五城兵馬奉詔選擇。臣又聞之道路之言曰：近日報選宫女，巧者嫁，貧者逃，有力者潛藏，媒妁未至，遣嫁已畢，丁男一日而數娶，處子十室而九空。夫深宫富貴，其榮於篰屋也明甚，而又能禄養其父母，寵光其親戚，宜人情深願而何以趨避若此？臣於前月二十八日，途經諸王館，則又聞之道路之言曰：今日宫女之選，有斷髮者，有剥面者，有毁傷肌膚者，有逐臭自涂者，有牵衣把臂而號泣於道者。夫女無妍媸，入宫見妒，及反以妍爲媸，而悲其所樂，何以倒置若此？已從諸王館選而進之陛下也，則又聞之道路之言曰：今日與選者九百餘人，中者不過三十餘人，且未幾而罪及兵馬，未幾而罪及宦官，又未幾而罪及宫人。夫六尚局誠缺人取數，備使令而何以不當心意，輒觸陛下雷霆之怒若此……良家女子報者數十，拔百得一，留則相悲於道，退則相慶於家，此日人心，陛下能無痛念？宜停也。且自萬曆十一年之選，計於今不數年間，聞多有斃杖下者，正恐今日二百之選，不足當陛下數年之鞭撻，則異日更有老疾不堪之詔，陛下又何以示中外乎？臣又願陛下少停鞭撻，令見在宫人須臾無死，而以生事陛下也”。

《千頃堂書目》卷二十五著録，作十二卷。《四庫全書總目》僅著録《聖學範圍》，而不及是書。《中國古籍善本書目》著録，僅上海圖書館入藏。

破蟋蟀集【明萬曆刻本】

《破蟋蟀集》四卷，明余世儒撰。明萬曆元年(1573)刻本。一册。半頁八行二十字，白口，四周單邊，單魚尾。題"念山余世儒著"。前有萬曆元年劉昭文序、隆慶三年(1569)余世儒序。

余世儒，字汝爲，婺源人。舉人，曾任合州知州。

卷一序十三篇，卷二記二篇、志銘二篇、行狀一篇，卷三贊十五首，卷四祭文二十七篇。

劉序云："……此昌黎韓公謂儒者之於患難，其玩而忘之以文辭也，若奏金石以破蟋蟀之鳴。而念山余公節取是語以名集，其亦有感而托焉者也。公早以才美著聲，奮跡南畿，九上禮闈，乃僅小試其端於瑞邑。未幾，有鄭之役，商山之補，其中鬱抑變故，可悲可愕，紛至而突來。其言曰：'自余之拜官也，孰非蟋蟀時哉。而公處之有道，不怨不尤，方且懼瘝，曠勉職守，以無惡於志，無負所學。暇則染翰攡詞，宣曾性靈，敷昭物則。自瑞安歷鄭商，迄於南康，凡爲序記、銘狀、題贊、祭告、書翰、雜著、文移及古體、近體諸作，無慮數萬言，彙爲八卷。諸生張謨、郭曰員、吴諫諒、鍾惟經、劉期第、奚元愈、賴以顯，既卒業，付諸梓，文因展閲而三復之，渢渢洋洋，其道德之光，周漢之軌，藝林之鉅匠，昭代之名家，惟其自得也。'……"

是書《千頃堂書目》著録，有《破蟋蟀集》八卷、又《未信稿》八卷、《念山集》二卷。《四庫全書總目》未收入。劉序也云此書八卷，然該書目録確爲四卷，并無割裂之嫌，疑此書先刻四卷，書翰、雜著、古近體詩或爲後來補刻。卷三有《寫真贊》二首、《續贊》二首，均寫其官拜商州、南康時之景況。

此本今藏上海圖書館。

張毅敏公集【明崇禎刻本】

《張毅敏公集》十卷，明張養蒙撰。附録一卷，明崇禎三年(1630)刻清乾隆九年(1744)補抄本。十册。半頁九行二十字，四周單邊，白口，單魚尾。題"高郵張養蒙端叔甫著"。前有萬曆二十一年(1593)鄒元標序，馮琦序、魏光緒序、姚希孟序，天啓三年(1623)王允成序；後有崇禎三年張光奎跋、乾隆九年七世孫張玉繩跋。

張養蒙，字端叔，别號元冲，澤州人。生於嘉靖，卒於萬曆。萬曆五年進士。改翰林院庶吉士，授禮部給事中，官至户部右侍郎，督東征兵餉，壬寅移疾歸里。養蒙幼穎异，所授程書，過目輒成誦，治《尚書》不由師授。其通達正直，廉介忠誠，少而嗜學，至老不衰，於書無所不窺，而注意於《通鑒綱目》，常舉以訓後進。詩工五言，奏事忠懇，卒謚毅敏。

卷一東臺諫草二十篇；卷二督江疏草十六篇；卷三都憲疏草十八篇；卷四督餉疏草二十六篇；卷五佐什疏草二十四篇；卷六書一百二十一通、啓十二通；卷七序十六篇、記二篇、行狀二篇、墓表五篇；卷八墓志銘十七篇；卷九祭文二十四篇、閣試五篇、程士四篇；卷十五言古詩二首、七言古詩二首、五言律詩二十首、五言排律七首、七言律詩二十九首、五言絶句八首、七言絶句二首，附春聯。又附録一卷爲張公墓銘、張公行狀、張毅敏公傳。

養蒙此集，始刻於崇禎三年，後遭寇亂，毁去部分，乾隆九年，七世孫云繩等人補缺其殘，補抄之頁均附於後。

玉繩跋云："先毅敏公奏議文集十卷，成於明崇禎之庚午，乃先光禄公爲山左参政時所刊也，遭流寇之亂，缺略不全。余少時常見先大人暨仲叔坐論時，每言及此，即太息長嘆，恨不立爲補全，奈家貧無資，有志未逮。甲子春，余奉學憲札，委充鄉賢祠奉祀，慨板之不完，而又傷所藏之非真處也，爰承仲叔命，率胞弟玉衡、堂弟玉綬叙其殘篇，始知共缺一百六十九頁，藏諸秘室，俟力量稍足付梓，以行於世，此余之志也。至先光禄《酉陽治績》、《酉陽公牘》、《全齊鹺政録》板之全否，尚未可知。蓋此時强梁者猶視以爲奇貨可居云。"

是書《千頃堂書目》、《明史・藝文志》、《四庫全書總目》皆未收録。《中國古籍善本書目》著録，僅上海圖書館入藏一部。

何氏居廬集【明萬曆刻本】

《何氏居廬集》十五卷，明何三畏撰。明萬曆翁德楙等刻本。八册。佚名圈點。半頁九行二十字，四周單邊，白口，單魚尾。題“華亭何三畏士抑著”。前有萬曆二十七年(1599)陸萬言序、董其昌序、陳繼儒序。又有“校正友人姓氏”、“校刻門人姓氏”。

何三畏，字士抑，號繩武，江蘇華亭人。父之龍，諸生。三畏少穎拔，中萬曆十年舉人，選紹興府推官。會表白邢節婦事，拒貴人請，置訟者於律。中蜚語歸，遭母喪，誓墓不復出。構芝園，日與賓客爲文酒會，有古豪士風。凡臺察長吏式廬請益者，必開陳利病無所隱諱。晚歲尤專心構撰，卒年七十五。又著有《雲間志略》、《何氏類鎔》、《漱六齋全集》、《何氏芝園集》、《宛委齋集》、《咏物詩》等。(光緒)《重修華亭縣志》卷十五人物有傳。

此集題“居廬”者，蓋三畏以外艱廬於鳳凰山下，“攀松而悲，聲達林莽”，四方吊唁者，三年之中門無虚轍，凡有乞言於三畏者，踵相屬於其廬。其間之所作，陳繼儒云：“出之以至性，達之以兼村，觸之以實境，寄之以諸體，其誰能描寫摹繪，一至斯乎?”據總目録，卷一古樂府三十五首、古騷體六首、三言古詩十七首、四言古詩四十八首；卷二五言古詩四十八首、七言古詩二十九首；卷三五言律詩四十四首、七言律詩一百六十八首；卷四五言排律十首、六言排律一首、七言排律七首、五言絶句二十五首、七言絶句十八首；卷五至六序二十四篇；卷七記三篇、傳四篇、引五篇；卷八祭文二十九篇；卷九行實一篇、行狀一篇、贊五則、銘十則、題跋二篇、疏一篇；卷十啓十一通；卷十一至十五書一百五十通。

董其昌序云：“吾友何士抑，居父喪甚謹，嘗曰：‘漢原涉有云，先人墳墓儉約非孝也。’乃大治冢，舍於鳳凰山麓，賓客會葬如雲，馬踣地悲，鳴不得前，松柏楸梧，儼然林立。蓋士抑之産半挫，而哀思終無窮。每當淒霜寒月，呼號墓頭不忍去，間爲詩歌文詞以紓寫之，而賡和應酬之章亦復不廢，則《居廬草》是也。自古喪言無文，故東坡居喪，謝賓客，絶詩文。晦翁亦以爲知禮，而實有不必爾者。昔右軍諸帖，半出於問病吊唁，從哀感中結法，所謂淚漬老筆者，其書獨垂至今。古孝子白華之什，三百篇不載，束皙補之，讀者終以未見逸詩爲恨，則又何怪乎士抑之有《居廬草》也。……士抑發乎情，止乎禮義，蓋古孝子之遺志也。況其言爾雅韶麗，卓然可傳。”

“校刻友人姓氏”，爲翁德楙、黄繼文、尹是衡、李泰春。刻工有“雲間孫訥刻”，在董其昌序書口下。

《千頃堂書目》卷二十五别集類著録，作“芝園居廬集”。《四庫全書總目》著録三畏之《何氏類鎔》，而不及此書。《續修四庫全書總目提要》（稿本）未收。《中國古籍善本書目》著録，天津圖書館、南京圖書館入藏。按，三畏詩文又有《新刻漱六齋全集》四十八卷，藏北京大學圖書館、臺北“中央圖書館”。《何氏芝園集》二十五卷，藏北京圖書館、天津圖書館。《何士抑宛委齋集》八卷，藏山西祁縣圖書館。《咏物詩》六卷，藏北京圖書館、南京圖書館、北京大學圖書館。此本藏臺北中研院歷史語言研究所傅斯年圖書館。

鈐印有“少保白口公四世孫濟”。

黯然堂遺集【明萬曆刻本】

《黯然堂遺集》六卷，明潘士藻撰，明萬曆三十八年(1610)刻本。十二册。半頁九行二十字，四周單邊，白口，單魚尾。題“新安潘士藻去華父著；秣陵焦竑弱侯父校；門甥余懋衡持國父閲”。前有萬曆三十八年(1610)鄒元標序。

潘士藻，字去華，號雪松，婺源人。萬曆十一年進士，歷官御史。時内侍侯進忠、牛承忠私出狎婦女，邏者執之，爲所毆，訴於士藻，爲牒司禮監懲兩閹。時張鯨方掌東廠，銜之。會火災修省，士藻直言，鯨激帝怒，謫廣東布政司照磨。尋擢南吏部主事，再遷尚寶司少卿，卒於官，又有《洗心齋論易述》。事迹附見《明史》李沂傳。

卷一奏疏一篇、論三篇、説三篇；卷二序三十九篇；卷三行狀六篇、墓志六篇、墓表二篇、墓碣二篇、傳十篇；卷四記七篇、碑三篇、上梁文三篇、書八通、祭文十七篇、詩東甌草十四首、燕臺草四首、廣南草十三首、山居草十九首；卷五尺牘八十八通；卷六尺牘八十七通。

鄒元標序云：“去華生平以友爲精神，而友以去華爲心膂，一見怒者平、欲者釋、狹者廣、孤者弘、弱者植、蔽者開，令人勃有生氣，如群飲於河，各隨其所量而入，予於是知去華入人深矣。去華晚始第，膏華半竭制義間，士有問藝者，去華喜動眉宇。今所著諸作，去華第而爲時所迫以應，然非去華所長。夫以去華非所長尚爾爾，使去華早入金馬著作之庭，所造安可量，而又記當時以文鳴者。去歲私語予曰，輪轅徒飾，傳必不遠，以是知去華之所殫精，其必有獨得者在，讀兹籍者，時時見去華如新矣。”

《千頃堂書目》卷二十五、《明史·藝文志》著録是書，《四庫全書總目》未收，而著録《然堂類纂》六卷，入子部小説家類存目。《類纂》乃以士藻所聞見雜事，分類纂叙，大抵有警世之意。此書《中國古籍善本書目》著録，僅上海圖書館入藏。

鈐印有“杭州葉氏藏書”、“武林葉氏藏書印”。蓋葉景葵舊藏也。

盟鷗堂集【明天啓刻本】

《盟鷗堂集》三十卷，明黄承玄撰。明天啓四年(1624)黄申錫等刻本。六册。半頁九行二十字，白口，左右雙邊，單魚尾。題"檇李黄承玄履常甫撰"。前有天啓四年陸應陽序。目録頁後有"門人許恂如恭伯甫；謝岳鍾安孟甫、季鼎鍾景侯甫編輯；男申錫、卯錫校訂"。

黄承玄，字履常，浙江秀水人。萬曆十四年(1586)進士，授工部主事，出理張秋河道，時議濬泇河以濟運，承玄實經始之。歷官副都御史，巡撫福建，所至有聲績。又有《北河紀略》、《河漕通考》等。

卷一至三奏疏二十道；卷四至五議十四篇；卷六至七序三十一篇、跋一篇；卷八至九考二篇；卷十碑記二篇、墓表二篇、贊一首、行實二篇、行狀一篇；卷十一至十二祭文六十四篇；卷十三古詩六首、排律三首、五言律詩五十五首、七言律詩六十三首、五言絶句七首、六言絶句十三首、七言絶句四十八首；卷十四至十九啓二百九十七通；卷二十至二十七書柬七百五十通；卷二十八咨文五篇、揭二篇；卷二十九至三十公移二十九篇。

是書較罕見，僅《千頃堂書目》卷二十五著録。《明史・藝文志》僅有承玄《河漕通考》、《安平鎮志》、《北河紀略》。《四庫全書總目》也只收《河漕通考》，入史部地理類存目。臺灣"中央圖書館"藏此集，爲崇禎元年(1628)檇李黄氏家刻本，有清趙晋祺題記，但僅存五卷，爲奏疏三卷議二卷。此本藏上海圖書館。

鈐印有"王培孫紀念物"。

天全堂集【稿本】

《天全堂集》不分卷，明安希範撰。稿本。五册。半頁九行二十四字，無框格。題“錫山安希範小範甫著”。前有何喬遠序、李維楨序、陳繼儒序。

安希範，字小範，號我素，江蘇無錫人。萬曆十四年(1586)進士，授禮部主事，疏請復高攀龍、吴弘濟官，忤旨罷斥爲民。希範恬静簡易，嘗於東林講學。會熹宗嗣位，將起官，已卒。其墓表云："公天賦奇穎，乙酉丙戌聯第，年才二十三耳。官行人，當入臺省，格於年不赴，授禮部主事，迎母入京，以方秉家不肯行，告改南司封。時朝事初變，當國者有忮心，公上疏剖其邪正是非，疏奉逮問。旋得釋，削籍歸，杜門杜口，不涉朝事，日奉母極歡。"生嘉靖四十三年(1564)，卒天啓元年(1621)，得年五十八。

是集收四言詩四首、五言古詩五十四首、七言古詩二十七首、五言律詩一百七十首、六言律詩一首；書札外篇首卷七十八通、外篇次卷七十三通、外篇末卷十五通、内篇六十七通，總共二百三十三通。

安希範之詩，早歲步武唐人，晚歲則入陶、韋、白、蘇間，清通簡勁，不染塵心塵事，其書札多致當時名士者，内容頗具史實。其孫璿曾有云："蓋先大夫十年朝寧，廿載林皋，出處既别，立言自異。公廓羅先生嘗貽書勉之曰，吾輩出則伊周，處則巢由。先大夫真有不負此言者，故書内、外篇，以見出處之大概云。""先大夫一生始終以忠孝節義爲盡性之功，山林泉石爲陶情之境，四十年屈伸顯晦，梗概略見於尺牘中，故較年譜似加詳矣。"

安希範集子，有乾隆四十六年(1781)安吉刻本，爲四卷附録一卷，題"膠山安希範我素氏著、冢孫璿輯、六世冢孫經傳校録"。卷一爲疏四篇、附録；卷二記三篇、序四篇、傳一篇、啓一通、書後一篇、祭文一篇；卷三書札三十七通；卷四五言古詩十首、七言古詩三首、五言律詩四十一首、七言律詩三十一首、五言排律四首、五言絶句八首、七言絶句十一首。附録爲墓志銘、墓表、祭文。

此書刻本輯者爲安璿，其底本即此稿。稿本中部分之詩，注以"删"字者，多不見刻本，計四言詩删去三首、五言古詩删三十七首、七言古詩删十八首、五言律詩删一百零二首，書内篇删十五通、外篇首卷删二十二通、外篇次卷删十二通、外篇末卷删五通。如稿本《與秦舜峰》、《答楊意白年丈》、《與孫月峰制府》、《與閔四府》等皆不見於刻本。又如稿本《寄萬老師》中删去"東事漸熾，議論未有歸一，時事茫茫，不知將何所底。故相已去，朝政方新，老師之超擢不日矣。天下事正賴吾輩出而主持，敬拭目以俟”。刻本《寄萬二愚老師》，則因政治原因而被删去。

《千頃堂書目》未著録。《中國古籍善本書目》著録。此本今藏上海圖書館。

鈐印有“孫毓修印”、“小緑天藏書”。孫氏小緑天藏書，今多藏諸上海圖書館。

寧澹居文集【明崇禎刻本】

《寧澹居文集》四卷附一卷《方魯岳先生寧澹語》二卷，明方大鎮撰。明崇禎刻本。一册。半頁九行二十字，左右雙邊，白口，單魚尾。題“皖桐方大鎮君静甫著”。前有崇禎元年(1628)鄒維璉序。《寧澹語》前有天啓三年(1623)劉洪謨序。

方大鎮，字君静，號魯岳，自號野同翁，學漸子，安徽桐城人。早傳父學，萬曆十七年(1589)進士。授大名府推官，能平反冤獄，擢御史。乞歸。旋起巡鹽浙江，又巡按中州，官至大理寺少卿。後因群小詆排正學，遂乞休，隱居白鹿山，立荷薪館於明善祠旁。大鎮性至孝，年七十喪母，哀慕如孺子，廬墓側，未及禫而卒，門人私謚曰“文孝”。又著有《易意》、《詩意》、《禮説》若干卷，《奏議》六卷，《荷薪義》八卷，《田居乙記》四卷，《寧澹居詩集》十三卷。《桐城耆舊傳》卷四有傳。

大鎮以“寧澹”爲齋居名，蓋有“寧静致遠、澹泊明志”之意。其論學以性善爲宗，論治必本加德。此書卷一奏議三篇、卷二奏議四篇，卷三議、序九篇，卷四序、跋、記、碑、傳、書等十四篇。附一卷爲祠堂續記、續置祠田小引、祠約、二壟紀事、桐川會續記、續置會館顛末記、新堤記。《寧澹語》卷上七十七則，卷下七十七則，共一百五十四則。

《寧澹語》，爲方氏語録。劉洪謨序云：“此先生辨儒禪最精語，學人全副心腸都著世味澆透，必將道味換却此味。”語録第一則即云：“古今論學者不一，要在清其源、正其本，壹統於孔孟之道。源清，然後千流百派，從兹皆清；本正，然後千枝萬葉，從兹皆正。内聖外王，其至善之宗乎！莫不尊親，則無所不統矣。”又如“我能通天下爲一身，天下亦通我爲一身。我能通萬世爲一身，萬世亦通我爲一身。是謂無内無外無古無今學”。“禍莫大於不愛身，害莫大於不擇交，過莫大於不讀書，失莫大於不惜時。”

鄒維璉序云：“夫孔明戒子一書所稱學須静、才須學，淡泊明志、寧静致遠之説，非即主静無欲之謂乎。濂洛宗旨，似已先揭於漢矣。學爲真儒之學，故其才爲王佐之才。元儒劉因有慕斯訓，齋扁‘静修’。而桐城魯岳方先生，又撮‘寧淡’二字以名居，其見一也。惜昔天啓癸亥，璉官職方，得與先生嗣君潛夫爲僚友，因謁先生，目擊而道存。其時權璫漸肆，祖宗成憲漸亂，先生疏請經筵講求典故，語至懇，此正格君救時一良劑。權璫不懌，矯旨嚴厲，先生拂衣歸。迨後璫焰大張，璉亦被逐南還，再謁先生於桐城，而先生酌酒歌詩，颯有浴沂風雩意。且得詳讀先生篋中稿，精無倫，大無外，大抵博觀泛取，證入精微，而於儒釋王霸之分途、古今諸儒之語録剖析極真。至提性善爲宗，以教學者，則又千載洙泗嫡系哉！……先生韻言豪邁，似邵康節；文章根本六經，似曾子固。一生難進易退，蕭然一室，抱膝長吟，則武侯隆中淡泊寧静之氣象。而海内共卜王佐之業者，璉讀先生書見決矣，識者當不以璉爲阿好也。”

此本有扉頁，刻“寧澹居集。方魯岳先生著。遠心堂藏板”。藏臺北中研院歷史語言研究所傅斯年圖書館。

《千頃堂書目》卷二十五有《方大理集》。《四庫全書總目》收有大鎮《荷薪義》八卷及《田居乙記》四卷，俱入存目，然未及此書。《續修四庫全書總目提要》（稿本）及《中國古籍善本書目》、日本公私藏書目録等均未著録。清末方昌瀚輯有《桐城方氏七代遺書》（清光緒十四年刻本），其中收有方大鎮《寧澹居奏議》一卷、《寧澹居遺文》一卷、《寧澹語》二卷。

鈐印有“桐城馬抱潤軒藏書”。

高攀龍詩文殘稿【稿本】

《高攀龍詩文殘稿》一卷，明高攀龍撰。稿本。一卷。胡漢民、冒廣生、孫保圻、葉恭綽、汪兆鏞等跋并題詩。

高攀龍，字存之，江蘇無錫人。萬曆十七年(1589)進士，授行人。以疏詆楊應宿，謫揭陽典史，家居垂三十年。熹宗立，官左都御史，揭發崔呈秀穢狀，爲魏忠賢所惡，削籍歸。璫復矯旨逮問，肅衣冠，草遺表，投池中死。攀龍出趙南星之門，淵源有自。其學以格物爲先，兼取朱、陸兩家之長，操履篤實，涵養邃密，粹然一出於正，爲明代大儒。又與顧憲成修復東林書院，講學其中，憲成卒，攀龍專講師，世稱高顧。崇禎初謚忠憲。

此殘稿藏上海圖書館，爲《春平同集虛顧丈、元□許丈、鳴陽伯兄續去歲觀梅之約，仍用舊韵》、《陳貢聞墓志銘》、《柬趙師》、《柬朱平涵閣老》、《和葉參之年兄過東林廢院十首》、《柬劉念臺太僕》、《水居飲酒詩》。高攀龍《高子遺書》刻於崇禎五年(1632)，再刻於康熙二十八年(1689)。乾隆初曾遭禁毁，後因乾隆三十八年(1773)編輯《四庫全書》，《遺書》收入《四庫全書》中，此後乃稍稍復出，并有它刻傳世。攀龍又有詩集單刻，先爲八卷本，有崇禎刻本及雍正十二年刻本。臺灣"故宫博物院"藏有《高子未刻稿》六卷，爲抄本，乃原藏北平圖書館者。

胡漢民跋云："高忠憲遺墨一卷，遐庵兄得之姑蘇城内，詩文稿各半，非一時所爲，而皆涉筆不苟，所謂造次顛沛，必如是也。東林廢院詩末句，涂改再三，猶留墨勒，豈與王荆文悔題此君亭句同意耶？民國二十一年三月，漢民獲觀敬識。"

冒廣生跋云："'白鳥青鳩又一時，年年春信到苔枝。梅園車馬紛如織，誰解拖雲細雨詩。'白鳥、青鳩、細雨、拖雲，並《觀梅詩》中語。

"'地下真從屈子遊，沾襟熱眼濕千秋。心聲莫作閑閑看，已種茄花滿地愁。'《陳貢聞墓志》，通篇以屈子立論，已爲被逮不辱，赴水張本。《遺書》刻本有眉批：'感吾兄亦先生自感，千秋萬年誰不沾襟'十六字，蓋貢聞吊幾亭語也。

"'皮骨門生亦僅存，强談星學慰師恩。那知萬死崔呈秀，緹騎明朝也到門。'《柬趙師》有'臺造脱運'云云。《遺書》中删去，此當作於天啓壬戌，高邑提問追贓之後，明年丙寅三月，忠憲亦被逮。(乙丑誤壬戌)

"'香火祠堂計已迂，尺書鄭重念黄壚。相公搆筆銘幽日，曾踐平生宿諾無。'《柬朱閣老》，以繆仲淳香火院碑文預懇，後來忠憲墓志爲閣老所作，繆碑不知竟成否？

"'記訪匡廬白鹿踪，一般桑梓失維恭。爲良遷地都容易，可奈滔滔守已聾。'東林書院今爲小學校，殊不足以動瞻式，往遊廬山白鹿洞，亦改林場，似於敬恭之義微矣。

"'拳拳師友切磋堅,取義成仁有後先。想到從容蕺山死,了無相見愧黄泉。'蕺山殉節,其從容爲勝國諸臣僅見,蓋與忠憲同得力於講學者深。

"'欲買扁舟問漆湖,可樓陳跡料全無。懷賢好古吾徒事,儻繼廬山更畫圖。'忠憲集中水居不一見,其居在漆湖,有可樓,吾往嘗同裕甫遊廬山,張宜仲太史作圖,故以末一詩堅之。

"裕甫仁兄出高忠憲手稿屬題,初欲爲之箋證,行篋既未攜書,又衰老善忘,未敢下筆,置案頭遂逾年,就卷中詩文各賦一詩歸之,非初志也。癸酉六月,如皋冒廣生敬題。"

"仰之。乙酉春,九十四老人楊志濂敬題"。

"吴縣吴湖帆同觀。"

"壬申七月,譽虎先生攜此卷,至湖帆四歐堂,因得拜觀,藉志眼福。霜崖吴梅。"

汪兆鏞題詩云:"'講學流風不可追,叢殘遺墨尚淋灕。揭陽嶺下懷前跡,想見援琴静賞時。'公早歲謫官揭陽縣典史。

"'蒿目紛紛斗觸蠻,漫天風雨涕汍瀾。低徊一室千秋句,自寫槎牙露肺肝。'用卷中詩語。

"'漢宋而還黨禍深,唏歔葵藿刈士林。古今第二泉邊夢,悵觸寒燈夜夜心。'己巳春,過梁溪,曾訪東林書院故址。裕甫兄屬題高忠憲公手稿卷子,即正。壬申端午前二日,羅浮汪兆鏞。"

葉恭綽跋云:"此明高忠憲公手稿,余於今春得之吴門,别無題識,然以筆墨及涂乙處觀之,其爲公之真跡無疑。以刊本《高子遺書》及中華書局出版之公詩手稿(此實非手稿,詳見高君汝琳書札),與此互勘,字句頗有詳略異同處,兹列舉於次,以資參證。

"《觀樓詩》:手稿本標題作'丙寅春半同友人續去歲觀梅之約,仍用舊韻'。《遺書》本無此詩。'迎樹幡',鄙意'幡'乃'蟠'之草寫,手稿本作'幡'者非。'去歲花非',手稿本作'花飛'者,誤。

"《陳賁聞墓志》:'爲文自祭云云,翛然而逝。'《遺書》本作'爲文自祭,文具集中,當世傳誦之'。'賁聞陳姓,諱山毓,至制義百篇藏於家。'《遺書》本僅云:'賁聞,諱山毓,父亭公,爲王官,福建按察使,所至有惠政及民,配宜人盛氏,生二子,賁聞其伯也。'綽按:'宜人'應作'淑人'。此稿不誤,《遺書》本誤。'世之人,誰不讀書'下,《遺書》本尚有十二句。

"《柬趙師》:'伏看臺造,明年七月即脱厄運',此二語《遺書》本無。'臨書不勝心結氣寒,薄修爲教師寒具',此二語《遺書》本無。

"《柬朱平涵閣老》:全首爲《遺書》本所無。可證《遺書》本尚有疏漏,或當時於全稿具有選擇也。

"《和葉參之過東林廢院》:《遺書》本只《滿目蒿萊》、《竹徑茅齋》、《城頭曾築》三首。手稿本十首全。'黨人不死刈葵藿','刈',《遺書》本作'傾',手稿本作'刈'。'黄鳥聲聲樹影疏','樹',手稿本作'弄',《遺書》本作'樹'。

"《柬劉念臺太僕》:'此跡一著',《遺書》本作'之著'。'有人欲傾文姚二丈',《遺書》本無此句旁注。'會吴祖老爲弟致意,尚未及一走謝也。'《遺書》本無此二句。

"《水居飲酒詩》:《遺書》本只'憂危不

爲己’、‘有弟知我好’、‘春心暢人意’三首。手稿本全。‘天却多此花’,《遺書》本‘多’作‘無’。

“餘無異同者,不贅述。中華民國二十一年五月卅一日晨,葉恭綽識於廣州二沙島天風樓南窗下。”

冒廣生又跋:“《陳賁聞墓志》,刻本均作‘幾亭’,此漏記。又‘配某淑人’,刻本作‘配宜人盛氏’,當是後來寫定。明人最重封典,非遇覃恩,不得領制誥,有階至一品不得封,或封衹七品,五品者仍從七品。稱謂弘治中先得庵官福建左布政,而家譜所載墓志及壽文,於其父母仍稱奉直大夫,宜人所以重君命,不似後來一味僭越。裕甫留心國故者,此又不可不知也。六一翁冒廣生並記。”

葉恭綽又跋:“民國三十三年二月二十五日重展此卷,敬念昔賢造次顛沛,蒙難艱貞,守死善道之概,令人興起,恭綽謹志。”“讀《致趙高邑書》,參以《明史》,知先生素志久定。余藏高邑手札多通,蓋在任冢宰時,憂危溢於楮墨,群陰蔽翳,君子道消,念之令人隕涕。民國三十三年六月八日,恭綽又識。”

孫保圻跋云:“右詩文稿七通,點竄淋灕,朱墨交錯,未署作者姓氏。遐翁藏之有年,裝潢成卷,見其中有‘水居飲酒’,‘過東林廢院’諸題,因取《高子遺書》詳爲檢校,識其異同,始知即當年忠憲公手書底稿。芟削增改處,皆極經意,原句雖一再涂抹,然猶隱約可辨,斷非他人所能假托,驚嘆寶護,不啻獲一珍珠船也。晴窗茗罷,出示索題。謹案忠憲爲吾邑先賢,其用功由小學入手,而宗旨從大學得力,修悟兼到,世稱純儒。不幸罹膺滂之禍,潔身殉道,赴水自沉,崇祀東林,《明史》有傳,無待再述。至於坊間所刊行之詩文寫本,流傳頗多,體勢不一。大抵真書則端嚴静穆,取徑於辛幼安與鍾元常;草書則俊利縱逸,殊有落花迴雪、隨風飛舞之致,好古家每以前者爲真,後者爲僞,自矜玄鑒。余意真書以點畫爲形質,使轉爲情性;草書以點畫爲情性,使轉爲形質,運筆本自不同。今取此卷《陳賁聞墓志》,與中華書局印行之詩稿本細加對勘,則其中如‘得’字、‘娉修’字、‘武塘’字、‘哉’字、‘賦’字、‘吴’字、‘然’字、‘厚’字等,結體用意,無不纖悉吻合。由此觀其會通,真僞之争可以冰解的破矣。又冒君疚齋題詩,有‘欲買扁舟問漆湖,可樓陳跡料全無’之句。低徊詠嘆,情見乎詞,但閱世七十年,可樓之毁而復建者,已歷三次。忠憲昔作水居,曾自記云,洲可二十步三分羸,一以爲廣。其外池周之,其外堤周之,其外湖周之,又其外山周之,形勢了如,尚無今昔之異。可樓,則結構屢易,非復曩時舊觀,然疏達明潔,差勝於前,憑欄小憩,一俯仰間而山川景物之美,遠近可以畢見。忠憲有知,魂魄猶應戀此,無可疑也。惟是文武道窮,運逢百六,明哲保身四字,遂飛誦於士夫之口。及讀卷中《與劉念臺太僕書》,則又念是非之易淆,人情之難測,愀然與遐翁有同感矣。”“《與劉念臺太僕書》,有現前道理極平常,不可着一分怕死的意思,以害世教諸語。民國三十四年春季,邑後學孫保圻謹跋,時年七十有一。”“前跋書竟,翌日重觀,始知第十五行與下中上脱落‘有正書局出版之卞氏二隱君傳’十三字,補記於此,不勝吾衰之嘆。保圻又識。”

顧太史文集【明崇禎刻本】

《顧太史文集》八卷，明顧天埈撰。明崇禎九年（1636）顧循、顧舒刻本。四册。半頁八行十八字，四周單邊，白口，單魚尾。題"崑山顧天埈升伯甫著；男循星源、舒中穎甫輯"。前有陳懿典序、崇禎九年錢謙益序、崇禎八年韓敬序、崇禎七年張魯維序、崇禎七年葉培恕序、顧錫疇序。末有顧循、顧舒跋。

顧天埈，字升伯，號開雍，江蘇崑山人。萬曆二十年（1592）進士。好學廣問，深心矯思，以講求所謂濟時之業。授編修，考最，升修撰。其閲古人書，不輕標識，間有指示，必洞徹精髓，與皮相者絶异。而猶最留意知人之學，才無巨細，欲使各得其任。奉使朝鮮還，遷左春坊諭德，兼翰林院侍講、左遷行人司司正。謝政歸，卒年六十七。

卷一詔一道、册文一篇、誥敕十六道，卷二策三篇、表一篇，卷三序二十一篇，卷四壽序九篇、記二篇、傳二篇、行略一篇，卷五墓表一篇、志銘十篇，卷六祭文十五篇、祝文一篇、引文一篇、題跋三篇，卷七尺牘六十四通，卷八詩四十七首。

顧循、顧舒跋云："先君爲諸生時，已旁蒐諸子百家，篝燈占嗶，達旦不休。壬戌成進士，讀中秘書，蓋得肆力研討於古人一言一行，務求推見隱微，發其精神，至人品短長得失，百世未能明者，一經蒐剔，便覺躍然。己酉之春，爲時貴所嫉，棄官南歸，杜門謝客，日取諸儒語録，探索旨趣。平生發爲文章，非根極理要，則包孕經綸；雖微吟短帙，皆有見而作，非漫然者，故所著亦不能多。先是鄭太史刻《六翰林稿》，先君居其一，業已膾炙人口。兹葉父母懋郭緇好，甫下車即詢及先君笥秘，啓槖驚塞，捐俸佐梓，循兄弟欣夙期得遂，悉發所藏，公之梨棗，俾嘗鼎者弗以一臠止也。痛念先君雅負奇才，有志當世，而中遭淪躓。迨公論既定，舉朝方屬意東山，而天復奪之，功業不顯於時，庶歷世之後有同心者，讀先君遺文，採其緒言，施諸實用，則所籍以不朽者於是乎在。"

《明史藝文志》、《四庫全書總目》未著録。《千頃堂書目》卷二十五、《中國古籍善本書目》著録，上海圖書館，臺灣"中央圖書館"各藏一部。

鈐印有"吴郡葉氏訪求鄉先哲遺書記"。此本藏上海圖書館。

西樓存稿【明萬曆刻本】

《西樓存稿》十八卷，明鄧原岳撰。明萬曆三十九年(1611)鄧慶寀刻本。八册。半頁九行十八字，左右雙邊，白口，單魚尾。有刻工張祐。題"閩中鄧原岳汝高著；友人謝肇淛在杭選；男慶寀校刻"。前有李維楨、竇子偁、翁正春序，并謝肇淛撰《鄧汝高傳》。末有鄧慶寀跋語。

鄧原岳，字汝高，福建閩縣人。三十一歲舉於鄉，萬曆二十年(1592)進士，授户部主事，累遷湖廣按察使副使。工詩。出視滇學，拜楚參藩，督餉渡淮，過家十五日而卒，身後始拜憲副之命，僅五十歲。其爲文章模矩秦漢，詩以氣格勝而卒歸之盛唐，以文采著稱。

此書《明史藝文志補編》著録云"西樓集十八卷"。卷一五言古詩，卷二七言古詩，卷三、四爲五言律詩，卷五至七爲七言律詩，卷八五言排律，卷九五言絶句，卷十七言絶句，卷十一至十三爲序，卷十四傳、墓志銘，卷十五墓表、行狀，卷十六祭文，卷十七啓，卷十八尺牘。

慶寀跋云："至於雜著雜文，則什三家藏，什七散逸，嗚呼！孝子於親，思其居處，思其所樂，矧先公遺詩，生平之精神寓焉者乎。於是乃蒐輯成帙，合諸詩集彙刻之，命曰《西樓存稿》。蓋先公讀書西樓，自幼而壯，即千秋後魂魄亦遊此樓也，舉以名集，識永思乎！"

按此本爲《存稿》之最早刻本，上海圖書館雖亦藏有一帙，然與此不同版。此書明天啓、崇禎間曾有翻刻，臺灣"中央圖書館"藏《西樓全集》十八卷，題"門人韓日纘緒仲訂，孫男爾纘天士重刻"，即爲汝高孫爾纘重刻本也。

藏諸美國國會圖書館，未編目。

奉使朝鮮稿【明萬曆刻本】

《奉使朝鮮稿》二卷，明朱之蕃撰。《東方和音》一卷，朝鮮柳根等撰。明萬曆三十四年（1606）刻本。四册。半頁九行十八字，四周雙邊，白口，單魚尾，書口下有“南京張節刊”。題“江左朱之蕃著”。《東方和音》題“朝鮮國議政府左贊成柳根著”。

朱之蕃，字元介，號蘭嵎，在平人，著籍金陵。萬曆二十三年中進士，時三十五歲。工書畫，仕至吏部侍郎。出使朝鮮，盡却其贈賄，朝鮮人來乞書，以貂、参爲贄，顧槖裝鼓厚，盡買法書名畫古器收藏之。卒贈尚書。

卷一詩二百零九首，卷二詩四十一首。又雜著一卷，爲贊五首、記三篇，并題、祭文、小引各一篇。《東方和音》一百首。其詩爲之蕃出使朝鮮途中及抵朝鮮後所作。之蕃萬曆三十三年被任命使朝，出都則在次年仲春十六日。之蕃使朝之路綫，乃道出山海關，歷遼陽，并渡鴨緑江，至夏杪入關。途中與館伴周旋，有唱必和。卷二第一首爲《鎮江堡卧病憶朝鮮游歷》，云：“風雨長途力易疲，經旬伏枕笑支離。異邦寢食應難習，千里歸程計轉遲。碧澗回環鳴石齒，青山寂歷點花枝。月餘總屬遊僊夢，别後如思未覺時。”

柳根，字晦夫，自號隱屏居士。狀元。朝鮮國議政府左贊成，有《西坰集》。其時柳根爲遠接使。柳詩後又收有議政府領議政柳永慶、領中樞府事李好閔等三十位朝鮮官員所作詩七十二首。之蕃識語云：“東國西坰柳君，迓於江上，相從往返，和章遂爾成帙，爰並梓以貽同好。諸君所和，隨其多寡，附存於後，以紀一時共事之情，傳之有永云耳。”

中朝兩國，素敦親睦，交往使節，皆極一時之選。詩詞唱酬，亦非它國所及，迄今流傳篇什，不勝枚舉。清朱彝尊《明詩綜》云：“朝鮮君臣，最稱好事，使君輶軒一至，即命館伴遠迎，屬和詩草，連篇累牘。”洪武以後，代有往還。

《明史藝文志補編》、《四庫全書總目》（入集部别集類存目）皆作《奉使稿》，無卷數。《千頃堂書目》卷二十五作《使朝鮮稿》四卷、《紀勝詩》一卷、《南還雜著》一卷、《廷試策》一卷、《落花詩》一卷，與此不同，所見或爲另本。此書傳世罕見。《中國古籍善本書目》著録，僅此一部，爲上海圖書館所藏。臺灣“中央圖書館”藏有朱之蕃《朱蘭嵎太史咏物詩》一卷（明刻本），又民國間金武祥輯《粟香室叢書》中也收有之蕃《江南春詞集》一卷。

薄游草【明萬曆刻本】

《薄游草》二十四卷，明謝廷諒撰。明萬曆刻本。八册。半頁八行十七字，左右雙邊，白口，單魚尾。書口上方刻“薄遊草”。題“九紫謝廷諒友可著”。前有萬曆三十一年(1603)湯賓尹序、萬曆三十一年胡國鑑序。

謝廷諒，字友可，江西金溪人，相子。萬曆二十三年進士。授南京刑部主事。帝命李廷機入閣，又召王錫爵。廷諒言“廷機才弱而闇，錫爵氣高而揚，均不宜用”。疏入，留中。終順慶知府。又著有《清輝館集》、《帶樞編》、《起東草》、《縫掖集》。《明史》卷二百三十三有傳。

此爲足本。卷一至二五言古詩四十九首；卷二至四七言古詩三十六首；卷五至六五言律詩一百五十五首；卷七至九七言律詩二百八十七首；卷十七言排律四十首；卷十一五言排律二十二首；卷十二七言排律三首、五言絶句十九首、七言絶句五十六首；卷十三疏一篇、表一篇、策問一篇；卷十四啓八通；卷十五書四通；卷十六至十九序二十九篇；卷二十傳三篇；卷二十一解一篇、贊三首、記一篇；卷二十二志銘三篇、墓表一篇、行狀一篇；卷二十三行實一篇，附志銘一篇；卷二十四祭文二十四篇。

湯賓尹序云：“友可，成進士，官行人，於今若而年。所遊歷方州幾九之八，當其會心處，輒用片語言綴之，川谷成響，珠璣韻而琳瑯鳴也，題詠與贈答諸什合之曰《薄遊草》。”

胡國鑑序云：“友可亂而嗜古，稱豫章楩楠。其爲古文詞，鑱肝鉥腎，蒐萬法而造化其手。標韻高華，匠搆臣麗，蓋已居然古作者。詩則furthermore唐無不唐也，文則˜秦漢無不秦漢也，而間尤長於俳儷語。”“先是友可居署中，所著有《起東集》，業腴於人士之□巳，輪蹄瘖瘖，多所結撰，復彙而成帙，命之曰《薄遊》。友可九載星槎，足跡已半天下，豈不亦壯遊，乃稱薄遊哉？度友可所謂遊，殆非刺促，宦遊有所，冀幸於前路。毋亦曰丈夫千秋之業，何必何尊，朊取顯礫於世，吾姑薄遊朝署，以畢此平生，即偕二三同志雕今刻古，揮灑宇宙，以從事於汗漫之遊。”

此書字體方整，典型之萬曆刻本面目，然流傳稀見，《中國古籍善本書目》著録，僅上海圖書館一帙，即此本。《四庫全書總目》著録，入集部别集類存目，但爲十五卷本。《提要》云：“此集皆其宦遊時所作，故以《薄遊》爲名。凡詩六卷、文九卷。《明史・藝文志》，載廷諒《薄遊草》二十四卷，此止十五卷，殆非完本也。”《四庫全書存目叢書》入第一百七十七册，所用底本即上圖藏本。

劉見初先生全集【明崇禎刻本】

《劉見初先生全集》十卷，明劉光復撰。明崇禎十六年（1643）刻本。四册。半頁九行二十四字，四周單邊，白口，單魚尾，書口下間有單字刻工。題"池陽劉光復見初撰"。前有天啓六年（1626）黄景昉序。末有崇禎十六年劉光得《跋奉嘗長公後質言》。

劉光復，字敦甫，號貞一，晚號見初，安徽池陽人。早著文譽，萬曆二十六年（1599）進士，授浙江諸暨知縣，擢河南道監察御史，巡按山西，素著風采。因梃擊案入獄，光宗立，起光禄寺丞，尋卒。生於嘉靖四十五年（1566），卒於天啓三年（1623），年五十八。（光緒）《青陽縣志》卷五有傳。

卷一至三疏十九篇，卷四序十篇、文二十五篇，卷五記二十二篇，卷六行狀三篇、論二篇、解一篇、説一篇，卷七議九篇、諭二篇、教條（文職教條十一則、武職教條十二則），卷八至九書五十六通，卷十家書二十五通。末附"劉孝子長伯陳情三疏"（分别爲萬曆四十三年八月十九日、萬曆四十四年三月、萬曆四十六年二月）、《乞恩呈》、《恩賜贈蔭祭葬進階太嘗寺卿原任河南道監察御史正議大夫崇祀名宦鄉賢見初府君行狀》。

光復獲罪朝廷，起因梃擊案。《明史》卷二十一本紀，載萬曆四十三年"夏五月己酉，薊州男子張差持梃入慈寧宫，擊傷守門内侍，下獄。丁巳，刑部提牢主事王之寀揭言張差獄情，梃擊之案自是起。己巳，嚴皇城門禁。癸酉，召見廷臣於慈寧宫。御史劉光復下獄。甲戌，張差伏誅"。又據《明神宗實録》卷五百三十二，"御史劉光復，在慈寧宫聖母几筵前，高聲狂吠，震驚神位，命錦衣衛拏送刑部，從重擬罪具奏"。光復下獄後，朝野諸臣、百姓爲救光復，所上奏疏甚多，其時嘗刻有《朝野申救疏》六卷。

劉光得跋云："迨按晋後，入領臺班。張差告變，宫府危疑。諸在事者，私則鼎沸，公率寒蟬，予長公廷對慷慨，五年縶獄。不知神祖如天之恩，何以用其言，又錮其身？急請御門一疏，懇惻無非爲宗社消隱憂，圖萬全。及至宫門喋喋，冀得共公孤卿貳，儼天威，策長治，幸父子祖孫，慈孝一堂，上隆千古，小臣獨以戇率觸怒，亦其迫切傾葵耳。第國本奠而雷霆，如予長公，死所甘心也。即次子以侍獄邸遂殞，長子陳情請代後，又殞，皆以理遣情，處之恬然。公忘私，國忘家，先事則防護如周勃，後事則縝密如丙吉，隆聖主期頤之福，開青宫太平之基，豈非此本色人有以終始之乎？""今者兹刻，奥非探玄，彩豈敷萼，其在朝言朝，在家言家，與夫所以酬知交、訓國人子弟者，亦本色人作本色語已耳。"

此本爲光復卒後二十年所刻。刻工爲劉、宋、户、吴、羅、伯、李、子、可、爾等。

此本極難得，存世或僅此一帙。《四庫全書總目》、《續修四庫全書》未收。《續修四庫全書總目提要》（稿本）、《中國古籍善本書目》、《日本内閣文庫漢籍分類目録》皆未著録。此本藏臺北"國家圖書館"。

鈐印有"華西"、"大昕"、"六書氏"。

雪堂集【明崇禎刻本】

《雪堂集》十卷附一卷，明沈守正撰。明崇禎三年(1630)沈尤含、沈美含刻本。存六册。半頁九行十九字，四周單邊，白口，單魚尾。題"武林沈守正無回甫著"。前有崇禎三年李邦華序(佚去第一頁)、崇禎二年韓敬序、劉憲寵序。沈尤含、沈鳳儀撰凡例。又"較訂門人姓氏"。

沈守正，又名迂，字允中，更字無回，浙江錢塘人。萬曆三十一年舉人。國子監博士，官至都察院司務。詩文有時譽，工畫，善山水，饒深遠之趣。錢謙益《初學集》卷五十四《都察院司務無回沈君墓志銘》云："公車二十年，不以名刺謁監司，不以竿牘干縣令，自守泊如也。鄉之自好者觀焉，稱其經濟則曰爲學官於黄岩，以文墨而精吏事，學田之伏匿者。""其人博學深思而好古也，盱衡揚眉，指畫天下事，其辨博如環之無端，其斷割若觿之能解。"年五十二卒於官。又有《詩經説通》、《四書叢説》等。

是本殘去部分，存卷一至五、又卷十之部分。卷一詩八十三首，卷二詩一百三十九首，卷三詩一百零二首，卷四序二十三篇，卷五序二十六篇、引、小引計十一篇、題詞十篇、跋二篇，卷十條議。附一卷爲墓志銘、墓表、傳、誄、行狀、祭文、碑文、鄉賢呈、鄉賢木主後小傳。所缺爲卷六疏、記、傳，卷七贊、碑、祭文，卷八至九尺牘、書啓、表策，卷十記事、文移。

凡例計八則，此本僅存二則，有云："詩原稿千數百首，庚申夏仲，同巨先侍先大人於始平公署，請壽木，遂汰什九。今卷之一即焚草也，將合卷二已庚草與《留别黄岩》及《入都》諸作同付剞劂，而燕臺見背，魚恨永深矣。第三卷則皆窮蒐雜詠，或題箑頭，或標卷頁，雖不敢曰吉光片羽，秘作家珍，要亦惟是斷璧殘珪，實寶餘瀋耳。樂府歌詞，徵收未至，容俟續刊。"

按，此本凡例僅存一頁，且爲兩個半頁粘貼而成，細加諦視，乃爲第一頁之前半頁及第二頁之後半頁。第二頁之書口下頁碼"二"字被剜去一畫，僅餘一小點。又目録頁卷六處也爲人割裂加工，正文卷六處之"六"爲人抄補，此皆賈人以殘充全之佐證也。

此爲禁書，清代列《全毁書目》中。今藏臺北中研院歷史語言研究所傅斯年圖書館。

《千頃堂書目》卷二十六别集類作"雪堂集二十卷"。《中國古籍善本書目》著録，北京圖書館、中國科學院圖書館入藏。又臺灣"中央圖書館"也有全帙，然作"明崇禎三年武林沈氏家刻本"。

鈐印有"菊秋之章"。

四然齋藏稿【明萬曆刻本】

《四然齋藏稿》十卷，明黄體仁撰。明萬曆刻本。四册。半頁九行二十字，四周單邊，白口，單魚尾，書口下刻字數。題"上海黄體仁長卿父撰；門人王偕春子與父校"。前有黄體仁序、萬曆三十六年(1608)徐光啓序。

黄體仁，字長卿，上海人。萬曆三十二年進士。九歲避島夷，比長，受知於學使耿定向，講性學多所發明。萬曆二十二年中舉人，議築浦塘，建匯塘，繕内外城，開東西水，闕省煩役，皆得行其説。成進士後，館李廷機家，廷機試館職，謝之，以門人徐光啓自代。授刑曹，出知登州，罷坊市雜税，擢東兖道副使。歲祲值福藩之國，體仁處置調停，民不之苦，官至山東按察司副使。其歸也，囊無餘資。卒祀鄉賢，孫慎行銘其墓。(嘉慶)《上海縣志》卷十三有傳。

四然齋者，體仁之讀書處也。據其序云："齋大如斗，凝塵常滿，亦無它貴家法物，僅僅先贈公遺書數百卷，朝夕督兒子輩吟詠其中。"其以"四然"名齋，亦見其序，"因讀清庵先生中和集，閱委順圖曰，身心世事，謂之四緣。委身寂然、委心洞然、委世混然、委事自然，作是見者，常應常静，何緣之有？余憬然有慨於中。當世士得尺望尋，得隴望蜀，絳宫之禽，日翱翔八表，閔閔皇皇，芸芸攘攘，不得須臾寧，其身甚勞，其心甚苦，其於世事亦甚紛拏矣。苟得是説而存之，身心俱泰，世事兩平，内無馳想，外無搆鬥，舍急湍而就安瀾，不庶幾火宅晨涼也哉？真司馬相如一勺金莖露也。余雖不能至，中響往焉，竊用以比弦韋，遂取而名其齋"。

是集爲體仁自編。卷一記八篇。卷二序十七篇。卷三賀叙、壽叙、贈叙十八篇。卷四賀叙十六篇。卷五書序、小引、跋、疏、壽叙、贈序二十四篇。卷六傳十篇。卷七疏、參語、公移、行實十一篇。卷八行狀六篇。卷九祭文二十二篇。卷十詩一百五十七首。

體仁爲徐光啓師。光啓序云："先生夙承家學，升堂覩奥，博探津潤，開廓著述。其爲文，覃精名理，大都鋭思極意於百千載之上，而去陳言，標新義，必開先啓秀於數十載之後。光啓束髮從遊，見所爲經生之業，率三年而一變，變必擢新演異，出人耳目之外，迨時風驤首，而先生已復謝去。其故矣，每與門牆私竊嘆仰，以爲神化無端，於此道中獨稱龍德，設科以來，未之見也。而爲占文辭賦，亦復稱是。每見講席藝壇，古今遞作，斐然造適，肆筆滿紙。""嘗見海内文章之士，覩甲辰以後先生暨光啓所爲行卷，特相嘆訝，以謂兩家氣脈相似乃爾！既而知光啓爲先生門下士也，則人人以爲知言。嗟乎！光啓之學於先生也，滿腹而已。"

徐光啓萬曆三十二年中進士，後選庶

吉士，三十五年散館，任翰林院檢討，此序則作於三十六年。按，徐序不見王重民輯校《徐光啓集》，當爲重要佚文，且序乃據徐氏手書入版，更顯珍貴。又王重民長篇序言也未提及體仁爲徐之老師。

是本藏臺北"國家圖書館"。書根以墨筆書有"四然齋集"，每册一字。

《四庫全書總目》入集部別集類存目，作《四然齋集》。《四庫存目叢書》集部第一百八十二册收有此本，即湖北省圖書館所藏。《中國古籍善本書目》著録一部，湖北省博物館藏，當誤。(嘉慶)《上海縣志》卷十八藝文志作《四然齋正續稿》。

鈐印有"潛川洪軾澂藏書"、"風雨樓"、"莊鐸"、"拭塵鑒賞"。

先人文字拈【明崇禎刻本】

《先人文字拈》十卷，明楊鶴撰，明楊嗣昌編。明崇禎十年(1637)刻本。四册。陳乃乾跋。半頁八行十八字，四周單邊，白口，單魚尾。題"孤兒楊嗣昌纂"。前有崇禎十年楊嗣昌序。

楊鶴，字修齡，武陵人。萬曆三十二年進士，授雒南知縣，擢御史。上疏請東宫講學，尋出督兩淮鹽法，巡按貴州。天啓初，起太僕少卿，擢右僉都御史，巡撫南贛，未莅任，魏忠賢以鶴黨護熊廷弼，除鶴名。崇禎元年，召拜左僉都御史，進左副都御史，後拜兵部右侍郎，代總督陝西三邊軍務。鶴素有清望，然不知兵，吴甡劾鶴主撫誤國，帝怒，逮鶴下獄，卒戍袁州。

楊嗣昌，字文弱。萬曆三十八年進士。初授杭州教授，歷户部郎，以病歸。崇禎初，起河南汝州副使，以父被逮，三疏請代得減死。尋擢兵部右侍郎兼右僉都御史，總督宣大、山西軍務。六疏陳邊事，多所規畫，帝异其才，擢兵部尚書，後改禮部尚書，晋東閣大學士，參機務，仍掌兵部事。然疆事益壞，廷臣皆劾其誤國，乃落職。視事未幾，以叙功復之。及羅英山之敗，帝大驚，特旨仍命督師，賜上方劍，以便宜誅賞。嗣昌被命即行，抵襄陽，大犒三軍，屢敗張獻忠於興安。未幾有瑪瑙山之捷，軍聲大振。後爲獻忠自蜀下夔門攻陷襄陽，襄陽王遇害，嗣昌方上疏請死。聞洛陽已於正月被陷，福王遇害，益懼，不食而卒。(同治)《武陵縣志》卷二十一有傳。

是編存春夏秋冬四部，每部二卷。計春部詩文五十五篇，夏部序、柬、詩、札四十篇(首)，秋部文、札二十四篇，冬部序、柬、札五十篇。其分春夏秋冬者，乃以春爲清娱之屬、夏爲經世之略、秋爲周孔之學、冬爲梵竺之談。又有閏集，爲酬酢之餘所作，凡五部十卷。今閏集二卷佚去。按此書排列次序甚亂，明人集中似如此者頗少見。

楊嗣昌序云："先人性不近名，不耐攢眉努目作咬薑呷醋文字，惟意興偶至，拈筆疾書，淋灕洸洋，取自適而止，或時付友人，將去都不留稿。孤平生有見，輒纂存之，先人復時取看，久之常失所在，即從事四方，不恒侍左右，豈惟纂存之難，獲見亦罕矣。不意道山歸去，付囑無憑，多生浩劫，浮木因緣，忽焉暫斷，攀號雨血，欲以何爲思！想先人性靈生面，畢意文字之中，猶可追溯一二，掀翻故簏，托訪交知，但得半偈微言，流通宇宙，即是靈山一會，儼然未散，因之不詮年月，不别體裁，惟取信手拈業，即付築氏。間旁疏一二語，尾贅三五行，資破句以顯全提，同百川之映孤月。斯爲先人文字拈，抑亦拈先人文字指也。"

陳乃乾跋云："《文字拈》十卷，明楊嗣昌編其父鶴之詩文也。分春夏秋冬閏五酢之作，無關宏旨，況此書傳世甚罕，更不可以殘帙少之。楊鶴崇禎二年以兵部右侍郎總督陝西三邊軍務，主撫誤國，謫戍袁州。嗣昌亦官宣大山西總督，以兵敗憂死。事跡俱詳《明史》本傳。明季士大夫問錢穀，不知問甲兵。楊氏父子皆有清望，迄無成功，先後一轍，而邊事遂不可問矣。後之覽鑒斯集者，豈徒玩賞其文辭已哉？乃乾庚午三月，重編南洋中學藏書目，檢閱及此，改定數字，距寫前跋時，匆匆十一年矣。"

是本書口下有"江右陽爾玉寫刻"。

《明史・藝文志》、《千頃堂書目》、《四庫全書總目》均未收録。《中國古籍善本書目》著録，僅上海圖書館藏此一部。

鈐印有"嶧琴過眼"、"王培孫紀念物"。

雙鶴軒類稿【明刻本】

《雙鶴軒類稿》二十六卷，明魏應嘉撰。明萬曆至崇禎間遞修本。八册。半頁九行二十字，四周雙邊，白口，無魚尾。題"廣陵魏應嘉示周甫著；弟應龍有翼甫校"。前有萬曆四十七年(1619)、李宗延序，萬曆四十六年魏應嘉自序。

魏應嘉，字示周，號賓吾，又號易山，江蘇江都人。萬曆三十二年進士，除河南汝寧府、山東萊州府推官。授兵科給事中，累疏陳時務及輔臣失職狀。又任太常寺少卿、大理寺右少卿、太僕寺卿，官至兵部左侍郎。後致仕。里居三十年，精研理學，著述甚富。《東林黨籍考》有傳。

是書卷一家園稿、卷二北征稿、卷三至六天中稿、卷七東闈稿、卷八至九廬居稿、卷十續北征稿、卷十一至十二東萊稿、卷十三至十六需次稿、卷十七至十九皇華稿、卷二十至二十一奉常稿、卷二十二棘寺稿、卷二十三冏寺稿、卷二十四至二十六田居稿。均按年編次。

田居稿有《庚午中秋》詩，庚午爲崇禎三年。又有《八月二十三日軒中偶題四首》，則是書所刻，似始於萬曆末年，而刻竣則在崇禎三年之後矣。

此書不見各家著録，頗罕見。《四庫全書總目》僅收有《伙壞封疆録》一卷，云："應嘉依附閹黨，代爲搏噬，觀其自序，殆不知世有廉耻事，實京卞惇確之所不爲者也。"

卷一第一頁書口下有"南京劉鳳刊"。

藏美國普林斯敦大學葛思德東方圖書館。

藏密齋集【明崇禎刻本】

《藏密齋集》二十四卷，明魏大中撰。明崇禎魏學洢刻本。六册。清莫友芝校。半頁九行十八字，四周單邊，白口。題"嘉善魏大中孔時著"。前有瞿式耜序、錢士升序、天啓五年(1625)疏草、書草、雜著、詩草四自序。

魏大中，字孔時，號廓園，浙江嘉善人。諸生，性狷介，家貧泊如，舌耕不足自給。負笈從高攀龍游，即以正學相勸勉。萬曆四十四年成進士，仕行人司，考選擢工科給事中，辨析邪正，搏擊權要，毅然以澄清天下爲己任。遷吏科給事中，疏劾魏忠賢結黨營私，後被革職爲民，里居杜門，講《易》於南山。然又被誣下詔獄，酷刑拷訊，斃死獄中，年五十一。崇禎帝即位，白其冤，贈太常寺卿，追謚忠節。事迹具見《明史》卷二百四十四本傳，又《東林列傳》卷三。

此本卷一自譜、卷二至九奏疏、卷十詩、卷十一至十三雜著、卷十四至二十三書牘、卷二十四啓。據云大中被逮日，天大雷電，風吼水立，邑中聚而送者千人。卷中言夷事甚多，剜板處之。自譜至天啓五年五十一歲止，其後爲子學洢所續。

莫友芝《郘亭知見傳本書目》卷十五著録，并有注，云："蓋即《明史》所收之二十五卷本也。自譜一卷、奏議八卷、詩一卷、雜著三卷、書牘十卷、啓一卷，僅二十四卷。前所收之牘，蓋即其全。己巳八月，乃收一崇禎中刻本。"按，己巳爲同治八年(1869)，所收崇禎本當即此本。

瞿式耜序云："孔時一生得力，全在爲諸生、孝廉時，瓶無儲粟，未嘗有簷下想入其胸中，以故浩浩落落之氣，不受盤曲。然每見英俊之士，開覽古人，千秋可揖，飛觴自命，生死鴻毛；逮至榮華薰染，勁骨日化柔腸，又或痛苦憂煎，烈士不能慕義。故夫不登仕宦，不入囹圄，概而語丈夫，皆未敢必之詞也，則又何以故哉。蓋孔時胸中非徒以廉節爲高尚，觀其集中上告君父，中告寮友，下告子弟，皆確然有石畫以與人，實實可見諸行事者。……即如遼陽一案，觀其書疏往返幾數十見，未嘗有一字假借。經撫而坐此論死，千百年後讀其書，有不拔劍起舞者，豈人哉？"

是書前遺訓、被逮日記、疏草自序、書草自序、雜著自序、詩草自序，皆爲莫友芝影山草堂抄配，用紙書口下有"影山草堂"四字，紅格。此本作魏學洢刻本之根據，乃見瞿序，有云："今其仲子且盡發其文章以行於世，朝廷之賞罰、斯民之是非，相夾而行，其所以風天下萬世之爲人臣、爲人子者遠矣。"學洢，字子敬，大中長子。邑諸生。少有异才，性至孝，刻苦讀書，漁獵千古，沉研理學，日讀陶詩自娱。大中逝，扶櫬歸，朝夕號咷，未嘗入寢室。哭而病，病復哭，勺水不入口而死，年僅三十。崇禎改元，有司以狀聞，詔旌爲孝子。

此爲禁書。《清代禁毁書目》、《清代禁書知見録》著録，有云："明嘉善魏大中著。此書詩文奏疏雜著内敘論遼事，語多觸礙。"《四庫全書禁毁叢刊》第四十五册收録。

是書又有二十五卷本，莫氏未之得見，僅於《知見傳本書目》"魏忠節公尺牘"下云："大中著有《藏密齋集》二十五卷，見《明史・藝文志》，今已無傳。"按，二十五卷本之最末一卷爲"制義"，北京大學圖書館、杭州大學圖書館等三館入藏，又臺北"國家圖書館"藏二部。二十四卷本、二十五卷本實爲同版。

大中著作尚有《魏忠節公札稿》不分卷，爲清杏花春雨山莊抄本，藏上海圖書館。又有《魏廓園先生尺牘》不分卷附一卷，清抄本，藏清華大學圖書館。另清姚瑩、顧沅、潘錫恩輯《乾坤正氣集》收有《藏密齋集》七卷（清道光二十八年涇縣潘氏袁江節署刻同治五年新建吴坤修皖江印本）、清孫福清輯《槜李遺書》收有《藏密齋書牘》一卷（清光緒四年秀水孫氏望雲仙館刻本）。

此本藏上海圖書館，書中友芝校筆不多，首有莫氏手書"此自譜一卷及疏草序、詩草序、雜著序、書草序四篇，並以劉履芬泖生録真跡稿本校過。泖生假真跡來覆校"。津又按，劉履芬抄本，今存北京國家圖書館，題《魏忠節遺著》不分卷，爲清同治八年劉氏所抄，有劉氏并潘鍾瑞校并跋。

《嘉業堂藏書志》、《中國古籍善本書目》著録，浙江圖書館等九館也有入藏。津 1986 年訪美，於華盛頓國會圖書館善本書庫内也見得一部，然已爲清代所印。

鈐印有"莫友芝圖書印"、"莫印繩孫"、"吴興劉氏嘉業堂藏書記"。

雙魚集【明崇禎刻本】

《雙魚集》七卷，明顏繼祖撰。明崇禎六年(1636)刻本。四册。半頁九行十八字，左右雙邊，白口，單魚尾。題"清漳顏繼祖繩其甫著"。前有崇禎六年徐㶿序。

顏繼祖，字繩其，福建龍溪人。萬曆四十七年進士。歷工科給事中，嘗論工部冗員及三殿叙功太濫，所建白甚多，屢蒙采納。遷工科右給事中，再遷吏科都給事中。累擢太常少卿，以右僉都御史巡撫山東，分官扼境上。會清師大入，畿輔戒嚴，本兵楊嗣昌令繼祖專防德州，濟南由此空虚，援師又逗留不進，濟南卒陷，繼祖遂下獄弃市。又有《紅堂詩》七卷。(民國)《福建通志》列傳卷二十八有傳。

雙魚者，書札也。唐杜甫《草堂詩箋》之《送梓州李使君之任》云："五馬何時到，雙魚會早傳。"宋王安石《臨川集》《次韻酬吴秀珍見寄》詩之一云："君作新詩故起予，一吟聊復報雙魚。"此本皆爲繼祖致官場同僚友朋之札，計卷一七十一通、卷二三十四通、卷三十六通、卷四二十五通、卷五九通、卷六十一通、卷七六通。如《與馬劬思侍御》、《上相國韓象翁老師》、《與大中丞蘇石水先生》、《與少司寇謝廳先生》、《與新制科黄石齋年兄》、《答崑山令蘇日門年兄》、《侯南陽守太屏兄》等。

徐㶿序云："都諫顏同蘭先生，敭歷三垣，皂囊封事，侃侃直言，播於中外，即虞翻、傅諒，朝夕論思，不啻過也。而寄意宣情，應酬裁答，必藉薄蹏柔翰達於數千里之外，非熟於朝廷之獻替、閭左之利病者，靡不與工儷偶叙寒暄者等。予試考古之書札，始於春秋，當時諸侯大夫，朝聘宴饗，征伐會盟，類以詞命相往來，言婉而切、簡而莊、巽而直，其猶先生之遺風乎？後如李陵之答屬國、子長之報少卿，則連篇累牘，纚纚數千言，非春秋質有其文比矣。先生八行之字，文質彬彬，詞達不以富麗爲工，筆精不以繁縟爲美，陳國事之是非，談時政之得失，一一如畫諸掌，不獨剖魚腹，祇言加餐飯長相憶已也。昔陳遵善書，口占數百封貽謝故人，多不暇給，遺十吏以代筆札，人得其隻字皆珍藏之。先生詞華豐采，其亦孟公之儔歟！先生方當强仕之年，出入禁闥，他日再上諫獵之書，如司馬長卿區區薄蹏柔翰，又不足以盡先生矣。"

此本流傳甚罕。藏臺北中研院歷史語言研究所傅斯年圖書館。《千頃堂書目》卷二十六、《福建通志》藝文志存目别集著録。《四庫全書總目》、《續修四庫全書總目提要》(稿本)、《中國古籍善本書目》及日本各家書目也均未著録。

鳳崗存稿【明萬曆刻本】

《鳳崗存稿》十六卷，明張宇撰。明萬曆十年(1582)刻本。六册。半頁九行二十字，四周雙邊，白口，單魚尾。題"温陵張宇仲矩著;孫步瀛、姪孫榮登同梓"。前有郭良序、萬曆十年李伯芳序。

卷一至五序三十五篇;卷六記四篇;卷七祭文十八篇;卷八墓志銘二篇，誄、哀辭各一篇;卷十至十四書、啓九十八通;卷十五至十六雜著十四篇。卷九佚去。

李序云:"先大夫雅喜古文辭，然不喜用文名，甫脱稿，輒爲好事者持去。玆孤不佞梓存者，□永感公辱好，於先公幸莅鄰邦，敢以序辱，庶以公而行於遠乎!……張公宰余邑，有惠化，邑人示其文，猶父毋之手澤焉……夫文不在華藻，而貴經濟;詞不在浮夸，而貴實用。余嘗閲公所遺之諸序，曰渢渢乎，雄哉!其班馬之風乎?其詞贍而不穢。又嘗閲公所遺之書啓，曰淵淵乎，遠哉!其歐蘇之風乎?其文詳而有體。又嘗閲公所遺之雜著，曰油油乎，思哉!其屈宋之風乎?其文簡而直、核而當。豈非其少負奇才，造詣精粹，於書靡所不讀，藴諸中者，邃以弘矣。故其肆諸外者，如萬仞涌泉，旁溢四出，六御奔軼，長駕千里。"

是書《明史·藝文志》、《四庫全書總目》皆未收入。《中國古籍善本書目》著録，僅此一部，藏上海圖書館。

鈐印有"南海康氏萬木草堂藏"，蓋舊爲康有爲所藏也。

含玄齋遺編【明萬曆活字印本】

《含玄齋遺編》四卷别編十卷，明趙樞生撰。附録一卷。明萬曆二十二年(1594)趙頤光活字印本。三册。半頁九行十八字，左右雙邊，白口，單魚尾。題“璜溪趙樞生彦材撰；梁溪顧冶世叔校；太倉曹子念以新閲”。别編前爲附録，收黄姬水撰《含玄齋説》、王世貞撰《贈趙伯子彦材叙》、王穉登撰《贈趙彦材先生序》、龍德孚撰《贈彦材先生詩叙》。後有萬曆二十二年趙頤光跋。

趙樞生，字彦材，太倉人。布衣。

《遺編》卷一詩，爲五言古二十五首、七言古六首、排律一首、五言律三十二首、七言律七首、五言絶句二首、七言絶句六首；卷二賦十五首、碑銘一篇、贊一首、祭文三篇；卷三論七篇、説六篇、問二篇、策問一篇、演聯珠四篇；卷四書四通，詩序七篇，記、傳各一篇。别編卷一史元考、京省考、同仇考；卷二國學考、制舉考、徵辟考；卷三五生考；卷四至五職官考；卷六節帥考；卷七東夷考、安南考、哈密考、邊裔考、海帆考；卷八山岳考、河海考；卷九捃奇考；卷十名物考、鱣鮪考。

趙頤光跋云："先君少尚文苑，繼而著書，後復盡去之。每意所至，援筆直書，歲不下數十萬言，言皆玄遠。不肖輩數數諸編以成帙，絶不以示，即間示不肖三人者，必因其短而訓導之，不泛以詞藻爲也。癸巳季秋晦，乃得請於先君，時先君病已二十餘日，猶親啓篋，召母氏共付之。曰：余病不及矣，可請知我者校閲，汝其慎之，余不懼損其名，懼後之人誤焉耳。不肖輩受命而出，翌日次稿中篇目以進，則怫然不悦。曰：……以治身者爲内篇第一，論事者爲外篇次二，經術者爲餘篇次三，題曰‘含玄子’。含玄，蓋先君齋額，亦以自號焉者。惜乎舊稿棄去已久，求莫可得，自隆、萬壬癸迄今二十年間，蓋已六十七册，而他稿不與焉。不肖復承命跽請梁溪顧世叔先生輩共爲編校。先生嗜書而淡世，遂得盡□先君所遺書。繼而復探斷爛[殘]篋簡，及友生家所存片紙隻字，僅得早年文若干篇，一一托之世叔，世叔閲諸子之煢煢無依也，亦任之不辭，於是内篇取十之四，外篇十一，餘篇十二，其詩若文爲遺編，聊存二十之一，從先志也。其纂輯諸類爲别編，姑以一十九種分作十卷，而未脱稿者倍之，皆外是矣。"

是書《明史·藝文志》卷三子類著録，有趙樞生《含元子》十六卷别編十卷。又《明史藝文志補編》著録《含元子》十二卷及别編十卷。《千頃堂書目》卷二十三作《含玄集》四卷又别集十六卷。《四庫全書總目》將《含元子》十二卷入道家類存目，又一種《含元齋别編》十卷，入類書類存目。此本《中國古籍善本書目》著録，僅上海圖書館一部。

樞生所著諸書，有《含玄子》内編、外

編、遺編、别編、賡編(即續編),通三十四卷,皆由顧治排比成帙。此本卷末有"海虞品三系書並刻",卷十末又有"萬曆癸巳十月朔至甲午七月晦,野鹿園校完"二行,"子云烝、日熹、頤光次"一行,蓋是書校核費時九月。此爲活字印本,非銅活字,明代嘉靖以來,以一家之力,刻就活字排印的家族著書者不多。按北京圖書館入藏有《含玄子》十六卷,也活字印本,與此本行款同,由此或可考定樞生著作均由其後人活字印刷傳世,也可窺見明代中葉江蘇地區富庶之鄉經濟和手工業之發展。

鈐印有"碩果堂"、"吴郡葉氏訪求鄉先哲遺書記"。

樂吾韓先生詩【明萬曆刻本】

《樂吾韓先生詩》一卷，明韓貞撰。明萬曆二十六年(1598)許子桂等刻本。遺事一卷。四册。半頁九行十七字，白口，四周單邊，單魚尾，下刻字數。詩前有韓貞小像。前有萬曆二十六年余尚友序、宗彝序。末有黄大成跋。

韓貞，字以中，號樂吾，揚州興化東鄉人，世業陶。時泰州朱恕樵薪養母，從王艮講學，貞慕其行，從之游。後乃師事艮子襞，粗識文字，有茅屋三間，以之償債，遂處窑中。自咏曰："三間茅屋歸新主，一片煙霞是故人。"久之覺有所得，遂以化俗爲任，隨機指點，農工商賈，從之游者千餘。秋成農隙，則聚徒談學，一村即畢，又之一村，前歌後答，弦誦之聲不絶。《明儒學案》卷三十二有傳。

此詩集收五言絶句一首、五言律詩七首、六言二首、七言絶句六首、七言律詩六十九首。明代以來，以小手工業者而在詩文中别具一格者甚少，仇十洲原爲漆工，齊白石曾是木匠，然皆改行作詩爲畫，終而成其大家。

"遺事"次行有"同邑後學許子桂、沈孫復、朱應達等九人，寶應後學張國禮等三人同輯梓"。是書《明史・藝文志》、《四庫全書總目》皆未予著録，傳世頗罕見。另臺灣"中央圖書館"一部，合此二部而已。

此本今藏上海圖書館。

嘉樹齋稿【明萬曆刻本】

《嘉樹齋稿》七卷,明吴繼茂撰。明萬曆二十九年(1601)刻本。八册。半頁九行十八字,四周單邊,白口,單魚尾。題"新安吴繼茂叔承著;男吴明春編校"。前有李維楨序、萬曆二十九年朱國禎序、萬曆二十九年喻均序、萬曆二十九年詹景鳳序。卷末有萬曆三十年吴繼裘跋。

吴繼茂,字叔承,安徽新安人。

卷一五言古詩四十三首、七言古詩十七首;卷二五言律一百四十三首;卷三五言律一百零七首;卷四五言律一百十五首、五言排律八首、五言絶句八十八首;卷五七言律詩一百首;卷六七言律詩一百零九首;卷七七言律詩三十首、七言排律四首、七言絶句一百三十四首、六言律詩一首、六言絶句十二首。

詹景鳳序云:"叔承諸子負才象賢,有志剞劂遺詩,行將懸國門、詑海内,標若翁一生才志絶群。……"吴繼裘跋云:"余家自先公文肅以來,世稟經術,而尤不乏風雅,乃振響嗣徽,矯矯乎直凌大曆以上則宜莫如我兄。夫兄雖工於詩哉,然而口絶不言詩,邇得謝家居,則高卧嘉樹齋者什九。余每過從,時見撫景獨嘯,或臨池揮灑,即詩人偶集,詩囊徐滿,亦不過聊以寄適,初未嘗沾沾自多,是故世態俗情不却自遠,則吾兄蓋有深於詩者在矣。先是遊燕遊梁,有《北遊稿》行於金陵,余再入長安,則都人士賞音者不徒津津膾炙,且欲覓全鼎於寸臠。意歸爲吾兄圖之,而兄忽奄逝去矣。嗚呼!此詎異人任而暨餘南還,則伯姪明春業已並緝付梓,抑何克終厥緒若斯鋭也。"

詹景鳳序後有"適園居士金邦達書"。目録頁佚去第二十二頁。

《千頃堂書目》、《四庫全書總目》、《續修四庫全書總目提要》(稿本)、《中國古籍善本書目》均未著録。此本今藏臺北中研院歷史語言研究所傅斯年圖書館。

鈐印有"群碧樓"。

漱石居集【明萬曆刻本】

《漱石居集》□卷，明卞洪勳撰。明萬曆刻本。六册。半頁八行十八字，四周單邊，白口，單魚尾。題“武水卞洪勳世甫著”。前有萬曆四十二年(1614)魏光國序、馮盛世序。

卞洪勳，字太華，號世甫，卞錫子，浙江嘉善人。性嗜學，早歲入成均，官東鄉主簿，歸以道誼自持。(道光)《嘉興府志》卷三十五文苑有傳。

此本存九卷，爲卷一至九。洪勳能詩，故集中半爲詩詞，卷一賦一首、四言古詩四首、五言古詩十二首、七言古詩十三首；卷二五言律詩六十四首、七言律詩十三首；卷三七言律詩二十七首、五言排律六首、七言排律一首、五言絶句十五首、六言絶句十四首；卷四七言絶句六十首、詩餘二首；卷五序十一篇；卷六序五篇、記二篇、説一篇、碑一篇、辯一篇；卷七墓志銘二篇、傳三篇、誄一篇、行狀一篇、行實一篇；卷八祭文十七篇；卷九尺牘二十四通。

魏光國序云：“嘉禾卞君世甫來簿吾邑，擕其生平古文詞請序於余。卞君，故司勳豹山先生子也。豹山先生以文章高一代，世甫繼之。其言曰：文自先秦、西京而下，詩自開元、大曆而下，某竊心薄之，謂不足爲。嗟乎！世甫之於豹山先生，亦猶司馬遷之於談、班固之於彪、蘇軾之於洵也。豹山先生之家學，未知其於司馬談、班彪、蘇洵，孰爲上下？而君之所得亦未知，其於司馬遷、班固、蘇軾，孰爲淺深？……君早歲入太學，屢困場屋，最後始謁選，得吾邑簿。君之文章，不得大顯於世，如王安石、歐陽修輩而亦不主。如司馬遷、班固、蘇軾在蒙世之僇辱竄斥，厚積而薄發，姑以藏名山、傳通侯，俟後世之知我在。”按豹山者，卞錫也。錫，嘉靖三十五年進士，有《豹山集》、《司勳遺集》。

馮盛世序云：“今甲辰秋，余過世甫齋頭，世甫出所爲《漱石居集》示余。集者何？皆世甫詩、賦、序、記並尺牘等若干。余讀之，詩賦奥衍而深且多，致可以衙官屈宋、元白；序記鎔鑄倫物典則，不慳彼曾、王諸子，幾弁髦之也；尺牘等作，行止自如意盡，而麗若出禪、諶四子之手。……以世甫席寵惟舊，苟慆淫其忘爲狗馬聲色之好，誰能制之，而世甫不爲，惟詩書是嗜。以世甫憑藉餘勢，巧爲機詐，若近之貪殘，誰能尼之？而世甫不爲，惟文章是習。視其人嫣然公子乎！乃其心甇然寒士矣，且所與交，皆竟内外有名道誼紳絢，而所與還往，亦惟是逢掖清介之士。若涉一毫炎焰淫者，世甫遠之若鴆毒也。”

此本雖爲殘帙，但世不多見，以其罕傳，留此鱗爪。又此本字作宋體，典型之萬曆本面目。目録頁有抄配。序書口下刻“臨川張顔刻”。

《四庫全書總目》、《續修四庫全書》、臺北《"國家圖書館"善本書志初編》、《續修四庫全書總目提要》(稿本)、日本《内閣文庫漢籍目録》皆未著録。(道光)《嘉興府志》卷五十三經籍有《卞勳有石居集》,無卷數。按此著録佚去"洪"、"漱"字。《中國古籍善本書目》著録,即爲此本,今藏上海圖書館。

麗農樓藏草【明萬曆刻本】

《麗農樓藏草》二卷，明宋守一撰。明萬曆四十三年（1615）刻本。一册。半頁七行十五字，左右雙邊，白口。書口下刻“孤山”。卷下書口刻“燕市”。題“武林宋守一化卿著”。卷下末刻“男楚望、夷望、虞望仝校”。前有萬曆四十三年宋守一自序。

宋守一，號化卿，浙江武林人。

卷上詩四十四首，卷下詩二十首。

卷下有《吊李卓吾先生》，云：“黄金臺上暮雲空，易水蕭蕭壯士風。萬古癡情無解脱，不須惆悵夢魂中。”集中又有《病中和蓮池大師涅槃堂詩》、《讀蓮池大師聞聲不忍食肉秇敬書八偈以遺同好》、《癸丑春日雪後同錢養醇刺史入雲棲偈呈蓮池大師》等。按蓮池，即釋誅宏，字佛慧，仁和沈氏子，世稱蓮池大師。

自序云：“不慧童稚耽詩，似由夙習，然而未獲神解也。中年學道雲棲大師，偶佔椒頌，云：突出眼睛開口笑，這回不占舊枝頭。則懸崖撒手，瞰日停空，無依傍棲泊處，乃知禪與詩悟入雖殊，而真空絶待，水月鏡花，大相類也。故先哲時取譬焉，一涉模擬，便是傍人門户。嗟乎！弱羽纏枝，安在其能自立也。且詩也者，通天地，感鬼神，標陳志意，宣吐性靈，即文字，離文字，詩耶？道耶？果二乎哉！卑卑格律自縛，聲調自黏，尊漢魏，黜六朝，艷唐薄宋，模擬勞而故吾失，壯夫不爲也。何知天動神隨，有物有則，寧容擬議也乎！不慧十年來，兩尊人見棄，荼毒中筆硯幾焚，情境觸發，悲歌起舞，直寫吾性靈云爾。友人書郵徵索，不耐謄抄，遂復付梓，不識海内宗工以爲何如？”

明人文集，傳世逾千種，然此單刻小集，則不多見。作者無功名，事迹亦不彰顯，當地方上之文化人也。此家刻本，當爲後輩爲其先人所刻，印數定不會多，即（民國）《杭州府志》卷九十藝文也無著録，也可知其稀見也。

《四庫全書總目》、《續修四庫全書》、《續修四庫全書總目提要》（稿本）、臺灣《“國家圖書館”善本書志初編》、日本《内閣文庫漢籍目録》皆未著録。《中國古籍善本書目》著録，即爲此本，今藏上海圖書館。

鈐有“抱經樓”、“公起”、“純袁後裔”、“豐華堂書庫寶藏印”。

王震孟詩文集初選【明萬曆刻本】

《王震孟詩集初選》三卷《文集初選》一卷，明王龍起撰。明萬曆四十七年(1619)龍光堂刻本。二册。半頁九行十八字，白口，四周單邊，單魚尾。題"閩漳震孟王龍起著；社友宜緇甫黄衮黼、弓甫陳士奇、體貞甫唐孚、文黄甫王甲、美卿甫陳琦、佛頂甫黄如英同選"。前有萬曆四十七年朱之蕃序、焦竑序。扉頁刻有"閩漳王震孟先生，詩文集初選。龍光堂藏版"。

王龍起，字震孟，福建漳州人。

詩集卷上七言古詩三十九首、五言古詩三十七首、長短句十七首；卷中七言律詩一百零五首、五言律詩九十八首、附排律七首；卷下七言絶句一百五十首、五言絶句三十五首、雜體三十九首、詞四十三首、賦五首。文集收序十七篇，啓四通，疏一通，記二篇，説、哀辭、祝壽文、哀文、祭文各一篇。

《明史・藝文志》、《四庫全書總目》皆未著録。

鈐印有"宛平王氏家藏"、"慕齋鑒定"、"汪魚亭藏閲書"、"胡氏茨村藏本"。

此本藏上海圖書館。

李元輔集【明刻本】

《李元輔集》十八卷，明李良翰撰。明刻本。十二册。半頁九行二十字，四周雙邊，白口，單魚尾。題"晋人景召李良翰元輔父著"。前有董復亨總序。

李良翰，字景召，號元輔，山西清漳人。諸生。幼負慧而敏，性不好弄，奉身甚嚴，喜購書。酷楞嚴，好老莊，其餘百家無不涉獵。據宗萬化序，"生而介特，雅志聖賢，行己立身，絶不與俗浮湛。齠即有聲諸生間，屢有事於文場，屢不得志，於名場視之澹如也"。又著有《非和合集》。

是集計有五編，爲楚鞏録、太乙稿、熟仁編、俗人語、苜蓿齋。

卷一至三爲楚鞏録，前有孫文炳序。卷一古體三首、五言古風一首、七言古風一首、五言絶句二首、五言律十二首、五言排律二首、七言絶句八首、七言律九首、紀游雜咏十首。卷二啓四篇、書柬五篇、序十二篇、祭文四篇。卷三雜著八篇、餘録二篇。

卷四至六爲太乙稿，前有宗萬化序。卷四樂府十首、五言古風七首、五言絶句四首、五言律十一首、五言排律三十八首、七言律三十二首、七言排律二首、挽詩一首、句聯四付。卷五序二十一篇。卷六書啓六通、祭文四篇、碑文五篇、雜著八篇、論一篇、策一篇。

卷七至十一爲熟仁編，前有佚名序。卷七四言一首、五言古風二首、六言一首、七言古風二首、五言律四首、七言絶句十三首、七言律二十七首、長短句一首、句聯四付。卷八序十四篇。卷九啓二通、書八通、傳六篇。卷十志銘一篇、議一篇、記一篇、祭文三篇、雜著四篇。卷十一文殊會語五十三條。

卷十二至十六爲俗人語，前有蔡國賓序。卷十二銘二首、五言古風一首、五言律二首、七言絶句三十五首、七言律八首、挽詩一首、句聯十二付。卷十三序十二篇。卷十四啓十一通、書八通、議一篇、記五篇。卷十五祭文七篇、墓表一篇、雜著二篇、論一篇、疏一篇。卷十六槐亭會語十條。

卷十七至十八爲苜蓿齋，無序。卷十七五言古風一首、五言絶句六首、五言律十六首、七言古風一首、七言絶句八首、七言律四首、句聯八付。卷十八序文九篇。

楚鞏録《有感》云："功成名遂屬何時，筆硯辛勤衹自知。歲序如流催我老，鬢毛幾摘鏡中絲。"

金鑲玉裝。《清代禁毁書目》補遺二有《捷録題評》一種，"明洪都李良翰著，嘉靖年間坊本，内有違礙字句"。疑此李良翰當爲另一人。此書流傳罕見。查《四庫全書總目》、《續修四庫全書總目提要》(稿本)、《中國古籍善本書目》、臺北《"國家圖書館"善本書志初編》、《中國善本書提要》、《嘉業堂藏書志》、《山西文獻總目提要》、日本《内閣文庫漢籍分類目録》、《尊經閣文庫漢籍分類目録》、《圖書寮漢籍善本書目》等均未著録。《續修四庫全書》未收。是本原在美國哈佛大學哈佛燕京圖書館普通書庫，插架數十年，直至 2003 年 3 月下旬因貼條形碼時始被發現。

鈐印有"畢際有載積氏藏書"。

紅雨樓集、鰲峰文集【稿本】

《紅雨樓集》不分卷,《鰲峰文集》不分卷,明徐𤊹撰。稿本,十二册,用紙凡二種,一藍格,一黑格,皆十行。藏上海圖書館。

徐𤊹爲閩縣布衣,初字惟起,後乃更字興公,故壇苑之人皆以徐興公稱。𤊹生於隆慶四年(1570)。博聞多識,善草隸書,萬曆間與曹學佺狎主閩中詩壇,以博洽稱於時。

其集爲啓七十三通、碑銘二篇、祭文七十篇、序五十九篇、尺牘七百二十四通、疏二十三篇、偈二首、記四篇、墓志銘十八篇、像贊九十九首。其他如引、祝文、論、策、表、頌、考、説、述、書事、議、約、卦均有,然多零星之篇。

集中最有價值者在於其書札,多爲致王穉登、屠隆、謝肇淛、錢謙益、練克孝、毛晋等人,而究其字數,約達二十萬字。明代三百年間,名人輩出,文集繁多,但細加翻查,則所收尺牘如此之多則不多見。此集尺牘乃爲大宗,内容涉及社會、政治、經濟乃至文人之間交往、學術思想、藏書史實等,資料價值甚高。爲研究明萬曆至崇禎間史料之絶好文獻。

諦視稿本,有多人抄寫之字迹,其中徐𤊹親筆抄録的每册皆有,并有徐𤊹批語,又有朱筆、墨筆圈點。書眉上端鈐有紅色"選"字木記。如在《林初文先生文集序》上,有朱筆"集不刻,必删",眉端又署"不"字;《詩經考序》上端有墨筆"代作"二字;《臺嶼陳氏族譜序》,墨筆批"必删";《祭鍾封君文》上批有"代合郡縉紳"。

鈐印有"注韓居士"、"有美一人"。

浮來先生詩集【明天啓刻本】

《浮來先生詩集》十四卷，明公鼐撰。明天啓五年(1625)公襄刻本。六册。半頁九行十九字，四周單邊，白口，單魚尾。題“魯郡公鼐敬與著；新城王象春季木校”。前有王象春序。

公鼐，字敬與，號浮來，鼒弟，山東蒙陰人。天性英敏，走筆千言，博學善書，名重京師，得其隻字者，皆珍重之，以爲秘寶。萬曆二十五年(1597)舉人，官工部屯田司主事。晚年隱居家鄉，著書立説，不求仕進。又有《小東園集》三十卷、《千金裘》傳奇。

鼐詩長於近體，與其兄鼒風格略似。是集卷一收五言古詩五十三首、卷二七言古詩八十四首、卷三至四五言律詩一百五十一首、卷五至八七言律詩三百五十七首、卷九五言排律四首、卷十四言絶句一首、卷十一五言絶句二十一首、卷十二六言絶句一首、卷十三至十四七言絶句六十七首。按《明詩紀事》庚籤卷八收鼐詩六首，爲《辛卯紀事》、《秋日閑居》、《寄李季重進士》、《送周野王南游》、《直中書有感》、《送翁完虚奉常使德藩兼懷舊游》。

鼐事迹不易得，王象春序有云：“予何以定浮來詩？浮來蓋俠而禪者也。浮來自九歲詠昭君怨，知名海内，祭酒此道垂三十年。”僅此而已。

其《自述詩》云：“老骨日支離，百病攢四體。雖不棄冠裳，殊爲厭生理。客至肅衣談，客去蜕如委。偃仰一榻間，醒睡無明晦。醒但覺神疲，睡亦不知美。朝飯一甌粥，晚餳不嚼齒。每聽兒讀書，如怯敵營壘。革帶孔屢移，生衣疊將毁。嘗聞老者言，富貴多疾痏。五十泠儒官，五斗腐糠秕。己自享受難，況乃慕滫髓。早晚歸桑泉，桂瓢洗牛嘴。”又有《苦雨書懷簡阮澹寧博士》，其二云：“誰説爲官好，官成四壁無。苔將生卧榻，鼃欲上團蒲。糧是前朝絶，盃難入市沽。髯奴時誶語，掩卷强支吾。”可見其晚年貧窮之景象。

鼐之《小東園集》不見傳世，其詩僅賴此本可窺一斑，今《詩集》藏上海圖書館。上圖又有複本一部，二册。兩本相校，複本爲後印本，然複本多出天啓五年公襄序，又有缺名墨筆圈點。公襄序云：“先水部《小東園詩集》，舊曾爲左轄曹公允寧、奉常吕兄玄韜刻之燕邸。先水部意，俟有所增定，未遽傳之海内，時所欣賞者，特《儉心齋近稿》及《雁字》、《落花》二詩，不過吉光片羽耳。殆先水部中道而殂，應刻實爲王季木先生手選，襄謂不朽之藏在乎此矣，遂不敢輕爲更易。及先水部大歸之日，板隨災於回禄，豈先靈欲取此精光以還諸造化耶？越辛壬癸甲，襄以家難頻仍，不遑蒐校，且計費梨棗，又損其八口之半，是以低回未能發焉。冠氏錢貞甫、東莞郭弦伯，密戚也，因謀爲首倡，捐貲相助，再閲寒燠，庶告厥成。然荒僻下邑，匠既傖庸，復乏繕寫，取笑大方，知所不免。惟是檢編、續稿共成一書，宇内名公，閲者或作樂天之悲思敬，或如昌黎之遇長吉可矣。”

七言絶句末刻“男櫏子棫甫再校。姪孫秉文重校”。複本一部佚去目録。

《中國古籍善本書目》著録者，即爲此本。《四庫全書總目》、《續修四庫全書》未收。《續修四庫全書總目提要》（稿本）、臺灣《“國家圖書館”善本書志初編》、日本《内閣文庫漢籍目録》未著録。

鈐印有“王培孫紀念物”。

小有亭集【明刻本】

《小有亭集》二十六卷，明馮敏效撰。明刻本。十四册。半頁九行十八字，無直格，白口，四周單邊。書口下刻字數。題"平湖馮敏效忠卿甫著"。無序跋。

馮敏效，字元卿，號小山，浙江平湖人，汝弼子。孝友天成，屢赴棘闈不第，遂杜門著書，善詞賦。《本朝分省人物考》卷四十五有傳，附馮汝弼後。

是集計七言律詩八卷、五言律詩五卷、雜體二卷、詩餘一卷、曲部二卷、寐言三卷、夢言三卷、七言絶句二卷。按：《明詩綜》卷六十三僅收敏效五言律詩《舟行》一首。

七律卷五有《初度五十有一自嘆》，云："夜來燈火鏡中明，照見絲絲白數莖。半過百年今日始，全消萬慮此身輕。春回柳外梅將綻，宴集山前酒欲傾。坐客漫誇疇昔志，一緘詩草足餘生。"此亦無功名之讀書人自嘆也。

馬守真（湘蘭）爲南京秦淮名妓，詩書畫俱佳，爲明代一時閨秀所不及，在女子文學中也占有一席之地。集中五言排律有《贈馬湘蘭》，云："採採芳蘭生，濯濯湘江浦。昔爲花中央，今作園中主。香氣襲餘暉，群葩争色喜。秋圃繁英菊，春宫艷桃李。眉聽動陽和，指顧生雲雨。有客度林叢，停驂選芳樹。相見説生平，相攜愛如許。乞得數枝紅，嬌嬈向人語。"又有《過馬湘蘭亭館》，云："香風入户影交加，簾幙深沉煙柳斜。數載身爲江上鶴，三秋色映檻前霞。可堪衰鬢臨芳榭，那許西林送晚鴉。落日未終湘水調，何妨次第數名葩。"

此書甚難得。《四庫全書總目》、《續修四庫全書總目提要》（稿本）、《續修四庫全書》皆未著録。此本藏上海圖書館。

鈐印有"當湖孫振麟字秉之雪映廬珍藏金石書畫之印記"。

田子壽詩集【明天啓刻本】

《田子壽詩集》八卷，明田九齡撰。附《田國華詩集》一卷，明田宗文撰。明天啓七年(1627)刻本。四册。潘景鄭跋。半頁九行十八字，四周單邊，白口，單魚尾。題“楚西田九齡子壽甫著；章華孫斯億兆孺甫校；東陵楊邦憲洞岳甫閲；從孫裔田玄太初甫編”。前有萬曆四年(1576)孫斯億序、萬曆九年吴國倫序、殷都序、萬曆二十九年孫羽侯序、楊邦憲序、萬曆八年周紹稷序。末有天啓七年從曾孫玄跋。《田國華詩集》，題“澧水田宗文著；姪田楚産輯；華容孫羽侯選”。半頁八行十六字，四周單邊，白口，單魚尾，前有萬曆二十九年孫羽侯序、天啓二年田楚産序。

田九齡，字子壽，澧水人。曾從孫斯億學詩，其生平大概可詳見田玄跋、潘景鄭跋。

卷一古樂府五十一首、卷二五言古詩四十四首、卷三七言古詩十五首附五言排律七首、卷四五言律詩八十首、卷五五言律詩七十八首、卷六七言律詩六十九首、卷七七言律詩八十首、卷八五七言絶句八十一首。《田國華詩集》收詩一百十二首。

田玄跋云：“子壽祖賦性豪宕，明敏慧昭，泊如寒生，家無長物。落落耽書史，朝暮不釋卷，即善壯飲亦不足亂書史之一念。裹糧無處不至，俠遊無人不賞。師氏章華孫太史，生死大見交情，其所歷覽名公，靡不激拔孤裁，爲其掞藻鍾煉，大擅登壇，漢魏而下，迥邁風馬牛也。愧我家鄄，曾未一付梨棗，緣我祖存，尚未藁脱，迄予父總理世傳，援刀待梓，竟以家難不遂所願。藐予不斐，翻思歲月，悚然汗下，乃手録一帙，從敝簏中掃來，以付剞劂。雖不足以盡當時之所長，然一斑一臠，皆足表見，聊以慰前人之苦心，亦以畢吾三世殷殷無已之念也。”

潘景鄭跋云：“《田子壽詩集》八卷，題楚西田九齡子壽甫撰。……按子壽事跡未詳，據諸家序稱，嘗少遊吴越，經天臺、臨滄海，大觀遠覽，思放氣豪，又嘗欲見王弇州先生，以千里負笈裹糧爲難。知其人僻處徼外，爲巫黔溪洞間鉅姓，佼然自拔，流俗，而能匠心矢筆，亦絶域瑰奇之士。惜其明超無聞，懷才自放，豈志有所不逮歟？後附其從子國華詩集一卷，題澧水田宗文著，姪田楚産輯，華容孫羽侯選。前有萬曆二十九年孫羽侯序及天啓二年田楚産序，知其享年不滿三十，詩格業已老成，所爲詩多憂鬱蕭瑟之語，豈亦感時不遇者耶？審是書，刊於天啓時，蓋出於子壽從曾孫所輯，而子壽當爲嘉、隆時人無疑焉，旅居惜無從檢考矣。此書藏家未有著録，有‘太原叔子藏書記’一印，審是孝慈堂故物。丙子季春，以六金得諸坊肆，戊寅仲秋，攜來滬寓，曝書檢得此帙，爲識數語於尾。是月二十二日，吴縣潘承弼跋於滬濱潤康村寓廬。”

是書《千頃堂書目》、《明史・藝文志》、《四庫全書總目》皆未著録，《中國古籍善本書目》著録，僅上海圖書館收藏一部。

鈐印有“太原叔子藏書記”、“桐軒主人藏書印”。

玄蓋副草【明萬曆刻本】

《玄蓋副草》二十卷目録二卷，明吴稼澄撰。明萬曆三十四年(1606)刻本。六册。半頁十行十九字，左右雙邊，白口，無魚尾。題"吴興吴稼澄翁晋著"。前有吴夢暘序、萬曆三十四年臧懋循序。

吴稼澄，字翁晋，孝豐人。官南京光禄寺典簿，累遷雲南通判。少以詩見稱於王世貞。工樂府，清朱彝尊《静志居詩話》稱其如健兒騎駿馬，左右馳突，靡不如意。

玄蓋者，天目山之别名。副草者，謂尚未成正本也。稼澄之詩，原本風騷，融會今古，發幽閑深沉之思，卓然成一家言。是編卷一至四五言古詩一百五十六首，卷五至七七言古詩一百四十八首，卷八至十三五言律詩四百首、六言律詩六首，卷十四至十八七言律詩四百零三首、五言排律十八首，卷十九五言排律十一首、七言排律三首、五言絶句五十五首、六言絶句四首、七言絶句二十五首，卷二十七言絶句六十二首、雜言七首。

卷一有《悼亡五首》，其一云："閨人限各天，破境指心期。一旦罹疾痗，針藥所不治。旅客夢若鶩，摧愴先星馳。詎謂息趾日，屬纊已淹時。衾裳陳中堂，膏沐竟難施。昔往猶歡顔，今來成陳尸。生死效執手，痛無永訣辭。"讀來情意凄切，感人至深。

吴稼澄以三禮世其家，其大父起於正德間，有《苕源存稿》。其尊人起於嘉靖間，有《天目歲編》，并行於世，然稼澄却卒難一第，故其才一泄於詩而宜乎工。吴夢暘序云："曩者，弇州、太函兩公之名傾宇内，士人附之若趨市。然兩公所遇如翁晋稱素交者，僅僂指數，蓋弇州舊爲中丞(稼澄尊人)同舍郎，詩實推重中丞，嘗自謂峻伯進我於社。峻伯，中丞字也。及中丞没，獲翁晋而喜曰，吾友有子，不死矣。太函，則中丞所舉士，獲翁晋而喜曰，吾師有子，不死矣。於是兩公交贊翁晋不置口。會知名之士，方視兩公月旦爲軒輊，莫不側目翁晋，唯恐名出其上。而翁晋則謂，吾實父執兩公而在事之，豈屑屑爲名地哉？兩公聞而誼之，時負才者競爲新聲，翁晋獨斤斤循前人矩矱不少變。或謂詩貴懸解，無取積功，翁晋則謂，吾寧爲趙營平之入羌，而不敢以蹻勝；或謂詩貴獨運，無取博收，翁晋則謂，吾寧爲王頻陽之入荆，而不敢以實勝；或謂詩貴奇闕，不窮無取，規規常道，翁晋則謂，吾寧爲武侯之不入陝，而不敢爲涼公之入蔡，以間道勝。人方求工於句字而懷日疏，取合乎情境而音日窒，翁晋則法嚴於章而句字協，音暢於格而情境諧。概讀其詩，而可以想見其人爲長者。折體而論，其爲古體，於漢魏以來諸作者無所不窺，降而爲唐之初盛者有之，而卒未嘗爲中晚之爲古也。其爲近體，於唐之初盛諸作者無所不窺，降而爲中晚者有之，而卒未嘗爲唐以後之爲唐也。至其爲康樂、爲少陵，晚而有專詣焉。”

此本楮墨清妙，古澤如新，《明史藝文志補編》著録，《四庫全書總目》入集部别集類存目，《中國古籍善本書目》著録，即此上海圖書館一部。按，《四庫全書存目叢書》集部第一百八十六册收入此書，但以吉林省圖書館所藏民國五年（1916）影印明萬曆刻本爲底本。此影印本前有民國五年諸宗元及莫永貞序。諸序有云：“吴丈缶廬，先生裔孫也，求於吴越，久不能得。乙卯之夏，吾居京師，大索於市，估無以應。久之而得滿城張氏藏本，易以重值，歸諸缶廬。”吴得之即付諸影印。此吴昌碩藏本今不知藏於何處。

鈐印有“廷霖之章”、“滿城張氏藏書印”、“咔古山房”。

温泉李太史冰壑公學餘詩稿全集【明萬曆刻本】

《温泉李太史冰壑公學餘詩稿全集》十四卷，明李鎬撰。明萬曆四十三年(1615)李如龍刻本。四册。半頁十行二十字，白口，四周單邊。題"明國子司業前翰林編修李鎬叔荆撰"。書口題"温泉李太史公詩集"。前有洪武十九年(1386)蘇伯衡序、正統十二年(1447)謝濟序、嘉靖二十一年(1542)七世孫李鳳序、萬曆四十三年八世孫李如龍刻書顛末。序後爲《司業公傳》。

李鎬，字叔荆，别號冰壑，自幼岐嶷，稍長，肆力於經史，尤邃於《易》，長於詩，絶無仕進念，居家以孝友聞。後升翰林院編修，令授皇太子諸王經，日登東華樓進講，詔升國子監司業，掌中都國子監事。鎬天性剛明，清修苦學，經傳子史，靡不精研，詩文也力追古作。

此本卷一爲四言、五言樂府詩，卷二至九爲五言古詩，卷十爲五言絶句，卷十一爲五言律詩，卷十二爲七言絶句，卷十三爲七言律詩，卷十四爲七言古詩，末則附南昌舉人劉斯華《題温泉八景回韵詩》八首。是書題"學餘"者，乃鎬與皇太子、諸藩王、諸生講學之餘暇所吟咏，宦邸之所輯者。其古詩祖漢晋，律詩宗盛唐，故謝濟序謂其"法而雅，詳而典，肌豐而骨强，色正而語和"。蘇伯衡也云："讀之其氣淳而正，其聲和以平，其詞雅而奥，其趣深以遠。"并非夸張之語。

李鎬集明代共有三刻，一爲正統十二年鎬孫昌嗣刻本；一爲嘉靖二十一年七世孫瑞翻刻本；一即此萬曆四十三年八世孫如龍刻本。今正統本早已湮没不傳，嘉靖本又付諸祝融，而此萬曆本也稀如星鳳。

鳳序云："學餘稿百餘卷，吾先祖叔荆公職教兩京十有七年，暇日之所著也。欲返田里，刻傳子孫，矜式後學，不幸捐館於任，未克成就。厥後五十餘年，幸得賢孫昌嗣公克念厥祖，始刊於正統丁卯，越今百有餘歲，世遠人亡，板籍煨燼不存。兹又得不肖孫鳳訪求諸宗族親朋平昔所能收者編集，始終全卷，又增刊於嘉靖壬寅，可謂前有繼而後有述矣。"

如龍序叙之更詳，"初家修時所著有《鷦鷯集》，有《周易蠡測》，但入京之後杳不可知"，"長孫昌嗣公即就贅婿家贖歸，正統十二年丁卯乃付之剞劂氏，刻以遺後。久之年深，殘缺者半，至嘉靖壬寅，六世孫昆洋敱鳳敏，七世孫瑞等懼先澤之就泯，再爲翻刻，詎刻方告成而隨付於回禄。萬曆丙申，邑侯巍石陳公舉公鄉賢，命取公詩文達當事，已而萬曆壬寅縣續修邑乘，徧取邑中先達書，輯以備考核，是時學餘稿僅存一二部，以其一呈之志局。太史留篋中幾八九年。歲甲寅，吴公適有内閣之行，遂歸其原刻，賜文弁其卷首，俾嗣刻廣其傳，諸裔孫由是鳩工集貲，重行鋟梓，權輿於乙卯歲之陽月，迨臘而觀厥成焉。”

是書《明史・藝文志》、《千頃堂書目》等皆未著録。無鈐印。

此本今藏上海圖書館。

葛一龍集【明興賢堂刻本】

《葛一龍集》十四卷，明葛一龍撰。明末唐少村興賢堂書鋪刻本。十册。半頁八行十六字，四周單邊，白口，無魚尾。前有滇中唐泰序。藏美國國會圖書館，未編目。

葛一龍，字震甫，江蘇震澤人。以讀書好古破其産，由貲生選授雲南布政使理問，居無所，謝病歸，卒。據周亮工《讀畫録》，一龍生於隆慶元年(1567)，卒於崇禎十三年(1640)。

唐泰序云："先生爲詩三十餘年，海内巨公服膺先生者不勝僂指，而深知先生詩者，惟曹能始、鍾伯敬兩公。曹曰古，鍾曰厚，可謂頰上三毛矣。乃讀近作，取精多用物弘，包羅萬有，睥睨百代，細按之，又皆元氣流行，渾然不露其象，真希聲也。""遊洞庭者，以不交震父不來遊。震父之名幾與兩峰並私怪。"又嘗見《藝苑掇英》載有曾鯨繪有設色紙本葛一龍像卷，當存其真也。

是書分爲《弄閑草》一卷，《尺木齋詩卷》一卷、《修竹編》一卷、《獨往篇》一卷、《艶雪篇》一卷、《穚褐吟》一卷、《新緑齋》一卷、《鶺鴒集》一卷、《佛客齋集》一卷、《滇茶百韵詩》一卷、《新詩》一卷、《索解草》一卷、《旅聲》一卷、《築語》一卷。明黄虞稷《千頃堂書目》所載葛一龍《尺木齋》等集，而不著録集名及卷數，蓋未見其書也。按北京圖書館藏有《葛震甫詩集》十七卷、十二卷二種，均著録爲明末刻本。前者四册，後者三册。此十四種，計十册，册非薄册，惜無從比對。據新修《吴縣志·藝文考》稱，一龍所著凡十六種，合編爲《震甫集》，計十七卷。如此，則此本佚去三種。北圖又有一龍稿本，二册，分《修竹編》、《尺木齋詩選》、《艶雪篇》、《新詩》、《索解草》、《獨往篇》、《新緑齋詩》、《補集》凡八種。又臺灣"中央圖書館"也藏有一龍手稿《葛震父修竹編》一種。

此集扉頁有木記，云"本坊精選新舊足册好板書籍，倘有殘篇短缺，認明興賢堂書鋪唐少村無誤"。此《中國叢書綜録》失收。

適志齋稿【明天啓刻本】

《適志齋稿》十卷，明許樂善撰。明天啓五年(1625)刻本。六册。半頁九行二十字，白口，左右雙邊，單魚尾。題“雲間許樂善修之父著；小友胡紹寅穉明甫較”。前有天啓五年徐光啓序、錢龍錫序、錢希言序。卷一第一頁書口下有“金時通泰卿寫刻”。

許樂善，字修之，號惺初。知郟縣，入爲河南道御史，累晋南通政使，請告歸。在郟蠲除酒税，修築邑城，郟民賴焉。值張居正奪情，都御史率諸御史公疏慰留，樂善爲居正門下士，獨不署名。疏請停徵礦税，建言得罪御史曹學程，舉朝稱之。其後兩起卿秩，旋赴旋歸。卒年八十，賜祭葬。

適志齋者，許氏燕居讀書處。卷一賦四首、四言古詩一首、五言古詩十八首、五言律詩五十九首、五言排律十三首、五言絶句三首、七言古詩二十三首；卷二七言律詩一百四十四首；卷三七言律詩八十二首、七言排律二首、七言絶句三十三首、詞十五首；卷四奏疏二十三道；卷五奏疏二十三道；卷六序十六篇、跋三篇、記六篇、傳二篇、贊五首；卷七啓四十五通、書簡二十七通；卷八書簡三十七通；卷九墓表一篇、祭文三十六篇、疏五篇、對聯二十二副；卷十制義十三篇、論三篇。

徐光啓序云：“夫詩以言乎志也，惟文亦然。志有苞塞而不喻，則必托諸言以自見，言人人殊，歸之乎志，志亦人人殊，要之乎適。文而六經，詩而三百篇，夫孰非自喻適志歟？而讀者與作者亦已足以相喻，非若後世之絺章繪句，以狥時好，志反爲辭所掩。適人之適，而不自適，其適也納言。惺初許公，弱冠登朝，揚歷中外，中更里居者幾二十載，雅意好道，習於養生家言。搆一齋，曰‘適志’，日惟焚香默坐，燕息其中，今且幾大耋矣。生平踪跡，出入朝寧鄉邦間，於朝多立功，於鄉多立德，而於其間復不廢立言，詩及古文詞積漸成帙，總命爲《適志齋稿》，藏之篋中，不以示人。一日出而授余曰，不腆敝帚之業，無當作者，而一生出處略具於兹，念不忍棄去，將以災木，而欲徼惠一言序之。余與公有連，不得辭，則受而卒業焉。大都言簡意足，能以真率少許，勝人多多許。其賦則潘、陸之遺也，其詩則陶、白之致也。其諸所爲奏牘、序、記，則晁、賈、韓、歐之概也，而總之詩與文，各如其志之所欲言，取適而止，旁及詞曲，間亦能爲新聲。即屬對中，且有巧思而至博士家言，亦復間一游戲，依然舊業，又宛如新裁，有少年生所不敢望者。蓋志廊廟則言廊廟，志江湖則言江湖。又或志恬退則廊廟而言江湖，志忠愛則江湖而言廊廟。海内士大夫讀公之詩若文者,其喻公之志也夫! 天啓乙丑夏五月,禮部右侍郎兼翰林院侍讀學士海上徐光啓撰。”徐序,《徐光啓著譯集》未收,當爲佚文。

《明史·藝文志》卷四著録。

此本今藏上海圖書館。

雲石堂集【明崇禎刻本】

《雲石堂集》二十四卷，明成靖之撰。明崇禎十六年(1643)成克鞏雲石堂刻本。存四册。半頁九行二十字，四周單邊，白口，單魚尾，書口下間有刻工。題“明魏郡成靖之毖予甫著”。前有崇禎十六年錢謙益序。

成靖之，原名基命，字靖之，號毖予，因避宣宗御諱，以字行，河北大名人。少有异質，就外傅，日誦數千言，屬文輒工，時鄉大夫皆以猶龍稱之。萬曆二十一年(1593)，以特選入太學，三十五年成進士。改翰林院庶吉士，乃取累朝舊典，著方輿利病，皆條悉不遺餘力。庚戌外艱歸，壬子服闕，守故官。遷右中允，尋改洗馬，管司業司，敦尚風節，爲太學先。補日講官，升少詹事，進禮部右侍郎。崇禎二年，特旨升禮部尚書、東閣大學士，預機務。崇禎八年卒，謚文穆。《明書》卷一百三十五有傳。

靖之長身玉立，端凝峻朗，居恒恂恂温厚，及遇事毅然，識沉力定，確不可奪。詞獨雅重，人争求以爲榮。而於詩文獨進秦漢、大曆以上，館閣師皆重器之。此集卷一詩四言古三首、五言古二十三首、七言古十三首；卷二五言律五十四首、五言排律七首；卷三七言律八十五首；卷四五言絶二首、六言絶二首、七言絶九首、賦二首；卷五誥三十一篇；卷六敕十五通；卷七疏三十道；卷八揭三十九通；卷九講章四篇；卷十詔一道、諭一篇、表三篇；卷十一議四篇、檄一道、紀事二篇；卷十二序五十一篇；卷十三記；卷十四論；卷十五對；卷十六頌、解、引、評；卷十七考、傳；卷十八贊、題跋、誄、書；卷十九啓；卷二十尺牘；卷二十一墓志銘；卷二十二墓表；卷二十三行狀；卷二十四祭文。

錢謙益序云：“高陽集百卷，熸於南火。兹文穆之集，則其子青壇庶常撰次，藏弆以備國故者。其在中書日，論國體，籌邊事，焦心蒿目，憂及溺而戒其焚者，約略具焉。青壇之壽梓而傳之也，其不徒以鋪陳藻悦，張館閣之盛而已也。”“余少出高陽之門，晚而公辱與之遊，今老且廢矣，冰寒灰死，歸心空門，猶執筆爲序不辭，厠名於末簡者，良欲使世之君子因余之序而知公，因公而知高陽，因公與高陽而知國家用捨得失之故。庶幾知公之文不爲苟作，而余之所以諾青壇之請，而叙公集者爲徒也。青壇名克鞏，翰林院庶吉士，公第三子也。”

此本有扉頁，刻“成文穆公全集。雲石堂藏板”(藍色)。刻工有天、洪、來等。

成集傳世僅此一刻，清代也無翻刻。此本今藏上海圖書館，殘存卷一至十二。《中國古籍善本書目》著録者，即此本，然作全本。按，臺灣《“國家圖書館”善本書志初稿》著録，爲全帙，乃三十年代末四十年代初，由鄭振鐸等人發起的文獻保存同志會在上海所購得。餘以卷十三至二十四之内容補於上。

《四庫全書總目》、《續修四庫全書》、《續修四庫全書總目提要》(稿本)未著録。

鈐印有"燕山葛堂書畫章"、"好讀書不求甚解"、"唐酒頭陀"。

盟鷗集【明刻本】

《盟鷗集》一卷，明李埈撰。明刻本。一册。半頁九行十八字，四周單邊，白口，單魚尾，書口上方刻“盟鷗集”。題“明州李埈公起著”。前有周應賓序。

李埈，字公起，浙江鄞人。御史尚默之子，生而耳聾，十齡聞父訃，號慟五晝夜，水漿不入口，咽枯而嘶，乃更啞。嘗發先世遺書縱觀之，不間寒暑，上自國家典故、名公巨卿、前言往行，下及器物之微，靡不諳其本末。性好客，郵筒走天下，四方學士大夫樂趨之，具賓主以案，相通以筆。有問奇者，載紙以往。輯里中記載，名《甬東軼事》，撰述甚多。《明詩紀事》庚籤卷二十六有小傳。

盟鷗者，與鷗鳥爲盟友，喻退隱。宋陸游《劍南詩稿》卷四《雨夜懷唐安》有云：“小閣簾櫳頻夢蝶，平湖煙水已盟鷗。”《静志居詩話》卷下臣士下云：“侯官曹能始，合華亭唐仲言作二異人傳，一以耳治，一以目治，咸不惑於公安、竟陵之説。世之號爲詩家者，反不如瘖聾之指麾矣。”此集共收詩二百零四首。有致友人徐□、董其昌、陳繼儒、屠田叔、錢仲舉、曹學佺等多首。陳田輯《明詩紀事》庚籤卷二十六僅收李詩一首，爲《寄曹能始少參》。

集中有《悲遼東十首》，其第一首爲：“急警傳猖獗，東征事可傷。邊場駭戰伐，城壘益隄防。雲捲關門黑，河飛塞草黄。請纓慎國計，計取左賢王。”又有《讀朱貞吉〈五游〉、〈倦遊〉二稿，追悼徐翩翩、馬湘蘭二姬》、《楊漢卿歸自白下，談徐翩翩、馬湘蘭書屋之勝，悵然漫記》，前首云：“風流才子二名姝，千載猶然見緑珠。牀展鴛衾飛巫夢，筵吹鳳管聽吴趨。合歡入夜花争艷，指佞經冬草不枯。讀罷遺編重嗚咽，山陽惟有笛聲孤。”後首云：“莫愁湖水日潺潺，照映當時美女顔。砌草傷心猶帶碧，庭花灑淚竟成斑。魂銷複帳流蘇滅，恨入粧臺粉黛删。簾幕闌干依舊在，遊人酹酒一開關。”又有《早春城東訪妓二首》：“妖冶驚初見，迴文曲未終。試描眉上翠，笑拂臉邊紅。衫薄飄香霧，裙輕怯晚風。探看問消息，徙倚大江東。”“初月窺團扇，和風答洞簫。徘徊出素手，綽約託纖腰。擲果恩情密，分香意態嬌。楚雲飛夢入，巫雨可憐宵。”

周應賓序云：“公起者，侍御李公子静子也。子静按遼陽，而以勤事物。公起方髫，號慟無晝夜，咽枯而聲嘶，卒至於大音，目與心故炯炯也。而好古人言，日陳其篋書覽之，無弗憶也，無弗解也。遂索之衷膈而發於篇詠，三寸柔翰時玩弄之，無弗詩也。”“若公起治詩，積有年時，而名尚不離乎菰蘆之際，當非好名者，人或譽其嗜詩而能詩，且也子之詩不出乎唐而復過於晚，則蓋逡逡謝主臣，吾如餓者未嘗得食、而謂我有伊鼎牙烹之味耶？”

此本爲上海圖書館所藏，乃得之上海

古籍書店，價人民幣八十元。

《四庫全書總目》、《續修四庫全書總目提要》（稿本）、《續修四庫全書》未收。《中國古籍善本書目》著録，僅上圖藏此帙。

鈐印有朱彝尊“竹垞”、馮貞群“伏跗室藏書印”。按貞群，字孟顓，號曼孺，别署伏跗居士，浙江慈溪人，寓寧波城西。縣諸生。少好讀書，喜考索，所蓄藏書逾十二萬卷，以史部、集部爲最。又有書目類書二百餘種、地方文獻數百種。1962 年馮去世後，其家人將全部藏書捐獻給寧波天一閣。此本或爲早期散出者。

譚凡同先生狷石居遺稿【明崇禎刻本】

《譚凡同先生狷石居遺稿》八卷，明譚昌言撰。明崇禎譚貞默刻本。三册。黄裳跋。半頁八行十九字，四周單邊，白口，單魚尾。行間有圈。題"門人林先春、男貞默、貞和輯"。

譚昌言，字聖俞，浙江嘉興人。萬曆二十九年進士。初令常熟，有惠政。三十二年更令婺源。婺源故有金竺，坦徑久廢，行者繞芙蓉鎮，險同蜀棧，昌言闢新嶺，往來者德之，號譚公嶺。次年以憂去。後補欒城知縣，升兵部主事。累官參政，督餉登萊。白蓮教據鄒、滕，官兵敗衄，昌言部發新練馬兵救之，匪敗走，遂得蕩平。天啓五年，爲島帥所陷，嘔血卒。生於隆慶五年，卒年五十四。

卷一詩六十四首，卷二序二十八篇，卷三碑記九篇，卷四公移八篇，卷五表啓十八篇，卷六手簡三十一通，卷七論策六篇，卷八祭文十二篇。

卷二《題祁爾光密園記》，云："爾光家山陰道中，偏占山水之佳，而獨入崖穴之趣，羅勝穿靈，搆密園貯書其中。每群坐笑語，一及圖書山水，爾光絶快。聞奇石怪卉與秘書，爾光髮飛膚跳而不能自禁。密園紀成，示余曰：數畝之宫，花石過半，堂室未就，丘壑先營，人以我闢且痴耳，質之子。余撫几曰：丈夫浮湛人間，楚楚自憐，若出燥宦，情入横生，業此癖且痴耳。君既知密矣，退藏實法，隨緣洗心，面面山陰，曲曲轉暢。願勿忘此諦，謂之開萬山破萬卷可也。"爾光，即祁承㸁，萬曆三十二年進士，歷江西右參政，有《澹生堂集》。承㸁爲明代重要藏書家，其藏書或其家抄本，皆爲世所重。

原籤刻"譚太僕狷石居遺稿"。卷八末刻"男貞默梁生甫、貞和闇仲甫、貞良元孩甫、貞竑立生甫仝訂"。貞默，字梁生，别號埽庵，昌言子，崇禎元年進士，官至國子監祭酒，有《三經見聖編》、《譚子雕蟲》等。

黄裳跋云："癸巳上元，坐雨重閲，中有《題密園記》，可誦，山陰祁家故實也。"又跋云："此《狷石居遺稿》八卷，千頃堂著録，未記卷數，蓋亦未見原書，也極罕秘。石麒訪書四明，歸而遺余者。又告於甬上見廢紙聯購處所積書凡五厦，皆來自餘姚、慈溪、鎮海、上虞故家者，將入還魂紙廠。三百年來，藏書舊家一時都盡。急爲告之鳳子兄，急電制止，甚快甚快。附記於此，此亦大功德事也，而並世無知此意者，咸視之爲不急之務，而先民遺業，轉瞬即成灰燼，正所謂急如星火者，而余則奔走嘵嘵，又無異癡人説夢也。噫！辛卯九月廿七日，黄裳記。"按，"辛卯"爲1951年。黄裳藏書甚多，余得見其善本者十有其八。五六十年代，其藏書之一部陸續分别售於上海圖書館、上海市文物管理委員會、上海古籍書店。後文管會藏善本并入上圖，古籍書店所購入之書也轉售上圖，故上圖所得者較多。“文革”中，黄裳剩藏全部由其所在單位《文匯報》送往上海市文物圖書清理小組，其善本書均由上圖古籍組派人整理。余曾將此批藏書全部經眼一過，内清初詞集最多，也最難得。“文革”後，爲落實政策，悉數發還。

此書流傳甚罕，今藏上海圖書館。《千頃堂書目》著録。《四庫全書總目》未收。《中國古籍善本書目》著録，即此本。《續修四庫全書》、《續修四庫全書總目提要》（稿本）、臺北《“國家圖書館”善本書志初稿》、日本内閣文庫皆無收録。

鈐印有“木雁齋”、“黄裳藏本”、“容家書庫”、“黄裳流覽所及”、“黄裳青囊文苑”、“來燕榭珍藏記”，皆黄裳印記。

蓮鬚閣集【清抄本】

《蓮鬚閣集》二十六卷，明黎遂球撰。清抄本。八册。半頁九行十九字，白口，四周雙邊，黑格，書口上印有“蓮鬚閣集”。題“番禺黎遂球美周著”。前有崇禎十一年(1638)閑足道人何吾騶序、王思任序、陳宏緒序。

黎遂球，字美周，番禺人。生而岐嶷，博學能文。天啓七年舉人。初上公車，四方賢士争識面，名噪京城，南歸適丁外艱，遂杜門著述，肆力詩古文辭，善畫山水，再試春官不第。禮部侍郎陳之莊以經濟名儒薦，因母老不就。甲申變後，之莊復薦之唐王，遂出受兵部職方司主事，提督廣東兵赴援贛州。城破，與弟遂珙死之，時四十有五，謚忠愍，贈兵部尚書。又有《周易爻物當名》、《易史》。《明史》卷二百七十八有傳。

卷一賦，卷二四言詩，卷三五言古詩，卷四七言古詩，卷五五言律詩，卷六五言排律詩，卷七七言律詩，卷八七言排律詩，卷九五言絶句詩，卷十七言絶句詩，卷十一論，卷十二策，卷十三書，卷十四書，卷十五碑記，卷十六記，卷十七序文，卷十八集序，卷十九傳，卷二十銘(原缺)，卷二一題跋，卷二二緣疏，卷二三行狀，卷二四墓志銘，卷二五祭文，卷二六雜文。

明啓、禎間，遂球與陳子莊等人修復南園舊社，有南園十二子之稱，其詩作格調高華駿爽，痛快沉着，頗能繼承南園詩社傳統。其文也雄奇。陳宏緒序云：“曩粤東黎美周遺予《迦陵集》，予讀之竟，亟語茂先曰：當吾世乃有斯人，子美、太白未足多矣。胸臆中時時有一美周，恨未一見其人，以快向往。丙子冬，美周計偕北上，特艤舟訪我章門，得盡讀其《蓮鬚閣文鈔》，然後乃悔曩之知美周之茂也。美周之文雄肆無所不有，而尤能開闔變化，淋灕慷慨，如西漢之人之所爲，北地之所不能兼者，美周遂能兼之奇矣！……今美周崛起南海，當二百餘年休養生息之後，日星河岳不能秘其靈，天地鬼神不能隱其秀，其霈然而兼他人之所不能兼，而以翱翔於數千載也，豈徒然哉？讀美周集者，可以深世道之慶矣。美周負大過之資，而廓包舉之學，其所兼長，不僅詩歌古文，所著《周易爻物當名》，辨證居往來，析動静内外，有皇極啓蒙之所未盡。又能情涉浮屠氏，抵掌於成住壞空，有無真幻戒律性相之説，每令禪學之徒聚族聽之，輒復項縮舌撟而去。世恒言異人難遇如美周者，抑豈不足以當異人之目哉。”

是書《明史·藝文志》卷四集類著録，作“黎遂球文集二十一卷詩十卷”，此本今已不存。清康熙間，黎氏後人延祖刻有遂球《蓮鬚閣集》二十六卷，全帙傳世不多，今所知僅北京圖書館、中山大學圖書館入藏。按此爲集書。《四庫全書總目》僅著録黎氏《周易爻物當名》，入存目，而此集不載，蓋因其時浙江省第六次呈送圖書時雖有進呈延祖所刻黎集，但“詞意違礙”，并有“誕妄字句，需删毁净盡”，故此書被館臣列爲“全毁”之目。此抄本即據康熙刻本傳抄，審其紙張、字體，當清代中期所抄。

此本應有延祖識語，但未見。延祖識語謂:“先忠愍著述，甲申之變，虔州殉節，國事家難頻仍，片板隻字，悉歸秦燼，底録無存，至今海内名賢，或貽書遠取，或選録爲傳，但篇牘治繁，株守食貧，重鐫資乏，兹勉選刻什之一，以公同好。”可知當時全集之刻，僅選十之一，其遺佚多矣。又是書何、王、陳三序非爲此書原有，乃抄録者移自《蓮鬚閣文鈔》者。按《蓮鬚閣文鈔》十八卷，皆黎氏之佚文，亦延祖及遂球門人王鳴雷合編，文皆和此集不同。《文鈔》今僅存清抄本，藏廣東中山圖書館。遂球又爲《迦陵集》一卷，爲明崇禎十七年四知堂居士抄本，藏北京圖書館。此藏香港中文大學圖書館。

鈐印有“陳澧”、“屈向邦印”。

千山詩集【清道光刻本】

《千山詩集》二十卷首一卷補遺一卷，明釋函可撰。清道光刻本。四册。半頁十行二十一字，白口，四周雙邊，單魚尾。題"博羅剩人可禪師著；書記今羞編"。前有"剩人可和尚像"并顧夢游序、韓履泰序、今羞序、今何序。又有函昰撰《千山剩人可和尚塔銘》、郝浴撰《奉天遼陽千山剩人可禪師塔碑銘》。

函可，字祖心，號剩人，又號槎椏，博羅人。俗姓韓，名宗騋，字猶龍。少聰慧，爲名諸生，才高氣盛，曾與黎遂球、梁朝鍾輩游，有康濟天下之志。侍父宦兩都，聲名動一時，因悟人世泡幻，遂絶意功名，二十九歲辭母出家，住羅浮華首克都寺。戊子出關，入普濟寺，苦行精修。又集諸流入爲冰天詩社，曾歷廣慈、大寧等七刹，會下各五七百衆，乃至開法，諸遼海王臣道俗稱佛出世，大關以東，奉爲鼻祖，其聲名也洋溢於朝鮮、日本。年四十九卒。

卷一古歌謡三首、風雅體三變、騷體一首；卷二樂府三十首；卷三至四五言古詩八十首；卷五七言古詩二十二首；卷六至七五言律詩一百四十七首；卷八五言排律七首；卷九至十三七言律詩三百三十五首；卷十四五言絶句六十七首；卷十五至十七七言絶句二百八十六首；卷十八六言詩四首；卷十九雜體八首；卷二十冰天詩社集詩。補選一卷應有七言律二十七首，是本佚去。

函可詩因感傷人倫之變，故率多哀怨。其《寄弟》詩云："抱病多年苦未瘳，那堪煢獨一身留。黄沙萬里休予念，白骨全家賴爾收。舊閣遺編魚腹飽，空天落月雁聲愁。相逢恐是他生事，極目鴒原淚自流。"

其詩集題"千山"者，蓋因其後主法遼東山陽寺，而千山爲遼東半島主干山脉，故名。函可卒於順治十六年，其詩集應在其卒後傳入粤地。是書目録後有"邢子才耐解誤書，今昔美談，然抄謄之多錯，校訂之難精，亦可見從古而斯矣。是集自瀋陽傳入嶺南，歷今四十餘年，録更多手，藏不一人，或因隻字之偶差，遂昧全句之微旨，人湮地遠，既就正而未由，烏變鳥形，復徜彷而難辨，悉依原稿，以存夏五之疑，不敢妄更，致蹈金根之繆。"

函可詩最早有康熙四十二年刻本，爲廣州海幢寺華首常住所刻。今何序後有云："禪師遺稿至粤海幢，阿字和尚、樂説和尚、居士韓十洲先生皆爲藏弆。康熙四十二年癸未冬，華首常住始合諸本彙集之，鏤板廣爲流通。黄華寺所存金陵諸作後至，另爲補遺"。卷末又刻"重刊長慶語録瞎堂，千山詩集捐資"名録。觀其字體、紙張、刻書風格，此非康熙原本，又有補遺一卷，似應爲道光間重刻。今康熙原刻不可得見，廣州中山圖書館所藏原著録爲康熙刻本，實也爲道光時刻。

是書藏香港中文大學圖書館。《清代禁毁書目》"違礙書目"著録，又補遺一："千山詩集四本。查千山詩集，釋函可撰。函可與金堡唱和，詞氣狂悖，應請銷毁。"又孫殿起《清代禁書知見録》云，千山詩集二十卷，博羅釋函可撰，無刻書年月，約道光間刻。1971 年 9 月，南海何氏至樂樓有鑒於其書罕見，借得錦岩何蒙夫藏道光廣州海幢寺本影印流傳，爲何氏《至樂樓叢書》之三。

鷇音集【明天啓刻本】

《鷇音集》一卷，明何其偉撰。明天啓刻本。一册。半頁九行十九字，四周單邊，白口，無魚尾。題“嶺南何其偉麗充父著”。前有天啓五年(1625)趙維寰序，末有後跋(佚去後頁)。藏香港中文大學圖書館。

何其偉，號玄洲，廣東番禺人。

鷇音者，新雛孵出時之叫聲。《莊子·齊物論》云：“其以爲異於鷇音，亦有辯乎?”唐成玄英疏云：“鳥子欲出卵中而鳴，謂之鷇音也。”其偉以此名集，當有自謙之意。

是集詩計一百十五首。後跋云：其偉詩“沉酣六籍，陶鑄古今，芥視軒冕，逃喧泉石，故能胸吞煙霧，筆卷風雲，入齒雪飛，出袖霞迸。或托鶯花而發興，或倒觴榼以助詞，或眺山川而寫景，或感風物而寄懷，歌詠自暢，不一而足。”“鷇音則發乎天性，動乎自然，不琢而韻，不磨而聲，不叩而鳴，不知其起，不知其止。是鳥之始鳴，其混沌之竅也，而是集似之，倘所謂太音希聲，不與衆喙争者耶?”

其《癸丑八月十三日》詩前，有《六十一自述》一首，按癸丑爲萬曆四十一年(1613)，向上推算，則其偉應生於嘉靖三十二年(1553)，又有《七十一自述》，云：“老大無聞秖自傷，年未兩鬢覺俱蒼。豪吟搦管蠶聲落，高枕抛書蝶夢長。閑愛觀棋柯不爛，興狂浮白酒無量。從玆濟勝差堪健，五嶽峰頭偏舉觴。”其偉當是無功名之文人，且天啓三年仍有詩作。

此集爲其偉子載寵所刻。載寵，字子玉，舉人，天啓五年任浙江富陽知縣，見民國《杭州府志》卷一百四職官六。《香港中文大學圖書館善本書目》作何候刊，誤。

是書清同治《番禺縣志》卷二十七藝文三著録，但《明史·藝文志》、《千頃堂書目》、《四庫全書總目》皆未著録，也不見《中國古籍善本書目》及臺灣《國立“中央圖書館”善本書目》，甚罕見。嘉靖間有王良樞撰《鷇音集》、黄徽撰《鷇音》皆同書名而不同作者也。

鈐印有“陽湖陶氏涉園所有書籍之記”，蓋原爲陶湘所藏。又有“桐溪傳生”、“屈向邦”、“蔭堂”、“番禺屈氏所藏”。

汲古閣集【稿本】

《汲古閣集》四卷，明毛晋撰。稿本。前有周榮起題詞、徐遵湯序。

毛晋，字子晋，號潛在，常熟人，爲明末清初著名藏書家。藏書多宋元本，汲古閣爲其藏書處。毛晋曾校刻《十三經》、《十七史》、《津逮秘書》、《六十種曲》等，錢謙益曾有“毛氏之書走天下”之贊語。

計有《和古人詩》、《和今人詩》、《和友人詩》、《野外詩》四卷。每卷前分别又有陳瑚、金俊明等人序。毛晋《汲古閣家塾藏板目》載有《隱湖唱和詩》、《昔友詩存》等，有注云：“以上皆汲古閣主人自著，未刻。”此本用黑格紙，十行十九字，版心下印有“汲古閣”三字，當爲毛晋家中抄書用紙。卷一第一頁作者下鈐有“毛晉之印”、“毛氏子晋”朱文小方印。全書行式井然，字體工整秀麗，繕寫精良，凡遇有錯字皆用白粉塗去重寫，可證確爲毛晋待刻之謄清稿本。

據毛晋《和友人詩》云：“余自丁巳歲治詩叔子魏師之門，得尚友諸君子，輒以詩篇見贈，或遥寄郵筩，或分題即席，不揣矢和，迄今癸未，紙墨遂多，展卷再讀，半屬古人，不勝今昔之感也。倩筆録成副本，且摘佳篇，謹附俚句於後。”由於毛氏爲人恭謹，交往多當時名士，因此常有吟咏唱和之作。僅從《和友人詩》來看，就有婁堅、陳繼儒、宋玨、徐㶿、馮夢龍、胡震亨、馮班、錢謙益、程嘉燧等六十餘人。

毛晋詩，一掃明末文人吟風弄月之病。清王應奎《海虞詩苑》選其《樵人十咏》，如《樵斧》云：“執柯敢憚勞，入山候天曙。劈開煙合枝，斫斷虎生處。静中落一聲，狡兔爲逸去。笑彼秉鉞人，邊陲勞遠慮。”又咏《樵擔》云：“深入榛棘叢，恣取無拘束。負重識路遥，山腰幾回曲。一肩换斗酒，雙眼迷紅緑。斜挂王者香，賞音向誰屬。”其下筆高逸，結句均具風人之思。金俊明序《野外詩》云：“吾友子晋，天贍才章，兼敏研誦。奇聞秘志，靡弗徧覽，亦即著作等身，丹黄滿閣矣。當其含毫對景，特富吟懷，泉涌虞紛，蔚爲靈構。和古引遥集之思，和今追應聲雅，和友洽好我之襟，而雜興偶唱不酬次者，則野外區之。今讀斯編，何其幽異古雋，蒼翠欲滴，奇芬撲人也。剔抉隱翳，似稗官史流；考驗時物，似老農月令。康樂之奥博，多形於山水；靖節之高古，偏放於田園，其信然歟！”道出毛晋詩作之特色，也説明作者運思吐語，均自得工妙。

此稿本清道光間爲常熟瞿氏鐵琴銅劍樓所藏，由於瞿氏念及毛晋一生校讎，刊布遺書，厥功甚偉，而其著作流傳不多，詩更不爲人所知曉，爲了不使毛晋自著湮没無聞，故延請鄉賢王振聲（文村）爲之勘校，將卷端原題“和古人詩卷”改題爲“汲古閣集”,并於咸豐十年(1860)據毛氏稿本刻板印行。板成,即刷印數部様本,然不慎於火,板片全毁。民國間常熟丁祖蔭設法借得此稿重新爲之刊印,收入《虞山叢刻》。

今藏常熟市圖書館,爲瞿鳳起先生所捐贈。

望古齋集【清順治刻本】

《望古齋集》十二卷，清李繼白撰。清順治刻本。六册。半頁九行二十字，四周單邊，白口，單魚尾。題"鄴下李繼白夢沙甫著"。前有錢謙益序、楊廷鑑序、順治十四年(1657)薛所藴序、順治十三年戴明説序、順治十四年曹申吉序、順治十八年顧宸序、陳鑑序。沈顥跋。同學姓氏。訂閱友人姓氏。後學校訂姓氏。

李繼白，字荆品，號夢沙，河南安陽人。順治十二年進士。授山西陽城縣令，擢户部主事。十八年，榷北新關。

繼白詩學七子，兼工古文詞，文章出入兩漢，韵語則上下三唐。其詩慨然有志於古，雄健蒼老。卷一賦五首。卷二樂府三十六首。卷三五言古詩二十五首。卷四七言古詩四十八首。卷五五言律詩四十七首。卷六五言排律十五首。卷七七言律詩九十二首。卷八五言絶句九首、七言絶句十首。卷九論二十一篇。卷十序三十五篇。卷十一記十二篇、傳九篇、書一通、疏一篇、議五篇。卷十二墓志銘二篇、祭文七篇。

錢謙益於李之詩文評價甚高，有"夢沙之才力，風飛猋豎，聯翩怫悦，詩家之珠林玉府也"之贊。其序云："鄴下李夢沙使君，以《望古齋集》見示，吟諷數章，灑然異之。夢沙天才駿發，日新富有，上下漢魏三唐，馳騁凌獵，籠挫筆端，縟繡繁絃，無不象指如意。旋觀其神情格調，苕發穎豎，孤立特峙。譬之芳春柔條，勁秋落葉，偏絃清唱，窮跡孤興。要於翦薙榛楛，破除浮漂，儗諸近代，信可追蹤子業。"

卷四《縴夫嘆》、《灣頭死夫歌》兩首，描繪戰争中"丁夫"之悲慘生活，同情貧民百姓，刻畫極其細緻，皆抒其胸臆之作。後首云："東河灣頭屍如積，父老吞聲空慨惜。丁夫食盡力窮時，鞭撲須臾命輕擲。或見銜流啄饑烏，援來三五猶牽搤。或爲僵卧舟道傍，皮膚血濺身狼藉。天子施仁萬物春，旦夕下令掩胔骼。憶昔驅夫赴役時，郡縣捧檄無寧夕。妻裹餱糧母績衣，兒女牽隨聲嘖嘖。計程往返三百里，倏去倏來耕田陌。穀賤何能多易錢，比鄰借我五七百。屈指當歸問同行，家人笑語欲相逆。豈知力竭並身殉，遊魂竟作他鄉魄。母哭兒啼妻痛號，遺骸徧索何曾獲。絡繹争詢歸路人，黑瘦喘喘步跼蹐。當時彼此不相顧，首丘無地死何擇。嗟哉，南征將士迅風航，尚惜此方仲行役。何如兵不病民民即兵，海不揚波致重譯。"

目録頁第十一卷有《望古齋藏書記》一文，卷中佚去。又集中紀事之作，如《李黄門傳》、《趙連城先生傳》、《北陳將軍殉難紀事》、《闖逆殉難紀事》等，皆以耳目所及，乃爲紀之，以補史乘之缺。其關於地方利害者，如《水旱災傷蠲免議》、《大兵過往封船議》等，皆有揭露清初民不聊生事。

錢序後有"吴門朱原赤梓"。津按，

《清詩紀事初編》卷八，所收繼白詩四首，除《縴夫嘆》、《灣頭死夫歌》外，又有《出兵行》、《插稻謡》，其所據底本爲十六卷本。另據《清人文集總目提要》云，北京國家圖書館有順治間刻十八卷本，然《提要》却不云多出之六卷爲何。《北京圖書館古籍善本書目》未著録。

此本爲日本内閣文庫所藏，計二部。津所見爲影印本，八十年代初，該文庫將所藏稀見漢籍選取部分予以影印，用細潔白紙，開本甚小，質量上乘，然價亦昂，非一般東亞圖書館所能購置，大陸亦罕見其有。

《四庫全書總目》、《續修四庫全書》、《續修四庫全書總目提要》（稿本）皆未收。《中國古籍善本書目》著録，中國科學院圖書館入藏一部。鈐印有“佐伯侯毛利□□□□松藏書畫之印”、“秘閣圖書之章”。

鼎庵詩集【清康熙刻本】

《鼎庵詩集》四卷，清程端德撰。清康熙文山堂刻本。二册。半頁八行二十字，四周雙邊，白口，單魚尾。書口下刻“文山堂”。題“天都程端德午公父著；同社夏羽儀仲蜚父評；姪化龍禹門父閱；男端初旦伯、禧新侯父校；孫世經天有父輯”。前有順治十二年(1655)李鏞金序、順治十三年莊同生序、吴景祉序、順治十一年宫偉鏐序、康熙十一年(1672)程化龍序、康熙十六年夏羽儀序。

程端德，字午公，一字古莊，號鼎庵，安徽休寧人。長而好游，所歷吴楚之間，山川景物，寓目興懷，輒發於詩，直抒其性靈之所欲言。

卷一七言律詩一百二十二首、卷二五言律詩六十四首、卷三七言絶句三十九首、卷四七言古詩三首。

吴景祉序云：“吾門程子午公，雅有道氣，冲和俊逸，真少年才士。每誦其詩文，大不類囂靡，因之交益密，屬余門訂聲氣者十餘年。後以兵燹頻仍，未遑寧處，返棹海陽，吴楚相望者又十餘年，回念交遊，不無深感。今兹丁酉初夏，謁選都門，取道吴越……蓋天都吴陵，具有茂林翠竹、崇榭煙雲，凡山水之佳、風月之豪、交遊之勝，無一不於詩乎寓之。余喜其幽思藻發，直欲追蹤唐人，欲爲序而梓之。”

卷四末刻“歙邑黄克生鐫”。“玄”字避諱。“文山堂”及“黄克生”皆可補《中國古籍版刻辭典》之缺。

此本藏上海圖書館。《四庫全書總目》、《續修四庫全書》、《續修四庫全書總目提要》(稿本)、《清人詩集叙録》、《日本現存清人文集目録》均未著録。《中國古籍善本書目》著録，即此本。《清人詩文集總目提要》也有著録，但未有提要，疑未見其書也。

鈐印有“王培孫紀念物”。按，王培孫，好收藏圖籍，其以四十年之積聚，儲之於上海南洋中學圖書館。因學校擬改書樓爲禮堂，以舊籍綫裝圖書非中學生所切需，爲使藏書發揮更大作用，乃於1952年全部捐贈有關部門，并轉由上海市合衆圖書館保存。其書以史籍爲最富，亦最有裨於實用，次爲方志，再次爲佛經，而明末清初别集與詞曲、雜劇，亦頗多珍本，且不見其他書目著録之异書甚多，此即其一也。後合衆館鐫此印，并鈐於王氏所藏圖書内。

謝天童先生集【清康熙刻本】

《謝天童先生集》五卷，清謝泰交撰。清康熙六年（1667）謝允昌刻本。一册。半頁九行十八字，四周單邊，白口，無魚尾。書口下刻“燕臺集”、“蟲天集”。題“甬東謝泰交時際甫著”。前有謝泰交序。順治十七年（1660）薛士玹撰《孝廉時際謝君傳》。末有謝允昌識語。又佚名跋。

謝泰交，字時際，號天童，浙江定海人。幼穎异，少失怙，性孝友，讀書强記。壯而鏃礪攻苦，於子史百家，鈎纂穿穴，得其精奥，而間去其胸中之所不欲得者，以故業日博。所著詩古文辭，鴻博瑰麗，於舉子學尤精。故自十七爲諸生，又二十年，而以貢拔學使者與郡縣諸試，君文往往得居第一，以文名於時。卒年四十有八。《國朝耆獻類徵初編》卷四四五有傳。

甬東謝氏，素以文學著，其子弟先後躙聲聞致通顯，泰交尤籍籍擅稱。此集收泰交詩文，凡卷一詩二十二首。卷二詩二十首。卷三詩十七首。卷四詩四十七首。卷五文九篇（序、記、啓）。

允昌跋云：“先君生平讀書，將有事於千秋大業，風人末流，非其志之所存也。然博稽暇晷，不廢登臨，問視餘工，友朋相聚，則贈答之篇、記遊之筆，時時有之。嘗自言：發於天籟，忽然成音，適意遣辭，不求工鍊，此《蟲天集》所由名也。先君豈常以精力耗於詩者？至於乙未廷對入都，而長安道中，群以風雅相目，則大司成梅村吴公之所稱揚先君，初不以是博名高也。然一時名流日益親□，即不能無倡和之作，及戊戌春官下第，歸途無事，歌詠自娱，總後先而名之曰《燕臺集》。蓋自丙戌以來，依棲在野，《蟲天》已亡什七，而《燕臺》以晚著獨全。先君嘗手輯二集而訂之，將梓以行，俄而曰：壯夫不爲也而輒止。是亦可知非其志之所存已。”

此集爲泰交嗣君允昌刻之以行於世，其作康熙六年刊刻之根據，在於《國朝耆獻類徵初編》卷四四五黄與堅撰泰交傳，傳有云：“丁未三月，其子允昌梓其遺稿若干卷。”丁未者，康熙六年也。允昌跋又云：“兹以天懷伯父之命，鳩工刻之，要之先君生平志存於千秋大業，而不在於詩歌記序之間也。”

《四庫全書總目》、《續修四庫全書》、《續修四庫全書總目提要》（稿本）、《清史稿藝文志拾遺》未著録。《中國古籍善本書目》著録，僅上海圖書館入藏。

塗鴉集書問【清康熙刻本】

《塗鴉集書問》二卷雜録一卷，清釋圓捷撰。附録二卷。清康熙刻後印本。三册。半頁九行二十字，白口，四周雙邊，單魚尾。書口下刻字數。題"去頂雜碎比丘一機圓捷"。前有順治十八年(1661)釋傳檀序、順治十七年圓捷自序。後有康熙四十年(1701)釋光鷲跋。雜録前有康熙二十八年自序，末爲釋超玟跋。

圓捷，字一機，别號逢場。番禺李氏子，家世顯貴。明季諸生，以文章氣節聞名。兩京陷落，乃出家爲僧。得具戒於道脉，依住學律，歷主慶雲寺、光孝寺，退居芻廬，修净土法。捷持戒精嚴，名聞諸方，能詩，與士大夫游吟爲樂。《鼎湖山志》將其列入通達禪教耆宿、嚴净毘尼耆宿、修造功行耆宿。

《書問》卷上收二百一十八通、卷下收一百八十通，計三百九十八通，多致佛門大師、居士、尊者、比丘，也有致文人學士者。於中可見其與各方人士之交游，也可窺明末清初佛門人士景況。光鷲跋云："所載大抵藴澹泊寧静之懷，稟清瑩潔净之質，具聰明特達之姿，負堅剛骯臟之骨，出綱常名教之門，入枯槁寂寞之室，以高標獨立之身，處頽波濁流之日，奮惡辣孤硬之手，摻鋒芒圭角之筆，爲嬉笑怒駡之文，挽脂韋滑稽之失。世之受其笑駡者，鮮不以爲輕薄而妒嫉之，由是而獨行踽踽，窮年兀兀，大不理於衆口，弗見容於造物。"

雜録所收乃其對出家後之境界不能忘懷，有以出家事叩者，因爲作出家頌，爲苦、樂、難、易、好、丑、福、壽、尊、貴、高、大、真、假、智、愚、急、緩、閑、忙二十首，俾世人喜懼利害，毋等閑視。文字通俗，讀來頗有朗朗上口之感。附録二卷爲文部贊、文部銘、文部雜著、文部啓。

其集稱爲"涂鴉"，蓋謙稱學淺才疏，井窺管見，信手文字而已。自序云："爰有以文字屬者種種，機曰，非所長，乞垂諒，罔聽也。無已爲草，隨草隨付，或稿不稿，稿則投水火弗留也。歷年餘，而屬者衆，俚語多。人曰：奚不集？機曰，然。遂集之。集從兹始。會東官莫子武公過我視之，借而去，不還其集，從此無之，無心更集。庚子秋，作先大師栖老和尚行狀，隨又集。恨平生懶學，語句支離，亦念學道人何用苦求工拙，取事了便止，故所作率信筆成，不圖飾莊以爲文也。"圓捷之詩文多不存，毁去甚多。據李朝鼎撰《圓捷塔志銘》，圓捷除此集外，又有《逢場辨惑》，皆膾炙人口，諸方叢席，往往奉爲龜鑒。

是本乃釋光鷲所編，刊刻當在康熙辛巳以後，光鷲跋中提及圓捷晚年彙集生平著述名曰"涂鴉"，又述辛巳之夏，捷授書命爲編次之事。按此《書問》前應有《涂鴉集》四卷，此本佚去，廣東中山大學圖書館藏有全帙。又，辛巳爲康熙四十年，陳垣垣《釋氏疑年録》載捷卒於是年，然捷塔志銘作卒於康熙四十七年，則捷年七十有九。李目作康熙三十七年卒，誤。是書刊刻字體非通常所見之匠體，也非娟秀之楷書，而通體皆爲行書，當圓捷自書也。刻工甚佳，不失原意。

此本藏香港中文大學圖書館，該館另藏一部，也佚去《涂鴉集》四卷。存六册。

李咸齋詩文集【清抄本】

《李咸齋文集》二卷《詩集》一卷，清李騰蛟撰。清抄本。六册。半頁九行二十字，無框格。目録頁題“寧都李騰蛟著”。前有魏禮撰《李半廬傳》，又《半廬私謚議》。

李騰蛟，字力負，别號咸齋，寧都人。明季諸生，甲申後，入翠微山講《易》，於易堂九子中年最長，魏禧等皆兄事之。後别居三巘峰，以經學教授，爲人恭惠，務爲淳厚，卒於康熙七年，弟子私謚貞惠先生。又有《周易賸言》。

騰蛟之詩出入於伯玉、曲江之間，文之佳者，即稱壽應酬之作，皆能即小見大。此文集收論、辨、叙、書、啓、跋、説、像贊、墓表、祭文等五十四篇。詩爲四言古三十五首、五言古六十三首、七言古五首、五言律二十五首、七言律十五首、七言絶句二十三首。文房雜箴十一則。雜言三十二則。詩文後多録魏善伯、彭士望、魏冰叔、邱邦士、魏凝叔、魏和公、魏石床之批語，多爲贊頌之詞。

民國間胡思敬輯有《豫章叢書》，内收騰蛟《半廬文稿》一卷。胡思敬後有跋云：“右稿據寧都李氏家藏舊抄本付刊，舊本多載批評，無卷數，分體亦頗凌亂，中厠駢啓數首，詞近淺率，疑非咸齋真筆，今削去不取。稍加編次，定爲文二卷，分十類；詩一卷，分六體，凡譌字確知其誤者，悉爲改正，差成完書。咸齋在易堂中檢身最密，嘗籜冠爲諸弟子講禮，同時朋輩皆畏憚之。”

以此抄本與胡刻本相較，抄本卷一《隴西郡李氏居寧都東龍原派總考叙》、《與本族論修譜書》，卷二《答金華葉寄緅啓》、《侯張受先先生啓》、《侯湯愚公先生啓》、《請葉父母啓》、《答寄緅啓》、《答氈衣啓》。又《集庵先生墓表》、《曾封翁入鄉賢祭文》、《節婦蔡孺人祭文》、《里居志》、《里役志》，五言詩中《辛酉年晚降虬書值新正朔二立壬戌之春》，七言絶句中《病中口占》皆爲胡刻所失。按，《總考叙》、《修譜書》、《里居志》、《里役志》對寧都李氏家族多有叙述，爲研騰蛟家世提供史料頗多。又胡刻本七言律《送魏長公赴潮陽幕兼題扇上梅》有墨釘，抄本則全。

此本藏美國哈佛大學哈佛燕京圖書館。

咸陟堂詩集【清刻本】

《咸陟堂詩集》十七卷,清釋成鷲撰。清刻本。六册。半頁九行十九字,左右雙邊,白口,單魚尾。題"東樵山人跡刪鷲著"。前有康熙四十六年(1707)李來章序、劉臨序、羅顯序。

成鷲,字跡删,廣東番禺人。明孝廉方國驊子。年十三,補諸生,中年削髮,學佛於鼎湖,晚栖大通古寺,號東樵山人。一時名卿巨公,多與往還,藩使王朝恩、學使樊澤達、給事鄭際泰盛譽之,名益顯,詩文最富。戒律精嚴,道范高峻,年八十餘卒。

李序云:"平生所著《咸陟堂詩文集》,共若干卷,常欲秘之,爲有力者奪之而出。中間寫景抒情,旨多曠達,怨尤之思,悲憤之氣,嶄然不見於筆端,非通權達變、樂天知命者未易得此也。"

卷一五言古詩二十九首,卷二至五七言古詩一百八十首,卷六五言排律八首,卷七至九五言律一百六十三首,卷十至十五七言律詩五百三十八首,卷十六爲四絶二首、五絶十首、六律一首、七絶七十三首,卷十七七絶二十七首。共一千零三十一首。

成鷲善詩,清沈德潛《國朝詩别裁》云:"本朝僧人鮮出其右者。"《番禺縣志》也云:"識者謂其筆響風雷,崩山立海,凡蠻煙黑雨,渴虎饑蛟,草木離奇,劍嘯芒飛,直歸紙上。"

此爲禁書,《禁書總目》、《違礙書目》著録。《清代禁毁書目・補遺二》云:"查《咸陟堂詩文集》,系釋成鷲撰。集中詞氣多涉憤激,應請銷毁。再此書文集内尚有缺卷,應行令該督撫,再將全部查明繳銷。"

按成鷲之集乃爲詩文合集,鄭玟序《咸陟堂二集》也云:"公所著《咸陟堂詩文集》二十餘卷,盛行於世。"(序中所云卷數有誤)然此僅存詩集十七卷,缺文集二十五卷。康熙原刻本傳世極罕,臺灣"中央圖書館"未有入藏,北京首都圖書館及江西省圖書館各有全帙一部,作清康熙耕樂堂刻本。北京圖書館僅存文集二十五卷。上海復旦大學圖書館也爲不全之本。據孫殿起《清代禁書知見録》,清道光二十五年曾有此書之重刻本。今觀此本字體、紙張,不似康熙間原刻,頗類道光時重刻之本。此藏香港中文大學圖書館。

鈐印有"語冰海堂"(方)、"語冰海堂"(長)、"隨齋"、"禺山劉氏"。

咸陟堂二集【清康熙刻本】

《咸陟堂二集》五卷，清釋成鷲撰。清康熙刻本。十册。半頁九行十九字，左右雙邊，白口，單魚尾。題“東樵山人跡删鷲著”。前有鄭際泰序、鄭玟序。

卷一頌一首、詩二百三十六首、賦四首；卷二序、跋、祝文、記、傳、説、書、墓志銘、啓、疏、引、募文、贊、誄共七十六篇；卷三問答、序、壽文、墓表等二十四篇；卷四詩六十六首；卷五詩一百一十六首。又卷三第八十頁後附有《歸隱鹿湖山留别書》并《鹿湖山草》，有詩四首，題“鹿湖山人成鷲撰”。

按鄭玟序僅云“近有同志續刻其二集”，并無所刻卷數。此二集也屬禁書，傳世不多，僅北京圖書館有三卷之本，卷一爲詩，卷二至三爲文。此本卷三後尚有詩二卷，每卷第一頁第一行題“咸陟堂二集詩四”、“咸陟堂二集詩五”，凡九十七頁，當爲後來之“同志”搜得鷲詩再爲之續刻。清道光乙巳曾有重刻鷲集，爲文集二十五卷文二集八卷賦集一卷詩集十七卷詩二集六卷，當成鷲集最足之本。此藏香港中文大學圖書館。

鈐印有“漠白草堂祓西僧印”、“鶴禪山人”、“蕭艾室藏”、“蕭艾室藏書”。

秋笳集【清康熙刻雍正增修本】

《秋笳集》八卷，清吴兆騫撰。清康熙徐乾學刻雍正四年(1726)吴振臣增修本。二册。半頁十一行二十字，左右雙邊，綫黑口，雙魚尾，後四卷爲白口，題“吴江吴兆騫漢槎氏著”。前有吴兆宜小引，末有雍正四年(1726)吴振臣跋。

吴兆騫，字漢槎，吴江人。少有俊才，名聞遠近。順治十四年舉人，次年以科場夤緣事遣戍寧古塔，在塞外二十餘年，日與羈臣逐客飲酒賦詩，氣壯而才麗，後納鍰贖歸。逾年卒。

是書卷一至三題秋笳集，卷一賦八首、卷二詩一百二十一首、卷三詩一百十五首；卷四題西曹雜詩，收詩三十二首；卷五題秋笳前集，收詩八十四首；卷六題擬古後雜體詩，爲三十首；卷七題秋茄後集，詩五十九首，補遺十首；卷八前五頁題雜著，六頁後題後集，收表一篇、序三篇、書三通，又附兆騫致徐乾學札。前四卷爲徐乾學所刻，後四卷爲兆騫之子振臣所增，皆兆騫戍所暨赦還後所作。其前集及雜體詩二卷，乃少年時所作。兆騫垂髫之歲即好吟咏，加以身際艱難，著作頗富。其在寧古塔時，因老羌之警，詩文稿遺失過半，後扶柩南還，又覆舟於天津，沉溺者又過半，故振臣所補多從舊處搜羅所得，殆未及兆騫詩文十之一二。

《四庫全書總目》集部入存目，云：“兆騫詩天分特高，風骨遒上，又荷戈邊塞，窮愁之語易工，故當時以才人目之。而立身一敗，萬事瓦裂，其詩亦頗爲當代所輕，特其自知罪重譴輕，甘心竄謫，但有悲苦之音，而絶無怨懟君上之意，猶爲可諒，故存其目焉。如兆騫者，使其謹守防檢，克保身名，豈非國初一作手哉？”

是書以“秋笳”爲名，取蔡琰“胡笳十八拍”也不足喻其淒愴之意。兆騫遭難十八年，親友也罕以書見及。徐乾學賞其才華，故爲言於納蘭性德，顧貞觀也爲乞援，後兆騫得歸，乾學之功爲最。徐氏欲刻吴氏之集，詳見於兆騫致徐札，云：“伏承書問，又以僕衣食之憂，輟俸相餉，爲德甚厚。至欲索僕生平撰著付諸剞劂，無使泯没，嗟乎！此豈僕素望所及哉？……萬里冰天，極目滲沮，無輿圖記載，以發其懷；無花鳥亭榭，以寄其興，直以幽憂惋鬱，無可告語，退托筆墨，以自陳寫。然遷謫日久，失其天性，雖積有篇什，亦已潦倒潰亂，不知其所云矣，……今不鄙僕，欲序而梓其所作，使天下知劫灰寒灺，猶有爝光，則僕雖終淪廢，豈有恨哉？少作故有刻稿，患難後度已散失，請室諸詠，稍有存者，今所録詩賦若干篇，皆己亥出塞後作。昨歲插哈喇之亂，倉卒中遺亡百餘篇，睽離日久，無所取正，恐日就弇陋，不復自知，望加删定，以質當世。”

此增修本大陸所藏幾近二十部，咸豐刻《粵雅堂叢書》、清末排印《風雨樓叢書》均收有是書。《續修四庫全書》第一千四百一十二册以及《四庫全書存目叢書》補編第二册均收有此書。

此本有扉頁，刻"秋笳集。吴江吴漢槎先生著。衍厚堂藏板"。

此藏香港中文大學圖書館。

息齋集【清初刻本】

《息齋集》四卷外集一卷續外集一卷補遺一卷，清金之俊撰。清初刻本。四册。半頁八行二十字，四周雙邊，白口，單魚尾。題“松陵金之俊豈凡著”。前有順治十六年(1659)錢謙益序、順治六年王鐸序、順治六年胡世安序、順治六年岳瑛斗序、順治五年陳名夏序、順治六年吕宫序、順治五年程芳朝序、順治六年自序。外集有順治五年王鐸序、陳名夏序、孫承澤序、自序。續外集有順治十八年(1661)龔鼎孳序。目録頁題“松陵金之俊豈凡著；溧陽陳名夏百史評；文安門人邢浚、檇李門人張三省校”。

金之俊，字豈凡，江蘇吴江人。萬曆四十七年進士。曾任兵部右侍郎。李自成陷京師，之俊被拷索。後降清，仍原官，疏請先下蠲租之詔於畿甸，以慰民望。擢工部尚書，加太子太保，遷兵部尚書，晋少保兼太子太保，調督察院左都御史，吏部尚書，國史院大學士，充會試主考官。官至秘書院大學士，康熙間致仕，卒謚文通。傳見《清史列傳》卷七十九。

卷一序三十九篇，記、跋、説、墓志銘、贊、書序、傳十六篇；卷二序十篇，記、墓志銘、引、説、哀文、祭文、雜文、銘二十五篇；卷三壽序等六篇，墓志銘、書事三篇；卷四壽序、墓志銘十篇。外集爲詩、頌、偈凡三十六首，又收序、引、疏十九篇，像贊四首。續外集收序、疏、記、説、題辭十六篇，又收引、文、偈三十四篇。爲之俊禪悦之作。又有補遺，收序、記、約、偈、題、記、銘、説十二篇。多有超悟解脱、直逼彼門中尊宿語，乃寫意中所見。

金之俊少從其父瞻禮雲栖和尚，繼讀禮山居，又從天童、磬山暨博山、雪關、南澗、箬庵諸老衲游。曾涉獵古文辭，日取其外王父茅坤之《八大家文鈔》，讀之反覆，頗得鹿門之學。錢謙益序云：“豈凡風雲玄感，譽望在玉衡大斗之間，非子初所敢望。以其所撰著，徵諸鹿門，出車合轍，則亦太史公之子幼也。豈凡自叙其集，以謂聞鹿門之緒言，取《八大家文鈔》讀之反覆，始知爲文之道端不外是，豈不信哉？”

其以息齋顔室，并取之爲集名，蓋有自强不息之義。卷一有《息齋説》，云息齋爲其“於長安退食之暇，閉門却掃獨坐，燕息於其中者也”。“日省於息齋之中，讀《易》與《中庸》。”此文備述息意，直探理奥。卷一至三每文後皆有陳名夏評。陳名夏，字百史，溧陽人，崇禎十六年進士，官修撰。福王時，以名夏曾附李自成，定入從賊案。順治初降清，累官秘書院大學士，循私植黨，揣摩執政意旨，以迎合固寵。後被寧完我所劾，復與劉正宗共證名夏攬權市恩欺罔罪，絞死。有《石雲居詩文集》。

此爲金之俊集之最早版本，《中國古籍善本書目》著録，北京中國人民大學圖書館也有入藏。順治、康熙間又有《息齋集》十卷、《佐樞疏草》五卷二種。康熙二十五年金祖彭重新刻成《金文通公集》二十卷，至雍正元年端介堂又有《金文通公集》二十六卷詩集六卷外集八卷，爲金著之最足本，北京圖書館等館均有入藏。又清康熙七年鄒漪輯《名家詩選》，選之俊詩作爲《金豈凡詩選》一卷。

鈐印有"孫士鳳"、"寄懷翰墨林"、"採貞之遊"、"蕭艾室藏"、"蕭艾室藏書"。

旭華堂文集【清乾隆刻本】

《旭華堂文集》十四卷《補遺》一卷《續編》一卷，清王奂曾撰。清乾隆十六年(1751)趙熟典刻本。六册。半頁十行十八字，四周雙邊，白口，無魚尾。目録頁題"平河王奂曾元亮甫手著；男何百可編輯；受業姪孫士顒孚若、孫士敏魯齋參訂；孫壻趙熟典厚五校刊"。前有乾隆十六年閻廷玠序、乾隆五年張若峑序。末有郭爲觀撰《皇清誥授奉政大夫都察院湖廣道監察御史思顯王公暨元配張宜人繼配高宜人合葬墓志銘》。乾隆十二年趙熟典跋、王士顒跋、王士敏跋。

王奂曾，字元亮，又字思顯，號誠軒，世爲平陽之太平縣人。康熙十五年進士，幼篤學能文。初授行人司行人，轉吏部文選司主事，在吏部凡歷八任，改都察院湖廣道監察御史，掌浙江、山西、山東、陝西等道事。以剛直果敢聞於時，有王戇子之稱。後歸鄉里，凡三十年，壽八十五。

奂曾在朝二十餘年，居官政績，多可紀歲，歸田樂道，優游林下者，幾三十年，惟以詩文自娱。此集乃自入仕至謝事居家之作皆在焉。因其家居多年，故集中所記晋地之人、事頗多故實，也可供研山西地方史者參考。

卷一奏議八篇；卷二至三書二十三篇；卷四至七序五十九篇；卷八記八篇、傳五篇、論一篇；卷九至十祭文四十九篇；卷十一至十二墓志銘三十五篇；卷十三墓表五篇、像贊十篇；卷十四啓十五篇、跋一篇、約一篇。補遺序二篇、記一篇、祭文一篇、墓志銘一篇。績編奏議二篇、碑記一篇、碑文一篇。

是書爲奂曾孫婿趙熟典所刻。熟典跋云："余婦祖侍御先生，蓋慕韓以爲文，而新城公之友人也。其文之傳於後，固足以如韓之久，而與王相上下者。先生既没，請其稿讀之，間嘗抄爲副本，有志付梓。今年春，先生之子明經公又没，則傳寫前賢未刻之書，不敢不爲己責，雖來如漢之譏，不暇計也。今摘其文爲十有四卷，付之梓。"王士顒跋又云："先伯祖侍御公，歷官二十餘載，所著文集，散見於都門者大半，迨後罷歸田里，四方索文者愈夥，凡有所作，蓋命孫士顒手録，前後彙成一帙，迄今原稿尚在案頭，顒檢點收存，未敢失也。猶憶曩時，顒侍左右，伯祖手執稿本，顧而言曰，非敢言文，亦非敢云行世，但吾於此道經營多年，亦頗費心，若得抄成一部，傳示後人，永不忘焉，吾願足矣。嗚呼！言猶在耳，教豈忘心。先二叔明經公，痛先人之文不彰，嘗欲求鄉先生之能文者爲之序，思付剞劂，以垂不朽。奈未及襄事，忽爾棄世，嗚呼！莫爲之後，雖盛弗傳。顒深懼遲之又久，或失其傳也，心竊傷之，而力未克副。丁卯秋，顒從妹丈趙子，念侍御公之手澤空存，明經公之志願未遂，慨然曰，吾爲至戚，而顧使文獻無徵可乎？因詳加考證，以垂永久。”

此本有扉頁，刊“旭華堂文集”。

《四庫全書總目》入集部别集類存目。《四庫全書存目叢書》集部第二百四十七册收入，底本爲山西省圖書館所藏。《中國古籍善本書目》著録，上海圖書館、山西省圖書館等五館也有入藏。此本藏美國哈佛大學哈佛燕京圖書館。查臺灣《“中央圖書館”善本書目》，著録有清趙熟典編《國朝文會》，不分卷，爲清乾隆間平河趙氏清稿本，内有《旭華堂文集》一卷。

寒村詩文選【清康熙刻本】

《寒村詩文選》三十六卷，清鄭梁撰。清康熙刻本。十二册。半頁九行二十字，左右雙邊，黑口，雙魚尾。前有黄宗羲序。

鄭梁，字禹梅，號半人，浙江慈溪人。康熙二十七年進士，選庶常，改户部主事，升員外，遷刑部郎中，官至高州知府。工詩，善畫山水，晚年右臂不仁。（雍正）《慈溪縣志》卷十文苑有傳。

是集爲詩文合刻，詩分十一集，爲《見黄稿詩删》五卷、《五丁詩稿》五卷、《安庸集》一卷、《玉堂集》一卷、《歸省偶録》一卷、《還朝詩存》一卷、《玉堂後集》一卷、《寶善堂集》二卷、《白雲軒集》二卷、《南行雜録》一卷、《高州詩集》二卷。文分四集，爲《五丁集》二卷、《半生亭集》一卷、《息尚編》四卷、《雜録》二卷補一卷。

此存三十四卷，佚去《見黄稿》二卷。全者藏北京圖書館、南京圖書館等十一館。其所題集名，俱有所由。如《半生亭集》，以其康熙三十八年春中風，右體偏廢，因自號半人，又作亭於卧榻之側，故以半生亭名其集。又其作《息尚編》者，乃因其病劇，遂欲焚筆硯，自以爲必死，然荏苒中秋，未遽緣絶，後又積詩文得若干首，以志一息之尚存。《安庸集》則爲其年五十一時，以爲能力已衰，志所灰冷，惟庸人自安而已。又其取"五丁"名集者，蓋因梁生於丁丑，至丁巳已五逢丁，故名。《雜録》者，爲梁中風後偶有所憶，與見諸他處者，因不次年月，又不拘體式，故曰《雜録》，所收多爲跋、祭文、壽序、集序、書、志等凡六十二篇。

《四庫全書總目》入此集於别集類存目，也作三十六卷。按《中國古籍善本書目》著録此書爲清康熙紫蟾山房刻增修本。然審視此本，似無增修，又無紫蟾山房字樣，抑或佚去扉頁耶？查紫蟾山房爲楊春如，也慈溪人。

梁受學於黄宗羲，嘗謂陳師道年三十一見黄魯直，盡焚其稿而學焉。梁見宗羲時，亦三十一，故詩文皆以見黄稿爲冠。其文得之宗羲者爲多，而根柢較宗羲少薄。梁與黄師生之情頗深，黄卒後，梁有《哭南雷師墓》四首，其二云："毓秀鍾靈三百年，蒼天此意竟徒然。忠臣孝子仇空報，復社東林脈僅延。遺老文章泉石媚，大儒事業簡編傳。一生寒餓猶歸盡，啼殺南雷樹上鵑。"其四又云："六十年來潦倒身，交遊天下不無人。若論千古相期切，誰似先生屬望真。從此餘齡雖宦達，終如薄海一孤貧。三年築室尋常事，慚去高涼擁畫輪。"（《南行雜録》）也可窺見二人情誼。

鈐印有"竹泉山房"。查《清人室名别稱字號索引》，"竹泉山房"爲胡光瑩，字畫溪，宜春人。此本藏香港中文大學圖書館。

《四庫全書存目叢書》集部第二百五十六册收入，底本爲北京中央民族大學圖書館所藏清康熙刻本。

蕭山人集【清康熙刻本】

《蕭山人集》一卷餘集一卷補遺一卷，清蕭詩撰。清康熙二十八年(1689)刻本。二册。半頁九行十九字，左右雙邊，白口，單魚尾。題“雲間蕭中素芷崖撰；同學邵式誥晴岩、陶爾邃穎儒、錢興諧耕吴、黄廷寵慶臣同訂”。前有康熙二十五年(1686)王九齡序、吴騏序，康熙二十八年曹偉謨、余集序。

蕭詩，字中素，號芷崖，以字行，松江華亭人。業木工。少穎悟，喜讀書，後爲諸生，終其身執藝食力，不干求名利。業餘工詩，爲當時所重，又精音律，兼善書畫，常自稱蕭木匠。生於萬曆三十五年。(嘉慶)《松江府志》卷五十六有其小傳。

明清以來，詩人不知其數，然雕斲者以工藝文字傳世，則是不可多得。此集當是其晚年手定付刻。補遺一卷，則爲近人陳乃乾據舊抄本《松江詩鈔》、《書臺詩鈔》所録。蕭詩卒年無考，據其云見康熙帝己巳南巡，其年約在八十三歲以上無疑。

王九齡序云：“……家貧食力，世傳公輸子業習而安焉。姿性聰穎，被服儒雅，里之人無論智愚，咸敬而愛之。生平篤好經史，一過目輒成誦，於書無所不讀，獨不肯事舉子業。少時或勸之應郡邑試，每笑而不答。閑居無聊，出其才華，發爲吟詠，清新雄麗，直造三唐閫奥。往往一篇方成，即膾炙人口，爲名流才士所衿式。”

蕭詩嘗曰：“吾匠氏也，衣食足以自給，詩酒足以自娱，絲竹丹青足以悦耳目，高賢良友不遠千里而至，人生之樂，莫逾於此矣。”其詩通俗，不宗一家，也不沾沾於古人之繩墨，意之所至，觸口而吟，對景生情，托物見志，寡牢騷藴憤之詞，多温厚和平之意。其有《咏湯婆子詩》，云：“雪夜微酣入睡鄉，喜君先到合歡床。知寒總爲心嘗熱，薦暖應知德不凉。錦袱裹包羞澀貌，温泉涵養粉花香。三冬莫問伊誰伴，别有鉛華小髻妝。”其詩又有：“東海蕭然一老痴，痴懷還道少年時。遠途不使孤筇力，頑石猶思隻手移。騷雅社中分險韻，兒童隊里賭彈棋。傍人莫笑鬚眉白，今歲才交八十期。”其二又云：“白茅鋪屋槿編籬，廿載栖遲事事宜。扶杖逶迤行曲徑，濯纓宛轉向清池。以挑野菜爲朝課，將拾枯枝作午炊。如此苦辛還自得，每逢花月有新詩。”

《中國古籍善本書目》著録，僅上海圖書館一帙。

七一軒稿【清乾隆刻本】

《七一軒稿》六卷，清劉青蓮撰。《續錦機補遺》六卷，清劉青芝輯。清乾隆刻本。十册。半頁十行二十一字，左右雙邊，黑口，單魚尾。題"襄城劉青蓮華嶽撰；同懷弟青芝芳草較"。前有王心敬、張庚撰《七一軒記》各一。乾隆二年(1737)周龍官序、喬汲序。胡雲鵬跋。并張鵬翮、萬邦榮等題詩。《續錦機補遺》，題"襄城劉青芝芳草會粹"。目録頁題"會稽門人章文然藜乙、寶坻胡雲鵬風翮、昆陽常昭嗣昌編次"。

劉青蓮，字華嶽，一字藕船，河南襄城人。康熙時歲貢生。邃於經學。又有《藕船題跋》、《古今孝友傳》、《續一鄉雅言》等。

劉青芝，字芳草，號實天，晚號江村山人。雍正五年進士，官庶吉士。未幾，引疾歸，閉户著書，垂三十年，學者宗之。爲文不名一體，尤長傳記。又有《擬明代人物志》、《江村隨筆》、《史漢异同是非》等。劉青芝輯有《劉氏傳家集》，計二十八種，昆仲二人即有十七種之多。

七一軒者，青蓮讀書之所。其名七一者，蓋因歐陽修退休潁水之上，自號六一居士，青蓮也世居潁水之陽，而平日又以歐陽爲學，更慶其六一之六，且益以志同芳草子爲之弟，而名軒曰七一。其時學者有詩有記，或以七一足繼六一，或以七一足駕六一。周龍官序云："襄城劉子華嶽，樂道士也。其先恭叔先生爲中州名儒，與盩厔李二曲先生爲友，所著《道學存真》等書，皆薪傳正脈。華嶽恪遵遺訓，隱居江村，無求於外。與其弟芳草構一軒以處，而顔之曰七一。"

是書目録前有《二劉江村七一軒圖》。卷一序二十篇；卷二壽序十篇；卷三傳十三篇；卷四記十篇、書十一通；卷五志銘九篇；卷六雜著、祭文、看雲北役志十七篇。其書多記河南襄城之事，又多故里鄉人，頗有地方史料價值。所謂"看雲北役志"，乃青蓮雍正丁未，弟芳草以館選留都下，數月不見，思之甚，夜不能寢，遂往省之。北役曰看雲者，取子美憶弟看雲之意云。其九月廿六日發襄城，十月十六日至，一路所記頗詳。

《四庫全書總目》未收。《中國古籍善本書目》未著録。此本藏美國哈佛大學哈佛燕京圖書館。

邱邦士文集【清抄本】

《邱邦士文集》十七卷，清邱維屏撰。清抄本。十二册。半頁九行二十字，無框格。題“寧都邱維屏著”。前爲魏禧撰傳。康熙五十八年(1719)鄧霽序、楊龍泉序、康熙五十八年邱尚志序。目録頁題“男成和昭衡編次；孫志本既溥校字”。

邱維屏，字邦士，江西寧都人。寧都三魏（際瑞、禧、禮）之姐夫，明諸生。避亂，隱居翠微峰下，稱松下先生，爲易堂九子（彭士望、林時益、李騰蛟、邱維屏、彭任、曾燦、魏際瑞、魏禧、魏禮）中之姣姣者，魏禧嘗從之學古文。爲人高簡率穆，讀書多玄悟，性静默，志意慷慨，桐城方以智稱之爲神人。少補博士弟子員，試輒冠其曹，自定鼎後，遂弃諸生服。尤精泰西算術。康熙十八年卒，年六十六。又有《周易剿説》等。

維屏爲文，深思窮力，字不輕下，嘗數月數日不成篇。既脱稿，隨手散漫，或爲鼠嚙，或被人傳覽流失，亦不自惜。是書卷一自序；卷二雜著；卷三説；卷四論、疏；卷五書；卷六至九序；卷十引；卷十一記；卷十二跋、書後、題、賦、四六；卷十三墓志銘、碑銘、表、碣；卷十四碑志、碑銘、墓表、墓碣；卷十五傳、事略、述事；卷十六吊祭文；卷十七詩。每篇皆有自評及他人評語。

鄧霽序云：“予閲先生全集中，非特玄空五行義、洞天髓解、紫微斗數解、京房卦氣考論篇，泄大易之秘。他如壽元仲詩、説而康占數序之類，悉以易數之理，按卦氣相爲摩盪，俾人罔跡其端倪。蓋誠見上下古今世道之循環、國運之更遷、天時人事之消息盈虚、得失進退，要皆準定數定理以爲衡，觸處而無非易。夫潔净精微，易教也。先生仰觀天，俯察地，探索頤隱，鈎致深遠，以春夏氣之放爲縱，以秋冬氣之收爲擒。擒縱相生，研入理窟，奥折出之，以自成一家，故其文之潔净精微亦如易。”

是書之刻本乃維屏同里諸子并族戚裒貲剞劂。楊龍泉序云：“先生雅不求人知，詩文脱稿後，多散佚，草亭彭先生每手録藏之。先生没三十餘年，人皆願見其遺書，不可得。先生之子成和文學，能嗣其聲，惜其早世。今族戚協謀，計工任費，先生文集，公諸當世。”此本“玄”字避諱，審其紙墨，當在乾嘉之後所抄。

此書原爲禁書，《禁書總目》、《應繳違礙書籍各種名目》、《清代禁書知見録》著録。《清代禁毁書目·補遺一》云：“查邱邦士集，邱維屏撰，明末諸生。其文多入本朝所作，中間挖空字句甚多，皆原系悖犯字面，且議多狂誕，應請銷毁。”

《中國古籍善本書目》著録，上海復旦大學圖書館也有入藏。又廣東中山圖書館有清方功惠碧琳瑯館抄本。按清道光間彭玉雯輯有《易堂九子文鈔》，收邱氏文鈔二卷，又《國朝文録》也收維屏文録一卷。此則爲其集大成者。此本藏美國哈佛大學哈佛燕京圖書館。

鈐印有“潘安國印”。

雙雲堂詩文稿【清康熙刻本】

《雙雲堂文稿》六卷《詩稿》六卷，清范光陽撰。清康熙四十六年(1707)鄭風刻本。四册。半頁九行二十字，左右雙邊，黑口，雙魚尾。題"甬上筆山范光陽著；壻謝爲雯閲；慈水寒村鄭梁選；孫從律較"。前有康熙四十六年鄭風序、康熙三十六年趙俞序。末有范廷謂、廷彦撰《皇清誥授中憲大夫福建延平知府顯考筆山府君行述》。

范光陽，字國雯，號筆山，鄞人。生於崇禎三年，卒於康熙四十四年。十歲操筆爲文，不矜奇，不循俗，有奇語，黄宗羲稱其文能力去陳言。康熙二十七年進士，授庶吉士，改授户部山東清吏司主事，歷升本司員外郎，兵部職方清吏司郎中，官至福建延平府知府。在位七年，禁革火耗，罷一切無名之徵，郡民以爲實録，感疾乞休歸，士民送者逾境不止。年七十六而卒。(乾隆)《鄞縣志》卷十七人物有傳。

此書以雙雲名其集，乃因光陽祖墓有紅雲、白雲二山，嘗取以名堂，再以名集，蓋不忘其祖之意。卷一表、謝表、箴、書、傳；卷二傳、記；卷三序；卷四壽序；卷五祭文、墓志銘；卷六跋、疏、策。《詩稿》卷一五言古詩四十三首；卷二七言古詩三十八首；卷三七言絶句八十九首；卷四五言律詩一百六十一首、五言排律七首；卷五至六七言律詩一百二十九首。

集爲光陽晚年手定，光陽没後，其子廷謂等請鄭風校刻。鄭風序云："《雙雲堂集》，吾友范筆山先生所作。先生雅，不欲以詩文擅長，故所作不多，即作亦不過應酬不得已，故旋作旋棄。間有發以己意，感慨古今不平事者，亦因年久遺忘。守南劍時，先生年已七十矣，追録所存，僅得詩文如干首，顔曰《雙雲堂集》，將壽之梓。而以從政不果，歸里五年，蹉跎未暇，一旦辭世，遲之三載。而其子廷謂、廷彦始承先志，屬余較刻。其孫從律，好學知文，深恐先生之言多所放失，約吾兒性同事搜羅，且以充安堂近作附焉，集既完，共計詩文一十有二卷。"

其詩有《猛虎行》一首，云："神龍潛深淵，猛虎伏巖谷。胡爲失其性，咆哮走大陸。我來東西村，虎跡斷復續。殷勤語村民，爾行慎勿獨。一人前致詞，欲語淚蔌蔌。近來法令嚴，官奉催租促。日暮坐堂皇，鞭笞盡里役。負痛倉忙歸，月黑途路曲。豈不念微軀，甘心任荼毒。所嗟皮骨存，飼虎已無肉。妻子隔鄉縣，風雨無完屋。買牛思開荒，富家質錢穀。買犢待春耕，飢時充藜藿。縣吏入村舍，公然少羈束。脱衣换一醉，猶無好顔色。不如猛虎貪，得食尚知足。語罷立須臾，皇天日西蹙。揮手謝斯人，生死在司牧。"此詩反映百姓之痛苦生活及暴露催租法令和差役皆似虎之猛。

此本有扉頁,刊“雙雲堂集。詩文各六卷”。

《四庫全書總目》入集部别集類存目。《四庫全書存目叢書》集部第二百五十六册收入,底本爲天津圖書館所藏。《中國古籍善本書目》著録,北京圖書館、上海圖書館等八館也有入藏。此藏美國哈佛大學哈佛燕京圖書館。

御制詩集【清康熙内府刻本】

《御制詩集》十卷二集十卷，清聖祖玄燁撰。清康熙四十二年(1703)内府刻本。四册。半頁六行十六字，四周雙邊，白口，單魚尾。題"内廷供奉禮部侍郎兼翰林院學士臣高士奇謹編次；巡撫江寧等處地方都察院右副都御史臣宋犖謹校刊"。前有康熙四十二年高士奇、宋犖上表。末有康熙四十二年高士奇、宋犖跋。

玄燁，清世祖第三子，八歲即位，年號康熙，乃有清一代頗有作爲之君主，其文治武功，曾對中國社會之發展有極大貢獻。

此詩集卷一至十古今體詩三百八十八首；二集卷一至十也古今體詩，四百零四首。合共七百九十二首。玄燁詩集單刻者計三集，此一、二兩集爲高士奇、宋犖奉旨編輯校刊。宋犖跋云："今年春，恭逢六龍閱河南幸，臣乃得於對揚之下，奏請聖制詩集鳩工梓行，蒙允臣請，頒發御制詩集十卷二集八卷。又命臣士奇賫到續集二卷，共二十卷，臣盥手跽誦，如聞鈞天廣樂，猗與盛哉。"此當爲最初刊刻之本。後又有第三集之編刊，爲八卷，康熙四十三年内府刻本。

玄燁文集計有四十卷、二集五十卷(康熙五十年刻)、三集五十卷、四集三十六卷(雍正十年刻)，此本詩集前十卷見於文集之卷三十一至四十。

帝王之詩，大率與政治相表裏。玄燁詩中如征討吴三桂之割據勢力、統一臺灣、平定準噶爾叛亂等皆可以詩證史。由於其政治地位，故詩作較少矯飾和矜夸，也無倚紅偎翠、無病呻吟之態。其詩題材廣泛，率真自然。其體恤百姓之作，如二集卷十《見泰安等處數州縣饑民亟命設法賑濟》，云："東路行輦到，人食正薦饑。呼庚兒女盼，宸游衆所依。村中皆菜色，散去掩柴扉。救荒先發谷，轉漕迅如飛。兩旬無多日，有司報民歸。地丁既已責，私派務全希。盡力專邦本，留意欲國肥。麥秋猶可望，黎命其庶幾。"

臺灣"故宫博物院"藏有一至三集，爲最全之本。臺灣"中央圖書館"、美國國會圖書館皆未入藏。此藏香港中文大學圖書館。

御制避暑山莊詩【清康熙内府刻朱墨套印本】

《御制避暑山莊詩》二卷，清聖祖玄燁撰，清揆叙等注。清康熙内府刻朱墨套印本。二册，有圖。半頁六行十六字，小字雙行二十字，四周雙邊，白口，單魚尾。前有康熙五十年(1711)《御制避暑山莊記》。末有康熙五十一年(1712)揆叙等人聯名跋。

避暑山莊在河北省承德市，亦稱承德離宫、熱河行宫。始建於康熙四十二年，建成於乾隆五十五年，爲清代帝王避暑行宫，也是清初第二政治中心。苑圃之建，首在選址，需得山水之勝，輔以人工。重在選景，妙在點景，二美具而全景出，避暑山莊正得此妙諦。山莊峰巒環抱，秀色宜人。武烈河自東北沿宫墻南下。有泉冬暖，故稱熱河，其内多亭臺樓閣，湖中洲島羅列，實爲著名之園林。

上卷詩十六首、下卷二十首，寫避暑山莊三十六景，每景一詩，皆以四字題名，紹介位置和意境，樸素無華，饒自然之趣。玄燁之記及第二景"芝徑雲堤"，有叙述其决定在熱河修建行宫之經過。揆叙等人注云:"自京師東北行，群峰回合，清流縈繞，至熱河而形勢融結，蔚然深秀。古稱西北山川多雄奇，東南多幽曲，兹地實兼美焉。"而玄燁選中此地乃因"念此地舊無居人，辟爲離宫，無侵民田廬之害，又去京師至近，章奏朝發夕至，綜理萬機與宫中無異。乃相其岡原，發其榛莽，凡所營構，皆因岩壑天然之妙，開林滌澗，不採不斲，工費省約，而綺綰綉錯，烟景萬狀。標其尤者，凡三十有六，清凉爽塏，於夏爲宜，每至盛暑，則奉皇太后駐蹕焉"。

是書每詩之後，皆繪有圖畫，山水樹木，樓臺亭閣，布局嚴謹，綫條流暢，皆爲畫家如實攝取風景名勝本身，并無虚構，閲之頗有身臨其境之感。版畫至明代而極盛，萬曆前後，更達登峰造極之境地，名畫家如唐寅、仇英之作品也被鎸刻入畫。此本繪者沈嵛，一作名喻，字玉峰，奉天正黄旗人。官至内閣侍講學士，善畫山水，尤長樓閣、牡丹。乾隆十年又繪有《雍正御制圓明園圖咏》。此版畫刊刻刀法渾厚圓熟，精麗工致，亦版畫中之精品。

是本楷書精寫，内府所刻，小圈及小方框皆套印。《四庫全書總目》未收，《中國古籍善本書目》著録，北京圖書館、浙江圖書館等二十一館、臺灣"故宫博物院"、香港中文大學圖書館、日本尊經閣文庫都有入藏。是書又有滿文本，也内府刊刻，臺灣"故宫博物院"藏有九部，日本静嘉堂文庫也有入藏。清末民初時，香山徐氏曾有此書摹本，并由大同書局縮版石印，今石印本也不多見。又1930年武進陶湘涉園又據清康熙刻内府本石印，美國哈佛大學哈佛燕京圖書館有入藏。

乾隆六年秋，帝北巡，經避暑山莊，撫今追昔，情不能已，又有《恭和御制避暑山莊三十六景詩原韵之作》。是年，内府重刻是書，每詩之後均有乾隆帝之和詩。光緒二十六年，武進陶湘涉園又據乾隆刻内府本石印。避暑山莊，乾隆十六年曾進行擴建，踵事增華，亭榭别館驟增，遂又添三十六景，同時建寺觀，分布山區，規模較前益宏。

此本藏香港中文大學圖書館。鈐印有"陳印稻孫"。

儲遯菴文集【清康熙刻本】

《儲遯菴文集》十二卷，清儲方慶撰。附録一卷。清康熙四十一年(1702)儲右文等刻後印本。六册。半頁九行二十字，左右雙邊，白口，單魚尾。題"宜興儲方慶廣期著；叔欣同人評"。前有康熙五十二年(1713)李光地序、趙申喬序、宋犖序，康熙四十一年邵長蘅序、蔡廷治序，康熙四十年儲欣序。

儲方慶，字廣期，號遯菴，宜興人。康熙六年進士。七歲五經成誦，八歲抱致督學前與試，號奇童。試棘闈不中，屢試屢躓，中更父若母大喪，家乃中落，益肆其志於文章，舉江南榜第一。授山西清源縣知縣，封文林郎。生於崇禎六年，卒於康熙二十二年，年五十一。

卷一書十三通；卷二序十六篇；卷三記、傳、志銘、行狀十二篇；卷四論十篇；卷五議十四篇；卷六試策、表七篇；卷七擬策十二篇；卷八雜著十五篇；卷九賦三篇；卷十詩(丁未至壬子)七十七首；卷十一詩(癸丑至丙辰)三十六首；卷十二詩(丁巳至己未)一百一十九首。附録爲本傳、墓志銘(魏象樞撰)。

方慶所爲文章重天下，其對策纚纚四千餘言，伉直明切，論者方之董膠西、晁家令。文則率雅健，長於議論。儲欣序云："廣期爲諸生，即特立不詭隨。通籍後，士大夫相投契者，獨山西魏公環溪一人，士人則傅青主、姜西溟，餘皆如鑿枘之不相入。此其耿介絶俗之性，適足以大害仕途，使跋前疐尾。而古文則引而日上，卓然成一家之書。兹集諸體畢登，尤長於議論，高處逼晁家令，下亦紆餘穿透，有潁濱遺老之風。敍事文次之，然當其得意，恣睢突然，入司馬氏之室者，亦往往而有。詩工力不深，然較之明允子固，又若差勝。"

是書乃方慶長子右文等所刻。宋犖序云："君卒後，長子孝廉右文率諸弟，纂君遺文十二卷，鋟諸梨。"趙申喬序也云："殁後二十年，嗣君素田昆仲，彙其散文暨詩，共若干卷，版行於世。"

此本扉頁鈐黑色木記，刊"本坊精選新舊足册好板書籍，倘有殘篇短缺，認明興賢堂書舖唐少村無悮"。按唐少村，乃金陵書林中人，曾刻有《楚辭集解》不分卷《蒙引》一卷《考异》一卷，時間約在萬曆至明末。此扉頁非此本所原有，當係後人從他處移來，訂在序文之前。

《四庫全書總目》未收。《中國古籍善本書目》著録，北京圖書館、浙江圖書館等五館入藏。此藏美國哈佛大學哈佛燕京圖書館。

鈐印有"蔣印業晋"、"紹初"。

寒碧山齋詩集【清康熙刻本】

《寒碧山齋詩集》五卷，清葉之淇撰。清康熙葉映榴等刻本。二册。半頁十一行二十一字，左右雙邊，白口，單魚尾。題“新都葉之淇待堂著”。前有陸奎勳序。又翁嵩年、張尚瑗、沈天寶、沈用濟、鮑駿、馮幾、倪匡世、孫琮跋。

葉之淇，無考。

是集皆古今體詩，計卷一一百零三首、卷二一百一十四首、卷三八十二首、卷四八十四首、卷五一百零一首。其卷五有《老農嘆》一首，云：“一生親耒耜，長爲饑餒人。況逢旱魃災，力作尤苦辛。桔槔連晝夜，浦溆揚沙塵。兒童盡驅使，婦女皆爲群。所望在豐年，庶幾度昏晨。刈獲幸薄收，勞瘵方小痊。明日豪家來，奴僕何喧闐。一斗償一石，汝敢不其然？蒐羅到雞豕，一室如罄懸。嗟彼命應爾，仰面號蒼天。”

陸奎勳序云：“葉君待堂，少負異才，從先叔閣學公游，與嘯夫、南疑輩有蘇門四學士之目。既而，予倡洛如詩會，待堂偕其弟笠亭踔踸壇坫，伸紙疾書，每一篇成，同人遜謝弗及。由是二葉之名聞於遐邇。”“待堂詩學之工，人盡知之，而不知其詩所由工，有得力於詩中者，有根源於詩外者。當其規摹漢魏、流覽三唐，五言如蘇李之别河梁、思王之賦名都美女，七言則出入於太白、少陵，淡而旨有若香山者，温麗而秀潤有若玉溪、樊川者。宋元以下習調，毫不染其筆端，此得力於詩中者也。至若希心聖賢、傳家孝友，以友朋爲性命，視貨利如土苴，中有所得，形諸詠歌，自然高妙絶俗，此其根源於詩外者。非相知最深，亦安能驟窺其底蘊耶？”“待堂詩篇甚多，未没之先，手删其半，且曰：安得陸坡星歸一爲印定。今冬，柳田崑玉奉遺言，以《寒碧山齋詩集》就予商榷，因編爲五卷，併作序以紀其始末。”

此本寫刻。“玄”字避諱。目録頁後刻“是集爲先子晚年所訂，先子平生吟詠最多，然每不自滿，曰言不以多爲貴也。其有未慊於中者當去之，其可删可存者亦當去之，故有往日之刊布者而亦斷然裁汰，僅存什之三四焉。至於文集及詩餘種種雜著，先子亦已删定若干卷，統俟陸續開雕，以成先志云。男映榴、發、遠、文仝識”。

此本藏上海圖書館。《四庫全書總目》、《續修四庫全書總目提要》(稿本)、《續修四庫全書》、《清人詩集叙録》、《日本現存清人文集目録》皆未收。《中國古籍善本書目》著録，僅上海圖書館一帙。

鈐印有“王培孫紀念物”。

天池落木庵存詩【清康熙刻本】

《天池落木庵存詩》二卷，清徐波撰。清康熙刻本。二册。近人王培孫、陳乃乾跋。半頁八行十九字，左右雙邊，白口，無魚尾。無序跋。

徐波，字元嘆，號頑庵，江蘇吴縣人。諸生。入太學，負意氣，任俠急友朋難。喜爲詩，剪除塵俗，抽思練要，吴中求同調不易得之。明亡後，葬父母於天池山，構落木庵，以枯禪終。與錢謙益友善，錢嘗寄以詩云："皇天老眼慰蹉跎，七十年華小劫過。天寶貞元詞客盡，江東留得一徐波。"其推重可謂至矣。年七十四而卒。沈德潛曾撰波傳。又著有《染香庵集》、《謚簫堂集》等。《國朝耆獻類徵初編》卷四百七十、《清史稿》卷二百七十一文苑有傳。又《明遺民録彙輯》也有其傳。

徐波詩多感喟，且清逸不落凡近。卷上計詩一百七十九首，卷下一百六十三首。詩前有："居今之世，處今之日，可不必詩矣。歲月淹纏，楮墨驅遣，既成句身，遂難割棄，存之偶然，無心傳也。傳亦有命，無心工也。丁亥臘月，頑庵徐波記。"丁亥，爲順治四年(1647)。詩後有《自叙小像》，又題"天池落木庵記"。其《自叙小像》云："其人生於膏腴之族，而貧骨一具；交遊徧天下，而不好今人；雅志空門，而未能全菜；傲視富貴，亦未能看破浮雲也。以故所如不合，動與俗忤，年二十餘遇天臺幽溪和尚，愛其英氣，以身追隨，陪歷臺宕名勝。""性耐苦吟，詩出，而人傳誦。清夜捫心，殊少驚人之句，知不逮古人遠矣。閒居玩物，多所嗜好，以貧不能畢致。每作空觀，以對治之。慕古任俠，輕性命，即朋友之仇，必不使之居於地上，或彼已解仇，而余如故也。"《自叙小像》作於"乙酉"，按乙酉，爲順治二年(1645)，時徐波廬墓天池。

其詩中有涉及明末汲古閣毛晋者，計四首，爲《毛子晋孟春五日六十生辰》、《仲秋毛子晋、楊無補、馮竇伯見訪落木庵》、《虞山毛子晋正月五日生日，白椎庵聞公散箋乞言，有七言律應之。公仍於虎丘移善財塑像歸庵，建華嚴大會，促子晋入社。再賦五字詩，以志善禱》、《精選亡友周治詩，慫毛子晋入〈列朝詩集〉》。又有涉錢謙益、王煙客詩各三首。

王培孫跋云："三十六年雙十前，在大同坊突患秘尿症。命學專家袁君，數年前爲余推算，給命書一紙，至七十六歲爲止，後皆空格，蓋無命可推算也。余默念是年當離世，病一星期，遷居瞿直甫醫院，經陳邦典醫師療治。至明年立夏前離院，卜居俞家宅三號，休養無所事。秋間，北京通學齋郵來《落木庵詩》一册，知余云無是書也。病中得此，喜出望外，想余蒐購明清間遺集之最後一次矣！重裝二册。"王培孫，簡歷見《狼五山志》。

陳乃乾跋云："余嘗讀錢牧翁寄徐元

嘆詩，慨然想慕其爲人。元嘆於明遺民中最爲老壽，詩名震一時，而遺集不少概見。據諸家稱述，所著有《采蘊》、《就删》、《謚簫堂》、《落木庵》諸集。今通行者僅潘氏《滂喜齋叢書》刻《浪齋新舊詩》十葉而已。滂喜所據乃潘麐生鍾瑞傳寫，葉調生廷抄本。調生則抄自通濟庵覺阿上人。當時，通濟庵所有者除《浪齋新舊詩》外，尚有《落木庵詩》二册、補遺一册。惜調生所抄僅此，至滂喜刻書距調生見時已隔四十年，通濟庵原本殆已無可追蹤，故所刻亦僅止於此。今距滂喜刻書時又六十餘年，而此《落木庵詩》原刻本竟爲吾友王培孫先生所得，不可謂非快事已。余假歸披讀，並與潘刻互勘，知《落木庵存詩》爲順治四年至十八年之作，距元嘆之卒尚二年。通濟庵所有補遺一册，當即此二年中所作。又據天啓元年馬士英序云：去歲讀元嘆詩，則《就删》妙於《采蘊》，而讀近日詩，又妙於《就删》，則《采蘊》、《就删》兩集爲元嘆天啓以前之作可知。至《浪齋新舊詩》所載四十三首，自《天池看梅》以下十六首，乃自《落木庵詩》選出，序次皆同前二十七首，皆作於順治四年以前，蓋從元嘆前後諸集中摘抄而成，非元嘆自定之稿，且卷首馬士英序亦從舊集移置，非爲《浪齋新舊詩》而作也。猶憶十五年前，余佐培孫先生輯《蒼雪南來堂詩注》時，翻閱明清間集以百數，偶獲新證，欣然告語，此情此景，宛在目前。今年九月，余袖《華山三高僧詩》訪先生於俞家宅寓邸。先生亦出示此册，蓋皆曩年求而未見之書，交相傳觀，喜可知也。先生雖病卧經年，而神志不衰，愛書之殷，如故我知。《采蘊》、《就删》、《謚簫》、《補遺》諸編，必將繼此而有獲。天假我年，庶幾擺脱塵事，從公於荒江寂寞之居，再爲元嘆詩作箋注。姑書此以爲券。庚寅秋九月既望，海寧陳乃乾跋於上海志館。”庚寅爲1950年。陳乃乾(1896—1971)，浙江海寧人，精目録、版本之學。辛亥後寓上海，曾館於徐乃昌積學齋，主持南洋中學圖書館，助陳立炎設古書流通處，又創中國書店，後任教職於杭州大學。卒年七十六。

此本甚難得。王士禛《漁洋山人感舊詩》收徐波詩九首。又《清代禁毁書目》將徐波《謚簫堂集》列入“全毁”。此本藏上海圖書館。《四庫全書總目》《續修四庫全書總目提要》(稿本)、《清人詩集叙録》皆未著録。《續修四庫全書》、也未收入。《中國古籍善本書目》著録，僅此上圖一帙。

鈐印有“培孫信用”、“王培孫紀念物”。

古香樓吟稿【清康熙刻本】

《古香樓吟稿》二卷《詞稿》一卷，清汪文柏撰。清康熙刻本。一册。半頁九行十九字，左右雙邊，黑口，雙魚尾。題“休陽汪文柏柯庭”。前有王晫序、黄玢序、韓純玉序、臧廷鑑序、魏坤序、沈兆麟序。《詞稿》前有張光曙序、黄容序。

汪文柏，字季青，號柯庭，桐鄉人。附貢生，康熙間官北城兵馬指揮使，致行人司行人。善畫墨蘭，雅秀絶俗，尤工詩，嗜古好讀書。又有《擒藻堂集》、《柯亭餘唱》。

文柏曾以養痾閉關十年，静處一室，乃得考核古今，博綜物理，以及釋老藩籬，亦得單刀直入。據云於此渣滓既去，清虚日來，病不治而躍然以起。其所藴發爲詩歌，氣充力厚。此《吟稿》卷一六十三首、卷二六十六首；《詞稿》五十六首。多爲山川亭墅游歷之詩，暨桐溪酬唱之咏。

黄容序云：“司城柯庭汪先生，叡敏天畀，擷芳群籍，以供其驅遣。詩才超逸淵雋，瑩無塵想，見者無不嘆賞。又以其暇爲長短句，凡探幽攬勝，撫景懷人，偶有所觸，倚聲而成。不矜奇而字新創，情至者文副，故能運靈心，舒妙腕，寓軟玉柔金之巧於鏤冰濯雪之中。”

文柏天資朗悟，爲詩詞大抵也以禪理證人，其咏家藏法書名畫之《古香樓》云：“何物滿高樓，宋鐫與秘録。青藜最可人，黄妳吾所欲。香清凝座隅，色古悦心目。焉敢傲百城，擁書聊自足。”其又吟《題壽聖寺善繼禪師血書華嚴經》云：“且寫貝葉藏花宫，松煤黑汙不可用。丹砂炫眼令人矇，金銀作屑總外物。捨所易捨非吾從，最難捨者身中血。充足則生枯則絶，我今將報世雄恩。十指如鎚俱刺裂，和香蘸取録真言。八十一卷無差别，要知不是凡間書。豈效銀鈎與釵折，須教字字放光明。何異造論蓮生舌，莊嚴法寶信堪珍。”按，此善繼禪師手寫血經，乃書於元至正二十五年(1365)，今藏蘇州市西園寺，有元釋壽寧，明宋濂、李維楨，清歸莊、宋犖等數十人跋。

是本寫刻。今藏美國哈佛大學哈佛燕京圖書館。《中國古籍善本書目》著録，作《吟稿》三卷《西山紀游詩》一卷《詞稿》一卷。北京國家圖書館、復旦大學圖書館、南京圖書館、江西省圖書館也有入藏。

黑蝶齋詩鈔【清康熙刻本】

《黑蝶齋詩鈔》四卷，清沈岸登撰。清康熙刻本。半頁十行二十一字，左右雙邊，白口，單魚尾。題"平湖沈岸登覃九稿；猶子黼熊肅度編"。前有龔翔麟序。

沈岸登，字覃九，號南渟，又號惰耕，浙江平湖人。性恬淡，屢空晏如，生平著述半在游屐，詩詞書畫皆雋妙，工山水蘭竹，瀟灑淡遠，無塵俗氣。書宗二王，詩法三唐，有三絶之目，鐵筆亦精妙。卒於康熙四十一年。又有《黑蝶齋詞》、《春秋紀异》、《古今體詞韵鈔》行世。《國朝畫識》卷六有其傳。

是書皆古今體詩。卷一一百零七首、卷二一百六十一首、卷三一百四十二首、卷四一百五十七首，共五百六十七首。《清畫家詩史》中僅收岸登詩一首，爲《王先生石谷過瞻園爲步蘅圃韵請正》。

岸登，無功名，家甚貧，詩多寫實，不事修飾。其《自題紅樫田舍，用東坡八首韵》，第一首云："三四間破屋，相對惟青蒿。完葺亦無取，且得息我勞。托身墳墓鄉，孑然比於逃。惟有舍南樫，騣騣含土膏。叢花糝繁枝，碎葉翦氄毛。蔭此茅茨簷，不厭千尺高。"岸登工畫，多繪鄉里山水，其《冬日村居》之末首云："我老終當作畫師，水枯墨瘦有妍姿。不能忘却家山好，也當村居唱和詩。"

岸登詩中於朱彝尊及曝書亭刻畫甚工，於研究朱氏頗有價值。卷四有《正月四日過竹垞曝書亭》一首，云："先生結亭五畝宅，斵削圭角摹圓庵。簾鈎不設闌旁牖，意取疏快無包含。竹垞有竹桑百本，竹可學釣桑宜蠶。葉稠竹暗樂事多，興來小坐青篔籃。昨年三館開史局，收拾掌故比彭聃。朝衫典了買書讀，譬若卯飲申猶酣。官貧馬瘦骨如堵，載以艑艓耕牛驂。歸藏長水懸車側，越縑和帙藤和函。六經考義手一卷，疑闕亦許箋疏參。過眼書無未見者，晚年好古夫何貪。長安故人屬問訊，謂我一響屐齒諳。封題與寄草堂詩，詩到先於人日三。梅花影疏數幾樹，小鴨船繫荷花潭。春畦生菜掀土坼，雪鬆雨滑霜加甘。堆盤忽憶青門事，黄芽市價敵魚鱻。沉思聚散但華髮，回燈照見頭鬖鬖。安得餘日負耒從，拓地盡種楩與楠。亭前並起六峰閣，閣外葺我團茆龕。一日一過一載酒，一回一醉相諧談。鵠山遊子並寄語，杏花春雨歸江南。"

龔翔麟序云："此余亡友惰耕村叟之遺詩也。村叟爲人冲夷恬淡，泊於榮利，屢空晏如，不因人熱。其所爲詩古文詞及書亦如之，皆矯矯不群，翛然自拔於塵壒之表。"序又云："而春風陋巷，簞瓢不給，此願忽忽未遂。今文盎已附尊簡詩以行，而村叟詩復得賢子姪節衣縮食，勉圖鏤版。"

目録後刻"男之銒校。孫男汝賢、從孫瞻淇覆校"。

此本藏上海圖書館。《四庫全書總目》入存目。《提要》云:“是集乃康熙壬午岸登歿後,其從子黼熊所編,共詩四百四十餘首。其詩瘦削無俗韻,而邊幅微狹,亦緣於是。”《中國古籍善本書目》著録,僅上海圖書館一帙。《清人詩集叙録》及《日本現存清人文集目録》未收。《清人詩文集總目提要》云此書五卷,又云“詩凡四百四十餘首”。蓋作者未見原書,誤之又誤。《四庫全書存目叢書》集部第二百六十三册收入,底本即爲此本。

鈐印有“積學齋徐乃昌藏書”。

五公山人集【清康熙刻本】

《五公山人集》十六卷，清王餘佑撰，清李興祖編。清康熙三十四年(1695)李興祖刻本。四册。半頁十行二十一字，四周雙邊，黑口，雙魚尾。題"銀城李興祖編；慶雲鄧鏻、孫超宗校"。前有康熙三十四年李興祖序。魏坤撰《五公山人傳》。

王餘佑，字申之，一字介祺。其先小興州人，本姓宓，八世祖某徙居保定之新城馬頭村，贅於王氏，遂因王姓。生而英敏，善讀書，年十六補博士弟子員。因奉二親廬於易州五公山之雙峰村，暇則述作，不入城市者垂三十年，故世稱五公山人。其學以明體達用爲宗，閑邪存誠爲要，凡古今成敗治忽，事機得失，以至一名一物，一藝一術，無不留心究析。生平慷慨好施，世咸重之。晚年應獻陵書院之請，爲生徒講解，穿穴經史，剖抉性理，皆別出新義。又著有《居諸編》、《乾坤大略》、《通鑒獨觀》諸書。

卷一古詩二十六首；卷二五言律一百二十五首；卷三七言律九十四首；卷四五六言絶句六十九首；卷五七言絶句二百零二首；卷六銘十三首，贊一首；卷七至八雜著七十三則；卷九序十九篇；卷十記十二篇；卷十一書二十二通；卷十二牋牘六十二通；卷十三志表十篇；卷十四傳誄八篇；卷十五引十六篇；卷十六題跋二十一篇。

李興祖序云："吾師五公王先生，親炙鹿忠節，受業孫蘇門徵君，又從刁非有，杜紫峰諸公遊，理日益明，學益邃，天心月窟之旨，洞澈無疑，蓋信道篤而任道勇，近仁之質，得諸剛毅，徵君嘗亟稱之。於書無所不窺，自禮樂兵刑，下至耕桑藝植，醫藥卜筮，無不窮析端委。極縱横上下之識，數千百年間事，如燭照數計。及指陳得失，蒿目時艱，真有坐而言可起而行者。"

餘佑編纂之稿甚富，藏於家，未及行世。其生平所作詩文，每興酣落筆，頃刻數紙，然多散佚不存。此集爲其門人李興祖搜輯彙成。魏坤所作傳云："山人殁後，門人銀城李慎齋先生爲之行狀，詩古文若干，慎齋手録藏篋衍。乙亥夏，編定付刻。"

《四庫全書總目》入集部别集類存目，然作十四卷。《提要》云：餘佑在前明爲諸生，受知於桐城左光斗，故喜談氣節；其學則出自容城孫奇逢，以砥礪品行，講求經濟爲主，故立身孤介刻苦，有古獨行之風。然恒以談兵説劍爲事，又精於技擊，喜通任俠，不甚循儒者繩墨。其詩文亦皆不入格，考證尤踈。《四庫全書存目叢書》集部第二百零六册收入，底本爲山西大學圖書館藏本。《中國古籍善本書目》著録，作清康熙三十四年枕釣齋刻本，山西省圖書館、南開大學圖書館等六館，臺灣"中央圖書館"（作清康熙三十四年銀城李氏刻本）也有入藏。又遼寧省圖書館有餘佑《甲申集》不分卷。此藏美國哈佛大學哈佛燕京圖書館。

鈐印有"太白山房"、"太白山房收藏"、"青厓"、"榮郭齋藏"。

大樵山人集【清康熙刻本】

《大樵山人集》二十卷，清沈元掄撰。清康熙瑞芝堂刻雍正間印本。四册。半頁九行二十字，左右雙邊，上黑口，下白口，單魚尾。前有康熙三十九年(1700)王士禛序。又《大樵山人傳》、沈元掄像并像贊。

沈元掄，字叙彝，上海崇明人。明忠節公廷揚子。諸生，有文名。廷揚殉難，元掄葬父於虎邱，廬墓數年後，遂隱於上沙，遁迹於大樵之麓，獨構數椽，左琴右書，嘯咏其中，自號大樵山人。與徐高士昭法友善，性喜山水，嘗寄宿古寺或石岩下，務窮其勝而後止。清聖祖南巡，大吏造門與語，將薦諸朝，然招之不出，著書以終老。

卷一五言古詩上五十一首，卷二佚去，卷三七言古詩上三十二首，卷四七言古詩下二十六首，卷五五言律詩九十四首，卷六七言律詩上七十八首，卷七七言律詩下七十四首，卷八五言絶句四十四首，卷九七言絶句七十五首，卷十序上十三篇，卷十一序下十四篇，卷十二祭文九篇，卷十三傳八篇，卷十四記上八篇，卷十五記下九篇，卷十六書五通，卷十七疏互通，卷十八墓表、銘、説九篇，卷十九跋四篇，卷二十賦五首。

元掄論學無迂腐氣，其不習禪但有解脱處，故詩文多坦率真實，於人生富貴貧賤、生死禍福，皆視作浮雲流水之當前，絶不足以繫其心而攖其慮也。其詩卷四有《夢購得二十一史，既醒，悵然有述》，云："老來讀書如秉燭，七十將至燭無光。病苦多端覓藥餌，憂愁寒暑都相妨。有時追憶少所習，四子章句恒遺忘。況復古今大帳簿，二三千載何渺茫。艱難購得綱目本，方虞人笑塵垢囊。盜無道焉吾有患，併逐青氈舊物亡。史自左國絶筆後，龍門扶風能昇堂。厥後文忠暨文憲，亦稱作手擅三長。卷帙浩繁牛可汗，貧兒暴富堆滿牀。夢中喜劇爲舞蹈，霍然病去身康强。既醒支枕尚歷歷，東牖晴色出扶桑。如獲異寶旋復失，悵惘四顧徒嗟傷。豈是趾離故作戲，見我困郁聊相嘗。一朝夢得快意事，爲因爲想請自詳。"卷七有《七十初度咏懷》，云："中心鹿鹿尚如童，對鏡纔驚是老翁。自笑一文真不值，看來萬事總成空。光陰過去復能幾，世網牽未來有終。杖國今朝敢道慶，劬勞迴憶痛無窮。"皆其寫照也。

此本有扉頁，刻"大樵山人集。王阮亭先生鑒定。瑞芝堂藏板"，并鈐有"文章千古事得失寸心知"印。"真"字缺末筆。

此本藏上海圖書館。《四庫全書總目》、《續修四庫全書總目提要》(稿本)、《續修四庫全書》、《日本現存清人文集目録》皆未收録。《中國古籍善本書目》著録，僅此上圖一帙。

鈐印有"友竹"、"天真"、"王培孫紀念物"。

滋蘭堂集【清乾隆刻本】

《滋蘭堂集》十卷，沈元滄撰。清乾隆十四年(1749)沈廷芳等刻本。半頁九行二十一字，四周單邊，白口，單魚尾。題“仁和沈元滄麟洲”。前有吴廷華序、康熙四十六年(1707)盧軒序、康熙五年周彝序、康熙五十七年陳鵬年序、雍正元年(1723)查慎行序、雍正三年宋和序。目録後有乾隆十四年沈廷芳跋。

沈元滄，字麟洲，號東隅，又號晚聞翁，浙江元和人。生而穎异，早歲屬文，爲萬斯大、毛奇齡所賞。稍長，窮極經史，喜爲詩。康熙四十四年副貢，五十六年入京闈試，復置副榜。其外舅查昇見之，妻以女。尋詔入武英殿書局任事，分職纂修。康熙帝曾曰：元滄學問，朕素知。又云：沈元滄書法趙董，與其外舅正同。雍正十一年，選廣東文昌知縣，在任四年，有循聲，民甚德之。後忤上官，謫寧夏，未逾年，卒於銀川。生於康熙五年，卒於雍正十一年，年六十八。又著有《滋蘭堂文集》六卷、《禮記類編》三十卷等。《國朝耆獻類徵初編》卷二百二十六、《碑傳集》卷九十九、《清史列傳》卷七十一皆有傳。

元滄生平於學無所不窺，論史有卓識。詩兼宗唐宋，朱彝尊、湯右曾、陳鵬年咸推重之。是編分六集，皆古今體詩。爲卷一至二《康瓠集》，起康熙三十年正月，至四十六年十二月，計一百二十五首。此集乃元滄逾冠時，奉養其先祖及贅居查氏里居，與依賜第時所作。卷三《灌畦集》，起康熙四十七年正月，至五十二年十二月，計七十首。作“灌畦”者，乃歸自京師，移居龍山時所作。卷四至六《今雨集》，起康熙五十三年正月，至六十年十月，計一百八十五首。此集爲其入值武英殿時所作。卷七《紫貝集》，起康熙六十年十一月，至雍正四年二月，計四十九首。此爲元滄宰文昌時作。卷八《勞薪集》，起雍正四年三月，至九年四月，計四十一首。此集爲元滄罷薪後，赴部旋粤暨事白時所作。卷九至十《西征集》，起雍正九年五月，至十一年正月，計一百零一首。此集爲自粤赴京，謫居銀州時作。

元滄爲查昇之婿，久與查慎行游，詩中涉及查氏者多達九首，《查氏七烈詩并序》、《外舅少詹查公挽辭六首》、《聞查初白先生訃》，皆有關史料。卷四有《瘞鶴銘歌并序》、《石鼓歌》皆佳，可讀性强。卷十末首爲《絶筆吟四首》，“我年已登六十八，安樂艱虞兩備嘗。塵世一朝成委蜕，何愁前路去茫茫”。“受恩深處惟君父，努力酬恩恩竟孤。此去一靈何處所，長依北闕與西湖。”“平生心力在書林，萬里遊踪盡入吟。爲語兒孫須世守，讀書善體老人心。”“與世長辭樂有餘，空空已得返其初。此心一片明明月，那得浮雲翳碧虚。”

沈廷芳跋云：“集各繫以歲月，編成十卷藏於家。惟先大夫生逢盛際，又承席豐厚居，則閉户視書，出則與賢士大夫遊。顧性謙而介，雖處素封，無異寒窶，即當外翁顯用時，絶不以外事攖心，而獨肆其力於詩。中年出入書局，與名輩相倡酬，且更歷變故，俯仰今昔，感慨所係，每觸襟懷，故爲詩日富而益奇。既入宦途，旋罹憂患，跋涉道塗，動與風波相扼，凡山海之奇險，沙險之蕭颯，眺聽感發，悉寓於篇章，蓋晚歲之嘍啃，尤悲凉可念也。廷芳曩被徵時，族叔歸愚先生索觀先集，兩兄緘寄京師，先生爲選定作序，廷芳復編次卷什，更録先友儲六雅内翰表墓之文，及不肖等所爲狀於後，後之君子，具可推而考之。嗚呼！先大夫績學多著述，兹集其一也，今殁已十七年矣，廷芳夙承庭誥，愧無能讀父書，苟先集之不彰，恐兹滋罪戾，乃與兩兄校刻以行於世。"廷芳，字畹叔，喜宋儒書，由監生召試博學鴻詞，授翰林院庶吉士、散館授編修，遷山東道監察御史、河南按察使、山東按察使，後以老致仕。

目録頁末刻"男廷櫰、廷心、廷芳恭閲；孫世煒、世燕、世炯覆校"。卷十末刻"山陰門下後學高源敬録"。"弘"字避諱。按，《清人詩集叙録》卷十八，有《滋蘭堂詩集》六卷，清乾隆十七年刻本。此十七年本除此本之序外，又有成城、沈德潛序，并附墓表及沈廷櫰等所撰行述。

此本藏上海圖書館。《中國古籍善本書目》著録，即此本。《四庫全書總目》著録，入存目。《四庫全書存目叢書》集部第二百六十三册收入，底本即爲此本。《日本現存清人文集目録》僅收元滄《雞肋草》、《東隅集》、《静樹編》、《看雲草》，而不及此書。《清人詩文集總目提要》有《滋蘭堂集》十四卷，《提要》作者乃將詩集十卷及文集四卷自行合并，版本項同此本，并云文集藏天津南開大學圖書館，惟不知此文集是否亦爲清乾隆十四年沈廷芳等刻本？

鈐印有"許氏梅廬藏書"。

桐乳齋詩集【清乾隆刻本】

《桐乳齋詩集》十二卷，清梁文濂撰。清乾隆十二年(1747)梁啓心等刻本。半頁十行十九字，左右雙邊，白口，單魚尾。題"錢塘梁文濂溪父"。前有乾隆十二年杭世駿序。正文前有溪父先生小像并像贊。

梁文濂，字溪父，又字次周，號蓮峰，浙江錢塘人。大學士詩正父也。以貢生官浙江諸暨縣訓導。生於康熙十一年，卒於乾隆二十三年。又有《後洋書屋詩鈔》二卷補遺一卷、《鳴盛集》、《欠伸餘句》。

此集皆古今體詩。卷一九十四首、卷二五十八首、卷三七十二首、卷四五十首、卷五九十一首、卷六一百二十九首、卷七八十六首、卷八七十五首、卷九七十六首、卷十七十八首、卷十一六十四首、卷十二八十首。共九百五十三首。

"桐乳"者，喻指安樂窩也。元陳旅《謝徵君松巢》詩云："擬借丹梯到高處，枳勾桐乳非吾求。"卷一有《漫興》二首，其一云："卜築依山小結廬，荒荒殊似野人居。霜華浮白迷征雁，池水澄清看戲魚。屋後桑麻無町岸，庭前花鳥有乘除。平生也擅蘭成賦，蕭瑟何人更似予？"又文濂耽懷山水，故集中頗多紀游詩，如《阿城鎮》、《望分水龍廟曉作》、《項王故里》、《嶧山湖晚眺》、《吴趨雜咏四首》等。

文濂與金農善，詩集中有《金冬心有邗江之行，詩以送别》、《壽門自鹽官歸里，出酒致客，各賦五律二首》、《賦壽門盆中雪蕉》、《壽門掃葉汲泉烹洞庭早春餉客，分體得七律》。卷十二有《季夏九日，檢五十餘年篋中舊稿，一時盡失，生平大痛事也，悲憤成句》，云："偏老東西與朔南，囊詩盡失我何堪。嘔心出血生徒苦，憶舊成痴老不甘。面壁九年翻得策，腰鐮十畝略能諳。從今不復躭拈弄，只待臨頭作蘮蠶。"(時隔一年得還，今存者是。)

杭世駿序云："先生之詩，與世俗殊，往往與道合。世俗之詩，塗澤以矜富，剽竊以弋奇，摹擬以爲高岸，假優孟之衣冠，失壽陵之故步，公家之言，允塞宇宙，先生無是也。跡其率臆而言，稱心而出，寧質毋侈，寧樸率而毋華巧。樂天之諷諭閑適，少陵之憂時憫俗，未嘗規規焉，有追赴之跡，而其意初不相戾。自其壯時，南浮衡湘，北抵碣石，踐歷嵩華，迴旋宋衛之郊，舟車刺促，崎嶇登頓，一以詩爲職業，以抒寫其牢愁抑塞之況，故道力愈充，性識日廣，而不自知其運之阨也。既而聞詩對易，誕育夔龍，朱虎之賢，爲國風雨，寵命洊至存問，數臨海内，隱然以國老相期望。先生方侣漁童狎蕘豎，放浪山水，紹康衢擊壤之謡，説者以爲遺榮忘勢矣，而不知其拳拳忠愛，每飯不忘感激思奮之忱，時時流溢於行墨。此豈可沾沾僅以紬繹性情、雕刻物理者相比絜哉？"

目録後刻"男啓心、詩正、夢善編；孫

同書、敦書校字”。“溪父先生小像”爲“北山僧明中寫”。

此本藏上海圖書館。《四庫全書總目》著録，入存目。《清人詩集叙録》、《日本現存清人文集目録》未收。《中國古籍善本書目》著録，又《四庫全書存目叢書》集部第二百七十三册收入之本皆爲上圖所藏。《清人詩文集總目提要》也有著録，云北京圖書館藏。然查《北京圖書館古籍善本書目》，却未收。

燕堂詩鈔【清乾隆刻本】

《燕堂詩鈔》八卷《賦稿》三卷《兗東集》二卷《小紅詞》集一卷，清朱經撰。清乾隆間刻本。半頁十行十九字，四周單邊，黑口，單魚尾。題“寶應朱經恭亭”。前有沈嘉植序、康熙三十九年(1700)陶澂序、康熙三十九年朱經自序。《賦稿》前有康熙四十年王式丹序。《兗東集》前有康熙四十四年宫鴻曆序。《小紅詞集》前有康熙四十年黄雲序。

朱經，字叙九，號恭亭，江蘇寶應人。御史朱克簡次子、翰林侍讀喬萊之婿。附貢生。屢困南闈，赴順天試。又以兄約宰晋州，調外簾同考，循例迴避，遂弃舉子業。爲人敦學行、篤孝友。臨河構書齋數楹，與賓朋觴咏其中，皆一時知名士，著述頗富。(道光)《重修寶應縣志》卷十九文苑有傳。

經詩以選體爲宗，參諸三唐，出入眉山、劍南諸大家。此詩鈔皆古近體詩，始於康熙二十五年，止於三十八年。計卷一九十九首(丙寅春至壬申春)、卷二一百零二首(壬申春至甲戌春)、卷三九十七首(甲戌春至乙亥夏)、卷四一百一十五首(乙亥夏至丙子夏)、卷五一百一十八首(丙子夏至丙子冬)、卷六一百零六首(丙子冬至丁丑冬)、卷七一百零九首(丁丑冬至戊寅冬)、卷八六十五首(己卯春至己卯冬)，合共八百一十一首。《賦稿》，共十一篇。《兗東集》，爲游記十一篇、游詩五十五首。《詞集》，爲小令二十七首、中調十六首、長調九首。

卷五有《湖嘯嘆》、《堤决嘆》、《移家嘆》、《就食嘆》、《築堤嘆》五首，皆寫水災百姓之苦貧。其《就食嘆》云：“東風日夜號，怒濤陡壁立。群命托崇岡，破甕無儲粒。昨聞大府來，符牒下州邑。開倉發陳因，人各三糲十。未解倒懸苦，且救燃眉急。半途逢里正，低顔垂涕泣。里正催舊租，索米加搏執。盡飽貪墨囊，何曾彼恩給。欲詣大府前，馬腹鞭不及。入門向妻帑，未語先嗚咽。”

又卷八有《吴陵咏物詩十一首》，其《嘉靖奏本紙》一首云：“澄心堂最佳，世遠不易購。魚網與海苔，於書等篆籀。良賈握尺寸，所在期必售。總之存虚名，其實難細究。吴陵潁川氏，蟬聯本華胄。先世有冏卿，世廟綰組綬。藏紙滿篋笥，一一如瑩琇。就中誇奏本，芬芳吐奇秀。綿綿秋雲重，皛皛春波透。歐公之鼠鬚，蘇子之鳳咮。李君之龍紋，良朋歡邂逅。而我覺粗疏，近頗荒文囿。於學非不親，雖種而未耨。柔翰聊舒懷，把弄坐清晝。鄭重故人情，後此恐難又。”

《清詩紀事初編》卷五收有《地震行》、《繅絲行》二首。

自序云：“余淮南下士也，非卓犖特起者可比，守先人緒餘，以耕鑿自力，困踣湮郁，志不克信，兀處燕堂，誦以永日。暇或璧月在天，名花滿徑，雨窗雪夜，短棹孤帆，時拈一韻，時賦一篇。二十年來，不覺得詩若干首，别擇之，僅存數卷，因嘆夫余之托體於天壤物也。余之寓於目、適於口、感於情，亦物也，乃物之不能鳴者也。余之所以目能寓、口能適、情能感，又物之能鳴，而未善者也。嗟乎！物不能鳴，余復以未善鳴辭，物之不平也彌甚。於是寓於目、適於口、感於情，則皆爲鳴焉，亦以謝。夫物之不平，稍自外於籧，除戚施、侏儒、童昏之人耳，而鳴終非我志也。"

此本"弘"字缺末筆，刊刻或在乾隆間。《清人詩集叙録》卷十八著録，然僅存"詩鈔四卷附二卷兖東集一卷"，疑作者所見爲另一不足之本。又《清人詩文集總目提要》云："前四卷先刻，有陶澂、沈嘉植序，及自序。詩編年而不分體，自康熙二十五年迄三十五年，自序作於康熙三十九年，即於此年所刻。後四卷陸續付梓，爲《甲戌入吴詩》、《秋懷詩》、《座右詩》、《友梅詩》各一卷，有康熙四十四年自序，合爲《燕堂詩鈔》八卷，凡詩五百餘首。"所云和此本不同，詩亦少去三百首，或又爲一刻？

《四庫全書總目》入集部存目。《提要》云："是集爲經所自編，自康熙丙寅至己卯，凡十四年之詩。緣情綺靡，頗有格韻，特少作居多，尚未能盡謝鉛華耳。"《中國古籍善本書目》著録，作清康熙刻本。除上圖外，復旦大學圖書館也有一部。又中國社會科學院文學研究所圖書館僅存《賦稿》三卷《小紅詞集》一卷。《四庫全書存目叢書》第二百五十八册收入，底本即此上圖本。《日本現存清人文集目録》未收。

嚴太僕先生集【清乾隆刻本】

《嚴太僕先生集》十二卷，清嚴虞惇撰。清乾隆嚴有禧刻本。四册。半頁十一行二十一字，左右雙邊，白口，單魚尾。題"常熟嚴虞惇思庵"。前有蔣廷錫序、乾隆元年（1736）楊繩武序。目録後有虞惇子鎏識語并嚴肖像。後附楊繩武撰《皇清誥授中憲大夫太僕寺少卿嚴思庵先生墓表》。

嚴虞惇，字寶成，一字思庵，江蘇常熟人。康熙三十六年進士，殿試一甲第二名，授編修，館閣文字多出其手。科場獄興，以子侄連售有嫌，坐鐫秩，尋起大理寺副，累官太僕寺少卿。卒於康熙五十二年，年六十四。著有《詩經質疑》、《文獻通考詳節》等。《清史稿》列其於文苑姜宸英傳末。

卷一至三詩七十八首；卷四至七序三十四篇；卷八記、書、書後、題詞九篇；卷九墓志銘四篇；卷十墓志銘、傳九篇；卷十一神道碑銘、墓表、祭文八篇；卷十二策問十道。

昔崑山歸有光爲有明一代大家，官止於太僕，論者皆以虞惇名位適與有光相符，且居相近，世相接，文章學問先後輝映，從學之士欲爲刊《嚴太僕集》，繼歸太僕後。然觀有光所作散文，樸素簡潔，善於叙事，頗受時人所重。嚴氏雖研經讀史，制舉業外，兼工詩古文詞，但并不以文傳。歸、嚴相提并論，實有徑庭之别。

集爲虞惇長子鎏所輯。鎏，貢生，候選知縣，以子貴封中憲大夫。是書刊刻爲虞惇孫有禧，蔣序云："虞惇其爲詩寫所自得，不屑規模一家，而暗與古合。聖祖晚而知之，頻司文柄，盡瘁以歿。遺書甚富，子鎏能保守不失，距今幾二十年，孫有禧始克謀梓，而以力之不足，爰先取詩、古文刻以行世，其著作將次第刊焉。"有禧，雍正八年進士，任山東萊州府知府。又虞惇通籍後，諸名宿如有應酬，多委其代筆作文，今集中凡代筆者，皆於題目下别標"代"字，計十六篇之多。

此書開花紙印，以楷書入梓，故寫刻俱極精雅。咸豐中，板毁於火，傳本漸稀。光緒間，虞惇七世孫忠培又集資重刻，有光緒九年嚴氏西涇草堂刻本。是書流傳不多，臺灣"中央圖書館"未入藏。《北京圖書館古籍善本書目》著録。鈐印有"葉氏德輝鑒藏"、"觀古堂"；"海綃翁"、"永感盦"、"曼生"、"蔭堂"。

此藏香港中文大學圖書館。

固哉草亭詩文集【清乾隆刻本】

《固哉草亭文集》二卷《補遺》一卷《詩集》四卷，清高斌撰。清乾隆二十四年(1759)高恒刻本。四册。半頁九行二十字，左右雙邊，白口，單魚尾。題“長白高斌東軒著；男恒校字”。前有乾隆二十七年錢陳群序，乾隆二十四年左廉序、王焕序、王世業序。乾隆五年蔣振生、唐英、史流馨詩集序、左廉詩集序。又鹿靄、左廉、法重正、程嗣立、史流馨、鮑皋題辭。後有鍾曙、李昞、王焕詩集跋。乾隆二十三年史流馨集跋，乾隆二十四年王南珍集跋、高瀛海集跋。尹嘉銓後序。

高斌，姓高佳氏，字右文，號東軒，鑲黄旗滿洲人。好讀書，於經史外博通先儒諸集。雍正初，由内務府主事遷員外郎，累遷至江南河道總督。乾隆朝，歷官直隸總督、吏部尚書。治河十餘年，疏奏最多，大都可爲依據，非一時救弊者比。晚年官至文淵閣大學士加太子太保，謚文定。

文集始雍正八年，至乾隆十九年，計書、記、銘、跋、序、傳、贊、行狀、祭文等三十一篇。詩集始康熙四十一年，至乾隆十九年，計三百七十五首。

高斌於治水任内，修建減水壩，開挖引河，建閘蓄水，設水位標志，其多項措施皆爲後人所效法。其詩中於治水等事也有吟咏刻畫。如卷三奉命兩江察賑兼勘水利時有詩云：“千夫雲集萬夫來，負土扛柴絡繹催。煢獨弱羸群入募，寓工於賑亦裁培。”“河干兵弁一齊呼，遠近聞聲星夜趨。盡道鉅工應效力，争先恐後奮忘劬。”“後推前拽集千夫，齊聽鑼師振臂呼。將到沾唇聲更急，臨深涉險畫堪圖。”“安不忘危信可師，涉川險阻更無疑。爲言賢智河防使，記取衰翁漫興詩。”

斌嘗云：詩寫性情，文以紀事，詞達而已，不暇求工。其序云：“然於歌詠篇章，曾未有口授心得之傳，則詩之一道，予何敢言哉！祇以未至廢學，意之所向，偶一爲之，積之既久，亦復任情，率易而出之，無論詩家之體裁格調，未獲前聞，兼愧古人之氣味風情，略無肖似，不求工穩，不事推敲，不解苦吟，不涉憂怨，聊用自言其志，抑且或作或輟，偶然有作，隨即棄擲，草稿不存，予固從未嘗敢言詩也。今年春，延桐城左策頑先生授恒兒經學，接席之餘，偶及予詩，先生乃嘉悦之，且索予全稿，言之至再，而予實未存稿，究無以應也，予以每懷歉然。秋九月，公餘偶檢舊篋，見零星片紙中，予向所爲詩頗有存者，於是編次歲序，更續近年偶得之句爲一帙，悉敘録之。此外散擲不復記憶者，已無尋處，蓋十存六七耳。溯自壬午至今，且三十餘年，中間浮沉夢境各不同，而予詩亦各異，要亦自言其志也。”

斌集爲其子高恒所刻。王世業序云：“猶憶保定督署時，先生曾令門下士檢己諸舊作詩文，及予暇編次敘定，都爲一書，而搜討難齊，輒復中止。今先生薨四年矣，嗣君敬承家學，繼其志，始得其全集讀之，即詩文而想見當年之氣象焉。”王焕序也云：“公生平著作，不多授梓，門生故吏，各隨所得録行之，迄無合刻。歲甲戌，公謝事淮陰，彙訂存稿，藏庋篋笥。越五載，公子立齋先生，視鹺兩淮已，再閲星紀，政通務簡，守家法於先型，綿孝思於手澤，爰付剞劂，顔爲合集。”

高瀛海跋云：“相國高文定公文二卷詩四卷，乾隆十九年冬公手自裒定，屬瀛海編次其歲月，而書其副墨，以納於藏書之室。次年春，公捐館舍。又三年，而公之令嗣立齋使君以節視鹺揚州，撿所藏本付之梓人，爲詩文合集。瀛海復與讎校之役，四閲月竣事。”

恒，監生出身，乾隆初授户部主事，歷官郎中，署天津總兵、兩淮鹽政、總管内務府大臣。三十三年，因在兩淮鹽政任内接受鹽商賄賂，事發處死。

《四庫全書總目》未收。《中國古籍善本書目》著録，北京圖書館、上海圖書館等七館也有入藏。此藏美國哈佛大學哈佛燕京圖書館。

白田草堂存稿【清乾隆刻本】

《白田草堂存稿》二十四卷，清王懋竑撰。附録一卷。清乾隆十七年（1752）刻後印本。六册。半頁十二行二十二字，白口，左右雙邊，單魚尾。題“寶應王懋竑予中甫著”。前有乾隆十七年雷鋐序。例義十一則。目録後有“山陽後學邱敦美寫”。

王懋竑，字予中，江蘇寶應人。康熙五十七年（1770）進士，性耿介恬淡，官安慶府教授，雍正初應召特授翰林院編修，上書房行走，欽點順天鄉試同考官，以邃於經術稱。乞病歸，杜門著書。懋竑精研理學，於朱子遺書研思最久，有小朱子之目。其所作《朱子年譜》，於前人之本訂補舛漏，頗多發明。生於康熙七年，卒於乾隆六年，年七十四。又有《讀書記疑》等書。

卷一至九爲雜著，六十二篇；卷十至十三奏一道、書三十六通；卷十四序十二篇；卷十五至十六壽序十八篇；卷十七祭文十一篇；卷十八行狀一篇；卷十九記二篇、墓志銘三篇、詳稿一篇；卷二十啓十八篇；卷二十一至二十四詩二百二十首。附録一卷爲《崇祀鄉賢録》并《皇清敕授文林郎翰林院編修先考王公府君行狀》（王箴聽等撰）。

雷鋐序云：“先生篤信朱子，考究研析，源委了然，其詳見於集中及纂訂朱子年譜。其他著述非有關於身心與當世之務不苟作，其表章［彰］人善，雖微賤不遺。其見諸吟詠者，亦與風雲月露之詞迥異。先生於學，可謂潛心用力，俯然日有孜孜者矣。獨惜其以廣文散僚，受世宗憲皇帝特達之知，授以史職，旋以憂歸，而竟以病故，未及展布於事業也。”

《四庫全書總目》入别集類存目，蓋館臣以懋竑長於考證，而詩文則未能過人之故。《總目》又著録《白田雜著》八卷於雜家類，以此集與《雜著》核之，《雜著》所收之文乃自《存稿》析出另行編定者。《存稿》爲懋竑子箴聰等刻於乾隆十七年，後附之《崇祀鄉賢雜録》及寶應縣知縣火秉禮撰祭文。署乾隆二十六年、二十七年者，當爲後人重印懋竑集時增補之刻。《四庫全書存目叢書》集部第二百六十八册收入此本，底本爲青海省圖書館所藏。

此本國内所藏幾近二十部，懋竑又有稿本傳世，如南京圖書館即藏有《白田草堂稿》不分卷、上海辭書出版社藏《白田草堂續稿》八卷、北京大學圖書館藏《白田草堂存稿》不分卷，北京圖書館藏《白田草堂雜稿》不分卷。又按，《存稿》曾爲《廣雅書局叢書》收入，然爲八卷。《國朝文録》續編又收懋竑雜文，爲《白石草堂文録》一卷。1972年，昌彼得主編《清名家集彙刊》，以此本“傳本頗寡”而據臺灣大學藏本影印，但影印本佚去“欽定國朝詩别裁集沈德潛纂評並内府傳旨懋竑”之記録，及《崇祀鄉賢録》。

鈐印有“東北人民大學圖書館藏書”，蓋是書乃由内地流出者。

藏香港中文大學圖書館。

幽蘭山房藏稿【清康熙刻本】

《幽蘭山房藏稿》八卷《常談》二卷，清張琛光撰。清康熙二十六年(1687)刻本。六册。半頁八行二十字，四周單邊，白口，無魚尾。題"楚蕁川瞿菴張琛光著"。前有康熙二十六年徐乾學序、葉映榴序、張芑序。

琛光，字瞿菴，湖北蒲圻人。少負奇志，從事縑緗，屢戰秋闈。年十八，補邑弟子員，以中年微恙遂棄舉子業。工詩古文詞，性喜書，常購數十萬卷，作千里樓貯之。又工於繪事，蕭疏蒼古，人競争之，故居城西北隅有園林花木之勝，值康熙甲寅滇逆叛，遂築室幽蘭山，憩息於幽蘭山中，自營兆域於山之麓，年七十六而卒。(同治)《蒲圻縣志》卷七有傳。

此書全帙應二十六卷，此僅存《詩集》八卷、《常談》二卷，佚去《文集》、《話史》。今《詩集》卷一五言古詩八十八首；卷二七言古詩三十一首；卷三擬樂府十九首；卷四五言律詩(附排律)三十九首；卷五七言律詩八十八首；卷六五言絶句二十九首；卷七七言絶句七十三首；卷八賦二首。《常談》卷上一百六十則、卷下一百四十則。

琛光詩賦典麗宏深，常談則頗具哲理，有云："功名，身外物，卻少他不得。""矢之速也，不過百步；步之遲也，可千萬里。水到渠成，瓜熟蒂落，急遽者無所用之。""《西游》一個孫行者，《水滸》一個黑旋風，使宋江、唐三藏化作木偶，昏倦時觀之，使人躍然。"

幽蘭山，在湖北蒲圻縣東二十里，山産蘭，故名。幽蘭山房落成時，琛光四十九歲，其有詩咏之，其序云："蓋其處幽蘭，峙其北，大河繞其南，險坂層巒，蜿蜒輻輳，四塞如垣，而坦其中，别一洞天也。甲寅春，兵起，余披榛得之，遂闢除而廬。乙卯秋，漸次落成，時余年蓋四十有九。"詩云："干戈歷亂事倉皇，辭别錦城構草堂。唐突雲山開混沌，結聯麋鹿問行藏。百千億代誰爲祖，四十九年我自忙。無謂苟全非上策，乾坤事業一農桑。"甲寅，爲康熙十三年，兵起之事當指吴三桂三藩之亂之次年。

卷一《止吟》云："六歲受書讀，十二文成幅。命舛性亦愚，三十餘碌碌。迂世復艱難，舉足動跼蹐。感激事風騷，喉響轉絲竹。筆快有真笑，墨淚無假哭。二三此同人，唱和輒累牘。樂天與委分，佳人甘幽谷。窗前過浮雲，於何勞耳目。彼既不我留，我亦不彼逐。胡爲忍輟吟，相勉學干禄。俛首强應之，神思終不伏。盡日戰胸中，握粟須一卜。"

張芑序云："張子瞿菴，隱居幽蘭山中，特爲余出，且以山房所集詩古文及話史共二十六卷見示，余讀而神怡。喟然嘆曰：有是哉！隱居之樂也。瞿菴直言，讀書懷古於此山數十年。其言論豐采翩然，遐舉物外，詩宗三唐，而舉争啄學步之病，一切空之。油焉悠焉，從容旨適，文則簡練結構，誠有確乎不拔、凛然規矩之意，蓋其沐浴虞、歐、曾大家，有得於中者。”

《中國古籍善本書目》著録，清華大學圖書館有全帙。（同治）《蒲圻縣志》卷八藝文二也有著録。此本藏美國哈佛大學哈佛燕京圖書館。

雪窗雜咏【清乾隆刻本】

《雪窗雜咏》一卷，清弘瞻撰。清乾隆二十三年(1758)刻本。一册。

弘瞻，清世宗胤禛之七子，别號經畬主人。襲封果親王，卒謚恭。善詩詞，幼受業於沈德潜，故詞歸正音，不同凡響。其又富藏書，李文藻《琉璃廠書肆記》云："寶名堂周氏購得果親王府書二千餘套，列架陳之，其書裝潢精麗，俱鈐圖記。"余曾見上海圖書館藏果親王府抄本《春和堂史記讀本》四卷，楷書精絶。

此書刻弘瞻咏雪詩三十首，后附慎郡王和三十首。前有弘瞻《冬夜積雪初晴，因約施静波、顧端卿二客咏雪窗雜詩，并請紫瓊叔同作。得長律二首》："促膝聯吟擘綵箋，重簾燈火夜忘眠。已欣詞客相如最，更有家風阮籍賢。""深院茶香烟起户，虚窗人静月當天。他時記取今宵景，冰雪襟期翰墨緣。"

是書爲朱文震所寫，行書，也館閣變體，末署"時乾隆著雍攝提格之菊月中浣五日奉經畬殿下教謹書門下士朱文震"。按，文震，歷城人，字青雷，號去羨，精篆刻，善畫工詩，以太學生充方略館謄録，授西隆州同知。后開四庫全書館，授詹事府主簿，充篆隸校對官，有《雪堂詩稿》。

半頁六行十一字，字大悦目，題"經畬主人著"，下鈐"不同同之"、"果親王"二印。藏美國哈佛大學哈佛燕京圖書館。上海圖書館亦藏一部。

素履堂稿【稿本】

《素履堂稿》一卷，清喬億撰。稿本。二册。清沈德潛圈點并批、清劉寶楠跋。半頁九行二十一字，無框格。題"寶應喬億慕韓"。前有雍正十三年(1735)沈起元序、雍正十三年方觀承序。萬邦榮題詞。

喬億，字慕韓，號劍溪，江蘇寶應人。爲人美鬚髯，善談論。以國學生應棘闈，試不售，輒弃去。專肆力於詩，五言宗漢魏，其近體亦不屑作大曆後語。時沈德潛主東南壇坫，海寧查氏，群從以詩鳴浙西，億與之游，頗能自樹一幟。與王楙竑、方觀承、曹錫寶、王述濬、鮑皋、程夢星、沈廷敬諸家唱酬，爲"白田七子"之一。生於康熙三十年，卒於乾隆四十八年，年九十二。又有《小獨秀齋詩》、《窺園吟稿》、《江上吟》、《三晋游草》、《夕秀軒遺草》、《惜餘存稿》、《劍溪外集》、《劍溪説詩》二卷。按，《寶應縣志》云"卒年八十七"，當有誤。(光緒)《寶應縣志》卷十六文苑有傳。

"素履"者，布衣之士也。億詩凝重，而時出以俊逸。此爲喬氏初稿本，後刊刻時，易爲《小獨秀齋詩》，并以一卷析爲二卷。初稿本共有詩七十九首，中《枕上》、《聞雁感賦二首》、《空房》、《簡補齋》、《代内述哀》等十二首爲《小獨秀齋詩》中所無。又《小獨秀齋詩》中有《癸卯除夕》、《銅官山》、《即事》、《采石磯》、《虎邱即事》等六十四首爲初稿本所缺。

此本有沈德潛手批，《繁昌山行》，批有："寧拙勿巧，康樂有此本事，作者得之"。《望齊山》，批有"七律以沉鬱頓挫爲上，流澹清遠即次之。徒工對偶，而神理不屬，斯下乘矣。作者殊近大曆十子，而開元諸公，望更進焉"。《上兩淮鹺使高公五十四韵》，批有："老杜亦有上哥舒翰等作，然終近酧應，恐礙詩品，另存何如？"《哭遠兒》批有"雜寫瑣屑，倍覺悲痛"。《露筋祠》，批有"澹極高極，與新城絶句異曲同工。只寫景而貞摻於言外領之"。按，德潛學有本原，道存風雅，爲江南老名士。嘗爲内閣學士兼禮部侍郎，直上書房，侍諸皇子讀書，又典湖北鄉試，充會試總裁。其詩專主唐音，以温柔爲教，如弦匏笙簧，皆爲正聲。德潛所批當爲公允。

沈起元序云："慕韓之詩，其骨格超秀，韻味清遠，上領陰何之勝，下參王孟之席，所得於古者深矣，豈唯非獵宋元餘習者之可比，即學唐詩而不襲其貌者矣。"方觀承序又云："觀其古詩，深味六朝，近體在開元、大曆之間，其次者亦不爲晚近之趨。讀其詩，慕其爲人而益信。"

劉寶楠跋云："外曾祖喬公劍溪，初名其詩爲《素履堂稿》，其後更名《小獨秀齋詩》，此卷乃其初稿。長洲沈文慤公評訂。子孫世寶之。咸豐元年三月廿八日，外曾孫劉寶楠謹識於元氏署齋。"劉寶楠，字楚楨，道光二十年進士。曾任文安縣知縣，再補元氏縣，調三河縣。咸豐五年卒。

金鑲玉裝。封面上有"沈碻士先生評本。己未"。《清人詩集叙録》、《清人詩文集總目提要》著録億《小獨秀齋詩》、《窺園吟稿》、《江上吟》、《三晋游草》、《夕秀軒遺草》、《惜餘存稿》、《劍溪外集》。

鈐印有"劉寶楠印"、"楚楨"、"第五橋"、"古歡"、"未識古人心"。

此藏美國哈佛大學哈佛燕京圖書館。

耘硯山房全集【稿本】

《耘硯山房全集》二十五卷《前明小記》一卷《前明雜事詩》一卷《文集》二卷《百六吟》一卷《時藝偶存》一卷《篷窗吟》一卷《詩話》二卷《却睡録》一卷，清邵履嘉撰。稿本。六册。半頁九行二十一字，無框格。詩集題“北平邵履嘉思田氏著，弟大業思余校訂”。前有乾隆十九年(1754)沈維材序，邵大業識語，乾隆十五年姚之琅序。

邵履嘉，北平人。早年以病弃舉子業，奔走衣食於弟侄署間。喜詩文，游歷幾半天下。據文集邵大業識語“今行年六十有六”，邵履嘉則生於康熙二十三年。

詩集二十五卷，計卷一《晋吟》三十一首；卷二《吴吟》四十三首；卷三《悼夢吟》三十九首，附《感音吟》；卷四《永嘆吟》十二首；卷五《路吟》十八首；卷六《楚吟》三十六首，附《一由吟》；卷七《行因吟》十三首；卷八《默吟》二十五首；卷九《驟行吟》二十六首；卷十《越吟》十六首；卷十一《鼠思吟》十七首；卷十二《戴笠吟》二十三首；卷十三《書空吟》十七首；卷十四《落花吟》三十七首；卷十五《賦物吟》三十四首；卷十六《復燃吟》十首；卷十七《鹽雪吟》十五首；卷十八《悲來吟》二十首；卷十九《病中吟》七首；卷二十《尚古吟》十二首；卷二十一《循檐吟》十首；卷二十二《共城吟》十五首；卷二十三《衙源吟》十一首；卷二十四《後吴吟》六首；卷二十五《遜咸吟》十二首。總共五百零八首，各集均有友人爲之序引。《楚吟》有：“耘硯額名，命自先人，同好咸云，終身定評，以三折肱見推，愧謝以詩。”又《共城吟》“自題全集以代酒脯之陳”，皆反映作者之心情及步入老年之情態。

《前明小記》，乃履嘉讀書時凡有所見，欣然所録之筆記，可佐典籍之不逮。文集卷上多爲邵氏一族行略記實，計三十四篇；卷下則爲其往來弟侄署中，代爲所擬災祲水旱祈禱之文，計三十二篇。《詩話》，乃作者辛未夏五月自吴門隨衆赴衛糧船遭阻，又因水大難行，故取所寫之書并所記憶之事，録爲《詩話》，頗有裨於詩教。上卷一百則，下卷五十八則。《却睡録》者，作者之筆記，乃其於“夏日炎炎，聊借一編作引睡具，遇有會心即筆之，乃樂此不疲，而睡魔返遁矣”。故名“却睡”，計一百五十一則。

此爲邵履嘉之堂弟大業及侄等整理之繕清稿本，每册皆鈐作者名印，曰“邵履嘉印”、“遂思”。此稿似未刊刻，查諸各家書目及《販書偶記》等，皆未著録。

此藏美國哈佛大學哈佛燕京圖書館。

玉芝堂文集【清乾隆刻本】

《玉芝堂文集》六卷《詩集》三卷，清邵齊燾撰。清乾隆刻本。四册。半頁十行二十字，左右雙邊，白口，無魚尾。前有鄭虎文撰《敕授儒林郎翰林院編修加一級邵公墓志銘》。

齊燾，字荀慈，號叔宀，江蘇常熟人。乾隆七年進士，選庶吉士，在翰林院十年，充書局編修，再充京兆分校。二遇廷試，性夷曠，年三十六即罷官歸，主講毗陵龍城書院。工駢文，海内推有東京六朝之風，章草入晋人室。年五十二卒。

文集之篇章編排并無體例，每卷混雜各種文體，如此淩亂之編排，在明清人文集中頗爲少見。

詩集卷上收詩八十六首、卷中七十六首、卷下五十首，自乾隆癸亥至戊子，凡二十六年，共二百十二首。詩有《悼席安人作》、《爲席安人寫真》，寫來頗有情感。

卷末有“吴門穆大展局刻”一行。

《中國古籍善本書目》著録。北京大學圖書館藏有一部。此藏美國哈佛大學哈佛燕京圖書館。

鈐印有“榮郭齋藏”。

梅崖居士文集【清乾隆刻本】

《梅崖居士文集》三十卷《外集》八卷，清朱仕琇撰。清乾隆四十七年(1782)刻本。十二册。半頁九行二十五字，左右雙邊，黑口，雙魚尾。前有乾隆四十七年朱珪序，乾隆二十三年雷鋐序、林明倫序，乾隆二十四年朱雝序、朱仕玠序。末有朱筠撰《賜同進士出身敕授文林郎翰林院庶吉士山東東昌府夏津縣知縣福寧府儒學教授鰲峰書院掌教梅崖朱公墓志銘》。魯仕驥撰行狀。

朱仕琇，字斐瞻，號梅崖，福建建寧人。生有异禀，穎悟過人。乾隆十三年進士，改庶吉士，前輩莫不折輩行願與之交，仕琇循循然守後進之禮，後入翰林，優游讀書，以成其才。三年散館，出爲山東夏津縣知縣，日以至誠惻怛撫其民。在任七年，以河决改福寧府教授，以足疾自辭。主講鰲峰書院十一年，造就人才甚衆。乾隆四十五年卒於家，得年六十六。

此集卷一頌、賦、論七；卷二傳十；卷三傳六、像贊八；卷四哀辭、祭文九；卷五碑記十一；卷六記五、行狀三；卷七至十四墓志銘六十四；卷十五墓表九；卷十六至二十序七十六；卷二十一至三十書一百三十五通。外集卷一爲論、説、碑記、祭文、墓志銘等十八；卷二序十四；卷三至六壽序四十二；卷七書啓十六；卷八雜録十九、詩偶存二十九。

閩學近實，而仕琇天姿獨超，深湛嗜學，故其爲文，善狀物情必揆於經義。其於書無所不讀，而與人言每以未學自歉，人或有所稱引偶誤，其輒爲舉其辭正之，自經傳諸史百家，至於稗官小説皆然。其爲文章，自始學韓子，其後更博采秦漢以來諸家之長，而獨成其體於韓子之後。其教學者爲文，即舉韓子之所以教人者而綜其要，以立誠爲本，以文從字順，各識職爲旨歸。嘗云："凡爲文不宜太切，其陳義類迂誕，而咀之有餘味，使人心寬厚愉悦，風清而神遠，穆然而近古，最爲文家高致。"

此集所載有關福建者頗多，蓋仕琇閩人也，又家居多年，所撰墓志銘，也多朱氏族人并閩人，故頗多地方史料。外集卷七有致王鳴盛二札，寫其有感於當時學與文之弊妄，其晚年則讀孔孟學庸、老莊荀楊、周張程邵等言，以時相調濟，以娱心氣。

此書之刻，乃其門人魯仕驥奉仕琇之遺命，彙其已刻未刻遺文而成。

《中國古籍善本書目》著録，湖北省圖書館、湖南省圖書館等六館也有入藏。《北京圖書館古籍善本書目》僅著録《朱梅崖文鈔》不分卷(清蔣氏別下齋抄本)。

鈐印有"知足知不足館人王紹蘭記見"。(此印確無"主"字)按，王紹蘭，字南陔,號畹馨,浙江蕭山人。乾隆五十八年進士,歷官知縣、知府,薦擢福建布政使、福建巡撫,再署閩浙總督。嘉慶二十二年罷職,歸里杜門讀書,著述不輟。

此本藏美國哈佛大學哈佛燕京圖書館。該館又有複本一部,十二册。鈐印有"積學齋徐乃昌藏書"、"南陵徐乃昌校勘經籍記"。

抱經堂文集【清乾隆刻本】

《抱經堂文集》三十四卷，清盧文弨撰。清乾隆六十年(1795)盧氏抱經堂刻本。

盧文弨，字紹弓，號磯漁，又號檠齋，晚更號弓父。其先自餘姚遷杭州，遂爲杭人。

文弨自幼穎异，長而師事其岳父桑調元。乾隆三年舉順天鄉試，七年考授内閣中書，十七年以一甲第三名成進士，授翰林院編修。二十二年命尚書房行走，遂由左春坊左中允薦升翰林院侍讀學士。三十年典試廣東，旋提督湖南學政。三十三年以學政言事不當，例議左遷。次年，以繼母張太恭人年高，遂請歸養。晚年主講江浙各書院，以經術導士。生於康熙五十六年，卒於乾隆六十年，年七十有九。

文弨一生好校書，以校勘名世。自少至老，寒暑無間。金甡題《盧紹弓編修檢書圖》云："盧郎温潤乃如玉，獨有校勘嚴校讎。目勞手倦苦相角，授經余力閑須偷。矧當退食百城擁，縱横穿穴資旁蒐。尋縱宛轉蛇赴壑，得雋掣曳魚銜鈎。後先佐證每連逮，新舊逋責期必收。時時堆案礙雙肘，正似獺祭陳沙洲。"此詩正爲文弨校書之真實寫照。

其藏書數萬卷，皆官俸脯修所入，不治生産，悉以購書，築抱經堂以藏之。又與當時藏書名家吴騫、黄丕烈、陳鱣、鮑廷博等人相往來，切磋學問，互爲砥礪。

此《抱經堂文集》，收文弨所作對策、朝考卷、散館卷、序、題辭、跋、書、議、策問、答問、記、傳、墓表、墓碣、墓志銘等四百九十五篇。據文集目録後嘉慶二年蕭山徐鯤跋，乙卯春，文弨曾整理自著文集，至冬十一月已刻成二十五帙，尚未定卷次先後，遽歸道山。後乃鮑廷博力任剞劂蕆工，"以文與先生有知己之感，因屬校讎"。"幸孫灝谷侍御相與商榷采選，指示體裁，又與桑孝廉典林定標目之例，去取嚴審，庶無遺憾。"又據嚴元照《悔庵學文》卷八《書盧抱經先生札記》云："文弨垂没之年，始以文集付梓，未及五之一，即下世。錢塘梁同書爲刊成五十卷，而芟汰已甚，非復原稿之舊。"梁刊五十卷未之得見，此三十四卷本，乃當時通行之本。上海古籍出版社有影印清代文集叢刊之舉，此本也在其内。

按，《中國古籍善本書目》收有《抱經堂詩鈔》七卷，爲清道光十六年(1836)李兆洛刻本。又有《抱經堂文鈔》一卷，清吴騫抄本，有吴騫、徐光濟跋。

吴徵君蓮洋詩鈔【清乾隆刻本】

《吴徵君蓮洋詩鈔》不分卷，清吴雯撰。清乾隆三十二年(1767)刻本。四册。半頁八行二十一字，白口，左右雙邊，無魚尾。題“河中吴雯天章著；江左蘇爾詒薇谷、河東劉贊稼莊參訂”。前有王士禛序、乾隆三十二年蘇爾詒序。劉贊撰凡例。扉頁題“吴徵君蓮洋詩鈔。乾隆丁亥秋鐫。止軒藏板”。

吴雯，字天章，蒲州人。於書無所不讀，性淡潔，家貧無以爲養，以升斗奔走四方，所至知名士輒願與游。胸中涇渭，不徇世俗，毁譽涼燠，以爲親疏。康熙間以諸生召試鴻博不遇。工詩，峻潔微遠，自露天真，王士禛目爲仙才。

是書不分卷，收五言古一百九十一首、七言古一百零四首、五言律一百五十三首、七言律一百一十七首、五言排律八首、七言律一首、五言絶七十六首、七言絶二百九十四首。總共九百四十三首。

吴雯詩才超逸，有元好問遺風。其詩一刻於吴中，再刻於都下，三刻於津門，然今皆未之見。王士禛删定雯詩，存千餘首，雯歿後，未及刊行。今所存於世者，一爲乾隆十五年汾陽劉組曾刻本，爲十二卷；二爲《四庫全書總目》著録之十卷本，爲乾隆二十九年蒲州府同知山東孫謂刻本，乃從雯侄秉厚得士禛所定原本簡汰重刻，詳載士禛之評，并以劉組曾本所遺者補刻於後，以所辨墨迹補之，其士禛所删而劉本誤刻者，咸爲汰去。爲古詩二卷、近體五卷、補遺一卷、詩餘一卷、文一卷，冠以墓志而附以同時唱和題咏之作，收詩四百三十八首。三爲《四庫全書總目》存目著録之二十卷本《蓮洋集》，爲浮山張體乾所刻，乾隆三十九年荆圃草堂刻本，收詩兩千零六十七首。四即此乾隆三十二年刻本。

蘇爾詒序云：“予於稼莊廣文署讀《蓮洋集》，知其爲奇偉非常之士，而以布衣終老，所遭正與義山無異。其爲詩也，亦與義山異曲而同工，每讀一過，而予之志與情不自知何以油然而生也。因蒐司馬雙清堂中所藏諸刻及絹素手跡，與稼莊參訂授梓，亦以徵君之詩久已流傳，選者不一人，刻者不一地，而其中評點者不過十之一二，是以分編闡發以志景慕之意，非敢云品騭高下也。”又劉贊凡例也云：“徵君生平所著詩最夥，吴中、都下、津門之刻爲詩無多，臨汾刻本蒐羅幾盡，刻於蒲郡丞署者則多所去取矣。贊與蘇子薇谷得太原司馬雙清堂所藏諸刻本，並手稿絹素之未經問世者翻披編輯，以艱於鐫刻，先擇尤雅者登焉。”此所云臨汾刻本乃指劉組曾本。

此本“王士禛序”四字曾被挖改重刻。“禛”易爲“正”，乃避雍正帝胤禛諱。觀其紙張墨色，是本之印當在乾隆之後也。

此藏香港中文大學圖書館。

曹文正公詩集【稿本】

《曹文正公詩集》一卷，清曹振鏞撰。手稿本。一册。封面署“蘇齋批閲曹文正詩草後學王儀鄭題”。清翁方綱批，清沈塘跋。

曹振鏞，字儷笙，又字懌嘉，安徽歙縣雄村人。乾隆四十六年進士。翰林院庶吉士，授編修，充日講起居注官。歷官至太傅、武英殿大學士，軍機大臣。服官五十餘年，久值内廷，歷乾隆、嘉慶、道光三朝，侃侃以老臣自居。卒年八十有一。謚文正。《國朝耆獻類徵初編》卷三十八及張星鑒《仰蕭樓文集》書事有其傳。

此集共收詩八十首，并經翁方綱二次閲看。封面有方綱評語，謂“藻韻有餘而肌理不密。癸丑六月，小石帆亭上書”。“肌理之所以然，則非一語能盡。甲寅十二月廿日複看一徧。覃溪。”集中方綱批注甚多，如《梅豪亭歌》批有“此首稍見氣格矣，然亦不入格，亦尚不可存”。《夜夢先太夫人》批有“亦尚不能存，境雖真而詞不足稱之”。《苦雨》批有“删，此最軟弱，‘由來’二字非大力量不可用”。又如《太白問津處懷古》一首批有“不能存，題不佳，涉於浮歷矣”。方綱於詩中應酬之作也多批有“不應存”，此類“删去”、“不能存”之詩共十三首。

振鏞年五齡，其母程太夫人教以唐詩，即能成誦。其早年鄉試中舉第十九名，座師即方綱。方綱《復初齋詩集》中有十二首詩作述及振鏞，可證二人關係之密切。又方綱批注此詩集時在乾隆五十八年，年六十一歲，次年再看一遍，而振鏞其時亦已三十九歲矣。

翁方綱評語曾兩次論及“肌理”之説。翁方綱精心汲古，宏覽博聞，并於金石譜録、書畫碑版之學，尤能剖析毫芒。其詩宗西江派，詩作多達六千餘篇，自諸經注疏以及史傳之考訂，金石文字之爬梳，皆貫徹溢溢於其中。其論詩法，有繼承，也有創新。其序《志言集》云：“士生今日，經籍之光盈溢於世宙，爲學必以考證爲準，爲詩必以肌理爲準。”於《神韵論》中云：所謂“窮形盡變”之法，是“立乎其節目，立乎其肌理界縫者”。可見方綱於詩反對因襲，要求盡變，於此詩集中也有反映。

此集似未刻。振鏞又有《話雲軒咏史詩》。《續修四庫全書總目提要》(稿本)僅收振鏞《曹文正公行述》一卷，而未及此書。

蘭韵堂詩集【清乾隆刻本】

《蘭韵堂詩集》十二卷《文集》五卷《御覽集》六卷《經進文稿》二卷《詩續集》一卷《文續集》一卷《西清筆記》二卷，清沈初撰。清乾隆五十九年(1794)至道光元年(1821)刻本。十二册。半頁十行二十一字，左右雙邊，白口，單魚尾。題"平湖沈初雲椒"。前有乾隆五十九年陳嗣龍序、汪中序，乾隆五十八年沈初自序。

沈初，字景初，號萃巖，又號雲椒，浙江平湖人。優貢生，七應鄉試不售。乾隆二十八年中進士，授編修，擢侍講，轉右庶子，累升禮部右侍郎，轉兵部復調吏部，遷左都御史，授軍機大臣，轉兵部尚書。五任學政，歷充三通館、實録館副總裁，卒於官，謚文恪。

沈初性寬厚謙和，事母至孝，歷事兩朝，三十餘年，小心無間。自幼穎悟，弱冠即工詩文，錢陳群嘆爲奇才，以大器目之。既登上第，淹貫博雅，爲詞苑所推重。其以蘭韵爲堂名，可見自序："蘭曰香、曰幽、曰芳、曰秀，未有言韻者。余生三歲，從外祖識字，即辨四聲。稍長，漸知五七言句法，外祖喜曰，花之品蘭爲貴，夫蘭以韻勝，汝當以蘭韻名其堂。"

《詩集》卷一南窗集上，詩一百零二首；卷二南窗集下，詩九十首；卷三秣陵集，詩一百零二首；卷四木天集，詩八十一首；卷五城南聯句集，詩二十八首；卷六歸帆集，詩九十八首；卷七西泠集，詩九十四首；卷八容臺集，詩七十九首；卷九西曹集，詩八十二首；卷十西曹後集，詩八十八首；卷十一吏部集一，詩九十八首；卷十二吏部集二，詩七十七首。

陳嗣龍序云："夫子所爲詩，奄有衆妙，若蘇李之渾灝、二謝之清綺、子美之沈著、太白之超俊、王韋之澄澹、昌黎眉山之雄健，靡所不備。而總以和平雅正之音，上協於温柔敦厚之教，至於賡歌矢音，則尤所謂閎博典麗，剬雅緝頌者矣。當夫子通籍時，所著已不下萬餘篇，而删存極嚴。辛丑秋，請養旋里，至甲辰冬，始取庚辰以前迄是年之詩，釐爲八卷，題曰《蘭韻堂詩集》，應制及進獻之作，則别爲《御覽集》四卷，授諸梓。嗣是督學畿輔及三吴，還朝三載，復被命視豫章學政，屈指又十年矣。近乃刊乙丑以來之作四卷，合前爲十二卷；《御覽集》二卷，合前爲六卷。"

《文集》五卷，前有乾隆六十年楊倫序。卷一賦六首、論三篇、記六篇；卷二序十八篇；卷三序八篇、跋五篇、引一篇；卷四書四篇、傳六篇、贊二首；卷五墓志三篇、墓表二篇、祭文四篇。楊倫序云："吾師少宰雲椒先生，既刻《蘭韻堂詩集》成，復刊其文集五卷、經進文二卷，屬倫以一言弁其首簡。"

《御覽集》六卷，前有張誠序，爲詩二百四十五首。

《經進文稿》二卷，乃初少時試於有司

及館課之賦稿。卷一賦三首、詔一篇、論二篇、疏一篇、策二篇、序一篇、跋二篇；卷二謝摺十九篇。

《詩續集》一卷，有扉頁，刊“嘉慶庚辰年仲夏鐫”。庚辰爲嘉慶二十五年(1820)。并有道光元年鮑桂星序。鮑序云：“桂星尋以憂去，而夫子歸道山又十餘年，始得見長公春畹於京邸，敬讀所刊《蘭韻堂遺集》，因以窺夫子之瑰才績學。”“春畹旋以續刊詩三卷、文一卷見示，其間詩文多應奉之作。”此所云續刊詩三卷，實一卷也。

《文續集》一卷，扉頁題“嘉慶庚辰年仲夏鐫”。有朱爲弼序。爲謝摺三篇、跋一篇、序六篇、記一篇。朱序云：“至道光元年，春畹將出守漢陽，偕遠亭大令來余都寓，以手輯文恪公《蘭韻堂詩文續集》謎諉作弁言，余不敢辭。逾明年壬午之冬，簿領稍暇，爰敬序。”

《西清筆記》二卷，前有阮元序、蔣予蒲序、乾隆六十年沈初自序。末有表侄孫朱方增跋。卷上記恩遇十五則、典故十八則、文獻十八則；卷下記職志二十三則、名迹二十一則、庶品二十四則。皆初於申寅冬自九江還省城度歲，入春雨雪匝旬，燕居多暇，賓客談次，詢及内廷故事者。阮元序云：“嘉慶九年，平湖沈文恪公令嗣蓮生，以公《蘭韻堂詩》印本見贈，所記南書房翰林事，雖未極詳備，然内廷故事足見一斑。……蓋於豫章學署暇日偶筆，追述遭逢兼記事實，舉凡典章文獻、書畫名蹟以及庶類小品，無不纖細備具。”

沈初之集，乾隆間先刻有《詩集》八卷、《御覽集》四卷，傳世頗罕，僅見北京圖書館入藏。至乾隆末年再刻有《文集》五卷《經進文》二卷，道光間其子春畹 、遠亭再刻《續詩》一卷《續文集》一卷。此本又有《西清筆記》二卷，《詩集》也由八卷增至十二卷。此本扉頁刊“蘭韻堂詩集。乾隆甲寅春編。本衙藏板”。甲寅，爲乾隆五十九年。

此本藏美國哈佛大學哈佛燕京圖書館。

京朝集【稿本】

《京朝集》三卷，清張問陶撰。稿本。一册。藏上海圖書館。

張問陶，字仲冶，號船山，四川遂寧人。以遂寧城西有船山，故號船山，亦稱老船。又因狀似猿，又自號蜀山老猿。乾隆二十九年進士，由檢討累官萊州知府，以病辭。僑居吴門，留虎丘養病，自號藥庵退守，顏所居曰“樂天天隨鄰屋”。

是集之詩始於癸丑（乾隆五十八年），止於乙卯（乾隆六十年）。卷一一百零七首、卷二二百二十三首、卷三一百八十八首，合計五百一十八首。查問陶《船山詩鈔》計二十卷，《京朝集》爲其中之卷十到十三，共四卷，第十卷爲七十八首、第十一卷一百一十九首、第十二卷一百零一首、第十三卷一百零一首。其第十三卷爲丙辰、丁巳兩年所作，稿本缺之。若以前三卷計，《詩鈔》僅收詩二百九十八首，稿本則多出二百二十首。

張問陶幼年發憤攻讀，其嫂陳慧殊，工詩，時稱“女翰林”。工餘率弟妹吟哦，於問陶影響頗大。少年時即嶄露才華，被目爲“青蓮再世”。十五歲時有《壯志》一詩抒懷，云：“咄嗟少年子，如彼玉在璞。光氣未騰天，魍魎抱之哭。”少年壯志，氣概不凡。問陶詩名滿天下，沉鬱空靈，爲清代蜀中詩人之冠，自謂“我詩有生氣，譬應變將略詎出經史，縱有乖文體，亦能自迴出”。據《船山詩鈔》序，其自十五歲乾隆四十三年始，至四十歲嘉慶八年止，二十六年間共得詩三千五百五十二首，删存一千七百四十六首。

是稿封面問陶署“船山詩稿京朝集”，又書有“此卷失去年餘，甲子四月十一日，楊冠山自江南來，始知爲田橋攜去，旗山在浙江得之，遂交冠山寄還。是日燈下記”。眉端批有“存”、“應存”、“删”字樣。卷一後有“癸亥閏二月十一日泊舟燕子磯雨窗讀至此。田橋識”。卷二後又有“甲子正月初二日將之任太平，細讀一徧，交冠山寄還。旗山記”。按癸亥，爲嘉慶八年，甲子爲嘉慶九年。冠山爲楊周冕，田橋爲彭蕙文。旗山不知爲誰，但非爲管愷。

清芬集【清乾隆刻本】

《清芬集》不分卷，清桂滽撰。清乾隆四十一年（1776）印月草堂刻本。一册。半頁九行十九字，左右雙邊，白口，單魚尾，下鎸"印月草堂"。題"慈溪桂滽潔泉著；仁和錢琦湘蒓、商邱陳淮藥洲、建寧朱仕琇梅崖參訂；受業姚爾德、汪得稻校閲；男廷繭、廷彩、廷蓴閲字"。前有乾隆四十一年朱仕琇序、乾隆四十一年錢琦序、陳淮序。扉頁鎸"印月草堂詩刻。乾隆丙申年鐫。本宅藏板"。藏香港中文大學圖書館。

桂滽，字岳中，號潔泉，又號浣齋，浙江慈溪人。以舉人充咸安宫教習，乾隆十三年登進士，會教習期滿，授直隸新樂縣知縣，調補四川德陽縣。居官撫民有方，民愛之如父母，積勞成疾，未幾去官，卒於蜀。宦橐蕭然，書篋外無長物，論者謂不愧清節家風云。又有《四書注疏考證》、《讀史隨筆》、《寸積録》。（光緒）《慈溪縣志》卷三十二列傳九有傳。

書爲嗣子廷繭所刻。清芬者，德行高潔之意也。廷繭，字海洲，號虚筠，禀承家學，輯先世遺詩爲《清芬集》，多至數十人，溪上文獻，桂氏獨全，皆廷繭之力。有《印月草堂詩》初刻四卷續刻二卷三刻一卷。此集於滽詩《柑亭集》、《江北行勝草》、《西征草》、《漱餘亭鈔》、《西苑草》、《蓼花樓草》、《子丑合鈔》、《寅秋寓筆》、《宫館退餘草》中選録，計一百零一首。滽詩多賴此以存。

是書不多見。鈐印有"蕭艾室藏"。

雙佩齋文集【清嘉慶刻本】

《雙佩齋文集》四卷《駢體文集》一卷，清王友亮撰。清嘉慶十五年(1810)刻本。二册。半頁十二行二十四字，左右雙邊，黑口，雙魚尾。題“婺源王友亮葑亭”。前有嘉慶十五年姚鼐序。《駢體文集》前有嘉慶十六年吴錫麒序。

王友亮，字景南，號葑亭，安徽婺源人。少孤敦内行，乾隆三十年舉於鄉，乾隆四十年成進士。初以中書直樞廷，因母老乞養歸，繼授刑部郎，改擢御史，遷給事中，巡城巡漕，皆有清直聲。後由太僕轉通政，嘉慶二年卒於官，年五十六。

其以雙佩爲齋名，蓋因友亮“瑾瑜抱昭質，修士佩之；蘭蕙擢幽芳，潔士佩之；觿以解結，智者佩之；玦以决疑，勇者佩之。取相類者，以彰美也。西門豹性急佩韋，董安於情緩佩弦，取相反者以厲瑕也。余性檮昧，遇事寡斷，而接物多乖美無一，而瑕則兼，故於韋弦並有取焉。《書》云，高明柔克，沈潛剛克。言剛柔，貴乎得中，不可偏，尤不可雜也。偏者易正，專佩而已有餘；雜者難純，雙佩而猶不足。是則余之前望古人，而皇然增媿者矣”。

姚鼐序云：“今其家將以其葑亭集雕版，復請論訂，余覆讀之，内《正師》、《正友》兩篇，最爲卓然名論，大有益於世教。設世有録本朝文，如吕東萊之録宋文者，則此二篇宜亟采入。其餘諸作，大體清幽不俗，余曩志稱其似程魚門者盡之矣。”鼐與友亮未之見，故序中有“余本因魚門而知世有通政，卒未與通政見”。友亮墓志銘也鼐所撰。

文集所收説、記、序、書、跋、傳、引等共九十七篇，所記，多有掌故之事，如記梅溪得朱彝尊批注宋本《資治通鑒》、名醫葉天士、武士甘鳳池等事，多不見他處有載。又《書程魚門編修遺文後》、《與家愓甫孝廉》，也可見友亮之學。

其卷三有《記季亢二家事》。季、亢二家乃清初巨富，有南季北亢之稱，文云：“泰興有季家市，居人三百餘家，半爲季氏。相傳市乃其先一家所居，環居爲複道，每夕行，擲六十人。蓄伶甚衆，又有女樂二部，稚齒韶顔，服飾皆直鉅萬，及媘，或自納，或贈人。有修撰某，得其一，百方媚之，姬涕泣廢殗，謂弗若其主家厮養，乃遣還。”泰興季振宜(滄葦)藏書甚豐，家爲豪富，然史料頗少見，録此以存史實。

駢體文計五十篇，爲賦、文、啟、祭文、贊、銘等，乃友亮仲子鳳生請吴錫麒慎擇而刊。吴錫麒序云：“葑亭先生詩名走天下，而四六文不常作，人亦未有知之者，唯余信其於此詣爲甚深也。……今年春，其仲子鳳生，既輯其詩集行世，復搜索遺稿，以四六文一卷來示於余。余受而讀之，嘉其不務爲險字拗句，以求新異，而亦無俗調，闌入其中，胎息即深，神明自異，洵足與前言相吻合矣。"按，友亮此文集與詩集行款相同，然刻於詩集之後。

《中國古籍善本書目》未著録此本，僅有友亮《金陵雜咏》不分卷，清刻本，北京大學圖書館藏。此本藏美國哈佛大學哈佛燕京圖書館。

劍虹齋集【清乾隆刻本】

《劍虹齋集》十二卷，清梁濬撰。清乾隆三十六年(1771)梁本榮刻本。四册。半頁十行十八字，左右雙邊，白口，單魚尾。題"綿上梁濬文川"。前有王杰序、乾隆十六年朱承煦序、乾隆二十三年董柴序、乾隆三十六年張聖訓序。末有茹倫常跋、董揚曾跋、梁本榮跋。

梁濬，字文川，號南原，又號秋谷居士，小字照慶，山西介休縣人。生於康熙四十二年，卒於乾隆七年，年僅四十。濬雅好吟咏，兼工古文詞曲，幼即夙承家學，以詩文名里中，所作具有宗法，間爲小詞，遂入秦黄之室。長而遨游四方，所交皆一時名士，相與切劘，樂與酬唱。

其以劍虹名齋，蓋因其先君見背後，僕僕風塵，奔驅南北，每頌盧昇之"唯餘劍鋒在，耿耿氣成虹"，輙壯志欲飛。因以劍虹名齋，又求王澍(良常)書之懸於齋。

此集卷一年譜。卷二至六爲詩稿，題言志山房詩稿，凡詩三百九十八首。卷七至九爲南原文鈔，二十七篇。卷十秋谷尺牘，三十五通。卷十一漱芳詩餘五十首。卷十二秋谷詩話五十二則。

是書最具價值者，在《秋谷詩話》，記梁氏其時師友之事頗多，如顧亭林、繆嗣寅、馬幾先、羅贇、董兆蛟、于灝、梁必迂、任鋭、嚴遂成、王鐸、傅山、王澍等數十人。

王杰序云："文川豐於才，而嗇於遇，年甫四十即化去，而所遺著述，本本原原，動中榘矱。生平篤於孝友，凡家庭常變之事，無不筆之於書；敦於友朋，凡文酒流連之會，靡不形諸歌詠。其爲詩也，出入三唐，而自然合度；其爲文也，浸淫歐蘇，而摻縱在心；其爲詞也，花間草堂，各極其妙。"朱承照序也云："文川梁君，毓於綿上，懷才負志，既以場屋再奇，遂肆其情於山水間，胸有所得，發爲詩歌，以寫其湮欝，亦可謂怨而不怒矣。年未及艾，賫志以歿。"

梁氏之集，最初爲董柴刻入《綿上四山人集》。其序有"遂於束裝南遊時，命兒汾手録其集，留之行篋，兹且付剞劂氏"。朱承照序也有"同好董惟園刺史，欲取其遺稿而付之梓人"。此本爲梁氏子本榮(欣木)重爲搜輯，付攻木氏剞劂者。梁本榮跋云："先君歿時，不肖方在繈褓，及長，於故簏中得見遺稿，即擬鋟木流布，然零箋碎草，散帙殊多。雖往時董惟園先生刊《綿上四山人集》，已列先君，而所刊止詩，詩亦尚非全本。因搜輯多年，始獲集録成帙，而乞董惟園、任西郊、茹容齋三先生校定焉，得詩文雜著，共十二卷。"董揚曾跋云："辛卯冬，嗣君欣木將出先生遺集，鏤版壽世，而以稿本示余。"茹綸常跋又云："辛卯，欣木將以先生遺集付梓。"

此本有扉頁，刊"劍虹齋詩文集。綿

上秋谷居士遺稿”。

《中國古籍善本書目》著録，作清乾隆三十六年梁本榮一畝園刻本，藏上海圖書館、浙江省圖書館、復旦大學圖書館。此藏美國哈佛大學哈佛燕京圖書館。

琅嬛仙館詩【稿本】

《琅嬛仙館詩》四卷,清阮元撰。稿本。一册。半頁十行二十字,紅格,四周雙邊。題“揚州阮元芸臺”。無序跋。

阮元,字伯元,號芸臺,晚號怡性老人,江蘇儀徵人。乾隆五十四年進士,選庶常,散館第一,授編修,逾年大考翰詹,高宗親擢第一,超授少詹事,命值南書房。道光時歷任户、兵、工部侍郎,浙江、福建、江西諸省巡撫,兩廣、雲貴總督,官至體仁閣大學士加太傅。道光十八年以老致仕,二十九年卒,謚文達。著有《揅經室集》。輯刊《學海堂經解》、《十三經注疏》等。

元博學淹通,作詩則不拘一格,不事摹擬,抒其性情,惟意所適。嘗論詩曰:惟期明其情與事而已。元之詩集起自乾隆五十四年,止於道光二十七年,共爲四十七年之詩。是集則爲殘本,爲嘉慶五年(1800,庚申)至十二年(1807,丁卯)。計庚申二十二首、辛酉六首、壬戌十一首、癸亥四十七首、甲子二十九首、乙丑五首、丁卯十二首、戊辰十一首。共一百四十三首。集中間有墨筆删字、填字及修改處。

據《雷塘庵主弟子記》,嘉慶五年,元實授浙江巡撫。詩第一首《春日臺州》、第三首《天台山大雪三日,守凍剡溪》、第四首《守凍》,《弟子記》於其事均有所載。檢《揅經室集》四集(《國學基本叢書》本),此殘本之詩皆在四集卷五中。以稿本與集本相核,稿本中《渡錢塘江》、《天台藥草》、《大暑日息吴山道院》、《雨中至高明寺》、《寄内子》五首,爲集本所無。又稿本“戊辰”後佚去詩八首,而集本均有刊刻。稿本中原缺“丙寅”年所作,集本亦無。

王昶輯《湖海詩傳》於元評價甚高,其書卷四十云:“昔人謂荀羨爲中興方伯,未有若此年少者。又請崔湜提爲中書令,其位可及,其年不可及。今芸臺中丞以己酉登第,不及十年,督學三齊兩浙,遂躋開府,蓋早受主知,近來所罕。詩賦而外,精窮經誼,校讎考訂,一本《爾雅》、《説文》,愛才好士,凡挾一藝之長者,皆肼藺歸之,相與蒐采篇章,鉤稽典故。”“年華甚盛,同用方殷,擴之以開物成務之功,進之以正心誠意之學,洵卓然一代偉人也。”

此本藏臺北“國家圖書館”,然作五卷,不知其根據何在?又此本之珍,非僅爲阮元之手稿本,更在於此稿曾存於靈隱書藏。按靈隱書藏,爲阮元所設,元鑒於“好學之士,半屬寒酸,購書既苦無力,借書又難,其人坐此,孤陋寡聞、無所成就者不知凡幾”之狀況,爲推廣教思無窮之意,在杭州靈隱寺大悲閣後建立靈隱書藏,并由各方將自己所著、所刊、所寫之書贈與書藏,以供讀者閱覽。元爲發起者,爲作表率,其將所作詩之稿本也捐入書藏。書藏始於嘉慶十四年(1809),至咸豐九年

(1859)止，共五十年之久。咸豐十年(1860)二月，太平軍攻入杭州，書藏幾盡全付祝融，此册爲其燼餘之物。

鈐印有"杭州靈隱書藏×部。寺僧毋得鬻借，外人毋得損竊。字第×號"、"管領湖山"。按，"管領湖山"印，當亦爲元之藏印。

切問齋集【清乾隆刻本】

《切問齋集》十六卷，清陸燿撰。清乾隆五十七年(1792)暉吉堂刻本。八册。半頁九行二十字，左右雙邊，白口，單魚尾。題"吴江陸燿朗父甫著"。前有乾隆四十一年(1776)馮浩序。扉頁鎸"切問齋集。乾隆壬子年開雕。暉吉堂藏版"。卷十六末有"吴門劉萬傳刻字"。藏香港中文大學圖書館。

陸燿，字朗夫，一字青來，江蘇吴江人。自少居貧力學，以古賢達自律。乾隆間舉順天鄉試，授中書，薦歷户部郎中，累官湖南巡撫，清勤自勵，所至有績。其學無所不通，工詩善書畫。乾隆五十年卒，年六十三。馮浩《孟亭居士文稿》卷三有其墓志銘。

卷一至三述聞上、中、下；卷四至五爲書十七；卷六至七序二十九；卷八記四、説七；卷九書後八、箴銘八、祝辭及贊八；卷十傳三、碑碣六；卷十一墓志五、行狀四；卷十二議稟十八、啓四；卷十三條議九、檄四、札二；卷十四約一、示十二；卷十五樂府雜體十四、五言古體四十四；卷十六七言古體十七、五言近體八、七言近體十八。

是書以"切問"命名，取布帛菽粟，日用飲食之意。馮浩序云："未嘗求工於文，不詭其辭，而辭自麗，不異其理，而理自新，亦遂炳炳麟麟，精采焕發，傳之後世，有不可磨滅者，斯則文之美盛者矣！"陸燿又輯清初經世之文，也以"切問"名之，爲《切問齋文鈔》三十卷。其生平治學，以致用爲歸，自言學無師授，少年時頗專力於詩，逾四十歲，乃始留心經籍。馮序言其爲文"長篇連卷，博大雄深，或言簡意賅，肅括精當；或援據明辨，智者讀之而心醉；或淺易真摯，愚夫婦聽之而點頭。舉凡天時地理，德行政治之務，罔不探頤剖微，摘真握要"。

陸燿集又有江蘇書局校刻本，爲十二卷，當爲後人所輯。美國國會圖書館藏本有程晋芳、李東琪序(無馮序)，又有沈炳垣點讀。《中國人民大學圖書館古籍善本書目》著録。

鈐印有"今關天彭藏書之印"、"編書局藏書印"。

南皋山人詩集類稿【稿本】

《南皋山人詩集類稿》五卷《敩文存稿》十五卷，清高鳳翰撰。稿本。八册。藏美國哈佛大學哈佛燕京圖書館。

高鳳翰(1683—1749)，膠州人，字西園，號南村，晚號南皋山人，又號歸雲老人，嘗自稱老阜。因患風痹，右臂不仁，以左手作畫，又號尚左生。鳳翰工於書畫，筆墨灑脱，不主故常，尤豪於詩。篆刻印章，蒼勁古樸，全法秦漢。以諸生舉賢良，歷歙縣丞、績溪令，均有政聲，遭讒罷官。性嗜硯，所藏皆手琢，自爲銘詞，有《硯史》傳世。

《詩集類稿》五集，爲一《擊林集》，凡二百一十首；二《湖海集》，凡四百五十首；三《岫雲集》，凡五十一首；四《鴻雪集》，凡一千一百四十首；五《歸雲集》，凡四百六十七首。五集合古今詩二千三百一十八首。

《敩文存稿》十五卷，卷一序，卷二傳，卷三記，卷四書，卷五表、狀、志銘、題跋、書後、碣，卷六文，卷七説，卷八賑荒八議，卷九修城條議，卷十江行日記，卷十一南行日記，卷十二皖江紀行，卷十三賦，卷十四尺牘，卷十五雜著。

第一册封面有高氏手書，云："□自戊子有訂稿，前此爛紙，久如敗猬，蓋自騎竹縛雞以來，已多儷語，茫茫烟煤，略無端緒，顧影一笑，有付之書燈焰火耳。概綜生平，約舉四部，類稿各編，庶使林泉之響。不雜鞅掌，紀以年叙，用驗功侯，亦今後之覽者，按紀檢披，行踪可繪，尚其有觸緒紛來，千載如揭，澆酒向空，呼高生而哀其志者乎？雍正甲寅七月廿有四日，海陵壖署自題。"雍正甲寅爲十二年(1734)，即鳳翰五十二歲時。

鳳翰咏詩天分絶高，興之所至，時有佳句清詞，少時曾有詩偈，王士禛極稱賞之。《詩集類稿》後有《騎竹集補遺稿》，有云："戊寅、己卯之間，隨先君子在淄川，余年甫十五六，於時已有小作，未堪作集，特别存之，以識少日心血。"

書中卷末多有"乾隆甲子山人自編。男汝魁、孫攀鱗存。甥王泰來手録"字樣。如第一卷、第三卷。第四卷則題"右第四卷計詩九十首，乾隆甲子山人自編。男△△、孫△△存"。全書八册，爲鳳翰手書及其甥王泰來手録。凡鳳翰手書者，多題"高△△敩"，爲行書，揮灑自然，秃筆；王泰來書爲楷書。余曾以此書照片寄滬，請潘師景鄭(承弼)先生再鑒定，潘師曰此乃稿本。按甲子，爲乾隆九年(1744)，越五年，鳳翰卒。

稿本中稍有改動，也曾經後人校過。第四册末有"咸豐二年六月十三日校過"、第五册末有"癸丑十月二十日校畢"、第六册末有"癸丑十一月二十八日校畢"、第七册末有"癸丑十二月初一日校畢"。癸丑爲咸豐三年，校者不知爲誰人。

孫殿起《販書偶記》著録《南阜山人斆文存稿》十四卷(未記雜著),題“膠州高鳳翰撰,底稿本”。疑即哈佛此本。北京圖書館藏有《南阜山人詩集類稿》二十一卷《斆文存稿》十五卷,爲清抄本。鳳翰尚有《歸雲續集》、《青蓮集》、《騎竹集》等,北圖藏抄本可能較全。

鳳翰此集未刻,僅見《南阜詩集》七卷,爲清乾隆二十八年(1763)高元質刻本,收詩甚少。

鳳翰晚年貧病交加,曾云:“盲子頑孫,篋笥誰付,不知後來所作,尚復幾許,亦不知得成卷與册否?尚有人拾取於蛛絲囊腹之餘,以少得流傳於人世否?露電茫茫,老病日篤,死且不知何時,而猶惓惓於此故紙巢中物,愚哉南阜,不值達人一笑矣。”其六十一歲時(癸亥)曾作《南阜山人生壙志銘》及《南阜山人自遺老婦墓志銘》,爲研究鳳翰之極有用之材料,兹録如下:

《南阜山人生壙志銘》:“山人姓高氏,名鳳翰,字西園,膠之計斤里人。以康熙癸亥生,生四十五年,而爲雍正丁未,以秀才舉孝友端方科,授修職郎,任江南徽州歙縣丞。風塵牛馬,碌碌者十年而爲。乾隆丁巳,行役入揚,痹發後,諸任事以左手,感元人鄭遂昌尚左故事,因更號後尚左生,漂泊江湖,浪跡吴越者五年。歲辛酉,始北歸,歸而再病再起,支離卧榻者又二年,爲再癸亥,則山人生歲之甲子一周,年六十一矣。於是乃自置棺,營生壙,作志銘,手書入石,留西亭。嗚呼!老病酷纏,孽緣不了,未知死期當在何日也。銘曰:‘知其生何必知死,見其首何必見尾,嗟爾生事類如吆。’乾隆八年七月十日造。”

《南阜山人自遺老婦墓志銘》:“老婦傅,遵古名以母家姓,無字。山人同邑人,少山人一歲,以康熙甲子生,辛巳來歸,時老母已先没,不逮事姑,而反待豢於老父者五年,而父又没,是此亦不逮事翁矣。然至今每祭必誠潔,以是知其能孝,此亦類歐陽母所爲隕涕於告兒之哽咽也。其他遇妯娌娣姪兒女子婦,以及鄉里家人,無親疏少長賢愚貴賤,比比煦煦,惟傷其意。其或柔懦過當,時迂倒置,受欺侮,甚至旁觀代爲不平者有之,獷悍姿睢,則生平從未有也。性慈惻,顧不甚别理道,每飯時,有饑者在旁,必推案與。即值粥少,則饑腸霍霍自甘之,不爲改。以故村中至春時,鄰有婦媪乏食者,輒相邀互約曰,去之,西院二嬸家飯大好分吃。以山人行之,居闔宅之西偏,故從其行而西以别之,欵洽結愛,如私眷屬,故呼嬸者嫗之至,不以娘子尊也。要此皆仁厚細事,非禮法,無足稱,言之亦聊以見村婆子老實騃狀耳。獨其事山人摯而能敬,歷年四十餘,勤苦白頭無怨恨。有足深念者,婦生不知書,顧喜爲山人助雅事,典衣换印,解釧收書,脱簪珥,供賓客,傾奩罄資,晏如也。山人壯好遊,日走四方,婦赤手提兒女,山人常内愧之。雍正丁未,山人以保舉走江南,失妻子顧,辛亥歲歉,婦乃就食於歙丞,丞既卑官,山人復疎拙,其困憊殆過於家居時。甲寅春,以揚州鹺部,視事泰州壩,禄入少贍,自此至丙辰,婦得不苦饑寒者,才三年耳。丁巳病罷,婦先歸,田廬已荒,貧益甚。及辛酉,山人垂囊還里門,百凡支應倍往時,老病昏瞢,不自悔治生拙,反日詬婦無鹽米才,又一切烹飪,非婦手成不當意,間有誤,呵詈輒不可堪,婦猶恐山人室重其病,不敢怨,閤户飲泣而已。

嗟夫！婦以富室女，爲薄宦妻，而一生荆布不完，其居處安適曾不得一日，如貧家婦也。傷哉！乾隆癸亥秋，山人自營生壙，制銘志，因並爲老婦揭苦狀，告兒孫，以俟他日刻石納墓中。銘曰：'嫁黔婁，老窮愁，安無尤，吉無咎，汝於婦也固無羞。'"

鈐有"鶴泉過目"印。

蓬廬文鈔【稿本】

《蓬廬文鈔》八卷，清周廣業撰，清周勛懋、勛常輯。稿本。八册。九行二十三字。

周廣業，浙江海寧人，字勤補，號耕崖。乾隆舉人。幼慧能文，家貧力學，長而博覽群籍，弱冠游於庠，爲名諸生者三十年。曾三試禮闈不第，倦游而歸，仍授徒武林，後掌教廣德書院，兼修州志。其著作有《孟子四考》、《文昌通紀》、《關帝徵信編》、《重修廣德州志》等。

書計八卷，爲一策、考、文，二記、説，三序，四跋，五書，六行略，七傳、墓志，八雜著。

吴騫序云："予讀亡友周耕崖孝廉《蓬廬文鈔》，而深嘆其學之博，才之贍，初不從古人脚跡求生活者。蓋君之學以六經根柢，子史百家爲枝葉，所謂本之固者其實懋，是以所著皆體大思精，閎深奥衍，能發前人所未發。"數年前，津嘗整理吴騫手稿《日譜》，搜集騫之友朋手札，其中多處記有與耕崖來往之事，可證兩人最爲相好。

孫殿起《販書偶記》云：此書"舊抄本，首有張駿題辭，次嘉慶辛未夏四月吴騫序，次嘉慶壬戌年松靄周春序"。1940年夏，北平燕京大學圖書館曾以館藏《蓬廬文鈔》舊抄本付引得校印所排印，云"原書每半葉九行，寬營造尺四寸四分，每行二十三字，高七寸半"。孫氏所記和燕大所藏舊抄本實乃一本，即孫氏售於燕大者，今哈佛燕京圖書館所藏稿本即此本。

稿本中略有改動，當爲周勛懋持以請周春、吴騫、張駿求題序之本。勛懋跋云："先君子嗜古好學，隨見隨録，不解勞瘁，其辨論條記，悉記於《三餘摭録》、《循陔纂聞》諸書中。至於古文記序，半爲同人敦請及代人捉刀者，不自收拾，零散居多。戊午春，突罹大故，於苫塊中過家松靄先生處，拜求傳略。先生曰：'尊公所有著述，僕均得過眼，惟文集未曾一睹卷帙幾何。'懋一時茫然，不知所對。退與勛常弟言，俱泣下。即檢諸行篋書笥，遺稿裒然，僅存手澤，亟爲抄謄，編次計八卷。"今書前周春序及吴騫序後皆有印記可證，且卷中有騫之手筆，末有騫親筆"嘉慶庚午秋兔床弟吴騫撰序"數字，并鈐有"槎客"及"吴騫讀過"印。此非舊抄本，當爲稿本也。

按此書後有周氏種松書塾刻本，當爲周勛懋、周勛常家刻，《販書偶記》未著録。

姑射山房存稿【稿本】

《姑射山房存稿》不分卷，清缺名撰。稿本。一册。半頁八行二十四字。無框格。

存稿收詩八十四首。封面題"辛巳迄戊子"，當爲乾隆二十六年至三十三年。詩中有"同諸子集戴農南師齋即席分賦"、"壽農南師"。按農南爲戴永植，雍正舉人，曾官龍陽知縣，改餘姚教諭。稿本又有缺名爲之批點，如《秋草八首》，批爲"通體才氣極橫溢，但少精彩結構，亦欠緊嚴"。封面又有"無多也，只得一半功夫"。

清代署"姑射山房"者，有俞思謙及黄仁二人。俞思謙，字秉淵，海寧人；黄仁，字研北，婁縣人。錢泰吉《海昌備志》卷四十藝文十四有云，俞思謙又有《姑射山房詩草》，編入《静餘樓詩集》。今《静餘樓詩集》不及得見，無法相核，則作者是否俞氏，當再考之。黄仁無考。藏美國哈佛大學哈佛燕京圖書館。

曙堂詩稿【稿本】

《曙堂詩稿》十卷，清蕭霖撰。稿本。四册。半頁十行十九字，淺色格。題"江都蕭霖雨垓父著"。無序跋。

蕭霖，字雨垓，乾隆時江都人。丙子鄉試，年甫及冠，以大挑分發雲南爲知縣。詩作甚工，疏放恬淡，不屑描頭畫角競爲新巧。一令以終，遠宦久羈，未得歸里。(嘉慶)《江都縣續志》卷六有傳。

《詩稿》，卷一五十三首、卷二六十三首、卷三五十九首、卷四四十六首、卷五五十九首、卷六五十二首、卷七五十九首、卷八六十一首、卷九六十七首、卷十七十四首，共五百九十三首。除卷一爲其里居時作外，卷二至卷十皆其任官滇中之詩，自壬辰始，至壬戌止。

卷十有《六十初度咏懷四首》。有云："正及公孫應詔年，那堪漂泊到窮邊。千山覓路愁鞍馬，八口謀生笑硯田。勞我杼機燈火下，助他歌舞戲棚前。一般案牘倥偬處，回首風塵意惘然。"此詩時在丁巳。按丁巳爲清嘉慶二年，則蕭氏當生於乾隆三年。

作者在滇多年，詩稿間有咏滇俗、滇景之作，然其心繫故里，故詩作中也多有流露返回内地之意。如《五十初度咏懷四首》有"待得三年邊秩滿，一肩琴鶴出昆明"。其《不寐偶成》云："怪底客窗歸夢少，夢中歸去已無家。"其詩稿最末二首題癸亥，是年始獲命歸里。

此詩稿爲謄清稿本，行格内間有挖改補字之迹。紙用雲南薄皮紙。無鈐印。又按霖之詩集又有《爨余集》、《昆海集》二種，也滇中所作詩，據云遍行滇中，而鄉邦流傳絶少。此詩稿似未刊刻，各家書目皆未著録。

藏美國哈佛大學哈佛燕京圖書館。

聽秋軒詩集【清乾隆刻本】

《聽秋軒詩集》三卷，清駱綺蘭撰。清乾隆六十年(1795)金陵龔氏刻本。一册。半頁九行二十一字，左右雙邊，白口，單魚尾。題"句曲女史駱綺蘭佩香"。前有乾隆六十年袁枚序、王文治序，又有曾燠序。

綺蘭，字佩香，號秋亭，又號句曲女史，江蘇句容人。少通典籍，能吟咏，詩畫皆有天趣，以清節稱。舊居廣陵，移家丹徒，爲袁枚、王文治女弟子。適金陵龔世治，世治也好爲詞，夫婦二人獨日夕閉門相唱和。然其夫早逝，此集所存之詩，多世治逝後所作。

卷一七十六首、卷二六十五首、卷三七十七首，皆古今體詩。

王文治序云："綺蘭讀書明大意，具卓識，無世俗兒女之態，亦不沾沾爲資生計，親族間有大事，群謀不決，綺蘭一言而衆輒伏。家雖貧，常能以財賄緩急人，扶危濟困，有烈士風。所爲詩，伉爽高邁，丈夫之雄傑者，不能過也。嘗受業錢塘袁子才太史及予，謂予二人之詩，非世間餖飣常語，故愛之深，且願師之。予每與論詩，輒心解其義，或有所彈擊，尤悦服不可言。……顧其詩益進，其境益窮，白屋孤燈，夏日冬夜，塊然煢處，與物無求，古所稱固窮之君子。"

綺蘭少時即愛静坐，後從事於釋氏，故心之所處與身之所歷悉超然。其齋名"聽秋"，乃見於王文治題《秋燈課女圖》絶句，"一燈雙影瘦伶俜，窗外秋聲不可聽。兒命苦於慈母處，當年有父爲傳經"。駱得詩，故以聽秋名軒。

按王昶《春融堂集》卷二十二有《閨秀駱佩香綺蘭贈〈聽秋軒集〉因題其後》，云："烟月紅橋放櫂遲，青綾帳外見新詩。昔時緑浄何人繼，端在香閨絶妙詞。""句曲溪山似玉京，游仙詩句不勝情。須知標格冰霜冷，正與瑶臺一樣清。"(佩香有《游仙詩》二十首)"落葉哀蟬少日愁，殘年梵筴事熏修。何期瓜步東風裏，未了吟春又聽秋。"

《歷代婦女著作考》著録之本爲六卷，後三卷爲卷四詩九十四首、卷五詩一百二十九首、卷六詩一百三十六首，後并附閨中同人集一卷。然此集僅三卷，目録頁并無割裂，或爲先印之本耶？又《國朝閨閣詩鈔》卷七收有駱詩十二首，并云，綺蘭有《聽秋軒詩稿》四卷。此殆家刻本，紙白如玉，極初印，是本前袁、王、曾三序，皆爲王文治手書後刊校，書法秀逸天成，頗得董其昌神髓。

扉頁刻"聽秋軒詩集。金陵龔氏藏板"。據《中國古籍善本書目》，大連市圖書館也有入藏，但爲四卷之本。此本藏美國哈佛大學哈佛燕京圖書館。

鈐印有"徐秋槎賞鑒印"。

笑鄉詩稿【稿本】

《笑鄉詩稿》初集一卷二集一卷，清張恒潤撰。稿本。二册。

張恒潤，其簡歷不詳。稿中所貼簽條多爲“鐵嶺王霞帆評”、“逸樵評”、“鴛湖姜梅倩評”。初集始嘉慶十八年(1813)、迄二十五年(1820)；二集始道光元年(1821)、迄十年(1830)。

詩中有《嘉慶丙子閏六月五日作》一首，云：“功名空復問殘編，虚擲光陰二十年。不耦定因生閏月，晚成應爲屬秋天。貧家多累思歸佛，美酒開懷勝似僊。無路請纓今弱冠，且將心事附林泉。”作者當爲貧困而無功名的讀書人，詩中流露出懷志不遇，只得將心事轉向山林泉石的頽喪寄情。又此詩下有注，當爲恒潤後來所書，云：“生於閏月者再遇閏月，俗以爲真生日，自九歲乙丑，二十歲丙子，三十九歲乙未，凡三遇焉，此後致癸酉，則七十七歲矣。”乙丑爲嘉慶十年(1805)，癸酉爲同治十二年(1873)，則恒潤當生於嘉慶二年(1797)。

此稿似未刻，孫殿起《販書偶記》、《續編》均未著録，今藏美國芝加哥大學遠東圖書館。

鄰鶴齋詩稿【稿本】

《鄰鶴齋詩稿》一卷五言排律一卷，清陳幼慈撰。稿本。四册。清宋體淳、潘景跋。清范今雨、田伯威、朱慶元、許榮、黄爵滋，郭松年、張鏞、何垣、許宜昌、許福昌題識。半頁八行二十字，無框格。題“荻舟陳幼慈慕堂未定稿”。前有作者自叙。書藏美國哈佛大學哈佛燕京圖書館。

陳幼慈，簡歷不詳。“鄰鶴”爲齋名，蓋因曾就館瀋陽，其師有雙鶴納之瀋地，天寒宿鶴，非温室不可，故與之比鄰，遂顔書齋曰“鄰鶴”。

詩計一百八十四首，五言排律五十首。其詩有《五十初度》，云：“太息韶光似水流，霎然五十到今秋。自知蒲柳終當棄，誰説桑榆晚可收。華髪盡隨衰草變，朱顔不共好春留。浮雲過眼經如許，一任無聞也便休。”“年來百計覓生涯，寡見真成井底蛙。媚竈徒工烟每斷，挈瓶少智酒難賒。倦行盤曲千程路，幸免溝湟八口家。一飯昔人思冥報，斯言今日信無差。”可見作者生活狀況頗窘。

宋體淳跋云：“丁亥夏，予於李香雨座次見蕺山陳荻舟丈，白髮數莖，飄飄有僊氣，竟日不苟言笑，心識爲非常人。款接之，知向以薄宦遊江南，不偶於俗。見廢來京師，困躓衣食，泊如也，益相重。越日贈以詩，而荻舟耳余詩名，遂出所著詩屬定。大都傲岸，自喜不工，爲恬密蘊藉一派。古云言者心之聲，又云詩言志。讀荻舟詩，可見荻舟之情性矣。因點次其尤雅者十之五歸之。元和宋體淳。”

潘景跋云：“景與荻舟别廿餘稔矣，辛卯□旋晨葬親，遇於軟紅旅舍，相逢皆老。譚次示以詩集，捧讀一過，内有見懷之什，拳拳舊雨，歷久彌真。意昔春明聯藝，意致雄豪，今各雪滿頭顱。天涯淪落，一往深情，不堪回首，思之默然，憮然。韻泉愚弟潘景拜題。”

鈐印有“契蓮”、“静齋”、“福昌”、“慶周”、“臣滋”、“心清聞妙”。

適園詩集【稿本】

《適園詩集》五十二卷，清袁景瀾撰。稿本。二十四册。清劉禧延、潘鍾瑞、孫瀜批并題識；清葉延琯、張源達、張鴻卓、袁樹瀾題識；近人屈向邦跋。半頁十一行二十一字，無框格。題“元和袁景瀾文綺”。前有道光二十三年(1843)殷壽彭序、道光九年(1829)陳仁梟序、道光十九年(1839)沈寶禾序。又王粲英、許鍔等人題詞。

袁景瀾，一名學瀾，字文綺，元静春居士之後，江蘇元和人。諸生。少小孤寒，獨溺於學，從吴江殷壽彭游，以能詩著聲吴下。詩沉博絶麗，蓋瓣香於太白、長吉、玉溪之間。構静春别墅，更字春巢。兵燹後，奉母遷居城中，課子及孫，所著詩文，皆自刊定。民國《吴縣志》卷六十八有傳。

其自序云：“余生幼孤，備歷艱辛，秉性静默，不慕榮利，恬淡世好。自成立逮著齒，隨遇即紀以詩，如候蟲時鳥，自鳴其籟，自適其性，不求人知，人亦無知我者。日月寖淹，篇什遂多，不論工拙，稿輒恕存，藏之篋衍，以自省覽。前塵昔夢，開卷如昨，使一生心血，不致淪滅，亦正如蠶之作繭，豹之留皮，自成爲天壤間一物而已。他時幸遇知音，則流水高山，牙琴獲賞；不幸而飽蟫蠹、覆醬瓿，中有數存，我無容心焉矣。”卷五後又有自跋云：“余幼年失怙，辛苦營家，處境艱難，知心絶少。居平，無他嗜好，惟以讀書吟詩爲事，亦聊以遣悶耳。後時時應試，欲搏一第，而竟不可得，八赴省闈，毫無寸進，雖時獲房師李金芝、王成璐、單忻諸公薦舉宏獎，均爲主試者所屏。四十後亦不復應舉矣，今年逾五十，而時值兵戈，更覺生理艱窄，讀舊作詩，不覺重有感於身世間也。”於此可見作者之心境及詩作之旨意。

卷一至八古今體詩八百八十首、卷九田家四時詩七言絶句一百首、卷十至十三古今體詩四百二十八首、卷十四十國宫詞七絶一百首、卷十五古今體詩一百一十六首、卷十六續咏春秋樂府七古一百首、卷十七古今體詩一百二十六首、卷十八姑蘇竹枝詞七絶一百首、卷十九古今體詩一百零九首、卷二十西泠游草八十三首、卷二一至三二古今體詩一千二百六十六首、卷三三續咏姑蘇竹枝詞七絶一百首、卷三四至三六古今體詩三百三十二首、卷三七廡下遣愁集一百二十六首、卷三八蘗林操縵集一百零四首、卷三九滬游集一百一十八首、卷四十廛隱集一百三十八首、卷四一海上歸帆集一百零七首、卷四十至五二古今體詩一千三百四十首。總計五千七百一十一首。

董康《書舶庸談》卷二曾述及是書：其於日本田中氏文求堂所見爲抄本，卷册同此稿本，“中或稱杏花春雨樓，亦稱聽香樓集，……如十國宫詞、春秋樂府、姑蘇竹枝詞，俱可析出單行。余作惜多流連歲序，題爲寫勝遊，若剛約爲五分之一，固道咸後一作家也”。又云：“閲《適園詩集》，中年以前之詩，才華豐蔚，詞旨幽研，晚年頗頹唐。”

此稿本詩之標題上多鈐有“刻”、“選”楷書小印，留爲作者欲付梓人前所作之標記。後半用紙書口題“適園叢稿”，下有“巢史遺閑著”，緑格十一行。是書卷五十二《自題後課孫圖》，有云：“昔在戊午春，余年五十五。”又第十册鈐有小印“生於甲子”，則景瀾生於嘉慶九年(1805)，卷五十一有《七十初度，自述七律二十四首》，小注甚詳。如咸豐三年，景瀾以田租助餉，李鴻章奏獎候選詹事府主簿，均可補志書之不足。

是書同治間有木刻本，謝國楨曾得之，六册。計分蘇臺攬勝詞二卷，虎阜雜事詩一卷，姑蘇竹枝詞二卷，田家四時絶句、吴俗颯喻詩、柘湖道情一卷，吴門新年雜咏一卷，吴門歲著雜咏一卷，西泠游草一卷，金陵游草一卷。或皆爲自稿本析出者。

清嘉道間，諳於吴中掌故，且有專書面世者推顧震濤《吴門表隱》、顧禄《桐橋倚棹録》，數年前皆有標點本出版。此袁氏所作雖爲詩集，然頗多近代江南之風與民情之作，大凡市井變遷、民俗節日等，如《觀吴門三鄉賽會歌》、《黎里秋燈詞》。其詩咏《小除夕》云：“幾聲臘鼓報春回，煨酒消寒撥舊醅。童子穴窗窺雪落，家人祭竈喜年來。神前卜歲占雞骨，牀下儲糧蓄芋魁。村老醉能談往事，夜闌相伴畫爐灰。”又有《縣吏催租》詩，“年荒迫厚斂，虎吏嚇貧民。手持官符下，輸租限日辰。聲聲打門急，雞犬驚四鄰。東家責酒肉，西舍索錢緡。追呼擾村巷，到處生囂塵。蕭蕭邠老室，風雨句初新”。活現酷吏貪賄行徑和嘴臉，可爲研究其時社會文化、經濟史及江蘇地方文獻者參考。

臺灣“中央圖書館”藏有袁氏《適園叢稿》不分卷，版本項作“諸家評點底稿本”，二册。又有《姑蘇竹枝詞》一卷續一卷，爲抄本，一册。不知内容與此稿本有何不同，或有可補者。

鈐印有“袁氏文綺”、“袁印學瀾”、“春巢”、“適園”、“元和袁學瀾印”、“袁印景瀾”、“景瀾詞翰”等四十餘印。

此稿本藏香港中文大學圖書館。

定盦文集【清同治刻本】

《定盦文集》三卷《續集》四卷，清龔自珍撰。清同治五年（1866）刻本。清江標批并題識，拳盦批并跋。藏美國芝加哥大學遠東圖書館。

定盦之文，雄奇超絶，“文詞俶詭連犿”，隱晦曲折，須細細索解，方能悟出本意，其在清代及近代詩壇上以獨特風格而爲讀者稱頌。此定盦集有江標批并題識。題識云：“定盦文，余嘗見潘鳳洲鴻手批本，考訂頗多，今在陶小沚同年處，它日當乞假一校也。標記。”江標，元和人，字建霞，號萱圃，光緒進士，官編修，博學工詩文，刻有《靈鶼閣叢書》。

按此本除江標批外，又有署拳盦者批注甚多，拳盦不知何許人。兹録數條，以窺一斑。

文集卷一後拳盦跋云：“胡甘伯嘗以汪容夫、龔定盦、魏默深爲國朝古文三大家，謂汪文内宏肆而外謹嚴，龔文内謹嚴而外宏肆，魏文亦謹嚴亦宏肆。戴子高則謂汪文似不及龔，汪僅能及於漢，龔則已造於秦。予謂汪非不能及龔，龔實不勝於魏。存此三説，以俟深知篤好之人。丁亥四月二十五日。”又云：“近數十年士大夫誦史鑒、考掌故，慷慨論天下事，其風氣實定公開之。張南山謂定公得志恐爲王荆公，豈非以其好議興革而逆憶其將來者哉？然則唯唯諾諾奉行故事，小廉□謹以與功名終始，其真韓魏公賽鄭公流矣。五月十一又記。”“龔之人，龔之文，皆《莊》、《騷》也，汪其淮南流亞乎，魏未可同年語。拳盦塗。”

《定盦續集》卷四《王冲瞿墓志銘》旁批“奇人須此奇文，然叙事煞有關係，非淺人所知”。

古今體詩卷上《破戒草》批有“定公詩五言古、七言絶，神妙不可幾及，七古則不可學，才太横也”。“定公詩兼有古文家法，金石氣重，故無語不雅，又時時有弦外之音，非深於此道者不能究也。”

上海人民出版社曾以定盦師友潘鴻、祝心淵、浦炳、孔嗜澹、吴昌綬、流碧精舍（即王謇）等七家手校本互相校核，分别處理，然未見此本，似此本亦可爲研龔氏者提供佐證也。

城南集、寶芸齋詩草【稿本】

《城南集》一卷《寶芸齋詩草》一卷，清葉名澧撰。稿本。二册。藍格。題“漢陽葉名澧潤臣著”。

葉名澧，字潤臣，號翰原，湖北漢陽人。道光十七年舉人，官内閣侍讀。家門鼎貴，依然寒素，汲引人才，惟恐不及。擁書十萬卷，有志纂述，所著有《周易异文疏證》、《戰國策地名考》，皆未卒業。又有《讀易叢記》，已刻。咸豐九年歿於杭州。

《城南集》收詩九十六首，《寶芸齋詩草》收有七十二首。

《城南集》前有山陽潘德輿評語和張際亮題詞。潘德輿云：“作者性府昭曠，倫紀敦篤，已得詩人大根本，而涂徑復至正，陶洗復至潔。故偶然命筆，皆古雅可誦，能動人温厚之心，如此作詩，雖未遽宣揚政治，而已大有益於風教矣。”

名澧爲翁方綱弟子，《寶芸齋詩草》中有《過翁覃溪先生宅有感》一首，云：“嵩陽夢杳烏雲散，石墨樓空夕照留。幾輩清尊開北海，百年華屋感西州。學宗鹿洞儒流仰，跡重雞林賈客求。樹影當門稀過轍，蟬聲鄰寺送殘秋。”翁氏年八十六而卒，晚年境遇不佳，身後蕭條，名澧聞翁氏曾孫女溷迹市中，貧無以度，引爲已女，擇名門子嫁之，此事在士林中皆頌其賢。

按，名澧有《敦夙好齋詩集》，津未曾見，不知以上之詩一百六十八首，是否收録其中，俟之將來，或可冰釋。

鈐有“葉名澧”、“鳳梅里人”印。又有“玉階之印”、“蓉石讀過”二印。玉階爲黄玉階。此書藏美國哈佛大學哈佛燕京圖書館。

賓鴻吟稿【稿本】

《賓鴻吟稿》八卷《續稿》三卷《海濱紀事》二卷，清王鴻鈞撰。稿本。四册。半頁八行二十一字，無框格。題“上海王鴻鈞雲村氏草”。前有道光二十九年(1849)陸鴻儀序、道光二十年(1840)王鴻鈞自序。

王鴻鈞，字雲村，一字大銓，號海濱逸叟，上海人。業儒，貧不克進取，以故名利澹如也。生平喜爲詩，不襲古套，唐之少陵、宋之玉局，其所深嗜。特患少風趣，而爲時人薄之。又其閑静寡言，不爲利動，不爲物誘，品端謹而不趨時，行直道而不邀名。生於嘉慶三年，詩中記事至同治十年，鴻鈞時七十三歲。

鴻鈞所作詩二千餘首，此其選本也，計《吟稿》卷一五言古詩二十二首；卷二七言古詩二十五首；卷三五言律詩三十一首；卷四七言律詩一百零四首；卷五七言律詩八十七首；卷六絶句(五言、六言、七言)一百八十首；卷七排律二十四首，六言排律一首，七言排律一首；卷八爲補遺，詩四十三首。《續稿》卷一爲《退崖集》，詩七十一首；卷二爲《歸東集》，詩六十四首；卷三爲《隱庵集》，詩四十一首。《紀事》卷一三十四首、卷二十五首。

其詩多觸景而出，所謂發乎情止乎禮義，是情生於景，景成於聲，聲成於文，文成於詩。故詩淡而有神，瘦而能腴，有甘苦自得之意。卷五有《自題拙集》，云：“可憐苦費半生心，淘盡泥沙不見金。險覓枉窮天地外，狂蒐空測海江深。徒勞餓鬼扒腸出，幾約情魔入骨侵。終覺一名無我分，死灰重撥淚難禁。”續稿有《七十生辰志感》，計三十首，述其貧病潦倒之生涯，其第一首云：“七十韶華一夢中，追思往事總成空。室無巧婦難藏醜，詩乏奇才敢道窮。秋草荒煙迷去住，愁雲落日感飄篷。如何銷得平生志，好使蒼頭速變童。”

細讀諸篇，覺有超出炎涼之致，無烟花熱鬧之氣，且多寫實。如卷三《澤中吟》，乃寫道光二十二年五月，其在上海漕河涇見夷匪入境，民都遠避，流離困苦之景。《紀事》、《壬寅紀事》、《十六日過滬城感賦》、《滬城紀事》、《咸豐十一年十二月二十二日長髮賊犯高橋》、《袁公閏甫明府殉難滬城》、《滬城感事十首》、《乙卯元旦滬城歸復感而志之》也頗具史料價值。又有記上海藏書家徐紫珊事數首。

鴻鈞自序云：“暨兩宋遼金元明，沿及聖朝諸大家，傑出莫不各有專集，甚至禍棗災梨，堆山塞海。誠不知有幾千萬萬人爭欲自名一家，托傳於後，將撐破乾坤，外尚多遺落而不彰者，亦不知有幾千萬萬人哉？如才同襪綫，學等泥沙，竊不自愧，而孜孜不輟。好作韻語，不敢自以爲是，偶有所得，書之寸紙，寄之敝簏，乃欲起而與諸大家抗衡。所謂蚍蜉撼樹，不知分量者哉！矧鄉曲無聞，安能流於四海；没世難名，豈得傳之千秋。然人知之如是，人不知亦如是，發抒自我之所思，遑顧他人之噴飯，此所謂是我之詩也。”

此集似未刊刻，今藏美國哈佛大學哈佛燕京圖書館。《續修四庫全書》、《四庫未收書輯刊》、《續修四庫全書總目提要》(稿本)、《清人詩集叙録》、《清人詩文集總目提要》未著録。

鈐印有“有不爲齋”。

性禾善米軒小草【稿本】

《性禾善米軒小草》不分卷，清徐士燕撰。稿本。一册。半頁九行十九字，緑格。前有道光九年(1829)馬華鼎序。扉頁題“性禾善米軒詩稿。道光二十七年丁未元旦。八十歲老者張廷濟”。爲雙鈎所摹。

徐士燕，(光緒)《嘉興縣志列傳》僅有十數字記載。《藝文》更略，只載士燕“《讀杜質疑》、《竹里述略》”二種。據馬華鼎序：“徐子穀孫，吾友籀莊先生子也。初，先生艱於嗣，年逾四十始舉穀孫，鍾愛特甚，祖父親教之讀書。而穀孫性英敏，十歲即能賦五字句，其表伯古村張先生亟稱之。夫良弓之子，必學爲箕；良冶之子，必學爲裘。穀孫年才舞象，而穎悟如夙成，知胎孕於家學良深耳。”查《歲貢士壽臧府君年譜》(《古學匯刊》本)，嘉慶二十四年(1819)六月十七日，士燕生。

此集爲未刊稿本，收詩凡八十五首，又附《思貽居偶吟稿》一卷，計二十三首。部分詩作上有張廷濟批語，如《挽張南橋表叔邦梁》，批有“不堪再讀”。《偶然作》，批有“得古意”。《次韵漢河内工官弩機詩》，批有“讀書善悟”。除詩之外，又有文稿，多爲考釋金石文字，如《釋周祀刊敦》、《漢朝陽少君鐘考》、《八鳳壽存瓦當跋》、《唐李北海書雲麾將軍碑殘石并摹本跋》等，計二十三篇，也未刊刻。

徐士燕爲張廷濟甥，張廷濟字叔未，嘉慶三年解元，因屢躓禮闈，遂結廬高隱，以圖書金石自娱，工詩詞，精金石考據之學，其題此本詩云：“白玉滿庭中，紛紛自太空。太平真有象，來歲卜年豐。谷孫外甥孫今年九歲，對雪詠第一句，喜其聰穎爲續全之。道光丁亥十二月廿二日，未翁。”丁亥，爲道光七年(1827)。張廷濟卒後，徐士燕奉父命，會葬張氏於金壇橋，時爲咸豐元年事也。

此本今藏上海圖書館。

性禾善米軒詩稿【稿本】

《性禾善米軒詩稿》一卷，清徐士燕撰。清道光二十六年(1846)手稿拓印本。一册。清黄錫蕃、錢聚朝、蔣槐識語。美國哈佛大學哈佛燕京圖書館藏。

徐士燕，號穀孫，浙江嘉興人，廪生，擅分書。有《讀杜質疑》、《竹里述略》。

此詩稿實乃《仿清儀閣雜咏十二首》，爲咏長生無極瓦、金錯弩機、五銖錢範、徐奉磚、瓷碗、趙文敏兕觥、江鳴皋瓷阿羅漢、雙石、魏子一硯、巢貞孝硯、錢半完名印、顧雲美金石之遺印。每詩旁皆拓有器物原形，互爲印證。今原器物大約多已佚去不存，於此可窺一斑。

士燕跋云："張叔未舅祖《清儀閣雜詠》作於嘉慶戊辰，是年浙西大水，因以憂時憫農之意，託諸賦詠。其首章云，'編宜唱出新詩卷，消却風波水國愁'。蓋自序其志也。今年夏小旱，憫雨者再輒得雨，喜不自勝，爰雜舉古物小品詠之，得十有二首，雖憂樂可感，意各不同，而瓣香有自，竊願從無已後云。"

士燕乃張廷濟之外甥，詩稿曾請張氏題，有"道光二十七年丁丑元旦穀孫彦士徐甥標題，八十歲老者張廷濟"。鈐有"眉壽老人"、"嘉興張廷濟叔未甫"印。張氏生於乾隆三十三年，卒於道光二十八年，也即題引首之次年。

蔣槐識語云："捧讀諸作，才調格律，酷似清儀閣，可謂善於學步，擬欲題詩，明日將泛舟笠澤，匆匆行色，未遂所願，歉何如之。"

趙烈文函牘稿【稿本】

《趙烈文函牘稿》，不分卷，清趙烈文撰。稿本。五册。美國芝加哥大學遠東圖書館藏。

趙烈文，字惠甫，號能静居士。江蘇陽湖人。負王佐之略，擅倚馬之才，曾爲曾國藩戎幕，凡運籌决策以及軍書章奏，多出其手。晚年寓居常熟，覃精金石，有《天放樓集》。薛福成曾論列曾氏幕府人物，目烈文爲弘道，非過譽之詞。同治八年，曾氏專摺奏調烈文至保定，考語有"隨臣營多年，素講愛民之道，熟於史學，庶以儒術潤澤吏治"云云。此稿即爲烈文離開曾幕後去地方任職之公文函稿。

函牘稿無年份，部分有月日可證，大致爲元月至十二月。陳乃乾先生《陽湖趙惠甫先生年譜》，載烈文於同治八年冬十月，奉委署理廣平府屬之磁州；十一年正月奉錢調甫（鼎銘）檄，署易州知州事，時年四十有一。證之函稿，似爲署理易州時之事。如七月初九日，有《覆謝磁州紳士王送碑拓》，云："兹從南中印到《驗方新編》若干部，因念磁境岐黄家頗少，閭閻病疾，往往求醫不得，用特附便寄去十部，望即查收，轉分城鄉士友藏弆備用，其遠僻處尤宜留念，是爲至要。"可證爲烈文離開磁州時所書。

函稿用黑格十行紙，書口下印有"能静居鈔書"。除少數信函爲趙氏手擬外，餘皆州僚所爲，而經趙氏改定者，每函後皆有趙氏手書"照繕"二字。收信者多爲地方官員或本家親戚，如致惲小山、陳松泉、趙維楨、天津府馬、蘇撫張、署運司祝、河南錢中丞、兩江制軍李、臬憲范等。如遇節日（中秋）必有函致鄰近各府、縣、廳、州之官員，以示祝賀。

函稿又有關於官場饋贈財禮之内容，如《致涞廣》："頃奉天津府馬太尊來函，以爵相少爺於九月二十六日起程晋京，擇於十月初三日就岳家張大人宅入贅成禮，十月二十二日回署。所有各僚屬應致喜禮，誠恐參差不齊，現經馬太尊切囑，天津任令先爲籌墊，分别代辦，按十府六直隸州四路廳各率僚屬，代辦款幛水禮，所有分資，每份若干，俟辦妥後再爲核算奉致。此外，如有另備致送者，似須於十月二十二日以前送致，各等語用特飛布以聞。至分金應須若干，俟續得津信再行奉達。""爵相少爺"，當爲曾國藩之子曾紀澤。

查《中國古籍善本書目》，有《能静居函稿》不分卷，稿本，藏南京圖書館，惟一時無法核對之。

巢經巢詩鈔【清莫友芝批校本】

《巢經巢詩鈔》九卷，清鄭珍撰。清咸豐二年(1852)刻本。四册。清莫友芝批校并圈點。藏上海圖書館。

鄭珍，字子尹，晚號柴翁，貴州遵義人。道光十七年舉人。後連試進士而不第，官至貴州荔波縣訓導。同治二年以知縣分發江蘇，不就。珍精研小學，通達六經，名物訓詁，詩文書畫均有造詣。其詩氣勢磅礴，獨辟蹊徑。莫友芝與鄭珍皆以詩文而馳名西南，有"黔中二杰"、"鄭莫"之稱，也被譽爲"西南巨儒"。

《詩鈔》起道光六年，止咸豐元年，共二十六年，計詩四百九十首。鄭珍卒於同治三年，咸豐元年後所作又有"續鈔"、"遺稿"、"後集"、"逸詩"、"詩鈔外集"、"遺詩"諸種不同名目，收詩多少也有不同。

鄭珍長友芝五歲，友芝以兄事之。友芝序有云："自二十年前，友芝侍先君遵義郡學，子尹居東八十里樂安溪上，每以秘册互假寫勘，時常往來。丁酉以後，春官奔走，郡乘牽絆，兩人共晨夕尤夥。至辛丑先君見背，即卜兆樂安溪上青田山，復結廬其間，以近吾子尹也。計訂交到今且三十年，雖中間飢驅離索，不常合並，而靡不以學行文章相礱砥。"友芝詩作，自道光二十四年以下八年者，有《郘亭詩鈔》，是書爲鄭珍所删定并作序。據此，可知鄭莫兩人之至好深交。

此册經友芝手訂批校并圈點，卷一《芝女周歲》，批有："此詩若在道上作，即須著明，若歸家作，即作前論。"卷二《凉夜》，批有："此詩應删而失删。"卷三《三月十日沙洋》，批有："入韻二句，意境不愜。"卷六《飛雲岩》，批有："岩奇絶，經巢此詩未極其勝。"卷八《贈老友趙蘭圃商齡、芷庭錫齡兄弟并示□廷璜二首》，批有："經巢絶句，當以此等爲上乘。"卷九《十六日送子何歸覲》，批有："此等詩，經巢集中亦不多見。"又《十一月二十三日携兒子游鐵溪至石廠》，批有："興隆周草亭，亦名瑛，不知是一人否？守鎮遠者，莆田進士，非草亭也。"友芝直率所書，也爲真知鄭珍者。

據1940年《貴州文獻匯刊》第四期，李洣《跋巢經巢詩鈔》，稱其所見該咸豐二年刻初印本，上有友芝朱筆眉批及鄭珍墨筆校正之字，又云重要修改有九處，主要增注兩處。現李氏所見莫批本不知所歸何處。又據傳，當年修改後之版片今存遵義市圖書館，未知確否？

貴州省博物館藏《巢經巢未刊詩稿》不分卷，抄本，也有莫友芝批校，然未見。又臺灣"中央圖書館"藏有咸豐刻《巢經巢詩鈔》一帙，曾藏莫友芝家，然無莫批。

鈐印有"莫友芝圖書印"、"莫繩孫字仲武"、"莫印經農"，又有"此書曾藏長沙龍毓瑩字伯賢媚夜書樓"。

百蘭山館詩詞集【清抄本】

《百蘭山館詩集》五卷《詞鈔》一卷，清丁日昌撰。抄本。三册。屈向邦跋，半頁十行二十五字，無框格，題“豐順丁日昌禹生”。無序跋。藏香港中文大學圖書館。

丁日昌，字禹生，一作雨生，號持静，廣東豐順人。貢生，入曾國藩幕，後轉至上海專辦軍事工業。歷任蘇淞太道，江南製造局總辦，兩淮鹽運使與江蘇、福建巡撫等職。晚年會辦南洋海防，節度水師，充兼理各國事務大臣。李鴻章曾謂日昌“洋務吏治，精能罕匹，足以干濟時艱”。有《撫吴公牘》、《持静齋書目》等。

百蘭山館爲丁氏在上海時期之讀書處，同治四年，丁氏結識何紹基，何即爲之題“百蘭山館”。此集始自道光二十二年，止於光緒七年。卷一詩八十五首、卷二八十二首、卷三六十九首、卷四四十四首、卷五四十首；《詞鈔》十六首。卷三爲旋瓊之草，作於咸豐八年，時日昌官瓊州訓導，自潮至瓊途中所作。有云：“有得即録，不復問其工拙。古云勞者善謳，余境雖勞，而謳不可謂之善，姑存之以當日記焉已爾。”卷四爲咸豐十一年後作。其時太平軍李秀成部進入江西吉安府。丁氏及知府弃城而走，因被革職并流落上海、揚州、山東等地。後上書曾國藩，入曾幕，并結識李鴻章、莫友芝諸人。由於曾國藩之奏請，開復原職，并到上海任職。卷五則爲其奉命赴粤辦理洋務後所作，其時在同治五年，也即其升任蘇州藩司之後。

《粤東詩話》評價日昌詩云：“雅淡樸淳，詩情甚摯。”何紹基也盛贊之，有“老猿雖狂，退避三舍”之語。其卷一第一首《决堤嘆》，爲日昌十九歲時所寫，詩中對自然災害下的人民生活寄以莫大同情。詩云：

“七月七日大雨傾，瀟瀟嘈嘈至五更。七月八日河堤决，浩浩蕩蕩田廬滅。百丈洪濤破地流，登山未得且登樓。樓頭頃刻被水覆，百萬生衆齊一哭。水哉水哉將奈何！平原萬頃成滄波。一連五日流始息，骷髏白骨堆荆棘。秋風蕭瑟秋草柔，饑鬼夜哭聲啾啾。即今死者何用食？生者田疇耕不得。老牛負犁鞭不動，沙泥淤塞苗難種。耕時欲過秋既深，新秧一束值千金。賣男買秧布屋角，秋霖不繼仍黄落。去年嫁女足供糧，今年嫁妻賦莫償。老弱看看溝壑滿，壯者終將四方散。吏胥催租急如虎，推門無人室無釜，空堂時時出飢鼠。”

道光二十二年七月，廣東海陽發生水災，河堤决口。是年，丁日昌中秀才，此詩乃爲其寫實之作。集中有致潘祖蔭、翁同龢、曾國藩、郭嵩燾、何紹基、莫友芝等人詩，皆咸同時重要人物。

日昌中年嗜收藏古籍。在上海時，正逢郁松年（泰峰）宜稼堂書散出，其收得甚多。郁氏藏書多爲黄丕烈百宋一廛、汪士鐘藝芸書舍舊藏，故日昌詩中有云：“潢池忽興波，焚毁逾十稔。琅嬛付一炬，見者淚輒飲。我時苦蒐羅，如吸盃底沈。百宋在一廛，往往得神品。”丁氏藏書目録計有四種，一爲同治四年幕僚林達泉所編《百蘭山館藏書目録》，但未刻。同治七年莫友芝所編《持静齋書目》四卷續增一卷，書後附莫友芝《持静齋藏書紀》二卷，并於同治十一年刊刻。光緒六年，丁日昌又將莫、林所編二目合爲一書，重加校訂爲《持静齋書目》一卷。

丁日昌爲中國近代向西方學習，走洋務自强道路倡言者之一，也是中國近代軍事工業之首批創辦者之一，於江南製造局、天津機器局的創辦作出過重要貢獻，并爲經略臺灣提出積極建言。其卒後，翁同龢有挽聯曰："政績張乖崖，學術陳龍川，在吾輩自有公論；文字百一廛，武功七二社，問何人具此奇才。”

《廣東文徵》記載，日昌所著《百蘭山館詩》已刊行。然未之得見。曩嘗見有民國間排印本二册，題《百蘭山館古今體詩》五卷附録一卷，也無序跋，當爲後人所輯。然二種相校，排印本卷一一百四十八首、卷二一百七十七首、卷三一百五十二首、卷四七十五首、卷五七十首。附録爲詞十四首、楹聯四十一則。此本或據稿本傳抄，抄手雖新，然其内容當爲研究丁氏文學作品和生平之重要資料。

舒藝室詩録【稿本】

《舒藝室詩録》二卷《餘稿》一卷，清張文虎撰。稿本。一册。上海圖書館藏。

張文虎，字孟彪，號嘯山，自號天目山樵，上海南匯人。諸生。博覽群書，精於象緯律吕之學。嘗校勘《守山閣叢書》、《指海》、《小萬卷樓叢書》等書，舉凡數百種，世稱善本。又應金陵書局之聘，獨校《史記》，成《史記集解索隱正義札記》五卷。晚年主南菁書院講席。

此稿本收詩上卷六十四首，下卷六十六首，《餘稿》三十七首，計一百六十七首。書眉上鈐有紅色“選定”木記，當爲文虎選刻入集之標識，計“選定”者上卷四十七首，下卷二十七首，《餘稿》二十首，共九十四首。經與文虎《舒藝室雜著》中《詩存》相核，稿本中凡經“選定”之詩大部已刻入《詩存》，僅“游烟霞、水樂、石屋三洞”等數首未刻。其中無“選定”字樣之詩刻入《詩存》者頗多，如“錢夢廬天樹，當湖老名士也，以嗜古好客貧其家，性喜竹，倩工仿竹里煎茶圖寄予，云欲令知我者題之，勿泥圖意，賦此以答”等多首皆是。由此可見，此稿迥非文虎之定稿本。文虎於詩古文詞涵咏百家，而能自見面目。王慶勲稱其“十年來不甚作詩，亦不喜人談詩，而好讀小雅，謂胸臆間事，古人先我言之，既詳且盡，口誦心維，勝於自寫”。

是稿書口下有“守山閣”三字，“守山閣”乃金山錢熙祚齋名，蓋文虎館金山錢氏三十年，此稿本當館錢家時所成。封面題“張嘯山古今體詩”，又有王慶勲題款一行，“咸豐八年二月廿三日王慶勲讀於自在軒僧舍”。慶勲，道咸中上海人，字叔彝，壽康子，附貢生，少慷慨有大志，曾著有《詒安堂初稿》八卷《二稿》八卷《詩餘》三卷《試貼詩鈔》一卷，并輯有《應求集》四卷等書。慶勲所輯刻的《詒安堂全集》中收有文虎《舒藝室詩》一卷，這些詩已爲《舒藝室雜著》所收。

依舊草堂遺稿【抄本】

《依舊草堂遺稿》一卷，清費丹旭撰；抄本。一册。半頁十行二十三字至二十五字不等。題"湖郡費丹旭撰、杭郡汪鉽編"。汪曾唯撰"曉樓先生小傳"，又同治五年(1866)吴淦跋。

費丹旭(1801—1850)，字子苕，號曉樓，晚號偶翁，又號環溪生，浙江吴興人。工寫照，如鏡取影，善畫人物，筆法秀潤，賦色素淡，香艷妍雅，神情逼肖。尤精補景仕女，瀟灑自然。兼工山水、花卉，取法惲壽平，所作以清靈雅淡之筆出之，頗有韵致。曾爲丁敬、金農、厲鶚等人畫像，名噪一時。道光咸豐間，寓滬鬻畫，道光三十年卒，年僅五十。《碑傳集補》卷五十六有傳。

丹旭天資穎异，貌雋秀，性通脱，學詩於黄士珣(薌泉)。偶作詩詞，亦如其畫，然詩詞諸稿成輒弃去。遺稿僅存詩七十三首，後并附《依舊草堂詩餘》二十四首及殘句十餘首。補録之詩二首。詩中可見丹旭之交游及題畫詩，其詩雖不多，然可窺見其抒寫性靈、饒有天趣之一面。其《爲奚子復疑摹厲徵君樊榭像并題用徵君集中溪樓作韵》、《偕劍秋過小緑天庵訪六舟上人達受不值》、《十一月五日雪夜寒甚寄劍秋》等，允爲佳作。李慈銘《越縵堂詩話》云："丹旭未嘗讀書，而所作頗有婉逸可取者。"

吴淦跋云："稿爲曉樓費君歸道山後，其友汪劍秋蒐故紙，彙而成編者也。君以畫名大江南北，書法腴秀跌宕，得南田神髓。詞以韻度勝，詩不規規格調，而神致超淡，字字心聲，顧俱爲畫掩。性灑落，凡同人酬唱及題畫諸什成輒棄，不自撿拾，以故所存甚尟。道光壬辰始游杭，即館余友汪子用之振綺堂，余耳名久矣，恨未覯面。壬戌來海上，與嗣君餘伯相友善，三子穀士，又從余游，因備悉梗概。子用篤世好，恐遺稿散佚，付剞劂氏以傳於世。後之讀是詩者，可想見其爲人，而與畫名共垂不朽云。"

按，汪鉽，字式金，號劍秋，錢塘諸生。工書法，有倪高士風。《遺稿》詩中有多首涉及汪鉽，蓋係贄友也。丹旭與錢塘汪氏甚好，道光間，汪遠孫(小米)曾館費氏於其家之振綺堂，寢之食之，且揄揚之。遠孫喜刻書，胡敬撰《汪公小米墓志銘》中嘗云："亡友詩文，代爲校刊者，難以悉數。"遠孫後人承繼刻書之事，曾於同治七年(1868)刻有《依舊草堂遺稿》，作不分卷。光緒二年(1876)，汪氏振綺堂又刻有丹旭繪《東軒吟社畫像》。

《依舊草堂遺稿》，爲汪曾唯所梓。曾唯，字子用，號夢師，錢塘縣學附貢生，兼襲雲騎尉世職，湖北咸豐縣知縣兼理儒學訓導。其撰《曉樓先生小傳》云："劍秋曾叔祖與先生交久且深，蒐殘叢，手鈔《依舊草堂遺稿》一卷，余因梓而行之。"《遺稿》

之版片，後由其族人儲入浙江圖書館保存。

是書又有民國間排印本，爲丁輔之所印。其底本即爲同治七年汪氏振綺堂刻本。據費有容跋云：其於戊子謁汪曾唯，曾唯出刻本一卷相授，"歸而展讀，始知鐫於同治戊辰，距有容之生尚早六載，並署振綺堂開雕，則固爲子用丈所貲印者，寶諸笥筐，歷三十年。迨作客海上，頗思重印，以貽親故，而稿版已爲浙江圖書館所藏，商諸館長章仲銘同年，云已殘缺，謀付懷鉛家，又卒未果行。丁君輔之，紀群故交也，允以仿宋版爲輯單行本。有容拜而授之"。排印本計收詩一百零八首、詞十二首，較此抄本爲多。然二本有何不同，當須費時細核之。

《續修四庫全書總目提要》(稿本)、《續修四庫全書》皆未收録。此本藏臺北"國家圖書館"。《"國家圖書館"善本書志初稿》著録。

倚修竹軒吟稿【稿本】

《倚修竹軒吟稿》不分卷，清吕逸撰。稿本。二册。半頁八行二十字，無框欄。末有光緒二十六年(1900)完宗嶼後序。

吕逸，號韵清女史，清末浙江石門人。豐姿卓越，負性奇异，幼讀書，善書畫，尤嗜歌詩。年三十許不離母，閨閣待字，與世浮沉。一鄙膏粱肉食流，不屑與偶，日抱一編，孤吟優游歲月。遇風雅友，每深款洽，放言高論，不拘拘以巾幗束。逸或爲吕晚村之後。

吟稿收詩計二百二十五首，皆七言。

女輩讀《紅樓夢》者不多，讀後有感而入詩者更少，逸詩中有三首涉及《紅樓夢》者。其一爲《讀紅樓夢傳奇》，云："斬新花月著紅樓，不補情天死不休。漫説渺茫終是夢，雖然是夢也風流。"其二爲《題紅樓夢傳奇》，云："媧皇不補奈何天，與我何干亦黯然。但願有情皆眷屬，只愁無計替成全。痴心自古空餘恨，好夢由來不易圓。若向箇中求甚解，鴛鴦轉願羡神僊。"其三爲《前詩意有未盡，重有感再成一律》，云："解得其中味是誰，分明剥繭與抽絲。欲同今古才人哭，莫認荒唐作者痴。天若有解猶解恨，夢雖可續已嫌遲(有《續紅樓夢》、《紅樓圓夢》及《紅樓補夢》諸書)。自通靈後翻多事，不若頑時了不知。"

逸曾在上海小住，居仁美里，其在都市生活，所見演劇活動甚多，入詩者有《觀西婦演各種戲技》、《觀内城供奉孫伶菊仙演劇》等。又有《登海上寓樓有感》一首，云："獨上高樓感不支，繁華地莫過於斯。可憐海市笙歌夜，正是宫幃宵旰時。蕩子有金惟買笑，災黎乏食枉啼饑(時閲各報，如陜甘湖南等處大饑)。蛾眉無力安天下，空自臨風熱淚垂。"亦可見其同情貧苦百姓之一面。

逸善畫，詩中有《題自畫水仙拳石便面》、《題自畫芍藥海棠月季畫幅》、《自題梅花韵軒夜讀圖》、《自題倚梅小影》多首。

完宗嶼後序云："余庚子客石門，聞石邑有才女者吕氏韻清也。……昔遊徐君亞陶先生門，列弟子行。亞陶先生，石邑詩翁者也。時先生守廬郡，年已七十六矣。案牘暇，撚髭嗜吟，奇韻清才，召隨宦。韻清乘一葉舟，徧歷山川奇異，而見聞益廣，得先生傳，而詩格益高。余自聞韻清名與行，旋於肆市中見其畫，彌傾慕。與石邑茂才葉君和卿往來，談及韻清事，邀訪其家。登見論文，娓娓不倦，豪有丈夫氣。出稿示余，輒誦一過，幾使人叫絶，篇中感時賦事，各有諷喻，洵非稍稍識字學爲詠歌嘲弄風月比。"

卷一第一頁第一行下寫有"半影厂主陳氏珍藏"。封面書籤有"半影厂主蝶生氏"。第一册前十數首，字句有修改。

清代閨閣能詩且卓然成家者不下數百，然名媛之集，鐫印不多，紅香小册，绿窗零帙，流傳極少，搜羅亦不易，美國哈佛大學哈佛燕京圖書館所藏亦僅六七十種之數。此稿藏哈佛燕京圖書館，未曾刊刻。嘉道間完顔惲珠廣搜博采，輯有《國朝閨秀正始集》并續集、補遺，所收皆閨閣中之奇才。至民國間，胡文楷編《歷代婦女著作考》，自漢魏以迄近代，著其目者四千餘家，得其集者八百餘家，可謂集大成者，然也未有收入吕集。《清人詩集叙録》、《清人詩集總目提要》、《清史稿藝文志拾遺》皆未著録。《晚晴簃詩匯》亦未收録吕詩。

鈐印有“倚修竹軒”、“韻清女史吕逸”，又有“完宗嶼印”、“畸道人作”。

壬癸集【日本活字印本】

《壬癸集》一卷，王國維撰。日本京都聖華房木活字印本。一册。每半頁十行十八字，左右雙邊，白口，單魚尾。題“海寧王國維”。

王國維爲國學大師，其學貫中西，博大精深，著述宏富，在哲學、文學、古文字學、歷史學、考古學等各方面均有重大貢獻。

是集所收古今體詩二十首，皆王氏壬子(1912)、癸丑(1913)兩年所作，時其正旅居東瀛。據趙萬里《王國維先生年譜》，王於辛亥(1911)三十五歲時，携家眷隨羅振玉往日本，寄居京都。

王國維之詩，初與陸游體格略近，其《題友人小像》詩有云：“差喜平生同一癖，宵深愛誦劍南詩。”蓋自道也。先生嘗謂所作詩詞，惟《頤和園詞》、《蜀道難》及《隆裕皇太后挽歌辭》差可自喜。王氏在給鈴木虎雄信云：“前作《頤和園詞》一首，雖不敢上希白傅，庶幾追步梅村。蓋白傅能不使事，梅村則專以使事爲工。”《頤和園詞》，作於壬子二月，記述晚清末年史事，頗有以詩存史之意。此詞羅振玉曾見而激賞之，爲手寫付石印，其後又改訂數處，并以王氏夏秋間所作《送狩野博士游歐洲》及《蜀道難》二首，附録於《頤和園詞》後，署名《壬子三詩》。集中之詩又有《咏史五首》、《昔游六首 》、《癸丑三日，京都蘭亭會詩》、《歲除即事》等。

關於《壬癸集》，津僅知記載三條，一爲王國維於 1913 年 5 月 13 日致繆荃孫信，云：“至東以後，得古今體詩二十首，中以長篇爲多，現在擬以日本舊大木活字排印成册，名曰《壬癸集》，成後當呈教。”二爲日人鈴木虎雄在《追憶王静安》一文中説：“王君寓居京都時期，示余詩篇甚多，刊載於《藝文》雜志上。又君本身删定當時諸作，以古木活字刊《壬癸集》。”三爲日本學者神田喜一郎在《憶王静安先生》中説：“我最初會見先生，大概是在大正四年(1915)三月左右……辭别時，先生以他的詩集《壬癸集》，京都山田聖華房用古雅的木活字排印的——贈送祖父，托我轉交。”

此日本活字印本，扉頁有王氏題識，云：“此書刊行訖今己未已七年，今歲春開始將大不妥處改訂，録呈子敬先生正之。國維。”子敬不知爲誰。紙用日本皮紙，單綫裝訂，計十五頁。末有牌記，云：“大日本京都聖華房以江州舊木活字印行。”集中間有訛字，如末首《癸丑三日京都蘭亭會詩》中“文物千秋有廢興”句，“文物”倒爲“物文”。又如另首句中“高秋風日過重陽”，“過”字改作“近”。集中活字俱作宋體，活字所無則以手寫體刻木排印，如挲、勃等字。又此活字印本流傳不多，知者亦罕。陳鴻祥著《王國維年譜》云：“是集初爲日本江州舊木大活字印本，復有日本京都聖華房聚珍本。”乃誤。

《壬癸集》,羅振玉於 1915 年曾輯入其《雪堂叢刻》内,後收入《觀堂集林》卷二十四。趙萬里《王國維先生年譜》及《王國維先生著述目録》中都未專門述及此本,庶可補王著版本之遺。此書藏臺北"國家圖書館",上海圖書館、美國哈佛大學哈佛燕京圖書館亦有入藏。

鈐印有"王國維"。

京本忠義傳【明刻殘頁】

《京本忠義傳》殘頁二紙,《水滸傳》之早期印本也。半頁十三行,行二十八字,白口,單魚尾、雙魚尾不等,四周單邊。殘存第十卷第十七頁下半頁、第三十六頁下半頁,并各殘存前半頁的後三行。間有斷句,字體方正。皮紙精印。版心書名題"京本忠義傳"。今藏上海圖書館。

乙卯年夏,余在一包明刻殘頁中,翻尋明代各時期刻書具代表性之紙張,擬作授課之實物,偶然發見此殘頁(舊書封面内頁襯紙)。當時因其字體、紙張俱似明嘉靖物,故特翻檢各家書目并孫楷第先生《中國通俗小説書目》,但均未著録。次日,質疑於吾師顧廷龍先生、潘景鄭先生,師俱曰,此雖明刻殘頁,但不可小看,汝應細加查證。

此二紙殘頁上端皆有相應之内容標題,第十七頁爲"石秀見楊林被捉",第三十六頁爲"祝彪與花榮戰"。在十七頁前半頁標題存一"飯"字,三十六頁前半頁標題則存一"家"字。在標題兩端都插有簡易圖案。

按鄭振鐸先生《水滸全傳序》云:"這(郭勛本《忠義水滸傳》)以前的原本,大約和許多古本小説一樣,全衹分爲若干節或若干條,每節或每條之前衹有内容提綱似的一句話作爲標題。"此推斷,頗有啓示。殘頁就是有標題,估計回目也是應該有的。目前認爲傳世最早的刻本爲郭勛本,但郭本有回目而無標題。

今所遺存古籍之中,元刻全相平話小説及明成化間刻説唱詞話,多上圖下文,圖上刻有標題。此殘頁之標題和圖案,應爲演變之遺迹。

此雖僅存二紙,但可知其應爲二十卷一百回本。明代戲曲家李開先《詞謔》云:"崔後渠、熊南沙、唐荆川、王遵岩、陳後岡謂《水滸傳》委曲詳盡,血脈貫通,《史記》以下,便是此書。且古來更無一事而二十册者。"《中國通俗小説書目》中也以爲"《詞謔》此處所云二十册,當等於言二十卷"。因此"知正、嘉間諸公所讀《水滸傳》皆是二十卷本"。明末清初藏書家錢遵王《也是園書目》中也有《舊本羅貫中水滸傳》二十卷之記載。北京圖書館所藏《忠義水滸傳》也爲明嘉靖刻二十卷本(殘存五回)。

根據目前所見到的各種《水滸》本子,明代萬曆年間刻本都爲一百卷一百回本,如天都外臣序本、容與堂刻本等,都是卷回一致。而明嘉靖刻本則爲二十卷一百回本,卷回不一致。若以殘頁推算,版心標明爲卷十,内容是"三打祝家莊",正與天都外臣序本和容與堂本之第四十七回至第五十回同。以五回一卷計之,正好第十卷爲第四十六回至第五十回,完全相符。是此,則二紙殘頁應屬二十卷一百回本無疑。

《水滸》版本繁多，但基本上可分簡本(即文簡事繁)、繁本(即文繁事簡)兩個系統。按二十卷一百回本均屬繁本系統。但同屬繁本的不同刻本，文句也不盡相同，其中尚有繁簡之區别。以繁本中容與堂本《水滸》和殘頁相較，殘頁的文字簡一些，文言氣稍重，而容與堂本則對故事的描述及人物的刻劃都較爲細緻。如殘頁第十七頁上"石秀道：'蒙賜酒飯，已都吃了，即當厚報'"，容本用通俗的筆調改作"石秀道：'酒飯小人都吃勾了，即當厚報'"。又如第三十六頁，"祝彪道：'今日□(上)陣與花榮斗了五十合'"，容本改作"祝彪道：'這厮們夥里，有個甚麽小李廣花榮，槍法好生了得。斗了五十餘合，那厮走了'"。這顯然是容與堂本曾經加工修飾了的。

文繁事簡、事繁文簡兩種本子，推想其發展過程，單從文字的繁簡來看，當是由簡而繁，再由繁而簡的。接近原本的簡本，在經過不斷文學加工後而成繁本，而繁本則經後來删削，乃成簡本。從殘頁"蒙賜酒飯"、"今日□(上)陣"等句，與容與堂本比較，是屬於由簡而繁，即原本的句子較簡，而不是後來删節之簡。據此，當可看到兩個同屬繁本的本子，也表明了由簡而繁之過程。至於那種由繁而簡的本子，如明萬曆間刻本《京本增補校正全像忠義水滸志傳評林》(事繁文簡本)，那是大段删節，與殘頁根本不同。

殘頁與容與堂本所不同的詞句，檢閲1954年古典文學出版社版《水滸全傳》校勘記中所用九個本子，無一與之相同。明郭勛本和明嘉靖本不可得見全書，但鄭振鐸先生曾推重的天都外臣序本乃是郭勛本的一個忠實覆刻本，而在不同之處中均未有出校。此説明殘頁之獨特之處，看來，殘頁應早於郭勛本，當爲繁本系統中較早的一個本子。

殘頁中簡體字頗多，如"個"作"个"，"欒"作"栾"，"答"作"荅"，"莊"作"庄"，"榮"作"荣"，"數"作"数"，"趕"作"赶"，"事"作"亊"等，這與元明所刻部分小説習用之俗字相同。

清初，《水滸》被禁，顧師以爲《水滸》既被禁毁，書坊即以廢紙處理，利用其紙質較好，裱作書面之襯紙。審驗書面紙爲血牙色粉紙，亦爲清初流行用紙。明代所刻各種版本之《水滸》，流傳至今，已稀若晨星，郭勛本賴《寶文堂目》著録，因得知之，而此《京本忠義傳》殘頁，因被作襯頁乃獲遺留，從其字體、紙張、卷回、標題、圖案證之，應更接近於原本《水滸》的面貌。

1979年9月，上海圖書館依據此殘頁原件之大小，予以影印，爲研究《水滸》提供新的見證。

小説精言【日本刻本】

《小説精言》四卷，日本岡白駒譯。日本寛保三年(1743)京師書坊風月堂莊左衙門刊本。五册。半頁九行二十字，白口，四周單邊，單魚尾。題"西播岡白駒譯"。前有寛保三年岡白駒序。皮紙印刷。

岡白駒(1692—1767)，字千里，號龍洲，爲日本德川幕府中期肥前蓮池藩之儒者，曾譯有通俗小説，聲譽甚高。卒於明和四年，年七十六。有《周易解》、《書經二典解》、《左傳籬》、《孟子解》等。

序云："屬者有梓小説者，余譯以付之，又别爲之譯義，因叙小説所繇，讀者求諸字故，以此爲一隅，思則過半矣。"是書卷一爲"十五貫戲言成巧禍"、卷二"喬太守亂點鴛鴦譜"、卷三"張淑兒巧智脱楊生"、卷四"陳多壽生死夫妻"。每卷後皆有"譯義"，就漢語某些詞匯用日文釋之。按此四篇均以明馮夢龍《醒世恒言》爲底本，分别采自卷三十三、卷八、卷二十一、卷九。

扉頁署"龍洲先生譯"。又有風月堂主人澤文拱識語，云："小説亦一家已，葑菲胡累於下體？海舶攸貢，年以百往，俚言駭人，微直爰居之鐘鼓也。龍洲先生所譯，意義涣釋，宛乎如面聽西人謦欬，粤壽梨棗，以廣其傳，據此蘄之，三隅其庶矣。"并刻有"小説選言、小説奇言、小説恒言、小説英言嗣出"。類四末刻"寛保三癸亥歲七月發行。京師書坊風月堂莊左衙門"。於此可知，該書坊以刊刻發行小説爲主。

今藏香港中文大學圖書館。

進瓜記【清乾隆精寫本】

《進瓜記》，佚名撰。清乾隆間内府四色精抄本。一册。封面籤條署“進瓜記。共十八齣。全册”。半頁八行二十一字，左右雙邊，白口，單魚尾。字體仿宋。此本與《江流記》同匣，裝幀用深藍絹面、黄色絲綫、湖綾包角，書之外有布製函套，内襯黄色上光箋，裝於木匣内，木匣面鑲十梓錦花卉，匣外也用象牙作籤并製成書本樣，此當爲宫中演戲時進呈帝后閲看之本。

《進瓜記》演涇河龍王與術士賭賽，推遲降雨時刻，觸犯天律，玉皇欲將其斬首，龍王求救於唐太宗，以及太宗入陰還陽，劉全進瓜事。取材於《西游記》故事中之第九回至第十一回之部分。劇則自成起訖。此劇在明以前即有傳本，元人鍾嗣成《録鬼簿》中著録，收有《劉泉（全）進瓜》。然明代藏書目録鮮有著録 ，祁彪佳《遠山堂明曲品劇品》中，著録曲品共六百七十七種，其中將《進瓜記》列入“具品”。《祁氏讀書樓目録》及《奕慶樓書目》也并著録，但藏本未見有流傳。明代《唐王游地府》、《劉全進瓜》、《李翠蓮》、《釣魚船》等都是同一内容。《釣魚船傳奇》，在《曲海總目提要》卷二十八中有云：“亦近代人作，本《西游記》劉全進瓜事，而稍加改换，情節多相同。”據傅惜華考證，“此劇不見流傳之本”。

《進瓜記》用昆腔演唱。計十八齣，回目如下：

第一齣	水晶宫龍王稱祝
第二齣	風雪岸術士指迷
第三齣	奇聞早動衝冠怒
第四齣	釣艇冤遭溺水災
第五齣	占天卜易驚神鬼
第六齣	設計施謀犯罪愆
第七齣	打招牌驚求術士
第八齣	察躔度祇迓天曹
第九齣	夢許龍魂思拯厄
第十齣	威驅鬼祟報深恩
第十一齣	魏丞相寄書托友
第十二齣	崔判官添册酬恩
第十三齣	施惠澤旨宣御座
第十四齣	赴幽冥榜揭朝門
第十五齣	全信義陰司進果
第十六齣	感憐念地府還魂
第十七齣	離合悲歡圓大夢
第十八齣	夫妻恩愛勝前緣

此本八十餘頁，扉頁注明演出時間，爲“二個時辰零四刻”，當於今之五小時。抄寫極爲精工，凡曲牌名均用黄筆，曲文則用墨筆，科白用緑筆，而場步注脚均用紅筆以資區别。在清代，用數色精寫之本極爲罕見，而與刻本《勸善金科》用紅、黄、藍、緑、黑五色套印本相仿佛。

扉頁有許葉芬跋。跋云：“此乾隆初大内節戲院本，時海宇乂安，每内廷演劇，輒命張文敏製詞，如屈子競渡、子安題閣，各依時令演之，謂之月令承應。其於内廷諸慶事，奏演祥徵瑞應者，謂之法宫雅奏。其於萬壽令節前後，奏演群僊諸佛添籌錫禧及白叟黄童含脯鼓腹者，謂之九九大慶。又演目連尊者救母百折爲十本，謂之勸善金科，於歲暮奏之。以其鬼魅雜出，代古人儺祓之意，演唐玄奘和尚西域取經事，謂之昇平寶筏，於上元前後日演之。禮親王《嘯亭雜録》載之甚詳。文敏製詞奇麗，引用内典經卷，深得禪家三昧，大爲超妙。此册，雪廬太史所貽，不知得之誰氏，蓋當時進御副本，故鈔訂極工。凡牌名黄字、曲文墨字、科白緑字、場步注脚紅字，承平樂律，前輩詞華，展誦之餘，深爲響往。惜只開場兩記，未能得覩其全，心誠闕如。此曲坊間不致有刻本，當向内城藏書家物色之。光緒八年壬午正月二日早起睛牕。宛平許葉芬識。"按，張文敏，即張照，字得天，號涇南，江蘇華亭人。康熙進士，雍正間官至刑部尚書，精通音樂、法律、文學，尤工書法。卒謚文敏，是清代著名劇作家。張照所編《勸善金科》、《升平寶筏》等，自乾隆以來，内府均有刻本，流傳甚廣。在《升平寶筏》及《升平寶筏題綱》中即有龍王與術士斗法、魏徵屠龍王之内容，也僅劉全進瓜的前半部。

許葉芬，字少霭，宛平人，清光緒十五年進士，入翰林，官鎮江知府。雪廬，即顔宗儀，浙江海鹽人，字挹甫，號雪廬。咸豐三年進士，官至翰林院侍讀學士，嘗主講詁經精舍。著有《清邃堂遺詩》、《琅華仙館詩集》、《夢笠山房詩文存》等。

明代以來，宫廷演出雜劇已是常事，至於清代，諸帝自高宗弘曆而下，多喜觀看。清代南府逢時按節，或"萬壽"、"大婚"，多演大戲，除《勸善金科》、《升平寶筏》、《鼎峙春秋》、《忠義璇圖》外，又有《昭代簫韶》、《鋒劍春秋》等，這些劇本之南府和昇平署抄本，今天在一些圖書館中還有保存。從現有的南府和昇平署抄本來看，絶大部分皆是黄紙封面，所抄曲文疏行大字，句讀分明，封面外粘紅簽，書有戲名，字皆作正楷。而《進瓜記》則不同。此册册之前後鈐有乾隆"五福五代堂寶"、"八徵耄念之寶"、"太上皇帝之寶"三璽。可證爲宫中之物。

此本及《江流記》爲周志輔（明泰）得之於民國著名藝術家尚小雲，據尚小雲致周志輔信云："隨函附呈張文敏公製進瓜圖一事，聊表微忱，即盼哂納珍藏，籍志紀念。"周氏爲近代著名戲曲收藏家，凡有關戲曲文獻資料，從清乾隆南府戲本至近時之戲單，多有收藏，内容豐富。周有《幾禮居隨筆》、《讀曲類稿》等。周在1949年，將所蓄所有戲曲文物都捐贈於上海圖書館保存。

此本爲上海圖書館珍藏。又鈐有"宛平許葉芬少霭印章"、"延秋閣物"。"延秋閣"，爲合肥趙筠湄，嘉道間人，"嘗集古今名媛百數十人各爲小傳，題曰《壺史》，又有《香匳雜考》等"。

軟羊脂傳奇【稿本】

《軟羊脂傳奇》二卷，清孔傳鋕撰。稿本。二册。半頁九行二十字，無框格。題"補閑齋編詞"。前有康熙五十年(1711)西峰樵人題詩。上海圖書館藏。

孔傳鋕，字振文，號西銘，别號蝶庵，山東曲阜人。襲五經博士，學贍才敏，工書畫，精篆刻。康熙、雍正間屢膺大典。又有《補閑集》、《清濤詞》。

傳奇分三十四齣。卷上計十七齣。第一出大概、第二齣授寶、第三齣家慶、第四齣養盜、第五齣獻媚、第六齣餞母、第七齣市誘、第八齣邸聚、第九齣局始、第十齣幾諫、第十一齣搜主、第十二齣誑紲、第十三齣局賺、第十四齣情釋、第十五齣悟化、第十六齣謀劫、第十七齣盜炙。

卷下第十八齣泣玉、第十九齣遇主、第二十齣覬艷、第廿一齣吁準、第廿二齣迷訊、第廿三齣褫印、第廿四齣夥逸、第廿五齣鬧讞、第廿六出吐情、第廿七出賄索、第廿八出刺道、第廿九出仇媒、第三十出真聘、第卅一出冤勘、第卅二出釋釁、第卅三出誅盜、第卅四出會玉。

此劇演李兆騫有祖傳玉碗，白如截肪，膩若羊脂，雕琢精工，玉情温潤，隆冬盛酒自暖，盛夏注水生凉，再以熱湯濯之，即使軟縟如綿，少停，堅瑩復故，古人皆以軟羊脂名之。并以軟羊脂聘娶河東防御使完顔蓋之女蕊瓊之事。

西峰樵人題詩曰："軟玉何曾奉紫貂，木香亭畔更魂消。蕊娘無限相思曲，腸斷歌兒白管簫。俠士由來能幾多，才人方可作荆軻。誰傳至正年間事，玉笛新聲永不磨。"下鈐"西山草堂"、"陳山人"印。

前北平圖書館有此劇抄本，題"闕里補閑齋蝶庵填詞、梁漢辟疆湘槎参評"。抄本曾於北平圖書館戲曲展覽會展出，今爲臺灣"故宫博物院"代管。

鈐印有"傳鋕"、"西銘"、"繼浩敬藏"、"有誰識醉翁深意"、"怡齋鑒賞圖書"、"□□子孫永寶"。

文選尤【明天啓套印本】

《文選尤》十四卷，梁蕭統選編。明天啓二年（1622）刻三色套印本。十四册。半頁八行十八字，四周單邊，白口，無魚尾，上刻評。題"梁昭明太子蕭統選；明西吴鄒思明評閲；男德延校"。前有朱國禎序、韓敬序。後有梁昭明文選舊序，天啓二年鄒思明後序。

《文選》爲現存最早之詩文總集，選録自先秦至梁之詩文辭賦七百餘首，較注重駢儷、華藻，歷代有關文選之注、評等有數十種之多。此《文選尤》者，乃鄒思明"暇日諸郎君所趨庭而相授受者"，其取《文選》中優异突出之篇約十之六，於脉絡指陳處細爲分析，而隱微幽遠之言聊爲解釋。又有凡例八條，述選録之準則。

朱國禎序云："《文選》其有所折衷矣，合觀於衆體中，有全收，有僅存其一，而精者定析，觀於各體中。有去其一二，有去其四五，而博者删注，有蕪而障目者削，當而愜心者筆。其修之也確，批評則酌入己之見，丹鉛互加，務以中機而闡玄。其贊之也玄，是先生之折衷《文選》與折衷六籍者同符，則謂之《文選尤》也。"

鄒思明，字汝誠，號見吾，烏程人。嘉靖四十三年舉人。靈慧性成，力研墳典，而居恒好譚名理，學有本源，早年藻思横發，輒建文壇旗鼓。曾令霍山、彭澤兩縣，以清介稱。

是書三色套印，凡總評、分脉用朱色；細評探意用緑色；釋音義、解文辭、考古典則用墨色。書中圈皆朱色。

《四庫全書總目》集部總集類目著録。北京圖書館、臺灣"中央圖書館"、臺灣大學圖書館及美國國會圖書館、普林斯敦大學葛思德東方圖書館均有入藏。然國會館著録爲"明朱墨印本"，普大葛館作"吴興閔氏刊朱墨緑本色套印本"。前者應作三色套印本，後者吴興閔氏則無根據。此本藏香港中文大學圖書館。

唐宋八大家文鈔【清康熙刻本】

《唐宋八大家文鈔》一百四十四卷，明茅坤輯。清康熙刻本。三十册。清盧文弨過録盧元昌批校。半頁十行二十四字，四周單邊，白口，單魚尾。書眉上刻批注。題"歸安鹿門茅坤批評；孫男闇叔著重訂"。前有萬曆七年(1579)茅坤序。舊刻凡例六則，又凡例五則。論例八則。每種文鈔前，皆有茅坤撰引。又節録八家本傳列於各集之首。

茅坤，字順甫，號鹿門，浙江歸安人。嘉靖二十六年進士。坤好談兵，善古文，最宗唐順之，順之《文編》唐宋人惟取韓、柳、歐、三蘇、曾、王八家。坤皆有所禀承。官廣西兵備僉事，遷大名兵備副使。年九十卒，《明史》入文苑傳。著有《白華樓藏稿》、《玉芝山房稿》等。

八大家文鈔爲：韓愈《唐大家韓文公文鈔》十六卷、柳宗元《唐大家柳柳州文鈔》十二卷、歐陽修《宋大家歐陽文忠公文鈔》三十二卷、蘇洵《宋大家蘇文公文鈔》十卷、蘇軾《宋大家蘇文忠公文鈔》二十八卷、蘇轍《宋大家蘇文定公文鈔》二十卷、王安石《宋大家王文公文鈔》十六卷、曾鞏《宋大家曾文定公文鈔》十卷。

《四庫全書總目提要》云："然八家集浩博，學者徧讀爲難，書肆選本，又漏略過甚，坤所選録，尚得煩簡之中。集中評語，雖所見未深，而亦足爲初學者之門徑，一二百年以來，家弦户誦，固亦有由矣。"《明史·茅坤傳》云："其書盛行海内，鄉里小生無不知茅鹿門者。"茅坤本之流行，致使"唐宋八大家"成爲中國古代散文家之總體代表。

按，《唐宋八大家文鈔》，明代計有三刻：一萬曆七年茅一桂杭州刻本，爲一百四十四卷，題"歸安鹿門茅坤批評"。天津圖書館、南京圖書館、浙江圖書館等二十館有入藏。又美國國會圖書館、日本内閣文庫、東京大學東洋文化研究所也有入藏。

一崇禎元年方應祥刻本，爲一百六十六卷，題"歸安鹿門茅坤批評"。藏北京師範大學圖書館(此本《中國古籍善本書目》未著録)，又日本内閣文庫、香港大學馮平山圖書館也有入藏。(馮平山館藏本缺蘇洵、王安石、曾鞏三家。)方本之方序云："余向奉視學東省之命，因向吾友孝若氏，乞其家藏手批原本，捧持以往。此願不遂，乃與子將及其甥楊次弁謀校讎付梓人，公諸四方。"此本卷數較萬曆本多出二十二卷，蓋因增入歐陽修之《五代史抄》二十卷《新唐書抄》二卷。

按，明末，又有一翻方本者，爲一百零三卷，美國國會圖書館入藏。據王重民《中國善本書提要》云："持此本以校茅一桂刻本，每家各删落若干篇，又合併卷數，更改每家小引内卷數以符之。又目録上間有增益之篇名，集内實無其文。然則此乃一節本，謂據手批原本上版者，殆欺人之言耳。”

一崇禎四年茅著刻本，爲一百六十六卷，題“歸安鹿門茅坤批評。孫男闇叔著重訂”。中國科學院圖書館、湖北省圖書館、山西省圖書館等七館入藏。日本内閣文庫也有入藏。臺灣各大圖書館皆無。按《四庫全書總目》著録者爲此本，但作一百六十四卷，蓋未收《新唐書抄》二卷。《提要》云：“其書初刊於杭州，歲久漫漶，萬曆中坤之孫著，復爲訂正而重刊之，始以坤所批《五代史》附入歐文之後，今所行者，皆著重訂本也。”又《增訂四庫簡明目録標注》云：“著刻本亦不多見。後屢翻刻，字較小。”

“玄”字避康熙帝諱，“弘”、“曆”字不避諱，且字體、紙張也似不在明末，故此本當刻於康熙、雍正間，爲翻刻茅著本。日本《京都大學人文科學研究所漢籍分類目録》著録有“康熙三十年孫男闇叔重刻本”。按，“康熙三十年”或有所據，然“孫男闇叔重刻本”則有誤，蓋茅著刻本應刻於崇禎四年，此康熙本應爲據茅著刻本重刻。哈佛燕京圖書館原作“明萬曆七年刻本”，誤。

此本有盧文弨校。盧文弨，字紹弓，一字召弓，號磯漁，又號檠齋，晚更號弓父，浙江餘姚人。乾隆十七年進士，歷官翰林院編修、侍讀學士、左春坊左中允、湖南學政。以議事不當左遷，三十三年乞養歸。晚主崇文、鍾山、龍城等書院，士子多信從之，學術爲之一變。著有《抱經堂文集》、《鍾山札記》、《龍城札記》等。盧爲乾隆間著名校勘家，丁丙云：“校勘之學，至乾嘉而極精。出仁和盧抱經、吴縣黄蕘圃、陽湖孫星衍之手者，尤校讎精審，朱墨爛然，爲藝林至寶。”吴騫亦云：“篤志問學，一生手不停披，凡經史百家之書，無不句讎字勘，丹黄燦然，且無一懈筆。”

校筆中提及“元昌”，當爲盧氏據元昌所批過録。查元昌，爲盧元昌，字文子，自號半林居士，江蘇華亭人。諸生。著述有盛名，詩學杜陵，操選政數十年，以壽終。著有《春秋分國左傳》、《杜詩闡》、《稀餘留稿》、《半林詞》。日本内閣文庫有《唐宋八大家集選》十二卷，清順治十五年(1658)刻本。此本哈佛及《中國古籍善本書目》未著録，無從核對，俟之它日，或可冰釋。

《中國古籍善本書目》入集部總集類，但未著録崇禎元年方應祥刻本及此康熙本。《唐宋八大家文鈔》作爲讀本來説，後世多有翻印，流傳必多，清代有安徽聚義堂刻一百四十四卷本，見《山西省圖書館普通綫裝書目録》。

鈐印有“盧文弨過批本”。

此本藏美國哈佛大學哈佛燕京圖書館。

聖宋名賢五百家播芳大全文粹【清嘉蔭簃抄本】

《聖宋名賢五百家播芳大全文粹》一百二十六卷，宋魏齊賢、葉棻輯。清道光二十八年(1848)劉喜海嘉蔭簃抄本。四十册。清劉喜海跋、寶珣題識。半頁十四行二十五字，藍格，書口上方印有《聖宋名賢五百家播芳大全文粹》，欄外刊《東武劉氏嘉蔭簃宋本校鈔》。前有紹興庚戌許開序。目録不分卷，題目下列作者名，后有聖宋名賢總目。

魏齊賢，字仲賢，自署巨鹿人。葉棻，字子實，自署南陽人。餘皆無考。

是書皆録宋代之文，駢體居十之六七，雖題曰五百家，而總目所列姓氏，自范魯公質至田莘老、裘萬頃，實五百二十家。其網羅宏富，散佚、遺篇、墜簡，有賴此而傳者非少。然卷帙既盈，所録不免冗雜，中多采宦途應酬之作，以充卷數，不能一一精純。又仿《文選》體例，於作者衹書其字，人遠年湮，亦往往難以考見，此自爲其不足之處。清彭元瑞選《宋四六集》，其文乃多出自《文粹》。

卷一至二賀表，卷三賀箋，卷四至二十二表，卷二十三至四十三賀啓，卷四十四至五十七謝啓，卷五十八至六十四上啓，卷六十五賀啓，卷六十六制誥，卷六十七制誥、奏狀、奏札，卷六十八萬言書，卷六十九至七十書，卷七十一至七十七叠幅，卷七十八札子，卷七十九至八十六尺牘，卷八十七至九十青詞，卷九十一至九十八疏，卷九十九至一百零一祝文，卷一百零二婚書，卷一百零三辰賦頌詩，卷一百零四至一百零六樂語，卷一百零七勸農文、檄文，卷一百零八至一百零九上梁文，卷一百一十至一百一十七祭文，卷一百一十八至一百二十挽詞，卷一百二十二記，卷一百二十三序，卷一百二十四碑銘，卷一百二十五銘、贊箴，卷一百二十六頌、題跋。

是書傳世有宋刻本，爲殘缺不全之本，今存四十册，藏北京圖書館。爲文粹一百卷、目録七卷，清初曾藏季振宜處。傅增湘於1922年蔣孟蘋(汝藻)所收之本即此本，目録及每卷卷首均有挖補痕迹，蓋爲估人剜改，欲以殘書充完本也。傅氏又曾見一宋刻殘本，行款俱同北圖本，存四卷，爲卷二十八到三十一，今存北京大學圖書館；又上海圖書館也存二卷，爲卷三十二至三十三。

元明兩代，此書皆無重刻。明清兩代之傳抄本，卷數多有不同，且頗紛雜。據各家書目，今所存者有一百五十卷目録十卷者，爲清抄本，有清孫鋆、姚椿及近人丁國鈞跋，舊藏常熟瞿氏鐵琴銅劍樓，今藏北京圖書館。次爲一百一十卷目録七卷者，爲明黑格抄本，藏北京大學圖書館；清抄本，藏浙江圖書館；清孔廣陶嶽雪樓抄本，有傅增湘校補并跋，藏北京圖書館；清紫格抄本(原缺卷二十、九十七、九十八)，藏臺灣“中央圖書館”;清乾隆間《文淵閣四庫全書》本,藏臺灣“故宫博物院”。三爲一百零八卷者,有明藍格抄本(缺卷二、三)及清顧氏藝海樓抄本(原缺卷九十七、九十八),藏臺灣“中央圖書館”。四爲一百零五卷目録七卷者,爲明抄本,藏上海圖書館。五爲一百卷目録七卷者,爲明抄本,藏北京圖書館。六即此一百二十六卷本,除此本外,臺灣“中央圖書館”有舊抄本、清王宗炎校;臺灣中研院歷史語言研究所傅斯年圖書館藏有舊抄本;日本静嘉堂文庫也有明抄本。

《宋史藝文志補》集部及《四庫全書總目》集部總集類著録,皆爲一百一十卷。瞿氏鐵琴銅劍樓藏明抄本後有宋嘉定三年宋均跋,云:“嘉定二年冬,其於苕溪得之王君者香,者香出其舅葉棻編《文粹》見示,因言是書初編一百卷,刊行后一時紙貴,既思書以四六爲宗,宜多採表啓諸作,乃復廣搜旁輯成百五十卷,未及梓而卒,然則是書無刻本,彌足貴也。急假歸,偕同志友人分寫,六閱而畢。”由此可見,宋代并無一百五十卷之刻本。至於清朱彝尊云見徐炯家有宋刻二百卷之本,或誤一爲二。

此本爲劉氏於道光二十八年借許宗彦鑒止水齋藏抄本傳抄,雖多人抄寫,然字體精整,一筆不苟。其所用格紙乃專爲此書而雕板。許宗彦,原名慶宗,字積卿,浙江德清人。嘉慶四年進士,授兵部車駕司主事,就官兩月,遂引疾歸。居杭州,杜門著書,精天文,喜异書,藏奇滿樓。

劉喜海題識云:“道光戊申冬日,借許氏鑒止水齋影宋抄本過録。”此處所云“影宋”,非也。又有跋云:“按《四庫提要》,著録一百十卷,云尋檢首尾似無缺佚,疑朱竹垞所見宋刻本(徐炯家藏)稱二百卷,或記憶未審,或偶然筆誤。今據此本乃一百二十六卷,首尾亦頗完具,是一百十卷似非足本,即此一百二十六卷似亦仍非足本。宋刻二百卷之説,應無,可疑也。道光庚戌古重陽日曝書偶記。燕庭。”“案《養新録》,錢氏所見百卷本題衢山精舍葉棻子實編,富學堂魏齊賢仲賢校正。此本無之。又每卷或析爲上下,或上中下,究以未獲一見刊本爲憾耳。庚戌十月朔,燕庭又志。”“錢宫詹又云,吴興劉氏藏本亦只百卷,意竹垞并所析之卷計之説亦未確。”喜海,字燕庭,一字吉甫,山東諸城人。道光十七年官汀州太守,官浙藩時,以風雅好古,爲某中丞劾罷。嘗手輯金石文字逾五千通,藏書亦富。庚戌爲道光三十年。喜海生於乾隆五十八年,卒於咸豐二年,此書蓋喜海五十五歲時囑人抄録,五十七歲作跋,逾二年而歸道山。三年后,即咸豐五年四月,此本爲寶珣所得。寶珣有題識云:“瀋陽東山寶珣得於宣南書室,時咸豐五年四月,謹記於思補過齋藏書之室。”

鈐印有“劉喜海”、“燕庭”、“燕庭藏書”、“劉印喜海”、“文正曾孫文瀚從孫文恭冢子”、“御賜清愛堂”、“東武劉喜海燕庭所藏”。又有“世杰珍藏”、“世杰之印”、“竹銘”、“竹銘藏書之印”。

孔氏文獻集【明嘉靖刻本】

《孔氏文獻集》四卷附《孔門小集傳》一卷，明孔弘幹輯。明嘉靖四十二年(1563)闕里孔氏刻本。四册。半頁十行二十字，四周雙邊，白口，雙魚尾。書口上方刻"孔氏文獻集傳"。前有嘉靖四十二年郭本序。卷末有嘉靖四十二年孔弘幹後序。

孔弘幹，號振齋，爲孔氏六十一代孫，仕承直郎、魯府審理正。

此本集録孔氏族中有文行者之詩文，起自洪武，終於嘉靖，乃弘幹爲"成先君子之志也"。弘幹父嘗欲集孔氏先達詩文梓之，然志未就而逝。弘幹拳拳於心，每有見聞，輒自抄録，後與先人遺稿合爲一集。其"慮讀者誦其言不知其人，乃考求遺行，略述梗概，俾覽者徵焉。其前代著作已見歷朝諸集，兹不敢重"。卷一爲五言詩；卷二七言絶句；卷三記、序、書；卷四上梁文、行狀、墓志、墓表、跋、文、祭文。孔門小集傳，載第五十五代孫克堅始，至六十二代孫聞諭止，再增孔公鉉一人。

查《孔子家族全書》(孔德懋主編，遼海出版社)中之《詩詞詮釋》、《典籍備覽》，前者收孔氏自春秋至清末計九十餘人，其中"宋元明時期"僅列宋代孔武仲、文仲、平仲三兄弟，以"在明代以前孔子家族的詩詞作品數量不多，且成就不高"而略去元明。後者所列孔氏家族人員之著作，於"宋元明典籍"列出十五種，明代僅四種，分别爲《闕里志》、《孔孟事迹圖譜》、《日言》、《泰山紀勝》。按，明代孔氏傳人之詩文確甚少見，故二書所舉皆僅知者。清代孔憲夔輯《闕里孔氏詩鈔》十四卷，稿本，今存北京首都圖書館，此本未見，或亦輯有明代孔氏後裔詩文。此《孔氏文獻集》，傳世或僅見，又因藏諸臺北，大陸學者信息渠道不暢，且難睹真面。蓋明代孔氏之詩文，或賴此以傳其一脉也。

郭本序云：闕里"地以人勝，人以文顯，大聖賢後，文行著名者濟濟，郡志姓名固載，而人品之高，英采之蔚，或括而弗詳，章而弗著，後焉者不得盡考其世，不無遺憾。孔振齋好學有雅致，樂與人爲善，乃成先君子南坡之志，萃孔氏中有文行者梓焉，題曰《孔氏文獻集》，外姓卒不與，示其爲家乘也。載南坡詩文獨多，餘惟據所嘗讀，其所未讀與未見其人及其子孫者略焉，示真也。人各爲小傳，疑其行又不盡其平生，謙而不敢擬史也，微婉有矩，度其用意厚矣。"

弘幹父，名承懿，字永淑，號南坡，事親以孝聞。喜讀書，寒暑飢渴不倦，爲文字，根極理道，不遂時好，累舉進士不第，遂不與計偕。其自負岩峻，以大振家聲爲己任。有《南坡集》若干卷。

此書金鑲玉裝，甚罕見，鮮有著録。

(乾隆)《曲阜縣志》卷五十三著録有孔弘幹《闕里文獻集》四卷,當爲此本。《四庫全書總目》、《續修四庫全書總目提要》(稿本)、《中國古籍善本書目》、日本《内閣文庫漢籍分類目録》、《嘉業堂藏書志》皆未著録。

鈐印有"四明盧氏抱經樓"、"吴興劉氏嘉業堂藏書記"。

頻陽四先生集【明萬曆刻本】

《頻陽四先生集》四卷附録一卷，明劉兑選、明程希洛輯。明萬曆十二年(1584)富平縣刻本。八册。半頁九行二十字，四周單邊，白口，雙魚尾，書口上方刻“頻陽集”。題“新安景澤甫劉兑選；米脂子謙甫杜本益校；郫縣宗伊甫程希洛輯”，前有萬曆十二年南軒序。

劉兑，字景澤，號鍾所，安徽新安人。舉人。任富平令，時奉習農核田，兑率吏親執丈量之漏。視地酌糧，籌度盡善，克奉上令，而民不累。又興復水利，灌田數千畝，遂成永賴。并和孫丕揚共同纂修(萬曆)《富平縣志》。(乾隆)《富平縣志》卷七有傳。程希洛，四川郫縣人。

頻陽，秦代即置頻陽縣，在今陝西富平縣東北。富平爲古頻陽地，三國魏置。四先生者，張紞、李宗樞、楊爵、孫丕揚也，皆富平人，故稱頻陽四先生。

張紞，字昭季，號鷃庵。洪武初舉經明行，修爲京兆教授，遷東宫侍正。歷通政司左參議通政使，改雲南布政使，遷左布政使，在雲南最久。百凡建置，皆所裁定，民大便悦，超擢吏部尚書。永樂靖難師至，酌不入口，自經於吏部堂後。平生著作甚富，因遭大難，遺稿不存。

李宗樞，字子西，號石疊。嘉靖二年進士。授諸城令，以治績拜御史。歷官河南藩臬，皆有政聲。尋以按察使晋巡撫河南右僉都御史，扼要害，禁奢侈，晝便宜，中州若衽席。然會病卒，不竟所施。工詩善章草。著有《石疊集》。

楊爵，字伯修，號斛山。嘉靖八年進士。授行人，選御史，疏五事上陳，繫獄七年。值火災，上念其忠，赦之。穆廟改元，贈光禄寺少卿。平生居官居家，一介不苟。執喪廬墓，尤出至誠，君子以爲忠孝全節。所著有《周易辯解》、《中庸解》、《斛山遺稿》。

孫丕揚，字叔孝，號立山。嘉靖三十五年進士。初授行人，選御史。承命巡關，建議皆宗社大計，按順天并江北兩畿。居臺中六年，所糾劾皆一時不敢言者。尋遷大理寺丞，晋巡撫真定等處右僉都御史，功升右副都御史，食二品俸。家居數年，著作稱富，以公崇尚謙德，不欲梓。

富平爲關中奥區，漢唐至清，其間名臣巨卿，生爲國楨，死而祀於其社者甚多。是集所收皆四人之奏疏、記、序、吊文、銘、題後、對問、跋、書、祭文、解、墓碑、詩、賦。卷一李中丞奏疏二篇、楊忠介奏疏二篇、孫恭介奏疏二篇。卷二張尚書記四篇、序一篇；李中丞記三篇、序七篇；楊忠介記二篇；孫恭介記三篇。卷三張尚書吊文一篇有序、銘一篇有序、題後一篇；李中丞序十二篇、對問一篇、跋一篇；楊忠介序五篇、銘一篇有序、歌一篇有序、書一篇；孫恭介序二篇。卷四李忠介祭文五篇；楊忠介奏疏一篇、解一篇、墓碑一篇、祭文一篇；張尚書詩五言近體一首、七言近體七首、七言絶句二首；李中丞詩七言古體三首、七言近體十九首；楊忠介賦一篇、七言古體二首、七言近體二十二首；孫忠介詩五言近體五首、七言近體五首。附録爲《張尚書祠堂記》（唐龍撰）、《李中丞墓志銘》（馬理撰）、《李中丞墓表》（南軒撰）、《楊忠介祠堂記》（雒遵撰）。

南軒序云："余嘗聞之溪田馬先生稱説國朝名臣，獨頻陽有三賢，輒愭然仰、憤然思焉。其謂鷃庵公文質彬彬，求仁得仁；斛山公匪躬蹇蹇，節不可奪，揆之事實，誠當也。第謂石疊公爲才兼文武，而於劾罷中丞，奏禁權璫事，似尚未盡白焉。竊嘗論在公墓表中矣，無何，乃見立山公者力却當路之請，不樹巨閹之坊，則又羨其屹然獨立，有三賢之風雲。於乎！精忠勁節，正氣讜猷，均足砥狂瀾而翊國運，非淺尠也。今讀其文若詩，其煛煛忠憤之心，儼然令人生氣，顧可但以文詞視邪？即此號於人，曰頻陽有四賢，信矣。"

此集爲劉兑所刻，劉萬曆八年任富平知縣。南軒序中有"政成之暇，爰稽鷃庵張公、石疊李公、斛山楊公暨今立山孫公之文若詩，選且彙焉，付之剞劂"。張氏居官三十載，功業節義，巍然山斗，著作雖富，但多散佚，其存者似僅此而已。丕揚之文不多，著有《應世草》等，但均無傳世。李宗樞有《李石疊集》四卷；楊爵有《周易辨録》、《楊忠介公全集》十三卷、《斛山楊先生遺稿》四卷。兹集之詩文爲拾自門人之私録者。目録後刻有"集凡四卷，補遺十一版，訂訛一百八十二字。邑庠生朱樹滋記"。

此本藏臺北"國家圖書館"。《四庫全書總目》著録，入集部總集類存目。《四庫全書總目提要》云："是集之編，在萬曆甲申，於時丕揚方以右副都御史家居，兑以丕揚所作爲四家之一，殊乖古人蓋棺論定之意。明季標榜之習，大率如斯矣。"《中國古籍善本書目》著録，北京圖書館、天津圖書館、南京圖書館等五館入藏。《四庫全書存目叢書》收入此書，在第三百二十七册，乃據南京圖書館藏本影印。

鈐印有"陽湖陶氏涉園所有書籍之記"。

雅音會編【明崇禎周藩刻本】

《雅音會編》十二卷，明康麟撰。明崇禎四年(1631)周藩刻本。二十四册。半頁九行十八字，四周雙邊，白口，單魚尾。前有崇禎四年朱朝瑄重刻序，天順七年(1463)康麟自序，又有天順七年王鈍後序。藏美國普林斯敦大學葛思德東方圖書館。

康麟，字文瑞，廣東順德人。景泰五年進士，授御史。天順中官福建按察司僉事，發姦如神，以剛直見忤去。性嗜吟，每於柏臺暇日，開閣熏爐，博取諸家選唐詩，涵濡諷咏，喜不去手。

雅音者，規範之正音。明方以智《通雅意義雜論》云："雅音宜習，正韻爲經。"此《會編》收詩計三千八百餘首，以平聲三十韵爲綱，取諸詩按韵分隸。

康麟序云："予於案牘之暇，手録諸先正所選之詩，李、杜、韓三家集，特取其五言、七律絶律凡若干首，各以本韻薈蕞爲一，名曰《雅音會編》，厘爲十有二卷，藏之巾笥，姑以私便檢閲而已。天順癸未春，余按清漳，暇日，出以示諸校官之知詩者，令其拾遺補誤。因復余曰，是編之作，提韻以舉其綱，分類以詳其目，披覽之次，如閲府庫，奇珍異貨，井布條例，使人應接不暇，其嘉惠後學之志至渥矣。盍壽諸梓，與四方學者共之，不幾於仁者之用心乎？予耳其言有理，肆俾求善本正謁，繕寫成帙，用鋟諸梓，以廣其傳，是亦表章先賢之珠玉，非敢妄有僭竊於斯也。"

是書爲明周藩朱朝瑄重刻。朱序云："予藩維之暇，喜讀唐人詩，而尤耽於近體，每一拈韻，欲考諸古作，以自印證，第音韻襍出，未易翻覽，悵然久之。偶於笥中得《雅音會編》，乃羊城康文瑞先生所銓次者。""即初學士置之几案，攜之奚囊，未必不爲唱和之一助焉爾，予因壽梓，以廣其傳，或足稱詞林源寶乎。"

《明史》卷一百《諸王世表一》列"朝瑄，爲恭靖王勤𤆬嫡子，萬曆六年封"。其序末則書"周國上雒王無欲道人養明後學提一子朱朝瑄"。藩府刻書在明代自有其特色，周藩刻書不多，可考者僅有宣德五至六年刻《誠齋牡丹百咏》一卷、《梅花百咏》一卷、《玉堂春百咏》一卷；嘉靖十六年刻《西湖百咏》一卷；嘉靖十七年刻《金丹正理大全》四十一卷。

此書昌彼得《明藩刻書考》未收録。《四庫全書總目》以其所列始音、正音、遺響，亦沿楊士宏《唐音》之例，無所發明而入總集類存目。據知現存之版本有明嘉靖二十四年瀋藩勉學書院刻本，北京圖書館、北京大學圖書館、中國科學院圖書館等七館入藏；再有明萬曆二十二年瀋藩刻本，僅北京圖書館一部。此崇禎本，臺北

"國防研究院圖書館"也藏一部。另據《"中央圖書館"善本書目》著録有明初刻黑口本,明天順七年漳州刻本,明剡溪王鈍校刻本三種。

《四庫全書存目叢書補編》第十二册收入明天順七年刻本、底本爲南京圖書館所藏。

文翰類選大成【明成化刻本】

《文翰類選大成》一百六十三卷，明李伯璵編。明成化八年(1472)淮藩刻嘉靖二十五年(1546)重印本。一百册。半頁十二行二十三字，四周雙邊，上下黑口，雙魚尾，中有斷版。題“左長史上海李伯璵編輯;伴讀慈溪馮厚校正”。前有成化八年淮王頤僊序。

李伯璵，上海人，官淮王府長史。馮厚，慈溪人，官淮王府紀善。是書即奉淮王命所作。

淮王序云:“乃命左長史李伯璵、紀善馮厚取古今文章，載籍諸書，始自唐虞，至於我朝，上則王公列卿大夫，下逮山林閭巷韋布之士之所述，精加選擇去取。若言之冗泛淺近者去之，言之醇正暢達有關於世教者録之，序其世代，考其名氏，凡六十四類，總一百六十三卷，名曰‘文翰類選大成’，用鋟諸梓，以溥其傳，則不惟有以表章儒先之所著作，抑且有便於學者之檢閲，一覽而舉在目前矣。”

《四庫全書總目》著録此書，云“其書總録前代及明人詩，分體編次，每體之中，各以時代爲次，採掇頗詳，然愛博而無所持擇，往往乖謬”。王重民《中國善本書提要》於淮王有所考録如下:“考之《明史》卷一百三《諸王世表》，康王祁銓，正統十三年襲封，弘治十五年薨。”《四庫全書總目提要》以瞻墺薨逝之年，爲祁銓襲封之年，有誤。祁銓序撰於成化八年，薨於弘治十五年。侄祐棨嗣封，嘉靖三年卒，無子。祐揆嗣封，嘉靖十六年卒。子厚燾嗣封，四十二年卒，謚憲王。此本有嘉靖二十五年淮藩坦僊重訂序，則坦僊即憲王厚燾也。然則此本爲嘉靖間所刷印。

《中國古籍善本書目》著録明成化淮府刻弘治十四年增刻本，藏北京圖書館、上海圖書館(殘);又此嘉靖遞修本則有首都圖書館、天津圖書館等多館入藏。“中央圖書館”二種皆有入藏。又美國哈佛大學哈佛燕京圖書館有萬曆四十四年遞修本，不見它館所藏。

是本紙張白，類皮紙。末紙配抄本。此本應有明成化九年馮厚跋、弘治十四年林祥跋及嘉靖二十五年朱厚燾序、李伯璵後序，惜皆爲後人抽去。

鈐印有“御史之章”、“季振宜印”、“滄葦”、“季振宜藏書”，可證舊藏清初季振宜家。又有“蔣氏家藏”。此藏美國普林斯敦大學葛思德東方圖書館。

擬古樂府【明嘉靖刻本】

《擬古樂府》二卷，明李東陽撰，明謝鐸、潘辰評點，明陳建通考。明嘉靖十五年（1536）白賁刻本。二册。半頁九行二十字，白口，四周單邊，雙魚尾。題"黄岩謝鐸、青田潘辰評點；後學東莞陳建通考"。前有弘治十七年（1504）李東陽序，末有正德八年（1513）王纘後序。

李東陽，字賓之，號西涯，湖南茶陵人。天順八年進士，考宗朝官至文淵閣大學士，預機務，多所匡正。受顧命，輔翼武宗，立朝五十年，清節不渝。爲文典雅流麗，工篆隸書，自明興以來，宰臣以文章領袖縉紳者，楊士奇之後，東陽一人而已。卒謚文正。有《懷麓堂集》。

是書卷上五十六首，卷下四十五首。擬古者，摹似也。東陽於漢魏間樂府歌辭，頗愛其質而不俚，腴而不艶，有古詩言志依永之遺意，故此集乃"取史册所載忠臣義士、幽人貞婦、奇踪異事，觸之目而感之乎心，喜愕憂懼，憤懣無聊，不平之氣，或因人命題，或緣事立義，托諸韻語，各爲篇什。長短豐約，惟其所止，徐疾高下，隨所會而爲之，内取達意，外求合律，雖不敢希古作者，庶幾得十一於千古，謳吟諷誦之際，亦將以自考焉"。

王纘後序云："今公是編，不襲故常，不徇俗尚，摭往事以立題，據本義而生説，沉鬱頓挫，清暢和平，多或數十言，少或二三語，微而顯之，偏而正之。皆可以開悟人心，翊樹倫紀，似澹實腴，似邇實遠，言有盡而意無窮。或美或刺，有以嗣風雅之遺音；一褒一貶，有以寓春秋之微法。諷詠涵濡之餘，雖不必被之弦歌，而所以助與亦多矣。"

《擬古樂府》，明代流傳較廣，今所知者達九種之多。最早爲明正德十三年顧佖刻本，藏上海師範大學圖書館；繼有李一鵬刻本，藏上海圖書館；明嘉靖三十一年唐堯臣刻本，藏上海圖書館、北京大學圖書館、南開大學圖書館；明隆慶四年淮陰章氏淮洲草堂刻本、明泌陽葛登名刻本，均藏臺北"中央圖書館"；明釋袾宏刻本，藏南京圖書館、浙江省圖書館、清華大學圖書館；明魏椿刻本，藏北京、上海等館；明刻本，藏湖南省社會科學院；及此嘉靖十五年白賁刻本。除此本及淮陰章氏本外，其餘七種皆有謝鐸、潘辰評點，并有何孟春音注。按此陳建通考本，流傳不多，四川省圖書館也藏一部，合此僅二部而已。陳建，東莞人，字廷肇，號清瀾，嘉靖舉人，知信陽縣，時陽明致良知之説盈天下，建著《學蔀通辨》以辟之。有《樂府通考》、《皇明通紀》諸書。又按陳建通考本民國間東莞陳伯陶輯《聚德堂叢書》中收之。

是書末刻有"是編刻傳舊矣，乃刓滅模糊不可讀，近屬陳學諭建，别爲考訂如右，乃再刻以傳。歲丙申孟夏補庵白賁識"。

此藏香港中文大學圖書館。

明文記類【明公文紙抄本】

《明文記類》不分卷，明佚名輯。明黑格公文紙抄本。二册。半頁十行二十字。

是書乃抄録明代大家方孝孺、祝允明、吴寬、李東陽、舒芬、唐順之、趙寬、顧清、王鏊、孫大雅、袁袠、羅洪先、王僎、彭華、陳敬宗、程敏政、邵寶、夏鍭等十八家計四十七篇文章，如方孝孺《戇窩記》、祝允明《建康觀雲記》、李東陽《清明上河圖後記》、唐順之《裕州均田碑記》、吴寬《静逸齋記》。

用紙爲明代嘉靖九年、十年浙江海鹽縣官府之公文紙，公文之字極細小，若髮絲，記載有關海鹽糧倉一類的史料。明代公文紙印本尚可得見，而公文紙抄本則極爲罕見。一般來説，明代抄本有黑格、紅格、藍格、無格之分，黑格、紅格似較藍格在時間上要早些。

哈佛大學哈佛燕京圖書館藏明代抄本數部，但此書似以公文紙而令人刮目相看。

鈐印有"何紹基印"、"子貞"二印，均僞，賈人所爲也。

金陵新刊續文章軌範【明嘉靖刻本】

《金陵新刊續文章軌範》七卷，明鄒守益輯。明嘉靖四十四年(1565)建寧府大市街張二刻本。十四册。半頁八行二十二字，四周單邊，白口。題"會稽玄崖山人酈琥批點；南京祭酒鄒東廓彙選"。前有王爰序。

鄒守益，字謙之，江西安福人。正德六年進士，出王守仁門下，官翰林編修，兩以直諫被謫，復起官至侍讀學士，終以言事觸帝怒，罷歸。守益天姿純粹，家居講學，四方從游者踵至，稱東廓先生，卒謚文莊，爲姚江派理學家。有《東廓集》行世。《明史》有傳。

酈琥，字仲玉，號玄崖，浙江會稽人。師錢德洪，恪守王守仁之學，以貢生官績溪主簿。著《和蘇集》，又有《彤管遺編》。

《文章軌範》爲宋謝枋得編，七卷，選録漢晋唐宋之文十五家六十九篇，以韓、柳、歐、蘇爲中心，其中韓愈文幾居其半。前二卷爲放膽文，後五卷爲小心文，對所選文多有批注圈點，并闡明其篇章字句之法，供科舉應試者揣摩學習。此《續文章軌範》前三卷爲放膽文，後四卷爲小心文。

王爰序云："仰疊山之《軌範》，慨遺文之弗續，乃仿商丘續《綱目》、《衍義》之例，博觀歷代之文，如賈誼之通達、匡衡之抗疏、太史公之多聞，未與《軌範》之選者，不可以弗續也。昌黎之進學解、柳州之梓人傳、六一居士之本論、老泉老坡之諫論、續楚語論，未備於《軌範》之選者，不可以弗續也。我朝覆瓿之謀略、潛溪之才識、遜志之節奏、陽明之道學，發之爲議論，吐之爲文辭，駕軼秦漢，相符後先，時異而未遇《軌範》之選者，不可以弗續也。遂集成一帙，名曰《續文章軌範》，以附於《文章軌範》之末，要皆爲業舉者設也，亦謝疊山氏之意也。"

是書有牌記曰："建寧府大市街新刊南京祭酒鄒守益新選批點文章軌範。張二賣。"又有"嘉靖癸亥年仲春"一行。按王序中有"嘉靖甲寅夏五月梓於金陵"語。甲寅爲三十三年，癸亥爲四十年。今嘉靖金陵所刻不存於世，此癸亥本則爲建寧重刻本也。傳本甚罕見，聞諸南京圖書館藏一部。此書藏美國國會圖書館，未曾編目。

鈐印有"仁壽山莊"、"仁壽山書院記"、"倉山堂藏書記"、"鱸香書屋藏"，皆日人藏書印。

與此同名著作，在美國國會圖書館有《文章軌範》，爲明廬陵五塘彭寵文江草堂刻本，八行二十字，四周單邊，白口，無魚尾，書口上刻"文江草堂"，下有刻工余堅、陳七、龔二諸人。題"廣信疊山先生謝枋得君直批點；後學晋安舟山葉麟校訛；後學廬陵五塘彭寵重梓"。此刻不見著録，有正德元年王守仁序(抄配)，也鈐有"倉山堂藏書記"、"鱸香書屋藏"等印。

休陽詩雋【明天啓刻本】

《休陽詩雋》前編四卷後編八卷，明汪先岸輯。明天啓四年(1624)刻本。十二册。半頁九行十八字，四周單邊，白口，無魚尾，書口下有刻工。前有汪煇序、天啓四年汪先岸自序。凡例十則。

汪先岸，字登于，號冏卿，又號白岳山人，安徽休陽人。萬曆十七年進士。授光山令，鋤豪右，除寇賊，著强項，聲光人。考選廣東道監察御史，多所建白。以忤權貴，遷浙江按察僉事，復謫都司斷事，厥後神宗爲梃擊事，覽諸臣疏奏，得岸原疏，特旨擢南雄司理，尋晋少光禄。當熹宗時，魏璫誣岸與汪文言同宗，竟削籍。崇禎改元，詔復職，自是屏迹田間。年七十七卒。(道光)《休寧縣志》卷十二有傳。

休陽，本秦歙縣地，東漢建安十三年(208)始劃建休陽，後改海陽。晋改爲海寧，隋文帝時定名休寧，沿用至今。休寧歷史上英才雲集，鴛翔鳳聚，素有"東南鄒魯"之美譽。先岸家世受毛詩，而尤精唐律，嘗搜輯徽州鄉賢篇什，欲爲《閭里詩徵》。此爲休陽之詩選，爲一邑文獻之徵，蓋寓表微闡幽之意也。是編始自洪武，止於天啓。所選之人或顯或隱，不問其爵，而問其詩。詩作有寡有多，不務於侈，而務於當，或一人數十首，或僅一首。所選之詩各體具備，凡樂府、五七言古詩、律詩、排律、絶句，俱不分體别門，各人各録其所作，以見各成一家。又是集前編乃先岸省益李敏《徽詩類編》與汪淮《徽郡詩》二書而成，間有增汰。後編則先岸自輯，其篇帙之富，視前編倍之。

前編卷一爲趙汸、朱升、汪廣洋等三十人；卷二爲程敏政、程景宗、程文杰等三十四人；卷三爲吴瓊、汪猷芳、程文潞等三十九人；卷四爲汪少廉、詹景鳳、鄭應奎等二十人。後編卷一佚去兩頁，存汪淮、汪宦、汪元螽等十五人；卷二爲范淶、吴宗儒、張訓等十三人；卷三爲程可中、程一極、汪大同等十三人；卷四爲汪元英、汪聖敳、金邦達等二十二人；卷五爲汪煇、黄道充、徐文龍等十九人；卷六爲吴兆、查柏、查應光等十七人；卷七爲吴孝標、吴元樂、孫明見等十七人；卷八爲范文熙、吴邦達、吴九光等十三人。總共二百五十二人，各選詩若干首。每卷之前皆有"名氏"，即人物小傳，其中多數爲無功名者。

汪先岸自序云："高皇帝再造疆宇，開曆於金陵，聲教文物，爰從南始。徽郡隸於首善之區，漸被實邇，國家氣運磅礴，韻響彌高，白雪陽春，在在賡和。徽郡僻居一隅，而唱於唱喁，天籟遞續。不佞久爲小子之學，寧能稱古而薄道今？休陽所産之鄉，其詩壇與白岳争峻，騷人墨士，往往狎盟四方，聲聞於外，詎非鼓鐘於宫？不佞輒以暇日，蒐休陽當代之詩，板而佈於海内，目之爲雋，謂非雋則弗傳，非雋則弗録。"

金鑲玉裝。刻工有：自、升、仲、養、元、彩、兆、中、之、上、正、一等。凡例第一頁下有“黄應乾刻”。

此本藏臺北“國家圖書館”。《“國家圖書館”善本書志初稿》於此書卷數作“十二卷”，蓋不分前編、後編也。《四庫全書總目》未收。《續修四庫全書總目提要》（稿本）第二十八册收有此書。《中國古籍善本書目》集部總集類地方藝文著録，中國科學院圖書館、湖北省圖書館入藏。又日本《内閣文庫漢籍分類目録》著録此本二部。

明文西【明崇禎刻本】

《明文西》四卷，明韓詩輯。明崇禎十七年(1644)學古堂刻本。十册。半頁十行二十字，四周雙邊，白口，單魚尾，書口下刻"學古堂藏板"。題"後學三原韓詩聖秋甫纂輯"。前有崇禎十七年高弘圖序、李楷序、熊文舉序、張縉彦序。崇禎十五年(1642)韓詩撰《述選大意》。

韓詩，字聖秋，一字子固，號固庵，陝西三原人。明崇禎十二年(1639)舉人。家素豐，耽精講誦，不事生産，資用漸絀。少師三水文太青，窮典墳邱，沉湛忠孝，篤志奮修，嘐嘐古學，不沾沾拘守於章句及質以奇詞奥字。尤敦氣誼，寓居江南，交游皆知名士。名家選詩必首列焉，如王士禛《漁洋山人感舊録》即收韓詩十首。入清官兵部職方司。有《學古堂集》。(乾隆)《三原縣志》卷九有傳。

是書爲明代三秦文人之選集，乃韓氏裒集其三秦先達四十九人之文，拔優擇粹，凡談性命、經略世務，有裨於天下後世之實用者。其選文捨秦漢至宋元，專選明代，可見李楷序。楷序云："聖秋復予曰：明興，治道休明，禮樂大備，溯其自開闢之功，光於日明。蓋孝陵崇儒重道，當其時儒宗大雅，蔚然雲起，至於孝宗之世，尤爲最盛。嗣是薪火相傳，青藍遞出，莫不極其神力，張其幟疊，匪但孱唐弱宋，不足方軌。凡天下之論西京者，或以爲史，或以爲漢，或以爲八大家，無有腹誹，無有反唇。不敏之從事於此也，豈但表章先達，亦思所以鳴一代之盛耳。"其所謂"西"者，蓋因韓爲秦人，其取陝以西各家文集，依選體定之。高弘圖序又云："韓子之以西名其書也。西則備，而秦則偏；西則通，而秦則礙，於以觀周漢之全，而鳴昭代之盛，如是乃得之爾，何其與鄙言吻合也。"

卷一賦，爲文翔鳳八篇，李夢陽五篇，康海二篇，黄諫、張鳳翔、張光孝、許宗魯各一篇。卷二奏疏，爲王恕六篇，温純五篇，張原三篇，李夢陽、焦源溥、李世達、孫丕揚各二篇，韓邦奇、楊爵、趙時春、魏學曾、彭澤、王竑、何棟、米萬鍾、雒于仁、馮從吾各一篇。卷三序文，爲趙時春、文翔鳳各七篇，吕柟六篇，康海五篇，喬世寧、王維楨各四篇，張紞、王九思、胡侍、温純各三篇，韓邦奇、馬理各二篇，黄諫、南軒、李夢陽、馬自强、胡纘宗、何棟、閻思齊、焦源溥、趙崡、石嶐各一篇。卷四記，爲吕柟、文翔鳳各四篇，李夢陽三篇，王恕、康海、趙崡各二篇，陳祥、奉天老民、彭澤、羅洪先、楊爵、喬世寧、温純各一篇。又卷四雜文，爲趙統四篇，李夢陽、康海各三篇，趙時春、王鶴、胡侍、馮從吾、王徵、文翔鳳各二篇，王承裕、楊爵、孫一元、張治道、王維楨、劉士龍、張廷玉、李喬岱、温日知各一篇。每人之下皆有極簡之履歷。又列遺文未搜姓氏，列耿清、程濟、趙天壽等十六人。

三秦爲中華古老文明之發祥地，也爲中華民族之摇籃之一，物産豐富，人杰地靈，"秦中自古帝王州"，西周、秦、西漢、新莽、西晋、前趙、前秦、大夏、後秦、西魏、北周、隋、唐等十三代帝王均在此建都。陝地文人衆多，著作宏富，然明清兩代總集中，陝郡甚少，余所知僅明曹學佺輯《陝西集》三卷、清嚴如熤輯《山南詩選》四卷、清胡元煐輯《藍田縣文徵録》四卷、清賀瑞麟輯《原獻文録》四卷《詩録》三卷等。此集所選四十九人者，亦寥寥僅取如是，其標準或以文名，或以節著，或事業崇本朝，或道德流後世，旨在存一代之規模，爲後人論世者有所考知。

韓氏刻此書甚艱，其述友裨云："家貧不能購書，山川綿渺，蒐輯更難……集中如四十九家，購者强半，借者强半，借書於同邑友人温與亨氏居多，流離相攜，幸達江左。過吴閶，鎔柬帶盃盤，梓之將竣，未幾，復化灰燼，僅從友人沈嗣宗氏，獲原本十之七。今再刻於石城，會友人李叔則氏助梓十金，又遊鳩兹兵憲袁綏南氏，解衣推食，歸始竣事，綏南即不助梓，實梓之矣。乃嘆文章之傳固自不易，况於作者乎！"其《述選大意》分緣起、定名、叙次、選意、友裨、闕疑五則。又是書集自辛巳，成於壬午。辛巳爲崇禎十四年，壬午爲崇禎十五年。

《四庫全書總目》、《續修四庫全書總目提要》（稿本）未收。《中國古籍善本書目》集部總集類著録，作"明崇禎十五年學古堂刻本"，藏上海圖書館。又《北京圖書館古籍善本書目》也有著録，作"明崇禎十五年自刻本"。

此本藏臺北"國家圖書館"。原藏陳群"澤存書庫"，陳喜藏書，抗戰中，古籍流散於寧滬，陳氏以豐厚之貲廣爲搜羅。"書庫"於 1942 年在南京落成，汪精衛取《禮記》"父没而不能讀，手澤存焉"之意，命名爲"澤存書庫"。抗戰勝利後，陳氏服毒自殺，"書庫"爲教育部上海區接收委員會接收，再轉由國立中央圖書館典藏。鈐印有"澤存書庫"。

沅湘耆舊集續編【稿本】

《沅湘耆舊集續編》一百六十三卷補編二十卷附補前編三卷，清鄧顯鶴輯。稿本。六十五册。無序跋。藏美國芝加哥大學遠東圖書館。

鄧顯鶴，字子立，别字湘皋，湖南武岡人，居州之南溪村，學者稱湘皋先生、南村先生。嘉慶甲子舉人，官寧鄉教諭，厭薄仕進，篤内行，束身以禮。學極淹博，兼以詩鳴，得唐人正聲。《清史稿》卷四百八十五有傳，云："尤篤於師友風義，嘗以爲洞庭以南，服嶺以北，屈原、賈誼傷心之地也，歷代通人志士相望，而文字湮鬱不宣，乃從事蒐討，每得貞烈遺行於殘簡斷册中，爲之驚言狂拜，汲汲彰顯，若大譴隨其後。凡所著有《資江耆舊集》、《楚寶增輯考異》、《武岡志》、《寶慶志》、《沅湘耆舊集》、《南村草堂詩文集》等，共數百卷"。其發微闡幽，數百年遺文軼行，賴以不墜，有功於桑梓文獻甚偉。卒年七十有五。

沅湘爲水名，魏源有《三湘棹歌》，自注云："楚水入洞庭者三，曰蒸湘、曰資湘、曰沅湘。"《寶慶府志》卷一百零三，載有魏源致顯鶴函，專論《沅湘耆舊集》書名："承示《沅湘耆舊集》，全書網羅百代，包括全楚，體大思精，不朽盛業，無以復加矣。但鄙意沅湘何以不名三湘？陶文毅序《資江集》以謂湘在九江，最長且著，必綜其首尾核之，而後三湘之名可定。其以瀟湘、資湘、沅湘爲三湘，論雖創，實確。入湖之水，其大者止此三，非三湘而何？若以沅湘爲名，湘只指長沙一水，不能核資水也。其實，瀟水古人亦不能指定。源謂皆以朱子三湘之説推之，蒸湘、沅湘之外，資水亦可當。瀟緣邵水入資，邵、瀟二字同音，援蒸水入湘之例，則資湘即瀟湘也。如此，則三湘皆有着落，不知大雅以爲何如？若得椽筆於總叙中一發此誼，並改版心爲三湘，則更爲桑梓增色，並爲論古者開拓心胸矣。惟教正之。"魏源此札以爲"沅湘"之名，不如"三湘"更妥，然顯鶴在輯續編時未采其説。

《沅湘耆舊集》於道光二十三年(1843)在新化南村草堂開雕，共二百卷，收録一千七百人，詩一萬五千六十八首，各爲小傳，以詩存人。芝大此本爲其續編、補編、補前編，如果細細核之，計續編收一千二百六十二人，補編收四百九十五人，補前編收三十九人，合計一千七百九十六人，也各爲小傳。以一人之力，輯録沅湘詩人三千四百餘人，幾達四百卷，可謂勝矣。

是書收録各家範圍頗廣，每人收詩一至數十首，甚至百首以上。如卷一至六爲顯鶴詩，即收有三百八十三首。諸如公卿名士、秀才布衣、監生訓導、主事以及閨閣釋道之流皆有收録，一些不見經傳的詩人小傳賴此得存，較之方志或它種著述要多且詳。中有從朋友手稿借録者、從方志中輯佚者，如“徐教諭榮封二十一首”，徐爲“嘉慶癸酉科拔貢，肄業國子監、報滿議叙教諭，考充武英殿校録，道光元年舉孝廉方正。平生著述甚富，《尚書》、《毛詩》、《二十四史》皆有纂録，稿本悉毁於兵燹，詩稿亦淪劫灰，今所見詩數十首，皆朋舊録存者”。又如收周昭侃詩二十一首，周爲乾隆中歲貢生，官藍山訓導，鄧氏得其手稿一册，内有詩五百餘首，選其詩二十餘首入續集。可見此未刻稿本的價值甚高，且不見著録，知者鮮有其人，如有好事者影印或排列出版，使之化身千百，誠藝林一盛事也。

山陽詩徵【稿本】

《山陽詩徵》二十六卷，清丁晏輯。稿本。二十六册。清丁壽昌校。半頁十三行二十字，無框欄。題"邑人丁晏輯；男壽昌編校"。前有道光十年(1830)潘德輿序、道光七年(1827)丁晏自序。

丁晏，字儉卿，一字柘堂，江蘇山陽人。早歲治經，復熟於《通鑒》。性嗜典籍，勤學不輟，生平篤好鄭學，於《詩》箋、禮《注》研討尤深，以毛公之學得聖賢之正傳，其所稱道與周秦諸子相出入。江藩稱其摭群籍之精，闡漢《易》之奥，好學深思，爲當世冠。道光元年舉人。其辦堤工、司賑務、修府城、浚市河、開通文渠，均有功於鄉里。咸豐中以在籍辦團練鄉勇，由侍讀銜内閣中書加三品銜花翎，重讌泮林。卒年八十二。其著作已刊者有《頤志齋叢書》。傳見《續碑傳集》卷七十四。

山陽，即今江蘇淮陰縣，漢爲射陽縣，三國時廢，晋復置，東晋改曰山陽縣，宋改爲淮安，元仍爲山陽。明清皆爲淮安府治，民國廢府，改爲淮安縣。淮安爲江南名區，地大而多材，人文薈萃，群英雲集，清初邱象隨即編有《淮安詩城》八卷(清初刻本)。乾隆間，吴玉搢又有《山陽耆舊詩》之輯，皆地方藝文之集録也。此集卷一漢代三人、唐代二人；卷二宋代四人；卷三宋代四人、元代二人；卷四至十一明代一百一十六人；卷十二至二十五國朝二百二十七人；卷二十六淑媛十人、羽士二人、緇流四人。每人皆有小傳，選詩數首。潘德輿序云：此集"上溯漢魏，下迄近時，已物故者，訪其全集，詳其出處，録其行誼，綴其軼事，凡撮拾十餘年，始成編"。"夫近時輯郡邑詩者，率題詩徵，然皆繁冗無紀，未足繫文獻。若儉卿之所徵者，文也而獻實之，故足貴。"

此本之輯，蓋因吴玉搢之《山陽耆舊詩》，雖仿金元好問《中州集》，系以小傳，網羅采獲，用力也勤，但該書爲玉搢未竟之作，抄録未竣即以出游置之。且世無刻本，間雖有傳寫之帙，也重沓錯迕，或爲俗子改竄，增損互异，甚且厭其繁而删之。晏有感於此，乃以玉搢之選，廣爲捃摭，其詩其人增多以倍，詩話事實也予以加詳。晏少時即有志於此，故訪求搜輯頗勤，前後歷十八年而竣。丁晏自序云："我朝作者林立，望社諸子，桐園一門，風雅寖盛。氣格雄古，則有南齋、西樵；風韻清超，則有風衣、浩亭；才力富贍，則有魚門、庴山。它如百詩、惺庵、禹江、東澗諸公，經學理學，不必以詩見，而詩亦未嘗不工，或以詩存人，或以人存詩。自學士文人，以至武夫寓公、高人名媛、藝士販夫、羽衣緇流，皆所不遺。其間忠孝節烈、道德文采，彪炳天壤，足爲斯集之光。而一二窮愁之士，撫時感事，排悶寫憂，賸輒爛札，未嘗不藉斯集以傳。詩之裒集，又曷可少哉？"

此本有丁壽昌校。按，壽昌，字頤伯，

號菊泉,晏子。道光二十七年進士。幼敏慧嗜學,既長,益肆力於經學,尤精許氏説文。授户部貴州司主事,兼筦榷税,鈎稽綜覈,吏莫能欺。晋員外郎,充己未鄉試順天同考官,擢福建道監察御史,授知嚴州府事。年四十八卒。又著有《山陽文徵》、《讀易會通》等。

是書未曾刊刻。(民國)《續纂山陽縣志》卷十三藝文志著録,然作二十四卷。《山陽藝文志》卷五收有晏《山陽詩徵自序》。又此書曾爲陳群收藏,有"澤存書庫"書簽可證。今藏臺北"國家圖書館"。該館又藏有《山陽續詩徵》十五卷,清王錫祺輯,稿本。

國朝盛湖詩萃【稿本】

《國朝盛湖詩萃》七卷，清王鯤輯。稿本。八册。半頁九行二十一字，無框欄。題"里人後學王鯤旭樓編次"。無序跋。王鯤撰凡例八則。

王鯤，字瀛之，號旭樓，楠子，江蘇盛湖人。監生。捐職州吏目，性雋爽。嘗捐銀助賑，以米散飢民，不分畛域，全活甚衆。建公祠、贖祭産，皆首先捐銀，擇地葬其姻親之貧無力者。喜搜羅邑中文獻，以兩邑志久不修，補遺訂誤成《松陵見聞録》。父楠所藏金石文字，鯤編有《話雨樓碑帖目録》。又著有《養真精舍詩鈔》。（咸豐）《盛湖志》卷九義行有傳。

盛湖，亦名盛澤，鎮名，在江蘇吴江縣治東南六十五里。始名青草灘，明初以村名著，居民僅五六十家，明嘉靖間，漸成市集。清初，川流迴環，烟火稠密，四方商旅，帆檣相望，户口日增，每日中爲市，舟楫塞港，街道肩摩，遂成巨鎮。

其地風雅之盛，甲於吴邑，爲人文之淵藪。是書僅録清代盛湖文人詩作，本《松陵詩徵》之舊例，衹收以往之人，蓋取功名品望身後均有定論者也。第一至二卷收四十四人。第三至四卷收三十六人。第五至六卷收四十五人。第七卷爲寓賢八人、方外三人、名媛九人。目録中所列人數不確，卷中又有新增詩人之作及小傳。人物排列之先後，約略以輩行年齒，及科目游庠次序參差其間。其凡例於此有云："詩人名下先書表字、世系、集名，而科目官職之有無，亦各繫焉。若有名公評論、記載、書籍，悉本原文，節録其下。而耆舊遺聞、藝林品鑑及鄙意所知逸事瑣言，亦並綴後，稍覘梗概，非若史傳家譜之詳叙生平也，不知者不强爲贅語。"

此類"詩萃"，輯録不易，然可備輶軒之采録，補志乘之流傳，文獻之徵亦於此而不泯，故其有功於桑梓甚大。輯者所選之作，雖爲一隅之詩，然不以詩存人，或以人存詩，多擇其雅韵，屏去俚俗，應試、應制之作例不登録。又寓賢者收詩頗嚴，以遁迹淹留，嘗與里中先賢詩酒流連、訂交結社者及設教盛湖，久於皋比，而後輩資其指授者悉爲采録。而文旌暫駐、留題贈答，如沈德潛者也不予收入。至於閨閣之詩，僅選有關風教者，其玩花愛月、假托艷體以邀名譽者皆不録。

是書之例言云："盛湖雖屬偏隅，稽之勝代，能以詩名者固不乏人。自入國朝以來，樂育人材，試兼詩古，生逢盛世，鼓吹休明，而雅尚吟詠，則遠勝於前矣。惜前人未經編輯，致諸大家採選無徵。鯤不敏，不敢以表微闡幽自任，然里中佳什，藉徵文獻，俾之湮没不彰，正合虞雍生所謂後生之責也。蒐羅積久，編次成書，斷自國朝。"

小傳後多有鯤之按語。如王元照、周琳、鄭玉三人，批有"以下三家所作，俱平平，無出色處”。又如殷宜鏞，批“殷君詩所存太多，而佳者甚少，選十餘首足矣”。再如計默，批“《松陵詩徵》所録，竟一首不選入，何耶？宜再增入”。書中又貼有小籤，其卷一第一頁之籤所云，乃區别詩作：“集中佳作，用紫筆一圈，次選尖角圈，可存者一點，不加點者斷不可存。”“此册中計改亭父子祖孫、湯雨七諸作，實爲冠冕，餘則等之，自檜以下矣。係一鄉一書，故加點者亦多從寬，閱者諒之。操選政者，若能再加删汰更妙。”“雨七詩見顧雪灘《百家英華》者尚多，似可多選幾首。”

按，此本似爲鯤之初稿本，僅七卷。據（咸豐）《盛湖志》卷十二書目載，《詩萃》計十二卷，有李廷芳序。序云：盛湖“自晋以降，代多作者，顧無專集行世。積久，而嗜好所寄，漸歸蟲殘蠹蝕，是可悲也。旭樓先生，淵雅通博，尤究心於先正著述，自元明以至昭代，凡達官軒冕、山林隱逸、方外閨媛，靡不廣蒐博採，甄而録之，得二三百人，積卷一十有二，生存者不載，從論定也。書成，將刊版問世，屬序於余。予亟閲之，其體例嚴，而取予慎，無借才之患，無標榜之嫌。讀其詩，仰企其人，不特桑梓後進步前哲之高衢奉爲規則也”。是本似未刻。（咸豐）《盛湖志》卷十二書目著録。又據該志，鯤子致望另輯有《盛湖續詩萃》四卷。

此稿本今藏臺北“國家圖書館”。

鈐印有“澤存書庫”、“錫山”、“致望”、“少吕”。

雙溪詩匯【稿本】

《雙溪詩匯》二十二卷，清孔憲采輯。稿本。六册。半頁十二行二十五字，四周雙邊，白口，單魚尾，書口下爲細藍口。題“里人孔憲采雅六編次參校”。前有咸豐八年(1858)楊象濟序、咸豐八年孔憲采自序。凡例十則(孔憲采撰)。參訂姓氏。

孔憲采，字雅六，號果庵，昭勳子，浙江雙溪人。由廪貢生注選教職，歷署景寧、慶元、麗水、分水學篆。工詩古文，性豪邁，負經濟才。中年嘗游秦汴甘凉，挾策長征，不得志乃歸，就冷官所至，誘掖後進，多所成就。又著有《金石録》四卷、《西征日記》二卷、《雙桂軒古文》四卷。(民國)《烏青鎮志》卷二十九人物下有傳。

雙溪，苕溪、車溪之合稱。此二溪介於嘉興、湖州間，西爲苕溪，東爲車溪，有油車匯，左右環帶，烟火萬家，盡瀠洄蕩漾於二水中，二水過分水墩始合流，趨瀾溪而歸太湖。烏青二鎮在浙江吴興縣東南，烏鎮唐代稱烏墩鎮，南宋時避光宗諱，止曰烏鎮。烏鎮與青鎮相隔一水，舊本一鎮，後分爲二。宋重修土地廟記云：湖秀之間，有鎮，畫河爲界，西曰烏鎮，東曰青鎮。

烏青兩鎮，自六朝以來爲人文淵藪，然其詩文向無匯選總集，張炎貞《烏青文獻》雖附詩文而未備，至阮元輯《兩浙輶軒録》、陳焯輯《湖州詩録》、宋咸熙輯《桐溪詩述》，也遺漏滋多。憲采有感於“富貴遭時之士，得發揮意氣，建樹勳猷，固不必以詩文傳，至功名未達而未竟，所申其胸中皆有不能自已之情，而因以寓之於言。後人不加珍護，而任其湮没，良可惜也。其不得志於一時，而留待將來以垂不朽者，其意固有在矣”。兹集，憲采積三十餘年之力，廣爲搜羅排比，采烏鎮、青鎮之詩合爲一集，凡卷一四十五人、卷二二十三人、卷三三十二人、卷四八人、卷五十一人、卷六八人、卷七二十一人、卷八一人 、卷九二十九人、卷十十四人、卷十一十二人、卷十二十三人、卷十三十五人、卷十四十四人、卷十五十人、卷十六二十九人、卷十七至十八閨秀二十三人、卷十九方外十八人、卷二十至二十一流寓九十八人、卷二十二附詞二十人。每人之後，皆有小傳。

據其凡例，是集以詩存人，詩必選其最精有關風化者。若以人存詩，必其人功名道德與夫交際性情有不可没、不忍没者，亦存一二，未得以詩未盡善議之。又此集爲表揚幽隱起見，其已刻諸稿早經風行，第録其中最有關於風教者，以存梗概，其未刻等稿必多甄録，借以表章。又名人稿中有已經他刻選録之作，不復重災梨棗，若其人止此一二詩，雖他刻已録，無從另采，亦仍録之，以存其人。凡風雲月露之詞、側艷香奩之體，多無意義而背風雅，概不收入。

孔憲采自序云：“本朝名士輩出，人各

有集，國初孔沈二張稱桐溪四子，外鈕西齋太史、張蒿村明經、皇甫滄亭學博、陸冠南太守、張子善比部，皆陶鑄風雅，凌轢唐宋詩派。雖各自成家，要皆疏瀹性靈，淵源學問，取裁格律，卓乎名家。其他憔悴專一之士，窮愁落寞之身，苦吟勞思，矻矻終年，頭白老死而不自輟者，以予所見聞，指不勝屈，其稿本多可專行，而刊者甚少。……余羌無學識，少年佔佔帖括，以謀館穀，未暇留意篇章，然見人遺集，或片紙隻字，無不護惜。中年後交游漸廣，桑梓文獻時加採訪，及作吴楚關隴之游，稿本攜置行篋，暇時展玩，隨手掇拾，輒有增益，迄今二十餘年，蒐採較多，思將排比都爲一集，而憂患攖其慮，衣食亂其心，已輯者不加編纂，未輯者又何踵增，此事奚容緩也！今來吴會，旅羈無似，復加抄掇，冀以成編。”

此書未刻，亦浙江地方文獻之一種也，《烏青鎮志》卷三十八著述上著録。今藏臺北“國家圖書館”。

韵語陽秋【宋刻本】

《韵語陽秋》二十卷,宋葛立方撰。宋刻本。半頁十四行二十四字,左右雙邊,白口,間有單綫黑口,雙魚尾。

葛立方,字常之,江蘇丹陽人。紹興八年進士,官至吏部侍郎。著有《西疇筆耕》五十卷、《方輿别志》二十卷、《歸愚集》一卷。前二種今佚。

《韵語陽秋》,後人或稱《葛常之詩話》、《葛立方詩話》,是一部評論和記録宋及宋以前詩人流派和意旨之是非的專著,因取晋人語"皮裏陽秋"之義,故名。

此宋刻本前有徐林序,書後有立方跋及沈洵跋。據徐林序:"隆興元年,常之由天官侍郎罷七年矣,於是《韻語陽秋》之書成。"當爲葛氏晚年之作。沈洵跋云:"吏部侍郎葛公博極群書,以文章名一世,暇日嘗著《韻語陽秋》廿卷,自漢魏以來詩人篇詠,咸參稽抉摘,以品藻其是非,不以名取人,亦不以人廢言,質事揆理而維當之爲貴。"全書共四百二十二則,由於廣泛采輯,保存了一些不傳於世的宋及宋以前的文學作品,爲後人研究中國文學史提供了有用資料。

宋刻《韵語陽秋》傳世僅見此本。至明代正德時江陰葛諶爲之重刻。此外明刻尚有白口十行本。清乾隆間《歷代詩話》,道光間《學海類編》,清末《常州先哲遺書》均經重刻。清初宛委山堂刻《説郛》收有《韵語陽秋》一卷,僅采十七則。以宋本和明清各本對校,宋本在某些方面可正它本之誤,或補其缺漏。如卷四第四頁"李涉在岳陽",明正德本"李涉"誤"李沙";卷十四第六頁"刻石表功",明正德本"刻石"誤"刻右";卷十五第五頁"一彈一唱","歷代詩話"本"一唱"誤"一曲"。又如宋本卷四韋應物、杜子美、杜牧之、李白等六則都爲它本所缺。此宋本,皮紙精印。宋諱遇"敦"、"廓"字皆不避,當爲光宗以前刻本。全書多簡筆及别體字。書體精整,刷印清朗。實爲宋槧中之佳本。清初曾藏季振宜家,後入清宫,《天禄琳琅書目後編》著録,今藏上海圖書館。1979 年上海古籍出版社曾據以影印出版。

鈐印有"季印振宜"、"滄葦"、"季振宜藏書"、"宋本"。又有"五福五代堂寶"、"八徵耄念之寶"、"太上皇帝之寶"、"乾隆御覽之寶"、"天禄繼鑒"。

書名四角號碼索引

以上共 462 種

作者四角號碼索引

後記

對於中國的善本書録或藏書志始於何時，我没有作過仔細的考證。但是在唐韓愈的《進學解》中有“記事者必提其要，纂言者必鉤其玄”的話。宋元人的集子就不要去説了，就説明末清初好了，一些重要學者的集子中，也都收有題跋之作，如錢謙益的《初學集》之卷八十三至八十五、《有學集》之卷四十六至五十、朱彝尊的《曝書亭集》等等。然而有專書并爲一式的，似乎自錢曾的《讀書敏求記》始，在圖書版本的著録以及鑒定上，從字體、紙張、墨色、版刻等特徵來考訂雕版的年代，并從初印、重印，甚或是原本，抑或翻刻來審酌一書版本之優劣，這就使圖書的著録遠非早時的僅爲書名、卷數、作者、版本、册數而已。所以，《四庫全書總目提要》對它的評價是："其述授受之源流，究繕刻之同異，見聞既博，辨别尤精。"然而，對《敏求記》也有持不同意見者，彭元瑞就認爲"書中無甚考證，間有舛誤，每拳拳於板本鈔法，乃骨董家氣息"。

不可否認的是，《敏求記》對著録的圖書作出了一定的考證及評價，因此也推動了後代目録學及版本學研究領域上的發展。後來的《平津館鑒藏書籍記》、《士禮居藏書題跋記》、《皕宋樓藏書志》等在著録上又更爲詳細。而清代稍有規模的藏書樓，多有自己的藏書志。在今天，任何一個重要的圖書館，都有它的歷史，包括它的藏書淵源，以及藏書特點。如一館之所藏琳琅滿目，那對研究者來説，雖不能親入書庫，但在讀館藏善本書目時，也會觸發靈感。所謂一館之重要典藏，均賴書目、書志爲之綱舉目張，窮究原委，薄而録之，以昭來者。故雖曰流略之緒餘，抑亦藝林之炳燭矣。

讀書要講究版本，而版本學也是一門學問。中國五千年的文明史，經籍之博，浩若烟海，自有雕版印刷術後，同一種書，既有宋槧明刻之懸殊，同時又有家鐫、坊雕、官刻之别，而校對之精粗，工料之輕重，行遠之廣狹久暫，收藏之流傳有緒，以及價值之高低不一，都是版本目録學家、文獻學研究者所研究的。我總以爲，在圖書館工作的專業人員和别的研究單位或大學研究所的研究人員最大的不同，是在於他們直接和書打交道，版本學的實踐經驗較爲豐富。同時，“近水樓臺先得月”，他們可以就近獲得便利，較之館外的研究人員更易取到新的資料。

我對葉德輝、傅增湘都是很欽佩的。葉的《郎園讀書志》、傅的《藏園群書題記》一直是我案頭上經常要翻閲的必讀物。葉德輝嘗言：“凡讀一書，必知作者意旨之所在，既知其意旨所在矣，如日久未之温習，則必依稀惝怳，日知而月忘。故余於所讀之書，必於餘幅筆記數語，或論本書之得失，或辨兩刻之異同，故能刻骨銘心。”傅增湘戢影都門後，丹鉛餘暇，不廢題評，《題記》的“叙版本之同異，辨字句之譌謬，燭照數計，既粗且博，至於撰人仕履、著書旨意，必詳人所不能詳。”他們那種撮善本書之要旨，詳細考證，探赜索隱，并能使學者窺見版本、文字之异同，於讀書研究知所别擇的藏書志、題記，足證葉氏、傅氏聞見廣而藴蓄深，這應該是我撰寫書志的努力方向。

近十多年來，古籍圖書的提要、叙録、解題、藏書志（書志）、書録等出了不少，大約總有數十種之多，其中，以專題爲主的居多，如小説提要、戲曲提要、方志提要、清人詩文集提要、醫書提要、佛籍提要、道教提要等等。它們的出版，豐富了目録學、版本學的研究領域。在上個世紀的五十年代至九十年代，這整整五十年中，國内的各個重要圖書館，包括國家圖書館、各省市一級的公共圖書館、大學圖書館、科學院系統圖書館，衹出版有數十種善本書目。而以國内一館的善本藏書來撰寫提要或書志者，津僅見有《蘇州市圖書館藏古籍善本提要》（經部）一種，當然這當中的原因是多樣的，然而即使如此，現今在圖書館内的主事者却很少有人去注意寫作善本書志的重要性。

對於我的導師顧廷龍先生來説，要寫善本書的書志，是他早先就有的意願。我在讀他的日記時，在 1940 年 5 月 21 日的日記里有要“刻意編一精彩藏書志，以壓衆編”。之所以這麼寫，是因爲嘉業堂主人劉承幹認爲，《適園藏書志》頗多疏誤，是因爲繆荃孫之子所代撰。後來，顧師在百忙之中，也確實爲“合衆圖書館”寫了一些書志。就以上海圖書館來説，六十年代初在顧師的主持下，就想編寫一部館藏善本書志，當時參加寫作的除顧師外，還有潘景鄭、瞿鳳起以及沈文倬先生。可惜，只是開了個頭，寫就了數十種宋元本書志，就因其他事情而停下了。如今，上圖幾經搬遷，當年完成的那些書志也不知安在否？五年前，北京圖書館研究館員冀淑英先生在給筆者的信中也曾説到，1958 年，在趙萬里先生的主持下，《中國版刻圖録》完成後，北圖善本部就想將寫作館藏善本書志列入工作計劃，遺憾的是，這之後政治運動不斷，寫作的氣候不復存在。不過，現在北圖仍有有志之士在寫一些提要，將來積少成多，必能形成規模。

任何一本書志，都會有自己的寫作模式。我以爲今天的善本書志的寫作，應該在前人的基礎上更加詳細地記録，盡可能使之精審確鑿，而不是一張圖書館藏書卡片的放大。前人有云:"若夫辨版刻之時代,訂鈔校之精粗,改卷數之多寡,别新舊之異同,以及藏書印記、先輩佚聞。"那就具有一定的學術價值。實際上,三十年代出版的幾本有關圖書館藏善本提要的書,如《浙江省立圖書館善本書目題識》(1932)、《嶺南大學圖書館館藏善本圖書題識》(1937),以及四十年代的《北京大學圖書館善本書録》(1948)等,都是十分簡單的。二十一世紀的今天,圖書館亦處於信息社會中,如若研究者能透過書志、解題、提要,以得知原書之卷數、作者之簡歷、版本之認定依據、全書之内容、因何而撰、序跋之摘録、他處之入藏以及其書之特點、收藏之鈐記等,并能找到對他有用的信息且加以利用,那樣的書録當能受到注目。

我曾不止一次地説過,我實在是較其他在圖書館内工作的同事都要幸運,那就是我四十五年前,曾經追隨顧廷龍、潘景鄭、瞿鳳起諸位先生,從他們學習流略之學。當我涉及這個領域後,即開始了這難分難捨的"緣",因爲我幾乎每天都能聽到老先生們的教誨,以及從辨别善本書的各種刻本、抄本、稿本、批校本、套印本、活字本、版畫的實踐中汲取真知,也包括書本上没有的經驗。

這幾十年來,我經眼的善本書,大約在兩萬種左右,而這本《書録》的取材,主要是上海圖書館、臺北"國家圖書館"、中研院歷史語言研究所傅斯年圖書館、香港中文大學圖書館的藏書,此外也包括1986年我在美國任訪問學者時,在美國國會圖書館、普林斯敦大學葛思德東方圖書館、哥倫比亞大學東亞圖書館、芝加哥大學遠東圖書館,以及哈佛大學哈佛燕京圖書館所看的善本書中的較爲稀見的一些版本。

這裏要説明的是,這本《書録》在時間上大致分爲兩個時段,一是書中的大部分是在1994年以前所寫,曾收入1996年出版的《書城挹翠録》中。還有部分是後來發表在臺北《書目季刊》、《"國家圖書館"館刊》上,前者是以"雲烟過眼新録"爲題而予以連載了十五期;後者則以"傅斯年圖書館中文善本書志"爲題。由於這些書志都發表在臺北的學術刊物上,所以大陸的讀者不易見到。另外,在這本《書録》中,我没有刻意去寫那些所經眼的宋元版本。當然,宋元版本流傳至今天,已是十分稀見難得的了。我只是覺得,這類宋元本,多數是流傳有緒,前人不僅著録,而且詳考有加,我若再寫,也很少心得。所以我的着眼點是稀見、難得的明刻本,以及那些未刻的稿本、抄本。至於那些熟名頭的"老頭貨",或習見的善本書,我想再寫也没有什麽意思了。

我在八十年代及九十年代初寫的涉及哈佛燕京的數十種藏書,多曾發表在《圖書館雜志》、《書目季刊》、《"中央圖書館"館刊》上,而其中明刻本已見於《美國哈佛大學哈佛燕京圖書館中文善本書志》。但我仍將所寫清刻本及抄本、稿本予以保留,蓋因當年所寫和現今所寫也有不同。之所以將《書城挹翠録》中之大部收入,一是因爲此書當年發行量甚少,甫出版即已售罄。二是書中舛誤太多,甚或有些段落無法卒讀,這是我感到十分内疚的事。

在我的幾本書中，屬於善本書志的除了《書城挹翠録》外，還有一本就是九十年代所出版的《美國哈佛大學哈佛燕京圖書館中文善本書志》，那是我作爲哈佛燕京學社的訪問學者，費了兩年的時間所寫成的，《書志》共一百五十二萬字，也算是對哈佛燕京所藏的宋元明代所刻的善本書作了一次小結。而前幾年我和嚴佐之教授、谷輝之研究館員共同爲哈佛燕京撰寫的清代善本書志僅完成了近千篇，一百萬字，尚有一半仍需努力，這些都屬於《美國哈佛大學哈佛燕京圖書館中文善本書志》續編（清代）中的内容，等到全部寫竣，當會另行出版。

《文心雕龍・知音》有云："觀千劍然後識器，操千曲然後曉聲。"對於古籍版本來説，必須要有實踐，你必須大量地接觸，去編目、整理、考核比對，最後得出結論。《書録》，實際上僅是"書林"、"圖府"這座大厦底層大量墊石基礎中的一粒不起眼的小石子，但從另一方面來説，我也希望這本《書録》就像《美國哈佛大學哈佛燕京圖書館中文善本書志》一樣，作爲抛磚引玉的"磚"，能够提供一種模式給在重要的較大型的圖書館内工作的同行參酌，用他們自己的模式來寫出目前深藏在館内的珍貴古籍善本書録（書志、提要、敘録），如果大家都能爲文獻學、版本目録學的研究作一些力所能及的工作，那麽得出的成果一定能够豐富於學術、嘉惠於學林的。

2004 年 12 月 27 日於宏燁齋

附記：

2005 年春夏之際，余患重症，幸天意垂憐，得有更生之慶。手術之後，卧床休息，飲食不思，寢寐難安，全身乏力，閱報讀書皆不可爲。適此書校樣寄到，只得強打精神，勉力勘校，時日拖延，實無法也。急難之中，幸得姚伯岳君助余一臂之力，其費半月之功，將集部以下讎竣，余甚感之。次年歲末，得見樣本，承出版社之囑，再通校全書，并請白莉蓉君製作索引，又請劉薔君録入舛誤之處。諸君之高誼，余百拜之，2007 年元月記。